# Der Garten

Design und Realisation der Originalausgabe: Foundry Design and Production,
part of The Foundry Creative Media Co. Ltd., London
Illustrationen: Kate Simunek
Spezialaufnahmen: Andrew Newton-Cox



Parragon Books Ltd
Queen Street House
4 Queen Street
Bath BA1 1HE

Übersetzung und Realisation: Atlas Translations Limited, Cambridge

ISBN: 978-1-4454-4407-9

Printed in China

WARNUNG: Bei vielen der in diesem Buch beschriebenen Projekte werden Elektropumpen verwendet. Wir haben uns bemüht, immer die sicherste Installationsmöglichkeit dieser Pumpen zu empfehlen. Wenn Sie die für ein Projekt erforderlichen Elektroteile kaufen, prüfen Sie stets, ob diese Geräte für den Einsatz im Wasser bestimmt sind. Sollten Sie hieran Zweifel hegen, ziehen Sie einen qualifizierten Elektriker zu Rat. Hinweise zur Sicherheit von Kindern sind ebenfalls in diesem Buch enthalten und alle Anstrengungen unternommen worden, hierzu keine Informationen auszulassen. Wir weisen jedoch ausdrücklich darauf hin, dass Kinder selbst in sehr flachem Wasser ertrinken können und sich nicht unbeaufsichtigt in der Nähe von Wasserelementen aufhalten dürfen. Verlag und Autor haften nicht für Unfälle, die durch den Bau eines der in diesem Buch beschriebenen Projekte verursacht werden.

# Der Garten

**PLANEN • GESTALTEN • BEPFLANZEN • PFLEGEN**
**TIPPS FÜR PERFEKTES GÄRTNERN**

Parragon

Bath • New York • Singapore • Hong Kong • Cologne • Delhi
Melbourne • Amsterdam • Johannesburg • Auckland • Shenzhen

# INHALT

# Einführung

Dieses Buch ist für all diejenigen bestimmt, die relativ geringe Gartenkenntnisse besitzen. Es soll Ihnen helfen, Ihren Garten sorgfältig zu planen und zu pflegen. Der Boom, den das Gärtnern in den letzten Jahren erlebt hat, ist einzigartig und hat eine rasch wachsende Nachfrage nach Informationen über praktische Gartentipps und Gartenpflanzen mit sich gebracht.

Jeder hat ein eigenes Bild von seinem Garten. Viele fühlen sich aber eingeschüchtert, wenn sie zum ersten Mal in einem Garten stehen, verunsichert, da ihnen so viele Kenntnisse fehlen. Sie fragen sich, ob es Ihnen je gelingen wird, Ihren Garten unter Kontrolle zu bekommen. Dieses Buch zeigt Ihnen, dass Gärtnern nicht schwierig sein muss – fast jeder Garten lässt sich unabhängig von seiner Form und Größe an den individuellen Geschmack anpassen. Je selbstbewusster Sie als Gärtner werden, umso mehr werden Sie feststellen, wie sich Ihre Gärtnerhorizonte erweitern. Sieben übersichtlich strukturierte Kapitel mit praktischen, Schritt für Schritt Anleitungen werden Ihnen helfen, das Beste aus jedem Grundstück zu machen.

Die ersten beiden Kapitel des Buches helfen Ihnen, alle Anforderungen Ihres Gartens zu erkennen, angefangen mit der Beurteilung Ihres Bodens, über die Grundtechniken, die Sie beherrschen müssen, bis hin zu den Werkzeugen, die Sie zur erfolgreichen Ausführung benötigen. Im restlichen Teil vermittelt die Enzyklopädie Ihnen alle praktischen Garteninformationen, um die Struktur Ihres Gartens entwerfen, Pfade, Terrassen und Teiche hinzufügen, Rasen anlegen und Rabatten kreieren zu können. Abschnitte zur Vermehrung, zum Zurückschneiden und Arbeiten mit Pflanzen sowie zu Heimwerkerprojekten im Garten beschreiben Schritt für Schritt mit einfachen Worten und vielen Illustrationen, wie Sie vorgehen sollten. Jedes Kapitel endet mit einer Auswahl von Gartenprojekten, die die Schönheit und Funktion Ihres Gartens verbessern werden.

Neben Ratschlägen zu allen Aspekten der Planung und Pflanzung lernen Sie auch, wie Sie mit Problemen wie Schädlingen und Krankheiten umgehen, Unkraut in Schach halten und Ihre Pflanzen allgemein pflegen (einschließlich gießen und düngen).

Viele einfallsreiche Tipps zum Gartendesign helfen Ihnen, den perfekten Garten zu schaffen. Sie müssen nur den einfachen Ratschlägen folgen – ungeachtet dessen, ob Sie sich einen modernen, romantischen oder japanischen Garten vorstellen. Einzelne Abschnitte zeigen Ihnen, wie Sie interessante und sehr wirkungsvolle Elemente hinzufügen können, z. B. Terrassen, Decks sowie Wasserelemente und Licht.

Wenn es ums Pflanzen geht, befinden Sie sich in guten Händen. Die Ratschläge und Vorschläge für das Pflanzprogramm berücksichtigen Boden, Aussehen und jahreszeitliches Erscheinungsbild. So finden Sie garantiert die richtige Pflanze. Ferner bringen wir Informationen, wie Sie einen Nutzgarten kultivieren können und wie Sie beschneiden und vermehren.

Farbe, Form und Struktur sind für den modernen Garten von großer Bedeutung. Die klaren, schrittweisen Anleitungen und Illustrationen machen es Ihnen leicht, das richtige Gleichgewicht in Ihrem Garten zu erhalten. Insgesamt vierzehn einfache Gartenprojekte sind an jedem Kapitelende aufgeführt, mittels derer Sie Ihren Garten verwandeln und verbessern können. Die Projekte reichen von einem Vogelhäuschen und Windspiel bis zu einer Rabatteneinfassung und einem Wand-Pflanzbehälter.

Diese Enzyklopädie ist für diejenigen gedacht, die das Beste aus ihrem Grundstück machen möchten – ob groß oder klein, Garten oder Terrasse, Land oder Stadt. Ob Sie einen Kräutergarten anlegen, ein farbenfrohes Beet voller Sommerblumen schaffen oder einen Topf Geranien fürs Fensterbrett pflanzen möchten, dieses Buch zeigt Ihnen wie.

Ob Sie Ihr erstes Heim mit kleinem Garten oder winzigem Balkon in der Stadt besitzen oder einen großen, verwilderten Garten kultivieren möchten, in diesem Buch werden Sie die Inspiration finden, um Ihren Garten in Ihr persönliches Stück Paradies zu verwandeln.

PASSION FLOWER
PASSIFLORA CAERULEA
Meadowsweet
Lavandula

# DIE PLANUNG IHRES GARTENS

**Scheint Ihr idealer Garten in unerreichbarer Ferne zu liegen? Keine Angst, nehmen Sie sich ruhig Zeit. Ein Garten kann warten, und das gilt auch für Sie.**

Im ersten Schritt sollten Sie entscheiden, was Sie wollen, und im zweiten Schritt Ihre Träume verwirklichen. Ein Garten ist etwas sehr Persönliches, und jeder sucht etwas anderes.

Haben Sie keine Angst, mit Ideen zu experimentieren. Selbst die erfahrensten professionellen Designer finden die perfekte Lösung nicht im Handumdrehen.

Fehler sind unvermeidbar – auch Profis machen häufig Fehler. Aber keine Angst: Sie können jederzeit Änderungen vornehmen. Ein Garten ist ein lebendiges, wachsendes Gebilde, das zu jedem Zeitpunkt angepasst werden kann.

# SIE UND IHR GARTEN

**Bei den ersten Entscheidungen sind zwei Aspekte zu berücksichtigen: Zum einen müssen Sie Ihren idealen Garten im Auge behalten – den Garten, den Sie in Ihren Tagträumen sehen, die Entsprechung des nahöstlichen Paradiesgartens. Wie sehen Ihre geheimen Träume für diesen kleinen Flecken Land aus? Zum anderen dürfen Sie die praktischen Gesichtspunkte nicht vergessen, wie z. B. einen Schuppen, in dem Sie Ihre Gartengeräte aufbewahren können, oder eine Wäscheleine. Machen Sie eine Liste all der Dinge, die Sie benötigen. Wir möchten Ihnen einige Ideen für Ihren Traumgarten bringen. Sicher haben Sie weitere Ideen, die Sie verwirklichen möchten.**

## CHECKLISTE FÜR IHREN „IDEALEN" GARTEN

EIN Umfeld zum Feiern und für ein gemütliches Beisammensein kann mitunter die schönste Funktion des Gartens sein. Vielleicht haben Sie schon immer von einer großen, von Weinranken überdachten Terrasse, einem Grillplatz oder englischen Rasen geträumt. Und auch wenn Sie nicht all dies verwirklichen können, sollten zumindest einige dieser Möglichkeiten durchführbar sein. Aber erwägen Sie auch einmal die folgenden Verwendungszwecke für Ihren Garten:

### Privatsphäre und Ungestörtheit

- Für Einige ist die wichtigste Anforderung an einen Garten die Schaffung eines privaten Freiraums in der Natur. Eine hohe Hecke oder ein Spalier mit Kletterpflanzen filtern vielleicht nicht alle Geräusche, aber sie helfen Ihnen ganz sicher, sie nicht mehr so sehr wahrzunehmen, und sie trennen Sie ganz gewiss von Ihren Nachbarn. Ein romantischer Laubengang mit bequemer Bank im Garten, umgeben von üppigen Rosen, Geißblatt und Clematis kann einen abgeschiedenen, friedvollen Ort schaffen, an dem Sie sich entspannen und an Ihrem Garten erfreuen können.

UNTEN: *Der romantische Laubengang par excellence. Dieses Modell mit seiner sauberen Form und einfachen Holzbank, umgeben von weißen Rosen und duftendem Lavendel, fände sicher auch in einem kleinen Garten Platz.*

- Doch nicht jeder sucht Frieden. Vielleicht sitzen Sie lieber in Ihrem kleinen Vorgarten und beobachten die Welt, wie sie an Ihnen vorübergeht. Hier wäre eine Hecke sicher im Weg. Wie wäre es also mit einer gepflasterten Fläche mit vielen Blühpflanzen in Töpfen und vielleicht zwei größeren Sträuchern, die den Eingang zum Garten umrahmen.

LINKS: *Eine Kräuterrabatte kann einem Garten eine attraktive Note verleihen. Diese hier weist Pflanzen mit unterschiedlichen Blattgrößen und Duftnoten sowie viel Farbe auf.*

LINKS: *Dieser kleine Garten wurde sehr geschickt angelegt mit Teichen und Zwischenräumen, die das Gefühl von Geräumigkeit vermitteln. Die weißen Segel spenden an heißen Tagen wohltuenden Schatten.*

## Wasser

❀ Wasser verleiht jedem Garten eine erfrischende Qualität. Ob Sie nun von einem ruhigen, stillen Gewässer träumen, in dem sich der Himmel spiegelt oder das eine fast schwarze Rätselhaftigkeit ausstrahlt, oder ob Sie das lebhafte Gurgeln eines Springbrunnens oder einer Kaskade bevorzugen, ein Wasserelement in irgendeiner Form verleiht Ihrem Garten garantiert das gewisse Etwas. Ein Teich muss nicht besonders groß sein. Auch ein winziges Becken mit einer Minifontäne in einem Kübel auf der Terrasse oder ein kleiner Container mit einem schmahlen Wasserstrahl, der von einem Löwenkopf an der Wand ausgespien wird, können sehr wirkungsvoll sein. Positionieren Sie Ihr Wasserelement an einer Stelle, an der Sie es optimal genießen, das Wasser ohne Mühe hören oder sich von einem bequemen Stuhl aus daran erfreuen können. Vielleicht möchten Sie sogar einen Swimmingpool einbauen, und dies wäre in einem relativ großen Garten auch gar kein Problem.

## Farbe

❀ Grünes Laubwerk allein kann einen Garten schaffen, der das starke Gefühl von Einheit vermittelt. Aufgrund der vielen verschiedenen Grünschattierungen und der zahllosen unterschiedlichen Blattformen, der diversen Raschelgeräusche von Blättern und der vielfältigen Lichteffekte ist ein Garten voll Blattpflanzen unendlich interessant, auch ganz ohne weitere Farben.

❀ Viele Menschen mögen jedoch leuchtende Farben. Kenntnis der Pflanzen, ihrer Blütezeiten und besten Standorte können daher sehr hilfreich sein.

❀ Anfangs empfiehlt es sich, einjährige Pflanzen oder Sommerpflanzen in vorhandene Lücken zu setzen. Mit zunehmender Erfahrung werden Sie aber sicher feststellen, dass Sie gerne mit allen möglichen Farben und Pflanzenkombinationen experimentieren.

## Gerüche

❀ Dies ist einer der interessantesten Aspekte eines Gartens. Versuchen Sie, möglichst viele wohlriechende Pflanzen zu etablieren. Allgemein ist der Planzenduft am Abend am intensivsten spürbar. Überlegen Sie also, ob Sie Pflanzen wie Geißblatt, wohlriechende Rosen und Philadelphus dort pflanzen, wo Sie vermutlich am Abend entspannt mit einem Glas Wein sitzen. Denken Sie daran, dass einige Düfte angenehmer sind als andere – so hat die Rainweide beispielsweise einen eher überwältigenden Duft, auch tagsüber. Die meisten duftenden Blumen ziehen auch Insekten an und sind schon daher einen Platz in Ihrem Garten wert.

## CHECKLISTE DER GARTENOBJEKTE

Bevor Sie mit Ihrem Gartendesign beginnen, sollten Sie sich alles notieren, was Ihr idealer Garten besitzen sollte. Einige Objekte werden absolut notwendig sein, bei anderen können Sie sicher Kompromisse eingehen. Benutzen Sie in der Planungsphase diese Checkliste:

- BEREICH FÜR MÜLLTONNEN ❑
- BLUMENRABATTE ❑
- ERHÖHTES BLUMENBEET ❑
- GARAGE ❑
- GARTENHÄUSCHEN ❑
- GEMÜSEBEET ❑
- GEWÄCHSHAUS ❑
- GRILL ❑
- KIESFLÄCHEN ❑
- KOMPOSTHAUFEN ❑
- KRÄUTERGARTEN ❑
- PERGOLA ❑
- RASEN ❑
- SANDKASTEN ❑
- SCHUPPEN ❑
- SONNENUHR ❑
- SPIELBEREICH ❑
- STRAUCHBEET ❑
- TEICH ❑
- TERRASSE ❑
- TERRASSENFÖRMIGE ANLAGE ❑
- VOGELTRÄNKE ❑

## CHECKLISTE FÜR DIE PRAKTISCHEN ASPEKTE IN IHREM GARTEN

NACHDEM Sie Ihre Gefühle über Ihren Garten und Ihr persönliches Ideal schriftlich festgehalten haben, müssen Sie die praktischen Aspekte betrachten. Auch hier sollten Sie wiederum eine Checkliste mit all den Dingen anlegen, die Sie benötigen, damit der Garten Ihren Wünschen gerecht wird. Anschließend werden Kompromisse nötig sein, aber Sie haben die Grundlage, um das Praktische mit dem Idealen zu verbinden. So können Sie ein Ergebnis erzielen, das Sie genießen können. Im Folgenden finden Sie nur einige Ideen für Ihre Checkliste des praktisch Möglichen.

### Sitzgelegenheit

❀ Eine Terrasse in Hausnähe ist nützlich, da auf diese Weise Speisen und Getränke leicht herein- und herausgetragen werden können. Sollte die Sonne zu der Zeit, in der Sie am liebsten im Garten sitzen, besser in einem anderen Teil des Gartens scheinen, wäre eine Terrasse an dieser Stelle zu empfehlen. Vielleicht sollten Sie sogar zwei Sitzbereiche erwägen, einen für die morgendliche Sonne und einen weiteren für die Abendsonne. Einzelne Sitzgelegenheiten können an verschiedenen Stellen des Gartens eingerichtet werden, wo sie zu verschiedenen Tageszeiten zum Verweilen einladen.

### Sonnenbaden

❀ Dieser Fleck muss heiß sein und Sonnenschein während eines Großteil des Tages haben. Und wahrscheinlich werden Sie Abgeschiedenheit wünschen. In einem kleinen Garten ist die Terrasse in Hausnähe meist der beste Standort. Denken Sie daran, dass hohe Pflanzen oder Kletterpflanzen, die die Blicke von Nachbarn abschirmen, meist auch die Sonne verdunkeln.

OBEN: *Dieses hübsche Holzhaus ist ein Spielbereich, der kleine Kinder garantiert stundenlang unterhält.*

### Spielbereich

❀ Kinder können den ganzen Garten für ihr Spiel beanspruchen, und in diesem Fall sollten Sie nach Möglichkeit an den Rändern robuste und zugleich dekorative Sträucher pflanzen und warten, bis die Kinder älter sind, bevor Sie Ihren Garten detaillierter planen. Wenn Ihr Garten ausreichend groß ist und einen Spielbereich besitzt, der interessant genug ist, dann konzentrieren sich Ihre Kinder möglicherweise auf diesen Bereich und lassen zumindestens einen kleinen Gartenbereich unberührt, den Sie ganz nach Belieben gestalten können.

❀ Ein Klettergerüst und eine Schaukel können Kinder stundenlang unterhalten. Legen Sie ausreichend Rindenhäcksel unter diese Geräte, damit die Kinder weicher fallen. Für jüngere Kinder kann es empfehlenswert sein, den Spielbereich in Hausnähe anzulegen, wo Sie Ihre Kleinen im Auge behalten können. Ein Sandkasten oder kleiner Swimmingpool können in der Nähe des Gartentors eingerichtet und bei schlechtem Wetter abgedeckt werden.

❀ Wenn die Kinder das Schulalter erreichen, beginnen sie häufig, sich auch für Gartenarbeiten zu interessieren. Überlassen Sie ihnen ein kleines Beet mit robusten, schnell wachsenden Pflanzen und „richtigen" Werkzeugen, um sie zu allerlei Gartenarbeiten zu ermuntern.

### Garten

❀ Jeder Garten braucht Stauraum. Ein großer Schuppen kann die Lösung bieten, aber falls Sie nur wenig Platz haben, können Sie auch diverse kleinere Schuppenversionen erhalten. Wenn Sie Speichereinheiten mit integrierter Sitzfläche benutzen, müssen Sie weniger Gartenfläche aufgeben.

LINKS: *Ein abgeschiedener gepflasterter Bereich bietet friedvollen Schatten für Stille und Zurückgezogenheit. Auch die Pflanzen sind sanfter Natur – in erster Linie Anemonen und Gräser.*

❀ Ein Gartenraum kann so luftig-leicht wie ein offenes Sommerhaus sein oder so robust wie ein isolierter Heimwerkerraum, so verziert wie ein Schweizer Landhaus oder so elementar wie ein Schuppen mit Fenstern. Wenn er an einem sehr sichtbaren Ort ist, sollten Sie sich vielleicht für einen dekorativen Schuppen entscheiden. Denken Sie aber daran, dass die meisten Bauten durch moderne Lacke aufgeheitert und durch sorgfältige Bepflanzungen dezent verhüllt werden können.

## Platz zum Wachsen und Vermehren

❀ Das Gemüsebeet muss nicht viel Platz in Anspruch nehmen. Ein kleiner Fleck in der Sonne, vielleicht hinter einer Hecke, einem Zaun oder einem blumenbedeckten Bogen, reicht durchaus. Kompost gehört einfach zur Nahrungsmittelherstellung. So können organische Abfälle sinnvoll genutzt und die alljährlich wiederkehrenden Unkräuter und das geschnittene Gras entsorgt werden. Denken Sie aber daran, dass ein kleiner Garten nicht ausreichend Kompost für seinen eigenen Bedarf produzieren kann. Sie werden daher Ihren eigenen Kompost durch weiteren organischen Kompost ergänzen müssen.

❀ Ein Gewächshaus ist nur dann eine gute Idee, wenn Sie auch wirklich die Zeit haben, es zu nutzen, zu bewässern, sauber zu halten und allgemein zu pflegen. Für Anfänger oder Vielbeschäftigte könnten Frühbeetkästen oder Schutzglocken ausreichen.

OBEN: *Dieser saubere Mülltonnen-Schuppen nimmt wenig Platz weg, ist mit einem wasserundurchlässigen Dach und einem ansprechenden dunkelgrünen Anstrich versehen, so dass er sich gut in den Garten einfügt.*

## Ein Garten für Rollstuhlfahrer

❀ Wenn Sie bei Ihrem Gartendesign die Eignung für einen Rollstuhlfahrer berücksichtigen, müssen Sie die Wege nicht nur breit genug für den Rollstuhl anlegen, sondern auch Platz zum Wenden vorsehen. Kies ist für Rollstühle problematisch, Ziegel oder Platten sind aber ideal. Erhöhte Beete können die Gartenpflege erleichtern und angenehmer machen, und auch erhöhte Teiche oder Wasserverläufe sind interessanter.

UNTEN: *Dieses in fröhlichem Blau gestrichene sechseckige Sommerhaus verleiht dem Garten einen modernen Look.*

# LERNEN SIE IHREN GARTEN KENNEN

**Sie haben Checklisten Ihrer Wünsche und Anforderungen erstellt, und jetzt ist es Zeit, dass Sie Ihr Land in Augenschein nehmen. Bevor Sie zuversichtlich anfangen können, Ihren Garten zu entwerfen, müssen Sie erst noch eine ganze Reihe von Faktoren prüfen. Im Unterschied zu einem Zimmer im Haus wird es Ihnen Ihr Garten lohnen, wenn Sie Geduld zeigen und ein Jahr lang mit ihm leben, bevor Sie drastische Änderungen vornehmen.**

## WORAUF SIE ACHTEN SOLLTEN

GLEICHGÜLTIG zu welcher Jahreszeit Sie in Ihr neues Heim ziehen, Sie sollten sich 12 Monate Zeit lassen, um Ihren Garten einfach zu beobachten. Er wird Sie bestimmt mit unerwarteten Frühjahrszwiebeln, scheinbar abgestorbenen Zweigen, die sich in wunderschöne Clematispflanzen verwandeln, oder mit anscheinend aus dem Nichts emporsprießenden Stauden erfreuen.

OBEN: *Hübsche kleine winterharte Alpenveilchen können den Garten je nach Art im Herbst oder Winter aufhellen. Überdecken Sie mit ihnen den bloßen Grund unter Bäumen.*

- Halten Sie während des Gartenjahrs interessante Dinge, vor allem solche Aspekte, die Sie behalten möchten, in einem Notizbuch fest.
- Betrachten Sie Ihren Garten von den Fenstern des Hauses aus und stellen Sie fest, wo die Sicht versperrt ist oder wo hässliche Stellen sichtbar werden.
- Stellen Sie fest, welche Bereiche einen Großteil des Tages in der Sonne liegen, welcher Teil des Gartens nur am Morgen und welcher Teil nur am Nachmittag Sonne bekommt. Beobachten Sie, wie Ihr Garten auf unterschiedliches Wetter reagiert; was leidet bei längerer Trockenzeit, und was legt sich bei starkem Wind flach auf den Boden? Achten Sie darauf, ob von einer betimmten Ecke laute Geräusche hörbar sind.

OBEN: *Die hohe Bartiris blüht im späten Frühjahr. Diese gelb-violette Art fängt das Sonnenlicht im Frühling. Hier wächst sie in einem Wildgarten, der sehr pflegeleicht ist.*

❀ Beobachten Sie die Fauna Ihres Gartens. Viele Insekten und Würmer weisen auf einen fruchtbaren Garten hin, in dem die Pflanzen meist gut wachsen. Wenn gar keine Insekten zu sehen sind – außer vielleicht Blattläuse –, weist dies darauf hin, dass der Boden dringend Luft und Kompost oder Mulch benötigt. Wenn Sie Feuchtstellen um Entwässerungskanäle herum entfernen und dabei Frösche und Kröten vertreiben, versuchen Sie, ihnen eine andere Wasserquelle zu bieten, denn Frösche und Kröten sind Freunde des Gärtners.

## Im Frühjahr

❀ Stellen Sie fest, aus welchen Zwiebeln im Frühling Blumen wachsen, von denen Sie gar nichts wussten. Sind sie hübsch und stehen sie richtig? Fehlen einige, die Sie gerne in Ihrem Garten hätten? Schneeglöckchen sind ein wahrer Segen zum Frühlingsanfang, und wenn sie sich zu Hause fühlen, vermehren sie sich auch sehr schnell. Gibt es Sträucher, die im Frühjahr blühen? Entfernen Sie in dieser Phase keine abgestorben wirkenden Stängel. Beispielsweise sehen viele Clematis- und winterharten Hibiskuspflanzen wie alte Stöcke oder Fäden aus, bis sie Anfang des Sommers erstaunlich robuste Blätter und Knospen entwickeln.

## Im Sommer

❀ Halten Sie Ausschau nach öden Sträuchern, die nicht richtig in Gang kommen, und nach Ästen, die zu groß geworden sind und nötiges Sonnenlicht fernhalten. Nur wenige erkennen, wie viel Licht zu große Bäume ausfiltern und wie dies das Wachstum anderer Pflanzen im Garten beeinträchtigt. Achten Sie auf unerwartete Stauden, die sich aus dem Boden nach oben arbeiten – sind sie zu langstielig oder mit den scheinbar unverwüstlichen Unkräutern durchwachsen? Oder sind sie eine hübsche Überraschung? Auch sommerliche Zwiebelpflanzen wie Lauch und Lilien können zum Vorschein kommen.

## Im Herbst

❀ Schauen Sie nach Blättern, die sich malerisch verfärben oder nach leuchtenden Beeren, die die kürzer werdenden Tage aufhellen. Feuerdorn (*Pyracantha*), der häufig für Hecken verwendet wird, ist mit seinen Dornen ein guter „Sicherheitsstrauch“, aber auch die weißen Blüten und prächtigen Beeren im Herbst sind Pluspunkte. Auch Zwiebeln sind häufig eine Überraschung. Sehen Sie, ob Herbstkrokusse sprossen und im Spätsommer winzige winterharte Alpenveilchen unter Bäumen blühen. Wenn Sie diese nicht finden, können Sie sie auf Ihre Pflanzenwunschliste setzen. Sie sind entzückend.

## Im Winter

❀ Betrachten Sie den Rahmen des Gartens. Sieht er noch gut aus, wenn alle Blumen verblüht sind? Gibt es laubwechselnde Bäume? Wenn ja, sieht der Garten eher nackt aus oder gefällt Ihnen das Gefühl von Helle, das einige Monate im Garten herrscht? Denken Sie daran, dass Frühjahrszwiebeln und Frühblüher unter Laubbäumen wachsen können, da sie hier bereits zeitig im Jahr Licht erhalten. Unter immergrünen Bäumen wachsen viele dieser Blumen hingegen nicht.

## Vorgärten

❀ Stehen Ihre Mülltonnen im Vorgarten? Wenn ja, sind sie hinter einer Mauer oder einer gestutzten Hecke verborgen? Könnten Sie sie besser an einer anderen Stelle unterbringen? Werfen Vorbeigehende leere Dosen oder Tüten in Ihren Garten? Eine dichte gestutzte, stachelige immergrüne Hecke könnte das verhindern.

OBEN: *Frühling in einem Garten mit Baumbestand mit dem himmlischen Blau des Himalajamohns (*Meconopsis betonicifolia*) und den Tüpfeln glänzender gelber Butterblumen.*

OBEN: *Dieser Garten grenzt an ein Feld, so dass die schneebedeckten Bäume am Gartenrand am späten Abend das Licht der untergehenden Sonne auffangen und rosafarben zu glühen scheinen.*

## ZWISCHENZEITLICHE MASSNAHMEN

Auch wenn Sie im ersten Jahr in einem neuen Garten noch nicht zu viel pflanzen oder neu gestalten sollten, gibt es viel zu tun.

### Müll und Schotter entfernen

- In vielen Gärten gibt es einen Bereich, in dem Bauarbeiter Schotter abgeladen haben, statt ihn zur Müllhalde zu bringen. Dieser Schutt sollte unbedingt entfernt werden, da Ziegel und Zement dem Wachstum von Pflanzen nicht förderlich sind und häufig Kalk enthalten, den viele Pflanzen nicht mögen. Wenn Sie Schutt durch das Haus tragen müssen, versuchen Sie, alte Bautaschen aufzutreiben, die groß und sehr robust sind und unterwegs weniger Staub verlieren. Wenn im Garten Elektroartikel wie Mikrowellenherde oder ein Kühlschrank gelagert wurden, können Sie diese Artikel meist von der Stadtverwaltung abholen lassen.

### Dornengestrüpp und Unkrautfelder säubern

- Wenn ein Teil des Gartens mit störendem Unkraut wie Brombeergestrüpp, Holunder, Brennnesseln oder dem berüchtigten Japanischen Staudenknöterich überwuchert ist, nutzen Sie jetzt die Gelegenheit und machen Sie diesen Bereich frei. Es hat auch keinen Zweck, die eine oder andere Pflanze, die zwischen diesem Unkraut wächst, zu schonen. Räumen Sie lieber alles und fangen Sie ganz von vorne an.
- Brennnesseln haben flache Wurzeln, so dass Sie sie meist ausziehen oder ausgraben können. Brombeergestrüpp lässt sich mit Vernichtungsmitteln für Gestrüpp beseitigen, aber Holunder und Japanischer Staudenknöterich sind zäher. Am besten tragen Sie im Frühjahr, wenn sie am üppigsten wachsen, Glyphosat auf, da dieses Mittel in ihren Saft eindringt und bis hinunter in die Wurzeln wandert. Bei beiden Unkrautarten müssen Sie das Mittel mehrmals auftragen, was allerdings teuer

UNTEN: *Keine Angst vorm Stutzen. Das jährliche Zurückschneiden dieser Bäume hat neue Triebe hervorgebracht und ein prachtvolles Bild kontrastierender Farben erzeugt, ohne dass die Bäume den ganzen Garten beherrschen.*

und nicht ganz zuverlässig ist. Ersticken ist auch möglich. Die Pflanzen werden ganz kurz geschnitten und so abgedeckt, dass das Grün kein Licht bekommt. Dann findet keine Photosynthese statt, die Pflanze geht ein. Dies funktioniert z.B. mit Resten von Teichfolie und, der Optik wegen, einer dicken Schicht Holzsäcksel.

## Bäume beschneiden

❀ Die meisten zögern zunächst, bevor sie Bäume ausputzen lassen. Tatsache ist aber, dass diese nach dem Beschneiden besser als vorher ausschlagen, und wenn Sie gesunde Pflanzen wünschen, müssen Sie unbedingt ausreichend Licht in den Garten lassen. Bäume können aber gesetzlich geschützt sein, und in einigen Bereichen unterliegen alle Bäume einem solchen Schutz. Möglicherweise müssen Sie sich daher erkundigen, ob Sie eine Genehmigung zum Beschneiden benötigen. Vergewissern Sie sich, dass der Baumgärtner ausreichend versichert ist, bevor Sie ihn oder sie auf Ihren Baum lassen. Achten Sie auch darauf, dass der Baumgärtner die entfernten Äste wegbringt.

## Zäune und Mauern reparieren

❀ Wenn Sie nicht gerade vorhaben, die vorhandenen Zäune und Mauern zu verändern, ist dies ein günstiger Zeitpunkt, um sie zu reparieren oder zu erneuern. Nachdem Sie erst einmal gepflanzt haben, wird es schwierig, an die Zäune heranzukommen, ohne die Pflanzen zu beschädigen. Vergewissern Sie sich, dass die Zäune sicher sind, die Pfosten robust und gerade stehen, und dass Spaliere solide gebaut und richtig befestigt sind. Ein Spalier muss häufig relativ viel Gewicht tragen, wenn Sie eine immergrüne Clematis oder eine kräftige Kletterrose daran wachsen lassen wollen.

## Kurzfristige Farben einführen

❀ Selbst wenn der Garten mit angenehmen Überraschungen aufwartet, wird ein vernachlässigter Garten im ersten Sommer kaum ausreichend Farbe bieten. Sie können aber zahlreiche Bepflanzungen vornehmen, die den Garten ein Jahr lang auffrischen. Malven sind nicht teuer, und eine Pflanze wächst in einem Jahr bis zu einer Höhe von 2 m. Ihre rosafarbenen Blüten sind den ganzen Sommer und Herbst hindurch ein hübscher Blickfang.

❀ Lassen Sie Ihrer Phantasie freien Lauf mit Pflanzen in Kübeln und Behältern. Geranien hellen sonnige Stellen auf, Impatiens (Springkraut) ist auch mit leichtem Schatten zufrieden, und Sammetmalven (Gttg *Abutilon*) schaffen eine exotische Atmosphäre an warmen Wänden. Töpfe mit Blumen in leuchtenden Farben machen sich im gesamten Garten gut. Natürlich füllen einjährige Pflanzen und Sommerpflanzen Lücken. Petunien, Verbenen, *Salvia splendens* (Salbei) und Geranien können viel Farbe in Ihren Garten bringen.

## Die Zeit nutzen

❀ Betrachten Sie in diesem Jahr möglichst viele andere Gärten. Schauen Sie sich die Aufteilung an, die Details der durch den Garten gelegten Pfade und Stufen und natürlich die Pflanzen. Wenn Sie etwas fasziniert, machen Sie ein Foto und Notizen. Es könnte Ihnen helfen, wenn Sie später ein Problem lösen müssen.

UNTEN: *Pflanzbehälter können ein sehr interessantes Element darstellen, während Sie darauf warten, endlich Ihren Garten in Angriff nehmen zu können. Hier präsentieren verschiedene Terracottatöpfe und eine verzinkte Mülltonne ein mutiges Display von Grün und Bläulich-violett, das den ganzen Winter über ansprechend sein wird.*

# HERZFÖRMIGES VOGELHÄUSCHEN

**Dieses hübsche Vogelhäuschen entstand aus einem übrig gebliebenen Holzstück und einigen leeren Blechdosen. Beobachten Sie in dem Bewusstsein, dass Sie ein umweltbewusstes Stück geschaffen haben, wie die Vögel Ihr Häuschen benutzen, um darin ihre Jungen aufzuziehen. Achten Sie darauf, dass Sie feste Schutzhandschuhe tragen, wenn Sie mit den Schnittkanten der Blechdosen umgehen, da diese sehr scharf sein können.**

## WERKZEUG UND MATERIALIEN

- Bleistift und Papier für die Schablone
- Schere
- 2 Stück alte Fußbodenleisten oder ein anderes gehobeltes Stück Holz von ca. 150 x 200 mm Länge und 12 mm Stärke
- Laubsäge
- Bohrer und 32 mm Lochsäge
- Beitel
- Dosenöffner
- 4 leere Blechdosen (400 g Größe), gewaschen und getrocknet
- Robuste Schutzhandschuhe
- Blechschere
- Hammer
- Kleine Stiftnägel oder Blauköpfe
- Außenholzkleber
- Zweig, für Stange
- Kleiner Pinsel
- Holzbeize für Außenanwendungen
- Floristendraht
- Tacker

1 *Zeichnen Sie eine symmetrische Herzform auf ein Stück Papier. Schneiden Sie die Form aus, legen Sie sie auf das Holz und zeichnen Sie um die Schablone herum. Wiederholen Sie das Verfahren auch für das andere Stück Holz. Schneiden Sie die beiden Holzherzen mit einer Laubsäge aus.*

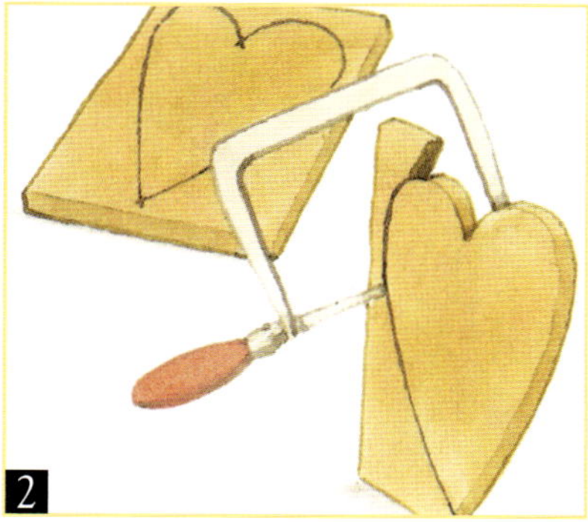
2

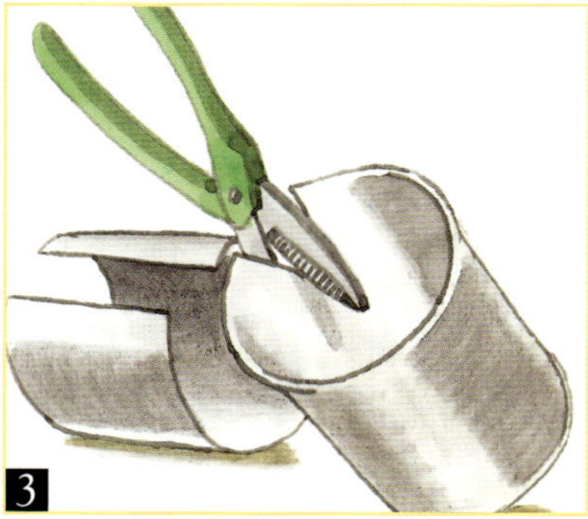
3

2 *Bohren Sie ein Zugangsloch von 32 mm Durchmesser durch die Fläche eines der Holzherzen. Dies wird die Vorderseite des Vogelhäuschens. Stemmen Sie eine grobe Schrägkante um dieses Teil, um sicherzugehen, dass das Blech in Schritt 5 sauber überlappen kann.*

3 *Entfernen Sie den Boden von den Blechdosen mit einem Dosenöffner. Schneiden Sie mit übergestreiften Schutzhandschuhen und einer Blechschere entlang der Seite der Dosen, so dass Sie insgesamt vier Blechteile erhalten.*

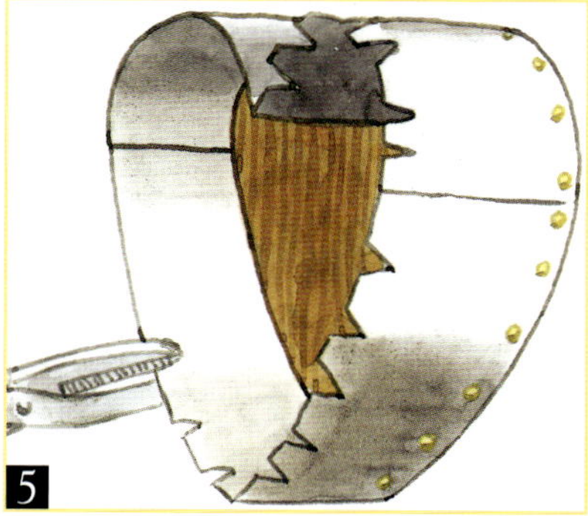
5

4 *Formen Sie die Bleche und halten Sie sie an die Kanten des Holzherzes, das die Rückseite des Häuschens bilden wird. Schlagen Sie kleine Stiftnägel oder Blauköpfe durch die Bleche in das Holz und achten Sie dabei darauf, dass die Bleche an den Kontaktstellen überlappen.*

5 *Schneiden Sie V-förmige Keile in die vordere Blechkante. Legen Sie das Holzherz für die Vorderseite des Häuschens in das gekerbte Blech.*

6 *Falten Sie die Blechzacken über die schräge Kante auf die Vorderseite des Häuschens und befestigen Sie sie um das ganze Herz mit Stiftnägeln oder Blauköpfen.*

7 *Kleben Sie einen kleinen Zweig als Stange unmittelbar unterhalb der Öffnung an der Vorderseite des Vogelhäuschens. Lackieren Sie die Vorder- und Rückseite des Häuschens außen mit einer ungiftigen Holzbeize.*

6

8 *Zum Aufhängen drehen Sie ein Stück Floristendraht zu einer Schlaufe und befestigen Sie es mit einem Tacker an der Rückseite.*

# KATZENSCHEUCHE

**Wenn Katzen plötzlich den funkelnden Augen dieses Eindringlings, der in Ihrer Blumenrabatte lauert, gegenüberstehen, überlegen sie es sich vielleicht noch einmal, bevor sie sich in Ihrem liebevoll gepflegten Blumenbeet niederlassen. Dieses einfache, von der Volkskunst beeinflusste Design wird seit vielen Jahren in Cottagegärten eingesetzt und wirkt dort ebenso gut wie komplexere und teure Katzenschreckversionen. Es ist auf jeden Fall dekorativer und zudem eine entzückende Geschenkidee für einen Gartenfreund.**

## WERKZEUG UND MATERIALIEN

- Bleistift und Papier für die Schablone
- Glas- oder Kunststoffperlen als Augen
- Schere
- 12 mm starkes Abfallstück aus gehobeltem Weichholz
- Laubsäge
- Elektrobohrer plus flache und kleine Bohrköpfe
- Klemme
- Dunkelgraue Akrylfarbe
- Kleine Pinsel
- Akryllack für Außenanstriche
- Floristendraht für Schnurrhaare
- Floristenschere
- Kontaktkleber

*1 Zeichnen Sie einen groben halben Katzenkopf auf ein gefaltetes Stück Papier, so dass Sie eine völlig symmetrische Form erhalten. Die Größe und Form des Katzenkopfes sollte sich nach der Größe der Perlen richten, die Sie als Augen gewählt haben. Schneiden Sie die Kopfform aus.*

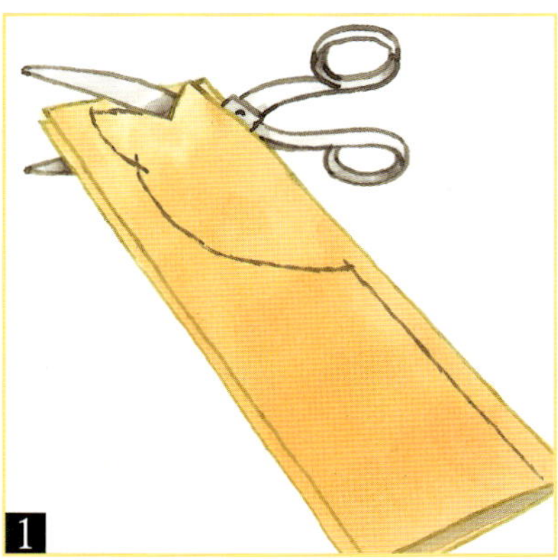

1

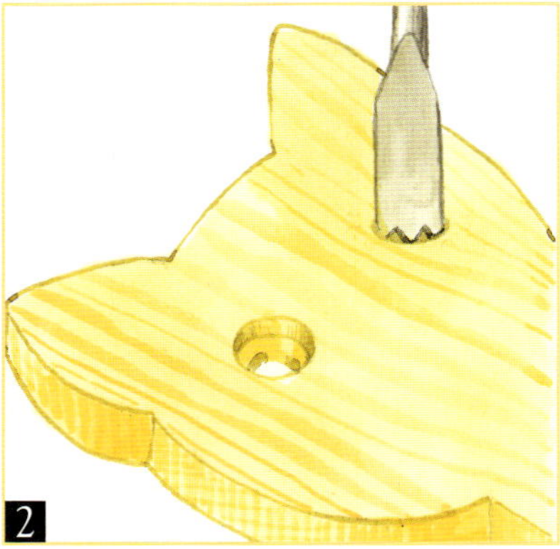

2

*Berücksichtigen Sie dabei einen langen „Stiel", der in den Boden gesteckt wird.*

*2 Zeichnen Sie um die Papierschablone herum, um den Katzenkopf auf ein Stück Weichholz zu übertragen. Schneiden Sie die Form mit einer Laubsäge aus. Bohren Sie die Augenhöhlen mit einem flachen Bohrkopf in der passenden Größe für die verwendeten Perlen.*

*3 Sichern Sie den Katzenkopf in einer Klemme, falls Sie dies als leichter empfinden, und streichen Sie ihn mit der Akrylfarbe zweimal in Dunkelgrau. Nach dem Trocknen der Farbe streichen Sie zweimal mit dem Akryllack nach.*

*4 Nach dem Trocknen des Lacks bohren Sie eine Reihe paralleler kleiner Löcher durch beide „Katzenwangen" für die Schnurrhaare. Schieben Sie den Floristendraht durch jeweils zwei auf gleicher Höhe liegende Bohrlöcher. Arbeiten Sie dabei von der Rückseite zur Vorderseite des Katzengesichts. Trimmen Sie die Barthaare bei Bedarf mit einer Floristenschere auf die korrekte Länge.*

*5 Kleben Sie abschließend die Perlenaugen sicher an und lassen Sie den Kleber trocknen.*

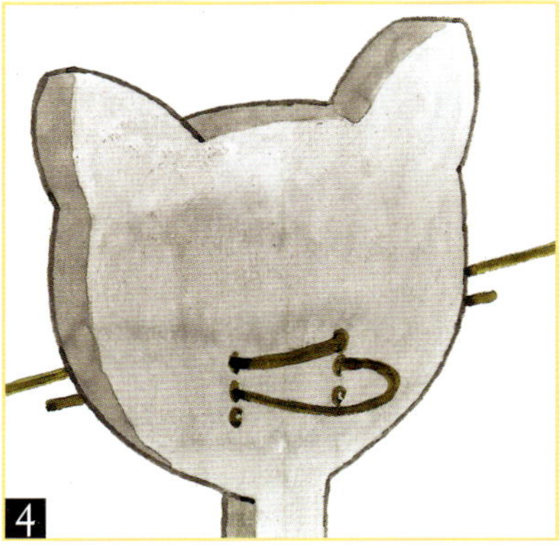

4

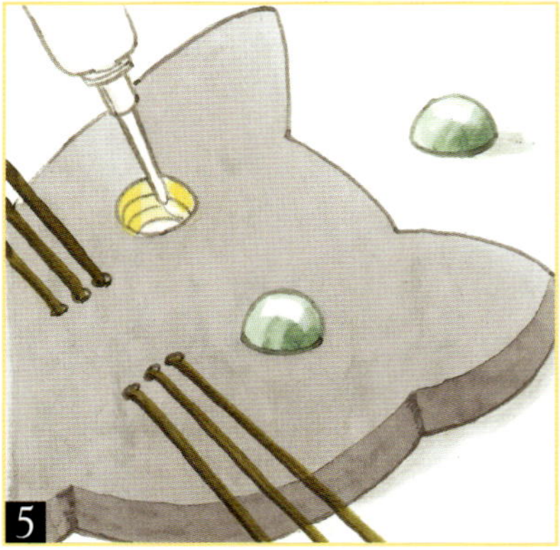

5

# BEVOR SIE ANFANGEN

**Der Weg zum Gärtner ist eine faszinierende Reise. Ihr Garten wird es Ihnen lohnen, dass Sie sich die Zeit nehmen, seine Bedürfnisse zu verstehen.**

---

Die Gartenpflege ist ein so großer Bereich, dass man sich leicht eingeschüchtert fühlen kann. Lassen Sie sich nicht abschrecken. Sammeln Sie Erfahrung, indem Sie über das Thema lesen und Ihren Garten pflegen.

---

Lassen Sie sich nicht durch die Informationsfülle in diesem Buch überwältigen. Schlagen Sie nach, wie Sie bestimmte Probleme lösen können oder wie Sie etwas am besten angehen, bevor Sie ein Projekt planen.

---

Lesen Sie sich den entsprechenden Abschnitt durch, bevor Sie den Gartenfachmarkt besuchen. So könnten Sie viel Geld sparen. Je informierter Sie sind, desto durchdachter werden Ihre Gartenentscheidungen.

# GRUNDTECHNIKEN UND GERÄTE

**Gerade wenn man einen Garten neu plant und anlegt, kann man es mit der Bepflanzung kaum abwarten. Dabei übersieht man leicht die unbeweglichen Elemente. Diese spielen jedoch eine große unterstützende Rolle. Sie bilden ein beständiges Rückgrat, das angemessen installiert und in Stand gehalten werden sollte, wenn der Garten aus jedem Blickwinkel und zu jeder Jahreszeit präsentabel aussehen soll. Zäune, Wege, Auffahrten, Treppenstufen, Schuppen, Sommerhäuser, Spaliere, Bögen, Gazebos, Laubengänge, Frühbeetkästen, Gewächshäuser, Wegeinfassungen, Sitzgelegenheiten und Tische… die Liste ließe sich weiter fortsetzen, und es ist leicht erkennbar, dass der Gesamteindruck des Gartens leidet, wenn diese Elemente nicht angemessen berücksichtigt und gepflegt werden.**

## AUCH WENN SIE ES NICHT IN EIGENARBEIT AUSFÜHREN

SELBST wenn Sie nicht wirklich selbst bauen, lohnt es sich, die damit verbundenen Geräte und Techniken kennen zu lernen, so dass Sie Arbeiten im Garten planen, Material wählen, Arbeiten mit Selbstvertrauen überwachen und Vorbereitungen für weitere Wartungsarbeiten treffen können (wie z. B. die Behandlung von Holzelementen vor und nicht nach Verwitterungsbeginn).

- Lesen Sie möglichst viel über ein Projekt und überlegen Sie sorgfältig, was es umfasst, bevor Sie zum Gartenfachmarkt oder Baumarkt fahren. Die meisten Heimwerkerarbeiten, selbst die kleinsten, profitieren von ein wenig Vorabplanung, wodurch Sie Zeit, Mühe und Geld sparen.
- Überlegen Sie, ob Sie ein Projekt wirklich selbst durchführen können. Das Verlegen einer großen Terrasse ist beispielsweise harte körperliche Arbeit. Wenn Sie an Rückenproblemen leiden, ist es nicht sinnvoll, eine derart anstrengende Arbeit ohne Hilfe durchzuführen. Sie sollten in diesem Fall also lieber einen Fachmann beauftragen.
- Fragen Sie Freunde und Nachbarn, ob sie angesehene Handwerker empfehlen können, und holen Sie eine Reihe vergleichbarer Angebote ein, bevor Sie sich auf einen Preis festlegen. Je informierter Sie sind, desto mehr werden Sie sich als Herr der Lage fühlen. Dies ist besonders wichtig, wenn Sie jemanden mit einem größeren Projekt beauftragen, wie z. B. einer kreisförmigen Auffahrt, die Ihren gesamten Vorgarten vorübergehend in eine schmutzige Baustelle verwandeln wird. Die Durchführung dieser Art von Arbeiten ist unvermeidlich stressvoll und teuer, und Sie werden sich viel besser fühlen, wenn Sie insgesamt wissen, was geschieht und warum.

RECHTS: *Ungewöhnliche Zaunmaterialien setzen sich immer mehr durch, so dass die Schaffung eines sehr individuellen Gartenstils immer einfacher wird.*

## WIE VIEL SOLLTEN SIE AUSGEBEN?

„UNBEWEGLICHE Gartenelemente“ dienen verschiedenen Zwecken – von Zäunen, die Sie und Ihre Pflanzen vor dem Wind schützen, bis hin zu gemauerten Grillanlagen unter Spalieren, die zum Essen im Freien einladen. Wie sehr Sie sich um diese Projekte bemühen und wie viel Sie ausgeben, hängt von einer Reihe von Faktoren ab.

❀ Die wirtschaftliche Notwendigkeit ist ein solcher Faktor, aber Sie sollten auch die Bedeutung eines bestimmten Objekts erwägen – in Bezug auf den Garten als Ganzes sowie auf Sie.

❀ Ein instabiler, röhrenförmiger Rosenbogen ist zweifelslos verlockend günstig und ließe Ihnen Geld für Pflanzen. Wenn Sie den Bogen jedoch an einer auffälligen Stelle im Vorgarten aufstellen, so dass er den Pfad zur Haustür Ihres malerischen Häuschens überspannt, dann tun Sie wenig in Bezug auf Attraktivität und werden mit Ihrer Neuerwerbung vielleicht nie so recht zufrieden sein, vor allem nachdem die Rosen verblüht sind. Erheblich besser ist es in diesem Fall, in eine wirklich attraktive Struktur zu investieren, die sich harmonisch in ihre Umgebung einfügt.

❀ Die sorgfältige Auswahl „unbeweglicher“ Elemente erhöht nicht nur Ihr Vergnügen an Haus und Garten, sondern kann auch eine vernünftige Investition für den Fall darstellen, dass Sie Ihr Haus einmal verkaufen möchten. Umgekehrt kann eine unweise Entscheidung den Wiederverkaufswert Ihres Heimes reduzieren.

❀ Denken Sie darüber nach, ob Sie bei Ihrem Umzug Elemente mit sich nehmen möchten. Wenn Sie wissen, dass Sie Ihr derzeitiges Heim in rund einem Jahr verlassen werden, sollten Sie portable Elemente wählen, es sei denn, Sie bauen sie als Investition ein. Entscheiden Sie sich für einen fahrbaren statt einen gemauerten Grill und einen separaten Teich statt einen dauerhaft installierten.

UNTEN: *Indem Sie die nicht gepflanzten Elemente im Garten mit einfühlsamen Farben versehen, kreieren Sie ganzjährig interessante Aspekte.*

## WERKZEUG

Die Liste der nötigen Werkzeuge für den Heimwerker erscheint sehr umfangreich, aber Sie müssen nicht in alle empfohlenen Geräte investieren. Ein Basis-Werkzeugsatz mit robusten Qualitätswerkzeugen reicht für die meisten Aufgaben aus. Prüfen Sie sorgfältig, was Sie für ein Projekt benötigen, bevor Sie sich darangeben. Nichts ist ärgerlicher, als eine Arbeit halb fertig zu haben, nur um dann festzustellen, dass Sie ein kleines aber sehr wichtiges Werkzeug benötigen, um die Aufgabe fertig zu stellen.

## EIN BASIS-WERKZEUGSATZ

Verwenden Sie immer das für die Aufgabe angemessene Werkzeug. Es ist ebenso sinnlos wie gefährlich, mit einem riesigen Hammer einen winzigen Nagel einschlagen zu wollen, wie zu versuchen, eine alte Terrasse mit einem Klauenhammer zu heben. Beachten Sie die grundlegenden Sicherheitshinweise, wählen Sie das richtige Werkzeug für die anstehende Aufgabe, und Sie ersparen sich viel Frust und minimieren die Verletzungs- und Schadensgefahr. Große Geräte, die Sie nur selten benutzen, lassen sich meist besser mieten als kaufen.

### Hämmer

- Ein Klauenhammer ist nützlich, wenn Sie Nägel oder Stifte entfernen möchten. Ganz besonders hilfreich ist er, wenn Sie Holz von einem alten Projekt wieder verwenden wollen, aber die alten Eisenteile noch daran befestigt sind. Der Hammerteil ist unentbehrlich für eine Vielzahl von Aufgaben, vor allem aber zum Einschlagen von Nägeln.
- Ein Fäustel ist ideal für schwere Arbeiten, wie zum Beispiel zum Aufbrechen alter Pflasterabschnitte oder um Pflöcke in den Boden zu treiben. Vorschlaghämmer sind für noch schwerere Arbeiten konzipiert, wie zum Beispiel, um Pfosten einzuschlagen oder um Beton aufzubrechen.

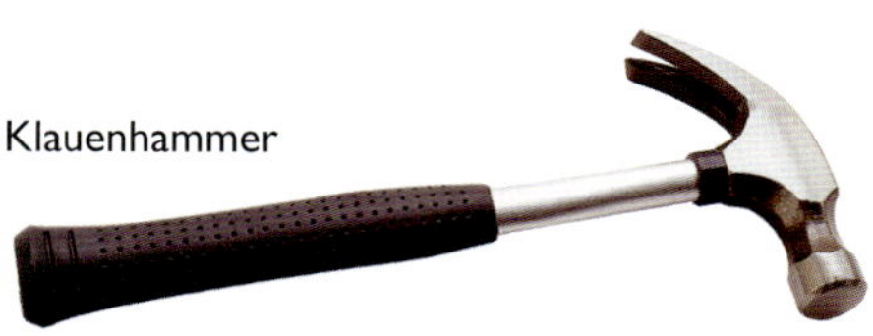

Klauenhammer

### Messinstrumente

- Ein Maßband ist unentbehrlich, und eine Wasserwaage ist sehr wichtig zum Einstellen und Prüfen ebener Flächen. Je nach Anwendung sind unterschiedliche Größen erhältlich. Es kann natürlich schwierig sein, eine normal große Wasserwaage für den Bau auf begrenztem Raum auf eine winzige Halterung für einen hängenden Pflanzbehälter zu legen. Eine kleine Wasserwaage ist für den Werkzeugkasten daher sehr nützlich.
- Kombinationswinkel sind nützlich, da sie Winkel und kürzere Längen messen können. Ein Lot ist praktisch, wenn Sie vertikale Linien finden möchten. Eine Richtschnur hilft nicht nur, gerade Wände zu mauern, sondern sie findet auch im Garten vielseitigen Einsatz. So kann sie beispielsweise als Richtwaage beim Errichten von Zäunen verwendet werden.

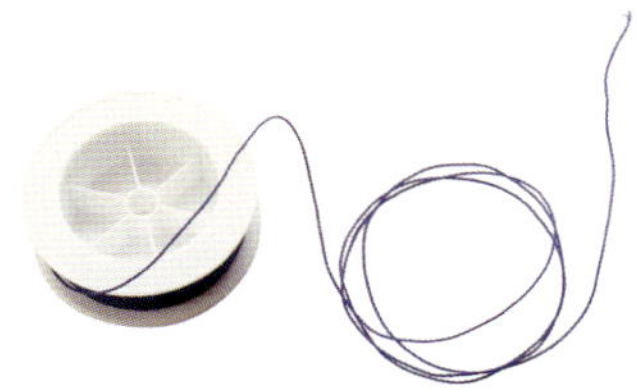

Draht

### Sägen

- Eine Mehrzweck-Paneelsäge ist eine gute Rundumanlage. Mit dieser Säge können Sie Holzlatten sägen – die häufigste Holzschneidearbeit im Garten. Bleche werden am besten mit einer Zapfensäge durchtrennt. Um Metall schneiden zu können, benötigen Sie eine Bügelsäge.

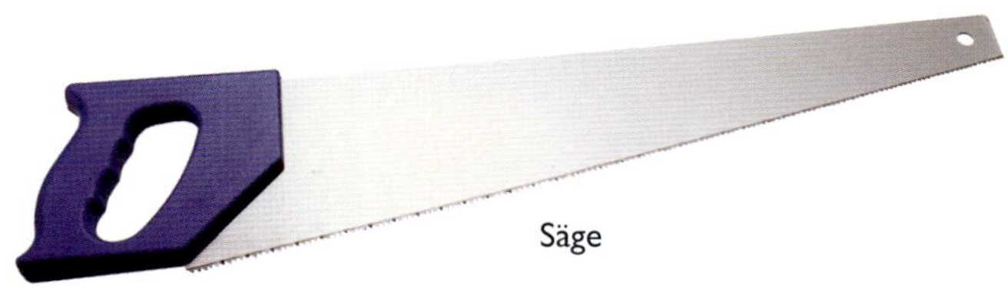

Säge

### Elektrobohrer

- Leisten Sie sich einen Bohrer mit der geeigneten Leistung für die anfallende Arbeit. Billige Bohrer können unglaublich frustrierend sein. Wenn Sie eher zart gebaut und mit Heimwerkerarbeiten nicht vertraut sind, meinen Sie vielleicht, dass ein günstiger, leichter Bohrer mit geringerer Leistung für Sie am besten wäre. Genau das Gegenteil trifft jedoch zu. Bei einem Elektrobohrer sollte der Motor die Arbeit leisten, nicht Sie. Natürlich müssen Sie physisch in der Lage sein, den Bohrer zu halten und zu kontrollieren, aber bei einem guten Modell ist der Motor so stark, dass Sie den Bohrer nicht so lange halten müssen, als wenn Sie versuchen würden, einen schwachen Bohrer mit Gewalt zur Ausführung einer schweren Bohraufgabe zu zwingen. Dabei würde vermutlich nur der Motor vorschnell den Geist aufgeben und Sie relativ rasch erschöpfen. Akkubohrer sind eine gute Erfindung für den Gartenheimwerker. Achten Sie darauf, dass Sie ausreichend Akkus besitzen, damit dem Bohrer nicht nach halb ausgeführter Aufgabe die Antriebskraft ausgeht. Halten Sie Ausschau nach einem Bohrer mit umkehrbarer Drehrichtung und variabler Geschwindigkeitseinstellung, da dies beim Eindrehen von Schrauben sehr praktisch ist.

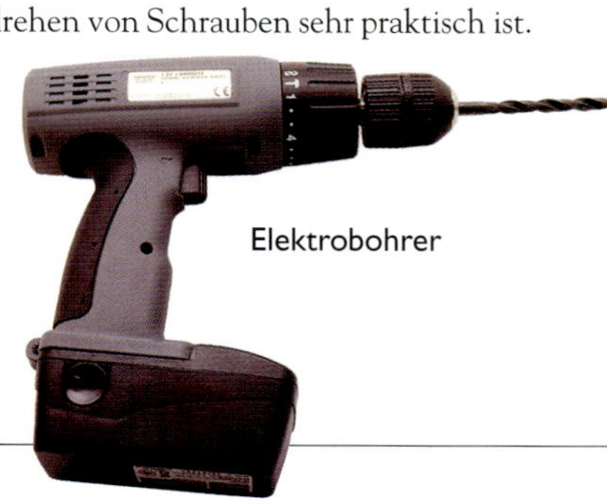

Elektrobohrer

## Eimer

- Ein einfacher Baueimer ist ideal für alle erdenklichen Mischarbeiten. Kaufen Sie den robustesten Eimer, den Sie finden können.

Eimer

## Pinsel

- Kaufen Sie die beste Qualität, die Sie finden. Nichts ist ärgerlicher als billige Pinsel, die ihre Borsten bei der Arbeit verlieren.

Pinsel

## Schraubendreher

- Sie benötigen eine Anzahl verschiedener Schraubendreher für Schrauben mit Schlitz- und mit Kreuzkopf.

## Schaufel

- Zur Bewegung und zum Vermischen loser Materialien benötigen Sie eine Schaufel.

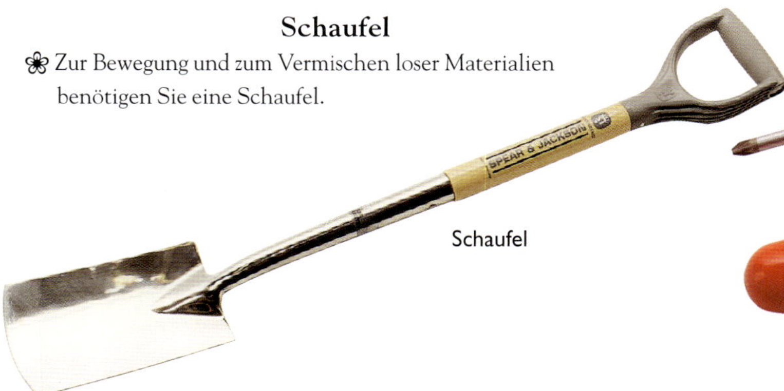


Schaufel

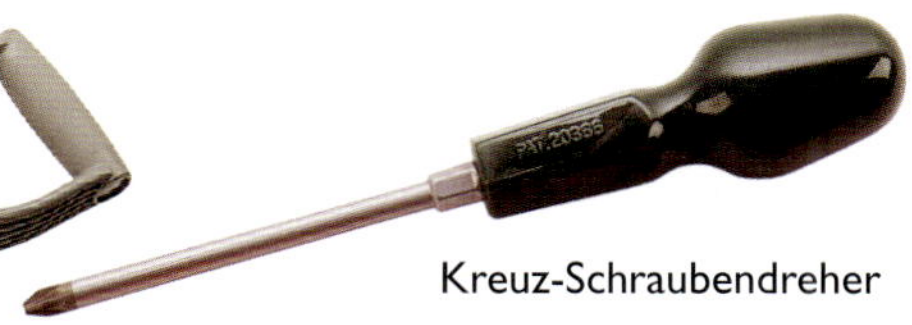

Kreuz-Schraubendreher

Schlitz-Schraubendreher

## Flache Maurerkelle

- Eine flache Maurerkelle wird für Mörtelarbeiten, zum Ausfugen, Mauern und Glätten von Zement benötigt.

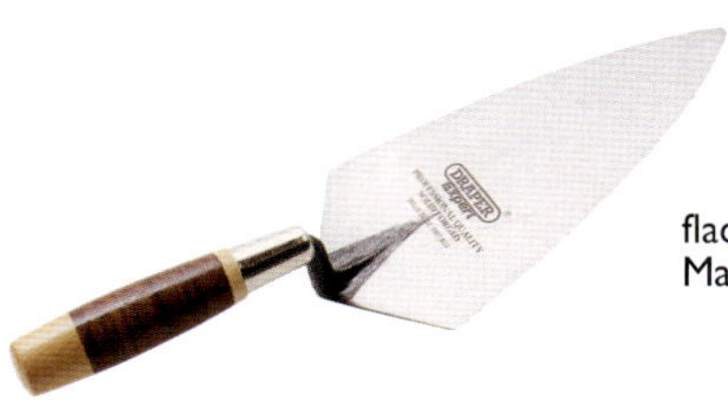

flache Maurerkelle

## Drahtschere/Drahtzange

- Damit können Sie die verschiedensten Drähte im Garten mühelos durchtrennen, ohne dass Sie andere Schneidwerkzeuge benutzen und beschädigen.

Drahtschere/ Drahtzange

## Tragbare Werkbank

- Mit dieser innovativen Werkbank haben Sie auch mitten im Garten eine stabile Arbeitsfläche. Auf einer einfachen Werkbank können Sie Holzstücke fest einklemmen, bevor Sie sie schneiden. Zudem ist die Werkbank mit einer Reihe von Messlinealen versehen.

tragbare Werkbank

# GARTENGERÄTE UND AUSRÜSTUNG

**Selbst für den kleinsten Garten benötigen Sie einige Spezialwerkzeuge und eine besondere Ausrüstung. Bei der riesigen Auswahl, die Sie im Bau- und Gartenfachhandel finden, wird man nur zu leicht zum Kauf unzweckmäßiger Geräte verleitet. Überlegen Sie daher sorgfältig, was Sie benötigen, bevor Sie es kaufen. Welche Auswahl an Geräten Sie benötigen, hängt von der Größe Ihres Gartens und der Art der geplanten Gartenarbeiten ab. So kann ein Garten mit einem riesigen Rasen zum Kauf eines Aufsitzmähers veranlassen, während Sie bei einem kleinen Rasen mit einem erheblich bescheideneren Gerät auskommen. Ebenso wird ein begeisterter Gemüsegärtner eine Reihe von Kultiviergeräten benötigen, während ein Gärtner, der seine Sträucher und Hecken kunstvoll beschneidet, auf Spezialscheren angewiesen ist.**

## DIE WERKZEUGGRUNDAUSSTATTUNG FÜR DEN GARTEN

UNABHÄNGIG von der Größe Ihres Gartens ist die Qualität bei der Auswahl der geeigneten Geräte von größter Bedeutung – unabhängig davon, ob Sie die Geräte zur Bestellung des Gartens, zum Graben, Stutzen oder Schneiden benötigen. Diese Werkzeuge sollen viele Jahre lang regelmäßig im Einsatz bleiben, und es lohnt sich daher, in die beste verfügbare Qualität zu investieren. Eine billige Gabel, die beim ersten Kontakt mit gestampfter Erde verbiegt, ist frustrierend nutzlos und reine Geldverschwendung. Es kann Ihnen widerstreben, große Summen in eine Werkzeuggrundausstattung zu investieren, wenn es im Gartenhandel so viele andere, auf den ersten Blick attraktivere Angebote gibt. Robuste, bequeme und wirksame Werkzeuge werden die wichtigen Gartenaufgaben aber wirklich angenehmer machen.

### Spaten und Gabeln

- Spaten und Gabeln werden Sie regelmäßig benötigen, also wählen Sie unbedingt Modelle, die Sie bequem handhaben können. Sowohl Gabeln als auch Spaten müssen viel heben und bewegen, halten Sie daher Ausschau nach einem Design, das Leichtigkeit mit Stabilität verbindet.
- Prüfen Sie vor dem Kauf sorgältig das Material des Blattes. Edelstahl rostet nicht, ist aber teuer; beschichtete Stahlblätter sind günstiger und halten ebenso lange, wenn Sie sie sauber halten, aber aufgepasst bei unerklärlich billigen Werkzeugen – die Beschichtung ist vermutlich so dünn, dass sie fast sofort absplittert.
- Antihaftbeschichtungen sind erhältlich und erleichtern gewiss das Reinigen des Werkzeugs und Bearbeiten des Bodens, aber sie können sich nach längerem Einsatz abnutzen.
- Wie bei allen Werkzeugen sollten Sie sich vergewissern, dass alle Verbindungsstellen sicher sind – vor allem am Übergang vom Werkzeugblatt zum Schaft, da diese Verbindung bei der Arbeit stark beansprucht wird.

OBEN: *Ein gut ausgestatteter, aufgeräumter Schuppen mit ordentlich verstauten Werkzeugen wird gern benutzt und ist sehr effizient.*

❀ Optimale Festigkeit liefern Werkzeuge, bei denen Blatt und Hals aus einem Metallstück geformt wurden. Der Schaft kann aus Holz oder Metall gefertigt und möglicherweise mit Kunststoff beschichtet sein. Beide Materialien sind im Allgemeinen sehr fest. Holzschäfte haben den Vorteil, dass sie problemlos ausgewechselt werden können und im Winter wärmer sind, selbst im Vergleich zu Metallschäften mit Kunststoffbeschichtung. Achten Sie darauf, dass die Zacken oder Schneidflächen glatt sind, da dies die Arbeit und das Reinigen der Werkzeuge erleichtert.

❀ Auch der Griff kann von Gerät zu Gerät unterschiedlich sein. Probieren Sie daher im Laden ruhig verschiedene Typen aus – in den Formen D, YD und T –, bis Sie ein Modell finden, das gut in der Hand liegt. Die durch eine Spaltung des Schaftholzes erzielte Y-Form ist möglicherweise nicht so robust wie der D-förmige Griff.

❀ Gabeln und Spaten sind in verschiedenen Größen erhältlich – zum Beispiel für Rabatten (klein, mitunter als „Damen"-Spaten/-Gabel bezeichnet), in mittlerer Größe und für Grabarbeiten (meist die größten). Sie brauchen keine komplette Auswahl für die unterschiedlichen Aufgaben. Eine Gabel leistet gute Dienste, wenn Sie schwere Erde wenden, Pflanzen teilen oder umpflanzen, Mulch verteilen, Naturdünger ausbringen und Wurzelgemüse ausheben möchten.

❀ Eine Trittfläche am Spaten erleichtert das Graben und schont das Schuhwerk, macht den Spaten aber auch schwerer und teurer. Wenn Sie nur wenig umgraben müssen, ist ein derartiger Spaten möglicherweise nicht erforderlich. Wählen Sie den Spaten, dessen Blattgröße, Länge und Gewicht sich für Ihren Körperbau am besten anfühlen.

## FRÜHE GÄRTEN

Die frühesten Gärten, die uns durch Bilder belegt sind, wurden vor über 3.000 Jahren in Ägypten angelegt. In Ägypten ist der enge, fruchtbare Streifen des Nils von Wüste umgeben. Die Vorstellung vom Paradies entsprach daher einer eingegrenzten, grünen Oase voller Wasser und Fruchtbarkeit. Wasser entwickelte sich so zum wichtigsten Aspekt des Gartens, sowohl zur Bewässerung als auch als Symbol des Lebensflusses. Alle bewässerten Gartenanlagen in Persien, Arabien und Indien entwickelten sich aus diesen ägyptischen Gartenanlagen. Ihr Einfluss war auch in römischen Gärten spürbar und wurde von zurückkehrenden Kreuzrittern in Europa bzw. von den arabischen Eindringlingen in Spanien eingeführt.

Die 605 v. Chr. angelegten hängenden Gärten von Babylon waren ganz anders. Sie bestanden aus einer Reihe steiler Terrassenanlagen, die mit Bäumen und Sträuchern bewachsen waren. Nebukadnezar II. hatte diese Gärten für seine persische Gattin anlegen lassen, die Heimweh nach den grünen Hügeln ihrer Heimat verspürte. Diese hängenden Gärten waren im Grunde die ersten Dachgärten und galten jahrhundertelang als eines der Sieben Weltwunder.

OBEN: *Diese Darstellung eines Mannes und einer Frau beim Pflügen und Säen zeigen die typische Abgrenzung altägyptischer Gärten durch hohe Bäume. Die Darstellung stammt aus einem Grab in Theben und wird auf rund 1200 v. Chr. zurückdatiert.*

## Handgabeln und Spatel

❀ Dies sind im Wesentlichen Miniaturspaten und -gabeln. Diese Werkzeuge werden für kleinere Arbeiten wie Unkraut jäten, Kultivieren von Steingärten, erhöhte Beete und Pflanzbehälter und zum Teilen von kleinen Knollen und Pflanzen verwendet. Wie bereits bei den anderenWerkzeugen sollten Sie auch hier die beste Qualität wählen, die Sie sich leisten können. Achten Sie darauf, dass die Geräte bequem in der Hand liegen.

❀ Handgabeln haben entweder breite und flache oder aber enge, gerundete Zinken. Die flachen Zinken sind zum Jäten besser geeignet, da sie das Unkraut besser fassen und festhalten; die runden, schmalen Zinken hingegen eignen sich besser zum Bearbeiten des Bodens, da sie ungehindert durch die Erde gleiten. Eine einzige Handgabel mit flachen Zinken reicht für die meisten Gartenarbeiten aus.

## Hacken

❀ Hacken werden zum Unkraut jäten rund um Pflanzen und zum Bestellen des Mutterbodens eingesetzt. Es gibt verschiedene Arten von Hacken. Die beliebte „holländische" Hacke wird wie ein scharfkantiger Löffel verwendet, der entlang der Bodenoberfläche gleitet und Unkraut löst, so dass dieses dann durchtrennt werden kann. Im rechten Winkel zum Boden kann mit der Hacke auch der Mutterboden aufgelockert und gelüftet werden.

❀ Der kleine, scharfe Kopf der Hacke eignet sich auch gut zum Anlegen von Saatrillen und Markieren von Linien. Schwanenhals- oder Ziehhacken, mit denen in einer Hackbewegung Unkraut gejätet wird, sind weniger übliche Hackentypen. Weitere Spezialhacken sind beispielsweise Zwiebel- oder Dreieckshacken.

## Harken

❀ Ein Mehrzweckgerät zur Bodenbearbeitung. Mit nach unten weisenden Zacken können mit einer Harke die Bodenoberfläche aufgebrochen und Steine, Blätter und andere Abfälle aufgelesen werden. Umgedreht kann mit der Harke der Boden geebnet werden. Wählen Sie eine Harke mit einem Kopf in geeigneter Länge für Ihre Körpergröße und die Harkarbeit, die Sie am häufigsten ausführen werden.

❀ Wählen Sie auch die Schaftlänge mit Bedacht. Um Rückenprobleme zu vermeiden, sollten Sie harken können, ohne sich zu bücken. Ein 1,5 m langer Schaft ist für die meisten Personen ausreichend, größere Gärtner werden hingegen möglicherweise einen längeren Griff benötigen. Der stärkste Harkenkopf wird in einem Stück gefertigt, während ein billigerer, genieteter Kopf mit einzelnen, nagelähnlichen Zinken hergestellt wird, die schneller verbiegen oder abbrechen. Ein Rasenrechen ist wiederum ein völlig anderes Werkzeug (siehe S. 38).

Gartenharken

## Gärtnermesser

❀ Das vielseitige Gärtnermesser ist das vielleicht wichtigste Gartenwerkzeug. Damit können Sie Komposttüten öffnen, Zwirn und Rohre auf die richtige Länge zuschneiden, Ableger nehmen, kleine Pflanzen trimmen und Verblühtes entfernen. Ein Kunststoff- oder Holzgriff ist im Winter nicht so kalt wie ein Metallgriff. Wählen Sie eine langlebige Klinge aus C-Stahl, wischen Sie sie nach dem Benutzen trocken und reiben Sie sie mit einem öligen Tuch ab.

❀ Spezialmesser sind beispielsweise Okulier- oder geschwungene Ausputzmesser; bei Mehrzweckmessern sind verschiedene Klingentypen in einen Griff geklappt.

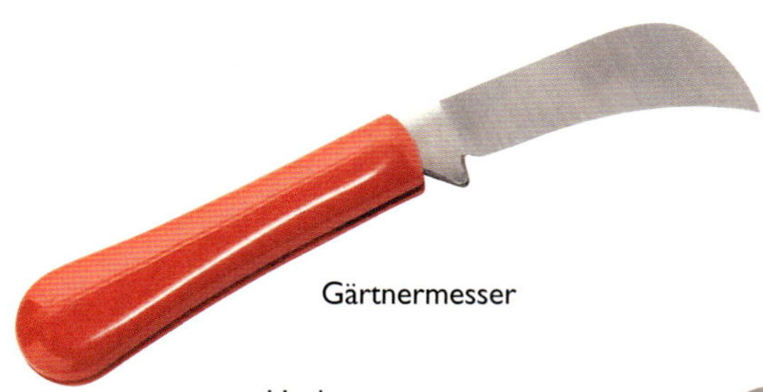

Gärtnermesser

Hacke

## Gartenscheren

- Für Schneidarbeiten, bei denen etwas mehr gefragt ist als das Entfernen abgestorbener Blüten und Ernten, ist eine Schere unentbehrlich. Gute Scheren schneiden sauber und problemlos durch Holzstiele bis zu ca. 1 cm Durchmesser. Dabei müssen die Klingen aber scharf sein, da Sie sonst nur einen ausgefransten Stiel erhalten, der Krankheiten in der Pflanze fördern könnte oder aber den Stängel zusammenquetscht.
- Es gibt eine verwirrende Vielfalt von Scherentypen. Wie immer sind Ihre Hände die beste Orientierungshilfe. Wählen Sie eine Schere für Ihre bevorzugte Schnitthand, da Sie im Handel Scheren für Rechts- oder Linkshänder finden.
- Eine Bypass-Schere ist ein gutes und vielseitiges Werkzeug. Die obere Klinge ist konvex geformt und schneidet in einer Scherenbewegung gegen die schmale, konkave untere Klinge. Dieser Scherentyp ist darüber hinaus bequem für allgemeine Aufgaben. Wenn Sie eine kleine Handspanne oder nicht besonders kräftige Hände haben, wählen Sie eine Ratschenschere, mit der sich dickere Stiele erheblich besser schneiden lassen, da durch die Ratschenwirkung der Schnitt in mehreren kleinen Schritten durchgeführt wird und Sie nicht alle Kraft anwenden müssen, um einen einzigen kräftigen Schnitt auszuführen. Für allgemeine Schneidaufgaben ist die Ratschenwirkung allerdings frustrierend langsam.
- Andere erhältliche Typen sind Rosenscheren und Ambossscheren, die mit einer scharfen oberen Klinge ausgestattet sind, die gegen einen flachen Amboss schneidet. Alle Scheren dieser Art sind mit einer Sicherheitssperre versehen, die man problemlos mit einer Hand aktivieren können sollte.
- Bei der Wahl einer Schere sollten Sie auch bedenken, wie leicht die Klingen geschärft oder ausgewechselt werden können. Reinigen Sie die Klingen nach dem Einsatz, um getrocknete Pflanzensäfte zu entfernen, und wischen Sie die Schere mit einem geölten Tuch ab.
- Zum korrekten Einsatz der Schere sollten Sie den Stiel, den Sie schneiden möchten, stets ganz an die Basis der Klingen halten. So wird der Stiel sicher gehalten, und ein präziser Schnitt lässt sich viel einfacher ausführen. Darüber hinaus wird die Gefahr einer Verschiebung der Klingen reduziert und somit ihre Lebensdauer verlängert.

## Heckenscheren

- Heckenscheren werden zum kunstvollen Beschneiden von Hecken, zum Zurückschneiden von Stauden und zum Trimmen von Hecken und kleinen Flächen mit langem Gras eingesetzt. Einige Heckenscheren sind an der Basis einer Klinge eingekerbt, damit gelegentlich auch harte Stängel durchtrennt werden können. Allgemein sollten diese Heckenscheren aber ausschließlich für Ihre spezifische, leichte „Haarschneide“-Arbeit benutzt werden. Dickere Stängel und Äste sollten Sie mit richtigen Beschneidungswerkzeugen behandeln.
- Eine gute Schere ist leicht, stabil und lässt sich bequem bedienen. Prüfen Sie vor dem Kauf, ob die Schere ausgewogen ist, so dass die Klingen nicht viel schwerer sind als der Griff. Dies würde zu einer schnellen Ermüdung beim Einsatz der Schere führen.
- Wie alle Schnittwerkzeuge sollten Sie auch diese Gartenscheren nach dem Gebrauch reinigen, leicht mit Öl einfetten und regelmäßig schärfen. Spezialscheren, z. B. Formschnittscheren, sind ebenfalls erhältlich.

## Astscheren, Baumbeschneider und Gartensägen

- Äste und Stiele, die über 1 cm stark sind, beschädigen Scheren sehr schnell und sollten daher mit Spezialwerkzeugen durchtrennt werden.
- Astscheren (Gartenscheren mit langem Griff) besitzen durch ihren langen Griff eine zusätzliche Hebelwirkung und Reichweite. So können Sie Triebe bis zu einer Stärke von ca. 2,5 cm und schwer zugängliche Äste problemlos schneiden. Das Gewicht von Astscheren sollte ausgeglichen sein, so dass Sie sie bequem mit ausgestreckten Armen sowie über Kopfhöhe benutzen können.
- Auch Baumbeschneider durchtrennen Äste bis zu einer Stärke von 2,5 cm. Dieses Schnittwerkzeug wird durch einen Hebel oder eine Schnur aktiviert und ist am Ende einer langen Stange (mitunter auch einer ausfahrbaren Stange) angesetzt.

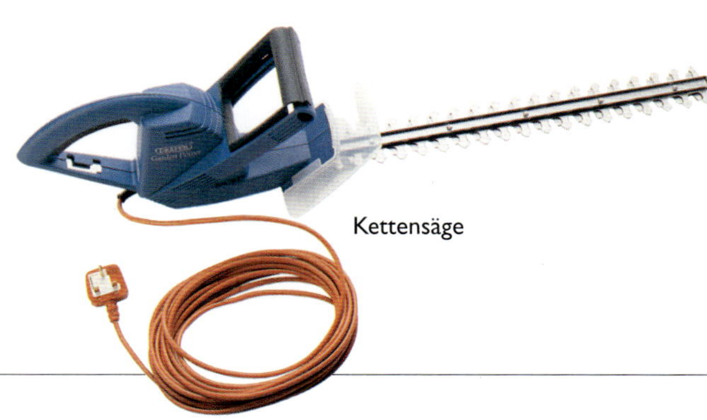

Kettensäge

Gartensäge

❀ Für Zweige mit einer Stärke von mehr als 2,5 cm verwenden Sie eine Gartensäge. Eine Allzwecksäge reicht für die meisten Anforderungen aus. Mit ihrem kleinen, meist nur 46 cm langen Sägeblatt kann sie auch in begrenzten Räumen verwendet werden.

❀ Eine Rebensäge ist mit einem geschwungenen Sägeblatt versehen, das nur beim Ziehen schneidet – dies ist besonders bei Schnittarbeiten in eingeengten Bereichen nützlich. Eine kleine, faltbare Gartensäge ist ideal für Gärten mit begrenztem Stauraum und wenig Schneidaufwand. Dieser Sägentyp ist allerdings nicht so stark und effektiv wie eine Bügelsäge, die selbst dicke Äste schnell durchtrennt.

❀ Alle Sägetypen sollten mit wärmebehandelten Zähnen mit harter Spitze versehen sein, die härter sind und länger scharf bleiben als normale Sägeblätter. Sie müssen aber nach wie vor regelmäßig geschärft werden, um wirklich wirkungsvoll zu bleiben.

## WEITERE GARTENGERÄTE

NEBEN diesen unerlässlichen Bodenbearbeitungs-, Grab-, Trimm- und Schnittgrundwerkzeugen benötigen Sie Tragegeräte, wie Körbe und Eimer, sowie Geräte zum Gießen und zum Vermehren von Pflanzen, beispielsweise ein Gartensieb, Blumentöpfe, Schnüre, Pflanzenetiketten und Rohrstöcke.

### Tragegeräte

❀ Eine zusammenklappbare Schubkarre bietet sich an, wenn der Aufbewahrungsplatz begrenzt ist. Diese Schubkarren sind allerdings nicht so robust wie herkömmliche Schubkarren, und ihr Material kann bei einem unvorsichtigen Umgang beschädigt werden.

❀ Wählen Sie eine Schubkarre mit ausgeglichener Gewichtsverteilung, bei der die Last in erster Linie über dem Rad sitzt, nicht zu den Griffen hin. So lässt sich die Schubkarre besser bewegen. Karren aus Metall haben eine längere Lebensdauer als solche aus Kunststoff. Für die meisten Gärten ist eine verzinkte, herkömmliche Schubkarre eine gute Allround-Option.

❀ Für sehr schwere Lasten oder auf unebenem Boden federt eine Kugelradkarre die Last und lässt sich leichter schieben. Die Kugel kann aber schnell einen Platten bekommen.

❀ Sperrige, aber leichte Lasten, wie z. B. geschnittene Hecken, können problemlos auf flachen Folien und in großen Tüten gesammelt und befördert werden. Diese lassen sich anschließend falten und überall aufbewahren. Achten Sie auf Folien aus gewobenem Kunststoff-Maschengewebe mit robusten Griffen, da sich diese nicht so schnell abnutzen wie normaler Kunststoff.

### Schlauch und Gießkanne

❀ Der einfache Schlauch zählt zur unentbehrlichen Gartenausstattung. Wenn Sie den Schlauch nicht sauber auf einer Rolle lagern, kann er leicht Knicke oder Löcher erhalten, oder jemand könnte darüber stolpern.

❀ Es gibt viele Schlauchvarianten, wie zum Beispiel den bequemen Durchflusstyp, bei dem das Wasser auch dann noch fließen kann, wenn der Schlauch aufgerollt ist. Entleeren Sie einen Schlauch, der an einen Wasserhahn im Freien angeschlossen ist, stets, und bewahren Sie ihn über den Winter nicht im Freien auf.

Schlauch

Schubkarre

Gießkanne und Brause

## RASENGERÄTE

Welche Geräte Sie für Ihren Rasen kaufen, hängt von der Größe und Struktur des Rasens ab, ob er am Hang liegt oder eben ist, ob komplizierte Kurven und Ecken zu navigieren sind oder ob er einfach rechteckig ist, sowie davon, welche Art von Rasen Sie wünschen – eine wilde Wiese oder einen elegant gestreiften englischen Rasen. Ersterer muss nur ein- oder zweimal im Jahr getrimmt werden. Eine Sichel oder ein elektrischer Rasentrimmer reichen dafür vermutlich aus. Die Wahl der geeigneten Geräte hängt auch davon ab, wie viel Zeit und Geld Ihnen zur Verfügung stehen.

### Rasenmäher

- Handrasenmäher sind heute selten geworden, und dabei sind sie herrlich leise, wartungsfreundlich und für kleine Rasenflächen noch immer eine überlegenswerte Option.
- Elektro- oder Benzinspindelmäher sind schwer, und die Arbeit mit ihnen ermüdet, aber sie schaffen den sauberen, kurzen Schnitt, der für einen Luxusrasen gewünscht wird. Sie müssen in gutem Zustand gehalten werden und eignen sich vor allem für Personen, die gerne Zeit und Energie auf ihren Rasen verwenden.
- Der bekannteste Elektrorasenmäher ist vermutlich der elektrische Luftkissenmäher, der auf einem Luftkissen über den Rasen gleitet. Er ist leicht, einfach und schnell zu benutzen, erzeugt aber keine so kurzen Schnitte wie der Spindelmäher und ist nicht zu empfehlen, wenn Sie einen wirklich einwandfreien, symmetrischen Rasen kultivieren möchten.

- Eine hochwertige Gießkanne aus Metall mit abnehmbarer Brause hält viele Jahre. Verwenden Sie stets eine gesonderte Gießkanne zum Auftragen von Unkrautvertilgungsmitteln, Wegefrei und anderen giftigen Substanzen, die andere Pflanzen beschädigen könnten, wenn sie mit sauberem Wasser in Verbindung kämen. Investieren Sie in eine billige Kunststoffgießkanne, die Sie nur für diesen Zweck verwenden.

### Kniematte

- Eine gepolsterte Kniematte ist für Gartenfreunde jeden Alters von unschätzbarem Wert. Sie ist günstig und lässt sich leicht aufbewahren.
- Etwas teurer und größer ist der Knierahmen, der den zusätzlichen Vorteil von stützenden Griffen bietet, die das Aufstehen und Hinknien erleichtern.
- Ein derartiger Rahmen ist die perfekte Wahl für ältere Gartenbesitzer oder auch jeden Gärtner mit Rückenproblemen. Umgedreht ergibt dieser Rahmen einen praktischen Hocker.

Kniematte

Luftkissenmäher

Spindelmäher

### Geräte für Rasenkanten und zur Rasenpflege

- Sie werden häufig übersehen, und doch verleihen Geräte zur Behandlung von Rasenkanten einem Rasen den letzten Schliff und lohnen durchaus die Investition.
- Ein Abkanteisen ist ein unentbehrliches Hilfsmittel, um unebene Kanten, an denen der Rasen an eine Rabatte grenzt, zu schneiden. Für das lange, ungleichmäßig wachsende Gras an den Rasenkanten benötigen Sie eine Gartenschere mit langem Griff.
- Elektro- oder Benzin-Rasentrimmer sind mit einer sich schnell drehenden Nylonschnur versehen, die Gras und Unkraut durchtrennt. Diese Geräte eignen sich besonders für kleine Bereiche.
- Elektrische Rasentrimmer sind günstiger und leichter als die entsprechenden Benzinversionen, benötigen aber eine nahegelegene Stromquelle und können nicht in nassem Gras eingesetzt werden.
- Ein fächerförmiger Federzinkenrechen mit Drahtkopf ist zum Entfernen von Moos und Blättern vom Rasen sowie zum Lüften des Rasens zu empfehlen.

### Werkzeugpflege

- Regelmäßiges Reinigen und regelmäßige Pflege sind das A und O eines langen Werkzeuglebens. Stumpfe Klingen verletzen darüber hinaus empfindliche Pflanzengewebe, und schmutzige Werkzeuge funktionieren einfach nicht so gut wie saubere. Ein mit verkrustetem Schmutz bedeckter Spaten kann nicht so effektiv in den Boden stechen wie ein sauberer, so dass das Graben noch schwieriger wird. Sand dringt zudem in Gelenke und Drehpunkte ein, führt zu einem Verklemmen von beweglichen Teilen und verhindert einen effektiven Kontakt der Klingen.
- Reinigen Sie alle Werkzeuge nach dem Einsatz und wischen Sie Metallflächen mit einem in Öl getränkten Tuch ab, um sie vor Rost zu schützen.
- Wischen Sie Elektrogeräte sauber, und trocknen Sie sie vor der Lagerung gründlich. Lassen Sie diese Geräte regelmäßig warten – es hilft, wenn Sie ein Etikett mit dem Datum der letzten Wartung und einem Hinweis auf die nächste am Griff anbringen.

## SICHERHEIT IM GARTEN

WERDEN bestimmte Sicherheitsgrundregeln nicht beachtet, kann sich der Garten in eine gefährliche Umgebung verwandeln. Vor allem die Augen sind gefährdet, so dass das Tragen einer Schutzbrille empfohlen wird. Denn bei Arbeiten wie dem Beschneiden von Hecken und Rasenmähen stellen nicht nur die Geräte selbst eine Gefahr dar, sondern auch spitze Zweige, durch den Rasenmäher emporgeschleuderte lose Steine und andere natürliche Bruchstücke, die sich bei derartigen Arbeiten unerwartet bewegen können.

Elektrischer Rasentrimmer

Rasenmäher

- Unfälle können auch durch im Garten achtlos herumliegende Werkzeuge – insbesondere Geräte mit langem Griff – hervorgerufen werden. Wenn Sie beispielsweise auf den Kopf einer vergessenen Harke treten, schnellt der Griff mit verblüffender Kraft und Geschwindigkeit hoch. Ein aufgeräumter Garten ist daher ein sicherer Garten.
- Tragen Sie bei der Gartenarbeit und insbesondere beim Rasenmähen nach Möglichkeit feste Stiefel. Im Handel finden Sie auch ein breites Angebot an Gartenhandschuhen, von denen Sie vielleicht mehr als ein Paar benötigen – ein relativ leichtes Paar beispielsweise für leichte Jätarbeiten und ein festeres Paar zum Stutzen eines großen, dornigen Strauches.

### Sicherheit mit Elektrogeräten

- Verwenden Sie Elektrowerkzeuge niemals bei feuchtem Wetter. Achten Sie darauf, dass die Geräte sorgfältig gewartet und instand gehalten werden, und überprüfen Sie regelmäßig Kabel und Anschlüsse, um sicherzustellen, dass sich diese in gutem Zustand befinden.
- Statten Sie alle Elektrogeräte mit einem Reststromgerät aus, das den Stromkreis bei einer Unterbrechung des Schaltkreises abschaltet (beispielsweise wenn Sie versehentlich über das Kabel des Rasenmähers fahren).

## VORBEREITUNG VON WERKZEUGEN FÜR DIE LAGERUNG IM WINTER

1 *Alle Werkzeuge sollten vor dem Winter angemessen gewartet werden, damit sie in den arbeitsreichen Frühjahrsmonaten einsatzbereit sind. Entfernen Sie lose Teilchen und verkrustete Erde von Klingen, Mechanismen und Griffen.*

2 *Überprüfen Sie Befestigungen und bewegliche Teile und ziehen Sie Teile, die sich im Sommer und Herbst allmählich gelockert haben, wieder fest an.*

3 *Schmieren Sie Teile, die sich nicht mehr frei bewegen. Schärfen Sie Werkzeuge oder lassen Sie sie von einem Fachmann schärfen.*

1

2

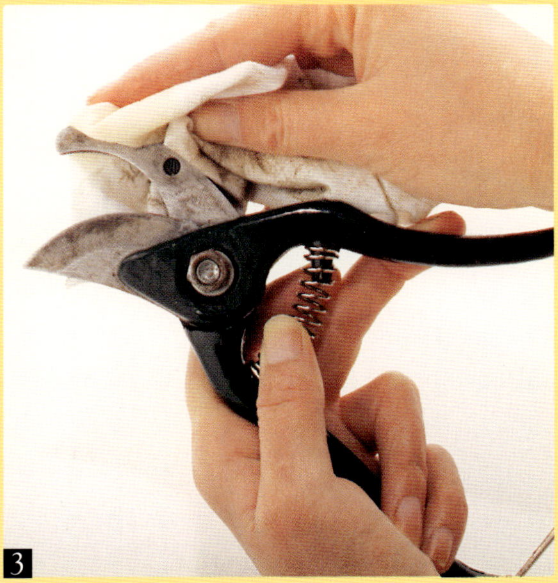

3

## GRUNDBAUSTOFFE

KAUFEN Sie stets die hochwertigsten Materialien, die Sie sich leisten können. Heimwerkerarbeit ist günstig und eine sehr befriedigende Art, die festen Elemente eines Gartens herzustellen. Aber Heimwerken ist nicht immer eine schnelle Angelegenheit, berücksichtigen Sie daher also auch Ihre Zeitinvestition und verwenden Sie haltbare und ansprechende Materialien. Behandeln Sie alle Oberflächen zunächst mit Holzschutzmitteln und halten Sie sie angemessen instand. Was nutzt es, wenn Sie mit viel Zeitaufwand und Mühe eine beeindruckende Gazebo anfertigen, wenn Sie unbehandeltes Holz von schlechter Qualität verwenden, so dass die ganze Struktur binnen enttäuschend kurzer Zeit zusammenbricht.

Holz ist ein wichtiges Material für den Gartenheimwerker, das beispielsweise beim Bau von Zäunen, Toren, Bauten, Pflanzenstützen, Abdeckungen, Stufen und Laubengängen eingesetzt wird. Kaufen Sie nur Holz aus wieder aufgeforsteten Wäldern. Wieder verwertetes Holz wie Eisenbahnschwellen wird immer beliebter und bietet eine wirtschaftlich und ökologisch sinnvolle Alternative zu neuem Holz.

### Weichholz

- Weichholz wie Fichte oder Kiefer ist im Allgemeinen weicher und leichter als Hartholz. Aufgrund ihrer Struktur lassen sich diese Holzarten einfacher schneiden und nageln, so dass sie günstiger und leichter zu bearbeiten sind. Weichholz ist ungehobelt oder glatt gehobelt in einer Vielzahl von Stärken und Breiten erhältlich. Für Außenanwendungen sollten Sie stets ein mit Tanalith druckimprägniertes Weichholz verwenden. So erhalten Sie einen erheblich wirksameren Schutz vor Witterungseinflüssen, als wenn Sie ein nur oberflächlich wirksames Holzschutzmittel verwenden.
- Einige Weichholzarten wie Lärche und Virginischer Wacholder sind von Natur aus erheblich witterungsfester als andere Holzarten und daher auch teurer.

### Hartholz

- Hartholz wird von breitblättrigen Laubbäumen wie Teak, Mahagoni oder Eiche geschnitten. Im Allgemeinen ist Hartholz dichter und härter als Weichholz und dadurch auch schwieriger zu schneiden und zu bearbeiten. Dafür ist es auch weitaus verwitterungsfester und langlebiger als Weichholz und eignet sich daher ausgezeichnet für Gartenprojekte – vor allem, wenn die schöne Holzmaserung ein wichtiges Designmerkmal darstellt (wie bei einem Laubengang oder einem Gartentisch). Iroko ist ein beliebtes Hartholz, das ebenso abnutzungsbeständig wie Teak ist, dafür aber erheblich günstiger (wenn auch strukturell nicht ganz so gleichmäßig).

### Verarbeitetes Holz

- Kunstholz wird aus Holzspan oder -staub hergestellt, der mit Harz oder Klebemitteln vermischt und so gebunden wird. Diese Platten sind sehr fest und günstig und erfreuen sich daher seit einiger Zeit immer größerer Beliebtheit. Achten Sie aber darauf, dass Sie Typen verwenden, die speziell für Außenanwendungen hergestellt wurden.

## HOLZBEHANDLUNG

WEICHHOLZ verrottet leicht im Garten, vor allem, wenn es über längere Zeit mit dem Boden in Kontakt ist. Wenn Sie sich für Weichholz entscheiden, sollten Sie nur druckbehandeltes Holz kaufen. Wenn dies nicht möglich ist, behandeln Sie das Holz selbst. Wählen Sie eine wetterbeständige Anstrichmethode oder ein Holzschutzmittel.

UNTEN: *Durch lebhafte Farben können Sie den Spielbereich für Kinder fröhlich gestalten.*

UNTEN: *Laubengänge sind auch unbepflanzt ein Blickfang im Garten und lassen sich dabei relativ einfach bauen und installieren.*

Holzschutzmittel sind in einer breiten Palette von Farben und Finishes erhältlich, darunter auch transparent oder in Hartholzfarben. Daneben finden Sie auch offensichtlich synthetische und dabei durchaus ansprechende Farbschattierungen wie Blau und Lavendel.

## Behandlung

- Die meisten Konservierungsmittel werden einfach aufgestrichen. Für neues Holz empfiehlt es sich jedoch, es mindestens eine Stunde lang in ein geeignetes Behandlungsmittel zu tauchen. Bauen Sie ein provisorisches Behandlungsbad aus Plastikfolien, die Sie durch aufgeschichtete Ziegel festhalten.
- Wenn Sie Holzschutzmittel auf eine Konstruktion auftragen, die in direktem Kontakt mit Pflanzen steht, vergewissern Sie sich, dass das verwendete Mittel nicht schädlich für Pflanzen ist. Ergreifen Sie die geeigneten Sicherheitsvorkehrungen, bevor Sie toxische bzw. entflammbare Behandlungen auftragen. Arbeiten Sie in einem gut belüfteten Bereich. Dieser Rat mag Ihnen überflüssig erscheinen, da Sie ja im Garten arbeiten, aber schlechtes Wetter könnte Sie zwingen, die Arbeiten in einer geschlossenen Garage oder einem Außengebäude durchzuführen, wo die Dämpfe nur zu leicht gefährliche Konzentrationen erreichen.
- Tragen Sie beim Umgang mit Schadstoffen Schutzhandschuhe, eine Schutzbrille und Gesichtsschutz und sorgen Sie für eine gute Frischluftzufuhr. Essen und trinken Sie nicht, während Sie mit Chemikalien arbeiten.
- Umweltfreundliche Produkte auf Wasserbasis sind ebenfalls erhältlich. Leider sind die meisten Mittel, die eine wirklich effektive, lang andauernde Wetterbeständigkeit erzielen, aber nach wie vor Produkte auf Öl- oder Spiritusbasis (und daher geruchintensiv und toxisch).

UNTEN: *Behandelte Holzzäune sehen nicht nur ansprechender aus, sie sind auch besser vor Verwitterung geschützt.*

# DAS KLIMA

**Das in Ihrem Garten vorherrschende Klima entscheidet ganz erheblich darüber, was wachsen und gedeihen wird. Einige Pflanzen tolerieren zwar ein Klima, für das sie nicht ideal geeignet sind, sie werden in einer solchen Umgebung aber nie ihr volles Potenzial entwickeln. Wenn Sie beispielsweise eine Pflanze, die einen sonnigen Standort mag, in den Schatten setzen, wird sie nicht so üppige Blüten entwickeln und sich in dem Versuch, die Sonne zu finden, möglicherweise unregelmäßig ausbreiten. Wenn Ihr Garten sehr schattig ist, wäre es besser, die entsprechenden Pflanzen zu wählen. Natürlich umfasst das Klima weitaus mehr als nur Sonnenlicht: Es ist eine komplexe Verbindung von Temperatur, Luftfeuchtigkeit und Wind, und all diese Faktoren wirken sich auf die Pflanzenwahl des Gartenbesitzers aus.**

### Allgemeines Klima

❀ Das allgemeine Klima ist das in Ihrer Gegend vorherrschende Klima. Es hängt vom Breitenkreis, der Nähe zum Meer und der vorherrschenden Windrichtung ab. Der Breitenkreis wirkt sich auf die Temperatur aus, so dass Gärten in südlichen Ländern wärmer als solche in nördlichen Ländern sind. Mit zunehmender Höhenlage fällt die Temperatur, und Regen und Windgeschwindigkeit nehmen zu. Auch die Nähe zum Meer erhöht den Niederschlag und senkt die Temperaturen.

### Lokales Klima

❀ Das lokale Klima beschreibt das Klima in Ihrem Garten. Das allgemein vorherrschende Klima kann sich in Ihrem Garten durch diverse Faktoren verändern. Wenn Sie eigentlich in einer sehr windigen Gegend wohnen, Ihr Garten aber von Büschen und Bäumen umgeben ist, wird der Wind in Ihrem Garten erheblich weniger wehen als außerhalb des Gartens.

### Mikroklima

❀ Mit Mikroklima wird ein wiederum anderes Klima innerhalb Ihres Gartens bezeichnet – das Klima, das einen bestimmten Bereich Ihres Gartens kennzeichnet. Es hört sich zwar sehr kompliziert an, wenn man davon spricht, „das Mikroklima zu verstehen und zu manipulieren“, aber das Prinzip ist im Grunde ganz einfach: Berücksichtigen Sie bei Ihrer Pflanzplanung das bestehende Mikroklima. So erzielen Sie die besten Ergebnisse. Ziehen Sie beispielsweise Obstbäume entlang einer sonnigen Südwand oder einem Zaun. Der Baum absorbiert die Wärme der Sonne, die auch in der Wand gespeichert und möglicherweise durch die Wärme des Hauses erhöht wird. So wird der Obstbaum herrliche Blüten treiben und eine reiche Fruchternte liefern. Eine Pflanze, die einen schattigen Standort bevorzugt, würde hier hingegen nicht gedeihen.

❀ Sie können aber nicht nur in Harmonie mit dem Mikroklima pflanzen, sondern es auch ändern und nutzen. Wenn die Sonne beispielsweise nur auf einen bestimmten Teil des Gartens fällt und dort vielleicht in merkwürdigem Winkel scheint und nicht den Boden erreicht, könnten Sie mit einem erhöhten Beet (möglicherweise mit einer Stütze dahinter, die die Wärme noch stärker absorbiert und reflektiert) hier sonnenanbetende Blumen, Gemüse- und Obstpflanzen mit Erfolg ziehen.

UNTEN: *Wenn Sie in einer Gegend leben, in der es häufig schneit, wählen Sie entsprechend robuste Pflanzen, die auch dem schlimmsten Frost im Winter standhalten.*

OBEN: *Pflanzen, die in der Natur an ein warmes Klima gewöhnt sind, entfalten sich im Garten nur an einem ähnlich sonnigen und trockenen Standort optimal.*

### Temperatur und Luftfeuchtigkeit

❀ Die Temperatur und Luftfeuchtigkeit sind für das Pflanzenwachstum wichtige Faktoren. Einige Pflanzen gedeihen nur in einer warmen Umgebung mit hoher Luftfeuchtigkeit. Setzen Sie daher nur geeignete Pflanzen an trockene und heiße Flecken. Bei sehr heißem Wetter keimen einige Pflanzen nicht, und da der Boden schnell austrocknet, kann das Umsetzen von Pflanzen schwierig sein. Niedrige Temperaturen bringen andere Probleme mit sich, wobei Frost das gravierendste ist.

### Frost

❀ Frost ist ein Wetterphänomen, dessen sich die meisten Gärtner schnell und mit Besorgnis bewusst werden. Vor allem im späten Frühling ist Frost für den Garten grausam. Wenn die Pflanzen gerade beginnen, aktiv zu wachsen, wenn neue Triebe sprießen und sich Knospen zeigen, kann unerwarteter Frost sie vernichten oder schweren Schaden anrichten. In den Pflanzenzellen bilden sich dann Eiskristalle. Wenn der Zellsaft auftaut, dehnt er sich aus, und wenn dies zu schnell passiert, spaltet sich die Zellwand. Empfindliche (d. h. nicht frostbeständige) Pflanzen leiden natürlich am meisten oder können durch den Frost ganz getötet werden. Halb winterfeste Pflanzen sind nicht ganz frostbeständig. Es ist möglich, dass sie Temperaturen unter Null Grad standhalten, es muss aber nicht sein. Um sicherzustellen, dass eine bedingt winterharte Art den Winter in Ihrem Garten überlebt, sollten Sie sie an ihrem Standort schützen oder aber an einen geschützten Ort bringen. Häufig vermehren Gartenbesitzer Pflanzen vor dem Winter, um sich gegen den Verlust von Pflanzen durch Frost abzusichern. Selbst so genannte winterharte Pflanzen können gefährdet sein, wenn sich in den Spitzen neues Wachstum regt. Bei sehr strengem Frost kann sich die Rinde von Gehölzen spalten.

❀ Im Frühjahr beobachtet jeder Gartenliebhaber das Wetter genau, um den magischen Moment zu ermitteln, in dem wirklich keine Frostgefahr mehr besteht und Sommerpflanzen und empfindliche Gemüsesorten ausgepflanzt werden können. Es ist eine große Enttäuschung, wenn gesunde junge Pflanzen, ob in einem Gartenbetrieb gekauft oder selbst liebevoll von Samen oder Ablegern gezogen, schwarz werden, verschrumpeln und durch einen einzigen späten Frost möglicherweise völlig zerstört werden. Der einzige Trost ist, dass jeder Gartenbesitzer wenigstens einmal von diesem Unglück heimgesucht wird. Hören Sie nach dem Auspflanzen auf die Wettervorhersagen und achten Sie vor allem gegen Abend auf das Wetter. Wird Frost vorhergesagt, schützen Sie Ihre Pflanzen entsprechend. Allgemein ist zu empfehlen, mindestens noch eine Woche zu warten, nachdem Sie meinen, dass dem Auspflanzen jetzt nichts mehr im Wege steht.

❀ Frost kann auch die Wurzeln der Pflanzen angreifen, die Erde lockern und Pflanzen aus dem Boden heben, wo die bloß liegenden Wurzeln durch niedrige Temperaturen und trockenen Wind geschädigt werden können. Halten Sie nach einem Frost Ausschau nach gelockerter Erde und festigen Sie die betroffenen Pflanzen wieder.

UNTEN: *Tropische Pflanzen brauchen einen Standort ähnlich ihrer natürlichen Heimat: feuchten, fruchtbaren Boden und viel Sonne.*

OBEN: *Machen Sie sich mit Ihrem Garten in jeder Jahreszeit vertraut: Ein kühler, schattiger Fleck kann sich im Winter als Frostfalle entpuppen.*

OBEN: *Ein wunderschöner Garten ist gut bewässert. Bei längeren Trockenzeiten müssen Sie sich daher auf einige Arbeit gefasst machen.*

### Frostlinsen

❀ Kalte Luft ist schwer und fällt. Und weil sich Frost somit stets am tiefsten Punkt sammelt, bildet sich dort ein Bereich, in dem alle mit Frost verbundenen Gefahren leicht auftreten können. Tiefliegende Stellen wie Täler und das Land am Fuß von Abhängen sind solche potenziellen Frostlinsen. Wenn die kalte Luft, die sich in einem Tal bildet, nicht frei entweichen kann, wird sie gezwungen, wieder den Abhang hinaufzusteigen und vergrößert so das Gebiet der potenziellen Schäden. Wenn die einen Abhang hinabgleitende kalte Luft auf ein festes Hindernis stößt, wie z. B. einen Zaun oder eine Reihe dicht zusammenstehender Bäume, so bildet sich davor eine Frostlinse. Dünnen Sie die Bäume aus oder entfernen Sie das Hindernis, damit die kalte Luft entweichen kann. Empfindliche Pflanzen sollten nicht an diese Standorte gesetzt werden, es sei denn, Sie sind bereit, sie zu schützen.

### Regen

❀ Wasser ist für das Überleben der Pflanzen grundlegend. Es ist der Hauptbestandteil von Zellsaft und wird zur Photosynthese benötigt – den Prozess, durch den Pflanzen Nahrung erzeugen und Nährstoffe transportieren. Damit Samen keimen, sich Triebe, Wurzeln, Früchte, Blumen und Blätter entwickeln können, ist ein beständiger Nachschub von Wasser erforderlich. Die meisten Gartenpflanzen beziehen ihr Wasser in erster Linie durch Niederschlag.

❀ Neben Frost ist Trockenheit die zweite Wetterbedingung, die Gartenbesitzer vermutlich am meisten fürchten und auf die sie bei der Gartenpflege wohl am meisten achten müssen. Dürre ist eine längere Zeit – in Deutschland spricht man davon meist nach 15 Tagen – ohne Regen. Pflanzen können aber bereits nach erheblich kürzerer Zeit leiden, vor allem, wenn sie erst vor kurzem gepflanzt wurden. Besonders im Sommer sollten Sie Ihre Pflanzen daher bei trockenem Wetter ausreichend gießen. Einige in regenarmen Gegenden beheimatete Pflanzen (wie zum Beispiel Kakteen mit ihrem fleischigen, Wasser speichernden Gewebe) sind von Natur aus auf ein trockenes Klima eingestellt und stehen gut an Stellen, die häufig von Trockenheit betroffen sind bzw. an besonders trockenen Stellen des Gartens.

## Wind

- Etwas Wind im Garten ist nützlich. Er hält Krankheiten ab, verteilt Pollen und Samen und reduziert die Feuchtigkeit. Wind kann aber auch Probleme verursachen. An ungeschützten Stellen können Pflanzen von Windschlag geschädigt werden, der neue Knospen und Keime töten kann. Blätter und Stiele können sich zudem schwarz verfärben und verdorren. Bei sehr starkem Wind oder Sturm können Pflanzen zum Teil abbrechen oder buchstäblich aus dem Boden gerissen werden. Küstengebiete sind meist besonders windgefährdet, und der vom Meer wehende salzhaltige Wind kann Pflanzen zusätzlich schädigen oder sogar zerstören, sofern er die Wurzeln erreicht.
- Bei der Planung eines Windschutzes, der mögliche Pflanzenschäden begrenzen soll, kann die Versuchung bestehen, eine hohe, feste Barriere zu errichten. Dies erzeugt jedoch die gegenteilige Wirkung. Auf der Windschattenseite dieser Barriere wird ein Fallstrom erzeugt, der die Turbulenzen erhöht, nicht vermindert. Lassen Sie ca. 50 Prozent des Windes durch den Windschutz wehen. In einem sehr ungeschützten Bereich sollten Sie eine Reihe von Windschutzanlagen setzen, die jeweils das Zehnfache ihrer Höhe auseinander stehen.
- Pflanzen Sie mit Verstand. Strenger Wind trocknet aus; wählen Sie daher für eine windige Stelle Pflanzen, die Trockenheit vertragen. In ungeschützten Bereichen gedeihen niedrige Pflanzen (dicht beieinander gesetzt, so dass sie geschützter sind) besser als hohe, empfindliche und biegsame Pflanzen.

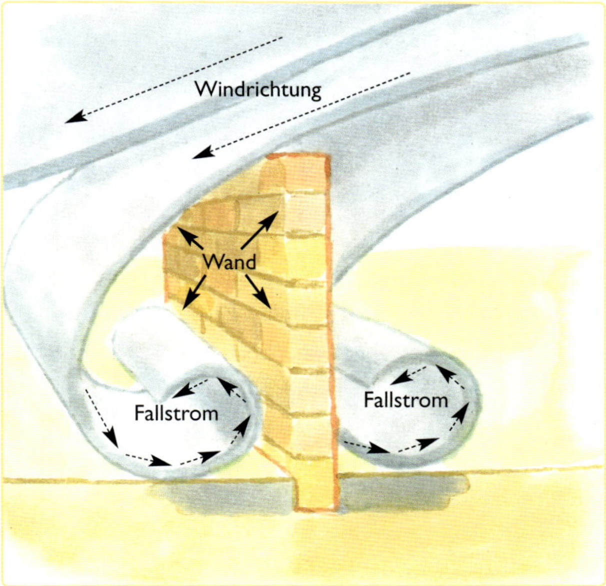


OBEN: *Eine Wand oder ein fester Zaun rufen auf beiden Seiten Fallströme hervor, die Pflanzen schädigen können.*

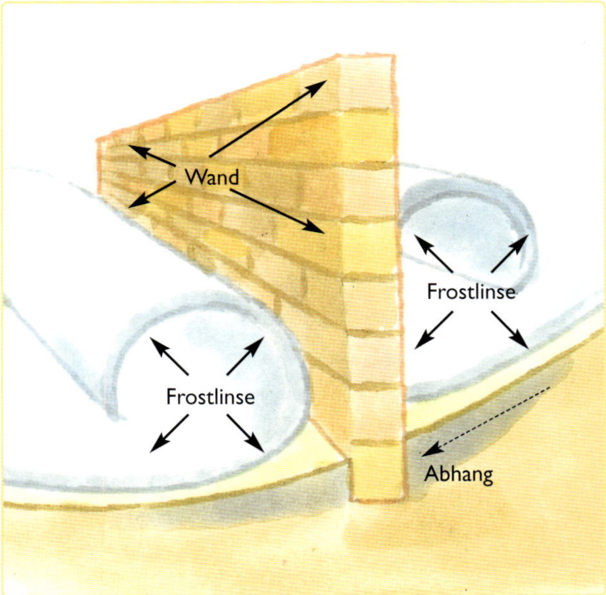


OBEN: *Potenziell schädliche Frostlinsen können an einem Abhang auf beiden Seiten eines festen Hindernisses entstehen.*

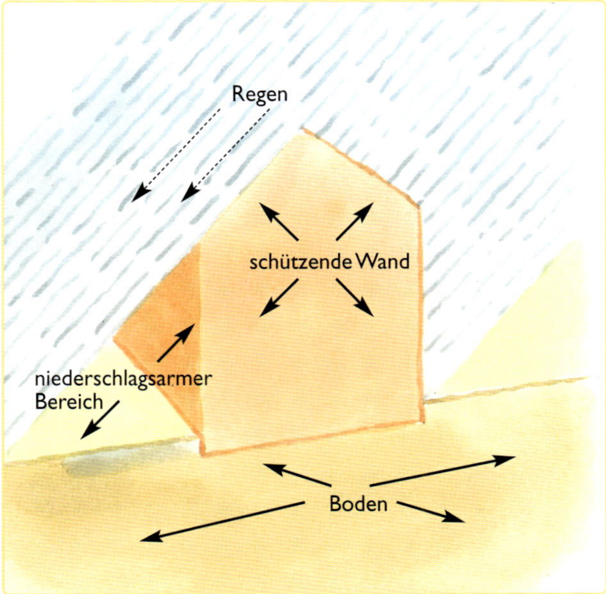


OBEN: *Der Bereich neben einer schützenden Wand ist aufgrund des Regenschatten-Effekts niederschlagsarm. Wählen Sie für einen solchen Standort trockenheitsunempfindliche Pflanzen.*

# DER BODEN

**Befassen Sie sich ausführlich mit dem in Ihrem Garten vorherrschenden Boden. Einige Pflanzen gedeihen bei bestimmten Bodenverhältnissen, in denen andere Arten nur gerade so überleben können. Wenn Sie bestimmte Pflanzen einbürgern möchten, können Sie den Boden zwar durch Zugabe verschiedener Mutterböden verändern, aber dies ist nicht allgemein zu empfehlen, insbesondere nicht auf größeren Flächen. Es ist ein teures, arbeitsintensives Verfahren, das sich nur mit Mühe erhalten lässt. Die moderne Gartenphilosophie tendiert mehr zum Pflanzen in Harmonie mit vorhandenen Bedingungen statt zur künstlichen Anpassung der Bedingungen an das gewünschte Ideal.**

## Bodenarten

❀ Der Boden setzt sich aus Ton, Sand und Erde zusammen, die in unterschiedlichen Verhältnissen präsent sind. Sandige Böden enthalten praktisch keinen Ton; sie bestehen vielmehr aus großen, kiesigen Teilchen. So läuft Wasser automatisch ab, und der Boden lässt sich problemlos umgraben. Ein sandiger Boden erwärmt sich im Frühjahr schnell, trocknet in längeren regenlosen Perioden aber auch schnell aus, und Wasser fließt zusammen mit Nährstoffen ab.

❀ Erdhaltiger Boden zeichnet sich ebenfalls durch einen geringen Tongehalt aus, er speichert aber mehr Feuchtigkeit und ist fruchtbarer als sandige Bodenarten. Dieser Boden verdichtet sich leicht, so dass Wasser auf der Oberfläche abläuft und Nährstoffe nur unter Problemen eindringen können.

❀ Tonreiche Böden speichern das Wasser ebenfalls gut, und sie sind nährstoffreich, aber auch diese Bodenarten verdichten sich leicht. Ein ausgetrockneter tonreicher Boden ist praktisch steinhart und lässt sich nicht bearbeiten. Selbst in nicht verdichtetem Zustand ist das Bearbeiten von tonreichen Böden nicht einfach, und der Boden wärmt sich nur langsam auf.

❀ Ein mittlerer Lehmboden ist die optimale Bodenart für den Garten und setzt sich etwa zu 50 Prozent aus Sand und 50 Prozent Erde-Tongemisch zusammen. Er ist schön bröckelig und speichert Wasser und Nahrung gut.

## Bodenhorizonte

❀ Ein Querschnitt durch den Gartenboden zeigt drei Schichten (Horizonte) – Oberboden, Unterboden und eine Schicht des Grundgesteins (Ausgangsgestein).

❀ Allgemein gilt: Der Oberboden ist aufgrund seines hohen Gehalts an organischen Komponenten dunkel und voll nützlicher Bodenorganismen.

❀ Der Unterboden ist heller. Er enthält erheblich weniger Nährstoffe als der Oberboden und sollte beim Umgraben nicht an die Oberfläche befördert werden.

❀ Wenn Ober- und Unterboden eine ähnliche Farbe haben, ist nicht auszuschließen, dass der Oberboden ein Nährstoffdefizit aufweist.

❀ Einige Grundstücke können eine Bodenverdichtung besitzen, eine harte horizontale Schicht auf oder unter der Erdoberfläche,

UNTEN: *Wenn Pflanzen in Verhältnissen wachsen, die ihrem natürlichen Standort entsprechen, entwickeln sie sich zu gesunden Exemplaren. Diese Lupinen wachsen in gut entwässertem, sandigem Boden, wie sie ihn in freier Natur bevorzugen.*

die verhindert, dass Luft und Wasser in die darunter liegenden Schichten eindringen.

- Diese undurchdringliche Schicht kann durch eine Anzahl unterschiedlicher Faktoren entstehen, wie z. B. starke Niederschläge auf lehmhaltigen Boden. Brechen Sie diese Erdschicht durch Holländern auf.

## pH-Wert des Bodens

- „pH" steht für „Teile Wasserstoff" und bezeichnet den Säure- oder Basengehalt des Bodens – gemessen auf einer Skala von 1 bis 14. Ein Wert von 7 weist auf einen neutralen Boden hin, Werte über 7 auf einen basischen Boden und unter 7 auf einen säurehaltigen Boden. Bestimmen Sie unbedingt den pH-Wert Ihres Bodens, da dieser Wert die Löslichkeit von Nährstoffen und damit deren Verfügbarkeit für Ihre Pflanzen beeinflusst.
- Für die meisten Pflanzen sind pH-Werte zwischen 5,5 und 7,5 zu empfehlen. Wenn Ihr Boden stark basisch oder sauer ist, können Sie den pH-Wert ändern, beispielsweise, indem Sie einem sauren Boden Kalk zuführen.
- Da Sie eine derartige Veränderung des pH-Werts aber regelmäßig wiederholen müssen, ist es einfacher, Pflanzen zu wählen, die für extreme pH-Werte geeignet sind, wie z. B. Rhododendronarten (die saure Böden lieben) oder Fuchsien (die basische Bedingungen mögen).

### PRÜFEN DER BODENSTRUKTUR

*1 Zerreiben Sie eine Hand voll Erde zwischen den Fingern. Ein sandiger Boden fühlt sich rau und körnig an und kann auch nach leichtem Anfeuchten nicht zu einer Kugel geformt werden.*

*2 Ein Boden, der sich weicher und kompakter anfühlt und leicht Form annimmt, ist sehr tonhaltig.*

*3 Zwischen diesen Extremen liegen Bodenarten, die verschiedene Mineralstoffe in unterschiedlichen Anteilen enthalten. Ein sandiger Tonboden ist rau und körnig und zugleich klebrig und leicht formbar.*

1

2

3

### TESTEN DES pH-WERTS DES BODENS

*1 Testsätze für den pH-Wert des Bodens sind benutzerfreundlich und nicht teuer. Geben Sie eine kleine Menge Erde in ein Teströhrchen, fügen Sie etwas Wasser hinzu und schütteln Sie das Ganze gut.*

*2 Wenn sich die Erde setzt, ändert das Wasser seine Farbe und zeigt den Säure- oder Basengehalt an.*

*3 Nehmen Sie Proben aus verschiedenen Bereichen des Gartens, da ein einziges Grundstück verschiedene pH-Werte aufweisen kann.*

1

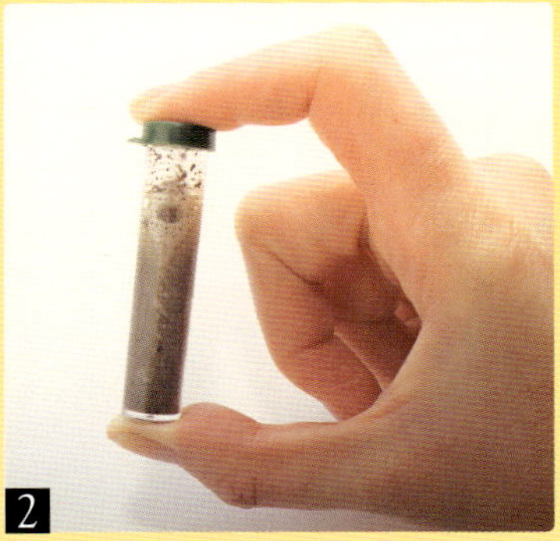
2

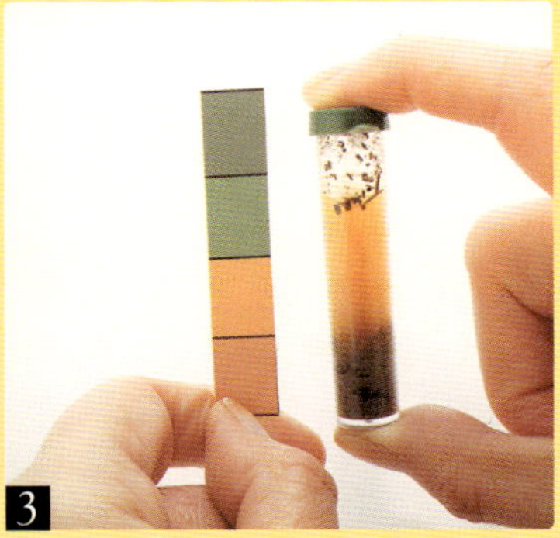
3

# VERBESSERN DES BODENS

**Nachdem Sie Ihre Bodenart ermittelt haben, kennen Sie deren Merkmale und möglichen Probleme. Sie kennen den pH-Wert und die Bodenstruktur. Auch wenn Sie keine drastischen Veränderungen vornehmen, sondern nur die Entwässerung oder die Speicherung von Feuchtigkeit verbessern und eine fruchtbare Umgebung für Pflanzen schaffen möchten, ist die Verbesserung des Bodens eine wichtige fortlaufende Aufgabe.**

## VERBESSERN DER BODENHORIZONTE UND -STRUKTUR

UMGRABEN verbessert die Bodenbeschaffenheit. Um aber eine spürbare Verbesserung zu erzielen, die doppelt für die Anstrengungen des Umgrabens entschädigt, empfiehlt es sich, gleichzeitig geeignete organische und anorganische Substanzen hinzuzufügen.

### Die Bedeutung von Humus

- Unter Humus versteht man teilweise verrottete organische Substanzen voller Mikroorganismen. Eine Hand voll Erde enthält Millionen von Bakterien und anderen Organismen, die Blätter, abgestorbene Wurzeln und Insekten zersetzen und in Nährstoffe umwandeln, die wiederum lebende Pflanzen düngen. Ohne Humus ist Erde im Wesentlichen fein gemahlenes Gestein. Humus fördert einen guten Luftfluss durch den Boden und verbessert die Bodenstruktur. So speichern leichte Böden mehr Feuchtigkeit, und schwere Erde lässt sich leichter bearbeiten. In unbearbeiteter Erde ist das Humusgleichgewicht weitgehend intakt, aber Gartenpflanzen verbrauchen viel Humus, so dass er regelmäßig nachgefüllt werden muss.

### Organische Bodenverbesserer

- Organische Optionen sind beispielsweise Laubkompost, verrotteter Stallmist, Gartenkompost, Torf, kompostierte Rindenspäne und Meeresalgen. Sie alle verbessern die Speicherung von Flüssigkeit und die Belüftung des Bodens. Einige dieser Substanzen enthalten wertvolle Nährstoffe und regen die Arbeit von Bakterien an, die organisches Material in verwertbare Pflanzennahrung umwandeln.
- Meist werden abgelagerte organische Stoffe verwendet, da Rohhumusmaterial Pflanzen schädigen kann: Frischer Stallmist setzt Ammonium frei und kann Pflanzen verbrennen; frische Blätter und Stroh erhöhen die Arbeit von Bakterien und entziehen dem Boden Stickstoff. Organische Rohsubstanzen werden am besten vor dem Pflanzen oder in Bereichen aufgebracht, die weit von den Pflanzenwurzeln entfernt sind.

RECHTS: *Gut vorbereiteter Gartenkompost ist ein fantastischer Bodenaufbereiter, durch den der Boden leichter zu bearbeiten und fruchtbarer wird.*

### Kompost

- Es ist ein äußerst befriedigendes Gefühl, wenn Sie Ihren eigenen Gartenkompost in den Boden einarbeiten können. Selbst im kleinsten Garten dürfte Platz für einen Komposthaufen sein. Diese ökologisch und wirtschaftlich sinnvolle Investition kann völlig neu gebaut oder fertig gekauft werden. Wechselkomposttonnen sind ideal für den kleineren Garten.
- Kompostbehälter sollten nie als Müllhalden angesehen werden. Versuchen Sie, eine geruchlose, krümelige Mischung zu erzeugen, die Ihre Bodenstruktur anreichert und verbessert. Schaffen Sie sich nicht selbst Probleme, indem Sie mehrjährige Unkräuter, von Krankheiten befallene oder mit Hormon-Unkrautvertilgungsmitteln behandelte Pflanzen in den Boden zurückbringen.

### Laubkompost

- Laubkompost wird am besten gesondert kompostiert, da er sich langsam zersetzt. Es ist nicht sehr nährstoffreich, meist sauer und daher nicht für jede Boden- oder Pflanzenart geeignet, obwohl säureliebende Pflanzen wie Kamelien und Rhododendron in derartigen Böden gedeihen. Er ist eine gute Humusquelle, verbessert die Bodenstruktur und Feuchtigkeitsspeicherung und ist einfach herzustellen. Sammeln Sie im Herbst die abgefallenen Blätter vor allem von Eichen und Buchen, da sich diese schnell zersetzen. Lagern Sie die Blätter in einem Drahtbehälter oder in einem schwarzen Plastiksack, in den Luftlöcher gebohrt werden. Der Laubkompost ist dann im darauffolgenden Herbst bereit und kann auf das Land aufgebracht werden.

### Anorganische Bodenverbesserer

- Anorganische Bodenzusätze wie Schotter, Kies und grober Sand helfen, die Bearbeitungsfähigkeit und Entwässerung schwerer Böden zu verbessern.
- Feiner Sand verstopft die Bodenporen und kann daher Entwässerungsprobleme verursachen. Verwenden Sie daher ein gröberes Aggregat.
- Kalk wird häufig schwerem Tonboden zugesetzt und hilft, die winzigen Teilchen zu bearbeitbaren Krumen zu binden. Kalk enthält darüber hinaus Nährstoffe und fördert die Humusbildung.
- Tragen Sie den Bodenverbesserer entsprechend der Herstelleranweisungen in sorgfältig bemessenen Dosierungen auf. Testen Sie zuvor aber den pH-Wert Ihres Bodens um festzustellen, ob Sie überhaupt Kalk zusetzen müssen.

### EIN KOMPOSTHAUFEN

### BAU EINES KOMPOSTBEHÄLTERS

*Diese Kiste ist vorne mit abnehmbaren horizontalen Brettern versehen, die leichten Zugang zur Vorderseite des Haufens bieten.*

*1 Sie benötigen vier 85 cm lange und zwei 80 cm lange Latten, zehn 1 m × 16 cm lange und zehn 60 × 16 cm lange Bohlen sowie Nägel oder Schrauben. Das Holz sollte wetterbeständig sein.*

*2 Für die erste Seite legen Sie fünf der 1 m × 16 cm Bohlen quer über zwei der 85 cm langen Latten. Achten Sie darauf, dass die gesägten Bohlenenden auf einer Höhe mit der Außenkante der Latte liegen. Lassen Sie 5 cm Abstand zwischen der untersten Bohle und dem Ende der einzelnen Latten. Befestigen Sie die Bohlen mit jeweils zwei Nägeln oder Schrauben an den Latten. Wiederholen Sie das Verfahren für die zweite Seitenfläche.*

*3 Für die Rückseite halten Sie die beiden Seitenflächen in einem Meter Abstand aufrecht. Nageln Sie sie an den oberen Kanten mit Abfallholz in dieser Position fest. Nageln oder schrauben Sie dann fünf der 60 × 16 cm Bohlen wie in Schritt 3 abgebildet von oben nach unten an die Seitenflächen. Für die Vorderseite nageln oder schrauben Sie die beiden 80 cm langen Latten senkrecht unmittelbar auf der Innenseite jeder Front an, um eine Spurrille für drei der 60 × 16 cm Schiebbohlen zu schaffen. Achten Sie darauf, dass die Bohlen zwischen die Latten passen.*

*4 Um zu gewährleisten, dass der Behälter auch nach Entfernen der vorderen Bohlen noch sicher steht, nageln Sie die beiden übrigen 60 × 15 cm Bohlen oben und unten an die Vorderseite. Nageln Sie ein kleines Stück Holz unten in den Zwischenraum zwischen den beiden vorderen parallelen Latten, um die verschiebbaren Bohlen zu sichern.*

2

3

4

# ENTWÄSSERN

**Eine angemessene Entwässerung ist von größter Bedeutung für einen gesunden Garten. Ein Boden, bei dem Wasser zu leicht abfließt oder wegsickert, kann nur mit Anstrengungen angemessen bewässert und mit Nährstoffen versehen werden. Ein schlecht entwässerter Boden kann hingegen sogar Pflanzen töten – die Wurzeln sind in stehendes Wasser eingetaucht und erhalten keine Sauerstoffzufuhr. Die gesunde Bakterienaktivität wird verlangsamt, und gleichzeitig vermehren sich schädliche Organismen ungehindert und können Krankheiten wie Kohlhernie verursachen. Selbst wenn die Wurzeln nicht durch die schlechte Entwässerung getötet werden, wird ihr Wachstum eingeschränkt. Sie gehen nicht in die Tiefe und können daher in einer Trockenzeit auch nicht tiefer liegende Wasserquellen nutzen.**

## BEURTEILUNG DER ENTWÄSSERUNG

Es gibt verschiedene Stufen von Entwässerungsproblemen, wobei viele ohne umfangreiche Arbeiten behoben werden können. Einige Pflanzen gedeihen natürlich in beiden extremen Entwässerungssituationen: So mögen Steingartenpflanzen beispielsweise einen Boden, in dem das Wasser frei abfließt oder versickert, während Sumpfpflanzen feuchte, morastige Bedingungen lieben. Sie könnten also die Entwässerungsbedingungen unverändert lassen und einfach geeignete Pflanzen wählen.

- Zur Bestimmung der aktuellen Entwässerungssituation eines Grundstücks gibt es einen einfachen Standardtest, den Sie in der Planungsphase Ihres Gartens durchführen sollten. Heben Sie ein ca. 60 cm tiefes und 60 cm breites quadratisches Loch aus und lassen Sie es bis nach einem schweren Niederschlag liegen.
- Wenn eine Stunde nach dem Regen kein Wasser in dem Loch steht, entwässert Ihr Boden übermäßig und Sie müssen Schritte ergreifen, um Wasser zu halten. Dazu könnten Sie beispielsweise Mulch auftragen. Wenn einige Tage nach dem Regen kein Wasser mehr in dem Loch steht, ist die Entwässerung gut und es sind keine weiteren Maßnahmen erforderlich. Wenn einige Tage nach dem Regen noch Wasser unten im Loch steht, ist die Entwässerung schlecht und Sie müssen etwas unternehmen, um sie zu verbessern (z. B. holländern und organischen Kopfdünger auftragen).
- Wenn das Loch nach einigen Tagen noch immer relativ voll Wasser ist oder sogar weiteres Wasser von den umliegenden Bodenschichten eindringt, ist die Entwässerung blockiert. Beobachten Sie auch die Farbe des Bodens, vor allem zum Grund des Lochs hin. Böden mit einer grau-blauen oder gelben Färbung, möglicherweise mit rostbraunen Flecken und einem abgestandenen Geruch, weisen auf eine sehr schlechte Entwässerung hin.

OBEN: *Statt zu versuchen, Feuchtigkeit in einem an sich trockenen Bereich zu konservieren, könnten Sie Pflanzen wählen, die eine trockene Umgebung lieben. So erzielen Sie mit minimalen Anstrengungen die besten Ergebnisse.*

## ENTWÄSSERUNGSPROBLEME

### Übermäßige Entwässerung

❀ Durch Hinzufügen von Humus (teilweise verrotteter organischer Substanzen) oder anorganischer Mulche wie Kies reduzieren Sie den Wasserverlust. Die Wahl des geeigneten Humus hängt von der Bodenart und von Ihren Pflanzplänen ab. So ist Pilzkompost beispielsweise zu kalkhaltig, als dass er in einer Rhododendronpflanzung aufgebracht werden könnte.

### Schlechte Entwässerung

❀ Durch reichliches Hinzufügen organischer Substanzen verbessern Sie die Bedingungen an Stellen, an denen die Entwässerung kein allzu großes Problem ist. Auch das Unterheben von viel grobem Sand oder Kies hilft. Durch Holländern (zwei Spaten tief umgraben) brechen Sie den Boden auf und erzeugen eine besser entwässerte Bodenstruktur. Wenn Wasser auf der Oberfläche stehen bleibt, könnten Sie Gartenoberflächen so anlegen, dass Wasser ungehindert in einfache Gräben oder Senkgruben abfließen kann. Sie könnten auch erhöhte Beete konstruieren oder mehr Boden hinzufügen, um die allgemeine Bodenhöhe anzuheben und die Wurzeln so trockener zu halten.

### Blockierte Entwässerung

❀ Die Entwässerung ist erheblich eingeschränkt, wenn in Ihrem Garten wasserundurchlässiges Gestein dicht unter der Oberfläche zu finden ist, der Grundwasserspiegel (die Höhe, in der Wasser unter natürlichen Bedingungen im Boden gehalten wird) sehr hoch ist oder eine Bodenverdichtung vorliegt (eine harte Schicht unter der Oberfläche). In diesen Fällen werden künstliche Entwässerungsmethoden erforderlich. Sie haben verschiedene Möglichkeiten: Die einfachste ist ein französischer Entwässerungsgraben, d. h. eine mit Kies gefüllte Furche. Kompliziertere Rohrsysteme sollten besser von einem Fachmann installiert werden. Wenn Sie ein Rohrsystem in einem ebenen Garten einsetzen möchten, achten Sie darauf, dass die Rohre schräg nach unten verlaufen, so dass das Wasser problemlos ablaufen kann.

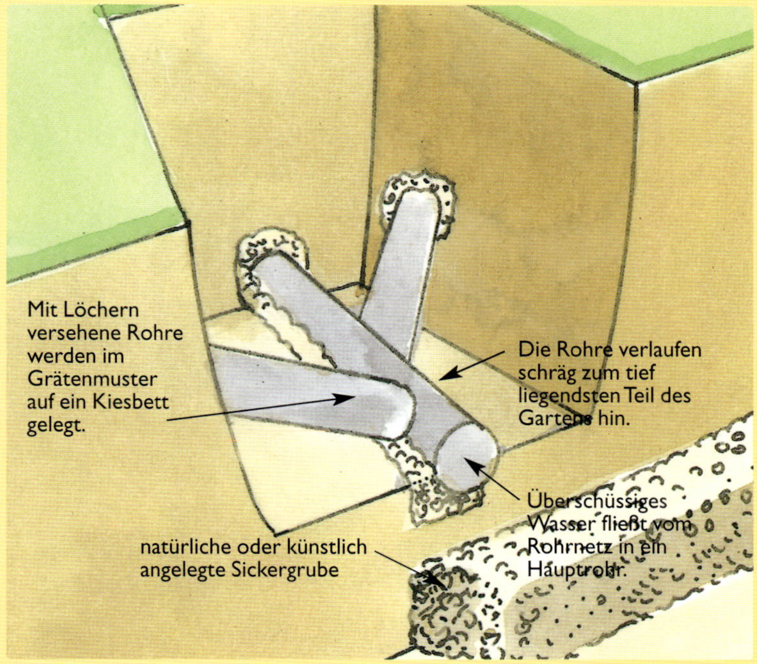


OBEN: *Wenn Wasser in Ihrem Garten nicht versickert und der Grundwasserspiegel nur knapp unterhalb der Oberfläche liegt, müssen Sie möglicherweise ein versenktes Dränagesystem installieren.*

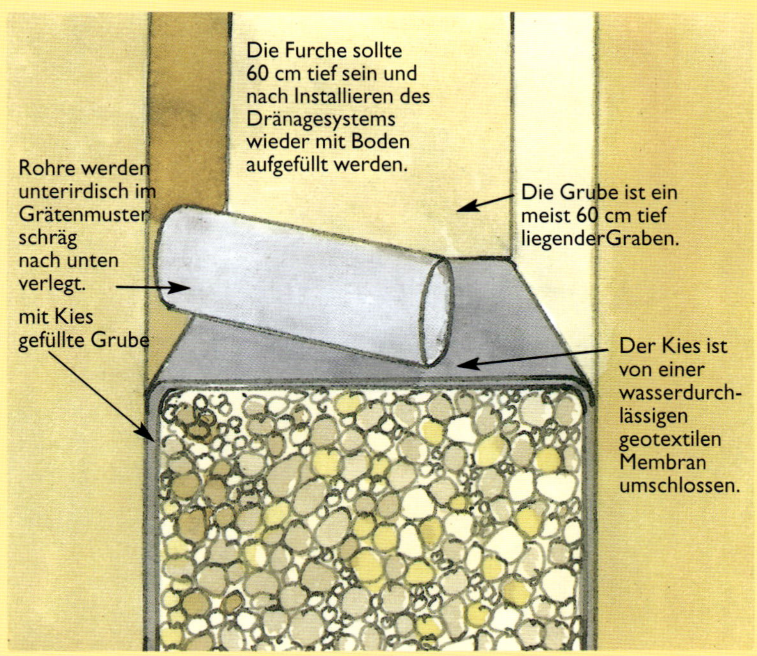


OBEN: *Ein französischer Entwässerungsgraben ist eine unauffällige Lösung für einen Bereich, in dem das Wasser nur mit Mühe abfließt.*

# BEWÄSSERN

**Alle Pflanzen brauchen Wasser, und bei der Gartenplanung muss der unterschiedliche Bewässerungsbedarf der verschiedenen Pflanzen berücksichtigt werden. Wenn Sie beispielsweise in einer regenarmen Gegend leben oder Ihren Garten auf einer Dachterrasse anlegen, über die meist ein trockener Wind hinweg weht, sollten Sie Pflanzen wählen, die für diese Bedingungen geeignet sind. Einige Pflanzen vertragen Trockenheit, wie z. B. Sukkulenten, die Wasser in ihrem Gewebe speichern, oder silberblättrige Pflanzen, deren feine Haare die Wasserverdunstung einschränken.**

## Vorhandene Bedingungen

- Wenn Sie Pflanzen wählen, die Trockenheit vertragen, vergrößern Sie Ihre Chancen, dass sie gedeihen, ohne dass Sie viel Zeit und Anstrengungen in Bewässerungssysteme investieren müssen.
- Es lassen sich zwar Bewässerungssysteme für jedes Umfeld entwickeln, empfehlenswerter ist es jedoch, die verfügbare Feuchtigkeit zu erhalten – beispielsweise durch Auftragen von Mulch auf die Oberfläche, durch Untermischen von Feuchtigkeit speichernden organischen Substanzen in den Boden und durch die Wahl von Pflanzen, die für die jeweilige Feuchte Ihres Gartens geeignet sind.

UNTEN: *Ein Sprenger ist zum gleichmäßigen sanften Bewässern großer Flächen wie Rasen und Blumenrabatten unentbehrlich.*

## Wirksames Bewässern

- Bewässern ist eine wichtige Aufgabe im Garten. Sie benötigen dazu eine leicht zugängliche Wasserversorgung. Ein Wasserhahn in der Küche und eine Gießkanne erfüllen ihren Zweck, wenn nur ein sehr kleiner Bereich zu bewässern ist. Ein Wasserhahn im Garten und ein Schlauch, der bis in die hintersten Ecken des Gartens reicht, sind aber sehr zu empfehlen. Achten Sie darauf, dass der Hahn und frei liegende Rohre im Winter vor Frost geschützt sind.
- Die meisten unerfahrenen Gartenbesitzer bewässern wenig, aber oft. Dies fördert aber ein flaches Wurzel- und Unkrautwachstum. Selbst ein kleiner Garten braucht bei längerer Trockenheit viel Wasser. Ein Gartenschlauch leistet dabei gute Arbeit. Ein Anhaltspunkt: Im Hochsommer müssen Sie einem Boden mit schneller Versickerung ca. 10 – 20 Liter Wasser pro $m^2$ zuführen – das sind ca. zwei Gießkannen voll. Dies verdeutlicht, dass es nicht ausreicht, mit einer einzigen Gießkanne voll Wasser die Rabatte zu besprenkeln. Damit schaffen Sie nur Pflanzenprobleme. Bewässern Sie nie bei praller Sonne, denn die Blätter könnten sonst versengen und das Wasser würde sehr schnell von der Bodenoberfläche verdunsten.

## Bewässern von Kübelpflanzen

- Kübelpflanzen verlieren Wasser schnell durch Verdunstung. Stellen Sie Kübel zusammen, damit mehr Feuchtigkeit erhalten bleibt. Überlegen Sie, wie Sie die Bewässerung sicherstellen, wenn Sie im Sommer verreisen, oder stellen Sie die Kübel zumindestens an eine schattige Stelle, sonst könnte Sie bei Ihrer Heimkehr eine Sammlung abgestorbener Pflanzen erwarten.
- Fügen Sie dem Kompost beim Pflanzen Wasser speichernde Körner zu. Diese Körner schwellen an und bilden ein Gel,

das große Mengen Wasser speichern kann. Das Wasser wird allmählich an den Kompost abgegeben. Diese Lösung ist besonders für Kübel zu empfehlen, die schnell Feuchtigkeit verlieren. Anfällig für starken Feuchtigkeitsverlust sind beispielsweise hängende Pflanzbehälter mit großer ungeschützter Fläche bei wenig Erde sowie Terracottatöpfe, aufgrund deren Porosität viel Wasser verdunstet. Auch durch Auftragen eines Mulchs auf die Oberfläche kann Feuchtigkeit gespeichert werden.

### Automatische Systeme

- Wenn Sie einen Garten in einem besonders trockenen Gebiet anlegen und durstige Pflanzen (z. B. Gemüse) kultivieren oder einfach nicht so oft gießen möchten, kann ein dauerhaftes Bewässerungssystem empfehlenswert sein.
- Bei Tropfsystemen sind Schläuche mit Köpfen versehen, die Wasser tropfenweise auf bestimmte Bereiche aufbringen, wie z. B. auf Sträucher in einer Rabatte oder auf Pflanzensäcke. Sofern sie nicht mit einem Timer versehen sind, können Tropfsysteme aber Wasser vergeuden, und sie müssen regelmäßig gereinigt werden, damit die Schläuche und Köpfe frei bleiben.
- Tropfschläuche sind eine weitere Option. Dabei handelt es sich um flache Schläuche, die auf ganzer Länge fein perforiert sind. Mit ihnen lassen sich die Reihen im Gemüsebeet gleichmäßig bewässern.

OBEN: *Eine Gießkanne ist ein uraltes und unentbehrliches Gartengerät. Investieren Sie in eine hochwertige Gießkanne aus Metall, die Ihnen viele Jahre lang gute Dienste leisten wird.*

## BEPFLANZEN EINES BEHÄLTERS MIT WASSER SPEICHERNDEM GEL

*1 Legen Sie einen alten Korb mit einer Folie aus, in die Sie einige Ablauflöcher bohren, und funktionieren Sie ihn so in einen Pflanzbehälter um. Damit Sie weniger gießen müssen, mischen Sie vor dem Pflanzen Wasser speicherndes Gel mit dem Kompost. Bei der zu verwendenden Gelmenge richten Sie sich bitte nach den Anweisungen des Herstellers. Legen Sie zunächst eine Lage Tonscherben in den Korb, gefolgt von einer Lage Kompost.*

*2 Pflanzen Sie die gewünschten Sträucher und größeren Zwiebelpflanzen in den Korb.*

*3 Füllen Sie den Korb mit Kompost, bevor Sie kleinere Zwiebeln einstecken. Drücken Sie den Kompost sanft an und gießen Sie die Pflanzen.*

*4 Um dem Korb sofort Farbe zu geben, setzen Sie jetzt einige blühende Pflanzen ein.*

2

1

3

4

# DÜNGEN

**Pflanzen gedeihen nur, wenn eine ausgewogene Nährstoffzufuhr sichergestellt ist. Pflanzen verbrauchen die wichtigen Bodenelemente schneller als diese auf natürliche Art (beispielsweise durch das Verrotten von abfallenden Blättern) produziert werden können. Beim Bearbeiten des Bodens gehen erhebliche Mengen von Kalium, Phosphor und Stickstoff verloren. Diese wichtigen Nährstoffe werden in großen Mengen benötigt, um ein kräftiges Pflanzenwachstum sicherzustellen. Zusätzliche Düngung ist daher erforderlich. Kalium macht Pflanzen krankheitsresistent und bringt gesunde Früchte und Blumen hervor. Phosphor ist zur Ausbildung kräftiger Wurzeln nötig, und Stickstoff für ein gesundes Wachstum und starke Blätter. Wie viel Nährstoffe benötigt werden, hängt davon ab, welche Pflanzen Sie kultivieren und wie intensiv der Boden bewirtschaftet wird. So ist ein Steingarten beispielsweise erheblich weniger hungrig als ein dicht besätes Gemüsebeet.**

### Organische Düngemittel

❀ Organische Düngemittel sind im Wesentlichen Substanzen von lebenden (tierischen oder pflanzlichen) Organismen, wie z. B. Fisch-, Knochenmehl oder getrocknetes Blut. Es sind natürliche Produkte, die meist langsam wirken und daher die Blätter nicht versengen, wie dies beim falschen Einsatz von anorganischen Düngemitteln der Fall ist. Organische Düngemittel liefern Pflanzen im Allgemeinen über einen längeren Zeitraum hinweg beständig Nahrung.

anorganisches Allzweckdüngemittel

natürlicher Stallmist

### Anorganische Düngemittel

❀ Anorganische Düngemittel sind nicht unbedingt künstlich hergestellt. Einige werden aus Gesteinsmineralien wie chilenischem Kalinitrat gewonnen; andere werden synthetisch hergestellt. Anorganische Düngemittel sind sehr konzentriert und wirken schnell. Eine Überdosierung kann die Pflanzen absterben lassen. Folgen Sie daher beim Auftragen unbedingt genau den Anweisungen des Herstellers. Anorganische Düngemittel werden häufig dazu verwendet, Pflanzen eine schnelle Nährstoffzufuhr zu geben.

### Bodenverbesserer

❀ Düngemittel führen dem Boden zwar Nährstoffe zu, ändern aber nicht die Bodenstruktur. Sie können einen schweren Boden beispielsweise nicht lockerer machen. Auch Bodenverbesserer wie Stallmist versorgen den Boden mit Nährstoffen, die Nährstoffmenge ist jedoch im Vergleich zu der Materialmenge, die aufgetragen werden muss, winzig. Stallmist und Kompost bieten dem Boden vielmehr den Vorteil, dass sie neben ihren düngenden Vorzügen auch die Speicherung von Feuchtigkeit und die Bearbeitungsfähigkeit des Bodens verbessern können. Nach einer Weile verrotten Bodenverbesserer zu Humus – das sind die lebenden und toten Bakterien im Boden, die ihm Lebenskraft spenden, die wirksame Absorption von Pflanzennahrung ermöglichen, den Luftfluss fördern und die Entwässerung verbessern.

Knochenmehl

## DÜNGEMITTELARTEN

DÜNGEMITTEL sind in unterschiedlicher Form erhältlich, z. B. als Flüssigkeiten, Pulver und Kügelchen. Welche Form Sie wählen, hängt vom Pflanzentyp, der Saison und Bodenart ab.

### Trockendünger

❀ Dies sind Nährstoffe in getrockneter Form – als Körner, Kügelchen oder in Pulverform – die direkt auf den Boden gesprenkelt werden. Sie sind sehr konzentriert, und es ist von großer Bedeutung, dass sie gleichmäßig und im richtigen Verhältnis aufgetragen werden. Beachten Sie dabei die Anweisungen des Herstellers, um eine Schädigung der Pflanzen zu vermeiden.

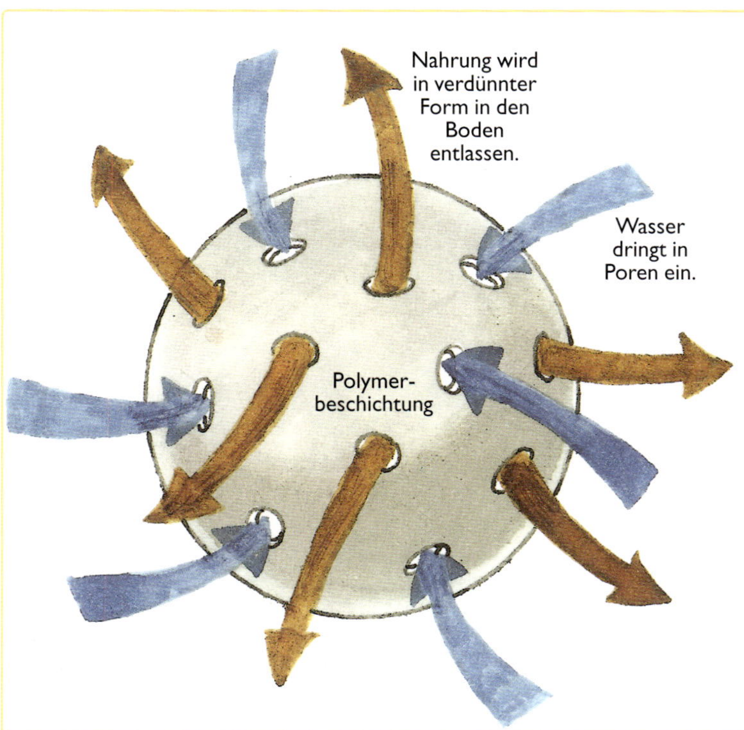


OBEN: *Die Nahrungsabgabe lässt sich bei langsam Nährstoffe freisetzenden Düngemitteln nur schwer ermitteln, da sie durch den Feuchtigkeitsgehalt, den pH-Wert des Bodens und die Temperatur beeinflusst werden. Diese Düngemittel bieten jedoch eine zweifellos einfache und immer beliebtere Art, um Pflanzen zu düngen.*

### Flüssigdünger

❀ Flüssigdünger sind entweder bereits in flüssiger Form oder als Pulver erhältlich, das vor dem Auftragen in Wasser aufgelöst wird. Sie sind allgemein sicherer und einfacher aufzutragen als Trockendünger und wirken meist schnell. Einige Flüssigdünger dienen der direkten Nährstoffversorgung der Blätter. Durch das Auftragen auf die Blätter gelangen die Nährstoffe schnell in den Saftstrom. Dies kann sehr nützlich sein, wenn Sie versuchen, eine kranke Pflanze wiederzubeleben.

### Düngen von Kübelpflanzen

❀ Kübelpflanzen haben besondere Düngeanforderungen. Da die Bodenmenge im Pflanzbehälter begrenzt ist, werden verfügbare Nährstoffe schnell von der Pflanze verbraucht. Eine regelmäßige Bewässerung wäscht Nährstoffe zudem durch die Entwässerungsöffnungen aus. Düngemittel, die langsam Nährstoffe abgeben und beim Pflanzen in den Kompost eingearbeitet oder als Kopfdüngung zugegeben werden, sind eine gute Lösung. Wenn zusätzliche Düngung vonnöten ist (beispielsweise wenn die Pflanze sichtbare Mangelerscheinungen aufweist), kann dieses längerfristige Düngeprogramm durch eine Düngung der Blätter oder einen schnell Nährstoffe freisetzenden Dünger ergänzt werden. Düngestäbchen, die langsam Nährstoffe an den Boden abgeben, sind für Kübelpflanzen praktisch.

OBEN: *Organische Düngemittel werden beispielsweise aus den Schalen der Kokosnuss gewonnen; sie eignen sich zum Pflanzen in Töpfen und bei der Aussaat.*

OBEN: *Es sind viele Mehrzweckdünger auf dem Markt erhältlich, praktisch für die meisten Bedingungen und Anwendungsbereiche.*

# GRABEN

**Graben ist vielleicht nicht die einfachste oder interessanteste Aufgabe im Garten, es erfüllt jedoch viele wichtige Funktionen, vor allem auf einem erst kürzlich kultivierten Boden. Durch Graben verbessern Sie die Struktur und Bearbeitungsfähigkeit des Bodens binnen zwei Tagen. Der Spaten bricht zunächst kompakten Boden auf. Frost und trocknende Winde zerkleinern die frei gelegten Klumpen dann weiter. Umgraben bietet auch eine Möglichkeit, um Substanzen in den Boden einzuarbeiten, die seine Fruchtbarkeit, seine Humusproduktion, Dränage und Speicherung von Feuchtigkeit verbessern. Was Sie zufügen, hängt von Ihrer Bodenart ab (siehe „Der Boden" auf S. 46 und „Verbessern des Bodens" auf S. 48). Durch Umgraben können Sie auch problemlos mehrjährige Unkräuter entfernen und einjährige Unkräuter vergraben.**

## WIE SIE UMGRABEN

BEIM Umgraben können Sie nur zu leicht Ihren Rücken verletzen. Graben ist eine schwere körperliche Anstrengung, die Sie so ernst nehmen sollten wie jede sportliche Betätigung. Meist wird im Herbst gegraben, wenn das Wetter kälter geworden ist; und doch nehmen Jahr für Jahr Tausende von Gartenbesitzern schwere Arbeiten auf sich, ohne ihre Muskeln zuvor langsam aufzuwärmen. Die Verbindung dieses plötzlichen Schocks für den ausgekühlten Körper mit einer unvorsichtigen Grabtechnik ist die Ursache für schwere Rückenschmerzen.

❀ Ziehen Sie sich beim Graben warm an. Gewöhnen Sie Ihren Körper allmählich an die Arbeit, indem Sie einige leichtere Gartenaufgaben durchführen, bevor Sie mit dem Graben beginnen. Überschätzen Sie nicht den Bereich, den Sie umgraben können (vor allem bei Ihrem ersten Einsatz). Sie könnten sonst Ihren Rücken nur zu leicht verletzen und dann die Aufgabe nicht beenden. Schließlich ist es ganz wichtig, dass Sie beim Graben die korrekte Haltung einnehmen. Behandeln Sie Ihren Körper mit Respekt und heben Sie nie mehr, als Sie bequem bewältigen können.

### KORREKTER EINSATZ EINES SPATENS

1 *Drücken Sie einen Fuß gleichmäßig nach unten auf das Spatenblatt und führen Sie den Spaten senkrecht nach unten in den Boden. Wenn das Blatt wirklich vertikal eingeführt wurde, weist der Spatengriff ein wenig weg von Ihnen und verstärkt die Hebelwirkung.*

2 *Ziehen Sie den Griff zu sich. Schieben Sie eine Hand am Spaten hinunter zum Blatt. Halten Sie den Spaten mit dieser Hand am Beschlag und mit der anderen Hand weiter oben am Griff. Beugen Sie die Knie und heben Sie die Erde mit gleichmäßiger Hebelwirkung aus dem Boden. Arbeiten Sie ruhig, nicht mit abrupten, plötzlichen Bewegungen, die Ihrem Rücken schaden können.*

3 *Heben Sie den Boden allmählich auf den Spaten. Verlagern Sie das Gewicht, indem Sie Ihre Beine langsam strecken. Gehen Sie nicht plötzlich mit dem Rücken hoch. Heben Sie nie mehr Erde, als Sie jeweils bequem bewerkstelligen können.*

## GRABTECHNIKEN

HERBST und Winteranfang sind die besten Jahreszeiten für Grabarbeiten. Zu dieser Jahreszeit befindet sich der Boden meist in idealem Zustand – er ist nicht von der Sonne hart gebacken und auch nicht von Wasser getränkt. Im Verlauf des Winters werden die gewendeten Klumpen von der Witterung zersetzt und verbessern so die Bodenstruktur. Graben Sie nie um, wenn der Boden gefroren ist oder Wasser darin steht, denn dies würde nur die Bodenstruktur schädigen. Verwenden Sie auch stets das korrekte Werkzeug für die Aufgabe. Ihr Spaten sollte eine für Sie bequeme Größe haben, so dass er sich mühelos heben lässt. Achten Sie auch darauf, dass er die richtige Länge hat, damit Ihr Rücken nicht so sehr beansprucht wird.

Graben besitzt zwar verschiedene wichtige Vorteile, aber in der letzten Zeit misst man dieser Tätigkeit immer geringere Bedeutung zu. Jahrelang beschrieben Gartenfachleute komplexe und arbeitsintensive Grabmethoden wie z. B. das Ausheben von Gräben (das drei Spatenstiche tiefe Ausheben des Bodens). Heute sind die Techniken des einfachen Umgrabens, Graben in einfacher und in doppelter Spatentiefe (holländern oder rigolen) geläufig und zu empfehlen. Meist tendiert man dazu, neu bestellte Böden nur einmal zu holländern. Begeisterte Gemüsegärtner holländern alle paar Jahre, die meisten Gärtner hingegen graben in darauf folgenden Jahren lediglich auf einfache Spatentiefe.

### Einfaches Umgraben

- Das einfache Umgraben ist die einfachste und schnellste Grabtechnik. Da dabei keine Gräben gezogen werden müssen, ist es die einzig praktikable Technik auf beengtem Raum, wie er bei einer mit vielen mehrjährigen Pflanzen bestandenen Rabatte anzutreffen ist.
- Das einfache Umgraben ist praktisch genau das: einfaches Umgraben. Ein Spaten voll Erde wird aufgehoben, umgedreht, wieder an seine Stelle gelegt und dann mit dem Spaten zerhackt.
- Nach dem Umgraben des Bodens lassen Sie ihn ca. 3 Wochen ruhen, bevor Sie etwas darin pflanzen. So können frisch untergegrabene Unkräuter absterben, und der Boden kann sich setzen. Die Witterung wirkt auf die Bodenoberfläche ein und bricht sie in kleinere Klumpen. Der Boden lässt sich dann erheblich leichter zu dem beackerbaren Boden zerkleinern, den Sie zum Pflanzen oder Aussäen benötigen.

OBEN: *Wenn Sie den Boden aus der Furche heben, schieben Sie Ihre Hand zum Blatt hin. Richten Sie sich langsam auf, ohne Ihren Rücken ruckartig zu bewegen.*

### Umgraben in einfacher Tiefe

- Dies ist eine methodische Art und Weise, um sicherzustellen, dass ein Bereich gleichmäßig kultiviert und in einer bestimmten Tiefe umgegraben wird. Der Boden wird praktisch in der Tiefe eines Spatenstichs umgegraben, während Sie systematisch Furchen ausheben. Beim Ausheben jeder Furche wird die ausgehobene Erde in die angrenzende Furche gelegt.
- Meist wird ein Spaten benutzt, aber eine Gabel kann bei schwerer Erde angenehmer sein.

RECHTS: *Durch Umgraben des Bodens vor dem Pflanzen verbessern Sie die Bodenstruktur, und Sie können dem Boden Humus erzeugende Substanzen wie Stallmist beifügen, die für die Pflanzen sehr nützlich sind.*

## UMGRABEN IN EINFACHER TIEFE

**1** *Beginnen Sie an einer markierten Linie und treiben Sie den Spaten bis zum Blattende senkrecht in den Boden. Entfernen Sie die Erde und legen Sie sie in eine Schubkarre, damit Sie sie später zum anderen Ende des Beets transportieren können.*

**2** *Graben Sie eine 30 cm breite und eine Spatenblatt tiefe Furche entlang der Linie.*

**3** *Heben Sie eine zweite Furche parallel zur ersten aus. Füllen Sie die erste Furche mit der Erde der zweiten und mischen Sie nach Bedarf organische Substanzen zu. Drehen Sie den Spaten, um den Boden zu lüften, wenn Sie die Erde in der ersten Furche ablegen.*

**4** *Graben Sie weitere Furchen, bis Sie das andere Beetende erreichen. Füllen Sie die letzte Furche mit der Erde der ersten.*

## Holländern (Umgraben in doppelter Tiefe, Rigolen)

- Diese Form des Umgrabens bricht vorhandene harte Schichten im Boden auf und verbessert dadurch die Entwässerung. Das Holländern ist meist vor dem Pflanzen und Säen bei bislang unkultivierter Erde und bei schlechter Entwässerung nötig. Bei dieser Grabtechnik wird der Boden buchstäblich in doppelter Tiefe des Spatenblatts oder der Gabel umgegraben. Die Furchen sind zudem doppelt so breit wie beim Umgraben in einfacher Tiefe.
- Es ist wichtig, dass kein Unterboden an die Oberfläche gebracht wird, da dies die Fruchtbarkeit des Bodens beeinträchtigen würde. Bevor Sie mit dem Holländern beginnen, müssen Sie daher zunächst die Tiefe des Oberbodens ermitteln. Wenn der Oberboden mehr als zwei Spatenstiche tief ist, besteht kein Problem. Sie können den Boden wie beim Umgraben in einfacher Tiefe einfach von einer Furche in die andere befördern.
- Wenn der Oberboden nur einen Spatenstich tief ist, müssen Sie sicherstellen, dass Ober- und Unterboden separat gehalten werden, so dass der Unterboden wieder zuerst in die angrenzende Furche gegeben wird und der Oberboden darauf – nicht vermischt oder umgekehrt.
- Bei dieser Grabtechnik benötigen Sie einen Spaten und eine Gabel. Graben Sie immer in der für Ihre Bodenart richtigen Jahreszeit. Mittelschwere und schwere Böden sollten im Herbst und Anfang des Winters umgegraben werden, und ein sehr schwerer Boden unmittelbar vor Wintereinbruch.
- Sandböden können im Winter oder zu Beginn des Frühjahrs umgegraben werden. Wenn Sie zu früh umgraben, können Unkräuter gedeihen. Achten Sie vor dem Umgraben stets darauf, dass der Boden nicht mit Wasser gesättigt oder fest gefroren ist. Desgleichen sollten Sie auch nicht umgraben, wenn der Boden nach einer längeren regenlosen Periode ausgetrocknet und hart ist.

### HOLLÄNDERN

**1** *Markieren Sie den Grabbereich mit einer Gartenschnur. Graben Sie die erste Furche ca. 60 cm breit und ein Spatenblatt tief. Wie beim Umgraben in einfacher Tiefe sammeln Sie die Erde von dieser Furche in einer Schubkarre, um sie später zum anderen Ende des Beets befördern zu können.*

**2** *Stellen Sie sich in die Furche und brechen Sie den Boden unten in der Furche bis zur Tiefe der Gabelzinken auf. Mischen Sie bei Bedarf organische Stoffe wie Stallmist zu.*

**3** *Markieren Sie eine weitere Furche parallel zur ersten. Heben Sie diese Furche aus und geben Sie die Erde aus dieser Furche in die erste Furche.*

**4** *Brechen Sie den Grund dieser neuen Furche mit der Gabel auf und gehen Sie dann zur nächsten Furche über. Arbeiten Sie in dieser Weise weiter bis zum anderen Beetende. Füllen Sie die letzte Furche mit der Erde, die Sie aus der ersten Furche entfernt haben.*

# KOPFDÜNGUNG UND FRISCHKOMPOST

**Kopfdüngung beschreibt das Auftragen von Düngemitteln und anderen Zusätzen wie Sand auf die Oberfläche des Bodens oder Rasens. Der Begriff wird auch allgemein benutzt und beschreibt jede Art des oberflächlichen Bodendüngens, einschließlich des Auftragens von Frischkompost. Kopfdüngung und Mulche werden aus verschiedenen Gründen auf die Bodenoberfläche aufgebracht. Sie helfen dem Pflanzenwachstum auf verschiedene Art und vermindern den Feuchtigkeitsverlust durch Verdunstung. Einige erhöhen den Nährstoffgehalt des Bodens, bereichern seinen Humusgehalt und verbessern die Bodenstruktur und Bearbeitungsfähigkeit. Andere Mittel wie Kies besitzen keinerlei Nährwert, sie verbessern aber die Entwässerung, regulieren die Bodentemperatur, halten Schädlinge wie Schnecken fern und hemmen das Wachstum von Unkräutern, Moos, Flechten und anderen unerwünschten Organismen auf der Bodenoberfläche. Hinzu kommt, dass eine einfache Bodenbedeckung mit Kies sehr attraktiv ist.**

## EINSATZ VON KOPFDÜNGER UND MULCHEN

KOPFDÜNGER und Mulch (Frischkompost) sind die unbesungenen Helden der Rabatte. Sie sehen im Gartenhandel nicht großartig aus, haben jedem Gartenbesitzer aber enorm viel zu bieten – vom Stadtmenschen, der seinen einzigen Balkonpflanzkübel mit einem ansprechenden, Feuchtigkeit speichernden und Unkraut bzw. Schädlinge fernhaltenden Aggregat anfüllt, bis hin zum Besitzer eines großen Gemüsegartens, der Plastikfolien aus rein praktischen Gründen verwendet.

OBEN: *Ein natürlicher Mulch (z. B. gehäckselte Zedernrinde) unterdrückt das Unkrautwachstum und speichert Feuchtigkeit auf unauffällige und ansprechende Weise.*

### Mulchen

- Mulchen Sie stets einen warmen, feuchten Boden. Auf gefrorenen oder trockenen Boden aufgetragener Mulch ist stets ungünstig, denn er versiegelt nur die Probleme. Ebenso gilt, dass auf einen von Unkraut übersäten Boden aufgetragener Frischkompost dem Unkraut ebenso gut tut wie den Zier- oder Nutzpflanzen. Auch Unkraut nutzt die Vorzüge des angereicherten Bodens und der verbesserten Feuchtigkeitsspeicherung und wächst noch üppiger als in ungemulchter Erde. Die Grundregel beim Mulchen lautet daher, sorgfältig zu überlegen, bevor Sie Frischkompost aufbringen. Achten Sie darauf, dass Sie keine Probleme einbetten, da diese durch die isolierenden Eigenschaften des Mulchs nur noch verschlimmert würden.
- Tragen Sie eine großzügige, ca. 7,5 cm hohe Schicht Mulch auf. Breiten Sie ihn von der Pflanze ausgehend in einem so großen Bereich aus, dass die gesamte mögliche Ausdehnung der Pflanze abgedeckt ist. Mulchen Sie bis zum Pflanzenstiel, ohne dass dieser berührt wird, da der Mulch ein Verrotten des Stiels begünstigen könnte.

Mulch aus Holzspänen

## ORGANISCHER FRISCHKOMPOST

MULCH lässt sich in organische und anorganische Arten unterteilen. Diesen Arten sind verschiedene Merkmale gemein, und einige organische Mulcharten besitzen zusätzlich einen Nährstoffvorteil. Dies ist – wie oben beschrieben – allerdings nicht immer wünschenswert. So besitzt Gartenkompost beispielsweise viele positive Eigenschaften, er bildet aber auch eine perfekte Umgebung, in der Unkraut keimen kann, und ist daher nicht die beste Option, wenn Sie Ihr Unkraut loswerden möchten.

Mulch aus Laubkompost

### Rindenhäcksel

- Die beliebte Rinde ist in unterschiedlichen Feinheitsgraden erhältlich – von fein gehäckselt bis zu großen Stücken. Sie verbessert die Oberflächendränage und hemmt das Unkrautwachstum. Grob gehäckselte Rinde zersetzt sich erst nach langer Zeit und lohnt daher die Investition, da Rinde zwei Jahre halten sollte, bevor sie erneuert werden muss.
- Rindenhäcksel sind auch schwer genug, um nicht vom Wind verweht zu werden. Sie sehen gut aus und werden häufig als Kopfdüngung für Rabatten verwendet. Rinde ist leicht sauer, doch reduziert sich der Säuregehalt mit zunehmender Verrottung. Mulchen Sie daher nur mit kompostierten (reifen) Rindenhäckseln. Mit Rinde gedüngter Boden muss durch ein stickstoffhaltiges Düngemittel ergänzt werden.

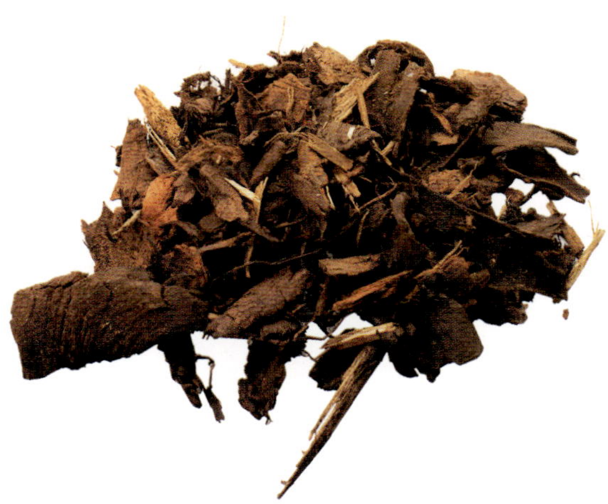

Mulch aus getrockneten Rindenhäcksel

### Kakaoschalen

❀ Kakaoschalen verbreiten einen verführerischen Duft. Es ist, als würden Sie eine Decke geriebener Schokolade über dem Boden ausbreiten. Neben diesem Genussvorzug ist ein Mulch aus Kakaoschalen sehr attraktiv und der zweitbeliebteste Mulch für Zierrabatten nach Rinde. Kakaoschalen sind leicht sauer, daher muss mit diesen Schalen gedüngter Boden zusätzlich mit Düngemittel versehen werden. Bis sich Kakaoschalen setzen, sind sie sehr leicht und können daher schnell von Vögeln und Wind im Garten verteilt werden. Darüber hinaus sind sie relativ teuer.

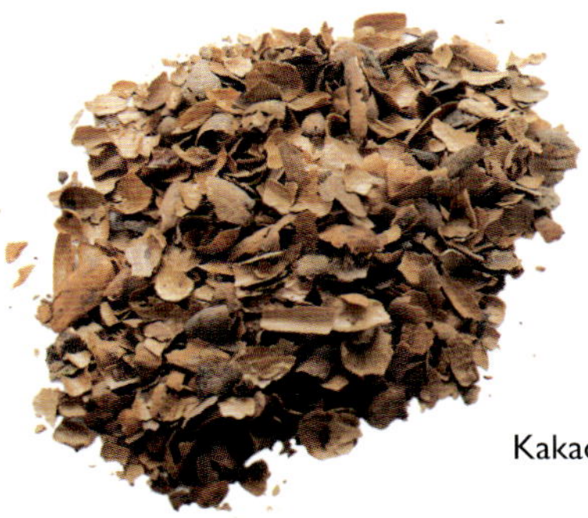

Kakaoschalen

### Stallmist

❀ Der einst so beliebte Stallmist hat seine Fans hinsichtlich der Düngung in Blumenrabatten verloren. Stallmist erhöht den Humusanteil des Bodens und besitzt in gewissem Umfang Nährstoffvorzüge. Er speichert Feuchtigkeit und fördert die Bodenstruktur. Allerdings sieht Stallmist nicht sehr gut aus und ist häufig geruchsintensiv. Seine Fruchtbarkeit fördert zudem das Unkrautwachstum. Verwenden Sie nur stark verrotteten Stallmist, sonst könnte er Ihre Pflanzen schädigen.

Stallmist

Maschengewebe aus Schwarzplastik

OBEN: *Mulchen hält Unkraut in Schach, damit die Jungpflanzen fest Fuß fassen können.*

## ANORGANISCHER MULCH

ANORGANISCHER Mulch, vor allem in Folienform, hält die Feuchtigkeit im Boden ausgezeichnet. Diese Folien unterdrücken auch vorzüglich das Unkrautwachstum, da Licht völlig von dem Boden ferngehalten und so ein Keimen der Unkräuter verhindert wird. Sie helfen natürlich nicht bei der Humusproduktion und führen dem Boden auch keine weiteren Nährstoffe zu. Wenn Sie den Boden unter den Mulchfolien bereichern müssen, stechen Sie Löcher in die Folie und bringen Sie lösliches Düngemittel durch die Löcher auf.

### Maschengewebe aus Schwarzplastik

❀ Ausgezeichnet zum Mulchen zwischen Gemüsereihen; eine teure Anfangsanschaffung, die aber wieder verwertet werden kann.

### Faservlies

❀ Vliese werden in erster Linie zum Erhöhen der Bodentemperatur verwendet. Sie werden häufig als „schwebender" Mulch und als Schädlingshindernis eingesetzt und fast wie eine Glocke über – und nicht um – Nutzpflanzen gelegt.

Faservlies

### Schwarzplastik

❀ Dieser billige Mulch erhöht die Bodentemperatur und unterdrückt Unkräuter; wenn Sie die Folie aber nicht mit einem ansprechenderen Material wie Kies abdecken, ist sie nicht sehr attraktiv. Kunststofffolie ist vor allem in Gemüsegärten beliebt.

### Feiner Kies (Grobsand)

❀ Kies verbessert die Dränage und sieht hübsch aus. Um Unkräuter in Schach zu halten, sollte Kies auf Kunststofffolien gegeben werden. Grober Kies hält häufig auch Schnecken fern, da sich diese Schädlinge nicht gerne über die scharfen Konturen der Steine bewegen.

Grobsand (feiner Kies)

### Kiesel/Schotter

❀ Dies ist eine attraktive und beliebte anorganische Substanz. Wählen Sie gut gewaschene Produkte ohne Bodenpartikel, die die Steine verkleben und dem Unkrautwachstum Vorschub leisten könnten.

Schotter

Kieselsteine

## KOPFDÜNGUNG

EINIGE Substanzen werden auf den Boden rund um Pflanzen oder auf Rasen aufgetragen. Sie sollen nicht als Kompost dienen, sondern den Nährstoffgehalt des Bodens und die Bodenstruktur verbessern. Folgen Sie stets genau den Anweisungen des Herstellers, wenn Sie Kopfdünger aufbringen. Lassen Sie Kopfdünger nicht mit Blättern und Pflanzenstielen in Berührung kommen, da Düngemittel die Pflanzen versengen können.

### Kalk

❀ Kalk ist in unterschiedlicher Form erhältlich, wie z. B. als Kreide, gemahlener Kalkstein oder als Magnesiumkalk. Die beliebteste Form ist hydrathaltiger Kalk (Löschkalk). Kalk ist eine Pflanzennahrung, die andere Pflanzennährstoffe verfügbar macht, indem sie im Humus die Elemente freisetzt, die für ein gutes Pflanzenwachstum erforderlich sind. Kalk neutralisiert darüber hinaus Säure und macht so den Boden weniger sauer. Nur wenige Pflanzen mögen sehr saure Bedingungen. Kalk zersetzt zudem schweren Boden und fördert das Wachstum nützlicher Bakterien und Organismen wie z. B. des Regenwurms. Mit Hilfe eines pH-Tests können Sie feststellen, ob Ihr Boden ein Kalkdefizit aufweist. Selbst für einen pH-neutralen Boden ist eine Kalkdüngung alle paar Jahre nützlich, da Regen den Kalk aus dem Boden wäscht. Basische Böden dürfen nicht gekalkt werden, denn der Kalkanteil ist bereits hoch genug. Kalk wird im Allgemeinen nach dem Umgraben im Herbst aufgetragen.

### Düngemittel

❀ Düngemittel enthalten einen oder mehrere Nährstoffe in konzentrierter Form und werden dem Boden als Nahrung zugeführt. Sie dürfen nicht mit Humus fördernden Mitteln verwechselt werden, da sie nicht die gleichen wichtigen Attribute besitzen. Düngemittel sollten nicht allein verwendet werden. Ohne Humus bildende Mittel können die Pflanzen nicht die in den Düngemitteln enthaltene Nahrung nutzen. Düngemittel als Kopfdüngung werden meist im Frühjahr aufgetragen.

### Humus bildende Mittel

❀ Massige organische Substanzen werden als Kopfdüngung zur Verbesserung der Bodenstruktur und Vermehrung der Bakterien eingesetzt und geben somit Nährstoffe an die Pflanzen ab. Humus bildende Mittel besitzen im Vergleich zu ihrer Masse kaum Nährstoffe und erzielen daher nur in Verbindung mit Düngemitteln optimale Ergebnisse. Organischer Kopfdünger wird normalerweise im Herbst aufgebracht.

# PROBLEME BEI PFLANZEN UND UNKRAUTBEKÄMPFUNG

**Insgesamt kann dieser Abschnitt sehr entmutigend, ja sogar deprimierend wirken, denn es werden unzählige Unkräuter, Schädlinge und Krankheiten behandelt. Bei wohlüberlegtem Pflanzen und sorgfältiger Gartenpflege besteht aber kein Grund zur Sorge, dass Ihr Garten all die hier aufgeführten Krankheiten und Probleme auf sich zieht. Hochwertige und gesunde Pflanzen können unter optimalen Wachstumsbedingungen Krankheiten widerstehen und Schädlingen trotzen. Beachten Sie Hygieneanforderungen und beobachten Sie Ihren Garten genau, so dass Sie Probleme sofort behandeln können.**

## VORBEUGUNG

DIE Maxime „Vorbeugen ist besser als Heilen" findet ganz besonders im Garten Anwendung. Gartenbesitzer wenden sich zunehmend von der chemischen Problembekämpfung ab und erkennen damit an, dass der regelmäßige Einsatz von Chemikalien beispielsweise in Schädlingsbekämpfungsmitteln und Fungiziden mehr Probleme schaffen als lösen kann. Nützlinge können zusammen mit den Schädlingen getötet werden und damit das Schädlingsproblem weiter verschlimmern.

- Vielleicht sprühen Sie Ihren Garten seit Jahren gegen Blattläuse und fragen sich, warum dann plötzlich, in einem heißen Hochsommer, Ihr Garten von Blattläusen wimmelt, während der ungesprühte Garten Ihres Nachbarn nicht befallen ist. Der Grund liegt darin, dass Sie mit der Zeit alle Nützlinge vernichtet haben, die jetzt den ungespritzten Garten Ihres Nachbarn rein halten. Natürlich spielen bei Überlegungen, wie Pflanzenprobleme am besten behandelt werden, auch globalere Fragen wie Umweltverschmutzung und die möglichen, mit Chemikalien verbundenen Risiken sowie die langsame Zerstörung des Ökosystems in Ihrem Garten eine Rolle.

OBEN: *Einige Krankheiten wie die Kohlhernie können schnell eine ganze Ernte befallen Achten Sie daher auf die Gesundheit Ihrer Pflanzen.*

### Betrachten Sie Ihre Probleme vorausschauend

- Das erste, was Sie tun sollten, bevor Sie über Schädlinge und Krankheiten in Panik geraten und automatisch nach dem nächsten chemischen Mittel greifen, ist, die Dinge nüchtern und sachlich zu sehen. Einige Schädlinge sind zwar hässlich, stellen aber keine so große Gefahr für eine Pflanze dar wie andere Bedrohungen (z. B. ungünstige Witterungsbedingungen). Im Allgemeinen stellen Wettereinflüsse eine erheblich größere Gefahr für das gesunde Wachstum Ihrer Pflanzen dar als einzelne Schädlinge – denken Sie daran, wenn Sie zum ersten Mal eine einzelne Raupe auf Ihrem wertvollen Kohl entdecken.
- Der zweitgrößte Pflanzenfeind ist schlechte Gartenpflege. Wenn Sie Ihre Pflanzen beispielsweise zu dicht beieinander setzen, sind sie anfälliger für Infektionen. Schlechte Hygiene ist eine weitere Gefahr für Ihre Pflanzen. Wenn Sie krankes Material nicht entfernen und verbrennen, es tief vergraben oder kompostieren, ebnen Sie den Weg für weitere Pflanzenprobleme.

OBEN: *Eine Gruppe von Geißblatt-Blattläusen sammelt sich an der entblößten Achsel eines Blattes.*

OBEN: *Große weiße Schmetterlingsraupen, hier auf einem Kapuzinerkressenblatt, sind Schädlinge, die vor allem Kohl- und einige Zierpflanzen befallen.*

❀ Nun haben Sie eine Vorstellung von der Verantwortung, die auf Ihnen als Gärtner lastet. Versuchen Sie, Ihre Pflanzen gesund zu halten, statt Problemen die Tür zu öffnen, sie außer Kontrolle geraten zu lassen und dann auf die Schädlinge zu schimpfen, die im Grunde nur geringfügige Pflanzenprobleme darstellen.

## Probleme minimieren

❀ Wenn Sie Ihren Garten durch sorgfältige und konsequente Beachtung grundlegender Gartenregeln gesund halten, haben Sie bereits einen großen Schritt getan, um zu verhindern, dass Schädlinge und Krankheiten von Ihren Pflanzen Besitz ergreifen. Angesichts der riesigen Auswahl an Gartenpflanzen sollten Sie zunächst gesund aussehende Exemplare krankheitsresistenter Arten wählen und sie an geeignete Stellen setzen.

❀ Pflanzen, die im geeigneten Boden wachsen und deren Lichtzufuhr optimal ist, haben erheblich größere Chancen, unbehelligt zu überleben, als Pflanzen, die ohne Rücksicht auf ihre natürlichen Anforderungen gepflanzt werden. Sorgen Sie für die benötigte Wasserzufuhr und denken Sie daran, dass zu viel ebenso schädlich ist wie zu wenig.

❀ Beachten Sie den richtigen Pflanzabstand. Zu dicht beieinander stehende Pflanzen kämpfen um knappe Nährstoffe, und die überlaufenen, feuchten Bedingungen fördern Pilzkrankheiten. Halten Sie sich an den empfohlenen Pflanzabstand, der auf dem Etikett von Pflanzen angegeben ist.

❀ Sauberkeit im Garten ist ein Faktor, dem häufig nicht genug Bedeutung bei der Vermeidung von Problemen im Garten beigemessen wird. Schmutz ist Schmutz, zumindestens auf den ersten Blick. Doch durch schlechte Hygiene lassen sich nur zu leicht Krankheiten übertragen, beispielsweise wenn Pflanzen in ungereinigte Töpfe gesetzt werden, die Sporen von Krankheiten enthalten können, oder wenn Sie Pflanzen mit einem Messer vermehren, das nicht sterilisiert wurde.

## VERBREITETE SCHÄDLINGE

EINE Reihe von weit verbreiteten Schädlingen ist ein häufiges Problem für Gartenbesitzer. Diese Schädlinge greifen eine Vielzahl unterschiedlicher Pflanzen an.

### Blattläuse

- Blattläuse gelten allgemein als die ultimative Gartenplage. Sie saugen Saft und scheiden das, was sie nicht verwerten können, wieder als klebrige Masse aus, die auf die Blätter fällt und dort Russtaubelag bildet. Neue Triebe und Blätter können geschädigt werden, und die befallenen Pflanzen können verkrüppeln. Blattläuse können Viruskrankheiten zwischen Pflanzen wie Rosen, Lilien und Tulpen verbreiten. Ein Blattlausbefall wird häufig von Russtaubelag begleitet, da dieser Pilz von dem von Blattläusen ausgeschiedenen Honigtau lebt.
- Marienkäfer und Schwebfliegen sind die beste organische Blattlausbekämpfung. Planzen Sie Sumpfschnabel (*Limnanthes douglasii*) und Prachtwinden (*Convolvulus tricolor*), um diese Nützlinge anzulocken. Setzen Sie Marienkäfer auf befallene Blätter.
- Begleitpflanzungen können auf andere Weise helfen. Sie könnten „Opferpflanzen" setzen. Wenn Sie beispielsweise Kapuzinerkresse unweit von Brokkoli pflanzen, wird höchstwahrscheinlich die Kapuzinerkresse von Blattläusen befallen und der Brokkoli kommt unbehelligt davon. Schnittlauch hält Blattläuse fern, ist zudem eine hübsche Zierde für Beetkanten und eine vortreffliche Wahl für die Staudenrabatte.
- Auch das Besprühen mit einer Schmierseifenlösung – nicht mit Reinigungsmittel – ist sehr wirksam. Im Gewächshaus hilft die Behandlung mit Schädlingsbekämpfungsmitteln. In jedem Fall ist aber auch das Abnehmen der Blattläuse von Hand wirksam und absolut organisch.
- Der nicht organische Ansatz, der für anfällige Zierpflanzen geeignet ist, umfasst selektive systemische Insektizide, bei denen Nützlinge unversehrt bleiben.

### Ohrwürmer

- Die markanten Zangen des Ohrwurms sind meist erst zur Nacht sichtbar, wenn er nach Nahrung sucht. Ohrwürmer zerkleinern die Blätter und fressen die Blüten beispielsweise von Dahlien, Chrysanthemen und Clematis. Ohrwürmer sind aber nicht durchweg schädlich. Sie fressen auch eine Reihe von Blattläusen. Wenn Ihre Pflanzen nicht durch Ohrwürmer geschädigt sind, sollten Sie daher auch nicht nach diesen Insekten suchen und sie vernichten. Wenn Sie wissen möchten, ob Ohrwürmer für den Blumen- und Blattschwund verantwortlich sind, schauen Sie beim Licht der Taschenlampe nach.
- Umgestülpte, mit Stroh vollgestopfte Blumentöpfe, an Rohrstöcken aufgehängt, ziehen Ohrwürmer an und fangen sie, so dass Sie die Missetäter später entfernen können.

### Schnecken

- Schnecken greifen zahlreiche unterschiedliche Pflanzenarten an, wie Zwiebelpflanzen, mehrjährige Stauden, Gemüse,

OBEN: *Ohrwürmer zerraspeln die Blätter bestimmter Zierpflanzen wie Dahlien und können auch Nutzpflanzen angreifen; da sie aber auch einige Blattläuse und die Eier der Apfelwicklermade fressen, werden sie meist nicht als schwerwiegender Gartenschädling angesehen.*

OBEN: *Blattläuse sind eine Plage für den Garten. Sie wüten auf einer Vielzahl unterschiedlicher Pflanzen, indem sie neue Blätter und Triebe schädigen sowie die Pflanze insgesamt schwächen.*

OBEN: *Ein glänzend rotes Lilienhähnchen (*Lilioceris lilii*) auf einem geschädigten Lilienblatt.*

OBEN: *Ein ausgewachsener Maikäfer (*Melolontha melolontha*) verspeist frische grüne Knospen an einem Blatt.*

Erdbeeren, Kletterpflanzen und junge Keimlinge. Meist leben Schnecken auf der Erde, einige greifen aber auch die unterirdischen Pflanzenteile wie Zwiebeln und Knollen von z. B. Kartoffeln an. Schnecken fressen meist bei Nacht oder nach einem Regen.

- Einige Pflanzen wie Hosta, Rittersporn und alle jungen Keimlinge sind besonders anfällig für einen Schneckenbefall. Pflanzen, von denen Sie wissen, dass sie gefährdet sind, sollten durch physische Hindernisse geschützt werden, wie z. B. zerkleinerte Eierschalen, Sägemehl, Holzasche oder scharfkörnigen Sand.
- Schnecken besitzen eine empfindliche Haut und kriechen nicht gerne über derartige Flächen, aber denken Sie daran, dass das Hindernis nur so lange funktioniert, wie es intakt ist. Regen kann diese Hindernisse leicht entfernen, also überprüfen Sie sie regelmäßig und erneuern Sie sie oder wählen Sie eine sehr wirksame (wenn auch nicht sehr attraktive Methode): einen aus einer Plastikflasche herausgeschnittenen 10 cm hohen Ring, der 2,5 cm in den Boden gedrückt wird.
- Bierfallen, das heißt in den Boden eingelassene Behälter mit verführerischem, fermentierendem Bier, sind eine weitere beliebte Methode, um Schnecken chemielos zu entfernen. Diese Fallen ertränken aber auch Nützlinge, es sei denn, Sie setzen in jede Bierfalle Zweigleitern, an denen Laufkäfer und ähnliche Insekten wieder hochkrabbeln können.
- Auch die umgedrehte Schale einer Pampelmusenhälfte bekämpft eine Schneckenplage. Die Schnecken sammeln sich darin, so dass Sie sie nach Belieben beseitigen können – entweder indem Sie sie an eine andere Stelle bringen, oder indem Sie sie ertränken. Um die ganzen Schnecken, die sich in den meisten Gärten vor allem bei feuchten Bedingungen befinden, einzufangen, benötigen Sie allerdings eine ganze Anzahl von Fallen. Ganz engagierte Gärtner suchen Schnecken auch beim Licht der Taschenlampe, bevor sie sie ertränken.
- Ein weiteres organisches Verfahren neben mechanischen Mitteln und Hindernissen ist biologische Schädlingsbekämpfung mit Nematoden, die mit dem Gießwasser in den Boden gebracht werden und Schnecken töten.
- Schneckenkorn aus Methiocarb oder Metaldehyd kann Tiere wie Vögel und Katzen schädigen, die auf einer höheren Stufe der Nahrungskette stehen. Diese Mittel sollten als allerletzte Lösung verwendet werden. Aluminiumsulphatkorn dürfte nur Schnecken töten, es ist jedoch nicht auszuschließen, dass Aluminiumsalze in Nutzpflanzen eindringen. Organische Gärtner würden derartige Schädlingsbekämpfungsmittel nicht verwenden.

UNTEN: *Es ist bekannt, dass sich Schnecken nur unter großen Anstrengungen beseitigen lassen, doch die Mühe lohnt sich, da Schnecken nicht nur Keimlinge, sondern alle Teile einer Vielzahl etablierter Pflanzen schädigen.*

OBEN: *Raupenschaden an Kohlblättern.*

### Raupen und Käfer

- Es gibt viele Raupenarten, die berüchtigtste ist aber die Raupe des Großen Kohlweißlings. Raupen fressen Blätter, Stiele, Blüten und Obst. Einige Raupen verbergen sich, indem sie sich in jungen Blättern zusammenrollen oder in einem seidenähnlichen Gewebe schützen. Wenn Sie also geringelte Blätter und derartiges Gewebe sehen, rollen Sie sie auf und schauen Sie nach. Schnakenlarven sind grau-braune, im Boden lebende Raupen, die die Wurzeln junger Keimlinge, von Jungpflanzen und Rasen fressen.
- Entfernen Sie alle Raupen mit der Hand, sobald Sie sie bemerken. Es gibt eine organisch akzeptable bakterielle Schädlingsbekämpfung für Angriffe von Raupen des Großen Kohlweißlings: *Bacillus thuringiensis*. Oder verwenden Sie spezielle Raupenleimringe, die fluglose Schädlinge wie Raupen daran hindern, an den Pflanzen hochzuklettern.
- Wenn Sie nichts unternehmen, können sich Raupen auf sehr hässliche Weise durch Zierpflanzen wie Kapuzinerkresse oder Nutzpflanzen wie Kohl knabbern. Dabei stellen Sie kein gravierendes Problem dar. Angeknabberte Blätter sehen vielleicht nicht sehr attraktiv aus, häufig sind jedoch nur die äußeren Blätter befallen, und die Raupen sind längst wieder verschwunden, wenn der Kohl richtig zu wachsen beginnt.

## PFLANZENKRANKHEITEN

Die allgemeinen Richtlinien zur guten Gartenhygiene sollen vor allem Krankheiten in Schach halten. Entfernen Sie mögliche Infektionsquellen, indem Sie Töpfe, Platten, Pflanzstöcke und andere Geräte zum Ende jedes Gartenjahres desinfizieren. Putzen Sie Problembereiche aus, und entfernen Sie so auf sorgfältige Weise verrottende, kranke oder tote Substanzen. Beseitigen Sie diese ebenso wie Pflanzenabfälle, die natürlich abfallen, da diese Blätter und Zweige Pilzsporen aufweisen können, die die Pflanzen im darauf folgenden Frühjahr erneut infizieren würden.

- Praktizieren Sie Fruchtwechsel, d. h. ziehen Sie nicht jedes Jahr die gleichen Sommerblumen oder Gemüsesorten in demselben Beet. Überwinternde Schädlinge und Krankheiten tauchen dann im Frühjahr auf, nur um festzustellen, dass ihr Opfer verschwunden ist.
- Wählen Sie nach Möglichkeit krankheitsresistente Pflanzenarten, und setzen Sie sie ausreichend weit auseinander. Halten Sie Ihren Garten unkrautfrei, gut bewässert und gemulcht.

OBEN: *Dieser Kohl zeigt klassische Kohlherniensymptome.*

### Mehltau

- Diese Pilzkrankheit greift gestresste Pflanzen an. Vor allem solche Pflanzen, deren Wurzeln trocken sind und die in stehender Luft wachsen, sind anfällig. Setzen Sie Pflanzen möglichst nicht zu dicht zusammen, sorgen Sie dafür, dass die Pflanzen stets ausreichend Wasser haben und gut gemulcht sind. So verhindern Sie diese Krankheit, die die betroffenen Blätter und Triebe von außen frisst. Echter Mehltau ist gravierender als Falscher Mehltau, da er die Blätter durchdringen und die Pflanze schließlich töten kann.
- Große Mengen Lauch in der Nähe von Pflanzen, die für Mehltau anfällig sind, bieten angeblich höheren Schutz. Da Lauch in Verbindung mit Rosen sehr attraktiv wirkt, ist dies eine Begleitpflanzung, die sich zu probieren lohnt. Auch hier ist von größter Wichtigkeit, dass Sie sorgfältig die erforderlichen Abstände einhalten und anfällige Pflanzen regelmäßig gießen.
- Entfernen Sie die betroffenen Bereiche, um die Verbreitung von Mehltau zu hemmen. Einige organische Sprühmittel wie Brennnessel- oder Knoblauchsud sollen die Widerstandskraft gegen Mehltau erhöhen.
- Als nicht organische Methode können Sie mit einem chemischen Fungizid sprühen. Beachten Sie aber auch die allgemeinen Richtlinien zur Pflanzenhygiene und -pflege.

## Grauschimmel (*Botrytis*)

- *Botrytis* ist eine weitere Pilzkrankheit, die unter kühlen, feuchten Bedingungen gedeiht. Dieser hässliche Grauschimmel bedeckt Blätter, Stängel und Obst. Schlecht belüftete Umgebungen wie das Innere von unzureichend belüfteten Gewächshäusern oder Schutzglocken fördern diese Bedingungen ebenso wie zu dichtes Pflanzen. Erdbeeren sind besonders anfällig für Grauschimmel. Verbessern Sie die Luftzirkulation und stellen Sie trockenere Bedingungen her, um das Problem zu vermeiden oder zu stoppen. Entfernen und zerstören Sie alle betroffenen Pflanzenteile.
- Neben diesen Maßnahmen können auch Fungizide zur Bekämpfung von *Botrytis* eingesetzt werden – Sie finden organisch akzeptable Fungizide im Handel.

## Rostpilze

- Rostpilze sind eine Gruppe von Pilzkrankheiten, die Blätter verfärben und ein vorzeitiges Abfallen der Blätter fördern. Die Pilze gedeihen unter ähnlichen Bedingungen wie Mehltau, das heißt an feuchten, überfüllten Stellen. Die Vorbeugemaßnahmen sind daher die gleichen wie für Mehltau. Sorgen Sie für eine gute Belüftung und pflanzen Sie im richtigen Abstand. Säubern Sie die betroffenen Bereiche. Es gibt organisch akzeptable Fungizide.

## Welke und Fäule

- Im Boden lebende Organismen können Welke verursachen – vor allem Chrysanthemen, Clematis, Tomaten und Nelken sind gefährdet. Durch gute Pflanzenhygiene und Gartenpflege kann Welke, die meist besonders schwache und allgemein nicht gesunde Pflanzen heimsucht, vermieden werden. Verwenden Sie frischen, sterilen Kompost für Samen und Ableger, da Welke häufig neue Setzlinge angreift. In der Rabatte fördert hochwertiger Gartenkompost die Gesundheit der Pflanzen, da die nützlichen Organismen im Kompost helfen, schädliche Organismen zu reduzieren.

## WEIT VERBREITETE PLANZENKRANKHEITEN

*1. Ungleichmäßige Keimung, hervorgerufen durch die Umfallkrankheit an Lobelienkeimlingen.*

*2. Durch einen bakteriellen Krebs verursachte Löcher in Kirschblättern.*

*3. Eine Viruskrankheit an Pelargonien verursacht Blattaderchlorose.*

*4. Fruchtkörper der Rotpustelkrankheit auf dem absterbenden Holz eines Malvenbaums.*

*5. Grauschimmelschaden an Pelargonienblättern.*

*6. Falscher Mehltau greift die Blätter von* Achillea ptarmica *‚Die Perle' in der Spätblüte an.*

*7. Nahaufnahme der Unterseite eines Rosenblatts, das schwarze Dauersporenpusteln aufweist.*

1

2

3

4

5

6

7

## PLANZENPROBLEME

Bei einigen Pflanzen kann es den Anschein haben, als wären sie von Schädlingen oder Krankheiten befallen. Tatsächlich fehlt es ihnen aber an Nährstoffen, oder sie leiden an einer physiologischen Störung. Hierbei hilft der gesunde Menschenverstand sehr. Wenn Sie beispielsweise eine säureliebende Pflanze wie eine Azalee in stark basischem Boden pflanzen, werden Sie sicher keine zufriedene und gesunde Pflanze bewundern können, es sei denn, Sie passen den Boden rund um die Pflanze regelmäßig an ihre Anforderungen an. In einem basischen Boden würde eine solche Pflanze verkümmert wachsen und gelbe Blätter entwickeln. Diese Symptome weisen auf die Kalkkrankheit Bleichsucht (Chlorose, Mangan-/Eisenmangel) hin. Auch der Schutz von Pflanzen vor Wetterschäden – sei es Frost oder Trockenheit – ist ein Grundelement der Gartenpflege, das Ihren Pflanzen die bestmögliche Chance zu gesundem Wachstum bietet. Lernen Sie die häufigsten Pflanzenstörungen kennen; es wird Ihnen sicherlich noch zugute kommen.

### Stickstoffmangel

❀ Blassgrüne Pflanzen, die sich schließlich gelb verfärben, schwache, dünne, rosafarbene Stängel und schlecht wachsende Spitzen besitzen, können auf Stickstoffmangel hinweisen. Ältere Blätter verfärben sich entlang der Adern gelb-rot und sterben dann ab. Die ganze Pflanze kann nicht normal wachsen; sie ist meist dünn und sieht nicht gesund aus. Pflanzen in eingeschränkten Bedingungen zu ziehen, in denen sie nur unzureichend Nährstoffe erhalten oder in schlechtem und lockerem Boden stehen, kann zu Stickstoffmangel führen. Dies ist das am weitesten verbreitete Problem von Pflanzen, da Stickstoff so leicht dem Boden entzogen wird. Achten Sie darauf, dass der Boden für Ihre Pflanzen fruchtbar genug ist, regelmäßig mit verrottetem Mist und ausgewogenen Düngemitteln gedüngt wird. Als Nothilfe können Sie ein stickstoffreiches Düngemittel oder Flüssigdünger auftragen, sobald Sie Stickstoffmangel bemerken.

### Wasserstau

❀ Wenn Pflanzenwurzeln an Sauerstoffmangel leiden, saugen sie sich voll Wasser (es sei denn, es handelt sich um eine Sumpfpflanze). Obwohl ganz eindeutig ausreichend Wasser zur Verfügung steht, verwelkt die Pflanze, und es hat den Anschein, als würde sie nicht genug bewässert. Die Blätter werden gelb. Wenn Sie die Pflanze ausheben, erkennen Sie möglicherweise schwarze, ja sogar verfaulende Wurzeln, da die Pflanze zu sterben beginnt. Um diese Probleme zu verhindern, graben Sie regelmäßig reichlich organische Substanzen unter, die die Bodenstruktur verbessern und für ausreichende Entwässerung sorgen. Sollte das Problem bei Kübelpflanzen auftreten, sind vielleicht nicht genügend Dränagelöcher vorhanden, oder die Löcher wurden durch Schutt verstopft. Wenn Sie Stellen in Ihrem Garten identifiziert haben, die besonders durch Wasserstau gefährdet sind, versuchen Sie, erhöhte Beete anzulegen. Sollte das Problem jedoch weitreichender sein, könnten Entwässerungsrohre ratsam sein, oder wählen Sie Pflanzen, die eine sumpfige Umgebung vertragen.

OBEN: *Kartoffelpflanzen in einem ausgedörrten Gemüsebeet; die Pflanzen leiden sichtbar an Trockenheit.*

OBEN: *Feuerbrand, der Blätter und Blüten zusammenklebt.*

## Trockenheit

❀ Wenn Pflanzen über längere Zeit an Wassermangel leiden, welken sie und fallen in sich zusammen, die Blätter kräuseln sich und trocknen aus. Am Ende stirbt die Pflanze. Kübelpflanzen und Jungpflanzen in leichten Böden sind besonders empfindlich. Um die Gefahr zu minimieren, fügen Sie dem Boden ausreichend verrottete organische Substanzen zu und geben Sie Wasser speichernde Körner in Pflanzbehälter. Gießen Sie jedesmal lieber reichlich anstatt wenig und oft, da die Wurzeln sonst nicht in die Tiefe wachsen und das Problem noch weiter verschlimmert wird.

## Frostschäden

❀ Frostschäden sind vielen Gartenbesitzern sehr zu ihrem Leidwesen bekannt. Die schwarzen, absterbenden Überreste von einst frischem Wachstum erinnern nur zu häufig daran, wie ein später Frühjahrsfrost einen Gärtner und die empfindlichen, gerade ausgepflanzten Jungpflanzen überraschen kann. Bei einem besonders scharfen Frost kann sich der Stamm selbst bei Gehölzen spalten. Wenn das Klima ausreichend unwirtlich ist, kann fast jede Pflanze an Frostschäden leiden – sogar Pflanzen, die im Allgemeinen als winterhart gelten. Werden besonders niedrige Temperaturen vorhergesagt (unter 0 °C), sollten Sie empfindliche Pflanzen mittels Vlies, Schutzglocken oder Frühbeetkästen schützen. Wenn Sie in einer Gegend leben, in der Frost ein häufiges Phänomen ist, sollten Sie die entsprechenden Pflanzen wählen – Pflanzen, die normalerweise in härteren Klimata überleben.

## Mangan-/Eisenmangel

❀ Dieser Mangel ist häufig zu beobachten, wenn kalkfeindliche Pflanzen wie Kamelien oder Rhododendron in sehr basische Böden gesetzt werden. Die Blattadern bleiben grün, aber das restliche Blatt verfärbt sich blass und gelblich, und die Blätter können am Rand grüne Stellen aufweisen. Meist wächst die Pflanze nicht wie erwartet und gedeiht nicht. Die einfachste Vorbeugemaßnahme besteht darin, bei der Gartenplanung die konkreten Bodenanforderungen einer Art zu berücksichtigen. Wenn Sie unbedingt eine Pflanze setzen möchten, die in Ihrem Gartenboden an sich nicht gedeihen würde, pflanzen Sie sie in einen Kübel, in dem Sie mit Hilfe von heidekrautartigem Kompost für die benötigten sauren Bedingungen sorgen. Wenn Beete oder Rabatten diesen Mangel aufweisen, könnten Sie kurzfristig durch Eisenchelatdünger Abhilfe schaffen. Längerfristig helfen ein hochwertiger Kompost und verrotteter Mist, regelmäßig aufgebracht.

OBEN: *Sehr kaltes Wetter kann empfindliche Pflanzen schädigen. Schützen Sie wertvolle Exemplare und klopfen Sie schweren Schneefall von Pflanzen, bevor der Schnee gefriert.*

OBEN: *Die verräterischen Symptome von Manganmangel an einem Rosenblatt.*

## UNKRAUTBEKÄMPFUNG

UNKRÄUTER sind einfach Pflanzen, die an der falschen Stelle wachsen. Denken Sie daran, bevor Sie automatisch zum Unkrautvertilgungsmittel oder zur Sense greifen. Der eine Gärtner hält einige Pflanzen für Unkraut und versucht nach Kräften, sie loszuwerden, ein anderer bewundert sie vielleicht, vermehrt sie mit Samen oder kauft sie als ausgewachsene Pflanzen im Gartenfachhandel. So können beispielsweise *Helxine soleirolii* und Mohn (*Papaver*) je nach Standort und Geschmack des jeweiligen Gärtners als attraktive, wünschenswerte Kulturpflanzen oder aber als lästige und sich stark vermehrende Unkräuter angesehen werden. *Helxine* mit ihrem üppig-grünen, niedrigen Teppicheffekt können langweilige Pflasterwege aufhellen, sind aber eine Katastrophe auf einem Rasen, der perfekt sein soll.

- Der organische Gärtner weiß den Wert von Unkräutern als kostenlose Fruchtbarkeitsquelle zu schätzen und nutzt Unkräuter, statt direkt gegen sie zu kämpfen. Unkraut sammelt Mineralstoffe und macht sie für Nutzpflanzen verfügbar. So speichern beispielsweise Brennnesseln Kalium und besitzen zudem zahlreiche weitere Vorteile, vor allem in Verbindung mit Obst und Gemüse. In einem großen Garten findet der begeisterte organische Gärtner sicher einen geeigneten Fleck, den er ganz den Brennnesseln überlässt – als gute Begleitpflanzen beispielsweise für rote Johannisbeeren und Brombeeren, als Wirte für viele Schmetterlingsarten und als Rohstoff für Brennnesselspray, das Porree vor Lauchfliegen und -motten schützt.
- Neben diesen positiven Aspekten ist die geschickte Unkrautbekämpfung zweifellos für die Erhaltung eines gesunden Gartens wichtig. Unkraut nimmt erwünschten Pflanzen Nährstoffe, Wasser und Licht weg und kann Krankheiten verbreiten, die sich dann möglicherweise auf andere Pflanzen übertragen. So wird beispielsweise Kreuzkraut häufig von grünen Blattläusen, Mehltau und Rostpilzen geplagt. Unkräuter sind häufig sehr zäh und schädlich, und wenn nichts gegen sie unternommen wird, können sie schnell von kultivierten Gartenbereichen Besitz ergreifen.

### Einjährige Unkräuter

- Weit verbreitete einjährige Unkräuter sind beispielsweise Kreuzkraut, Miere, Rainkohl, Hirtentäschel und einjährige Nesseln.
- Einjährige Unkräuter wachsen in feuchtem, warmem und sonnenbeschienenem Boden aus Samen. Mulchen (das Bedecken der Erde, unter anderem um Licht fernzuhalten) oder tiefes Umgraben helfen daher, ein Keimen von einjährigen Unkräutern zu vermeiden.
- Hacken wird häufig als Möglichkeit zur Bekämpfung von einjährigen Unkräutern empfohlen. Die Wurzeln werden vom Stiel getrennt, so dass sich die Pflanze nicht weiter entwickeln kann. Bewegen Sie sich beim Hacken rückwärts, damit Sie die Unkräuter nicht in den Boden stampfen. Hacken Sie, bevor die Unkräuter Samen gebildet haben. Wenn sie erst einmal keimen, sind die wachsenden Unkräuter recht leicht zu vernichten, wenn man aber nichts unternimmt, können sie sich zäh halten.

### Mehrjährige Unkräuter

- Weit verbreitete mehrjährige Unkräuter sind beispielsweise niedriger Holunder, Winden, Löwenzahn, Brennnesseln und Schachtelhalm.
- Zur Bekämpfung mehrjähriger Unkräuter ist Mulchen weniger wirksam, da viele mehrjährige Unkräuter wie Löwenzahn lange, fleischige Wurzeln haben, die das Überleben der Pflanze auch bei Absterben des oberen Wachstums sicherstellen. Sie müssen diese Unkräuter ganz ausheben. Einige können sogar dann noch neu wachsen, wenn nur ein winziger Wurzelteil im Boden verbleibt. Häufig werden zur Vernichtung von mehrjährigen Unkräutern System-Unkrautbekämpfungsmittel eingesetzt – vor allem für Unkräuter, die sich nur unter Problemen völlig ausheben lassen, wie Schachtelhalm, dessen Wurzeln bis zu einer Tiefe von mindestens 1,8 m reichen können. Wenn ein Systemmittel auf Blätter und Stängel aufgetragen wird, wird es allmählich vom Unkraut absorbiert und über den Saft in der gesamten Pflanze verteilt. So tötet es allmählich das ganze Unkraut ab.

OBEN: *Regelmäßiges Hacken bekämpft wirksam einjährige Unkräuter.*

## Mulchen als Unkrautbekämpfung

- Das Abdecken des Bodens rund um Kulturpflanzen mit Material, das Licht und Feuchtigkeit abhält, erfreut sich als chemiefreie Unkrautbekämpfung immer größerer Beliebtheit.
- Organischer Kompost hat zudem den Vorteil, dass die Fruchtbarkeit und Struktur des Bodens verbessert wird. Allerdings unterdrückt dieser Kompost das Unkrautwachstum nicht so wirksam wie anorganische Mulchsorten. Organischer Kompost muss mindestens 10 cm dick aufgetragen werden, sonst ist er nicht wirksam. Schwarzfolie hingegen unterdrückt Unkrautwachstum sehr wirksam. Schneiden Sie einfach ein Kreuz in die Folie und pflanzen Sie die gewünschten Pflanzen durch diese Löcher. Verbergen Sie die hässliche Folie mit Rinde oder Kies.

## Unkrautbekämpfung durch Bodendecker

- Bodendecker sind Konkurrenten von Unkräutern und insofern eine wirksame Unkrautbekämpfung. Allerdings müssen Sie den erwünschten Bodendeckern einen Vorsprung geben: Setzen Sie sie in unkrautfreien Boden an für sie günstige Stellen. Pflanzen Sie Bodendecker durch einen Kunststoffmulch und verbergen Sie die Folie mit Kies oder Rindenhäcksel, und schon können Sie Ihre Gartenunkräuter auf ein Minimum reduzieren.
- Gute Bodendecker sind beispielsweise Immergrün (*Vinca*) und Frauenmantel (*Alchemilla mollis*).

## WEIT VERBREITETE GARTENUNKRÄUTER

1. *Junger Rainkohl*
2. *Einjährige Nessel in der Blüte*
3. *Blühendes Kreuzkraut*
4. *Distel in voller Blüte*
5. *Blühender Löwenzahn im Gras*
6. *Winden, die andere Pflanzen ersticken*
7. *Junger Geißfuß*
8. *Feldbutterblumen in voller Blüte*

1

2

3

4

5

6

7

8

# KERZENHALTER

**Diese Blumentöpfe aus Terracotta erhalten mit ein wenig Gold um den Rand neuen Glanz. Das Kerzenlicht verleiht einem Gartenfest den richtigen Schimmer, und ein großzügiger Spritzer des ätherischen Zitronell-Öls im Kerzenwachs hält auch lästige Insekten fern, die sonst bei Anbruch der Dunkelheit nur zu gerne angreifen.**

## WERKZEUG UND MATERIALIEN

- Kleine Pinsel
- Akryl-Goldgrund
- Terracotta-Blumentopf
- Schere
- Rauschgold
- Weicher Pinsel
- Bernsteinfarbener Schellack
- Modelliermasse
- Docht
- Bleistift oder dünner Zweig
- Kerzenwachs
- Heißwasserbad
- Kerzenfarbstoff (wahlweise)
- Ätherisches Zitronell-Öl

*1 Tragen Sie Akryl-Goldgrund um den Rand des Blumentopfes auf und lassen Sie ihn trocknen, bis er transparent ist, aber noch nicht seine Klebwirkung verloren hat. Wie lange dies dauert, hängt von der Umgebungstemperatur und der Feuchtigkeit ab. Gehen Sie von 10 bis 30 Minuten aus – einige Akrylleimarten haben eine unbegrenzt „offene" Arbeitszeit, so dass Sie sich über die Trockenzeit keine Gedanken zu machen brauchen.*

2

*2 Schneiden Sie das Rauschgold in handliche Stücke. Legen Sie es auf den Goldgrund und streichen Sie es sanft mit einem weichen Pinsel auf. Bürsten Sie überschüssigen Goldgrund sanft weg. Fahren Sie fort, bis der gesamte Goldgrundbereich vergoldet ist.*

*3 Tragen Sie auf den vergoldeten Bereich bernsteinfarbenen Schellack auf, um ihn schützend zu versiegeln. Lassen Sie den Schellack wie vom Hersteller empfohlen trocknen.*

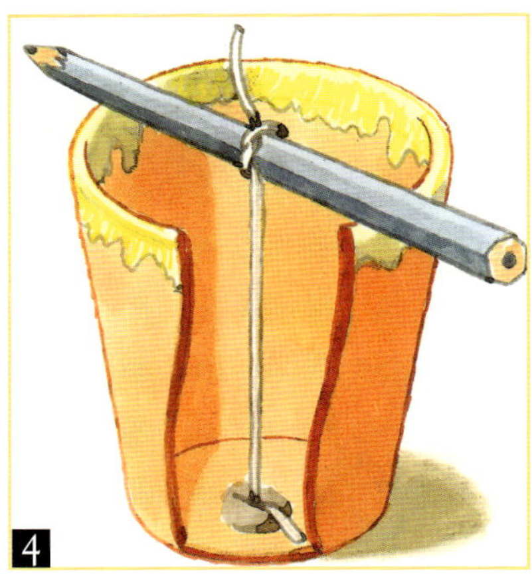
4

*4 Drücken Sie ein wenig Modelliermasse in das Entwässerungsloch am Boden des Blumentopfes, um das Loch zu verschließen. Hängen Sie den Kerzendocht mitten in den Blumentopf, indem Sie das obere Dochtende an einem Bleistift oder Zweig befestigen, den Sie quer über den Topf legen. Betten Sie einen Teil des unteren Dochtendes in die Modelliermasse ein. Das verbleibende Dochtende kann ruhig quer über dem Topfboden liegen, so dass die fertige Kerze möglichst lange brennt.*

*5 Schmelzen Sie das Kerzenwachs in einem Heißwasserbad. Geben Sie nach Wunsch Farbstoff sowie einige Tropfen ätherisches Zitronell-Öl hinzu.*

5

*6 Gießen Sie das geschmolzene Wachs in den Blumentopf und warten Sie, bis es fest geworden ist. Schneiden Sie dann den Docht mit einer Schere ab.*

6

# DRAHTEINFASSUNG FÜR RABATTEN

**Drahteinfassungen sind im Handel auf Rollen aufgewickelt erhältlich, meist aber nicht robust genug, um als Rabatteneinfassung wirklich gute Dienste zu leisten. Die Farbpalette ist sehr begrenzt, und wenn Sie einzelne Bögen kaufen, wäre es nahezu unerschwinglich, damit den gesamten Garten einzufassen. Die hier beschriebenen Bögen bieten Abhilfe. Sie sind günstig und lassen sich schnell anfertigen. Verwenden Sie Zaundraht und einen Sprühlack in einer weichen Pastellfarbe, um den Bögen eine Farbe zu verleihen, die hübsch zu Ihren Pflanzen passt.**

## WERKZEUG UND MATERIALIEN

- Maßband
- Kleines Stück Hartholz oder Metall (15 – 20 cm lang) als Drehgriff
- Bohrgerät mit 3 mm Bohrkopf
- Robuste Schutzhandschuhe
- Drahtschere oder Bügelsäge
- 3 mm dicker verzinkter Zaundraht
- Tischschraubstock
- Kleiner Floristeneimer (wahlweise)
- Außen-Voranstrich zum Sprühen
- Hellgrauer Außensprühlack
- Zeitung
- Gesichtsmaske

*1 Messen Sie das Holz- oder Metallstück, das Sie als Griff zum Drehen des Drahts verwenden möchten. Bohren Sie ein 3 mm großes Loch in die Mitte. Bohren Sie zwei weitere Löcher je 30 mm von der mittleren Bohrung. Schneiden Sie mit übergestreiften Schutzhandschuhen drei 1 m lange verzinkte Drahtstücke ab und klemmen Sie jeweils ein Ende in einem Schraubstock fest. Führen Sie das freie Drahtende durch eine der drei Bohrungen im durchbohrten Holz-/Metallstück und befestigen Sie den Draht, indem Sie ihn um sich selbst drehen.*

1

2

*2 Halten Sie beide Seiten des Griffs. Halten Sie die Drähte gleichmäßig gespannt und drehen Sie die Stange im Uhrzeigersinn, bis alle drei Drähte zusammengedreht sind – an jedem Ende bleiben 30 – 40 mm über, die Sie nicht verzwirbeln können.*

3

*3 Nehmen Sie den Draht aus dem Schraubstock und dem durchbohrten Griff und stellen Sie auf gleiche Weise weitere verzwirbelte Drähte her. Schneiden Sie alle Drähte auf die gleiche Länge zu und entfernen Sie die nicht verdrehten Abschnitte.*

*4 Biegen Sie die zurechtgeschnittenen, gedrehten Drähte mit einem Formteil (wie z. B. einem kleinen Floristeneimer) zu Bögen.*

4

*5 Sie können die Grundierung und den Lack auftragen, bevor oder nachdem Sie die Bögen in den Boden gesteckt haben. Schützen Sie die umliegenden Bereiche durch Zeitungspapier vor einem Überspritzen der Farbe. Wenn Sie im Haus arbeiten, lüften Sie den Bereich gut und tragen Sie eine Gesichtsmaske.*

*6 Stecken Sie die Bögen am Rand der Rabatte ein, indem Sie sie in gleichmäßiger Höhe in die Erde drücken.*

CUPRINOL
TimberCare
Radiator
Enamel

# DER ANFANG

**Wenn Sie die viele Arbeit erschreckt, die zu tun ist, bis Ihr Garten Form annimmt, folgen Sie diesen Grundschritten um festzustellen, was Sie realistisch erreichen können.**

Beurteilen Sie zunächst Ihren Garten. Berücksichtigen Sie die Ausrichtung Ihres Gartens, Stellen, die die Sonne erreicht, gewünschte private Plätzchen und die Bodenart.

Nehmen Sie sich die Zeit zur Planung. Untersuchen Sie alle möglichen Stilrichtungen, Farb- und Pflanzmöglichkeiten und schauen Sie sich noch einmal Ihre Checkliste der Merkmale an, die Sie sich für Ihren Garten wünschen.

Schaffen Sie einen Rahmen für Ihren Garten unter Berücksichtigung Ihres gewünschten Stils.

Stellen Sie Arbeitspläne für das Gartenjahr auf, damit Sie wissen, was in jedem Monat zu tun ist.

# EIN ÜBERBLICK ÜBER IHREN GARTEN

**Legen Sie zunächst einen Plan Ihres Grundstücks an. Dieser Plan sollte die Grenzen Ihres Gartens und der wichtigsten Elemente darin – Haus, vorhandene Bauten, Bäume und Teichanlagen – enthalten. Der Plan sollte auch zeigen, wo der Boden ansteigt, wo Stufen sind, in welche Himmelsrichtung der Garten weist, welche hässlichen Aspekte verborgen bzw. welche hübschen Anblicke hervorgehoben werden sollten. Halten Sie auf Ihrem Plan fest, welche Teile des Gartens schattig und welche sonnig sind. Notieren Sie sich auch die Bodenart, ob er sehr trocken, gut entwässert oder sumpfig ist oder aber trocken im Sommer und sehr feucht im Winter, wie im Fall vieler Gärten mit schwerem Tonboden.**

## DER PLAN

Am besten zeichnen Sie Ihren Plan auf Millimeterpapier, damit die Maße korrekt sind. Messen Sie zunächst die Umgrenzung Ihres Gartens. Verwenden Sie ein 30 m langes Maßband. Das Messen ist einfacher, wenn zwei Personen das Band halten.

OBEN: *Dieses pastellfarbene Haus am Meer braucht Pflanzen, die der salzhaltigen Brise standhalten können. Ceanothus und Wisteria gedeihen gut, und etwas tiefer am Hang steht ein schützender Gürtel von Weißdorn.*

### Haus

- Markieren Sie die Position des Hauses im Verhältnis zum Garten und die Hausgröße und Entfernung von den Grenzen. Zeigen Sie die Position der Erdgeschossfenster und -türen und achten Sie darauf, dass Sie angeben, welche Seite nach Norden weist.

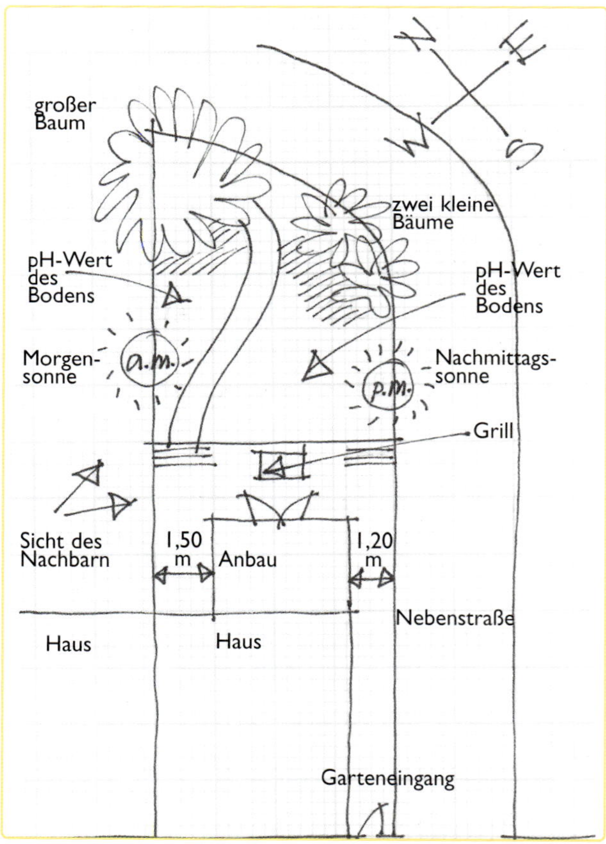


OBEN: *Eine grobe Zeichnung Ihres Gartens muss kein Kunstwerk sein. Solange die Entfernungen korrekt und mehr oder weniger maßstabsgetreu sind, können Sie den Garten mehrmals skizzieren und dabei verschiedene Ideen ausprobieren. Hier ist das Haus mit dem Anbau in den Garten und im Verhältnis zur Straße abgebildet. Die Himmelsrichtungen sollten gezeigt werden sowie alle großen Bäume, Schuppen und andere Strukturen. Sie können verschiedene Pfadverläufe, Grillplätze usw. ausprobieren.*

LINKS: *Die Terrassierung Ihres Gartens ist ein gutes Verfahren, um mit steil ansteigendem Boden klarzukommen. Die Terrassen können sehr ansprechend bepflanzt werden, und jede Stufe könnte einen anderen Gartentyp repräsentieren. Ein derartiges Gartengelände sollten Sie aber von einem Fachmann beurteilen und vermessen lassen.*

## Verschiedene Höhen

❀ Stellen Sie dar, wo sich die Bodenhöhe ändert, und messen Sie die Breite vorhandener Stufen. Ohne Spezialgeräte kann es schwierig sein, die unterschiedlichen Bodenhöhen präzise zu ermitteln. In einem problematischen Gelände sollten Sie einen Fachmann mit der Vermessung beauftragen, aber wenn Sie keine allzu präzisen Werte benötigen, können Sie Zäune, Wände und Stufen als Anhaltspunkte verwenden.

## Ausrichtung

❀ Markieren Sie, in welche Richtung der Garten weist. So können Sie die besten Stellen für Sitzgelegenheiten und Spielbereiche, Gemüsebeete, Blumen- und Strauchrabatten und viele andere Merkmale ermitteln, die entweder geschützt oder sonnig liegen müssen.

## Bäume

❀ Zeichnen Sie alle vorhandenen großen Bäume ein und geben Sie an, ob die Bäume Ihres Nachbarn Schatten auf Ihren Garten werfen. Wenn ein Baum an der falschen Stelle steht oder zu groß gewachsen ist, überlegen Sie, ob Sie ihn vielleicht fällen und durch ein passenderes Gewächs ersetzen sollten.

## Schatten

❀ Machen Sie Bereiche kenntlich, die den größten Teil des Tages im Schatten liegen. Hier könnten Sie einen Hundezwinger hinstellen oder einen Spielbereich einrichten, obwohl etwas Sonne natürlich auch hier willkommen wäre. In tiefem Schatten liegende Bereiche müssen sorgfältig bepflanzt werden, da hier nur eine begrenzte Anzahl von Pflanzen gedeiht.

## Bodenart und Entwässerung

❀ Stellen Sie fest, ob Ihr Bodentyp im Wesentlichen ein Ton-, Sand- oder Lehmboden ist. Ton ist schwer, lässt sich schwer bearbeiten und bildet Erdklumpen, die an Ihren Stiefeln kleben bleiben und mit ins Haus getragen werden. Ton wärmt sich im Frühjahr langsam auf, aber wenn Sie viel organische Substanzen zufügen, lässt er sich besser bearbeiten und enthält mehr Nährstoffe als andere Böden.

❀ Sandboden ist leicht, lässt sich leicht bearbeiten und Wasser läuft gut ab. Das heißt aber, dass auch die Nährstoffe vermutlich mit weggeschwemmt werden. Ein Lehmboden ist wohl ideal. Er ist dunkel, riecht süßlich, zerkrümelt in den Fingern und speichert gut Wasser. Sehr trockener Boden kann mit Zusätzen versehen weden, um ihm zu helfen, Wasser besser zu speichern. Die Dränage von sumpfigem Boden kann teuer sein. Statt zu entwässern, könnten Sie einen speziellen Sumpfgarten anlegen, in dem geeignete Pflanzen gedeihen.

❀ Eine Bodenanalyse stellt fest, ob Ihr Boden sauer, basisch oder neutral ist (letzteres ist für die meisten Gärten am besten). Der pH-Wert des Bodens – sein Säure-/Basengehalt – ist wichtig, da einige Pflanzen saure Böden und andere alkalische Böden bevorzugen. Der pH-Wert kann zwischen 5 (sauer) und 8 (basisch) schwanken; 6,5 ist ein neutraler Wert, der für unzählige Pflanzen geeignet ist. Boden-Testsätze sind günstig und im Gartenhandel erhältlich. Testen Sie den Boden an verschiedenen Stellen des Gartens, da der pH-Wert innerhalb eines relativ kleinen Bereichs unterschiedlich ausfallen kann.

OBEN: *Der gepflasterte Bereich vor dem Haus wurde als halbkreisförmiges Ziegelarrangement angelegt, wobei sich der Halbkreis dem Haus zuwendet. Die Ziegelsteinfarbe passt gut zu den Dachziegeln.*

## EMPFEHLUNGEN UND PRAKTISCHE ERWÄGUNGEN

SIE haben auf Ihrem Plan die auffälligen Punkte in Ihrem derzeitigen Garten vermerkt. Dabei haben Sie Ihre Notizen während des ersten Jahres und Ihre Messungen zu Hilfe genommen.

Sie sollten jetzt überlegen, wie Sie Ihren Garten ändern möchten – was Sie entfernen und was Sie hinzufügen möchten. Eine Reihe praktischer Erwägungen erleichtert die Erstellung des letzten Konzepts. So ist es beispielsweise hilfreich zu wissen, dass für eine Schaukel 7 m Freiraum einkalkuliert werden müssen.

Denken Sie daran, dass alles im Maßstab zum Haus stehen sollte. Für ein sehr großes Haus benötigen Sie eine größere Terrasse, höhere Bäume, größere Bögen und weitere Flächen. Bei einem Bungalow muss alles in etwas kleinerem Maßstab ausgeführt werden, wenn der Garten nicht protzig wirken soll.

### Wintergarten

- Von einem Wintergarten an der Südseite des Hauses ist abzuraten, denn dort ist es meist zu heiß. Wenn Sie den Wintergarten in erster Linie als Sitzgelegenheit nutzen möchten, ist die Ost- oder Westseite zu bevorzugen, oder wenn Sie dort in erster Linie Pflanzen ziehen möchten, die Nordseite. Wie auch bei anderen Strukturen sollte der Wintergarten vom Stil her dem Haus entsprechen. Ein modernes, einfaches Gebäude passt zu einem modernen Haus, eine gotische Konstruktion hingegen würde einer Villa um die Jahrhundertwende eine gewisse Note verleihen.

UNTEN: *Hier wurden für Pflaster und Wand ähnliche Ziegel verwendet, um dem Design den Eindruck von Einheit zu verleihen. Der gepflasterte Bereich ist von einer üppigen Pflanzenkreation in Pink und Violett umgeben.*

### Stufen und Pfade

- Stufen sollte man bequem hoch- und herunterlaufen können. Eine angenehme Höhe ist für einen Garten wichtig. Es sind ja nicht Haustreppen, die schnell nach oben führen sollen. Die Steigung sollte maximal 40° von der Horizontalen betragen, sonst wirken die Stufen wenig einladend.
- Eine sichere Setzstufe (der vertikale Teil) für Gartentreppen sollte mindestens 100 mm betragen. Bei kürzeren Stufen könnte jemand darüber stolpern. Die maximale Höhe beträgt 200 mm. Die Stufentiefe sollte im Idealfall 300 mm betragen. Gute Proportionen für Gartentreppen sind eine 150 mm hohe Setzstufe mit einer 375 mm tiefen Trittfläche. In einem kleinen Garten ist dies aber wohl nicht immer möglich. Stufen nehmen mehr Platz ein, als man meist denkt. Sechs Stufen mit einer Breite von 1,8 m und einer Trittfläche von 450 mm Tiefe nehmen beispielsweise 4,8 m² ein. In einem kleinen Garten könnte das ein großes Stück Land sein.
- Bei Stein- oder Ziegeltreppen sollte die Trittfläche nach Möglichkeit vorne etwas über die Setzstufe hinausragen und eine Schattenlinie bilden. Das sieht nicht nur hübsch aus, sondern die Stufen sind auch bei schlechten Lichtverhältnissen erkennbar.
- Wenn Sie viele Stufen hintereinander anlegen, denken Sie daran, dass Sie nach jeweils 10 oder 12 Stufen einen Absatz einrichten, der doppelt so tief sein sollte wie die Stufen.
- Pfade können breit oder schmal sein, je nachdem wie viel Platz Sie im Garten haben und wie sich der Pfad in das Gesamtkonzept einfügt. Auf einem breiten Pfad können zwei Personen bequem nebeneinander gehen und ein Gespräch führen. Vielleicht ist im Garten aber für einen derart breiten Pfad kein Platz. Ein schmaler Weg hält Ihre Füße bei nassem Wetter trocken und kann für Ihre Anforderungen durchaus reichen.

## Pergolas

- Eine Pergola, ein Laubengang, ist ein wichtiges Gartenelement. Das Design und die verwendeten Materialien haben Einfluss auf den gesamten Look des Gartens. Stützende Ziegel- oder Steinpfeiler müssen durch große feste Querstangen verbunden werden. Aufrechte Pfeiler mit schlanken Balken ergeben eine elegantere Konstruktion, die sich für kleinere Gärten und leichtere Kletterpflanzen wie Clematis und weniger kräftige Rosen eignen.
- Die Höhe Ihrer Pergola ist entscheidend. Auf dem oberen Balken wird etwas wachsen, so dass die Querstrebe noch höher sein wird. 2,4 m ist daher eine angemessene Höhe. In einem sehr kleinen Garten könnten Sie sich mit 2 m begnügen, und in einem sehr großen Garten könnten Sie auf bis zu 2,7 m gehen.
- Bei jeder Öffnung – einschließlich Bögen – gilt: je breiter und großzügiger angelegt, desto freundlicher wirkt sie.

OBEN: *Ein leicht geschwungener Aufgang aus Kies und Holzstufen zeichnet sich durch breite Trittflächen und niedrige Setzstufen aus, so dass der Aufgang gelassen und gemächlich wirkt.*

## Pflaster

- Das Pflaster spielt auch eine wichtige strukturelle Rolle im Garten. Es sollte stets gut aussehen. Pflaster ist sehr vielfältig: Es kann für Terrassen und Parkplätze bis hin zu Pfaden und Stufen verwendet werden; in einem Klein- oder Stadtgarten kann Pflaster einen Rasen ersetzen.
- Naturstein, Beton, Ziegel, Fliesen, Pflastersteine und Holz können in unterschiedlichen Kombinationen verwendet werden. Versuchen Sie nicht, zu viele Materialien auf einmal zu verwenden, sonst ist das Ergebnis sehr uneinheitlich. Am besten verwenden Sie jeweils maximal drei unterschiedliche Werkstoffe. Auf diese Weise können Sie Ihren Garten einheitlich gestalten.
- Berücksichtigen Sie eine ausreichend große Fläche für Ihre Terrasse. Sie brauchen nicht nur Platz für einen Tisch mit Stühlen, die sich ordentlich einrücken lassen, sondern auch für Gäste, die die Stühle herausziehen und es sich gemütlich machen. Jede Terrasse sollte daher mindestens 3 × 3,5 m groß sein.

OBEN: *Durch den cleveren Einsatz unterschiedlicher Materialien, Strukturen, Farben und Formen kann selbst der kleinste Raum äußerst interessant gestaltet werden.*

# DAS KONZEPT

**An dieser Stelle fügen Sie Ihren gesamten Bedarf in Ihren echten Garten ein. Sie sollten inzwischen entschieden haben, ob Sie den gesamten Garten mit dem Bulldozer „platt machen" und ganz von vorn anfangen wollen, oder ob der Garten ausreichend vernünftige Konturen besitzt, damit Sie ihn als Ausgangspunkt für Ihre Pläne benutzen können. Überlegen Sie, wie Sie den Übergang vom Garten zum Haus so weich und angenehm wie möglich gestalten können. Flügelfenster oder Verandatüren sind ideal und können durch Doppelverglasung, Verbundglas und gute Schlösser gesichert werden. Wenn Sie die Tür nicht austauschen können, entwerfen Sie den Garten doch so, dass der Blick aus den Fenstern verlockend ist.**

## MIT IDEEN EXPERIMENTIEREN

MACHEN Sie viele Kopien Ihrer ersten Vermessungsskizze und zeichnen Sie Ihre Ideen darauf mit Bleistift ein. Entscheiden Sie, welche Anforderungen für Sie am wichtigsten sind, und verzichten Sie auf die übrigen. Planen Sie lieber einige wenige großzügige Flächen in Ihrem Garten als zu viele etwas mittelmäßige. So wirkt der Garten weniger umständlich und zerstückelt und wird Ihnen letzten Endes mehr Freude bereiten.

OBEN: *Jeder gewöhnliche Gartenschuppen kann durch Efeu oder Rankengewächse ein integraler Bestandteil des Gartens werden. Hier wachsen beide, und das Rankengewächs verfärbt sich im Herbst rot.*

## Fotos

- Ihr Plan oder Ihre „Landkarte" hilft Ihnen zwar, ein Gefühl für das Gleichgewicht zwischen den verschiedenen Bereichen im Garten zu finden, Sie erhalten aber keinen Eindruck der dreidimensionalen Realität des Gartens. Dazu sollten Sie Ihre Fotos betrachten und anhand dieser Bilder einige Ihrer Ideen ausprobieren. Eine gute Möglichkeit wäre beispielsweise, Pauspapier auf die Aufnahmen zu legen und verschiedene Ideen darauf zu skizzieren – je mehr, desto besser. Sie werden feststellen, dass Sie zu einer bestimmten Idee zurückkehren. Wenn Ihre Ideen mehr Gestalt annehmen, erstellen Sie einen neuen Plan und nehmen Sie alles darin auf, was Sie behalten möchten, und alles, was Sie ändern möchten.
- Eine der größten Schwierigkeiten besteht darin sich vorzustellen, wie die ausgewachsenen Pflanzen einmal aussehen werden – dies ist insbesondere bei Bäumen und Sträuchern der Fall. Hier können Ihnen Ihre Überlagerungstransparente und Aufnahmen helfen. Wenn Sie wissen, dass ein Strauch einmal 2 m hoch wird, können Sie erkennen, wie er sich in ein paar Jahren auf Ihren Garten auswirken wird.
- Berücksichtigen Sie auf Ihren Ausgangsplänen, wie Sie den Garten interessanter und wirksamer gestalten können. Es gibt verschiedene Möglichkeiten, wie Sie das Aussehen eines Gartens ohne größere Ausgaben völlig verändern können.

## Änderungen

- Vielleicht möchten Sie einen Pfad näher an einen Zaun – oder weiter davon weg – führen, um eine breitere Rabatte anzulegen, oder Sie könnten den Pfad diagonal über den Garten legen, so dass Sie zwei Gartenhälften erhalten. Diagonale Linien in einem schmalen Garten können ihn breiter aussehen lassen (s. S. 87).
- Sie können einen kleinen Schuppen versetzen, anstatt ihn rauszuwerfen. Stellen Sie ihn an einem weniger auffälligen Ort auf und verstecken Sie ihn hinter Kletterpflanzen. Auch Farbe kann öden kleinen Bauten ein fröhlicheres Aussehen verleihen.

### Verlängerungen

❀ Sie können eine gerade Rabatte kurvenförmig fortsetzen, um einen Schuppen zu verbergen oder mit Sträuchern zu umpflanzen. Auch e.n nicht besonders hübsches Gewächshaus kann von niedrigen Sträuchern umgeben werden. Diese Sträucher dürfen nicht allzu hoch sein, sonst entziehen sie dem Gewächshaus zu viel Licht, und im Versuch, das Licht zu erreichen, werden die Pflanzen im Gewächshaus dann schnell dürr.

### Vergrößern oder unterteilen

❀ Sie können eine vorhandene Terrasse vergrößern oder rund statt rechteckig anlegen; Sie können einen Pfad erweitern, um so seine Richtung zu betonen und um Personen weiterzuleiten. Mit Hilfe eines hohen, robusten Spalierzauns, der Terrasse und Garten trennt, kann Privatsphäre geschaffen werden, ohne dabei vollständig die Sicht abzuschneiden. So erhalten Sie etwas zusätzlichen Platz für Kletterpflanzen.

UNTEN: *In diesem Garten wurde die Terrasse zu einem Weg mit bepflanzten Rabatten erweitert, der Gartengäste durch den Garten führt.*

## WEITERE IDEEN UND MÖGLICHKEITEN

GÄRTEN setzen sich aus Flächen und Räumen für verschiedene Aktivitäten zusammen; die Zwischenstücke sind Ihre Pflanzräume. Wenn Sie die Formen, sagen wir, für Sitzbereiche, Pfade, Schuppen, Teich, Spielbereiche und für einen Gemüsegarten auf Ihrem Plan skizziert und die unwichtigsten Aspekte gestrichen haben, wiederholen Sie das gesamte Verfahren, bis Sie die Flächen haben, die gut in Ihren Garten passen.

### Vorausdenken

- Wenn Ihr Grundrahmen gut funktioniert, können Sie später immer noch die Nutzung ändern. Wenn Sie beispielsweise einen Sandkasten aus Ziegeln neben einem Rasen mauern, können Sie, wenn die Kinder älter werden, den Sand entfernen, die Struktur mit Wasser füllen und aus dem ehemaligen Sandkasten einen Gartenteich machen. Ein Spielhaus ist ein phantastischer Ort für Kinder. Wenn Sie ein robustes Spielhaus wählen, können Sie es isolieren lassen und es letztendlich als „Fluchtstätte" oder auch als ernsthaften Arbeitsraum verwenden.
- Eine frühzeitige Entscheidung muss besonders in einem kleinen Garten darin bestehen, ob Sie einen Rasen oder aber eine gepflasterte Fläche wünschen. Ein kleiner Rasen kann eine erfrischend grüne Quelle während des Winters in der Stadt sein. Einige Gärtner mähen nur zu gerne einen winzigen Rasen, doch vielleicht ist in einem sehr kleinen Garten kein Platz, um einen Rasenmäher aufzubewahren. Wenn der Rasen zu schattig liegt oder zu ausgelaugt ist, sieht er zudem nur dünn besät und spärlich aus. In diesem Fall sollten Sie den Rasen ganz entfernen und Pflaster oder ein Muster aus Ziegeln oder Kieselsteinen verlegen, was eine ansprechende, saubere Fläche schafft, die den städtischen Anforderungen einer Geschäftsperson mit wenig Zeit möglicherweise besser entgegenkommt.

### Merkmale über den Garten hinaus

- Kennzeichnen Sie hübsche Ausblicke auf Ihrem Plan und lenken Sie das Auge auf sie, indem Sie eine Lücke in die Hecke schneiden oder ein rundes „Loch" in einer Wand lassen. Ein in diese Richtung verlaufender Pfad und ein Sitz mit Blick auf diese Aussicht ermuntern zur genüsslichen Betrachtung dieses Aspekts. Markieren Sie ebenso hässliche Ausblicke auf Ihrem Plan, so dass Sie die rostige Schaukel Ihres Nachbarn oder den hässlichen Schuppen durch ein Spalier mit Kletterpflanzen oder einen gut platzierten hochgewachsenen Baum verdecken können.
- Nutzen Sie attraktive Bäume und hohe, blühende Sträucher im Nachbargarten, so gut Sie können. Sie verleihen Ihrem Garten nicht nur zusätzliche Farbe, sondern helfen auch, das Gefühl der Geräumigkeit weiter auszudehnen. Hecken können etwas niedriger geschnitten werden, um den Blick auf eine blaue *Ceanothus* (Säckelblume) oder rosafarbene Kamelie Ihres Nachbarn frei zu lassen.

OBEN: *Hier wird auf kleinem Raum das Gefühl von Geräumigkeit vermittelt. Entlang der Zäune sind schmale Rabatten angelegt, und der Garten besitzt zahlreiche unaufdringliche Merkmale wie einen Sitz, ein Spalier und mehrere Pflanzenarrangements.*

OBEN: *Dieser Minirasen muss nie gemäht werden, denn er besteht aus Kamillenpflanzen. Auch wenn er winzig ist, bietet er ein willkommenes frisches Grün in diesem anheimelnden Sitzbereich.*

## WAS SIE VERMEIDEN SOLLTEN

- Vermischen Sie symmetrische Elemente nicht mit unsymmetrischen. Sie zerstören die Harmonie, wenn Sie zwischen diesen Stilrichtungen wechseln. Nicht regelmäßige Gärten sind viel schwieriger zu konzipieren als regelmäßige. Die Symmetrie eines regelmäßigen Gartens entwirft sich praktisch selbst – Sie können kaum etwas falsch machen – wohingegen Sie für die Kurven und Formen eines unregelmäßigen Designs ein Gleichgewicht schaffen müssen, das auf den ersten Blick nicht immer leicht zu erkennen ist.
- Mischen Sie keine unterschiedlichen Stilrichtungen. Sie erzeugen sonst ein unangenehmes Gefühl und vermindern die Wirkung des jeweiligen Stils.
- Verbinden Sie nach Möglichkeit keine geschwungenen und geraden Formen. Manchmal kann ein Kreis in einem Quadrat gut wirken, allgemein lassen sich Kurven und gerade Linien aber nur mit großen Schwierigkeiten kombinieren. Versuchen Sie, großzügige Schwünge durch schlangenförmige Pfade oder Rabatten zu erzeugen. Diese Formen sollten fließen, nicht im Zickzack verlaufen, so dass die Kurven einen weiten Schwung beschreiben, und nicht wurmähnliche Gebilde.

## Ein Gefühl von Weite

- Kleine Gärten können viel größer erscheinen, wenn sie in Diagonalen angelegt werden. Ein diagonal von der einen Gartenseite zur anderen und dann in einem etwas anderen Winkel zurück verlaufender Pfad teilt den Garten in drei Teile. Die so geschaffenen Flächen können durch hohe oder niedrige Gewächse voneinander getrennt werden. Da das Auge das Ende des Gartens nicht genau erkennen kann und von den interessanten Pflanzen festgehalten wird, wirkt der Garten größer.
- Bögen schaffen ein Gefühl von Weite, indem sie den Eindruck vermitteln, dass hinter ihnen noch mehr zu sehen ist. Bögen sollten stets zu etwas hin führen, sonst ist das Ergebnis enttäuschend. Ein kleines Tor unter einem Bogen verstärkt noch das Gefühl, dass Sie ein völlig neues Gelände betreten.

## Das Gefühl von Einheit

- Sobald Sie eine Vorstellung der gewünschten Gartenmerkmale haben, halten Sie sich im gesamten Garten daran. So wird der Garten ein zusammenhängendes Gebilde und eine Einheit, die alle erfolgreichen Gärten kennzeichnet. Entscheiden Sie, ob Sie einen gleichmäßig angelegten oder lieber einen asymmetrischen Garten mit überlappenden Quadraten und geometrischen Formen bevorzugen.

OBEN: *Ein Eibenbogen wächst erst nach einigen Jahren wie hier zu seiner vollen Größe. Zeichnen Sie ihn auf einer Aufnahme Ihres Gartens ein, um ein Gefühl davon zu erhalten, wie ein solcher Bogen in seiner vollen Größe aussehen würde.*

# EINEN RAHMEN ANLEGEN

**Um verschiedene Teile des Gartens zu einem befriedigenden Ganzen zu verbinden, brauchen Sie eine zusammenhängende Struktur. Entscheiden Sie, welche Stellen für Sie am wichtigsten sind, und schaffen Sie einen Rahmen um diese Elemente herum. Halten Sie alles einfach. Grenzen und Unterteilungen sollten eine Einheit besitzen, die einen klaren Hintergrund zur harmonischen Bepflanzung und Verbindung der Flächen bietet. So sollten beispielsweise alle Wände aus ähnlichen Ziegeln gemauert oder in der gleichen Farbe gestrichen oder berappt werden. Heckenpflanzen sollten miteinander kompatibel sein – entweder alles einheimische Sträucher oder Bäume oder nur eine Art beschnittener immergrüner Pflanzen. Die Linien des Rahmens, gleichglültig ob gerade, kurvenförmig verlaufend oder quadratisch, sollten klar und fest sein. Dies ist einer der wichtigsten Faktoren des Gartendesigns.**

LINKS: *Ein an die Straße grenzender Garten. Hier ist hinter dem sauberen Lattenzaun eine rigoros gestutzte Nadelholzhecke gepflanzt. Beide fügen sich sehr passend in den Gesamteindruck des Gartens ein.*

## DER GEPFLANZTE RAHMEN

WENN Sie nur laubwechselnde Pflanzen verwenden, geht die gesamte Rahmenform im Winter mit den abfallenden Blättern verloren. Einige laubwechselnde Pflanzen haben zwar interessante Stämme und Zweigstrukturen, aber Sie sollten einige immergrüne Pflanzen mit einbeziehen, die im Winter deutlich herausstehen.

Wenn Sie den Raum in verschiedene Bereiche teilen, können Sie verhindern, dass ein langer, schmaler Garten wie ein Band aussieht. Diese Technik empfiehlt sich aber auch in vielen größeren Gärten und bietet eine Vielfalt von Bereichen für unterschiedliche Einsatzmöglichkeiten.

### Gartenabgrenzung

- In kleinen Gärten werden häufig Feuerdorn und Liguster als Heckenpflanzen entlang der Gartenwände angelegt. Sie bieten gute Nistmöglichkeiten für Vögel, nehmen aber auch viel Platz ein und verbrauchen große Mengen an Nährstoffen. In Stadtgärten ist es vermutlich besser, wenn Sie ein Spalier mit Kletterpflanzen und immergrünen Pflanzen – als Kontrast vermischt mit gelegentlichen immergrünen Sträuchern – wählen, die die gerade Linie unterbrechen.
- In Gärten am Meer oder auf einem Hügel, in denen kräftige, salzhaltige Winde nur die widerstandsfähigsten Pflanzen verschonen, ist die beste Abgrenzung eine Hecke aus gemischten Sträuchern wie Feuerdorn, Moschusbaum (*Olearia*), immergrünen *Escallonia*-Hybriden, Haselnuss oder Stechpalme. Sie schützt wirksam vor Wind und Salz, so dass Sie empfindlichere farbenfrohe Pflanzen erfolgreich in den Garten setzen können.

OBEN: *Ein gestutzter Eibenbogen bildet einen attraktiven Zugang zum Weg im Vorgarten und rahmt das solide Haus aus rotem Ziegel mit seinem kleinen Vorbau ein.*

❀ Wenn ein Garten von einer Straße umgeben ist, sieht eine gestutzte Hecke häufig ebenso sauber aus wie eine Wand und folgt den festen Linien der Straße. Buchen ergeben eine gute und ungewöhnliche Hecke, da die Blätter nicht abfallen, auch nicht nachdem sie braun geworden sind. So bieten Buchenhecken auch im Winter Schutz und Abgeschiedenheit.

## Abtrennen von Bereichen

❀ Der Rahmen für einen symmetrischen Garten lässt sich vielleicht am einfachsten planen. Sie benötigen eine gleichmäßige und ebene Fläche. Dann ist die gesamte regelmäßige Anlage – mit ihrer Symmetrie, Gesetzmäßigkeit und Spiegelbildlichkeit – an sich schon ein Rahmen. Niedriger gestutzter Buchsbaum, höhere gestutzte Eibenhecken, gestutzte Lorbeerbaumpaare in Kübeln, ein formal präziser Springbrunnen in zentraler Position und rechtwinklig angelegte Gartenwege unterstreichen das Grunddesign. Alles fügt sich zu einem disziplinierten Rahmen zusammen, und wenn es im Winter schneit, unterstreicht die Weiße noch die Struktur. Ein unsymmetrischer Garten braucht für einen derartigen Rahmen auch immergrüne Gewächse, der Designer muss aber zudem Proportionen und Gleichgewicht verstehen und auf sein Gefühl vertrauen.

OBEN: *Diese schmale Rabatte dunkelroter Rosen und Cotoneaster verdeckt nur den unteren Teil dieser alten, hellen Steinmauer.*

OBEN: *Sie können Ihrem Garten auf vielerlei Weise Form verleihen. Mittels eines Spaliers lässt sich auf praktische und schöne Art ein abgegrenzter Bereich schaffen.*

❀ Die erholsamsten Flecken haben gleichmäßige Proportionen, wie z. B. ein Kreis oder ein Quadrat. Diese Stellen bilden gute Sitzbereiche oder Orte, an denen Sie anhalten und sich ausruhen können. Lange, enge Bereiche hingegen laden zum Weitergehen ein.

❀ Ihr Rahmen sollte stets Flächen definieren, die einen bestimmten Zweck erfüllen. Ein Kreis sollte Ein- und Ausgänge besitzen. Ein Pfad sollte ein Ziel haben; wenn er kurvenförmig angelegt ist, sollte er sich um etwas schmiegen – vielleicht einen Springbrunnen oder einen markanten Strauch oder eine Skulptur. Ein gerader Weg sollte das Auge auf einen interessanten Aspekt im Garten lenken.

## DER BAULICHE RAHMEN

Die Gartenstruktur besteht aus Bereichen, die von jenen vertikalen Elementen geformt sind, die sie umgeben und unterteilen. Wir haben Möglichkeiten untersucht, wie Pflanzen Unterteilungen und Einfassungen schaffen können. Jetzt können wir uns anschauen, wie gebaute Strukturen diese Aspekte unterstreichen und ergänzen können.

- Wenn Sie einen Spielbereich von der Terrasse trennen, möchten Sie vermutlich dennoch ein Auge darauf behalten können, was im Sandkasten oder an der Schaukel vor sich geht. Sie müssen also freie Sicht haben. Eine dichte Hecke, die Ihre Sicht einschränkt, wäre hier unangebracht. Sie können aber den Effekt einer Unterteilung schaffen, indem Sie eine niedrige Mauer oder einfach einen spalierförmigen Durchgang setzen. So wird der Eindruck vermittelt, dass Sie einen anderen Bereich betreten, und dennoch können Sie weiterhin die Kinder beaufsichtigen. Kletterrosen oder Geißblatt verleihen der Struktur Weichheit.
- Ein Bogen kann Bereiche verbinden oder voneinander trennen. Er kann auf beiden Seiten von einer Hecke oder einem Zaun flankiert werden, aber das ist nicht immer nötig. Der Bogen an sich wird schon den Eindruck eines Tors in eine andere Umgebung vermitteln. Es gibt zahlreiche unterschiedliche Bogentypen. Hohe, breite Bögen können in regelmäßigen Abständen gesetzt werden, wie eine Pergola, aber nicht so geschlossen. Wenn Sie ausreichende Abstände einhalten, nehmen die Bögen auch nicht zu viel Licht weg, so dass im Sommer blühende Pflanzen wie Lavendel unter ihnen wachsen können. Der resultierende Wandelgang wird Ihnen viel Freude bereiten.
- Der Blick durch einen Bogen sollte das Auge auf ein interessantes Merkmal weiter hinten im Garten lenken – vielleicht eine Skulptur, ein Tor, einen Zierstrauch oder auch eine Urne.
- Wenn Sie den Garten nicht durch zu viele hohe Elemente teilen möchten, können auch kleine Spalierzäune elegante Abgrenzungen schaffen und darüber hinweg freie Sicht lassen. Dabei müssen die Stützpfosten allerdings robust und ansprechend sein.
- Lauben und Nischen können Räume unterteilen, insbesondere an Ecken, wo sich zwei Wege schneiden.
- Terrassenförmig angelegte Gärten schaffen eine gute Gelegenheit für einen strukturierten Rahmen. In den 20er und 30er Jahren des 20. Jahrhunderts erfreuten sich lange Gärten mit flachen Terrassen großer Beliebtheit. Sie hatten breite Stufen, Balustraden und kreuzende Wege aus Stein oder Ziegeln. Häufig wurden diese Gärten auf beiden Seiten durch gestutzte Buchsbaum- oder Eibenhecken begrenzt. Das Geländer wurde häufig aus geformtem Beton hergestellt. Es ist heute sehr einfach, mit Betonblöcken, die zunächst berappt und dann gestrichen werden, ein ähnliches Resultat zu erzielen. Die Wände sollten maximal 45 cm hoch sein, so dass man auch darauf sitzen kann.

### Verbinden der einzelnen Bereiche

- Nachdem Sie den Garten durch einen Rahmen von gepflanzten oder gebauten Strukturen unterteilt haben, müssen Sie die einzelnen Bereiche miteinander verbinden, sonst besteht nicht das Gefühl einer Einheit, den ein guter Garten braucht. Verwenden Sie im gesamten Garten die gleichen Pflastersteine oder Ziegel für Terrassen und Wege. Wände sollten durch Mauerkronen abgeschlossen werden, die dem Pflaster entsprechen und so der ganzen Struktur das Gefühl von Koordiniertheit und Einheit vermitteln.
- Versuchen Sie auch beim Anlegen von Pergolas, Lauben und Bögen durchweg ähnliche Materialien zu verwenden. Wenn Sie mit einem einfachen Metallbogen beginnen, benutzen Sie das gleiche Metall für weitere Bögen und Lauben. Mit ihren sauberen Linien und einfachen Formen sind sie besonders für Stadtgärten geeignet. Oder wenn Sie zunächst eine hölzerne Pergola in Ihren Garten setzen, sollten Sie nur Holzgartenmöbel, Holztore usw. in den Garten stellen.

OBEN: *Diese ungewöhnliche, mit Kirschen bewachsene Pergola läuft in einer Doppelreihe Lavendel aus, die das Auge auf das Tor und den dahinter liegenden See lenkt.*

❀ Eine rustikale Pfostenwand kann einen Gemüsegarten vom Freizeitgarten trennen, sollte aber zu den anderen Unterteilungen im Garten passen. Grob geschnittenes Holz würde nicht gerade zu einer eleganten geschwungenen Ziegelwand passen, es wäre aber völlig in Ordnung, wenn an anderen Stellen im Garten ein Spalier oder andere Holzzäune oder immergrüne Hecken stehen.

## Die Horizontale und die Vertikale

❀ Wenn Sie die Struktur ausarbeiten, sollten Sie nicht vergessen, dass Sie einen Kontrast zwischen vertikalen und horizontalen Flächen erreichen möchten. Niedrige Hecken sollten gelegentlich durch hohe, kegelförmige Bäume oder Sträucher unterbrochen werden. Auch weite Rasenflächen sollten hier und da mit vertikalen Strukturen versetzt sein, die einen interessanten Ausblick vermitteln.

RECHTS: *Die mehrfarbigen Ziegel dieser Terrasse schaffen ein Muster, das durch die sorgfältige Pflanzenwahl wiederholt wird.*

UNTEN: *Eine verputzte Wand im italienischen Stil führt von einem bewaldeten Garten durch einen Rundbogen und gestattet einen faszinierenden Einblick in den dicht bewachsenen Bereich dahinter.*

# GARTENPLANER FÜR ALLE JAHRESZEITEN

**Der folgende Planer enthält einen Leitfaden, wann bestimmte Aufgaben am besten im Laufe des Jahres durchgeführt werden sollten, und soll so die regelmäßige Gartenpflege erleichtern. Die Wetterbedingungen haben großen Einfluss darauf, wann es ratsam wäre, bestimmte Arbeiten durchzuführen. Zu frühes Auspflanzen, nur weil der Kalender den ersten Frühlingstag anzeigt, ist nicht sinnvoll, wenn es so frostig ist, dass Ihre Pflanzen keinerlei Überlebenschancen besitzen. Lassen Sie sich von Ihren vorherrschenden lokalen Wetterbedingungen leiten, dann haben Sie optimale Erfolgschancen.**

## AUF IHREN BEDARF ABGESTIMMT

LASSEN Sie sich von der folgenden langen Aufgabenliste nicht abschrecken – nicht alle Arbeiten sind für jeden Gartenbesitzer relevant. Passen Sie den Gartenplaner an Ihren persönlichen Bedarf und Ihre Prioritäten an. Wenn Sie viele empfindliche Pflanzen haben, die im Sommer sehr attraktiv sind, vermehren Sie sie, um Ersatzpflanzen zu haben, und überwintern Sie die vorhandenen Pflanzen sicher. Hierbei helfen Ihnen die Informationen zu diesem Pflanzaspekt. Wenn Sie aber ganz besonders für Wassergärten schwärmen, stimmen Sie Ihre Arbeiten in erster Linie auf diesen Bereich ab.

OBEN: *Ein wilder Waldgarten im Frühling sprüht vor Farben, mit Tulpen und bodendeckenden Mondviolen* (Lunaria).

OBEN: *Mulchen Sie den Boden in Rabatten und Beeten im Frühjahr mit Kompost, um ein gesundes Pflanzenwachstum zu fördern.*

## FRÜHJAHR

DAS Frühjahr ist eine geschäftige Zeit für Gärtner. Es bleibt länger hell, und die Sonne scheint mehr. Der Garten erwacht zum Leben: Die Bäume zeigen neue Blätter, und Zwiebeln bringen nach dem grauen Winter eine lebhafte Farbenpracht hervor. Es wird gesät, gepflanzt, beschnitten und gedüngt, und Unkräuter und Schädlinge wie Schnecken, die um diese Jahreszeit besonders aktiv sind, müssen bekämpft werden. Lassen Sie sich nicht durch einen frühen Frühlingseinbruch täuschen und investieren Sie nicht viel Geld – und Zeit – in zarte Pflanzen, die kaum Überlebenschancen haben, sollte sich Väterchen Frost doch wieder zurückmelden. Auch wenn das Wetter ausreichend freundlich zum Pflanzen erscheint, achten Sie weiterhin auf die Vorhersagen – ein plötzlicher später Frost kann Pflanzen auf einen Schlag vernichten.

### Allgemeine Aufgaben

- ❀ Düngen Sie Pflanzen, die im Winter schwer beschnitten wurden, und tragen Sie eine großzügige Mulchschicht auf.
- ❀ Wenn der Boden feucht und unkrautfrei ist, mulchen Sie die Rabatten und Beete.
- ❀ Solange der Boden nicht zu nass ist, bereiten Sie ihn durch angemessenes Umgraben auf das Pflanzen vor und entfernen Sie mehrjährige Unkräuter.
- ❀ Säubern Sie Auffahrten und Wege von Unkräutern.
- ❀ Wenn das Wetter wärmer wird, müssen Sie in dieser wichtigen Wachstumsphase für ausreichende Bewässerung sorgen, vor allem wenn es längere Zeit lang nicht regnet.

### Ein- und zweijährige Pflanzen

- ❀ Sobald sich der Boden ausreichend erwärmt hat, säen Sie winterfeste einjährige Pflanzen wie Sonnen- und Schleifenblumen direkt an ihre endgültigen Standorte aus.
- ❀ Säen Sie zweijährige Pflanzen zunächst in ein Saatbeet, bereit für den nächsten Frühling.
- ❀ Wenn keine Frostgefahr mehr besteht, pflanzen Sie bedingt winterharte Pflanzen wie Trichterwinden (*Ipomoea*) und *Impatiens* (Springkraut).
- ❀ Pflanzen Sie Wickenkeimlinge, die im letzten Herbst ausgesät wurden.

### Mehrjährige Pflanzen und Zwiebeln

- ❀ Tragen Sie auf Blumenbeete und Rabatten einen Dünger auf, der die Nährstoffe langsam an den Boden abgibt, und verteilen Sie den Dünger mit der Harke im Boden.
- ❀ Wenn es das Wetter und die Bodenbedingungen zulassen, pflanzen Sie mehrjährige Pflanzen.
- ❀ Entfernen Sie die verblühten Tulpen- und Narzissenblüten (nur den Blütenkopf, nicht den ganzen Stiel). Lassen Sie die Blätter selbst absterben, da diese die Nahrungsreserven produzieren, die die Pflanzen für eine üppige Blüte im nächsten Jahr benötigen. Wenn Sie die wenig attraktiven, verwelkten gelben Blätter stören, versetzen Sie die Zwiebeln an eine weniger prominente Stelle im Garten, während die Blätter absterben. Verknoten Sie die Blätter nicht.
- ❀ Wenn die Blüten der Eisenhutpflanzen und Schneeglöckchen nicht mehr hübsch sind, heben Sie die Pflanzen aus, teilen Sie sie und pflanzen Sie sie neu ein.
- ❀ Teilen Sie mehrjährige Pflanzen, sobald das neue Wachstum einsetzt.
- ❀ Stützen Sie hohe mehrjährige Pflanzen wie Rittersporn mit einem Stock ab, solange sie sich noch in den frühen Wachstumsphasen befinden.
- ❀ Heben Sie Ziergräser wie Bambus und Moorgras aus und teilen Sie die Pflanzen.
- ❀ Pflanzen Sie Sommerzwiebeln, Dahlienknollen und Setzlinge aus.
- ❀ Teilen Sie Steingartenpflanzen, die im Sommer blühen.
- ❀ Schützen Sie Pflanzen vor Schneckenbefall. Achten Sie vor allem auf die besonders anfälligen Pflanzen wie Rittersporn. Ergreifen Sie jetzt geeignete Maßnahmen, vor allem, wenn es warm und feucht ist.
- ❀ Jäten Sie Unkraut.

## ALTRÖMISCHE GÄRTEN

Im Jahr 79 n. Chr. wurde Pompeji nach einem Ausbruch des Vesuv unter Vulkanasche begraben. Bei Ausgrabungen zutage geförderte Wandgemälde von Gärten zeigen, wie die Gebäude so geschickt platziert wurden, dass sie den Ausblick optimal nutzten – einschließlich den Blick auf den Vesuv –. Buchsbaum und andere grüne Hecken wurden zu geordneten Formen gestutzt.

Rund 40 Jahre später ließ sich der römische Kaiser Hadrian eine Villa in Tivoli auf Land erbauen, das zwischen zwei Tälern lag. Auf diesem Land wollte er die vielen berühmten Gebäude und Stätten nachbilden, die er auf seinen Reisen besucht hatte. Er verstärkte damit die Vorstellung des Gartens als einen Ort der Phantasie. Das Gelände war riesig, und alle Gebäude waren über gerade Linien miteinander verbunden.

RECHTS: *Eine Freske aus Pompeji von einer römischen Gartenszene mit Vogel, Obstbaum und Lattenzaun, von ca. 2 – 40 n. Chr.*

### Sträucher, Bäume und Kletterpflanzen

- Entfernen Sie den Winterschutz, sobald es das Wetter erlaubt.
- Beschneiden Sie Anfang des Frühjahrs ein wenig frostempfindliche Pflanzen wie Lavatera (Buschmalven).
- Nehmen Sie in der Mitte des Frühlings oder im Spätfrühling Ableger von Nadelgehölzen.
- Senken Sie Kletterpflanzen und Sträucher ab, vor allem solche, deren Ableger nicht leicht Wurzeln fassen, die aber durch Absenken auf natürliche Art neue Pflanzen produzieren, wie Magnolien und Rhododendron. Dank ihrer biegsamen Stämme ist dieses Verfahren sehr einfach.
- Führen Sie Kletterpflanzen regelmäßig an ihre Gerüste zurück und binden Sie sie fest, um sie vor Windschäden zu schützen. Gehen Sie vorsichtig mit zerbrechlichen Stämmen wie von großblütigen Clematis-Hybridformen um.
- Überprüfen Sie Bänder und Knoten und ziehen Sie sie bei Bedarf neu fest.
- Entfernen Sie Wurzelschösslinge.
- Leuchtende Triebe an *Cornus* (Hartriegel) und *Salix* (Weide) erhalten Sie, wenn Sie das Wachstum des letzten Jahres fast bis auf den Boden zurückschneiden.
- Schneiden Sie großblütige Clematispflanzen zurück.
- Schneiden Sie die blühenden Triebe von winterblühenden Sträuchern wie Jasmin heraus.
- Pflanzen Sie Hecken.

### Rosen

- Wenn um die Stängel zum Schutz während des Winters Erde aufgeschüttet (angehäufelt) wurde, entfernen Sie diesen zusätzlichen Boden von der Stängelbasis.
- Sobald der Boden warm und trocken genug ist, pflanzen Sie wurzelnackte Rosen zum Frühlingsanfang. Der Frühling ist ebenso wie der Herbst auch eine gute Zeit, um Topfrosen zu pflanzen, andere Jahreszeiten sind aber ebenso geeignet.
- Beschneiden Sie dauerblühende Kletter-, Beet-, Strauch- und Zwergrosen in der Frühjahrsmitte. Verbrennen Sie die Schnittreste. Beschneiden Sie keine Schlingrosen oder Trauerrosen.
- Harken Sie Rosendünger in der Mitte oder gegen Ende des Frühjahrs vorsichtig in den Mutterboden.
- Wenn der Boden warm und feucht ist, geben Sie organischen Mulch hinzu.
- Entfernen Sie Wurzelschösslinge. Heben Sie ausreichend Boden aus, um den Wurzelschössling zu seinem Ursprung an der Wurzel zurückzuverfolgen, und ziehen Sie den Schössling an dieser Stelle ab. Wenn Sie Schösslinge auf Bodenhöhe abschneiden, fördern Sie nur deren Wachstum.
- Achten Sie auf Schädlinge und handeln Sie bei einem Befall sofort. Blattläuse greifen vor allem Ende des Frühlings und Anfang des Sommers an.
- Jäten Sie Unkraut.

### Rasen

- Legen Sie Rollrasen oder säen Sie Rasen für neue Grasflächen aus, sobald es die Witterung zulässt.
- Harken Sie über kahle oder abgelaufene Stellen und besäen Sie sie neu.
- Schneiden Sie nach Mitte des Frühjahrs keine sommerblühenden Wiesen mehr.
- Jäten Sie zum Ende des Frühjahrs Unkraut, düngen Sie den Rasen und bringen Sie bei Bedarf Moosvertilgungsmittel auf.
- Sobald das Gras auf etablierten Rasenflächen ein aktives Wachstum beginnt, können Sie mähen. Stellen Sie die Messer anfangs auf 2,5 cm Höhe ein.

Tulpen

Narzissen (*Pseudo-narcissus*)

## Kräuter

- Beseitigen Sie abgestorbenes Wachstum und Schutt vom Boden.
- Pflanzen Sie bei frostfreiem Wetter winterharte Kräuter aus, die Sie im Haus von Samen gezogen haben.
- Säen Sie winterharte einjährige und zweijährige Pflanzensamen direkt in den Boden, wenn er nicht zu nass ist.
- Die meisten Kräuter lassen sich jetzt teilen.
- Schneiden Sie Lavendel und Rosmarin zurück, um ein buschiges neues Wachstum zu fördern.
- Pflanzen Sie Topfkräuter aus dem Gartenhandel.
- Entfernen Sie die Triebstecklinge junger Sträucher, um eine saubere Form zu erhalten.
- Tragen Sie einen Kompostmulch oder anderen organischen Düngemulch auf.
- Beginnen Sie, im Kräutergarten zu jäten.
- Stützen Sie Kriech- und Rankpflanzen mit Stöcken.
- Versetzen Sie zum Ende des Frühjahrs hin empfindliche und bedingt winterharte Pflanzen an eine geschützte Stelle, um sie abzuhärten.

## Gemüse

- Graben Sie den Boden um und bereiten Sie ihn so auf die Aussaat vor. Tragen Sie Dünger und Stallmist auf.
- Geben Sie einen Dünger, der die Nährstoffe langsam an den Boden abgibt, an mehrjährige Gemüsesorten.
- Säen sie die ertragreichsten Gemüsesorten in warmen, feuchten Boden. Bedecken Sie das Gemüse mit Schutzglocken, Vlies oder Folie, um die Erwärmung des Bodens zu beschleunigen.
- Wenn Sie fortlaufend ernten möchten, statt eine große Menge von Gemüse auf einmal zu erhalten, sollten Sie nacheinander kleine Mengen Gemüse säen.
- Säen Sie empfindliche Gemüse wie Mais und Gartentomaten geschützt aus.
- Wenn es wärmer wird, können Sie auch Salat draußen aussäen.
- Schützen Sie keimende Gemüsesorten mit Mulchmatten oder Vlies.

## Obst

- Tragen Sie einen Dünger auf, der die Nährstoffe langsam an den Boden abgibt.
- Decken Sie bei Frost die Blüten früh reifender Obstsorten mit Vlies ab.
- Mulchen Sie frühe Erdbeeren und schützen Sie sie mit Vlies vor Frost.
- Beschneiden Sie weiterhin Baumobst und Weichobst.

## Teiche und Wasserelemente

- Entfernen Sie die Teichheizung, lassen Sie die Pumpe warten und setzen Sie sie dann wieder ein.
- Reinigen Sie mit Pflanzenwuchs überdeckte oder schmutzige Teiche und Wasserbecken zum Frühlingsende hin.
- Entfernen Sie verfaulte Blätter, mit denen Sie am Teichrand wachsende Pflanzen zum Schutz während des Winters abgedeckt haben.
- Pflanzen Sie Wasserpflanzen.
- Heben Sie Wasserpflanzen nach Bedarf aus und teilen Sie sie.

## Unter Glas und unter Dach

- Bepflanzen Sie Kübel für den Sommer.
- Säen Sie mehrjährige Pflanzen, empfindliche Gemüsesorten und winterharte einjährige Pflanzen.
- Härten Sie diese gegen Ende des Frühjahrs ab.
- Nehmen Sie Weichholzstecklinge von empfindlichen mehrjährigen Pflanzen für Kübel.
- Säen Sie bedingt winterharte einjährige Pflanzen.
- Härten Sie zuvor ausgesäte und bedingt winterharte einjährige Setzlinge in einem Frühbeetkasten ab, der durch zusätzliche Isolierung vor Frost geschützt ist.

Schneeglöckchen (*Galanthus elwesii*)

Narzissen und Nieswurz (*Helleborus*)

## SOMMER

MIT steigenden Temperaturen wird die sparsame Wassernutzung und die erforderliche Bewässerung aller Pflanzen das Hauptanliegen des Gärtners. Überlegen Sie, wie Ihre Pflanzen Ihren Urlaub überstehen werden. Stellen Sie Kübel in den Schatten und vereinbaren Sie nach Möglichkeit eine gegenseitige Urlaubsgartenpflege mit einem Gartenfreund.

### Allgemeine Aufgaben

- Bepflanzen Sie zum Sommeranfang Kübel. Stellen Sie Kübel, die Sie im Gewächshaus vorbereitet haben, nach draußen.
- Wenn Sie keinen Dünger verwenden, der Nährstoffe langsam an den Boden abgibt, müssen Sie Ihre Kübelpflanzen regelmäßig düngen.
- Um das Wachstum neuer Blüten zu fördern und Krankheiten in Schach zu halten, sollten Sie Verblühtes regelmäßig entfernen.
- Während längerer Trockenphasen bewässern Sie Pflanzen, die noch nicht fest Fuß gefasst haben, auch Sträucher und Bäume, die in den letzten beiden Jahren gepflanzt wurden. Passen Sie auf und bewässern Sie Pflanzen, die Anzeichen von Stress zeigen, wie z. B. gerollte Blätter, Verwelkung und abfallende Blätter.

### Ein- und zweijährige Pflanzen

- Setzen Sie zum Sommeranfang ein zweites Sortiment einjähriger Pflanzen in Form von Saatbeet-Setzlingen, damit Ihr Garten auch nach Verblassen der Blüte der ersten Saatblumen attraktiv bleibt.
- Entfernen Sie regelmäßig die verwelkten Blüten, so dass die einjährigen Pflanzen weitere Blüten entwickeln.
- Jäten Sie Unkraut.
- Säen Sie zweijährige Pflanzen in ein Anzuchtbeet für das nächste Jahr.
- Pflanzen Sie Geranien (*Pelargonium*) für Sommerbeete.
- Wicken blühen den ganzen Sommer über, wenn sie regelmäßig gepflückt werden und keine Schoten bilden können.

### Mehrjährige Pflanzen und Zwiebeln

- Entfernen Sie Zwiebelblätter nicht voreilig. Lassen Sie sie natürlich absterben.
- Nehmen Sie Frühjahrszwiebeln aus den Kübeln, in denen ihre absterbenden Blätter wenig attraktiv wirken, und lassen Sie sie in einem weniger einsehbaren Teil des Gartens absterben.
- Heben, trocknen und lagern Sie Tulpenzwiebeln nach Absterben der Blätter.
- Nachdem die Bartiris verblüht sind, heben Sie sie aus und teilen Sie sie.
- Sammeln Sie Samen.
- Entfernen Sie die verblühten Blütenblätter von Lilien.
- Entfernen Sie die sich gelb verfärbenden Blätter mehrjähriger Pflanzen und schneiden Sie regelmäßig die verblühten Blüten ab.
- Nehmen Sie Weichholzstecklinge von Pflanzen, die im Winter gefährdet sein könnten, wie z. B. Bartfaden (*Penstemon*).
- Bestellen Sie Zwiebeln, die im Frühjahr blühen. Sie erhalten sie im Herbst.

### Sträucher, Bäume und Kletterpflanzen

- Beschneiden Sie Kletterpflanzen sowie Sträucher mit später Frühjahrs- und früher Sommerblüte nach Ende ihrer Blütezeit.
- Überprüfen Sie Kletterpflanzen regelmäßig. Binden Sie wucherndes Wachstum fest.
- Beschneiden Sie Ihre Formschnitthecken und -bäume, Nadelholzhecken und immergrünen Pflanzen. Entfernen Sie tote oder beschädigte Triebe.
- Nehmen Sie im Spätsommer halb reife Achselstecklinge von Bäumen, immergrünen Pflanzen und Sträuchern.
- Bestellen Sie im Spätsommer die Sträucher und Bäume, die Sie zur Pflanzung im Winter benötigen.

Buchenhecke mit Sommerblumen

Sonnenröschen (*Helianthemum*) im Hochsommer

### Rosen

❀ Halten Sie Ausschau nach Mehltau und Sternrußtau, Anzeichen von Blattläusen oder anderen Schädlingen und behandeln Sie sie.
❀ Entfernen Sie Verblühtes, um neues Wachstum zu fördern.
❀ Bringen Sie Sommerdünger für Rosen auf.
❀ Bestellen Sie neue Rosen für den Herbst.
❀ Jäten Sie Unkraut.

### Rasen

❀ Heben Sie die Mähmesser bei sehr trockenem Wetter an und entfernen Sie den Grasfangbehälter, damit das Mähgut als Feuchtigkeit speichernder Mulch wirken kann.
❀ Düngen Sie Rasen regelmäßig.
❀ Mähen Sie eine Wiese mit Frühlingsblumen zum ersten Mal.
❀ Mähen Sie regelmäßig und trimmen Sie die Rasenkanten nach jedem Schnitt.

### Kräuter

❀ Ernten Sie Ihre ersten Kräuter.
❀ Stutzen Sie Zwergsträucher.
❀ Gegen Ende des Sommers können Sie die übrigen Kräuter ernten und haltbar aufbewahren.
❀ Sammeln Sie reifende Samen und bewahren Sie sie in deutlich gekennzeichneten Behältern auf.
❀ Jäten Sie weiterhin Unkraut.

### Gemüse

❀ Wenn Sie im Frühjahr kein Düngemittel mit langsamer Nährstofffreisetzung aufgetragen haben, düngen Sie regelmäßig.
❀ Säen Sie weiterhin aus.
❀ Pflanzen Sie Gemüsesetzlinge.
❀ Achten Sie auf Schädlinge wie Gemüsefliegen an Möhren und Zwiebeln und Kriebelmücken an Saubohnen und behandeln Sie sie.
❀ Hacken Sie, um Unkräuter unter Kontrolle zu halten.
❀ Heben Sie Zwiebeln und Schalotten aus, sobald die Spitzen abgestorben sind.
❀ Ernten Sie regelmäßig.
❀ Düngen Sie Tomaten regelmäßig. Entfernen Sie die Seitentriebe und sich gelb verfärbte Blätter von Tomatenpflanzen.
❀ Dünnen Sie Gemüsesetzlinge aus.
❀ Wenn grüne Bohnen die Stangenspitze erreichen, zwicken Sie die wachsenden Spitzen ab.

### Obst

❀ Schützen Sie Früchte vor Vögeln.
❀ Ernten Sie regelmäßig.
❀ Schneiden Sie nach der Erdbeerernte das Blattwerk zurück.
❀ Ernten Sie im Spätsommer Früchte für den Winter.
❀ Stutzen Sie erzogene Obstbäume.

### Teiche und Wasserelemente

❀ Pflanzen oder heben und teilen Sie Wasserpflanzen wie beipielsweise Seerosen.
❀ Achten Sie bei sehr warmem Wetter auf den Wasserstand und füllen Sie bei Bedarf nach.

### Unter Glas und unter Dach

❀ Achten Sie auf Anzeichen von Schädlingsbefall und behandeln Sie Ihre Pflanzen entsprechend.
❀ Sorgen Sie für angemessenen und ausreichenden Schatten und Belüftung.
❀ Im Spätsommer sollten Sie das Gewächshaus und Frühbeetkästen für den Herbst gründlich reinigen, desinfizieren, ausräuchern, aufräumen und bei Bedarf anstreichen. Damit vermindern Sie das Risiko, dass sich Schädlinge und Krankheiten im Winter zu einem Problem entwickeln.

Malvenstrauch in voller Blüte

*Lilium* ‚Journey's End'

## HERBST

AUCH wenn die Tage kürzer werden und die Pflanzen allmählich einen erschöpften Eindruck vermitteln, ist der Herbst in vielerlei Hinsicht ein Anfang und nicht das Ende des Gartenjahres. Das Pflanzen von Zwiebeln, Rosen und Sträuchern ist eine vorausblickende Arbeit zu einer Zeit, in der sich die meisten Tätigkeiten im Garten ums Reinigen und Entfernen abgestorbener oder verrottender Pflanzen drehen.

### Allgemeine Aufgaben

- Wenden Sie den Komposthaufen.
- Verteilen Sie verrotteten Kompost über Rabatten und Beeten als Winterschutz.
- Graben Sie schweren Tonboden um und lassen Sie die Klumpen unzerkleinert. Der Winterfrost zerkleinert sie und verbessert so die Bodenstruktur.
- Sammeln Sie abgefallenes Laub auf, um es in Laubkompost zu verwandeln.
- Entfernen Sie Sommerpflanzen aus Behältern und bepflanzen Sie Winterbehälter.

### Einjährige Pflanzen

- Entfernen Sie einjährige Pflanzen nach der Blüte und lassen Sie nur die attraktiven Samenköpfe stehen.

### Mehrjährige Pflanzen und Zwiebeln

- Wenn mehrjährige Pflanzen wuchern und unattraktiv werden, schneiden Sie sie zurück. Häckseln oder zerhacken Sie die Abfälle und geben Sie sie auf den Komposthaufen. Heben Sie mehrjährige Pflanzen aus, teilen Sie sie und pflanzen Sie sie um.
- Schützen Sie mehrjährige Pflanzen, von denen Sie nicht genau wissen, ob sie winterhart sind, mit organischem Mulch vor dem schlimmsten Winterwetter.
- Wenn der erste Frost die Blätter von Dahlien und anderen empfindlichen Zwiebelpflanzen schwarz verfärbt hat, schneiden Sie die Stängel auf 15 cm zurück und heben Sie die Knollen vorsichtig aus. Werfen Sie beschädigte Wurzeln und überschüssige Erde weg. Drehen Sie die Knollen ca. eine Woche lang um, so dass überflüssige Feuchtigkeit ablaufen kann. Lagern Sie die Knollen in einer trockenen, kühlen und frostfreien Umgebung aufrecht auf einer Torfschicht, die die Wurzeln, nicht aber die Krone bedeckt.
- Sobald Ihre bestellten Zwiebeln für die nächste Sommerblüte eintreffen, pflanzen Sie sie in Kübeln oder im Garten aus.

### Sträucher, Bäume und Kletterpflanzen

- Nehmen Sie Hartholzableger unmittelbar nachdem das Laub abgefallen ist, bevor der Boden kalt wird.
- Pflanzen Sie zu Beginn des Winterschlafs Bäume und Sträucher.
- Schützen Sie leicht empfindliche Gehölze durch Matten, Nadelgehölzzweige oder Adlerfarn vor Wintereinflüssen.

### Rosen

- Entfernen Sie nach wie vor verblühte Rosen, die meist am Herbstanfang noch blühen.
- Beschneiden Sie Schlingrosen und Trauerrosen.
- Graben Sie, um den Boden für neue Pflanzen vorzubereiten.
- Beobachten Sie weiter und behandeln Sie auftretende Krankheiten in geeigneter Weise.
- Nehmen Sie Ableger aller Rosenarten mit Ausnahme von Teehybriden, die sich nicht zur Zufriedenheit versetzen lassen.
- Pflanzen Sie wurzelnackte Rosen. In Kübeln gezogene Rosen können zwar zu jeder Jahreszeit in den Garten gepflanzt werden, Herbst und Frühjahr sind aber besonders günstige Zeiten.
- Schaffen Sie Ordnung im Rosenbeet. Hacken Sie Mulch unter, sammeln Sie abgefallene Blätter und Abfälle und verbrennen Sie sie.

*Hamamelis x intermedia* ‚Sunburst' und ‚Diane'

*Hydrangea anomala petiolaris* ‚Hilbam House'

- Bereiten Sie die Pflanzen auf den Winter vor. Wenn Ihr Garten sehr ungeschützt ist, schneiden Sie lange Stiele zurück, um eine Schädigung durch Windböen zu vermeiden. Häufeln Sie die Stiele mit ca. 10 cm Erde an.

## Rasen

- Bearbeiten Sie den Rasen mit einem Vertikutierer, Skarifikator und Kopfdünger.
- Wenn das Wetter mild genug ist, können Sie einen neuen Rasen aussäen oder Rollrasen auslegen.
- Wenn der Rasen im Sommer durch starke Beanspruchung oder Trockenheit gelitten hat, tragen Sie zu Herbstbeginn Herbstdünger auf.
- Mähen Sie Wiesen mit Frühjahrs- oder Sommerblüte.

## Kräuter

- Harken Sie den Boden und düngen Sie dauerhafte Pflanzen.
- Pflanzen Sie in Behältern gezogene Kräuter aus.
- Wenn Sie auf bislang unkultiviertem Boden ein neues Kräuterbeet anlegen möchten, bereiten Sie den Boden durch Holländern vor.
- Pflanzen Sie winterharte Kräuterstauden.
- Pflanzen Sie Überhand nehmende Kräuter in versenkten Behältern, um ein unerwünschtes Ausbreiten zu vermeiden.
- Setzen Sie empfindliche Kräuter wie Basilikum und Ananassalbei in einen Wintergarten, aufs Fensterbrett oder ins Gewächshaus.
- Ziehen Sie Schnittlauch und Petersilie in Töpfen. Überwintern Sie sie unter Glas, damit Sie den ganzen Winter über stets frische Kräuter haben.
- Schneiden Sie größere Sträucher (wie z. B. Rosmarin) zurück.
- Pflanzen Sie niedrige Heckenpflanzen wie Raute, Lavendel und Ysop.
- Schützen Sie Kräuter, die auch im Winter im Garten bleiben, indem Sie eine großzügige Schicht Stroh, Erde oder Kompost um die Wurzeln anhäufeln.

## Gemüse

- Fahren Sie mit der Ernte fort.
- Binden Sie Zwiebeln zusammen, damit Sie sie für den Winter lagern können.
- Verteilen Sie Gründünger.
- Ziehen Sie überflüssige Stäbe aus dem Boden, reinigen und lagern Sie sie.
- Schneiden Sie Spargel kurz.
- Häufeln Sie Erde als Schutz um Sellerie und Lauch an.
- Schützen Sie Gartentomaten mit Schutzglocken, um den Reifeprozess zu beschleunigen.

## Obst

- Ernten Sie weiter und lagern Sie das Obst für den Winter ein.
- Beschneiden Sie Sommerhimbeeren und Weichobststräucher.
- Pflanzen Sie Erdbeeren, Obstbäume und Sträucher.
- Befestigen Sie Raupenleimringe an Obstbäumen, um sie vor Schädlingen zu schützen.
- Nehmen Sie Hartholzableger von Johannisbeeren.

## Teiche und Wasserelemente

- Entfernen Sie im Spätherbst die Pumpe; reinigen, warten und lagern Sie sie bis zum nächsten Frühjahr.
- Beseitigen Sie abgestorbene Blätter. Sammeln Sie abgefallene Blätter und andere Abfälle auf.

## Unter Glas und unter Dach

- Bringen Sie vor dem ersten Frost empfindliche Pflanzen ins Haus.

*Aster amellus* ‚King George'

*Aster* ‚Grandchild'

## WINTER

SCHUTZ ist das Hauptanliegen des Gärtners im Winter. Frost, schwerer Schneefall, Sturm und Hagel stellen eine Bedrohung dar. Sorgen Sie dafür, dass Ihre Pflanzen entsprechend geschützt sind. Selbst im Winter ist im Garten noch einiges zu tun, wie jäten oder pflanzen. Allerdings ist die Arbeitslast erheblich vermindert. Nutzen Sie die Zeit, um den Garten für das nächste Jahr zu planen. Beobachten Sie den Garten ohne seine leuchtenden Sommerfarben und bedenken Sie die Gesamtstruktur. Wenn große Flächen nackt erscheinen, planen Sie auch die Winterfarbe fürs nächste Jahr. Denken Sie dabei stets an den Gesamteindruck. Höhenänderungen und die allgemeine Dynamik des Gartendesigns lassen sich erheblich leichter planen, wenn Sie nicht durch zu viel Farbe abgelenkt werden.

### Allgemeine Aufgaben

- Nehmen Sie Wurzelableger von mehrjährigen Pflanzen mit fleischigen Wurzeln.
- Erneuern Sie verblichene, kaputte oder fehlende Pflanzenetiketten.
- Bereiten Sie sich für die Aussaat im Frühjahr vor. Reinigen Sie Anzuchtbehälter, Töpfe und Saatkisten.
- Solange die Pflanzen ihren Winterschlaf halten, warten Sie Pfade, Spaliere, Zäune und andere Gartenelemente.
- Säubern Sie Blumenbeete und Rabatten weiter, schneiden Sie verbrauchte Pflanzen zurück und räumen Sie Abfälle weg.
- Sammeln Sie weiter Laub ein.
- Planen Sie alle wichtigen Änderungen am Garten.

### Mehrjährige Pflanzen und Zwiebeln

- Überprüfen Sie gelagerte Zwiebeln auf Verrottung und Schimmel hin. Werfen Sie befallene Zwiebeln weg.

### Sträucher, Bäume und Kletterpflanzen

- Beschneiden Sie Rosen, Sträucher, Bäume und Kletterpflanzen auch bei leicht frostigem Wetter.
- Untersuchen Sie Holzpflanzen auf krankes und abgestorbenes Holz hin. Entfernen und vernichten Sie infizierte oder abgestorbene Zweige, Stiele und Stämme.
- Schlagen Sie schweren Schnee von Nadelhölzern und Hecken, bevor er sich in Eis verwandelt und Zweige abbricht oder verzerrt. Der Schnee kann auch Spitzenwachstum schwarz verfärben und absterben lassen.

### Rosen

- Vergewissern Sie sich, dass die Wurzeln von Rosen, die im Herbst gepflanzt wurden, nicht durch Frost gelockert wurden. Klopfen Sie sie bei Bedarf wieder fest.
- Überprüfen Sie, ob sich die Stützen von Kletterrosen in gutem Zustand befinden.

### Rasen

- Harken Sie Blätter zusammen.
- Lassen Sie Rasenmäher und Trimmer warten. Achten Sie darauf, dass die Schneidmesser scharf und für den ersten Frühjahrsschnitt bereit sind.
- Treten Sie bei Temperaturen unter Null nicht auf den Rasen.

durch Frost geschädigte *Asplenium scolopendrium*

Zierkohl

## Kräuter

- Entfernen Sie matschig-weiche Teile der Kräuterpflanzen und das absterbende Wachstum dieses Jahres. Lassen Sie gesundes Wachstum mehrjähriger Pflanzen stehen, damit es andere Pflanzen im Winter schützen kann.
- Halten Sie den Kräutergarten sauber und ordentlich.
- Überlegen Sie, was Sie im nächsten Jahr pflanzen möchten. Bestellen Sie Samen.
- Planen Sie neue Kräutergärten oder überlegen Sie, ob Sie einen vorhandenen Kräutergarten ändern müssen.
- Säen Sie zum Ende des Winters Samen für empfindliche Kräuter im Haus.
- Im Topf gezogene winterharte Kräuter können bei frostfreiem Wetter ausgepflanzt werden.
- Achten Sie auf Lorbeerbäume. Wenn die Temperatur unter -15 °C fällt, müssen Sie sie ins Haus nehmen, da Lorbeerbäume besonders anfällig für Frost sind und die Blätter dann absterben.

## Gemüse

- Bestellen Sie Samen, die im nächsten Jahr ausgesät werden können.
- Planen Sie den Fruchtwechsel für Ihren Gemüsegarten.
- Heben Sie Pastinak und Lauch aus.
- Bedecken Sie den Boden mit Schutzglocken, um ihn vorzuwärmen und auf die ersten Aussaaten im nächsten Frühjahr vorzubereiten.
- Pflanzen Sie Knoblauch.

## Obst

- Beschneiden bzw. erziehen Sie Obstbäume.
- Mulchen Sie etablierte Obstbäume.
- Desinfizieren Sie Rohrstöcke, bevor Sie sie einlagern.
- Züchten Sie Rhabarber hoch.
- Pflanzen Sie im Kübel herangezogene Obstbäume und Büsche.

## Teiche und Wasserelemente

- Installieren Sie ein Teichheizgerät oder lassen Sie einen Plastikball auf der Wasseroberfläche schwimmen, um einen Bereich eisfrei zu halten. Wenn Sie Fische haben, können diese nur so überleben.

## Unter Glas und unter Dach

- Wenn Sie empfindliche Pflanzen noch nicht ins Haus gebracht haben, sollten Sie dies jetzt tun.
- Bringen Sie empfindliche Kübelpflanzen ins Haus.
- Isolieren Sie Frühbeetkästen mit Hilfe von Sackleinen oder einem alten Teppich gegen Frost. Sichern Sie das Sackleinen bzw. den Teppich mit Bändern oder schweren Holzstücken. Diese lichtundurchlässigen Materialien müssen tagsüber entfernt werden, damit die Pflanzen ausreichend Licht erhalten. Transparente Materialien wie beispielsweise mehrere Schichten transparenter Plastikfolie können Tag und Nacht auf dem Frühbeetkasten bleiben. Das Material ist zwar nicht völlig durchsichtig, lässt aber etwas Licht durch.
- Isolieren Sie das Gewächshaus mit Blisterfolie (Bubble Wrap), die ausreichend Licht durchlässt. Verkleiden Sie die Seiten mit Polystyroltafeln, die Sie entlang der unteren Glasflächen platzieren, um den Wärmeverlust erheblich zu reduzieren. Die Verkleidung muss entfernt werden, bevor Sie Sommerrabatten bepflanzen, da Polystyrol kein Licht durchlässt.
- Belüften Sie das Gewächshaus nach wie vor, damit die Luft nicht steht.

*Hamamelis* ‚Zuccariniana‘

*Eranthis hyemalis* (Winterling)

# DRAHTKORB-PFLANZBEHÄLTER

**Sie können mit ganz einfachen Mitteln eine ganze Kollektion von Wand-Pflanzbehältern anfertigen, die nicht nur kostengünstig sind, sondern ganz sicher auch ihre kunststoffbeschichteten, massengefertigten Konkurrenten in den Schatten stellen. Die sanften Töne und Strukturen von Draht und Sackleinen sind ein natürlicher, dezenter Partner für alle Pflanzenarrangements. Tragen Sie stets robuste Schutzhandschuhe, wenn Sie mit feinmaschigem Drahtgeflecht arbeiten, da es sehr scharfe Kanten hat.**

## WERKZEUG UND MATERIALIEN

- Bleistift und Papier für Schablone
- Schere
- 12 mm Sperrholz in Außenqualität
- Laubsäge
- Robuste Schutzhandschuhe
- Schutzbrille
- Floristen- oder Drahtschere zum Schneiden des feinmaschigen Drahtgeflechts
- Feinmaschiges Drahtgeflecht
- Sackleinen
- Netzklammern
- Tacker oder Hammer
- Draht

*1 Zeichnen Sie eine symmetrische Korbform auf ein Stück Papier, etwas flacher als einen Halbkreis. Schneiden Sie die Papierschablone aus. Legen Sie sie auf Ihr Sperrholz und kopieren Sie die Schablone. Schneiden Sie die Form mit einer Laubsäge aus dem Holz aus.*

*2 Tragen Sie Schutzhandschuhe und Schutzbrille und schneiden Sie ein Stück feinmaschiges Drahtgeflecht mit einer Floristen- oder Drahtschere grob auf die Form des Sperrholzes zu. Lassen Sie ausreichend Platz, um den Draht auch hinter die Holzform zu wickeln und um eine Tasche auf der Vorderseite zu bilden. Schneiden Sie ein Stück Sackleinen in der gleichen Größe aus wie das Drahtgeflecht.*

1

*3 Schneiden Sie ein zweites Stück Sackleinen aus, das groß genug ist, um das Sperrholz zu umhüllen. Wickeln Sie es um eine Seite des ausgeschnittenen Sperrholzes und heften Sie es auf der Rückseite fest. Falten Sie die Sackleinenkanten dabei stets sauber unter. (Die geheftete Seite ist innen auf der Korbrückseite.)*

*4 Nehmen Sie das andere Stück Sackleinen und falten Sie es zweimal unter eine lange Kante, so dass Sie einen sauberen „Saum" erhalten. Falten Sie die grobe Kante einer langen Drahtgeflechtsseite um die gefaltete Kante des Sackleinens. Sie erhalten so einen sauberen, fest eingerollten „Saum", der den oberen Korbabschluss bildet.*

*5 Formen Sie das Sackleinen und das Drahtgeflecht grob, so dass sich an der Vorderseite des Sperrholzes (d. h. der Seite, die nicht völlig durch Sackleinen bedeckt ist) eine Tasche in der gewünschten Größe bildet.*

*Das bloße Sperrholz liegt an der Innenseite des Korbs und wird verborgen, wenn die Tasche mit Kompost gefüllt wird.*

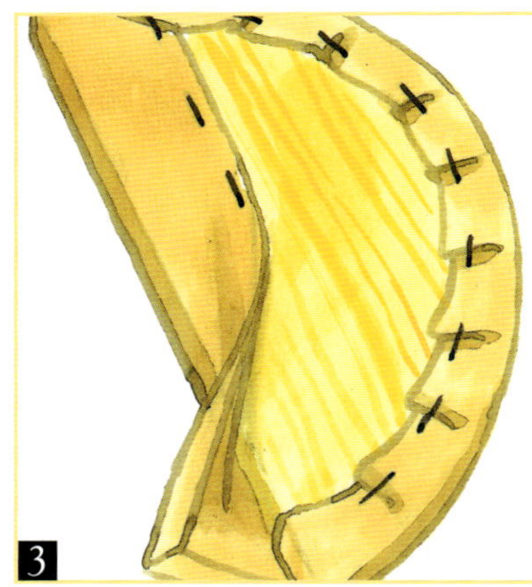

3

*6 Befestigen Sie die Tasche, indem Sie die Kanten des Sackleinens und Drahts auf die Holzform heften. Halten Sie beim Formen der Tasche mit einer Hand von innen dagegen, um eine gleichmäßige, symmetrische Form zu schaffen.*

*7 Schneiden Sie das überschüssige Sackleinen und Drahtgeflecht weg. Heften Sie die Enden eines Drahts an die hinteren Korbecken und formen Sie so eine Schlaufe, um den Pflanzbehälter an der Wand zu halten.*

# Windspiel

**Dieses hübsche, durch die See inspirierte Windspiel erzeugt bei jeder Brise einen weichen, musikalischen Klang. Es lässt sich unglaublich einfach aus Krimskrams herstellen. Die hier benutzten Terracottaformen sind ehemaliger Weihnachtsschmuck, der im Gartenhandel gekauft wurde. Der Floristenfachhandel ist auch eine gute Quelle für ungewöhnliche Objekte, die den Zweck erfüllen würden, beispielsweise Miniblumentöpfe, Muscheln und Strandformen, die in einem Potpourri verwendet werden können. Das hier benutzte, antik aussehende Stück „Treibholz" ist eigentlich ein alter Hammergriff, der beim Umgraben einer Gartenrabatte gefunden wurde. Benutzen Sie Ihre Phantasie und schauen Sie mal in Ihre Knopfsammlung, Ihren Gartenschuppen, Ihr Badezimmer und Ihre Gartenregale, bevor Sie in einen Laden gehen. Sie haben vermutlich bereits fast alles, was Sie für dieses Projekt benötigen, und die Suche nach Alternativen ist schon der halbe Spaß. In einige Objekte werden Sie kleine Löcher bohren müssen – der Bohrertyp, der für kleine Arbeiten verkauft wird, ist günstig, weithin erhältlich und lässt sich leicht benutzen.**

## Werkzeug und Materialien

- Jutefaden
- Wäscheklammer
- Sekundenkleber
- Schere
- Stück Treibholz, Zweig, alter Hammergriff oder ähnliches
- Auswahl von Objekten zum Aufhängen wie Muscheln, Terracottaformen und alte Knöpfe
- Bohrer und kleiner Bohrkopf

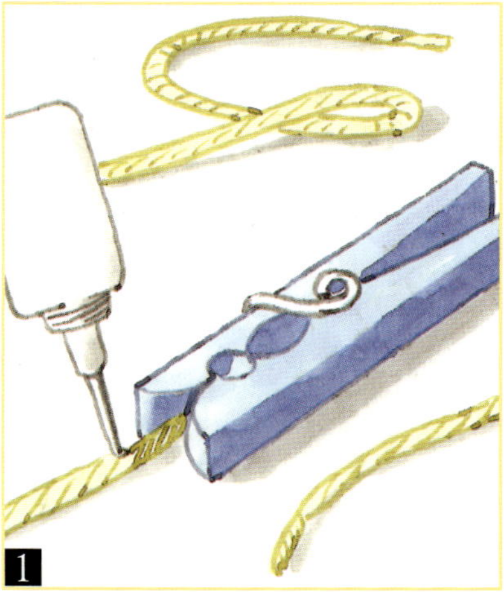

1

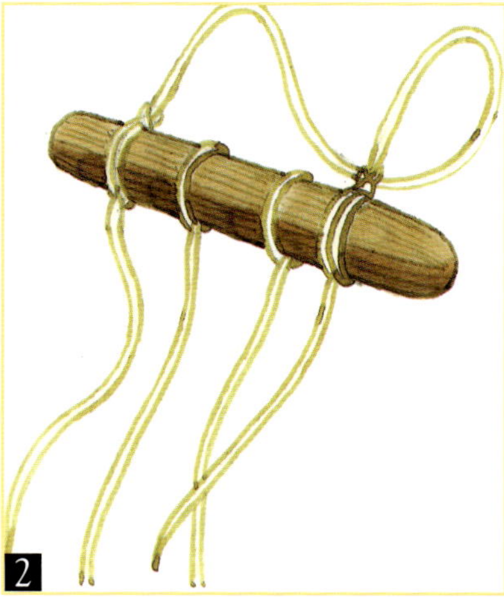

2

1 *Damit sich faserige Jutefäden leichter durch Objekte fädeln lassen, fassen Sie das eine Ende der Jute mit einer Wäscheklammer und drehen Sie den Faden straff, um seinen Durchmesser in der Nähe der Wäscheklammer zu reduzieren. Tropfen Sie Sekundenkleber auf dieses straff gedrehte Ende und halten Sie die Wäscheklammer ca. eine Minute, bis der Kleber getrocknet ist und die Straffung sicher hält. Wenn der Kleber völlig getrocknet ist, schneiden Sie durch das verklebte Stück. Sie erhalten ein festes, sauberes, nicht ausfransendes Ende, das sich problemlos durch das gewählte Objekt fädeln lässt.*

2 *Binden Sie die fransigen Enden mehrerer Fäden an ein Stück Treibholz, einen Zweig oder Hammergriff, der die obere Stütze des Windspiels bildet. Binden Sie einen weiteren Faden schlaufenförmig an das Holz, damit Sie das Windspiel später aufhängen können.*

3 *Bohren Sie ein kleines Loch in jeden Artikel, den Sie auffädeln möchten, wie z. B. in den Boden jedes kleinen Blumentopfs und in Muscheln, die nicht schon Löcher aufweisen.*

4 *Fädeln Sie Ihre gewählten Artikel auf die Fäden und befestigen Sie sie mit Knoten. Knoten Sie Muschel- und Knopfkollektionen als „Glöckchen" an die von den Töpfen herunterhängenden Fäden.*

5 *Fädeln Sie so viele Artikel auf die Fäden, bis Sie ein gleichgewichtiges Windspiel erhalten. Binden Sie bei Bedarf weitere Fäden an das Holz. Prüfen Sie, dass ein ausreichender Abstand gewahrt ist, um ein Gefühl von Gedränge zu vermeiden. Gleichzeitig muss der Abstand klein genug sein, so dass die Muscheln und Knöpfe im Wind aneinanderschlagen können.*

# AN DIE ARBEIT

**Selbst im kleinsten Garten findet sich ein großer Anteil nicht pflanzlicher Elemente. Alle festen Bestandteile müssen ebenso sorgfältig mit in die Planung einbezogen, installiert und gepflegt werden wie die Pflanzen in Ihrem Garten, wenn das Gesamtbild des Gartens stimmen soll.**

Bevor Sie sich an größere Projekte begeben, sollten Sie Ihre Möglichkeiten gründlich prüfen. So vermeiden Sie teure Fehler.

Beurteilen Sie Ihren Garten, Ihre praktischen Anforderungen und den Stil des Hauses. Lesen Sie sich dann zunächst die relevanten Abschnitte dieses Kapitels durch, bevor Sie sich an die Arbeit machen.

Wenn Sie überlegt auswählen, wird Ihr Garten einen abgerundeten Eindruck vermitteln; ein planloses Gemisch, könnte eine Enttäuschung darstellen.

# LÖSUNGEN FÜR PROBLEME FINDEN

**Jeder Garten, ob groß ob klein, besitzt Problembereiche, die seinen Besitzer ärgern oder ihm peinlich sind – sei es eine schattige, trockene Stelle, an der Pflanzen partout nicht wachsen wollen, eine Ecke des Gartens, die von einem hässlichen Gebäude oder Komposthaufen, der den ansonsten perfekten Bereich beherrscht, überschattet wird. Einige Probleme sind sofort offensichtlich, wie z. B. ein Garten mit einem steilen Hang oder ein entsetzlich sumpfiger Bereich, während andere Probleme erst nach einiger Zeit zutage treten oder wenn sich ein Garten durch veränderte Nutzung verwandelt. Vielleicht war Ihr Garten ja perfekt, als Sie noch keine Kinder hatten, aber mit Kleinkindern, die viel Energie loswerden möchten und unzählige Spielsachen haben, die verstaut werden wollen, wird der Garten Ihren Anforderungen nicht mehr gerecht.**

### Bewertung der Situation

❀ Nehmen Sie sich ab und zu – vielleicht im Herbst, dem Beginn der Ruhezeit – die Zeit, um Ihren Garten zu betrachten, ohne durch die Blumenfülle abgelenkt zu werden. Betrachten Sie ausgedehnt und objektiv, was im Frühjahr und Sommer funktioniert hat und was nicht.

OBEN: *Ein Spalier bildet einen wirksamen und zugleich preisgünstigen Schutz, der auch leuchtende Kletterpflanzen ausgezeichnet stützt.*

OBEN: *Wenn Sie gerne im Freien essen, müssen Sie zahlreiche schwierig zu lagernde Teile im Garten platzieren, wie z. B. Grill, Tisch, Stühle und Sonnenschirm.*

❀ Wenn Sie beurteilen, welche Pflanzen gut gewachsen sind und welche gelitten haben, können Sie sich ein immer präziseres Bild der Bedingungen verschaffen, die in den Mikroklimata Ihres Gartens vorherrschen. Wählen Sie dann die entsprechenden Pflanzen oder ändern Sie die Umgebung ein wenig nach ihren Anforderungen. So können Sie beispielsweise in jenen Bereichen einen Windschutz aufstellen, in denen Pflanzen ansonsten gediehen sind, aber aufgrund des starken Winds gelitten haben.

## Der Gartenraum

- Wie gut Ihr Garten für Sie insgesamt arbeitet, können Sie auch während der wärmeren Sommermonate beurteilen. Hat Sie etwas beständig geärgert, wie z. B. ein Haufen von Spielgeräten für draußen, die sich langsam angesammelt haben, für die Sie aber keinen Lagerplatz haben und die jeden Versuch aufzuräumen zu einem vergeblichen Unterfangen machen?
- Hat Ihre Stadtverwaltung die neuen Mülltonnen gebracht, die jetzt den Vorgarten beherrschen? Vielleicht haben Sie einen Grill gekauft und fast jeden Abend draußen gegessen. Da Sie aber keinen Platz hatten, um den Grill, die Holzkohle, insektenabweisende Kerzen, Laternen, den Tisch, den Sonnenschirm und Stühle zu verstauen, nahmen diese allmählich von der Terrasse Besitz.
- Der Garten wird immer mehr als „Raum“ betrachtet, als zusätzliche Wohnfläche, und bei der Gartenplanung sollten Komfort und Funktionalität ebenso im Vordergrund stehen wie bei jedem anderen Raum in Ihrem Haus.
- Stützen Sie ein Spalier immer angemessen ab und verwenden Sie es in der richtigen Stärke. Dünne, nach oben hin breiter werdende Spaliere sind vielleicht verführerisch billig, sie können aber schnell unter dem Gewicht einer schweren Kletterpflanze wie Geißblatt zusammenbrechen, und sie sehen dazu dürftig aus. Darüber hinaus müssen Sie ein solches Spalier beständig stützen und reparieren, was schwierig ist, wenn das Spalier bereits mit Blattwerk bedeckt ist.
- Wenn ein Spalier als wichtiger Blickfang errichtet wird – entweder als freistehende Abschirmung oder auf einem Zaun oder einer Wand – kaufen Sie die beste Qualität, die Sie sich leisten können und die mit Holzschutzmittel vorbehandelt ist. Stellen Sie das Spalier korrekt auf und pflegen Sie es gut, dann erhalten Sie ein ebenso ansprechendes wie funktionelles Gartenelement. Durch Bepflanzung wird die Wirkung erheblich gemildert. Duftende Pflanzen bringen eine weitere Dimension in dieses Konzept.

## Verbergen eines hässlichen Ausblicks / mehr Privatsphäre schaffen

- Privatsphäre ist ein wichtiges Attribut für den Garten. Ein Garten sollte eine Zufluchtsstätte sein, ein Ort, an dem Sie Ihre Batterien nach dem Stress und den Anforderungen der Welt draußen wieder aufladen können. Entspannung wird sicher nie einfach, wenn Ihr Garten von außen eingesehen werden kann oder eine unschöne Aussicht besitzt.
- Die Lösung besteht darin, das Problem abzuschirmen und gleichzeitig möglichst viel Licht im Garten zu halten. In einigen Situationen können Sie vielleicht eine recht hohe Barriere errichten, ohne dass dadurch weniger Licht in den Garten fällt. Wenn Ihr Garten aber bereits ziemlich schattig ist, können Sie statt einer blickdichten Abschirmung eine Schallwand einsetzen, die Licht zerstreut und es nicht völlig ausschließt.
- Mit einem Spalier können Sie sehr geschickt Ihre Gartenabgrenzung erhöhen, ohne Licht völlig auszuschließen. Spaliere sind in unzähligen Formen, Größen und Designs erhältlich – von rustikal, über zweigähnliche Latten, die oben durch bogenförmige Äste abgeschlossen werden und einen hübschen Landlook erzeugen, bis hin zu eleganten und gleichmäßigen geometrischen Formen aus glattem, lackiertem Holz, die perfekt in einen hübschen Hof in der Stadt passen.

OBEN: *Das Holzdeck und die Holzstreben des Laubengangs vermitteln den Eindruck eines japanisch angehauchten modernen Wohnbereichs.*

## DIE KUNST DES VERSTECKENS

Einige Gartenelemente sind notwendig, aber nicht notwendigerweise attraktiv. Mit ein wenig sorgfältiger Planung kann jeder Aspekt des Gartens ansprechend, ja sogar attraktiv aussehen. Alle Arbeitsbereiche des Gartens sollten ebenso gründlich geplant, installiert und gepflegt werden wie die rein dekorativen Elemente.

### Kompostbereiche

- Kompostbereiche sind ein wichtiger Teil eines jeden gut gepflegten, umweltbewussten Gartens. Sie leisten einen guten Zweck, sind aber weniger hübsch anzusehen.
- Der Komposthaufen bietet dem Garten so viel, dass er mit mehr Respekt behandelt werden sollte, als dies in den meisten Gärten der Fall ist. Nur zu oft ist der Komposthaufen einfach ein Haufen – nicht voll wohlriechender brauner Erde, sondern voll verfaulender Haushaltsabfälle, alter Zweige und Unkräuter.
- Bedenken Sie zuerst die Funktionalität eines Problembereichs und dann, wie Sie ihn verbergen können. Ein Zaun vor einem schlecht gebauten und wenig gepflegten Komposthaufen versteckt nur das Problem.
- Vielleicht sollten Sie eine richtige Komposttonne oder sogar zwei aufstellen – groß genug für Ihren Garten und das Kompostvolumen, das Sie bewältigen können. Ein Häcksler könnte eine lohnenswerte Investition sein, da Sie damit Baum- und Strauchabfälle in handlichere Stücke zerkleinern können, die sich schneller zersetzen und weniger Platz auf dem Komposthaufen einnehmen. Achten Sie darauf, dass Sie wirklich nur geeignetes Material auf den Komposthaufen geben. Pflegen Sie ihn, wenden Sie ihn regelmäßig und halten Sie ihn bedeckt, dann müssen Sie ein sehr viel kleineres Problem verbergen.

### Verbergen hässlicher Bereiche

- Solange sich Ihr Kompostbereich, Ihre Mülltonnen und andere wichtige, aber unattraktive Bereiche in gutem Zustand befinden und angemessen entworfen und eingesetzt werden, müssen Sie sie nur aus dem Sichtfeld entfernen.
- Wie Sie dies bewerkstelligen, hängt in gewissem Maße vom Zweck des Bereichs ab. Wenn Sie Ihre Mülltonne regelmäßig von ihrer üblichen Stelle zum vorderen Gartentor fahren müssen, benötigen Sie eine dauerhafte und leicht zugängliche Unterbringung für die Mülltonne. Eine auf drei Seiten gemauerte Ziegelkonstruktion ist eine beliebte Möglichkeit, um eine große Mülltonne zu verstecken. Ein solcher Bau kann äußerlich durch Pflanzen verschönt werden.

RECHTS: *Ein sauberer Mülltonnenbereich sieht ordentlich aus und reduziert das Risiko von Schädlingsbefall.*

- Bei einem Komposthaufen müssen Sie natürlich so viel Platz drumherum lassen, dass Sie den Haufen wenden, Material hinzufügen oder Kompost entfernen können. Der ganze Haufen wird dabei aber nicht verschoben, so dass Sie nicht unbedingt Zugang von jeder Seite haben müssen. Ein mit Kletterpflanzen bedecktes Spalier, ein Zaun aus Weidengeflecht oder eine andere natürliche Abgrenzung könnten den Bereich hübsch, effektiv und günstig verbergen.

### Pflanzen in schwierigen Bereichen

- Arbeiten Sie stets mit der natürlichen Gartenumgebung, nicht dagegen. Sie können zwar einige Bedingungen anpassen, z. B. indem Sie einen Windschutz errichten und somit Pflanzen an ungeschützten Stellen abschirmen, aber in einigen Bereichen werden Sie bestimmte Pflanzen sicher nie erfolgreich ziehen können.
- Respektieren Sie die unterschiedlichen Mikroklimata Ihres Gartens und wählen Sie die entsprechenden Pflanzen (siehe gegenüber). In einigen Bereichen ist Ihre Auswahl an Pflanzen vielleicht begrenzt, aber bei einfühlsamem Bepflanzen wird Ihr Garten sicher blühen und gedeihen.
- Ein Arrangement gesunder Pflanzen, selbst wenn es nur wenige verschiedene Arten sind, sieht immer ansprechender aus als viele verschiedene, jedoch wuchernde, kranke und ums Überleben kämpfende Arten.

OBEN: *Eine funktionelle Ecke im Garten, zwischen Zaun und Schuppentür, wird mit einer strategisch gepflanzten Kletterrose zu einem hübschen Winkel zum Entspannen.*

OBEN: Euphorbia *(Wolfsmilch) mag trockene, schattige Standorte.*

OBEN: *Sukkulenten bevorzugen heiße, sonnige Bedingungen.*

## Pflanzen für feuchte, schattige Standorte

- *Astrantia* (Sterndolde)
- Kamelie
- *Dicentra spectabilis* (Tränendes Herz)
- *Hamamelis mollis* (Zaubernuss)
- *Helleborus* (Christrose)
- *Hosta* (Funkie)
- *Mahonia aquifolium* (Mahonie)
- *Rhododendron*
- *Sarcococca humilis*
- *Viburnum davidii* (Schneeball)

## Pflanzen für trockene, schattige Standorte

- *Anemone japonica* (Japan-Anemone)
- *Aucuba japonica* (Aukube)
- *Bergenia* (Bergenie)
- *Euphorbia* (Wolfsmilch)
- *Ilex*
- *Pachysandra terminalis* (Ysander)
- *Pulmonaria* (Lungenkraut)
- *Skimmia* (Skimmie)
- *Vinca* (Immergrün)

## Pflanzen für trockene, sonnige Standorte

- *Achillea* (Garbe)
- *Agapanthus* (Schmucklilie)
- *Cistus* (Zistrose)
- *Echinops ritro* (Kugeldistel)
- *Geranium* (Storchschnabel)
- *Iris germanica* (Schwertlilie)
- *Nepeta* (Katzenminze)
- *Santolina* (Heiligenkraut)
- *Senecio* (Kreuzkraut)
- *Verbascum* (Königskerze)
- *Yucca*

## Pflanzen für saure Böden

- Azalee
- Kamelie
- *Pieris* (Lavendelheide)
- *Rhododendron*
- *Skimmia* (Skimmie)

## Pflanzen für basische Böden

- *Buddleja davidii* (Schmetterlingsstrauch)
- *Clematis*
- *Cotoneaster* (Felsenmispel)
- *Dianthus* (Nelke)
- *Lavandula* (Lavendel)
- *Paeonia* (Pfingstrose)
- *Scabiosa* (Skabiose)
- *Syringa* (Flieder)
- *Verbascum* (Königskerze)

## Abgasresistente Pflanzen

- *Aucuba japonica* (Aukube)
- *Berberis* (Berberitze)
- *Chaenomeles* (Japanische Quitte)
- *Cotoneaster* (Felsenmispel)
- *Ilex*
- *Philadelphus* (Pfeifenstrauch)
- *Syringa* (Flieder)
- *Weigela florida* (Weigelie)

UNTEN: *Arten, die schattige Standorte bevorzugen, schaffen ein gesundes Pflanzenbild.*

UNTEN: *Wählen Sie Pflanzen, die saure Böden bevorzugen, und versuchen Sie nicht, fortlaufend den pH-Wert des Bodens zu ändern.*

# VERBINDUNG VON HAUS UND GARTEN

**Der Eingang zu Ihrem Garten ist wichtig. Wenn Sie aus der Tür treten, sollte Sie eine interessante und einladende Umgebung erwarten. Natürlich öffnet sich nicht jede Tür direkt in den Garten, aber eine Reihe gepflegter Töpfe könnte den Weg in den Garten weisen, oder vielleicht auch eine blühende, an einem Spalier entlang der Wand erzogene Kletterpflanze. Denken Sie daran, dass ein ebenerdiger Garten aus der Standperspektive betrachtet verkürzt und kleiner wirkt, als er tatsächlich ist. Auch einzelne abgegrenzte Bereiche wirken kürzer. Wenn Sie daher einen runden Rasen planen, wird der Kreis gedrungen wirken, es sei denn, Sie legen ihn mehr als Oval an, wobei der längste Abschnitt zum Haus weist.**

## TÜREN UND FENSTER

Der ideale Eingang zum Garten sind Flügeltüren, die auf eine Terrasse führen. Sie verwandeln den Garten wirklich in einen weiteren „Raum“. Selbst bei kaltem oder regnerischem Wetter kann das Gartenbild durch das schützende Glas bewundert werden.

### Einfache Türen

- Wenn ein großer Eingang nicht möglich ist, kann die Gartentür dennoch mit Glastafeln versehen werden, damit der Garten weniger weit vom Haus entfernt erscheint. Ein duftender Strauch neben der Tür sowie Töpfe und Pflanzbehälter voller Pflanzen mit Sommerblüte sind ebenfalls einladend. Stellen Sie Geranien mit duftenden Blättern direkt neben die Tür, damit sie beim Vorbeigehen und Berühren ihren Duft entfalten. Lavendel und Rosmarin wirken ebenso.

### Seiteneingang

- Einige Gärten sind nur über ein Seitentor zugänglich. Selbst wenn der Eingang schmal und tunnelähnlich ist, können Sie die Wände weiß streichen, damit er geräumiger wirkt.
- Weiß reflektiertes vorhandenes Licht lässt einen Raum stets größer erscheinen. Sie könnten am Ende eines Durchgangs ein schmiedeeisernes Tor oder einen

OBEN: *Ein bogenförmiger Eingang, der vom Schatten in die Sonne führt, ist einer der romantischsten Wege, einen Garten zu betreten. Das schmiedeeiserne Tor vermittelt den Eindruck, als würde man einen geheimen Garten betreten.*

OBEN: *Dieses Gartentor führt direkt zu üppigen Rabatten, die mit Blüten und Früchten überfließen.*

bogenförmigen Eingang mit Kletterpflanzen darüber anlegen, so dass man den versprochenen Garten bereits vorausahnt. Halten Sie Seiteneingänge stets frei. Nichts ist so unangenehm, wie erst über Tüten voll Kompost oder altem Schnittgut steigen zu müssen.

## Fenster

❀ Fenster, die auf den Garten blicken, sollten als Ausblick auf einen attraktiven Garten genutzt werden. Wenn das Wohnzimmerfenster auf den Garten blickt, stellen Sie nach Möglichkeit sicher, dass der Garten auch im Sitzen noch sichtbar ist.

❀ Wenn dies nicht durchführbar ist, sollten Sie zumindest darauf achten, dass eine Kletterpflanze oder ein blühender Baum durch das Fenster gesehen werden kann. Dies ist besonders für ältere oder behinderte Menschen wichtig, die mehr Zeit sitzend verbringen als andere.

## Durch- und Übergänge

❀ Überdachte Veranden, Laubengänge und Wintergärten erfüllen grundverschiedene Funktionen. In einer Hinsicht sind sie einander jedoch ähnlich: Sie sind Übergangsbereiche zwischen Haus und Garten. Vordächer und Vorbauten werden meist als Schutz vor Witterungseinflüssen errichtet. Wenn sie sehr klein sind, wirken sie mitunter eher als Schranke zwischen Haus und Garten denn als Raum, der beide miteinander verbindet. Sind sie aber mit einer Glasfront versehen, können Sie darin empfindliche Zimmerpflanzen züchten und diesen Raum fast wie ein Kleingewächshaus nutzen.

❀ Ein Laubengang bei der Gartenpforte kann die Architektur des Hauses ergänzen, während die gepflanzten Elemente eine Verbindung zum Garten schaffen. Auch ein Wintergarten ist ein Schnittpunkt von Haus und Garten, da er sowohl mit der Architektur des Hauses als auch mit den winterharten Pflanzen im Freien verbunden ist.

OBEN: *Ein schmales Eisentor und eine riesige* Hydrangea *(Hortensie) laden Sie ein, durch das Tor und den Kiespfad entlang dieses Gartens zu wandern.*

## Proportion und Maßstab

- Jedes Gartenelement, das im Vergleich zum Haus sehr groß ist, erscheint riesig. Viele Bäume, die zum Pflanzzeitpunkt hübsch in Proportion zum Gesamtbild sind, werden im Laufe der Zeit viel zu groß für ihren Standort und hemmen nicht nur das Wachstum anderer Pflanzen, sondern lassen auch das Haus kleiner erscheinen. Gleiches gilt für Terrassen, stufenförmige Anlagen und Pfade.
- In einem Garten, der zu einem kleinen oder schmalen Haus gehört, würde eine ausladende Terrasse völlig fehl am Platz wirken. Eine kleine Terrasse mit wohl durchdachtem Ziegelmuster oder anderem Belag, der Details und die künstlerische Arbeit hervorhebt, sieht reizvoll aus und könnte von Pflanzen oder einem Spalier umrahmt werden, die der Terrasse schon fast den Eindruck eines Hofs vermitteln.
- Auf der anderen Seite wirken zu kleine Elemente bei einem großen Haus verloren oder zu kleinkrämerisch. Eine breite Terrasse beim Gartentor verleiht dem Haus eine geeignetere visuelle Basis. Verwenden Sie große Platten und führen Sie die Terrasse entlang der gesamten Hausbreite – vor allem, wenn das Haus große Fenster und Terrassentüren besitzt. Die Terrasse sollte breit genug angelegt sein, damit ein Esstisch und große Stühle darauf Platz haben.
- Höfe jeglicher Art bieten eine gute Gelegenheit, mit Ziegeln oder Pflastersteinen zu arbeiten. Auch hier sollten die verwendeten Materialien und Muster zum Haus passen, und Blumentöpfe und Pflanzbehälter sollten eine ähnliche Form und Farbe aufweisen.

## Der Blick aufs Haus

- Denken Sie daran, dass Sie das Verhältnis des Gartens zum Haus völlig anders sehen, wenn Sie vom anderen Ende des Gartens zum Haus hin blicken. Diese Perspektive ist aber ebenso wichtig wie der Blick vom Haus in den Garten. Der Blick konzentriert sich auf das Haus, und Ihnen werden Materialien, die gar nicht bzw. sehr schön zum Haus passen, viel stärker auffallen.

OBEN: *Die hohen* Romneya coulteri *Pflanzen (Baummohn) durchbrechen hier die strenge Linie des Fensterrahmens und schaffen ein weicheres Bild.*

OBEN: *Auf der Straßenseite dieses Hauses mildert eine sprießende* Ceanothus *(Säckelblume) den Anblick der Mauer und verankert das Haus mit dem Boden.*

## Verankern des Hauses

- Pflanzen Sie immergrüne Sträucher nahe am Haus, um das Haus mit dem Boden zu verankern. Dies ist besonders für moderne Häuser wichtig, die mitunter recht kalt und nicht in ihre Umgebung gehörig wirken. Auch Kletterpflanzen eignen sich vorzüglich, um Häuser mit dem Boden zu verbinden. Kletterpflanzen, die das ganze Haus bedecken, sind gut für Gebäude ohne besonders interessante architektonische Merkmale. Wilder Wein, dessen Blätter sich im Herbst in ein fantastisches leuchtendes Rot verwandeln, ist hier eine gute Wahl.
- Ein etwas älteres Haus mit einigen architektonisch interessanten Merkmalen sollte besser nur mit Kletterrosen rund um die Fenster bepflanzt werden. Ansonsten sollten Baustoffe und Konstruktion unverhüllt dargeboten werden. Interessante moderne Gebäude, die mitunter geradezu wie Skulpturen wirken können, müssen vielleicht nicht durch Pflanzen bedeckt werden. Gruppen architektonisch kühn platzierter Pflanzen in ihrer Nähe würden diese Gebäude ebenso mit dem Boden verankern.

OBEN: *Im Garten dieses modernen Bungalows führt Sie ein breiter Kiespfad gemächlich zurück zum Haus.*

## Pfade

- Legen Sie direkt vom Haus führende Pfade möglichst breit an; schmale Wege sind weniger einladend. Zwei Personen sollten nach Möglichkeit bequem nebeneinander gehen und sich unterhalten können. In kleinen Gärten ist dies nicht immer realisierbar, versuchen Sie es aber. Pfade können zu den entfernteren Teilen des Gartens hin schmaler werden, zum Haus hin ist der Pfad jedoch ein Tor zum gesamten Garten und sollte diese Funktion auch vermitteln.

## Sicherheit

- Das Verhältnis des Gartens zum Haus kann sich spürbar auf die Sicherheit auswirken. Die Pforte zur Straße sollte nicht durch hohes und dichtes Gebüsch verborgen werden, da ein Einbrecher sonst möglicherweise ungesehen das Schloss aufbrechen könnte. An dieser Stelle sind niedrige Pflanzen zu empfehlen, bei denen jeder, der unbefugt einzudringen versucht, viel sichtbarer wäre.
- Auf der Rückseite sollten Sie keine Bäume und Sträucher in Hausnähe pflanzen, die ein Einbrecher als Leiter benutzen könnte. Wenn Sie das Haus durch Grün verschönern möchten, halten Sie sich an dornige Pflanzen, wie z. B. die unfreundlichen Kletterrosen ‚Mermaid' und ‚Albertine' oder eine *Berberis* (Berberitze) oder *Pyracantha* (Feuerdorn).
- Sorgen Sie dafür, dass Sie Leitern und schweres Gartengerät wie Spaten und Gabeln verschließen können. Eine Leiter mit einem Vorhängeschloss an die Wand zu schließen, ist sicherer, als sie herumliegen zu lassen. Vor allem aber sollten Sie niemals eine Leiter als Einladung an Einbrecher gegen die Wand gelehnt lassen.

OBEN: *Dieser kleine Garten wirkt mit seinen Unterteilungen und Kreuzwegen viel größer, als er ist. Hier führt ein Ziegelpfad zu einem blauen Sitz, auf den sich der Blick konzentriert. Im Sichtfeld steht lediglich ein großer Kupferkübel.*

# GRENZEN ZIEHEN

**Grenzen sind ein wichtiger Aspekt der Gartenplanung. Sie kennzeichnen nicht nur Ihre Grundstücksgrenzen, sondern bieten auch die Chance, Geräusche und unschöne Aspekte auszufiltern und mehr Geborgenheit zu schaffen. Umgekehrt zeichnet sich Ihr Garten vielleicht durch einen fantastischen Ausblick aus, und es bestehen keine Schutz- und Geräuschprobleme. Eine Gartenbegrenzung kann daher in diesem Fall lediglich eine visuell minimale Unterteilung bedeuten, z. B. indem Sie eine Reihe von Steinen in den Boden setzen oder einen Maschendrahtzaun errichten. Im Garten bieten Zäune, Mauern und Schirme einen Weg, um separate Aktivitätsbereiche wie Spielzonen und Gemüsebeete voneinander abzugrenzen. Gleichzeitig stellen sie vertikale Pflanzbereiche dar und verbergen hässliche und dabei zugleich notwendige Teile des Gartens, wie Komposthaufen und Recyclingbereiche.**

## ARTEN VON GRENZEN

Die Entscheidung, welche Art von Grenze Sie wählen sollten, ist relativ einfach. Benutzen Sie Ihren gesunden Menschenverstand und gehen Sie nach Ihren visuellen Vorlieben.

### Hohe, undurchlässige Grenzen

- Wenn Sie mehr Privatsphäre in Ihrem Garten wünschen, werden Sie vermutlich undurchlässige, hohe Optionen wie hohe Mauern oder Dichtzäune in Erwägung ziehen. Mauern halten Geräusche und neugierige Blicke besser fern als Zäune. In jedem Fall sollten Sie aber auch bedenken, dass hohe Abschirmungen auch Licht ausschließen und in kleinen Bereichen das Gefühl von unangenehmer Enge erzeugen können. Planen Sie daher mit Bedacht, bevor Sie in eine Anschaffung investieren.
- Es kann auch lokale sowie bundesweite Bauvorschriften zur Art und Höhe der Grenze geben, mit der Sie Ihr Grundstück umgeben. Recherchieren Sie daher zunächst die aktuelle Gesetzeslage (erkundigen Sie sich bei der Bauaufsichtsbehörde).
- Eine letzte Erwägung ist, dass, entgegen der allgemeinen Annahme, eine Mauer bzw. ein durchgehender Zaun nicht den besten Schutz für ein ungeschütztes Grundstück bietet und sogar Problemen wie pflanzenschädigenden Kaltluftseen, Instabilität der Begrenzung selbst und turbulenten, pflanzenfeindlichen Windbedingungen auf beiden Seiten der Konstruktion Vorschub leisten kann.

### Teilweise offene Einfriedungen

- Wenn eine Mauer oder ein undurchlässiger Zaun nicht angemessen sind, kann eine halb dichte Abschirmung die Antwort liefern. So kann beispielsweise ein Flechtzaun zwar fast windundurchlässig wirken, er lässt aber etwas Luft durch und bildet in ungeschützten Gärten, in denen eine undurchdringliche Schranke Probleme verursachen würde, auch einen wirksamen Windfang.
- Bestimmte Arten teilweise offener Begrenzungen bieten darüber hinaus eine gewisse Privatsphäre und Sicherheit und lassen gleichzeitig etwas Licht durch. Denkbar sind beispielsweise eine mit Form- bzw. Ornamentsteinen oben

LINKS: *Eine teilweise durchbrochene Abschirmung wie ein dekoratives Spalier kann eine Grenze schaffen, ohne dass eine Mauer oder ein fester Zaun errichtet werden müssten. Gleichzeitig ist das Spalier optisch ansprechend und vermittelt ein Gefühl von Weite.*

abgeschlossene Mauer oder durch dekorative Spaliere oben abgeschlossene Zäune.

OBEN: *Zaunmaterial markiert die Grundstücksgrenzen und muss dem allgemeinen Gartenthema entsprechen, wie hier dieser Bambus, der den japanischen Stil des Gartens unterstreicht.*

## Offene Grenzen

- Einige Grenzen sind einfach eine Möglichkeit, um den Abschluss Ihres Grundstücks zu kennzeichnen, ohne dass für Sie die Notwendigkeit besteht, Ihre Privatsphäre oder Sicherheit weiter zu erhöhen oder Lärm auszuschließen. Es gibt verschiedene Optionen, manche dekorativer und nützlicher als andere.
- Auch die Kosten schwanken ganz erheblich. Ein gusseiserner Zaun kann sehr gut aussehen und die Sicherheit Ihres Grundstücks verbessern, solange er ausreichend hoch, verschlungen und mit Spitzen abgeschlossen ist und daher den Gelegenheitseinbrecher abschreckt, der leichte Zäune erklimmen will. Derartige Zäune können aber teuer sein und müssen beständig gepflegt werden, damit sie weiterhin gut und elegant aussehen. Es ist dabei gleichgültig, ob Sie einen solchen Zaun neu kaufen oder von einem Second-Hand-Händler erwerben.

RECHTS: *Eine hohe, feste Grenze wie ein geschlossener Holzzaun kann die Privatsphäre Ihres Gartens erhöhen. Denken Sie daran, dass ein solcher Zaun auch Licht fern hält.*

## MAUERN

MAUERN sind dauerhafter als Zäune und müssen daher sorgfältig geplant werden, bevor Sie sich an den Bau begeben. Häufig können Zäune wirksam Geräusche ausfiltern, und sie bieten natürlich maximalen Schutz der Privatsphäre. Hohe Mauern können auf den ersten Blick mehr Sicherheit bieten (schließlich ist es erheblich schwerer, über eine Mauer als über einen Maschendrahtzaun zu klettern). Vergessen Sie aber nicht, dass ein Eindringling hinter einer Mauer ungesehen und ungehört arbeiten kann. Wenn Ihnen der Sicherheitsaspekt wichtiger ist als die erhöhte Privatsphäre, dann kann eine niedrigere Mauer daher die bessere Wahl sein.

OBEN: *Pflanzen verschönern Mauern ganz erheblich. Hier ist ein fächerförmig erzogener Birnenbaum ebenso ansprechend wie produktiv.*

### Die passende Mauer

- Mauern bestehen meist aus Ziegeln, Beton oder Stein. Sie können durchgehend oder mit Öffnungen versehen sein, wie bei einer Ornamentsteinmauer. Wählen Sie stets Materialien, die zu den Baustoffen Ihres Hauses passen, und einen Mauerstil, der den Mauertypen Ihrer Nachbarschaft entspricht.
- Für ein altes Landhaus aus Stein wäre eine Mauer aus Betonblöcken sicher fehl am Platz. In ähnlicher Weise sähe ein sehr modernes Heim neben einer durchweg rustikalen Trockensteinmauer wohl merkwürdig aus. Betrachten Sie die Materialien und Stilrichtungen, die in anderen Gärten rund um den Ihren eingesetzt wurden, und notieren Sie sich, was funktioniert und was nicht.

## ZIEGEL

- Lehmziegel sind attraktiv und in vielen Farben, Strukturen und Wetterbeständigkeitsgraden erhältlich. Gewöhnliche Vormauerziegel erfüllen ihren Zweck für die meisten Gartenmauern. Für Anwendungen, in denen eine erhöhte Wasserfestigkeit gefragt ist (wie beispielsweise an ungeschützten Mauern in Küstennähe), sind jedoch „besondere" Qualitätsblöcke erforderlich.
- Rückgewonnene Ziegel sind nicht unbedingt günstiger als neue, sie können aber die beste Wahl für eine Mauer sein, die zu den Steinen Ihrer Hauswände passt.
- Sollten Sie noch Mauerziegel Ihres Hauses finden, nehmen Sie sie als Modell mit in den Baumarkt.

OBEN: *Die strenge Wirkung einer durchgehenden Mauer wird durch ein rundes Fenster und eine bogenförmige Pforte gemildert.*

Holen Sie sich stets zunächst ein Muster, das Sie vor Ort zu Hause auf Ton, Struktur und Farbton hin überprüfen können. Der Bau einer Mauer ist keine billige Investition in Bezug auf Zeit und Geld, und Fehler sind häufig nur zu offensichtlich, wenn sich die unpassenden Steine Ziegelreihe für Ziegelreihe wiederholen.

## BLÖCKE

- Blöcke lassen sich aufgrund ihrer Größe natürlich schneller verlegen als Ziegel. Das Fundament einer Blockmauer ist aber ebenso wichtig, also bauen Sie eine Blocksteinwand genau so sorgfältig wie eine Ziegelmauer.
- Der nur zu bekannte Anblick einer schlecht konstruierten, langsam in sich zusammenfallenden Betonmauer bezeugt, dass viele Leute Blockmauern als schnelle und kostengünstige Alternative sehen.

### Naturbaustein

- Steinmauern sehen gut aus und sind typisch für einige Gebiete. In anderen Gebieten ist die Verwendung dortiger Steine für neue Mauern sogar vorgeschrieben. Granit, Kalk- und Sandstein sind derartige Mauerwerkstoffe, und auch Feuerstein und Schiefer finden Verwendung, häufig in Verbindung mit anderen Werkstoffen.
- Es ist finanziell sinnvoll, die Steine vom örtlichen Steinbruch oder einem Recycling-Unternehmen zu erwerben. Gartenbaumärkte haben häufig eine Auswahl ansprechender Steine, aber dort ausreichend Steine für eine Mauer und nicht nur für kleinere Steingärten zu kaufen wäre extrem teuer.

### Betonblöcke

- Gewöhnliche Struktursteine sind günstig und lassen sich problemlos vermauern. Sie sind allerdings nicht besonders hübsch und sollten daher besser nur an Stellen verwendet werden, wo sie später mit Putz oder Gips bedeckt werden. Wenn die Betonblöcke ein Zickzackmuster aufweisen, haftet der Putz oder Gips später besser.
- Verblendsteine haben eine dekorative Vorder- und Endseite und werden zum Mauern der Außenflächen von Hohlmauern verwendet (während einfache Struktursteine die Innenseite bilden). Verblendsteine sind in verschiedenen Finishes erhältlich, passend zum örtlichen Mauerwerk; sie sind darüber hinaus günstiger als rückgewonnene Steinblöcke oder Naturstein, allerdings auch nicht so visuell überzeugend.
- Rückgewonnene Steinblöcke sind aus gemahlenem Gestein, nicht aus Aggregat hergestellt; sie sind in einer Reihe von Formen – von glatt bis angeraut – sowie Farbtönen erhältlich, die zu den meisten lokalen Steinarten passen. Rückgewonnene Steinblöcke sind zwar naturgetreuer als Vormauerziegel, sie besitzen aber nicht die gleiche Unregelmäßigkeit, die Naturstein auszeichnet.
- Form- bzw. Ornamentsteine sind mit einem dekorativen Lochmuster versehene Betonblöcke, die meist direkt übereinander säulenförmig zu einer Mauer verbunden werden. Die errichtete Wand ist schwächer als bei herkömmlichen Mauermustern und muss daher an beiden Enden durch Stützpfahle zusätzlich gefestigt werden.

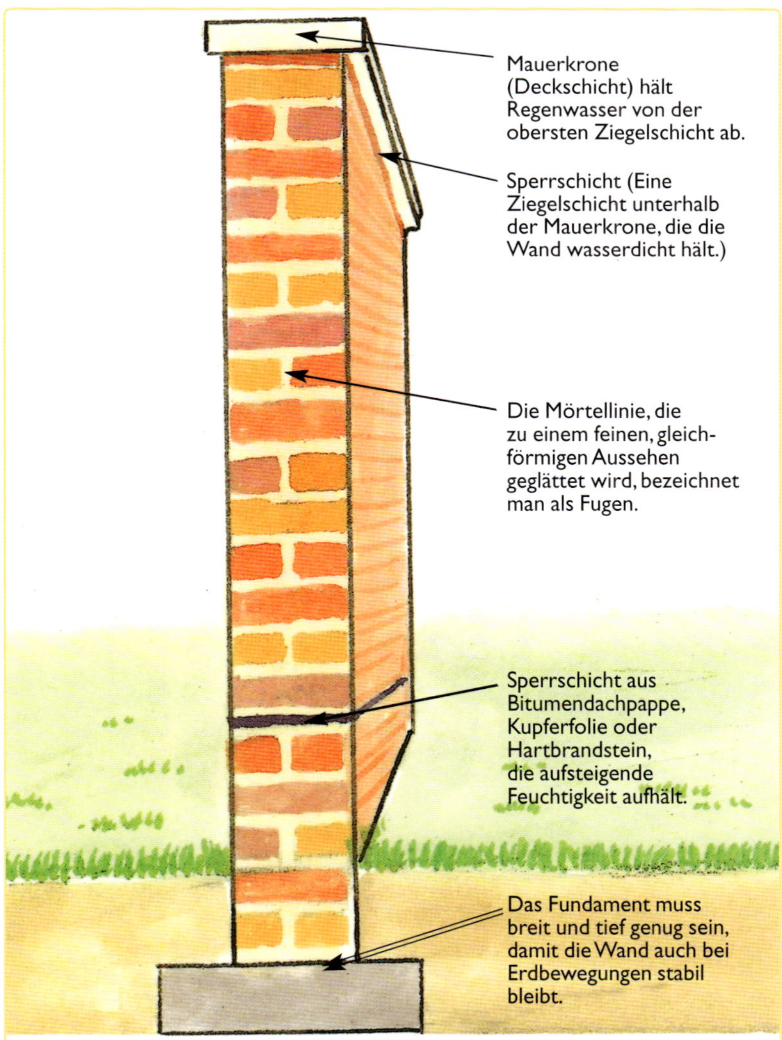

## ZAUNARTEN

Zäune sind in vielen Stilrichtungen und Materialien erhältlich: Draht, Beton, Kunststoff oder Holz. Mögliche Zauntypen sind beispielsweise zwei oder drei durch aufrecht stehende Pfosten geführte feste Drahtreihen, Kettenzäune und Zäune aus vorgefertigten Holzlatten. Auch die Preise schwanken erheblich je nach Zauntyp.

### Kettenzäune mit Pfosten

- Zäune mit Pfosten und Ketten frieden den Garten ein und halten Vorbeigehende davon ab, vom Weg abzukommen und auf einen Rasen oder ein Blumenbeet zu treten. Derartige Begrenzungen bieten aber keinen zusätzlichen Schutz oder Privatsphäre.
- Metall- oder Kunststoffketten, die in verschiedenen Gliedertypen und -farben erhältlich sind, werden zwischen Holz- oder Metallpfosten aufgehängt. Am weitesten verbreitet sind aus ovalen Gliedern und pyramidenförmigen Spitzen bestehende, schwarz lackierte Metallketten, die zwischen weiß gestrichenen Zaunpfosten aufgehängt werden.

### Spalierzäune

- Spalierzäune sind in den letzten Jahren immer beliebter geworden. Sie können den Garten in verschiedene Bereiche teilen, unattraktive Stellen verbergen oder auf einen festen Zaun montiert werden. Spaliere sind relativ günstig, lassen sich leicht aufstellen, passen in fast jedes Pflanzarrangement und an unterschiedliche Standorte, da sie Licht und Luft ungehindert durchlassen.
- Spaliere sind in einer Fülle von Stilrichtungen, Größen und Varianten erhältlich – von rustikalen Lärchenholzpfosten, die einen anheimelnden Landhausstil ausstrahlen, bis hin zu eleganten Formen aus glattem Holz.
- Der Bau des Spaliers hängt vom verwendeten Holz ab. Schwache zieharmonikaförmige Spaliere müssen durch einen robusten Halterahmen zusätzlich abgestützt werden. Gespaltene Lärchenholzposten, die auf zwei fest in den Boden getriebene robuste Pfähle und Schienen genagelt werden, schaffen hingegen einen stabilen und attraktiven Zaun.

### Dichtzäune

- Dichtzäune bestehen aus senkrecht überlappenden Federholzlatten, die auf Querlatten genagelt werden. Zedernholz ist das hochwertigste, für diesen Zauntyp erhältliche Holz und auch dementsprechend teuer. Weichholz ist eine günstigere Alternative.
- Beide Arten sehen gut aus, sind fest und bieten einen hohen Schutz der Privatsphäre. Da die Latten senkrecht verlaufen, ist es nicht einfach, über den Zaun zu klettern, so dass Kinder es auch nicht versuchen werden. Ein Dichtzaun ist eine gute, aber zugleich teure Möglichkeit, um einem Garten mit Hanglage mehr Intimität zu verleihen. Holzzäune können vor Ort gezimmert oder aus fertigen Paneelen errichtet werden.

### Latten- oder Palisadenzaun

- Latten- oder Palisadenzäune – vor allem wenn sie weiß gestrichen sind – vermitteln stets den Eindruck von hübschen Häuschen auf dem Lande und altmodischem Charme.
- Schmale Latten werden im Abstand von ca. 5 cm senkrecht an Querlatten genagelt. Die Latten können oben spitz zulaufen, abgerundet sein oder zu dekorativen Formen wie gothischen Kreuzblumen geschnitzt werden. Ein solcher Zaun ist sehr dekorativ und wird meist als zierende Abgrenzung verwendet. Da sie offen und meist auch maximal nur 1,2 m hoch sind, bieten Lattenzäune keine besondere Intimität.

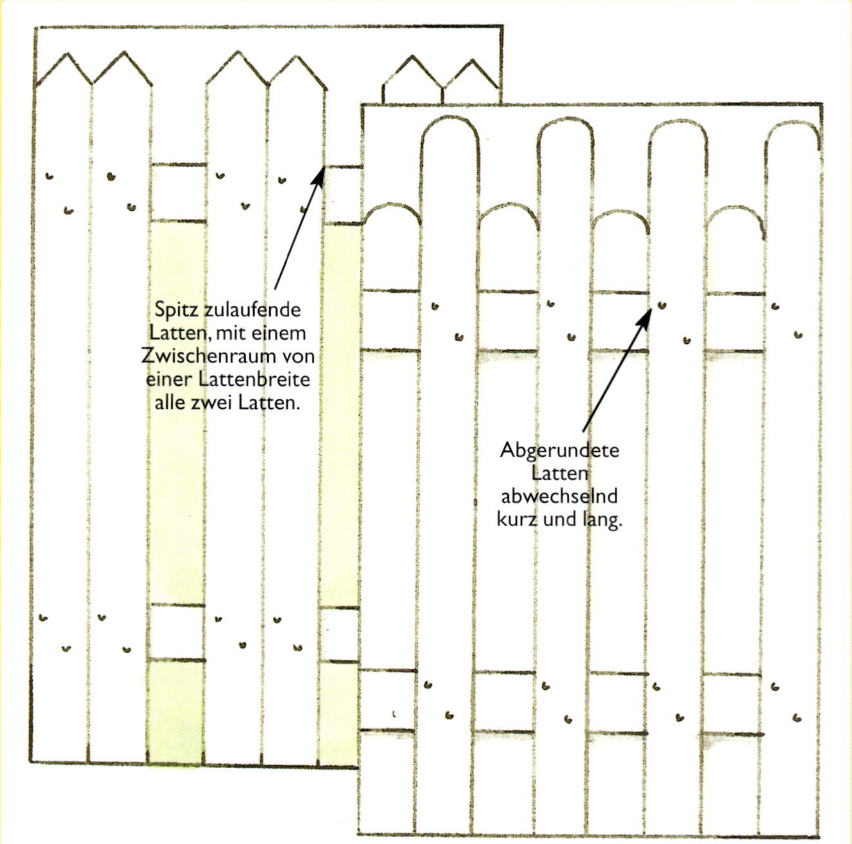

### Ranchzaun

- Wie der Name bereits sagt, erinnern Ranchzäune an die weiten offenen Flächen der amerikanischen Prärie. Sie werden einfach aus breiten, horizontal verlaufenden Latten hergestellt, an denen stabile Bretter befestigt werden. Die aus Weich- oder Hartholz gefertigten Zäune können gestrichen oder einfach mit einem Spezialmittel imprägniert werden.
- Kunststoffzäune im Ranchstil sind pflegeleicht, können außerhalb der grandiosen Weiten einer Ranch allerdings übergroß und städtisch wirken und bieten zudem keinen zusätzlichen Blickschutz.
- Dieser Zauntyp ist für Kinder ein unwiderstehliches Klettergerüst und für vorbeigehende Erwachsene ein willkommener Pfosten zum Abstützen oder Sitzen. Berücksichtigen Sie dies, falls Ihr Grundstück neben einer Bushaltestelle oder Telefonzelle liegt. Es könnte sehr ärgerlich sein, viel Zeit und Geld in etwas investiert zu haben, was praktisch als öffentliche Bank benutzt wird.

### AUFBAU EINES ZAUNS

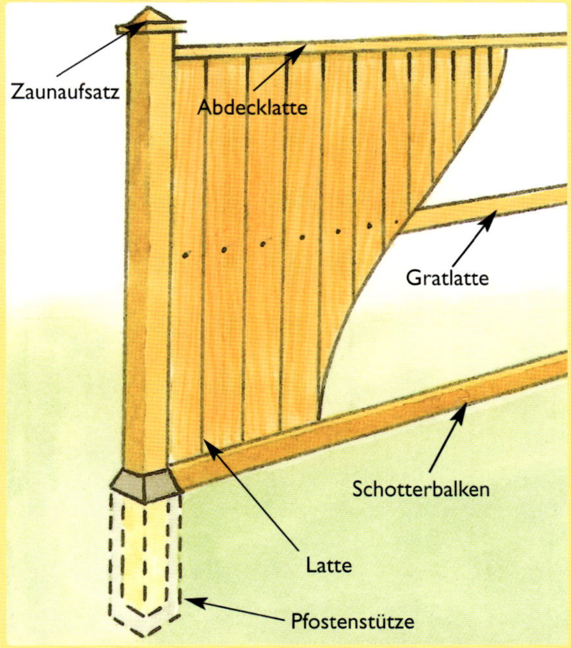


### BAU EINES LATTENZAUNES

*Beim Bau eines Zaunes müssen die Pfosten sehr robust sein und fest verankert werden.*

*1 Setzen Sie jeden Pfosten mindestens 60 cm tief in den Boden, so dass er fest steht. Wenn Sie Metallspitzen verwenden, müssen Sie den Zaunpfosten nicht eingraben und einzementieren, er kann dann einfach in den Boden gehämmert werden. Dies ist aber nur bei einem festen Boden möglich. Wenn Sie keine Metallspitzen verwenden, müssen Sie zunächst ein Loch graben, es unten mit einer verdichteten Packlage füllen und dann den Pfosten mit Zement eingießen. Fasen Sie den Beton unmittelbar über Bodenhöhe ab.*

*2 Befestigen Sie die Gratlatten an den Pfosten und dann die Zaunlatten an den Gratlatten. Achten Sie darauf, dass Sie gleichmäßig arbeiten.*

*3 Verwenden Sie eine Zaunlatte als Abstandsmesser. Spannen Sie einen Faden zwischen die Zaunpfosten, damit die Zaunspitzen auf gleicher Höhe liegen.*

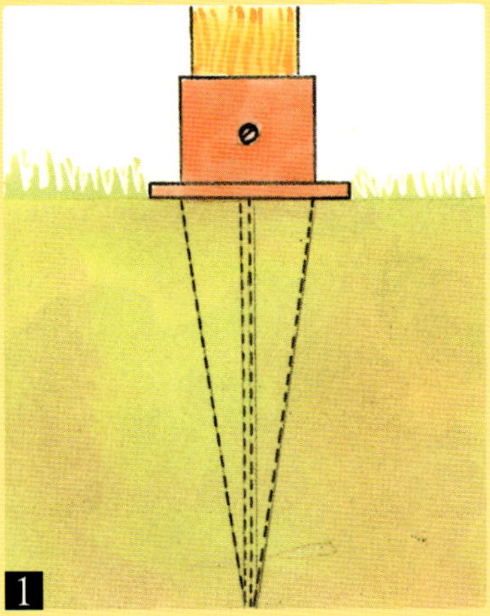
1

2

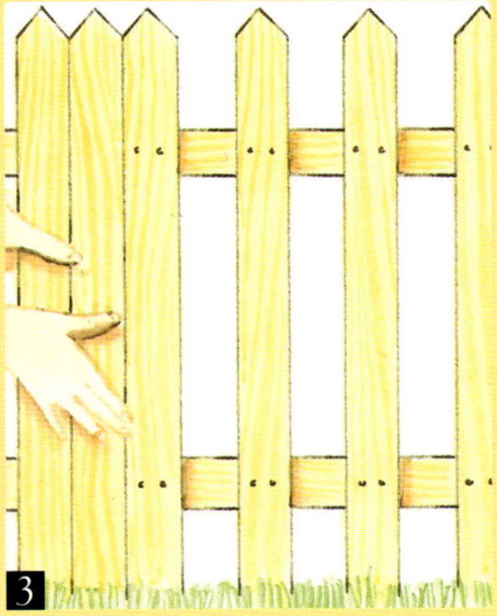
3

## PANEELZÄUNE

Aus fertigen Tafeln gefertigte und zwischen Pfosten genagelte Zäune sind sehr beliebt, da sie einen recht hohen Schutz der Privasphäre zu einem günstigen Preis bieten und sich relativ einfach aufstellen lassen. Es sind verschiedene Typen erhältlich.

### Flechtzäune als Fertigelemente

❀ Dünne Holzstreifen werden zwischen senkrechte Latten gewoben und schaffen so einen geschlossenen, aber nicht völlig dichten Zaun. Wählen Sie Flechtelemente in guter Qualität mit Querstreifen, die dicht an dicht liegen, da das Holz im Sommer schrumpfen und unschöne Lücken zutage fördern kann.

### Hürdenzaun (Flechtzaun)

❀ Hürdenzäune sind eine weitere Art von Flechtzäunen in Fertigbauweise. Sie werden aus Streifen biegsamer Zweige beispielsweise aus Weidenholz angefertigt, die horizontal um stabile senkrechte Holzpflöcke geflochten werden. Diese Zäune lassen etwas Luft durch und bilden daher einen wirksamen Windschutz.

❀ Weidenzäune erfreuen sich im Gartendesign immer größerer Beliebtheit, da sie bei relativ geringen Kosten sofort einen rustikalen Look verleihen und mit natürlichem Material aus wieder aufgeforsteten Wäldern gefertigt werden.

OBEN: *Fertige Paneele sind sehr beliebt, da sie relativ günstig sind und problemlos zu einem Zaun zusammengefügt werden können.*

❀ Sie sind zwar keine so dauerhafte Investition wie eine Ziegelmauer oder ein geschlossener Holzzaun, aber Weidenzäune halten über viele Jahre und ergeben sehr hübsche Gartenabschirmungen. Kleine Weidenzäune sind ideal als Rabattenkanten. Sie können sie entweder vor Ort anfertigen oder fertig kaufen.

### Horizonal überlappende Paneele

❀ Obgleich etwas teurer als Flechtzäune in Fertigbauweise, aber dafür auch haltbarer, bieten diese Wände mehr Geborgenheit, da keine Löcher neugierige Blicke durchlassen. Holzstreifen, meist aus Lärchenholz, überlappen horizontal und werden von einem gesägten Holzrahmen gehalten.

❀ Die Streifen können mit einer glatten, geraden Kante versehen sein oder, wenn Sie es aufgelockerter bevorzugen, mit wellenförmigen Kanten – mit oder ohne Rinde.

### Vertikal überlappende Paneele

❀ Wie der Name bereits sagt, sind dies Fertigelemente aus senkrecht überlappenden Holzstreifen, die an einem Rahmen befestigt werden und einen haltbaren, blickdichten Zaun fast in geschlossener Holzzaunfaçon ergeben. Wählen Sie hochwertige Zaunpaneele, die reichlich überlappen, so dass bei Schrumpfen des Holzes durch veränderte Witterungsbedingungen keine Löcher entstehen.

### Zäune mit ineinandergeifenden Latten

❀ Dies sind gerade Latten, die jeweils abwechselnd auf der Vorder- oder Rückseite an horizontale Querhölzer genagelt werden. Dieser Zauntyp ist besonders in offenen Gärten beliebt, denn er ist stabil und lässt dennoch Wind durch die Lücken zwischen den Latten.

LINKS: *Mit Geschick ausgewählte Pflanzen verschönern den Anblick von Zaunpaneelen.*

❀ Wenn Wind kein Problem ist, können die Latten in beliebigem Abstand befestigt werden – überlappend für mehr Schutz oder in weiterem Abstand für größere Lichtdurchlässigkeit. Aufgrund der besonderen Konstruktionsweise sind Zäune mit ineinandergreifenden Latten auf beiden Seiten gleich attraktiv – ein weiterer Grund für die Beliebtheit dieses Zauntyps.

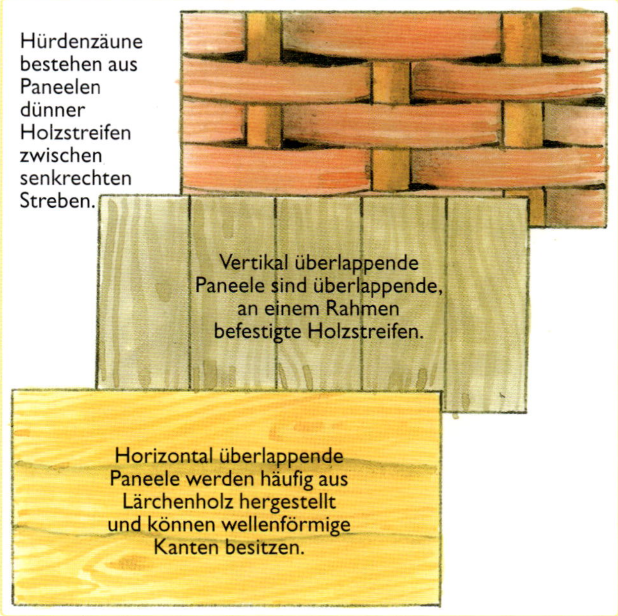


### Kastanienstaketenzaun

❀ Diese preiswerten Zäune werden in Rollenform verkauft und bestehen aus einer Reihe paralleler Kastanienpflöcke, die oben und unten durch gedrehten Draht befestigt sind.

❀ Kastanienstaketenzäune werden in Abständen von 1,8 m an stabile Pfosten montiert und ergeben eine wirksame Einfriedung, aber nicht mehr Intimität. Dieser Zauntyp ist visuell zwar nicht besonders ansprechend, dafür aber leichtgewichtig und problemlos zu transportieren und aufzustellen. Und er fügt sich unauffällig in die Umgebung ein, vor allem, wenn das Zaunbild durch Pflanzen gemildert wird.

### Drahtzäune

❀ Drahtzäune bestehen aus zwei oder drei stabilen Drahtseilen, die zwischen fest verankerten Holz-, Beton- oder Stahlpfosten gespannt werden. Spannbolzen halten die Drähte straff.

❀ Die Pfosten müssen fest verankert und gestützt und die Endpfosten sicher verstrebt werden. Dieser Zauntyp verbessert zwar nicht den Schutz und die Privatsphäre im Garten, er ist aber eine günstige und unauffällige Art, um das Grundstück einzufrieden, während eine Hecke noch heranwächst. Zudem stützt er die Hecke.

### Maschendrahtzaun

❀ Ein Maschendrahtzaun ist ein Kunststoff ummantelter oder verzinkter Maschendraht, der an starken Holz- oder Betonpfosten befestigt wird. Wählen Sie eine Maschendrahtfarbe, die zur Umgebung passt.

❀ Diesr Zauntyp ist häufig in Städten anzutreffen. Er stellt nicht die ansprechendste Einfriedung dar, lässt aber maximales Licht durch, bietet einen gewissen zusätzlichen Schutz und ist verhältnismäßig günstig und problemlos aufzustellen.

### Feiner Maschendrahtzaun

❀ Kunststoff ummantelte Drahtschlaufen werden miteinander verbunden, an Pfosten befestigt und bilden so einen diskreten Zaun, der zwar weder mehr Schutz noch Privatsphäre bietet, dafür aber ein sehr beliebtes, günstiges Verfahren der Einfriedung ist – insbesondere von Blumenrabatten und Beeten.

❀ Die Pfosten müssen stabil und fest verankert sein, und der feine Maschendraht muss zwischen ihnen fest gestrafft sein. Ca. 10 cm hohe Miniaturversionen sind als Rabatten- und Wegeinfassung erhältlich.

### Betonzaun

❀ Dieser Zaun ist besonders in Städten beliebt, wo er aufgrund seines minimalen Wartungsbedarfs und der einfachen Montage im Vergleich zu einer Ziegelmauer geschätzt wird.

❀ Ineinander greifende Betonblöcke werden horizontal zwischen Rillen in vorgeformten Betonpfosten geschoben und bilden so eine stabile, gemauerte Wand, die im Gegensatz zu Ziegelmauern kein Fundament benötigt. Ein solcher Zaun ist schwer zu erklimmen und verbessert daher den Schutz, lässt aber kein Licht durch, ist sehr hässlich und auch recht teuer.

UNTEN: *Eine weiß gestrichene schwere Holzwand kann das Licht bei starkem Sonnenschein reflektieren.*

OBEN: *Eine von Blumen überwachsene Pergola liefert dem Garten nicht nur mehr Höhe, einen dramatischen Effekt und eine wertvolle zusätzliche Pflanzfläche, sondern auch Schatten an heißen Tagen.*

## BÖGEN UND PERGOLAS

Bögen und Pergolas bieten vorzügliche Möglichkeiten, um einem Garten mehr Höhe zu verleihen, weitere Pflanzflächen zu bieten und den Garten visuell zu unterteilen, so dass er nicht gleich auf einen Blick überschaubar ist.

### Die Qual der Wahl

- Bögen sind verhältnismäßig schmal, während Pergolas im Grunde ein einzelner breiter Bogen oder mehrere, miteinander zu einem Gartenkorridor verbundene Bögen sind.
- Aufgrund der unterschiedlichen Höhen und interessanteren Gestaltung des verfügbaren Raums können Bögen und Pergolas den Blick dazu auffordern, langsamer durch den Garten zu wandern. Diese vielseitigen Gartenelemente können das Auge auch dazu bewegen, bei Bedarf innezuhalten, vor allem wenn die visuelle Wirkung beispielsweise durch eine Statue unter einem Bogen vor einer Hecke unterstrichen wird.

### Der richtige Standort für Bögen

- Platzieren Sie Bögen stets so, als erfüllten sie einen bestimmten Zweck. Nur zu häufig wird ein Bogen impulsiv gekauft, ohne dass viele Gedanken an den Standort verschwendet wurden, und der Bogen endet schließlich eher unpassend mitten auf dem Rasen.
- Grundsätzlich wirken Bögen am natürlichsten, wenn sie irgendwohin zu führen scheinen, zum Beispiel von einem Blumengarten zu den Gemüsebeeten. Bögen können auch als eine Art Bilderrahmen eingesetzt werden, die ein bestimmtes Element betonen, wie z. B. ein Bogen mit einem wohlüberlegt darunter platzierten Sitz vor einer duftenden, blühenden Hecke.

UNTEN: *Die einfache Form der Pergola kann durch blühende Kletterpflanzen an allen vier Eckpfeilern auf frappierende Weise verbessert werden.*

## Der richtige Standort für Pergolas

- Der geeignete Standort für Pergolas muss ebenso sorgfältig geplant werden. Eine große Pergola in der Mitte eines Nichts kann wie das Skelett eines unvollendeten Gebäudes wirken. Der beabsichtigte Effekt eines auffallenden Gartenelements ist damit hinfällig.
- Seit Jahrhunderten säumen Pergolas lange Wege und stehen häufig in ausgedehnten regelmäßigen Gartenanlagen, von Wistarien oder Rosen bedeckt. In der letzten Zeit erleben sie jedoch eine Renaissance in kleinerem Rahmen. Dies ist teilweise auf die erhöhte Verfügbarkeit von Pergola-Heimwerkersätzen sowie auf die Tatsache zurückzuführen, dass Pergolas die Art von halb bedeckter Umgebung bieten, die für ein Abendessen im Freien einfach perfekt ist.
- An das Haus angelehnte Pergolas werden immer beliebter, da sie eine visuelle Verbindung zwischen dem Haus und dem Garten darstellen. Bepflanzt können sie einer Terrasse mit Sitzgruppe Schatten spenden.

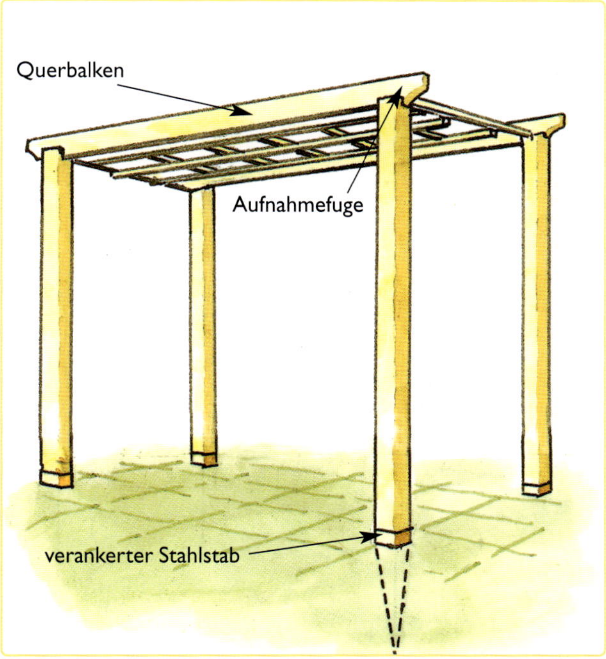


OBEN: *Pergolas sind sehr eindrucksvolle, im Grunde aber auch sehr einfache Konstruktionen, die aus senkrechten, durch Querbalken verbundenen Pfosten bestehen, mit Endüberblattung an jedem Schnittpunkt.*

## Die Wahl des richtigen Bogens oder der geeigneten Pergola

- Es gibt eine Fülle unterschiedlicher Materialien und Stilrichtungen für Bögen und Pergolas, darunter einfache und günstige geschwungene Metallrohre, reicher verzierte gusseiserne Strukturen in gotischen Formen sowie eine Vielzahl natürlicher Materialien wie Weidenholz. Sehr beliebt sind auch rustikale Bögen, bei denen gespaltene Holzlatten spalierförmig an Holzpfosten befestigt sind.
- Holzbögen und Pergolas sind auch als Bausatz erhältlich. Sie sind nicht teuer und ersparen dem Gärtner komplizierte Berechnungen. Die Auswahl von Holzelementen ist in den meisten Garten- und Heimwerkermärkten eher verwirrend, und dem vielbeschäftigten Gartenbesitzer kann es durchaus schwerfallen, diese Teile in ein einziges, dreidimensionales Gebilde zu verwandeln.
- Pflanzenbögen sind optisch sehr ansprechend, benötigen aber natürlich ihre Zeit, um zu wachsen – so zum Beispiel zu Bögen geschnittene Buchsbaumhecken oder eine Weide, die zu einem lebenden Bogen erzogen wird.
- Mondtore sind runde, häufig in orientalischen Gärten anzutreffende Bögen, die sich langsam international durchsetzen (vor allem wenn sie in Verbindung mit Wasser ein überraschendes Gartenelement schaffen). Ziegel- und Steinbögen sind meist in eine Wand integriert und häufig in großen, regelmäßig angelegten Gärten anzutreffen. Sie sind eine dauerhafte und teure Lösung.
- Achten Sie stets darauf, dass Sie einen ausreichend breiten Bogen wählen, so dass Sie bequem hindurchgehen können. Dies gilt auch, wenn der Bogen von reifen Pflanzen bewachsen ist. Als Faustregel gilt, dass eine Innenhöhe von 2 m und eine Innenbreite von 1,2 m durchaus ausreichen.

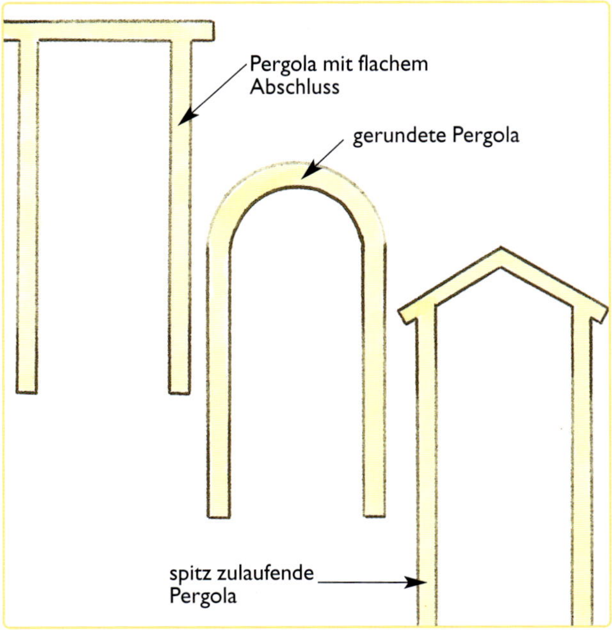


LINKS: *Pergolas haben meist einen flachen Abschluss, da diese Form problemlos herzustellen ist. Es gibt aber auch gerundete und spitz zulaufende Pergolas, die viel weicher wirken können als das quadratische Profil.*

## SCHÜTZENDE FINISHES, REINIGUNG UND PFLEGE

ZÄUNE und andere Grenzen können ein so dominanter Teil eines Gartens sein, dass sie entsprechend in Stand gehalten werden müssen. Ein vermoderter, zerfallender Zaun ist wohl kaum der visuelle Fokus, auf den Sie den Blick lenken möchten. Aber wenn Sie bei der Montage vorsichtig sind und bei Bedarf routinemäßige Wartungsaufgaben durchführen, müssten die meisten Zäune und Mauern über viele Jahre ihren optischen und funktionellen Zweck erfüllen.

## HOLZZÄUNE

Zäune werden häufig vernachlässigt, bis ein Problem auftritt (z. B. wenn Zaunteile im Sturm umgeweht werden). Eine sorgsame Montage hilft natürlich, solche Unfälle zu vermeiden. Wenn Sie gleich zu Anfang sicherstellen, dass ein Zaun durch gründlich verankerte Pfosten gestützt wird, ersparen Sie sich hinterher viele Reparaturen.

### Die Wahl des richtigen Zauns

- Die Wahl eines Zauns, der Ihren Bedürfnissen entspricht, bestimmt auch, wie viel Wartung erforderlich ist. Bei einem unzureichend verstrebten geschlossenen Zaun in einem ungeschützten Gelände ist es fast unvermeidbar, dass früher oder später Paneele beschädigt und durch heftige Winde, die die Zäune nicht durchdringen können, umgestürzt werden.

OBEN: *Dank der steigenden Anzahl von Anstrichen und Konservierungsmitteln für Außenanwendungen können Sie Ihrer Phantasie im Garten ebenso freien Lauf lassen wie in Ihren vier Wänden.*

### Kampf gegen Fäulnis

- Fäulnis ist der Hauptfeind der Holzzäune. Behandeln Sie Holz jedes Jahr oder zumindest alle zwei Jahre mit einem geeigneten Holzschutzmittel. Gepflegtes Holz sollte zwischen 15 und 25 Jahren halten. Weichholz wie Kiefern- oder Lärchenholz ist natürlich nicht so haltbar wie teurere Hartholzarten wie Eichen- und Buchenholz.
- Wenn der Zaun mit Pflanzen in Berührung kommt, sollten Sie Holzschutzmittel auf Wasserbasis wählen. Fertig gekaufte Zäune und Paneele werden meist bereits vorbehandelt geliefert, wenn Sie aber Ihren eigenen Zaun aus Holz ohne Rinde herstellen, müssen Sie ihn selbst behandeln.
- Achten Sie auf besonders empfindliche Bereiche wie die Pfostenenden, Hirnholz und alle Zaunteile, die unterhalb der Bodenoberfläche liegen oder liegen sollen. Es lohnt sich, die Zaunteile, die sich in der Erde befinden, mindestens 10 Minuten, noch besser aber 1 Stunde, in Holzschutzmittel zu tränken. Wenn Sie ganze Latten oder Pfosten eintauchen

LINKS: *Das richtige schützende Finish für eine gut vorbereitete Fläche kann verhindern, dass Ihre Gartenanlagen mit der Zeit hässlich und instabil werden.*

möchten, leistet eine alte Badewanne gute Dienste, oder konstruieren Sie ein temporäres Bad aus leistungsstarkem Polyäthylen, das durch aufgeschichtete Ziegel abgestützt wird.

### Erhältliche Holzschutzmittel

- Neben Holzschutzmitteln in Farben, die die Schattierungen teurer Harthölzer auf günstigen Weichhölzern nachahmen sollen, ist mittlerweile auch eine breite Palette weiterer Farben erhältlich.
- Gärtner sehen den Garten immer mehr als weiteren Raum im Freien und nicht mehr so sehr als abgetrennten Bereich. So kann der geschickte Einsatz von Farbe auf Hartflächen und bei der Bepflanzung die pflanzlichen und nicht pflanzlichen Elemente im Garten in Harmonie bringen und den Garten auch visuell mit dem Haus verbinden.
- Weiche Blautöne wirken erstaunlich gut neben Pflanzen, und das gesamte Grünspektrum ist selbstverständlich eine natürliche und diskrete Wahl. Auch transparente Konservierungsmittel sind beliebt, da die natürliche Maserung des Holzes zur Wirkung kommt. Die meisten Holzschutzmittel schützen vor Insektenbefall und Pilzkrankheiten.

### Ziegel- und Steinmauern

- Wenn Sie vorhaben, Mauerwerk mit einem Anstrich zu versehen, sollten Sie nach dem Bau stets drei Monate warten, bevor Sie die Mauer weiter behandeln, damit die Wand richtig austrocknen kann. Zu viel Ungeduld könnte Ihren so sorgfältig aufgetragenen Anstrich oder Putz beim Trocknen ruinieren, so dass er von der Wand abfällt.

### Effloreszenz

- Keine Angst, wenn Sie weiße Ablagerungen bemerken, die die Oberflächen neuer Ziegelkonstruktionen verunstalten. Es handelt sich dabei um wasserlösliche Salze in den Ziegeln, die beim Austrocknen der Wand an die Oberfläche kommen. Die Salze kristallisieren und bilden einen weißen Film auf der Wandoberfläche. Bürsten Sie die Ablagerung einfach mit einer Drahtbürste oder einem Stück alten Sackleinen ab. Verwenden Sie kein Wasser, da dieses neue Salze an die Oberfläche bringen und das Problem nur verschlimmern würde.
- Effloreszenz ist an neuen, freistehenden Mauern meist nur zwei Jahre lang ein Problem. Die Feuchtigkeit hinter einer Mauer, die Erde hält, kann jedoch über Jahre hinaus ständig neue Salze zum Vorschein bringen. Wenn Sie eine von Effloreszenz betroffene Mauer mit Produkten auf Ölbasis streichen möchten, sollten Sie warten, bis die Mauer völlig trocken ist. Tragen Sie dann zunächst einen alkalibeständigen Voranstrich auf, um die Wirkung der löslichen Salze zu neutralisieren, bevor Sie den Hauptanstrich aufbringen.
- Oder verwenden Sie einen Spezialanstrich für Mauern mit Effloreszenzproblemen. Dieser Anstrich enthält bereits einen Voranstrich. Produkte auf Wasserbasis werden durch Alkalisalze nicht geschädigt, daher kann bei diesen Produkten der Voranstrich ruhig entfallen.

UNTEN: *Lassen Sie eine neue Mauer stets mindestens drei Monate stehen, bevor Sie sie behandeln. Für ein perfektes Finish entfernen Sie Effloreszenz mit einer Bürste.*

# RASENPFLEGE

**Ein guter Rasen ist eine Augenweide, ein schlechter kann hingegen ein wahrer Schandfleck sein. Auf Tonböden in feuchten Gegenden ist ein wirklich grüner, gesunder Rasen nur schwer zu erziehen. Viele Gärtner entfernen unschöne Rasenflächen und legen stattdessen Ziegel oder Terrassenplatten. Wenn Sie aber mit einem Tonboden arbeiten und wirklich einen Rasen wünschen, können Sie Rollrasen auf einem Sand- und Schotterbett verlegen, der eine gute Dränage gewährleistet. Rasenflächen sollten stets leicht abschüssig liegen, so dass Wasser nicht auf dem Rasen stehen kann. Ideal ist ein Gefälle von mindestens 1:80 und höchstens 1:4. Steilere Flächen sollten Sie lieber terrassenförmig anlegen.**

OBEN: *Ein winziger Baum auf einem Rasen dürfte das Graswachstum nicht beeinträchtigen. Dieser Ahorn bildet einen auffälligen Kontrast zu dem grünen Blattwerk im Hintergrund.*

## Gras für Rasen

- Es gibt verschiedene Grasmischungen für unterschiedliche Anforderungen. Einige Rasenflächen müssen Fahrrädern und Ballspielen standhalten, manche wachsen gut in leichtem Schatten, und wiederum andere erzeugen das weiche Grün, das für englische Bowlingflächen geeignet, aber nicht so widerstandsfähig wie die anderen Rasentypen ist.

## Rasenform

- Die üblichste Rasenform ist wohl ein Rechteck, häufig ist ein ovaler, runder oder unregelmäßig geformter Rasen aber ansprechender. Vermeiden Sie scharfe, übertriebene Kurven und spitze Ecken, die sich nur unter großen Schwierigkeiten pflegen und mähen lassen.
- Wenn Sie Inselbeete in den Rasen integrieren möchten, achten Sie darauf, dass die Ränder breit genug für einen Rasenmäher sind. Bei der Wahl des geeigneten Standorts für den Rasen sollten Sie nicht vergessen, dass auf alle Rasenteile im Laufe des Tages etwas direktes Sonnenlicht fallen muss. Versuchen Sie daher, einen nicht allzu schattigen Teil des Gartens zu wählen.

## Zugang zum Rasen

- Sie sollten den Rasen von verschiedenen Winkeln aus erreichen können. Wenn Sie ihn nur über einen einzigen Weg oder einen kleinen Eingang bzw. ein Tor betreten, verdichtet sich der Boden an dieser Stelle und das Gras wird abgenutzt und

OBEN: *Rasen gedeihen am besten unter leicht ausladenden Bäumen. Dieser Rasen wächst unter Silberbirken gesund heran.*

OBEN: *Ein gut platzierter Rasen kann als Raum im Freien mit bequemen Gartenmöbeln dienen. Sonnenlicht und Schatten werden geschickt genutzt.*

braun. Wege sollten entlang des Rasens verlaufen und nicht quer darüber, es sei denn, Sie möchten Trittsteine verlegen.

- Ein Weg zwischen einem Rasen und einem Blumenbeet kann bei nassen Witterungsbedingungen sehr nützlich sein, und Sommerblumen, die auf einen Pfad hinausragen, sind hübsch anzusehen. Legen Sie Wege und Trittsteine unterhalb der Rasenfläche an und lassen Sie eine schmale, grasfreie Mähkante zwischen dem Rasen und dem Weg. Diese Kante erleichtert das Mähen und Abkanten.
- Verwenden Sie nach Möglichkeit kein loses Häckselgut als Wegbedeckung neben Rasenflächen, da es unweigerlich auf den Rasen gelangt und dann das Schneidwerk des Rasenmähers beschädigt.

## Rasenflächen unter Bäumen

- Rasenflächen gedeihen nicht unter einem dichten Blätterbaldachin. Licht- und Wasserknappheit und die von den Baumkanten fallenden Tropfen behindern ein Graswachstum ganz erheblich. Es wird dünn und strähnig, und schon bald taucht Moos auf.
- Wenn Sie die unteren Zweige beschneiden und die höher wachsenden kürzen, hilft dies vielleicht ein wenig, aber Sie werden dennoch vermutlich nie einen guten Rasen erhalten. Am besten sollten Sie den Rasen rund um die Baumstämme völlig entfernen und ein großes Beet für Blumenzwiebeln anlegen, wie z. B. winterharte Alpenveilchen und Krokusse, sowie für Schatten liebende Pflanzen wie Immergrün (*Vinca*) und Taubnesseln (*Lamium*).
- Als Blickfang kann ein ausgefallenes Solitärgehölz auf einem ausgedehnten Rasen fantastisch wirken. Wenn Sie einen Baum auf einen kleinen Rasen setzen möchten, wählen Sie einen kleinen Baum wie den Fächerahorn (*Acer palmatum* ‚Dissectum‘) mit seinen eingeschnittenen Blättern, der in 20 Jahren auf ganze 1,5 m wächst. Der Goldahorn (*Acer japonicum* ‚Auretum‘) wächst zu einer Höhe von 3 m und zeichnet sich durch hübsche Blätter aus, die vom Beginn des Frühlings bis zum Herbstanfang Farbe in den Garten bringen.

## Die Wiese ohne Gras

- Gras ist sicher das zuverlässigste Material für einen Rasen. Sie können aber kleine Rasenflächen auch mit anderen Pflanzen wie Kamille oder Thymian schaffen. Diese Pflanzen sind aber nicht so widerstandsfähig wie Gras, und man sollte daher nicht zu häufig darauf treten.
- Gute Standorte könnten der Fuß eines Springbrunnens oder die Mitte eines kreisförmigen Kräuterbeets sein. Eine beliebte Pflanze für diese Verwendung ist *Anthemis nobilis* (Hundskamille).

# HARTFLÄCHEN SCHAFFEN

**Der Gartenboden kann ein sehr dominantes Element beim Gartenentwurf sein. Dennoch wird er häufig nicht so durchdacht geplant wie der vielleicht interessanteste Teil der Gartenpflege – das Pflanzen. Die meisten Gärtner sind auf ihre Rasen sehr stolz, denn schließlich sind es ja lebendige, grüne Gartenböden. Harten Bodenflächen kommt hingegen nicht die gleiche Aufmerksamkeit zu. Eine graue Betonfläche, die nur durch das gelegentliche Unkraut aufgelockert wird, verschönert den Garten gewiss nicht. Die visuelle Wirkung harter Bodenbeläge, vor allem in großflächigen Anlagen wie Auffahrten und Terrassen, wird häufig erst nach vollendetem Bau bedacht, und dann ist es zu spät, um noch einmal Ihre Meinung zu ändern.**

## Die Planungsphase

- Nehmen Sie so viele Muster für harte Bodenbeläge mit nach Hause, wie Sie benötigen, und betrachten Sie sie einige Tage lang vor Ort, bevor Sie Ihre endgültige Entscheidung treffen. Da Hartflächen ein wichtiger Bestandteil der dauerhaften Struktur des Gartendesigns sind und auch dann noch sichtbar bleiben, wenn sich die meisten Pflanzen im Winterschlaf befinden, müssen Sie das Material passend zu Ihrem Gartenstil und Haus wählen und dürfen dabei praktische und finanzielle Gesichtspunkte ebenfalls nicht außer Acht lassen.
- Ein Weg aus modernen grauen Terrassenplatten verschönert ein rotes Backsteinhaus aus dem 17. Jahrhundert bestimmt nicht. In gleicher Weise sähe ein fischgrätenförmiger Weg aus verwitterten alten Pflastersteinen in einer strengen Stadtumgebung sicher völlig fehl am Platze aus.
- Hartflächen sind nicht nur ein auffälliges visuelles Merkmal, sondern auch ein wichtiges praktisches Element im Garten. Sie werden stark in Anspruch genommen, aber häufig ignoriert, bis Probleme auftreten (wie z. B. vereiste Pfützen auf einem Weg, die unvorbereitete Besucher ausrutschen lassen).

OBEN: *Planen Sie Ihre Terrasse sorgfältig. Nutzen Sie das verfügbare Sonnenlicht optimal und verleihen Sie dem Bereich durch unterschiedliche Bodenmuster und Ebenen mehr Reiz.*

OBEN: *Kopfsteinpflaster ist eine unangenehme Lauffläche. Trittsteine bieten hier daher eine willkommene Kontrastfläche.*

OBEN: *Kies ist ein günstiger und zugleich eleganter Bodenbelag für den Garten.*

Wenn Sie gleich zu Anfang geeignete Pflanzen und für die Situation und den geplanten Verwendungszweck passende Materialien wählen und die Flächen routinemäßig in Schuss halten, erhalten Sie einen Gartenboden, auf den Sie stolz sein können.

❀ Welches Material Sie für einen Weg oder eine Auffahrt wählen, hängt im Wesentlichen von der Hauptfunktion ab. Ein Weg, der in erster Linie dekorativ ist und auf dem kaum gelaufen wird, muss ganz anderen Ansprüchen gerecht werden als der Pfad, der zu Ihrer Haustür führt.

## Praktische Fragen

❀ Überlegen Sie, ob Ihr bevorzugtes Material für den Entwurf Ihres Pfades, der Auffahrt oder anderer Hartflächen geeignet ist. Kies oder ein mosaikförmiges Pflastermuster können leicht einen dekorativen, gewundenen Pfad schaffen, aber eine wellenförmige schmale Form aus großen Platten zu kreieren wäre extrem aufwendig: Viele Platten müssten geschnitten werden, und das Ergebnis sähe nicht unbedingt natürlich oder angenehm aus.

❀ Es mag selbstverständlich klingen, aber achten Sie darauf, dass Ihre Hartfläche für die vorgesehene Funktion geeignet ist. Als Faustregel gilt, dass Wege mindestens 1 m breit sein müssen, damit man bequem darauf gehen kann. Wenn Sie eine vorhandene Hartfläche erneuern, müssen Sie den neuen Belag nicht automatisch in der gleichen Breite wie den alten verlegen. Nur zu leicht können Sie eine Auffahrt oder eine Parkmöglichkeit professionell und teuer anlegen lassen, nur um dann festzustellen, dass sie zu schmal für Ihren Wagen oder so beengt ist, dass man kaum in den Wagen einsteigen kann.

❀ Markieren Sie Ihr geplantes Design mit einem Seil oder Schlauch, oder indem Sie trockenen Sand durch einen Trichter sickern lassen, damit er eine Spur markiert. Prüfen Sie den Bereich von jedem Winkel aus, möglichst über einen Zeitraum von mehreren Tagen. Das ist besonders bei Flächen wie Terrassen wichtig, die nicht nur Hartflächen sind, sondern auch „Gartenräume".

❀ Achten Sie darauf, dass der Bereich, in dem Sie Gäste bewirten möchten, zu der Tageszeit, an der Sie die Terrasse am meisten nutzen, das gewünschte Licht bekommt. Wenn Sie beispielsweise meist am frühen Abend auf der Terrasse essen, ist es wenig sinnvoll, die Terrasse in Hausnähe anzulegen, wenn die Sonne zu der Zeit am anderen Ende des Gartens scheint.

## ARTEN VON HARTFLÄCHEN

Bei der Anlage einer Hartfläche in Ihrem Garten haben Sie eine Reihe von Optionen.

### Ziegel

- Es kann die Versuchung bestehen, für Pflasterarbeiten bei den Ziegeln zu sparen. Die Nachteile gewöhnlicher Hausziegel für diese anspruchsvolle Funktion werden aber nur zu schnell sichtbar. Hausziegel sind porös, und wenn Wasser eindringt, gefriert und sich dann wieder ausdehnt, bilden die Ziegel allmählich Risse, und die Fläche wird uneben, schuppig und splittert. Dies ist nicht nur unattraktiv, sondern auch gefährlich, vor allem, wenn die Fläche als Treppe dient.
- Hingegen ist Klinker häufig ausdrücklich für Pflasterarbeiten ausgewiesen. Klinker ist erheblich dichter und wasserundurchlässiger. Nass kann Klinker aber rutschig werden. Wir empfehlen daher Ziegel von „besonderer" Güte, die wetterbeständig sind und nicht so leicht durch die Witterungsbedingungen Schaden nehmen.
- Second-hand-Ziegel bilden einen optisch sehr ansprechenden Weg, der sich gut in das Bild alter Gebäude einfügt. Vergewissern Sie sich aber, dass Sie richtige Pflastersteine kaufen, nicht einfach alte Hausziegel, die als Pflastersteine angeboten werden. Bestehen Sie möglichst auf einer schriftlichen Beschreibung. Zuverlässige Bauschutt-Recyclingfirmen liefern meist gerne eine solche Garantie, da sie die Herkunft des rückgewonnenen Materials kennen sollten.

OBEN: *Holzbohlen sind ein sehr moderner Bodenbelag, der gut in moderne Stadtgärten passt.*

### Stein

- Aufgrund der hohen Kosten wurde Naturstein, einst das bevorzugte Material für Wege, mittlerweile von gegossenen Alternativen abgelöst.
- Steinplatten aus Schiefer, Kalkstein, York-Stein oder Sandstein sind außergewöhnlich hübsch und zugleich widerstandsfähig, und sie können passend zu dem lokal vorherrschenden Stein gewählt werden. Da sie natürlichen Ursprungs sind, harmonisieren sie auch sehr schön mit Pflanzen, Wasser und anderen organischen Gartenelementen. Ihre unregelmäßige Oberfläche und zufälligen Muster können durch gegossene Alternativen nie so perfekt nachgeahmt werden. Da diese Gesteine aber schwer zu schneiden und sehr teuer sind, zählen sie eindeutig zum Luxusmaterial.

### Kopfsteinpflaster

- Kopfsteinpflaster ist natürlich gerundet, und es ist daher unangenehm, darauf zu laufen. Verwenden Sie diesen Bodenbelag daher nur für Zieranwendungen. Sie könnten eine gepflasterte Fläche durch kleine Kopfsteinpflasterflecken auflockern. Sie bieten eine interessante strukturelle Abwechslung und ergänzen Pflanzenarrangements.
- Kopfsteinpflaster kann lose verlegt oder dauerhafter in Beton gegossen oder Mörtel eingebunden werden. Achten Sie stets darauf, dass die Steine auf gleicher Höhe abschließen, so dass die Gehfläche gleichmäßig ist.

### Holz und Rinde

- Natürliche Materialien sind in einem bewaldeten oder natürlich belassenen Bereich besonders passend und ansprechend. Eine harte, nicht organische Fläche wie Beton wäre hier unangebracht. Abgesägte Holzscheiben sind als Pflaster erstaunlich robust, sofern Sie das Holz vor dem Verlegen mit Konservierungsmittel tränken und auf einer mit Sand bedeckten, perforierten Polyäthylenfolie verlegen.
- Füllen Sie die Lücken zwischen den Scheiben mit einer Sand-Kiesmischung oder Rindenhäckseln. Diese müssen alle paar Jahre nachgefüllt werden, da sie langsam verrotten. Holzdecks werden als Bodenbelag draußen immer beliebter, und sie sehen auf dem Land ebenso gut aus wie in der Stadt. Holzscheiben werden häufig auch als Trittsteine in den Rasen gesetzt.

## Beton

- Beton ist vielleicht nicht die schönste harte Gartenfläche, dafür aber wohl die dauerhafteste. Beton ist relativ günstig, bei korrekter Montage wartungsfrei und auch für schwierige Formen wie gewundene Wege und Auffahrten geeignet.
- Beton ist im Wesentlichen mit Aggregat (feine Steinpartikel) verbundener Zement. Diese trockenen Stoffe werden mit Wasser vermischt, das chemisch mit dem Zement reagiert und die Steinpartikel zu einem festen, kompakten Material verbindet, das jeder Beanspruchung standhält.
- Es sind verschiedene Betonmischungen erhältlich, beispielsweise mit PVA-Anteil, der den Frostschutz verbessert, bzw. mit Pigmenten, die andere Farben als das übliche Grau schaffen.
- Für kleinere Flächen kann Beton von Hand vermischt werden. Bei größeren Flächen lohnt es sich jedoch, einen Zementmischer zu mieten oder fertig gemischten Beton direkt anliefern zu lassen. Die sorgfältige Vorbereitung des Geländes ist sehr wichtig. Nur zu häufig wird Beton als einfache Option gesehen. Auf einer instabilen, unzulänglich vorbereiteten Fläche kann man aber keine guten Ergebnisse erzielen.
- Beton ist auch in Form gegossener Platten erhältlich, die echtem Stein nachempfunden sein können. Sie sind eine beliebte und günstige Alternative zu echtem Steinpflaster.

## Kies

- Kies ist ein weiteres beliebtes, erschwingliches und vielseitiges Material. Er übersteht intensiver Beanspruchung auf Auffahrten, ist aber gleichermaßen für kleine Flächen wie Gehwege durch einen Kräutergarten geeignet. Kies lässt sich selbst in Kurven problemlos aufbringen. Am besten sollten Sie ihn jedoch auf eine richtige Unterschicht aus grobem Schotter auftragen.

Ziegelmuster

Plattenmuster

Muster für Holzbeläge

## TERRASSEN

TECHNISCH gesehen ist eine Terrasse ein mit Steinplatten belegter und von Mauern umschlossener Bereich. Mittlerweile bezeichnet man damit aber einfach einen mit einem harten Belag bedeckten Bereich, der meist, aber nicht immer, an ein Haus angrenzt und zur Entspannung und zum Unterhalten verwendet wird. Die Anlage einer Terrasse ist ein großes Projekt, das sorgfältig geplant und vorbereitet werden muss. Fehler sind teuer und nachhaltig.

### Anpassen einer vorhandenen Terrasse

- Vielleicht haben Sie eine Terrasse übernommen, die technisch einwandfrei ist und ihre praktische Funktion sehr wohl erfüllt, die auf der anderen Seite aber schal und uninteressant ist. Eine einfühlsame Bepflanzung kann das Gesamtbild auch ohne ausgedehnte strukturelle Arbeiten erheblich verbessern.
- Kübelpflanzen sind auf der Terrasse zu Hause und bieten zudem den Vorteil, dass man je nach Jahreszeit andere Pflanzen wählen kann. Wählen Sie den Kübelstil und die passenden Materialien, um eine Verbindung zwischen Terrasse und Haus zu schaffen.
- Sie können auch einige Platten entfernen und durch Pflanzen bzw. andere Flächen wie Kopfsteine, Schieferfragmente, Kies oder farbiges Aggregat ersetzen. So beleben Sie das Terrassenbild. Sie könnten auch vertikale Elemente einbringen, die einen sehr großen Plattenbereich auflockern. Spaliere, eine Pergola, erhöhte Beete mit Sitzplätzen oder einfach ein interessanter Tisch, Stühle und ein Sonnenschirm sind geeignete Elemente.

OBEN: *Diese farbenfrohe Terrasse wirkt auf den ersten Blick wie aus Stein gefertigt, aber es sind Holzbohlen, versetzt mit blauen Holzstreifen und kleinen Kräuterbüscheln.*

OBEN: *Terrassen wurden ursprünglich aus Steinplatten gefertigt. Heutzutage entscheiden sich immer mehr Gartenbesitzer für Holzbeläge.*

## DER ENTWURF EINER TERRASSE

BEIM Entwurf einer Terrasse, die gleichermaßen ansprechend wie praktisch sein soll, sind erstaunlich viele Faktoren zu bedenken. Bei einem Besuch im Gartenhandel kann man nur zu leicht verleitet werden, Unmengen im Sonnenlicht hübsch aussehender oder im Sonderangebot reduzierter Platten zu erwerben, die dann verlegt im Garten gar nicht mehr so attraktiv sind.

### Standort

- Eine Terrasse direkt neben dem Haus ist natürlich ideal. Nahrung, Getränke, Bücher und Kissen können problemlos zwischen Haus und Garten transportiert werden, vor allem wenn Sie Flügeltüren besitzen, die sich direkt zur Terrasse hin öffnen.
- Manchmal ist der Bereich, der anfangs der ideale Terrassenstandort zu sein scheint, zu der Tageszeit, zu der Sie ihn vermutlich am meisten nutzen würden, sehr schattig. Überlegen Sie daher, ob Sie nicht eine weitere Hartfläche an anderer Stelle im Garten anlegen sollten. Wenn das Problem leichter Schatten ist, den überhängende Bäume werfen, dann reicht es vielleicht schon, unerwünschtes Wachstum zurückzuschneiden.
- Wenn häufig starker Wind weht, der Standort aber ansonsten perfekt ist, dann ziehen Sie die Installierung eines Windschutzes in Betracht, wie z. B. eine halb

OBEN: *Der Begriff Terrasse bezeichnet heute allgemein einen Bereich mit harter Bodenfläche, der zur Entspannung und zum Empfangen von Gästen benutzt wird.*

durchlässige natürliche Abschirmung wie einen Hürden-, Bambus- oder Flechtzaun. Auch die Privatsphäre kann wichtig sein, vor allem wenn Sie sich auf der Terrasse sonnen oder entspannen möchten, Ihr Garten aber nicht vor neugierigen Blicken geschützt ist. Auch hier können natürliche oder künstliche Abschirmungen zu ihrem Recht kommen.

## Größe

- Es mag selbstverständlich klingen, aber vergewissern Sie sich, dass Ihre geplante Terrasse Ihren Anforderungen gerecht wird. Wenn Sie nur gelegentlich draußen sitzen und ein Buch lesen möchten, dann brauchen Sie streng genommen nur eine kleine Fläche. Wenn Sie aber Kübelpflanzen lieben, können Sie die Terrasse vergrößern und eine beträchtliche Anzahl entsprechend großer Pflanzen setzen.
- Wenn Sie gerne im Freien Speisen zubereiten – vielleicht auf einem großen Gasgrill oder einem Außenherd – und regelmäßig Gäste bewirten, benötigen Sie eine Terrasse von ganz anderen Ausmaßen. Sie brauchen Platz für einen Tisch und Stühle, an denen Ihre Gäste bequem Platz haben, sowie Raum, um die Speisen zuzubereiten und zu kochen.

## Terrassenflächen

- Sobald Sie wissen, wozu Sie die Terrasse in erster Linie nutzen werden, wo sie angelegt wird und wie groß sie sein muss, können Sie sich endlich mit dem Aussehen der Terrasse befassen. Auch hier gelten die allgemeinen Regeln für die Wahl des richtigen Materials, die wir auf den vorangehenden Seiten skizziert haben.
- Wählen Sie ein Material, das zu Ihrem Haus passt. Terrassen sind ein wichtiges visuelles Merkmal und können ebenso leicht von der Schönheit und dem Wert Ihres Hauses ablenken wie ihn erhöhen. Seien Sie nicht versucht, zu viele Materialarten zu mischen, nur damit Ihre Terrasse interessanter wird. Wenn eine Terrasse erst einmal Stühle, Sonnenstühle, vielleicht mehr als einen Tisch, möglicherweise Beleuchtung, einen Schirm, vielleicht ein Wasserelement sowie einen Grill und all die anderen Accessoires besitzt, die sich auf einer Terrasse meist ansammeln, sieht sie sicher sehr schnell bewohnt aus und braucht vermutlich weniger auffällige Aspekte in Bodenhöhe.
- Zwei Flächen sind vermutlich alles, was Sie brauchen, um eine dynamische und zugleich ausgewogene und schlichte Terrasse zu schaffen. So zum Beispiel, wenn Sie Platten durch Kieselsteine und Pflanzen auflockern oder einen Bohlenbelag mit Kies begrenzen.

## WEGE

WEGE sind stets starker Beanspruchung ausgesetzt. Sie müssen nicht nur Fußgänger aushalten, sondern häufig auch Schubkarren, schwer beladene Sackkarren und Fahrräder. Zudem können sie für einen regelmäßigen Kinderwagenverkehr benötigt werden. Wenn Sie einen Garten völlig neu anlegen, sollten diese Anforderungen berücksichtigt werden.

### Die Wahl des richtigen Weges

- Sorgen Sie stets dafür, dass der Weg ausreichend breit für den Zweck ist, den er erfüllen soll. Im Idealfall sollten zwei Personen auf einem Weg nebeneinander gehen können, ohne sich dabei eingeengt zu fühlen.
- Wählen Sie Materialien, die zu ihrer Umgebung passen und den technischen Anforderungen gerecht werden. So kann beispielsweise Teermakadam günstig und robust sein, aber ganz und gar nicht als Zugang zu Ihrer Haustür passen. Vielleicht sollten Sie für eine derart auffällige Position besser in ein visuell ansprechenderes Material investieren.

### Kieswege

- Gewaschener Kies ist ein attraktives und dabei günstiges Belagmaterial. Die ideale Steingröße beträgt rund 2 cm Durchmesser, da bei dieser Größe kaum Gefahr besteht, dass Steine unter den Schuhen mit ins Haus gebracht werden.

OBEN: *Bei der Wegplanung sollten die individuellen Anforderungen stets berücksichtigt werden. Werden Sie sich klar, was Sie benötigen, bevor Sie entscheiden, welcher Pfadstil sich am besten für Sie eignet.*

OBEN: *Hier kehren das Blau des Meeres und die rosafarbenen Blüten im Hintergrund in den sanften Farben der Terrassenplatten wieder.*

### Ziegelwege

- Ziegelwege sind besonders attraktiv, und wenn Sie Ziegel wählen, die zu denen des Hauses passen, dann schaffen sie zudem eine starke und zugleich unauffällige Verbindung zwischen Haus und Garten. Sie können in unterschiedlichen Mustern verlegt werden, so zum Beispiel gerade oder fischgrätenförmig, im Korbflechtmuster oder läuferförmig.

### Betonwege

- Beton ist eine seit langem beliebte Option als Belag für Wege. Er ist relativ günstig und zugleich sehr dauerhaft. Beton ist nur bei korrekter Anwendung verschleißbeständig. Bevor Sie den Pfad vorbereiten, ist daher sorgfältige Planung angebracht.
- Beton wird häufig wegen seines langweiligen grauen Aussehens kritisiert. Ein gut verlegter Weg aus Betonplatten kann aber in einigen Fällen interessanter sein als elegantere Imitat-Steinplatten in den falschen Proportionen, die schlecht verlegt und zu hell sind und vielleicht noch viel mehr gekostet haben.

### Strukturoptionen

- Zwecks einer interessanteren Gestaltung können Sie die Oberflächenstruktur eines fertigen Betonpfads verändern. Die natürliche Oberfläche, die durch das Stampfverfahren zum Abschluss der Wegverlegung entsteht, ist praktisch und rutschfest und leicht angeraut.
- Sie können mit einem Besen über den sich setzenden Beton streichen, um ein dezent gestreiftes und geriffeltes Finish zu kreieren, das gut zu minimalistischen modernen Umgebungen passt. Eine weitere Möglichkeit besteht darin, mosaikartige Pflastermuster zu imitieren, indem Sie die Betonfläche mit einem Stock so durchziehen, dass sie wie unregelmäßig geformte Pflasterplatten wirkt.

❀ Sie können auch ein Zieraggregat in die Betonoberfläche einbetten. Verstreuen Sie angefeuchtete Kieselsteine auf den frisch gegossenen Beton und stampfen Sie ihn mit Holz fest, bis er bündig ist. Wenn das gesamte Oberflächenwasser verdunstet ist, waschen Sie den Zement sanft vom Bereich um die Kieselsteine ab, bis sie aus dem Beton hervorragen. Ein anderes strukturelles Finish erzielen Sie, wenn Sie einfach die feine Oberfläche des sich setzenden Betons wegwaschen, so dass der Kies darunter zu Tage kommt.

## VERLEGEN EINES ZIEGELWEGS

Ziegelwege müssen auf einer 7,5 cm starken und kompakten Packlage verlegt werden, die mit einer 5 cm dicken Schicht Sand bedeckt ist.

**1** *Stützen Sie die Ziegel mit einer dauerhaften Kante aus Holz oder einer Ziegelreihe, die der Tiefe nach in den Beton gesteckt werden.*

**2** *Verlegen Sie die Ziegel gut mit feinem Sand und Wasser. Achten Sie darauf, dass sich der Sand fest zwischen die Ziegel setzt. Wiederholen Sie das Verfahren, bis die Fugen gefüllt sind.*

1

2

## ANLEGEN EINES KIESELWEGS

Bereiten Sie das Gelände für den Kiesweg sorgfältig vor. Eine Kante, die den Kies auf dem Weg hält, ist äußerst wichtig. Ziegel, hochkant in Beton gesetzt, sind als Kantenmaterial sehr beliebt.

**1** *Walzen Sie die Packlage für den Weg gründlich fest und bedecken Sie sie dann mit einer 5 cm dicken Lage groben Kies.*

**2** *Geben Sie dann eine Schicht tonhaltigen Kiessand darüber (Tonbindemittel), verteilen Sie ihn, um alle Lücken zu füllen, und walzen Sie ihn dann. Geben Sie schließlich eine 2,5 – 4 cm dicke Schicht gewaschenen Kies darüber und walzen Sie auch diese Schicht fest.*

1

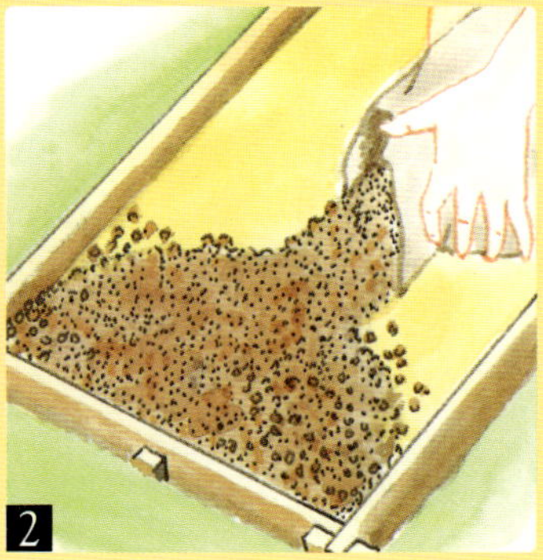
2

## VERLEGEN VON BETONPLATTEN

Bodenplatten sind überall erhältlich. Um die besten Ergebnisse zu erzielen, wählen Sie ein Finish, das zu Ihrem Gartenstil passt. Schwere Platten sind am besten, bedeuten aber harte Arbeit.

**1** *Legen Sie die Platten vorsichtig und korrekt auf den Weg. Versuchen Sie, nur ganze Platten zu verwenden, damit Sie keine schneiden müssen.*

**2** *Legen Sie die Platten auf eine feste, ebene Packlage, die mit Sand bedeckt ist. Stampfen Sie die Platten fest. Sie benötigen ein leichtes, gleichmäßiges Gefälle, damit Wasser von der Oberfläche abfließen kann. Streichen Sie die Platten nach ein paar Tagen mit Mörtel.*

1

2

## AUFFAHRTEN

Auffahrten sind die am stärksten beanspruchten harten Bodenflächen. Sie müssen schwerem und fortlaufendem Verkehr standhalten. Kies ist ein ansprechendes und relativ günstiges Material für Auffahrten und gibt beim Parken einen angenehmen Knirschton von sich. Beton ist eine beliebte Alternative. Bauunternehmen können mit Mustern versehene Betonauffahrten installieren. Diese Auffahrten können ansprechender sein als flache Betonauffahrten und dennoch günstiger als solche aus speziellen Ziegeln oder Platten.

OBEN: *Seien Sie bereit, Ihre Rabatten zurückzuschneiden, um Platz für eine Parkmöglichkeit zu schaffen.*

### Planung von Auffahrten

- Es mag selbstverständlich klingen, dass im ersten Schritt beim Entwurf einer Auffahrt oder eines Parkplatzes festgelegt werden muss, wie groß der Bereich zu sein hat. Es ist jedoch alarmierend einfach zu unterschätzen, wie viel Platz ein Fahrzeug benötigt. Generell gilt, dass eine Breite von mindestens 3 m erforderlich ist. Die exakte Breite hängt jedoch von Ihren persönlichen Anforderungen ab – vielleicht müssen Sie regelmäßig ein erheblich größeres Fahrzeug in Ihrem Garten parken. Bedenken Sie auch den Wendekreis Ihres Fahrzeugs.
- Möglicherweise haben Sie nicht unbegrenzt viel Platz für eine Auffahrt, aber wenn etwas mehr Raum vorhanden ist als unbedingt erforderlich, erleichtern Sie sich das Leben erheblich. Stellen Sie sich vor, Sie müssten nicht ständig mit Ihren Kindern schimpfen, wenn sie Tag für Tag die Wagentüren beim Öffnen gegen die Mauer oder den Zaun schlagen. Vielleicht tut es Ihnen dann auch nicht mehr so leid, dass Sie einen Teil Ihres Gartens für die Auffahrt opfern mussten.
- Man kann sehr leicht vergessen, dass Sie auch das Öffnen der Türen berücksichtigen müssen. Wenn die Auffahrt sehr dicht an einer Wand liegt, wird diese zu einem echten Problem. Im Idealfall sollten Sie auch ausreichend Platz rund um den Wagen lassen, damit Fahrgäste problemlos einsteigen können. Wenn Sie wissen, dass Kinderwagen und Fahrräder regelmäßig an Ihrem Wagen vorbeigeschoben werden, lohnt es sich, Ihre Auffahrt zusätzlich etwas zu erweitern. So gehen Sie dem Ärger aus dem Weg, den wiederholte Lackschäden als Folge des Überschwangs eines jungen Radfahrers verursachen würden.
- Die Versuchung kann darin bestehen, Auffahrten möglichst klein zu halten, da sie meist nicht besonders attraktiv sind. Wenn Sie sich jedoch weigern, Ihr Blumenbeet auch nur einen Zentimeter zu verlegen, um Platz für eine angemessen große Auffahrt zu schaffen, werden Sie möglicherweise feststellen, dass Ihre wertvollen mehrjährigen Pflanzen dennoch zertrampelt werden, wenn Fahrgäste aus dem Auto klettern und die Abkürzung durch die Zierrabatten nehmen.

RECHTS: *Eine viel beanspruchte Auffahrt wird visuell durch eine geschwungene Kante und bepflanzte Rabatten gemildert.*

### Die Wichtigkeit eines Gefälles

❀ Parkbereiche und Auffahrten müssen ausreichend Gefälle besitzen, damit Wasser abfließen kann, so dass die Oberfläche auch bei vereisten Verhältnissen ausreichend Haftung für Fahrzeuge behält. Sie wollen doch sicher nicht, dass sich Pfützen auf der Auffahrt bilden; die Oberfläche muss daher völlig eben sein. Wenn ein Betonparkplatz neben dem Haus angelegt wird, muss er deutlich vom Haus weg abfallen und mindestens 15 cm unter der Sperrschicht liegen.

❀ Allgemein gilt, dass eine wirksame Auffahrt ein Gefälle von 1:40 benötigt, d. h. 2,5 cm pro Meter. Eine Hartfläche wie ein Parkbereich oder eine Terrasse neben einem Haus müssen ein Gefälle von 1:60 besitzen, das sind 1,6 cm pro Meter.

## RISSBILDUNG IM BETON VERHINDERN

Bei Temperaturänderungen dehnt sich Beton aus oder zieht sich zusammen. Wenn sich diese Bewegung unkontrolliert fortsetzen kann, bildet die Oberfläche an der schwächsten Stelle Risse. Ausdehnungsfugen aus komprimierbarem Material wie Holzplanken werden in regelmäßigen Abständen eingefügt, um die Stärke der Kontraktion oder Ausdehnung abzufangen.

Wege müssen im Abstand von etwa 2 m mit Ausdehnungsfugen versehen werden, Auffahrten benötigen diese Fugen etwa alle 4 m. Wenn ein Parkbereich mehr als zweimal so lang wie breit oder über 40 Mal länger als stärker ist, müssen Sie den Beton in gleich große Abschnitte mit Ausdehnungsfugen unterteilen. Ausdehnungsfugen sind auch stets zwischen Betonflächen und Wänden erforderlich, und wenn Beton einen Gulli umgibt.

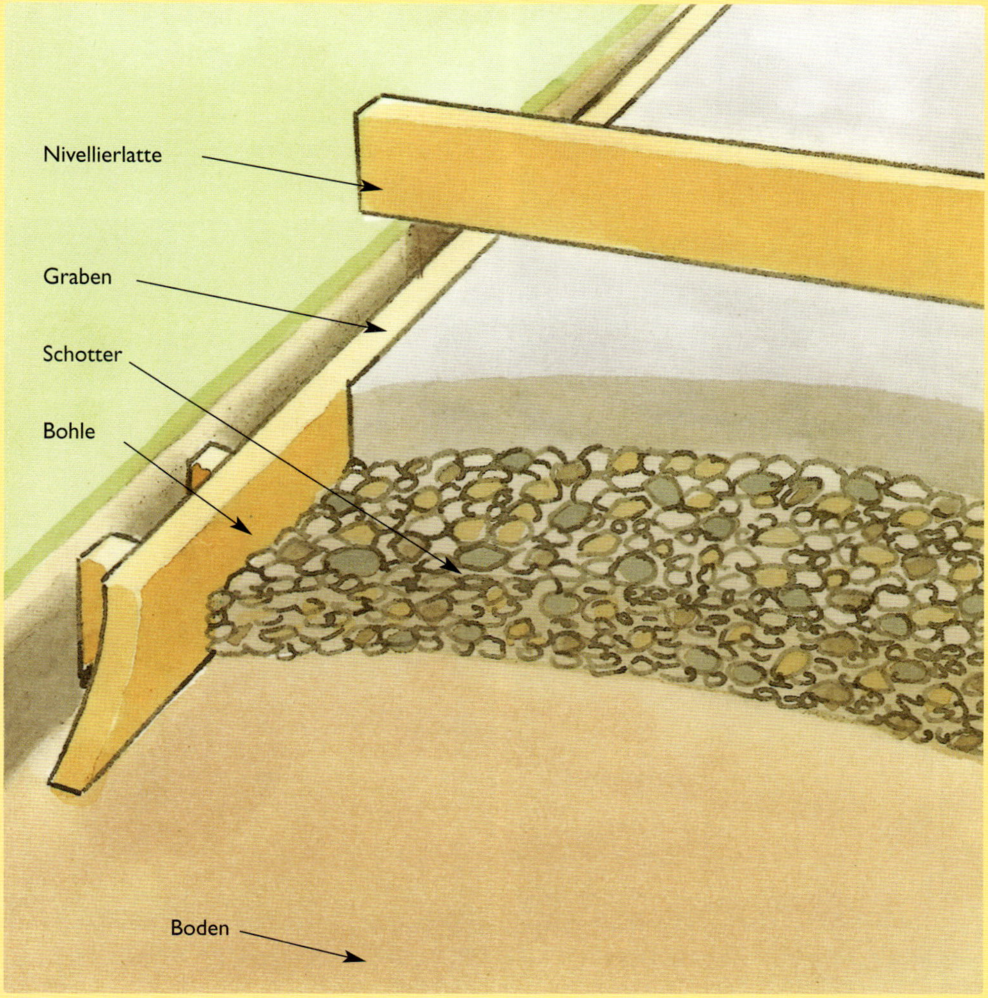

# GEPFLASTERTE FLÄCHEN, STUFEN UND WEGE

**Der erste Schritt beim Gartendesign besteht darin, einen gepflasterten Bereich zum Entspannen, Bewirten und für Mahlzeiten im Kreise der Familie vorzusehen. Plattenbereiche in Hausnähe sind wichtige Treffpunkte im Übergang zwischen Haus und Garten. Durch harte Materialien wird der Baustil des Hauses im Freien fortgesetzt, während bepflanzte Behälter und nahe Sträucher das Gartenelement liefern. Auch Wege und Stufen sind ein architektonisches Element und sollten sorgfältig geplant werden, da sie ein Teil des grundlegenden Rahmens werden. Halten Sie sich durchweg an ein oder zwei Grundmaterialien, sonst wird das Ergebnis uneinheitlich.**

OBEN: *Ein kleiner Bereich außerhalb des Hauses wurde ansprechend in quadratischer Form mit Ziegeln eingerahmt und von interessanten und verschiedenartigen Pflanzen umgeben. Selbst der kleinste Garten kann in einen angenehmen Ort verwandelt werden.*

### Terrassenformen

❀ Die in allen Gartenflächen eingesetzten Formen zählen zu den wichtigen Dingen, die den Stil Ihres Gartens festlegen. Ein symmetrisches Arrangement verleiht dem Gartenbereich einen formellen Look, während eine geschwungene, asymmetrische Anlage einem lässigeren Stil mehr entgegenkommt und geometrische asymmetrische Formen eher zu einem abstrakten, modernen Garten passen.

OBEN: *Sie benötigen nicht viel Platz, um einen kleinen ovalen oder runden Sitzbereich zu schaffen. Dieser hier ist mit Kies belegt und mit meist grünen Pflanzen bedeckt. Eine kleine Sitzgelegenheit steht für besinnliche Momente bereit.*

❀ Wenn Ihr Garten von hohen Gebäuden umgeben ist, wie es in einer Stadt zu erwarten ist, wirken gerade, geometrische Linien wohl am besten, da sie die Linien der umgebenden Gebäude ergänzen.

❀ In einem kleinen Bereich sollten Sie sich an eine einzige Form und an eine sehr begrenzte Anzahl von Materialien halten. Am besten sollten Sie auch nicht versuchen, Diagonalen und Kurven oder Quadrate und Kreise zu vermischen. Selbst in größeren Gärten gibt es mehr Einheit und Zusammenhalt, wenn Sie nur eine begrenzte Anzahl verschiedener Formen verwenden.

❀ Sobald Sie die Formen der gepflasterten Bereiche festgelegt haben, können Sie die Muster für die Ziegel oder Platten entwerfen, die Sie verwenden werden. Es macht einen großen Unterschied, ob Sie Platten geschickt in interessanten Mustern verlegen oder Betonplatten einfach, ohne nachzudenken, auf den Boden legen.

❀ Die Bodenbelagsmuster können in solche unterteilt werden, die statisch sind und solche, die dynamisch sind. Statische Muster halten das Auge im Bereich und besitzen einen friedvollen Charakter. Dynamische Muster führen das Auge einen Weg oder gepflasterten Bereich entlang und vermitteln das Gefühl von Bewegung: Sie stellen eine Einladung zu weiteren Erkundungen dar.

## Pflaster- und Plattentypen

❀ Es gibt zahllose Pflaster- und Plattentypen, unter denen Sie wählen können. Vorgegossener Beton ist in vielen Formen erhältlich, darunter Platten in unterschiedlicher Größe, Form und Stärke. Tonziegel in vielen Farben und dunkle Klinkersteine sind für viele Bereiche geeignet. Granitquader und Kopfsteinpflaster sind ideal für kleine, ungewöhnlich geformte Bereiche.

❀ Betonplatten, die mit kleinem Kopfsteinpflaster durchsetzt sind, können schon die Öde des Betons aufbrechen. Einige Belagmaterialien werden rutschig, wenn sie nass werden; andere, wie z. B. Ziegel, sind extrem rutschfest.

## Verbindung von Kies und Platten

❀ Wenn Sie sich gegen Rasen und weiche Flächen in Ihrem Garten entschieden haben, kann ein gepflasterter Bereich über eine Reihe von Einfriedungen und Wegen zu einem anderen führen. Der ganze Garten kann so einen erweiterten Hofeffekt erhalten, der viel Raum zum Sitzen und Bewirten bietet.

❀ Ein Teil der Hartflächen kann durch Kies bedeckt werden, mit „Trittsteinen“ aus Platten, die einen festen Halt bieten, und mit Pflanzen, die im Kies wachsen. Viele Pflanzen wachsen gern durch Kies, da er gut entwässert und gleichzeitig verhindert, dass Feuchtigkeit zu schnell verdunstet.

❀ Viele Steingartenpflanzen und silberblättrige Mittelmeerpflanzen gedeihen hier gut und säen sich selbst aus. Es gibt verschiedene Kiestypen im Handel, so zum Beispiel weißen Kalkstein, weiße Kieselsplitter und gewaschenen Feinkies, der gerundete Kanten besitzt. In sonnige Bereiche, auf die Licht scheint, sollten Sie keinen weißen Kies legen, da er sonst blendet.

OBEN: *Dieser runde, mit Platten belegte Bereich ist von einer Schatten spendenden Pergola umgeben und mit Klappstühlen möbliert, die bei nassem Wetter problemlos ins Haus getragen werden können.*

## DECKS UND ANDERE VERWENDUNGSZWECKE FÜR HOLZ

HOLZDECKS sind ein natürliches Material mit einfachen Linien; es ist praktisch und lässt sich bei einer Vielzahl von Gegebenheiten ansprechend einsetzen. Häufig wird es als Alternative zu Bodenplatten verwendet. Die Verbindung von Türen, Decks, Zäunen, Gartenmöbeln und Stufen aus Holz kann einen einheitlichen Look schaffen, der zugleich einfach als auch elegant ist. Bodenbeläge sollten im Idealfall aus Hartholz gefertigt werden, da dieses nicht weiter behandelt werden muss. Weichholz muss gehobelt werden, damit es nicht splittert, und es sollte mit einem Konservierungsmittel gestrichen werden. Diese Behandlung sollte regelmäßig wiederholt werden. Große Holzflächen sind in kaltem, feuchtem Klima nicht immer ideal, da das Holz nicht vollständig trocknen kann und daher schließlich verrottet.

### Konstruktion

- Es ist nicht schwer, ein Holzdeck im Garten zu montieren. Die Bohlen ruhen auf Balken und Trägern. Diese werden durch Pfosten gestützt, die mit Beton im Boden verankert sind. Bei dieser Konstruktion kann Luft zirkulieren, und das Holz bleibt trocken, sofern es nicht über längere Zeit schneit, regnet oder feucht bleibt.

### Erhöhtes Deck

- In den USA wurden ältere Häuser traditionell mit erhöhtem Wohnbereich gebaut, so dass Raum für einen Keller und Luftzirkulation bestand. Mit einem Holzdeck wurde häufig die obere Ebene erweitert und so eine zusätzliche Terrasse geschaffen.
- Decks bieten sich für diesen Anbau besonders an, da die um das Holz zirkulierende Luft das Holz trocken hält und Fäulnis verhindert. Holz kann aber auch als Oberflächenmaterial auf Bodenebene verwendet werden. Es eignet sich besonders für Häuser mit Holz- oder Schindeldächern und kann einem kleinen Raum einen angenehmen Look verleihen, wenn es in Verbindung mit einem Holzzaun montiert wird.

### Decks in Dachgärten

- Holz bietet sich für Dachgärten an, da es erheblich leichter ist als andere Beläge. Viele Flachdächer sind nicht für schwere Lasten ausgelegt. Holzdecks helfen, das Gewicht von Personen, die auf dem Dach laufen, zu verteilen.
- Quadratische Holzplatten (etwa in der Größe von Terrassenplatten) können zu einem einheitlichen Belag zusammengeheftet werden. Verlegen Sie die Holzplatten auf einer Holzbasis über dem Dachabschluss, so dass Wasser in eine Regenrinne ablaufen kann. Bevor Sie einen Dachgarten planen, sollten Sie in Erfahrung bringen, ob dazu eine Genehmigung erforderlich ist und wie viel Gewicht das Dach tragen kann.

OBEN: *Hier wurden Holzdeckplatten in geometrischen Arrangements auf zwei Ebenen verlegt. Kleine, blau glasierte Blumentöpfe sind mit gestutztem Immergrün bepflanzt, das das ganze Jahr über hübsch aussieht.*

## Holzdecks und Wasser

❀ Holzdecks in Verbindung mit Wasser wirken stets sehr natürlich, und Landestege für Flussboote sind seit jeher aus Holzbohlen gebaut. Holz kann auch die Kanten künstlich angelegter und mit Kunststofffolie ausgelegter Teiche verbergen und ist zudem das ideale Brückenmaterial.

❀ Eine echte Brücke kann über einen kleinen Teich führen, oder eine Scheinbrücke kann den Teich von den Wasserpflanzen trennen, so dass das Becken größer wirkt, als es tatsächlich ist. Ein in den Teich hineinragender „Landesteg" erhält durch eine Holzbalustrade den letzten Schliff und vermittelt eine ansprechende Vogelperspektive vom Wasser. Eine kleine gewölbte Holzbrücke, die in einem leuchtenden Rot angestrichen wird, ist eine ausgezeichnete Ergänzung für einen Garten im japanischen Stil.

## Holzdecks im modernen Design

❀ Die von Holzbohlen geschaffenen Linien in regelmäßigen Abständen können interessante und attraktive Winkel und verschiedene Ebenen schaffen. Holzdecks sind sehr wirkungsvoll in modernen Umgebungen und bilden einen vorzüglichen Hintergrund für Pflanzen und Kübel. Bohlen lassen sich auch gut mit Kies verbinden, der allein nicht für Rollstühle oder hochhackige Schuhe geeignet ist.

OBEN: *Dieser kompakte und gut bepflanzte Dachgarten verbindet ein Holzdeck mit runden Kieselsteinen vom Strand, die das Deckbild auflockern und interessanter gestalten. Eine Reihe von immergrünen, buntscheckigen und blühenden Sträuchern ist das ganze Jahr über interessant.*

## Holzwege

❀ Holz ist nicht gerade der übliche Belag für Wege, kann aber eine gute Wahl als Fortsetzung von einer Holzbrücke oder -terrasse sein. Baumstammscheiben können in den Boden gestampft werden, sehen aber meist in einer relativ ländlichen Gegend am besten aus und sind als Ergänzung für Holzdecks in eleganten, geometrischen Formen nicht geeignet. Holzscheiben können bei nassem Wetter auch rutschig werden und eine Gefahr darstellen. Grob gehäckselte Rinde kann attraktiv aussehen, wirkt aber besser in bewaldeter Umgebung oder einem Naturgarten als in einem regelmäßig angelegten Garten.

LINKS: *Holz und Wasser sind zusammen sehr wirkungsvoll. Hier umgeben Holz und Ziegel einen Teich mit üppigen immergrünen Pflanzen und windmühlenartigen Segeltuchflächen, deren cleveres Design Schatten liefert.*

# GÄRTEN MIT „PROBLEMATISCHER" FORM

**Viele Gärten haben eine merkwürdige und problematische Form. Sie können sehr schmal sein oder in einer neuen Wohnsiedlung ungünstig zwischen Gebäuden angelegt sein. Manchmal laufen sie an einem Ende spitz zu, so dass das Grundstück quasi dreieckig ist. Zu Souterrains gehörige Gärten haben häufig eine winzige Terrasse mit sehr steilen Stufen, die zu trockenen, von vernachlässigten Bäumen überschatteten Gärten führen. All diese Probleme können als Herausforderungen und nicht als Nachteile gesehen werden. Es gibt viele Lösungsansätze.**

## LANGE, SCHMALE GÄRTEN

Zu Reihenhäusern gehörige Gärten sind häufig lang und schmal, manchmal sogar fast bandförmig. Die Gefahr bei dieser Art von Garten besteht darin, dass er eher den Eindruck eines Durchgangs denn eines Gartens vermitteln kann. Der dem Haus am nächsten gelegene Teil kann als Sitzbereich genutzt werden, der Rest des Gartens ist jedoch eine Halde für altes Mobiliar sowie ein Gewächshaus für stachelige Unkräuter. Eine der folgenden Lösungen kann für diese Art von Garten geeignet sein.

### Eine Reihe von Räumen

- Die offensichtlichste und meist erfolgreichste Antwort lautet, das Grundstück in eine Reihe separater Räume zu unterteilen, die durch einen Weg miteinander verbunden sind. Jeder Bereich kann dann mit einem auf einem Quadrat, Kreis oder Oval beruhenden symmetrischen Design gefüllt werden. Wenn Sie das Grundstück auf diese Art unterteilen, können Sie mit Hilfe der Trennwände oder Pflanzen einen hässlichen Grill oder einen überhand nehmenden großen Strauch oder Baum verstecken oder einen Schuppen oder fernen Strommasten, den man über den Gartenzaun sieht, verbergen.
- Dadurch, dass Sie mehrere voneinander getrennte Bereiche haben, stehen Ihnen erheblich mehr Möglichkeiten zur Gartengestaltung offen. Sie können ein kleines Strauchwerk oder einen kleinen bewaldeten Bereich, in dem Sie einen kleinen Schuppen verbergen können, mit einem separaten Spielbereich mit Schaukel und Sandkasten oder aber mit einem symmetrischen Wassergarten mit Springbrunnen verknüpfen. Wenn Sie sich in erster Linie für Pflanzen und die Anzucht interessieren, können Sie einen dieser Bereiche in einen kleinen Gemüsegarten verwandeln oder dort üppig blühende Blumen züchten.

### Geometrische Unterteilungen

- Statt die Bereiche durch Hecken oder Sträucher voneinander zu trennen, könnten Sie niedrige Mauern setzen und mit Hilfe von Pflastermustern Interesse und Abwechslung schaffen. Verwenden Sie diagonale Linien, die den Garten breiter erscheinen lassen. Ein diagonal angelegtes, mit Ziegeln ausgekleidetes Becken könnte einer diagonal verlaufenden Ziegelterrasse vor der Gartentür gegenüberliegen.
- Ein Pfad könnte in den nächsten Bereich führen, vielleicht zu einem kleinen Rasen umgeben von Blumenbeeten. Der Weg könnte von hier aus weiter zu einem kleinen Grillplatz verlaufen. Damit eine derartige Aufteilung nicht zu flach

OBEN: *Ein erhöhter Weg aus Holzdecks führt um einen Teich und Sumpfgarten. Der Besucher kann auf das Wasser blicken und die spektakuläre Iris bewundern.*

wirkt, könnten Sie an strategischen Punkten vertikale Elemente hinzufügen. Dabei könnte es sich um kleine Bäume oder sorgfältig platzierte Sträucher, Bögen oder kleine Pergolen handeln.

❀ Jeder Bereich sollte den Besucher mit einer visuellen Überraschung (beispielsweise einer Skulptur, einem Wasserelement oder einer strukturell interessanten Pflanze) zum Betreten einladen und eine Sitzgelegenheit besitzen, damit man in diesem Bereich verweilen und ihn genießen kann.

## Ein Spaziergang durch den Garten

❀ Eine Alternative zu verschiedenen Gartenbereichen in sehr schmalen Gärten kann das Konzept eines durchgängigen Wegs durch den gesamten Garten sein. Dieses Konzept macht sich den schmalen Charakter zunutze. Ein in sanften Kurven mitten durch das Grundstück verlaufender Weg schafft auf beiden Seiten wellenförmige Rabatten.

❀ In Abständen können Nischen oder Lauben eingerichtet werden, die dazu einladen, zu verweilen, zu lesen, zu entspannen und die Blumen und ihre Düfte zu genießen. Am Ende sollte sich eine Belohnung für diejenigen befinden, die die Reise unternommen haben – vielleicht ein Teich, ein Springbrunnen oder eine Statue. Dieser Gartentyp bietet die Möglichkeit, Amphoren und Skulpturen in Abständen auf dem Weg zu präsentieren, und eine Fülle von Möglichkeiten für regelmäßige oder romantische Pflanzenarrangements.

OBEN: *Lange, schmale Gärten können durch Elemente wie Wege, Nischen oder Lauben geräumiger wirken. Vielleicht könnten Sie den Garten mit einem Springbrunnen oder einer Statue abschließen.*

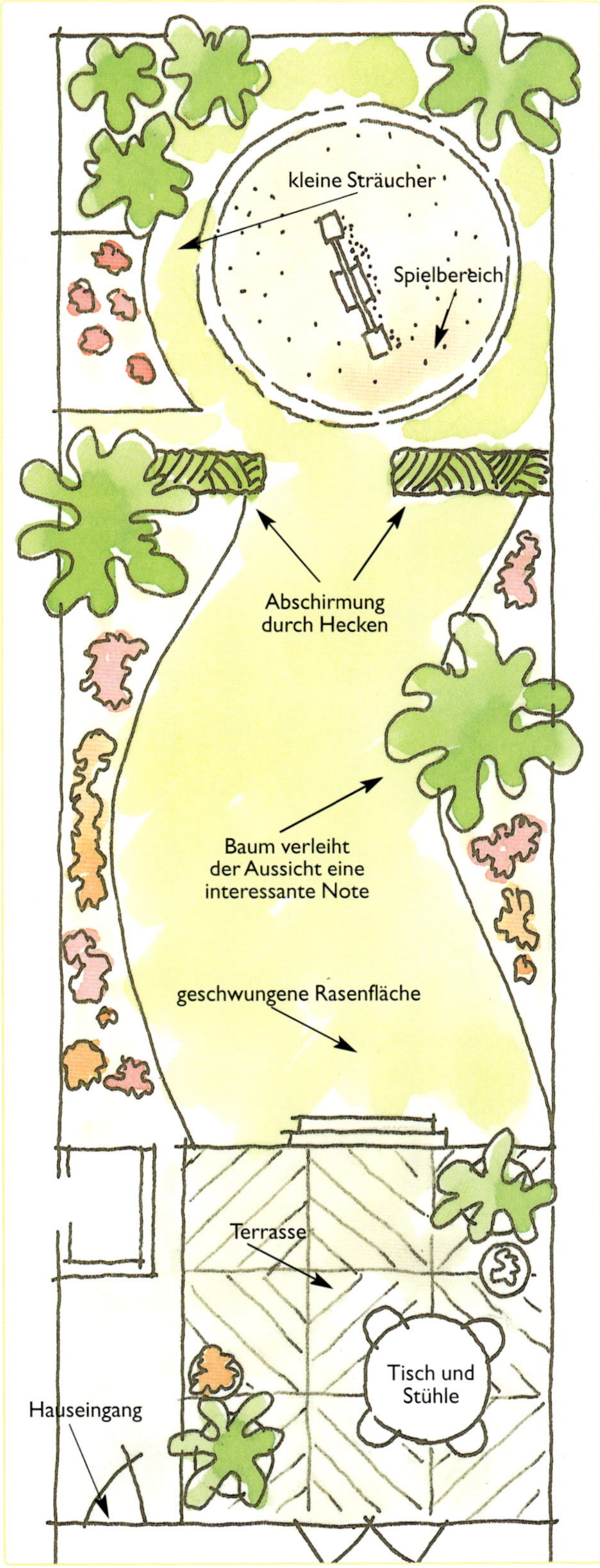


OBEN: *Dieser Garten ist wie so viele Stadtgärten lang und schmal. An den Rändern verbergen Pflanzen in unterschiedlichen Höhen die Ränder, und der ganze Garten wurde in „Räume" mit ihrem jeweils eigenen Charakter verwandelt. Die Terrasse ist in Hausnähe angelegt, durch eine Hecke vom Komposthaufen getrennt. Der Rasen verläuft leicht geschwungen und vermittelt ein Gefühl von Bewegung, und der Spielbereich liegt am Ende des Gartens.*

## DREIECKIGE GÄRTEN

Dreieckige Grundstücke sind nicht so ungewöhnlich, wie Sie vielleicht annehmen. Sie finden sich häufig an Stellen, an denen das ursprüngliche Grundstück auf eine Straße oder einen Fluss stieß. Diese Form kann einschränkend wirken, und die Spitze scheint das Auge unangenehm anzuziehen, vor allem wenn der Garten neu und öde ist, umgeben von nackten Zäunen, die die merkwürdige Form noch stärker hervorheben.

- Sie können die merkwürdige Spitze mit relativ hohen Bäumen und Sträuchern verbergen. Ein kleiner Hain oder eine Strauchgruppe am Scheitel vermitteln das Gefühl von Höhe und Geräumigkeit und verstecken das schmale Gartenende. Oder setzen Sie ein kleines Sommerhaus oder eine Laube als Blickfang und Abschluss bewusst an diese Stelle.
- Sie können auch eine falsche Perspektive benutzen, z. B. indem Sie ein Blumenbeet zur Spitze hin allmählich schmaler zulaufen lassen. So erzeugen Sie den Eindruck einer größeren Entfernung und lassen den Garten insgesamt größer erscheinen. Das Gefühl von Größe und Weite können Sie auch durch eine ungewöhnliche kleine Skulptur oder ein kleines Gartenhäuschen am Ende des Gartens suggerieren.
- Achten Sie darauf, dass sich ein interessantes Element, das das Augenmerk auf sich lenkt und die Betonung auf den ungünstigen Zipfel abschwächt, in der Grundstücksmitte befindet. Ein Sechseck, ein mit Platten bedeckter Bereich oder ein kreisförmiger Rasen in der Mitte erfüllt diesen Zweck, vor allem wenn sich in der Mitte ein zentrales Wasserelement oder ein interessanter Kübel oder eine Skulptur befindet. Wenn dieser Bereich über einen durch Sträucher geschützten Weg erreicht wird, ist die gesamte Fläche kaschiert, und die Spitze des Dreiecks wird weniger auffällig.

## L-FÖRMIGE GÄRTEN

Eine „L"-Form, das heißt ein Grundstück mit zwei kurzen „Armen", ist in vielerlei Hinsicht gar nicht so merkwürdig, sondern bietet zwei Gärten zum Preis von einem. Die Lage des Hauses ist für diesen Gartentyp wichtig. Das Haus kann auf zwei Seiten vom Garten begrenzt sein. Oder es kann an einem Ende der beiden Arme liegen. Fast immer ist ein Arm schattig und der andere in erster Linie sonnig. Es ist daher wichtig, dass Sie mit Bedacht Pflanzen wählen, die diesen beiden Aspekten gerecht werden und den Gartenteilen ihren eigenen Charakter verleihen.

OBEN: *Eine runde, gepflasterte Fläche stellt die Verbindung zwischen den beiden Armen dieses L-förmigen Gartens her. Ein gepflasterter Weg führt von einem Teil des Gartens durch einen hohen Laubengang und ein Tor in den nächsten Teil des Gartens.*

- Sie können beide Gartenteile nach dem gleichen Thema gestalten oder aber zwei völlig unterschiedliche Gärten kreieren. Wichtig (und schwierig) ist in jedem Fall, dass Sie den Schnittpunkt zwischen den beiden Teilen so planen,

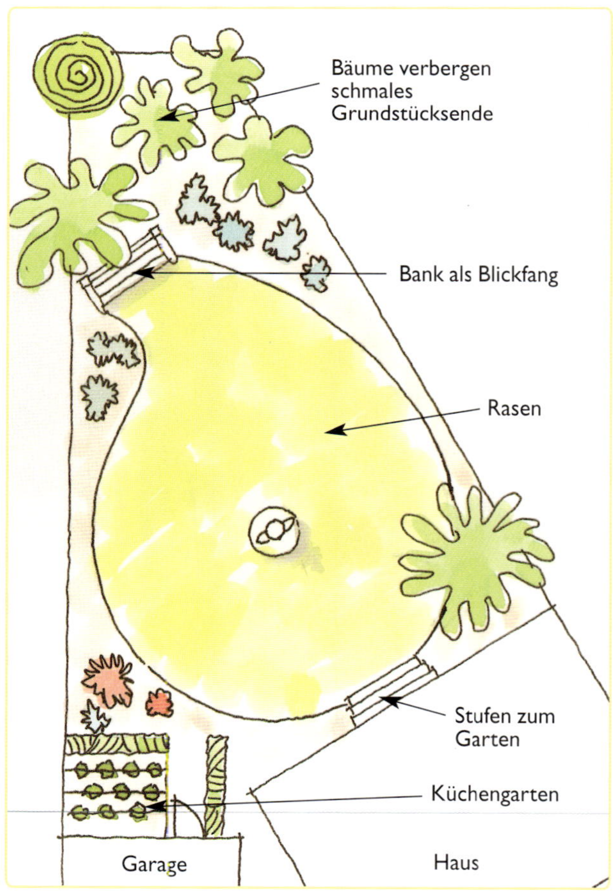


OBEN: *Die etwas merkwürdige, schmal zulaufende Form am Ende dieses dreieckigen Gartens wurde mit einer kleinen Baumgruppe bepflanzt, die die schwierige Form überdecken. Eine schmale Terrasse hinter dem Haus führt zu einer asymmetrischen Rasenfläche mit einer hübschen Bank als Blickfang. Der Küchengarten liegt hinter der Garage, aber unweit der Küche.*

dass der Übergang angenehm ist. Dieser Schnittpunkt könnte mit einer Sitzecke oder einem Sommerhaus ausgestattet sein, wo Sie sich ausruhen können, bevor Sie den nächsten Teil des Gartens betreten. Oder es könnte sich bei diesem Schnittpunkt um einen dritten Garten handeln, der von den anderen beiden Teilen durch Bögen oder über einen von Sträuchern umsäumten Weg betreten wird.

- Eine traditionell erfolgreiche Methode besteht darin, in Hausnähe einen bewusst symmetrischen Garten zu schaffen, der weiter vom Haus entfernt weniger symmetrisch wird und schließlich zu Strauchwerk, einem Hain oder Naturgarten um die Ecke führt.

## BREITE GÄRTEN OHNE TIEFE

EIN breites Grundstück ohne Tiefe kann erstaunlich schwierig zu bepflanzen sein. In einer Hinsicht ist es großzügig angelegt, da aber die Tiefe vom Haus weg fehlt, kann es eine schwierige Gartenfläche sein. Wenn Sie an der Gartenpforte sitzen, kann es Ihnen beispielsweise vorkommen, als läge die Grenzhecke gegenüber direkt vor Ihrer Nase. Eine Anzahl von Elementen bieten sich aber für diese Gartenform an, und mit sorgsamer Planung können Sie auch hier ein Gefühl von Raum erzeugen.

- So können Sie beispielsweise einen Plan von langen, schmalen Flächen schaffen, die durch Buchsbaumhecken oder niedrige Mauern voneinander getrennt sind. Sorgfältig detaillierte Zwischenwände aus Ziegeln oder Stein betonen die Breite des Gartens und verleihen ihm ein Gefühl von Geräumigkeit.
- Niedrige Bögen und das eine oder andere kunstvoll beschnittene Gehölz oder eine Amphore ermuntern das Auge, sich auf die Details zu konzentrieren statt auf die fehlende Geräumigkeit. Ein dem Haus gegenüberliegendes Detail wie eine Nische mit einer Skulptur oder einem Springbrunnen lenkt ebenfalls von der fehlenden Tiefe ab.
- Wählen Sie Farben, die dem Effekt von Kürze entgegenwirken. Vermeiden Sie Rot- und Gelbtöne, die den Raum noch schmaler wirken lassen. Konzentrieren Sie sich auf blasse Farbzusammenstellungen, z. B. Lavendel, *Santolina* (Heiligenkraut), blassblaue, winterharte Geranien (Storchschnabel), Katzenminze und Kräuter jeder Art.

UNTEN: *Bei diesem L-förmigen Garten wurde ein symmetrischer Bereich neben dem Haus angelegt. Eine gestutzte Hecke führt in einen völlig anderen Teil – einen viel ungezwungeneren Rasen mit Blumenrabatte und einem Weg, der vom Haus durch ein kleines Tor zur Straße führt.*

## KLEINE VORGÄRTEN

VORGÄRTEN in der Stadt sind meist schwierig, da sie häufig sehr schattig sind und zudem Platz für die Mülltonnen bieten müssen. Nur zu leicht kann man ganz aufgeben. Bei wohlüberlegter Planung kann aber ein Vorgarten in ein wirklich attraktives und einladendes Element des Hauses verwandelt werden.

- Zunächst einmal müssen Sie ein Zuhause für die Mülltonnen schaffen, wo sie leicht zugänglich sind und dennoch beim Betreten und Verlassen des Hauses nicht gleich auffallen. Eine so einfache Konstruktion wie ein auf drei Seiten aus Ziegeln gemauerter Unterstand ist eine gute Lösung. Wenn Sie die vierte Seite offen lassen, können die Mülltonnen problemlos zum Leeren herausgenommen werden. Ein aufwendig konstruierter Schuppen ist weniger nützlich, da er sich nur mit Mühe sauber und in Stand halten lässt.
- Vorgärten werden nur selten zum Sitzen angelegt, da sie zu ungeschützt sind. Sie bilden aber den Zugang zu Ihrem Haus und sollten daher sorgfältig geplant werden und einladend sein. Am besten legen Sie einen Garten an, der nicht zu viel Pflege erfordert. Vorgärten werden häufig vergessen und nur wenig gegossen, gedüngt oder nur unzulänglich von Unkraut befreit.
- Wichtig für einen winzigen Vorgarten ist, dass Sie nicht versuchen, zu viele Pflanzen hineinzustopfen. Am besten wählen Sie symmetrische Formen. Lassen Sie Gras weg, legen Sie Platten oder Pflaster und setzen Sie große Kübel mit gestutztem Lorbeer oder Buchsbaum. Ein kleiner hängender

OBEN: *Vorgärten sollten einfach und einladend sein. Bei diesem hier wurde die blaue Farbe der Tür auf den Kübeln wiederholt. Gegen die weißen Wände sieht dies phantastisch aus. Die beiden Zwergweiden mit ihren hübschen, gescheckten Blättern schaffen eine leichte, heitere Atmosphäre.*

OBEN: *Dieses Haus liegt direkt am Bürgersteig, und doch ist es dem Eigentümer gelungen, es durch Pflanzkästen mit Efeu und mit farbenfrohen Balkonkästen zu begrünen.*

Baum in der Mitte des Vorgartens kann ein ansprechendes Element sein. Die hängende Silberbirne (*Pyrus salicifolia* ‚Pendula') ist ein ausgezeichnetes Solitärgehölz auf einer kleinen Fläche, das sich charmant wölbt und hübsche, silberfarbene Blätter besitzt.

- Oder entscheiden Sie sich für einen weniger regelmäßigen Look. Auf kleinem Raum ist das nicht immer einfach, und es kann die Versuchung bestehen, zu viele Pflanzen zu setzen, die dann schnell außer Kontrolle geraten.
- Eine Lösung besteht darin, den ganzen Bereich mit Schotter oder Kies zu bedecken und einen japanischen Garten anzulegen. Platzieren Sie dazu einige große Steine in überlegten Abständen, aufgelockert durch eine silberblättrige Pflanze. Oder hellen Sie Ihren Vorgarten auf magische Art und Weise mit farbenfrohen Gruppen von Geranien oder Springkraut (*Impatiens*) auf. All diese Ideen lenken das Auge vom eingemauerten Mülltonnenbereich ab und vermitteln Passanten einen positiven Eindruck.

OBEN: *Diese dezente und zugleich sehr wirkungsvolle Bepflanzung in Form einer efeubedeckten Wand und einem Band von Rosa vor einer* Cotoneaster*hecke (Felsenmispel) passt zu diesem modernen Haus.*

## HANGLAGEN

WENN Ihr Garten an einem Hang liegt, können Sie eine natürliche Wiese oder einen abschüssigen Rasen anlegen. Ansonsten sind Ihre Möglichkeiten begrenzt, da Wasser schnell abläuft und viele Pflanzen leiden. Allgemein ist es besser, ein solches Grundstück terrassenförmig anzulegen und die verschiedenen Ebenen mit niedrigen Mauern zu stützen.

- Für Stützmauern verwenden Sie Materialien, die zum Haus passen. Mit Ziegeln gemauerte Häuser sehen besser aus, wenn Gartenmauern und -wege aus Ziegeln in ähnlichen Farbschattierungen gemauert sind.
- Wenn Sie in einem Steinhaus leben, versuchen Sie, die Stützmauern und Wege aus Stein herzustellen. Verputzte Häuser (mit oder ohne untergemischten Kiesel) wirken am besten in Verbindung mit Betonwänden, die berappt und gestrichen werden. Moderne Außenanstriche sind in einer Fülle ausgezeichneter Farben erhältlich. Alle Mauern sollten mit einer Mauerkrone abgeschlossen werden, die die Wand um ca. 4 cm überragt. Stufen sollten so breit und flach wie möglich und aus dem gleichen Material hergestellt sein wie Mauern und Pfade.
- Jede Terrasse kann unterschiedlich behandelt werden. Eine Ebene könnte beispielsweise mit gelben und orangefarbenen Pflanzen verziert werden, eine tiefere Stufe mit Orange-, Rot- und Purpurtönen und wiederum tiefer könnten blassblaue und bläulich-violette Töne in der Ferne verschmelzen.
- Bei einem schattigen Standort funktioniert dieser farbliche Übergang nicht so gut, da Sie nicht die erforderliche Vielfalt von Pflanzen einsetzen können. In diesem Fall könnte es sich empfehlen, von einer symmetrischen Ebene zu einer weniger gleichmäßigen Kollektion gemischter Sträucher und Stauden oder zu einem ruhigen Sitzbereich mit Wasserbecken oder Springbrunnen hinabzuführen.

## ZU EINEM SOUTERRAIN GEHÖRIGE GÄRTEN

DIESE Gärten bestehen häufig aus einer sehr schmalen Terrasse mit steilen, engen Stufen, die nach oben in den Garten führen. Dabei liegt der Garten meist zu hoch, als dass man ihn von unten betrachten könnte. Die Terrasse selbst kann beengt und dunkel wirken und gar nicht zum Sitzen einladen. In diesem Fall kann es am besten sein, wenn Sie einen Teil des Pflanzbereichs opfern, um die Terrasse etwas zu vergrößern und die Stufen breiter anzulegen. So schaffen Sie eine interessantere Terrasse und einen ansprechenderen Garten.

OBEN: *Stufen zwischen zwei Terrassenbereichen sollten möglichst breit und flach sein.*

# WASSERELEMENTE IM GARTEN

**Wasserelemente im Garten besitzen eine magische Qualität. Es bringt buchstäblich Leben in den Garten, denn ohne Wasser kann nichts wachsen. Hinzu kommt, dass der Anblick und der Klang von Wasser Aktivität, Licht und Bewegung mit sich bringt, die völlig einzigartig sind. Die starke Symbolik von Wasser ist eine weitere Dimension – Wasser symbolisiert den „Fluss des Lebens" in islamischen Gärten und die „kosmische Energie" chinesischer Gärten. Selbst eine kleine Vogeltränke belebt einen Garten.**

OBEN: *Ein langer, schmaler Garten täuscht das Auge durch einen Teich und eine Holzbrücke mit einem leuchtend roten Geländer, an das sich ein gepflasterter Sitzbereich anschließt. Die Ränder sind durch immergrüne Pflanzen verdeckt.*

## STEHENDE GEWÄSSER

TEICHE und Wasserbecken bieten Stille. Im Freien spiegelt sich in ihnen der Himmel mit einzigartigen Lichteffekten. Derart glatte Wasserflächen können als eine Spiegelfolie für Pflanzen im Wasser oder am Uferrand dienen. Ein Becken sollte als integraler Bestandteil des Gartenentwurfs gesehen werden und aus Werkstoffen hergestellt werden, die zu Form, Größe und den Materialien von Haus und Garten passen. Sie können ein natürlich wirkendes Becken installieren oder einem Becken ein viel gleichmäßigeres Aussehen verleihen, indem Sie es mit harten Steinen oder Fliesen verkleiden und symmetrisch anlegen.

### Gleichmäßige Teiche

- Gleichmäßig angelegte Teiche sind in symmetrischen Gärten zu Hause. Sie können gepflasterte, mit Platten oder einem anderen harten Material ausgelegte Becken haben und durch gerade Wege mit dem restlichen Garten verbunden werden. Oder platzieren Sie den Teich auf der Terrasse oder einem Hof. Ein Teich kann in den Boden versenkt oder erhöht installiert werden, und er spiegelt die Steine oder Ziegel ebenso wieder wie die Seerosen, die Sie darin züchten. In einem solchen Teich fühlen sich Zierfische sehr wohl und lassen sich aus nächster Nähe beobachten.
- Geometrische Formen sind für gleichmäßige Teiche zu bevorzugen – es geht nichts über einen rechteckigen Teich.

## TEICHPFLANZEN

SEEROSEN (*Nymphaea*) sind ideal für einen gleichmäßig angelegten Teich. Sie mögen stilles Wasser, auf dem ihre Blüten zu schweben scheinen. Eine winterharte Seerose ist beispielsweise die kräftige *Nymphaea* ‚Escarboucle', die große rote Blüten entwickelt. *N.* ‚Helvola' entzückt das Auge den ganzen Sommer über mit zierlichen, sternförmigen, kanariengelben Blüten und kann im Kübel oder einem kleinen Becken gezogen werden. *N.* ‚Hermine' entwickelt über lange Zeit reine weiße Blüten.

Ein kurzer, breiter Teich sieht auf einer Terrasse hübsch aus, während ein langer, schmaler Teich, der eher wie ein Kanal angelegt ist, neben einem geraden Weg oder als Mittelpunkt eines schmalen Gartens sehr wirkungsvoll ist. Kleine runde, mit dem Boden abschließende Teiche können in winzigen Gärten sehr hübsch sein. Im Idealfall sollte dieser Teichtyp ein wichtiges Element des Gartens sein und nicht in einer Ecke verborgen werden.

### Naturteich mit reichhaltiger Flora und Fauna

❀ Ihr Teich muss nicht besonders groß sein, um Fauna und Feuchtigkeit liebende Pflanzen anzuziehen. Bereits 1 m Durchmesser reicht durchaus für Wasserinsekten, Schlankjungfern, Frösche und Kröten. Wenn Sie Ihren Teich in der Nähe einer Blumenrabatte platzieren, bieten die Pflanzen Schutz und Versteck für scheue Geschöpfe.

OBEN: *Teiche wirken fantastisch, wenn sie bepflanzt werden und spiegeln besonders hohe, elegante Pflanzen sehr eindrucksvoll im Wasser wieder. Es empfiehlt sich stets, die Bepflanzung einfach zu halten. Hier ergeben gelbe Wasseriris und Seerosen ein spektakuläres Bild.*

Ein naher Rasen ist eine offene Fläche für Vögel. Wenn der Teich völlig von Rasen oder Platten umgeben ist, entfernen Sie einen Teil des Rasens oder der Platten und legen Sie einen Sumpf- oder Steingarten oder ein Wildblumenbeet an, das Schutz für kleine Tiere bietet. Wenn kleine Kinder im Garten spielen, sollten Sie vielleicht offene Gewässer vermeiden. Sie können aber dennoch einen kleinen Sumpf für die lokale Tierwelt anlegen. Heben Sie dazu eine Grube aus, legen Sie sie wie für einen Teich mit Folie aus und füllen Sie die Grube dann mit Erde. Da Wasser nicht ablaufen kann, können Sie diesen Bereich regelmäßig problemlos mit Wasser auffüllen.

### SUMPFPFLANZEN

PFLANZEN, die sich für die flachen Uferränder eignen, sind beispielsweise die gelbe Schwertlilie (*Iris pseudacorus*), die Sumpfdotterblume (*Caltha palustris*) und *Veronica beccabunga* (Bachbunge). Auf der Wasseroberfläche schwimmende Blätter liefern den unter Wasser lebenden Tieren Schatten und helfen, Algenbildung zu verhindern. Derartige Pflanzen sind beispielsweise die Krebsschere (*Stratiotes aloides*) und die Seekanne (*Nymphoides peltata*). Für dauerhaft nassen Boden in Teichnähe geeignet sind Günsel (*Ajuga reptans*), Pfennigkraut (*Lysimachia nummularia*) und Wiesenschaumkraut (*Cardamine pratensis*).

OBEN: *Stehende Gewässer erzeugen interessante und wunderhübsche Reflexionen und lassen bis auf den Grund des Beckens blicken. In flachem Wasser wachsen kleine wasserliebende Pflanzen gut rund um Kiesel und über größere Steine.*

## WASSER IN BEWEGUNG

BEWEGUNG im Wasser erzeugt eine geradezu magische Wirkung. Die Reflexionen werden verstärkt, der Klang des Wassers ist zugleich beruhigend und musikalisch, und Fische profitieren vom zusätzlichen Sauerstoff im Wasser. Seerosen bevorzugen allerdings stehende Gewässer und sind daher besser für Teiche ohne Springbrunnen geeignet. Oder aber ein Springbrunnen sollte so weit entfernt sein, dass ein Teil des Teichs still ist. Springbrunnen, Wasserspeier, Bächlein oder stufenförmige Wasserfälle erzeugen Bewegung und bringen garantiert Leben und Spritzer in den Garten. Wie bei allen Gartenelementen sollten Sie diese in Proportion zum Gartenbereich planen. Ein sanft fließendes Bächlein kann in einem kleinen Garten erfrischend sein, in dem ein großer Springbrunnen protzig wirken könnte.

OBEN: *Diese gläserne Springbrunnenskulptur ändert ihre Form dezent, wenn Sie um sie herumlaufen. Sie fängt die Sonne und glitzert, wenn das Wasser herunterläuft.*

OBEN: *Ein eleganter traditioneller Springbrunnen mit hohem Wasserstrahl, umgeben von kleineren Strahlen. Die rosafarbenen Pflastersteine neben dem Teich sind mit Lavendelbeeten umpflanzt.*

### Wasserfälle

- Kaskaden sind häufig in großartigen und prunkvollen Gartenanlagen (vor allem in Italien) als spektakuläre stufenförmige Wasserfälle zu finden. Die fantastische Kaskade im Park des herrschaftlichen Anwesens Chatsworth im britischen Derbyshire wurde 1694 angelegt und verblüfft Besucher nach wie vor mit ihren fallenden Wasserstufen. Bescheidenere Wasserfälle können für kleinere Gärten angelegt werden.
- An einem Abhang kann ein schmaler Kanal, der in Abständen durch Wasserfallstufen und ab und zu durch ein achteckiges oder rundes Becken unterbrochen ist, eine zauberhafte Atmosphäre fast wie in einem persischen oder arabischen Garten schaffen.
- Auf flachem Gelände können Sie problemlos einen formal ungezwungenen Wasserfall schaffen und das Wasser durch eine kleine Elektropumpe zirkulieren lassen.
- Eine ungewöhnliche Kaskade, die für einen kleinen, informell angelegten Garten geeignet ist, wäre eine Reihe von Gießkannen oder Amphoren, die auf der Seite liegen und das Wasser jeweils in den darunter befindlichen Behälter entleeren und so eine Art von Wasserfall schaffen. Diese Idee könnte auf verschiedene Art und Weise mit unterschiedlichen Behältern weiterentwickelt werden.

### Springbrunnen

❀ Springbrunnen erfreuen sich seit einigen Jahren großer Beliebtheit. Dies ist zum Teil der Verfügbarkeit relativ günstiger Reproduktionen traditioneller Designs und zum Teil den in Massenfertigung hergestellten, kleinen Tauchpumpen zu verdanken, die zusammen mit einem rosenförmigen Springbrunnenstrahl als Bausatz verkauft werden. Montieren Sie den Bausatz in einem Teil des Gartens, der sich während des Tages sehr aufheizt, und Sie werden feststellen, dass der Springbrunnen den Bereich erheblich abkühlt.

❀ Reproduktionen und Kopien traditioneller Springbrunnendesigns wie Delphine und Engel sind weithin im Handel erhältlich. Sie können auch einige moderne Metallspringbrunnen in Blatt-, Zweig- oder Vogelform erwerben, bei denen das Wasser von einem Segment zum nächsten fällt.

## WEITERE WASSERELEMENTE

ES GIBT eine Reihe von Möglichkeiten, kleine Wassermengen auf dekorative und erfrischende Art zum Sprudeln, Tröpfeln, Fließen oder Glitzern zu bringen. Sie können Wasser mit Hilfe einer der billigsten Elektropumpen und einer kleinen Zisterne durch ein Rohr in der Wand laufen lassen und so das Geräusch fließenden Wassers erzeugen.

### Kiesel

❀ Eine Ansammlung runder Kiesel ist eine beliebte Basis, über die Wasser langsam fließen kann. (Sie erhalten diese Kiesel im Gartenbaumarkt, bitte sammeln Sie sie daher nicht am Strand.) Ein Springbrunnen aus Kieseln ist einfach und angenehm, und Sie benötigen dafür auch keine Teichanlage. Der Effekt beruht auf dem Klang und der Bewegung von Wasser, das über die Steine in einen Behälter spritzt und dann fortlaufend zurückgeführt wird.

❀ Sie benötigen einen ausreichend großen Tank für eine Tauchpumpe. Der Tank muss genug Wasser fassen können, um die Wassermenge nachzuliefern, die an einem sonnigen Tag von der Kieseloberfläche verdunstet. Die Behältergröße hängt davon ab, wie häufig die Anlage aufgefüllt wird – häufig reicht schon ein Plastikeimer.

### Mühlsteine

❀ Ein großer Mühlstein hat eine große architektonische Wirkung und sollte daher sorgsam an einer Stelle platziert werden, an der ihm ein anderes auffälliges Element gegenübersteht. Das Wasser läuft über die Seite des Steins und wird in einem Behälter darunter aufgefangen; auch hier ist kein Becken erforderlich. Eine Geysirdüse kann Luft in das Element einbringen, wenn Ihnen an einem sprudeligeren Effekt liegt.

### Speirohre aus Bambus

❀ In japanischen Gärten dienen Bambusrohre als Wasserspeier. Das Rohr wird auf einem weiteren senkrechten Bambusrohr balanciert, füllt sich mit Wasser, gießt es auf die darunter liegenden Kiesel und beginnt dann wieder von vorn. Einige empfinden dieses regelmäßige Füllen und Leeren als friedvoll, andere als monoton.

UNTEN: *Ein traditionelles japanisches Bambusrohr entleert Wasser in eine große Steinschale, die auf einem schroffen Felsstein mit Kieselsteinen darunter steht.*

## MONTAGE

WASSER und Strom sind stets eine Kombination, die man im Hinblick auf Sicherheit nicht auf die leichte Schulter nehmen sollte. Niederspannungspumpen sind erhältlich, aber aufgrund ihrer begrenzten Leistung nur für kleine Wasserelemente geeignet. Mit Solarenergie betriebene Pumpen sind eine weitere Option, aufgrund der hohen Anschaffungskosten und uneinheitlichen Leistung bei veränderlichen Wetterbedingungen sind sie aber bislang keine realistische Alternative.

- Wenn Sie Zweifel bei der Montage eines mit Strom betriebenen Wasserelements haben, sollten Sie einen qualifizierten Elektriker beauftragen, der mit dieser Art von Arbeiten vertraut ist.
- Sie müssen ein Netzkabel durch ein Leitungsrohr führen, um es vor Schäden zu schützen. Dieses Rohr wird unter dem Boden, einem Deck oder Platten verlegt. Montieren Sie stets ein Reststromgerät, bei dem der Strom bei einer Unterbrechung der Zufuhr sofort ausgeschaltet wird.
- Oder lassen Sie ein Panzerkabel und einen wetterbeständigen Außenkasten mit dauerhaft angeschlossenen Kabeln von einem Fachmann installieren.

UNTEN: *Wasserelemente können scheinbar bescheidene Haushaltsgegenstände elegant und einfallsreich nutzen.*

## VERSCHIEDENE ELEMENTE MIT WASSER IN BEWEGUNG

FLIESSENDES Wasser kann in einem Teich oder Becken erzielt werden oder aber in Form eines eigenständigen Springbrunnens realisiert werden. Springbrunnen sind besonders geeignet, um Wasser in einen Garten mit schwieriger Lage zu integrieren. In engen Bereichen, in denen ein Teich keinen Platz hat, findet sich fast immer eine vertikale Oberfläche für einen separaten, an der Wand montierten Springbrunnen. Viele Springbrunnen und Wasserläufe strömen darüber hinaus über Kiesel oder Schiefer, so dass das Wasser nicht steht und keine Ertrinkungsgefahr für kleine Kinder darstellen kann.

### Springbrunnen

- Es gibt unterschiedliche Düsentypen mit verschiedenartiger Strahlwirkung, die sich auf die Öffnung einer Tauchpumpe setzen lassen. Selbst eine Pumpe ohne Düse erzeugt ein attraktives Kräuseln des Wassers. Wählen Sie ein Düsenmuster, das zu Ihrem gewählten Wasserelement und der Umgebung passt.

## WAHL EINER PUMPE

TAUCHPUMPEN sind für die meisten Anwendungen geeignet. Sie werden an der tiefsten Stelle der Anlage installiert, nicht aber am Grund eines Teichs, wo sie das sich dort sammelnde Sediment ansaugen und schnell verstopfen würden. Ein umgestülpter Teichkorb bietet eine gute Stütze.

Kaufen Sie die qualitativ hochwertigste Pumpe, die Sie sich leisten können. Die Pumpe, die mit einem günstigen Springbrunnen-Bausatz geliefert wird, hat möglicherweise eine so schwache Leistung, dass sich der Wasserfall nur als enttäuschendes Tröpfeln herausstellt. Wenn der Springbrunnen oder das Wasserelement an sich ansprechend und relativ günstig sind, könnte sich die Investition in eine bessere Pumpe als Ersatz für die mit dem Bausatz gelieferte Pumpe rentieren.

Wenn Sie Ihr eigenes fließendes Wasserelement bauen, sollten Sie Ihre Pumpe von einem angesehenen und versierten Lieferanten für Wassergartenzubehör kaufen, der sich mit Pumpen auskennt und Ihnen die beste Pumpe für Ihren Bedarf empfehlen kann. Pumpen besitzen eine unterschiedliche Leistung, die deutlich auf der Verpackung angegeben sein sollte. Die Leistung bestimmt, wie hoch die Pumpe das Wasser spritzen kann. Für einen kleinen, sprudelnden Springbrunnen benötigen Sie natürlich keine starke Pumpe. Wenn Sie aber einen großen Springbrunnen mit einem starken Strahl installieren möchten, brauchen Sie mehr Leistung.

OBEN: *Ein clever angelegter Kieselspringbrunnen, bei dem große Steinplatten einen reichlichen Wasserfluss über die Kiesel mit einem hübschen, plätschernden Klang bewirken.*

❀ Ein Springbrunnen mit glockenförmigem Strahl kann beispielsweise als Mittelpunkt eines ruhigen, geschlossenen Gartens sehr hübsch wirken. An einem ungeschützten, windigen Standort würde das fallende Wasser seine gleichmäßige Glockenform jedoch verlieren. Hier wäre eine Schaumdüse angebrachter. Alle Düsen sind anfällig für Verstopfung, wählen Sie daher einen Standort für Ihren Springbrunnen, an dem Sie problemlos Routinewartungen an den Düsen durchführen können.

### Wasserfälle

❀ Wasserfälle sind nicht so beliebt wie Springbrunnen. Dies ist in erster Linie darauf zurückzuführen, dass sie meist keine separaten Systeme sind und sich nicht so einfach wirkungsvoll in ein Gartenkonzept integrieren lassen. Im Idealfall sollte ein Wasserfall völlig natürlich und in Harmonie mit seiner Umgebung wirken. Ein gutes Verfahren, um einen Wasserfall zu schaffen, besteht darin, zwei Wasserläufe miteinander zu verbinden. Gehen Sie besonders überlegt vor, wenn Sie einen Wasserfall in die Gartenlandschaft einfügen. Stellen Sie sich vor, wie er aussehen wird, wenn das Wasser abgeschaltet ist. Nur zu einfach kann ein Betongebilde geschaffen werden, das eher wie ein Ministeinbruch denn wie ein idyllisches Alpenbild aussieht.

## DIE WAHL DER RICHTIGEN DÜSE

SCHMALE, aus einem informell angelegten Becken spritzende Wasserstrahlen können mitunter wirkungsvoll sein, meist sind Springbrunnen aber eher für gleichmäßige Arrangements geeignet. Springbrunnen aus Stein passen in ein symmetrisches Gleichgewicht, zu Plattenwegen, gestutzten Hecken und geraden Kanten. In kleinen, umschlossenen mittelalterlichen Gärten führten häufig gepflasterte Wege zu einem Springbrunnen in der Mitte.

Ein Strahl in einem nicht symmetrischen, informellen Teich oder stufenförmig angelegten Becken hilft aber, dem Wasser Sauerstoff zuzuführen. Bereits wenige Stunden, in denen der Springbrunnen an einem heißen Sommertag in Betrieb ist, erhöhen den Sauerstoffgehalt des Wassers für Fische und Pflanzen erheblich.

Sie können die Turbulenz auf der Wasseroberfläche durch eine gezielte Düsenwahl reduzieren. Eine Glockendüse beschränkt Wasserspritzer beispielsweise auf einen sehr kleinen Beckenbereich und lässt die Blätter von Seerosen unberührt.

# ANLEGEN EINES TEICHS

**Stehendes wie fließendes oder herabstürzendes Wasser ist eine fabelhafte Ergänzung für jeden Garten. Selbst auf dem kleinsten Grundstück ist Raum für ein Wasserelement, und sei es auch nur ein einfaches, an der Wand montiertes Speirohr, von dem Wasser in einen kleinen Zierkübel tropft. Der Klang von fließendem Wasser ist unendlich beruhigend, und das Betrachten der Reflexionen eines Teichs ist eine friedvolle Beschäftigung. Lassen Sie sich nicht durch die technischen Aspekte eines Wassergartens abschrecken. Wasser lässt sich auch ohne komplexe Verkabelung oder Rohrverlegung in das Gartendesign integrieren. Wie wäre es beispielsweise mit einer Vogeltränke, die Sie mit einer Gießkanne wieder auffüllen können. Mit so einfachen Mitteln locken Sie Vögel in den Garten.**

### Wasser und Tiere

- Viele Gartenbesitzer installieren ein Wasserelement, um Tiere in den Garten zu locken. Neben der Freude, die es bereiten kann, Frösche durch den Teich hüpfen zu sehen oder Vögel beim morgendlichen Bad zu beobachten, bieten Tiere weitere Vorzüge.

UNTEN: *Eine Fontäne macht einen geometrischen Teich interessanter.*

- Tiere im Garten bringen Sie einen Schritt näher zu einem organischen Garten – d. h. zum optimalen Einsatz aller Kräfte der Natur im Garten. Vögel, Tiere und Insekten werden durch den stets reichlichen Wasservorrat angelockt und helfen Ihnen dafür bei der Schädlingsbekämpfung und Verbesserung Ihrer Bodenqualität.
- Vögel amüsieren Sie nicht nur mit ihren Spielereien in Ihrer Vogeltränke, sondern sie fressen auch Schädlinge wie Drahtwürmer und Schnakenlarven, düngen mit ihrem Kot den Boden und helfen schließlich, wenn sie sterben, durch die Zersetzung ihres Körpers, bei der Humusbildung. Vögel, die beliebig viel Zugang zu Wasser haben, werden auch weniger von Ihren Beeren und Früchten fressen.

## EIN TEICH IM KÜBEL

Ein Teich im Kübel ist eine fantastische Einführung in Wassergärten und lässt sich sehr schön an die individuellen Anforderungen anpassen. Selbst wenn Ihr Garten vor Ihrer Wohnung im 5. Stock liegt und nicht viel größer ist als der Absatz einer Feuertreppe, ist ein Teich nicht unmöglich. Ein weiterer Vorteil von separaten Teichanlagen ist, dass sie sich transportieren lassen. Sie können einen Kübel an eine andere Stelle setzen und auf diese Weise das Bild Ihres Gartens ebenso verändern, wie Sie es im Laufe des Jahres mit Containerpflanzen tun. Und wenn Sie umziehen sollten, können Sie einen solchen Teich mitnehmen.

### Die Wahl des richtigen Containers

- Viele verschiedene Behälter sind für diese Anwendung geeignet, wie zum Beispiel in Blautönen glasierte Töpfe in Kobaltblau oder Chromgrün oder halbe Fässer, die in einer Umgebung im Cottage-Stil sehr passend wirken. Als Pflanzen könnten Sie Zwergseerosen setzen, die stehendes Wasser bevorzugen, und sie mit Teichrandpflanzen und Sauerstoff produzierenden Pflanzen kombinieren, während Goldfische

OBEN: *Es gibt einen Teichstil für jeden Gartengeschmack – dieser orientalisch wirkende Teich ist voller Koi-Karpfen.*

hübsch in und aus dem Blattwerk schwimmen. Bei einem Metallbehälter müssen Sie allerdings darauf achten, dass kein Rost in das Wasser dringen kann, da Fische und Pflanzen durch den Rost geschädigt werden könnten. Streichen Sie einen verzinkten Behälter mit schwarzer Bitumenfarbe, um ihn vor Rost zu schützen.

- Es mag offensichtlich klingen, aber Sie sollten stets einen Behälter wählen, der wasserundurchlässig ist. Wenn Sie Zweifel hinsichtlich der Wasserundurchlässigkeit haben, sollten Sie darum bitten, dass der Behälter mit Wasser gefüllt wird. Ein peinlicher Moment erspart Ihnen später viel Ärger. Kleine Behälter wirken unattraktiv, wenn Sie sie verkleiden müssen. Sie können einen undichten Behälter entleeren und vor dem Lackieren mit Bitumenanstrich mit einem geeigneten Dichtungsmittel von innen abdichten. Dies ist allerdings keine Arbeit, die die meisten Gartenbesitzer freiwillig auf sich nehmen würden.

### Pflege im Winter

- Im Idealfall sollten Sie einen Keramiktopf im Winter ins Haus bringen, da er Risse bilden kann, wenn das Wasser darin gefriert und sich dann ausdehnt. Wenn Sie den Behälter im Freien halten möchten, entleeren Sie ihn und lagern Sie ihn umgestülpt, so dass er sich nicht mit Regenwasser füllt, das dann wiederum gefrieren und Risse verursachen kann.
- Ein Fassteich ist aus Holz, einem natürlichen Isolierstoff, gefertigt und kann daher unter geschützten Bedingungen auch im Freien überwintern. Achten Sie jedoch auf die individuellen Bedürfnisse der Fische und Pflanzen in jeder Art von Kübelteich. Selbst wenn das Holz keine Risse bildet, sind die Fische vielleicht nicht so widerstandsfähig.

UNTEN: *Hier wird Wasser von einem Springbrunnen etappenweise von einem Keramikbehälter in einen zweiten und von dort in einen dritten gepumpt.*

## DAUERHAFTE TEICHANLAGEN

Da dauerhafte Teichanlagen viele Jahre lang halten sollen, lohnt es sich, vor Beginn des Teichbaus alle zu berücksichtigenden Faktoren unter die Lupe zu nehmen. Nur zu leicht könnte man sonst eine Folie kaufen, die im Gartenbaumarkt zu einem ansprechenden Teich geformt wurde, die aber für Ihren Garten vielleicht überhaupt nicht geeignet ist. Planen Sie daher vor dem Kauf sorgfältig.

### Größe

- Damit das Wasser klar bleibt und eine angemessene Anzahl von Tieren wie verschiedene Fischarten im Teich leben können, sollten Sie eine Wassertiefe von mindestens 60 cm und eine Wasserfläche von mindestens 3,7 $m^2$ vorsehen.

### Standort

- Im Idealfall sollte ein Teich mindestens sechs Stunden Sonnenlicht am Tag erhalten, vor Ostwinden geschützt sein und nicht zu dicht bei laubwerfenden Bäumen stehen, die den Teich sonst in jedem Herbst mit Blättern bedecken würden. Verrottende Blätter erzeugen Gase und Salze, die für Fische schädlich sind und das Wachstum von Grünalgen fördern.
- Teiche können natürlich an einem schattigen Standort angelegt werden, und die Reflexionen auf der Wasseroberfläche können einen langweiligen Winkel aufhellen, aber die meisten Teichpflanzen benötigen für ein gesundes Wachstum gutes Licht. Ein Wasserobjekt ohne organische Elemente wie ein Springbrunnen oder ein Speirohr sind für einen schattigen Standort besser geeignet.
- Wenn Sie sich Wasserbewegung für Ihren Teich wünschen, benötigen Sie Zugang zu Strom. Sie können zwar einen Stromanschluss einrichten lassen, jedoch kann dadurch Ihr Projekt zu teuer werden.
- Statt den Traum eines stufenförmig angelegten Springbrunnens ganz aufzugeben, können Sie einen Kompromiss eingehen und Ihren Teich in der Nähe eines Netzstromanschlusses anlegen, wie z. B. unweit eines Außengebäudes oder des Hauses. Solarbetriebene Pumpen sind eine weitere Option. Zum Zeitpunkt der Erstellung dieses Buchs steckt die Entwicklung zwar noch in den Kinderschuhen, die Pumpen sind sehr teuer und die Leistung fällt bei Beginn der Dunkelheit ab, aber Solarpumpen sind ökologisch sinnvoll und von besonderem Interesse für Gartenbesitzer ohne Stromanschluss im Garten.

UNTEN: *Blaue Keramiktöpfe und blaue Platten rund um den Teich ergänzen die blauen Blumen.*

UNTEN: *Teiche können je nach Platz im Garten groß oder klein sein.*

### Form und Stil

❀ Wählen Sie eine Form, die harmonisch zu dem übrigen Garten passt. Ein Teich, der ein natürliches Wasserbecken nachahmt und komplett mit großen Steinen am Rand und Steingartenpflanzen angelegt wird, ist häufig die automatische Wahl für den neuen Gartenbesitzer; ein solcher Teich kann jedoch in einer strengen, modernen Umgebung völlig fehl am Platz wirken. Und umgekehrt sähe ein kleiner, kunterbunter Garten im Cottagestil mit einem absolut geometrischen und gleichmäßigen Becken in der Mitte einfach nicht richtig aus.

### Sicherheit

❀ Stehendes Wasser in jeder Größe ist eine potenzielle Ertrinkungsgefahr besonders für kleine Kinder. Die einzig wirklich kinderfreundlichen Wasserelemente sind solche ohne stehendes Wasser, wie z. B. auf Kiesel plätschernde Springbrunnen.

❀ Sie können einen herkömmlichen Teich aber kindersicher machen, indem Sie das Wasser mit einem festen Metallgitter zudecken. Setzen Sie Pflanzen in den Teich, damit sie durch das Gitter wachsen und es weitgehend verbergen. Wenn Ihre Kinder größer sind, kann das Gitter entfernt werden. Denken Sie aber daran, dass Ihr offener Teich auch für besuchende Kinder gefährlich ist, die von diesem neuen Erlebnis magisch angezogen werden.

## ANLEGEN EINES AUSGEKLEIDETEN TEICHS

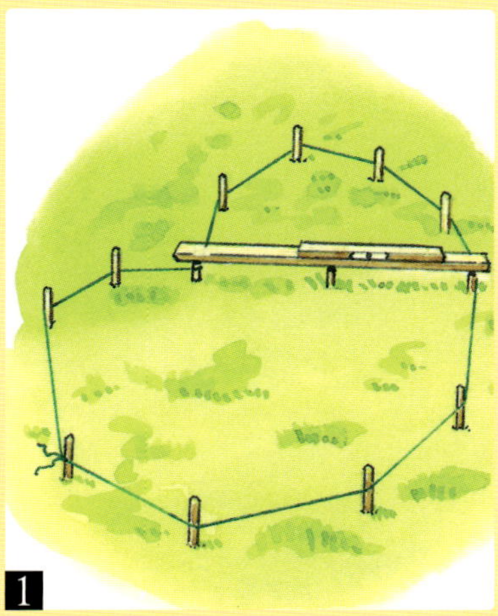
1

2

3

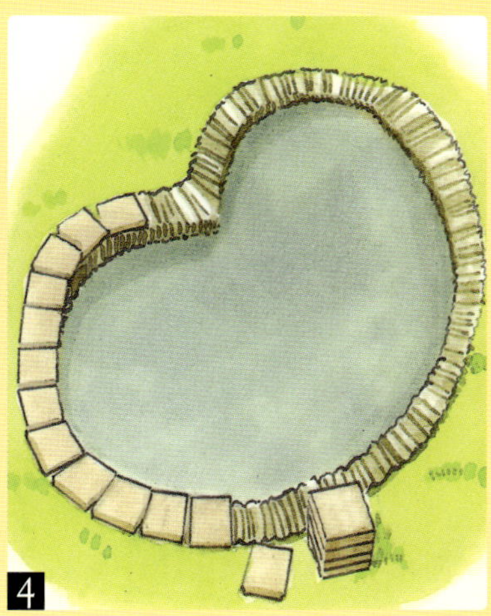
4

*1 Markieren Sie die benötigte Teichform mit einem Schlauch oder Band und Pfosten auf dem Boden.*

*Messen Sie den Teichbereich und berechnen Sie so, wie groß die elastische Folie sein muss (s. nächste Seite).*

*2 Heben Sie die Grube aus, zuerst am Rand in einer Tiefe von ca. 30 cm, um dort Teichrandpflanzen setzen zu können. Heben Sie dann die Teichmitte aus. Die Pflanzstufe rund um den Rand sollte ebenso breit wie tief sein. Befreien Sie den Teichgrund von Wurzeln, Steinen und Schutt, da diese sonst die Folie beschädigen könnten.*

*3 Legen Sie die Folie über die Grube und lassen Sie ihr ca. 1 Stunde Zeit, um sich zu setzen. Achten Sie darauf, dass die Folie mittig über der Grube liegt. Legen Sie Steine rund um den Rand, um die Folie zu beschweren. Füllen Sie den Teich mit langsam fließendemWasser, so dass sich die Folie gleichmäßig setzen kann. Wenn sich der Teich füllt, nehmen Sie die Steine vom Folienrand nacheinander wieder ab. Falten Sie die Folie bei Bedarf an Ecken ordentlich übereinander.*

*4 Entfernen Sie die restlichen Steine und schneiden Sie die überstehenden Folienkanten bis auf eine Länge von 15 cm mit einer Schere ab. Verlegen Sie Kantenplatten auf Mörtel rund um den Teich, um die verbleibende Folie zu verbergen.*

## DIE RICHTIGE TEICHFOLIE

Früher wurden Teiche mit gestampfter Tonerde ausgekleidet, damit das Wasser nicht versickern konnte. Diese Verkleidung ist allerdings weder zuverlässig noch praktisch. Beton wird nach wie vor bei einigen kommerziellen Anwendungen verwendet, ist aber teuer und mühsam. Die meisten modernen Wassergartenbesitzer wählen entweder eine elastische Folie oder ein Fertigbecken für ihren Teich.

- Vorgeformte Becken können teuer sein und ihr „Fertiglook" kann täuschen. Der Einbau ist nämlich viel schwieriger als bei elastischen Folien, die sehr vielseitig sind.
- Kaufen Sie stets die hochwertigste Folie, die Sie sich leisten können, damit sie lange hält. Dies ist besonders wichtig, wenn Sie einen großen und komplexen Wassergarten voller Fische und Pflanzen anlegen. Es wäre äußerst aufwendig, einen solchen Teich zur Reparatur oder zum Auswechseln der Folie zu demontieren.

## FERTIGBECKEN

Fertigbecken sind sehr beliebt. Die billigeren, am häufigsten verwendeten halbfesten Fertigbecken bewegen sich aber, wenn Sie sie einsetzen, und erschweren dadurch den Einbau ganz erheblich. Jede Ungenauigkeit beim Einbau wird schnell deutlich, wenn sich Wasser an einem Ende staut oder, noch schlimmer, wenn das Becken reißt, weil es viel Wasser an einer Stelle tragen muss, die unter dem Becken nicht ausreichend abgestützt ist. Darüber hinaus ist die Lebensdauer der Becken mit 5 bis 10 Jahren relativ kurz. Im Allgemeinen sind die Becken zu flach, um Fische darin überwintern zu lassen (es sei denn, Sie verwenden eine Teichheizung), sowie für viele Pflanzen. Völlig feste Fertigbecken sind teurer und halten korrekt installiert mindestens 25 Jahre. In den meisten Fällen ist eine hochwertige elastische Folie jedoch vorzuziehen.

OBEN: *Ein gut gepflegter Teich verleiht dem Garten eine völlig neue Dimension.*

## ELASTISCHE FOLIEN

Mit einer elastischen Folie können Sie einen Teich ganz nach Ihren Vorstellungen schaffen, in der geeigneten Tiefe für alle gewünschten Pflanzen und Tiere. Markieren Sie die Teichform mit einer Sandlinie, einem Schlauch oder Seil, damit Sie eine genauere Vorstellung Ihres Designs bekommen, bevor Sie den Boden ausheben. Um die benötigte Menge an elastischer Folie zu berechnen, messen Sie die Länge und Breite des gewünschten Teichs. Geben Sie zu jedem Messwert die doppelte maximale Tiefe hinzu. Bei einem unregelmäßig geformten Teich gehen Sie ebenso vor. Zeichnen Sie die unregelmäßige Form aber zunächst gedanklich in ein Rechteck, um grob die Größe zu schätzen.

### Butylkautschuk

- Dieses Material ist herrlich robust und tolerant, lässt sich leicht verlegen, ist elastisch und passt sich sogar im Laufe der Zeit an den sich setzenden Boden an. Solange die Folie nicht durch achtlosen Umgang oder ein Tier beschädigt wird, hält sie mindestens 25 Jahre. Dies ist ein großes Plus, wenn Sie ein kompliziertes Wasserelement installieren.

### Dauerhaftes PVC

- Dieses Material ist nicht so teuer wie Butylkautschuk, die Elastizität dieses Materials wurde aber durch eine chemische Behandlung verbessert, so dass es bei Sonneneinstrahlung nicht reißt. Einige so genannte dauerhafte PVC-Arten wurden mit Nylon verstärkt, woduch sie aber nicht unbedingt weniger brüchig werden. Beide Materialarten müssten bis zu 25 Jahren halten.

### PVC

- PVC ist im Grunde nur zum Auskleiden eines Sumpfgartens geeignet, bei dem die Folie völlig vor Sonnenlicht verborgen ist, da PVC durch wiederholte direkte Sonneneinwirkung brüchig wird und an den Kanten, an denen es nicht von Wasser bedeckt ist, Risse bildet.
- Löcher in der Teichfolie unterhalb der Wasseroberfläche lassen sich zwar reparieren, Risse entlang der Teichkante hingegen können nicht zufriedenstellend ausgebessert werden. PVC ist günstig und kann eine erwägenswerte Option darstellen, wenn Sie ein Wasserelement einbauen, das nicht allzu lange an diesem Standort bleiben soll. Die durchschnittliche Lebensdauer einer PVC-Folie liegt bei 5 bis 10 Jahren.

### Schwarze Polyäthylenfolie

- Geraten Sie nicht in die Versuchung, schwarze Polyäthylenfolie als Teichverkleidung einzusetzen, nicht einmal für einen Sumpfgarten. Die Folie ist einfach nicht robust genug und würde maximal 2 bis 3 Jahre halten.

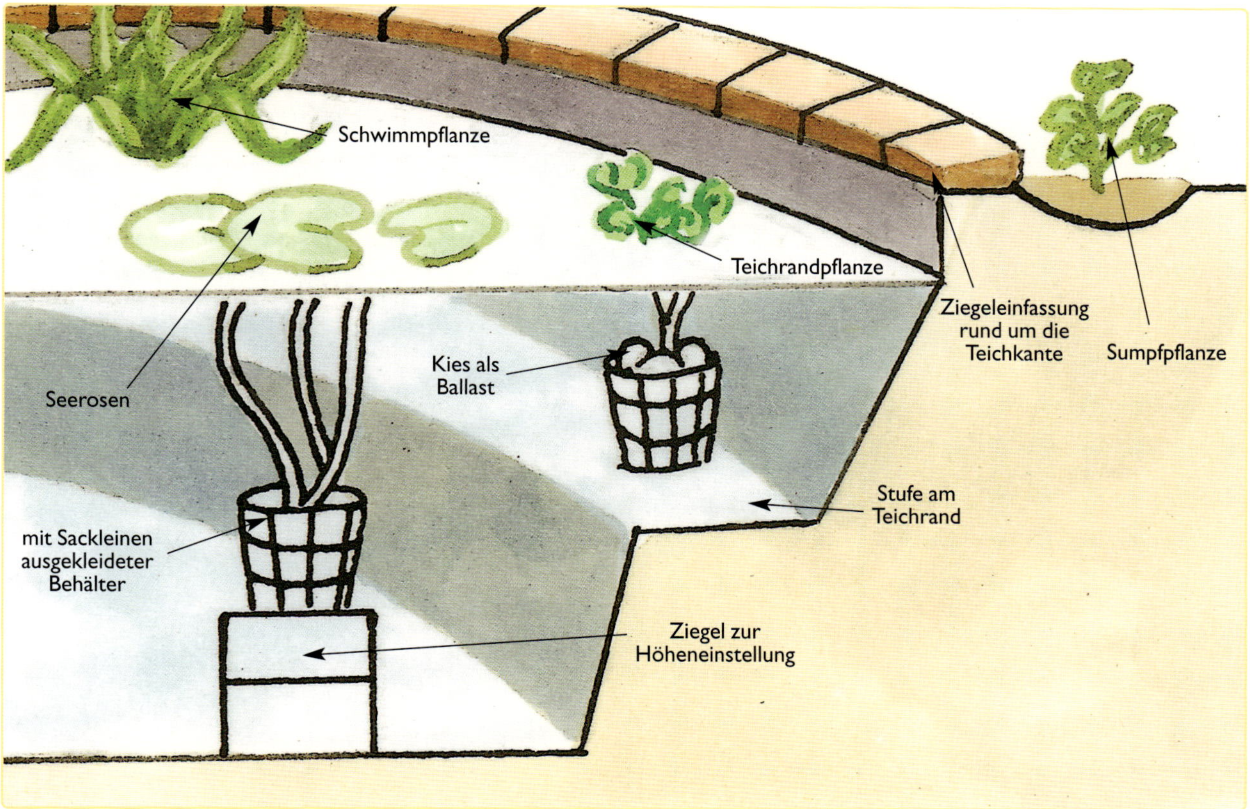


OBEN: *Querschnitt durch einen stufenförmigen verkleideten Teich mit Bepflanzung.*

## BEPFLANZEN EINES PFLANZKORBS FÜR DEN TEICH

*1 Verwenden Sie einen Behälter, der für die Wurzeln der ausgewachsenen Pflanze ausreicht. Wenn der Behälter nicht aus sehr feinem Drahtgeflecht besteht, legen Sie ihn mit Sackleinen aus. Geben Sie zunächst feuchte Teicherde und dann die Pflanze in den Behälter. Füllen Sie ihn mit mehr Teicherde auf und drücken Sie sie fest.*

*2 Um den Behälter zu beschweren und zu verhindern, dass die Erde in das Wasser entweicht, geben Sie abschließend Kies in den Korb.*

*3 Schneiden Sie überschüssiges Sackleinen ab und befestigen Sie an den Korbseiten zwei Bänder, um den Korb leichter in den Teich absenken zu können. Wenn die Pflanze noch zu jung und leicht ist, um unter Wasser zu bleiben, beschweren Sie sie mit weiterem Kies oder großen Kieselsteinen, bis die Pflanze größer ist.*

1

2

3

## TEICHPFLEGE

*In jeder Jahreszeit muss Ihr Teich gepflegt und gewartet werden.*

### Frühling

- Füttern Sie die Fische je nach Bedarf, sobald Sie merken, dass sie wieder aktiv werden.
- Vergewissern Sie sich, dass alle Elektroteile an Ihrem Wasserobjekt funktionstüchtig sind.
- Entfernen, reinigen und lagern Sie Ihre Teichheizung.
- Schließen Sie die Tauchpumpe wieder an Ihre Fontäne oder den Wasserfall an.
- Heben, teilen und pflanzen Sie neue Teile von zu dicht stehenden Seerosen und anderen beengten Pflanzen um.
- Setzen Sie die ersten neuen Wasserpflanzen.
- Düngen Sie etablierte Wasserpflanzen exakt so wie vom Hersteller beschrieben, damit Sie nicht versehentlich die Algen statt der Kulturpflanzen düngen.

### Herbst

- Solange die Fische aktiv wirken, füttern Sie sie.
- Pflanzen Sie, bis sich die Temperaturen abkühlen.
- Heben, teilen und pflanzen Sie neue Teile beengter Pflanzen um, bis die kalte Jahreszeit beginnt.
- Schneiden Sie Pflanzen zurück, entfernen Sie die Blätter und Blütenstängel verblühter Pflanzen. Prüfen Sie aber zunächst die individuellen Anforderungen jeder Pflanze. Teichrandpflanzen sollten beispielsweise nicht bis unterhalb der Wasseroberfläche zurückgeschnitten werden.
- Entfernen Sie regelmäßig Abfälle vom Teich.
- Legen Sie bei Bedarf ein Netz über den Teich, um Blätter aufzufangen, bis die umliegenden Bäume alle Blätter verloren haben.
- Entfernen Sie empfindliche Pflanzen und überwintern Sie sie in einer kühlen, aber frostfreien Umgebung in Wasser.
- Entfernen, reinigen und lagern Sie die Tauchpumpe.
- Setzen Sie die Teichheizung ein.

### Sommer

- Füttern Sie weiterhin die Fische genau nach den Vorgaben des Futterherstellers.
- Setzen Sie weitere Pflanzen.
- Prüfen Sie regelmäßig den Wasserstand und füllen Sie bei Bedarf Wasser nach. Bei heißem Wetter kann die Wasserhöhe pro Woche um 2,5 – 5 cm fallen. Für einen kleinen Teich ist das sehr viel und für Pflanzen, Fische und die Teichfolie gefährlich. Wenn Sie für längere Zeit verreisen, bitten Sie einen Bekannten, während Ihrer Abwesenheit nach dem Wasserstand zu schauen und bei Bedarf Wasser nachzufüllen.
- Beseitigen Sie Fadenalgen mit einer Harke oder durch Aufwickeln auf einen Stock von der Wasseroberfläche.
- Entfernen Sie Verblühtes, bevor sich Samen bilden.

### Winter

- Füttern Sie die Fische nicht weiter.
- Hören Sie mit dem Pflanzen auf.
- Ergreifen Sie Vorkehrungen für starken Frost. Wenn Sie keine Teichheizung besitzen, lassen Sie einen Ball auf der Wasseroberfläche schwimmen, damit sich kein Eis bilden kann. In einem kleinen Becken kann das gesamte Wasser gefrieren. Für die Fische und viele Pflanzen ist das verheerend. In größeren Teichen tötet das Eis an sich zwar nicht, aber wenn die Wasseroberfläche länger als etwa einen Tag mit Eis bedeckt ist, kann sich das giftige Methangas, das von den im Wasser befindlichen, verrottenden Pflanzen abgegeben wird, anstauen und Fische töten. Halten Sie deshalb einen kleinen Teichbereich eisfrei, so kann das Gas entweichen.

## Ausbessern von Löchern

- Wenn ein Teich mehr Wasser verliert, als Sie bei normaler Verdunstung erwarten, müssen Sie die Ursache finden. Bringen Sie Fische und Pflanzen vorübergehend anderweitig unter und gehen Sie der Sache auf den Grund.
- Sollte ein Springbrunnen oder ein anderer Wasserlauf installiert sein, schalten Sie die Pumpe ab und schauen Sie, ob der Wasserstand fällt. Die meisten undichten Stellen treten rund um den Kaskadenteil auf. Wenn hier kein Leck sichtbar ist oder Sie keinen Wasserlauf besitzen, füllen Sie den Teich wieder auf und warten Sie, dass der Wasserstand von alleine sinkt, bis Sie das Leck sehen können. Die Pflanzstufe ist eine weitere häufige Stelle für Lecks.
- Ein plötzlicher und erheblicher Wasserverlust deutet auf ein großes Loch hin, das in ähnlicher Weise geflickt werden muss wie ein Fahrradreifen. Verwenden Sie einen für Ihre Folie geeigneten Reparatursatz.
- Wenn Sie trotz aller Bemühungen das Leck nicht finden, müssen Sie vielleicht eine Ersatzfolie über die alte legen.

## Lecks in neuen Teichen

- Vergewissern Sie sich, dass die Teichkanten gleich hoch sind. Das Problem kann einfach durch die Schwerkraft verursacht werden – das Wasser fließt an der niedrigsten Stelle aus dem Teich ab. Ein weiteres, leicht zu behebendes Problem könnte darin bestehen, dass eine Falte in der elastischen Teichfolie eine Lippe bildet, über die Wasser aus dem Teich läuft. Legen Sie einfach die Folie anders, und schon ist das Leck beseitigt.

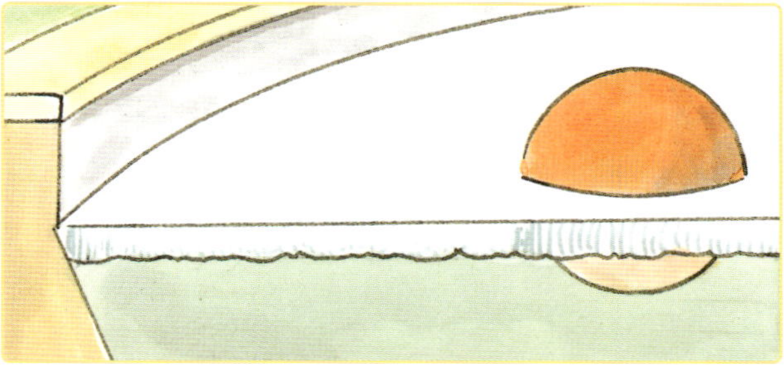

OBEN: *Lassen Sie einen Ball in einem neu angelegten Teich schwimmen, um sicherzugehen, dass die Ränder gleich hoch sind – wenn nicht, treibt der Ball automatisch zur niedriger liegenden Seite.*

### REPARIEREN EINES GROSSEN LOCHS IN EINEM TEICH

*Wenn der Wasserstand im Teich plötzlich sinkt, weist dies auf ein großes Loch in der Folie hin.*

1 *Finden Sie das Loch und nehmen Sie einen Flickensatz, der zur Folie passt. Bestreichen Sie den Bereich über und um das Loch sowie den Flicken mit Klebstoff. Warten Sie, bis er etwas fest wird.*

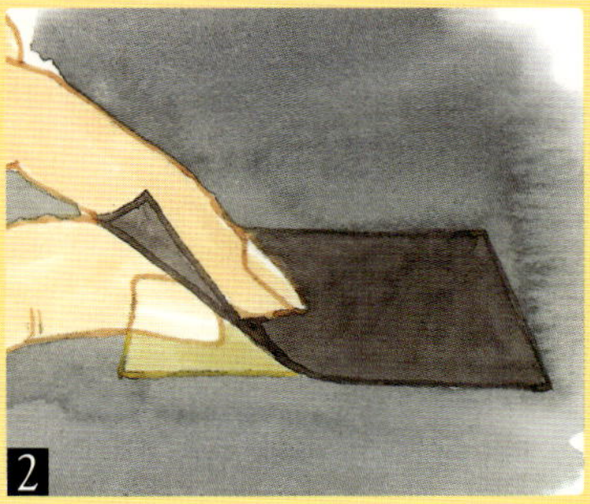

2 *Legen Sie den Flicken fest über das Loch, drücken Sie den Flicken an und versiegeln Sie ihn so. Warten Sie, bis der Klebstoff völlig fest ist.*

### PFLEGE

*Bepflanzte Teiche müssen regelmäßig gepflegt werden, damit sie gesund und ansehnlich bleiben.*

1 *Schneiden Sie gelblich werdende Blätter mit einem scharfen Messer ab.*

2 *Drehen Sie einen Stock im Wasser, um Fadenalgen zu entfernen.*

3 *Ziehen Sie eine Planke über die Wasseroberfläche, um Wasserlinsen abzuschöpfen.*

## BEWÄSSERUNG

Alle Gärten müssen bei heißem, trockenem Wetter bewässert werden. In sehr kleinen Gärten kann eine Gießkanne ausreichen, die meisten Gärten brauchen aber mehr.

### Mit der Hand bewässern

❀ Einigen Gärtnern macht es Spaß, mit einem einfachen, auf eine Rolle gewickelten Gartenschlauch von Hand zu bewässern. Die Rolle kann mobil oder an einer Wand befestigt sein. In letzterem Fall sollte sie nach Möglichkeit hinter Sträuchern oder Kletterpflanzen unauffällig verborgen sein.

### Sprenger

❀ Statt von Hand zu bewässern, lassen Sie vielleicht lieber einen Sprenger laufen, den Sie von Zeit zu Zeit an eine andere Stelle im Garten versetzen. Viereck-Regner sind die vielseitigste Option für große Gärten. Statische Sprenger sind die einfachsten Systeme und besonders für kleine, begrenzte Räumlichkeiten zu empfehlen. Gartenspritzdüsen kosten am meisten, decken aber auch den größten Bereich ab. Bevor Sie einen Sprenger einsetzen, prüfen Sie, wie weit er reicht. Nachbarn können unangenehm überrascht werden, wenn sie plötzlich durch Ihren Sprenger nass werden!

### Perforierte Schläuche

❀ Diese Schläuche werden in Blumenbeeten oder rund um Außenwände, die häufig besonders trocken werden, verlegt. Statt sie einfach auf den Boden zu legen, können Sie sie ca. 5 cm tief eingraben, damit das Wasser nicht so schnell verdunstet.

### Automatische Bewässerungssysteme

❀ Dies können einfache Geräte sein, die sich an einen Wasserhahn anschließen lassen und sich nach einer bestimmten Wassermenge automatisch abschalten, oder auch komplizierte programmierbare Timer.

OBEN: *Die sorgfältige Positionierung eines Holzfasses in einer unauffälligen Ecke des Gartens sieht hübsch aus und liefert einen beständigen Nachschub an Regenwasser, mit dem Sie Pflanzen bewässern können.*

OBEN: *Eine robuste Gießkanne reicht für die Bewässerungsbedürfnisse eines Kübelgartens aus.*

OBEN: *Sprenger können eine wertvolle Bewässerungshilfe sein. Dieser hier sprengt am frühen Abend eine Blumenrabatte. Um diese Zeit kann das Wasser nicht so leicht verdunsten, bevor es die Wurzeln der Pflanzen erreicht.*

## FRÜHE ENGLISCHE GÄRTEN

WÄHREND des gefährlichen, von Kriegen gekennzeichneten Mittelalters spielten Klöster eine wichtige Rolle bei der Erhaltung der Gartenbaukunst. Leider sind keine Beispiele mittelalterlicher Gärten erhalten geblieben, wir müssen uns daher auf Bilder und Schriften verlassen. Diese beschreiben von Mauern umschlossene Gärten, die von ihrer Form her den persischen Gärten in der Antike ähnelten. Bis zur Herrschaft der Tudors und Stuarts (16. – 17. Jahrhundert) wurden kleine, von Mauern umgebene Gärten kunterbunt rund ums Haus verteilt. Sie umfassten Medizin- und Kräutergärten, Spaliere, Fontänen, Torfsitze und einen Wiesenbereich, der mit Tulpen, Vergissmeinnicht und Gänseblümchen bepflanzt wurde. Auch Hügel waren beliebt, von denen aus der Garten betrachtet werden konnte. Ein solcher Hügel konnte bis zu 9 m hoch sein, und auf der Kuppe befand sich häufig ein kleiner Unterstand.

# GARTENBELEUCHTUNG

**In den letzten Jahren wird der Garten immer mehr als weiterer Wohnbereich statt als rein den Pflanzen vorbehaltener Bereich angesehen. Die Beleuchtung kann rein funktionell oder aber eher atmosphärisch gestaltet werden. Sie kann die Zeit verlängern, die Sie im Garten verbringen können, und Ihren Ausblick vom Haus auf den Garten am Abend oder bei schlechterem Wetter verbessern. Im Gartenhandel und in Heimwerkermärkten finden Sie mittlerweile eine größere Auswahl an Beleuchtungssystemen für den Garten. Ein herrlich beleuchteter Garten ist daher nicht länger allein dem Gartendesigner vorbehalten.**

### Sicherheitsbeleuchtung

❀ In den meisten Gärten sind bei der Beleuchtung in erster Linie praktische Gesichtspunkte von Bedeutung. Abends sollten Sie deutlich vom Gartentor bis zur Haustür sehen können. Sind Stufen im Garten vorhanden, die im Dunkeln kaum sichtbar sind, reduziert eine gute Beleuchtung das Unfallrisiko erheblich.

❀ Bringen Sie keine intensiven, vereinzelten Lampen wie Spotlights an potenziell gefährlichen Stellen an. Wenn Sie von einem hell erleuchteten Bereich in plötzliche Dunkelheit wechseln, können sich Ihre Augen nicht schnell genug an die veränderten Lichtverhältnisse gewöhnen. So können Sie unbeabsichtigt die Sturzgefahr erhöhen. In derartigen Bereichen muss das Licht verteilt werden, so dass der gesamte Weg unter den gleichen Lichtbedingungen abgeschritten werden kann. Diese Beleuchtungskörper werden auch als Streulicht bezeichnet.

UNTEN: *Achten Sie darauf, dass so versteckt liegende Merkmale wie Stufen nachts gut erleuchtet sind.*

## Beleuchtung für erhöhte Sicherheit

- Intensive Beleuchtung rund ums Haus schreckt Eindringlinge bewiesenermaßen ab. Flutlichter mit Bewegungsmeldern sind im Handel überall erhältlich. Diese Lichter werden durch punktuelle Wärmeveränderungen aktiviert und automatisch eingeschaltet, wenn sich eine Person oder ein Tier nähert.
- Denken Sie genau darüber nach, wo Sie diese Lichter installieren. In Türnähe sind sie gewiss wirksam, können aber für Sie und Ihre Nachbarn sehr störend sein, wenn das Licht ständig durch harmlose Fußgänger aktiviert wird. Versetzen Sie das Licht einen Meter zur Seite. Das könnte schon ausreichen, damit Sie genug sehen können, um die Haustür sicher aufzuschließen, und unerwünschte Eindringlinge werden dennoch wirksam abgeschreckt.
- Bewegungsmelder sind in vielen Stilrichtungen erhältlich. Wählen Sie daher eine Leuchte, die zum Stil Ihres Hauses passt. So sähe beispielsweise eine Hitech-Leuchte vor einem Biedermeierhäuschen sehr fehl am Platze aus. Eine Laterne im Kutscherstil wäre hier hingegen sehr hübsch.

## Beleuchtung zur erweiterten Gartennutzung

- Die Speisenzubereitung und das Essen im Freien erfreuen sich in den letzten Jahren immer größerer Beliebtheit. Verbesserungen bei Kochmethoden im Freien, wie z. B. Gasgrillgeräte und sogar Öfen im mexikanischen Stil, verwandeln den Garten wirklich in einen weiteren Raum.
- Auch wenn die Tage kürzer werden, besteht kein Grund, das Vergnügen des Terrassenlebens zu beeinträchtigen. Sorgen Sie für angemessene Beleuchtung, so dass die Speisenvor- und -zubereitung bequem fortgesetzt werden kann, und Sie werden feststellen, dass Sie bereits früher im Jahr und noch bis in den Herbst hinein draußen Gästen bewirten können.
- Ein einfaches, an die Hauswand montiertes Flutlicht beleuchtet zwar eine weite Fläche, das ausgestrahlte Licht ist aber weder intim noch attraktiv. Angemessener wäre eine spezifische Beleuchtung für den Koch- und Essbereich sowie Lampen, die besonders interessante Merkmale des Gartens hervorheben. Dabei kann es sich um ein einfaches Spotlight über dem Grill und Laternen rund um den Tisch handeln. Sie können aber natürlich auch ein eleganteres Arrangement permanenter Beleuchtung im gesamten Garten installieren.

UNTEN: *Beleuchtung erhöht die Zeit, die Sie gemütlich in Ihrem Garten verbringen können.*

UNTEN: *Wirksame Beleuchtung erweitert den Wohnraum vom Haus in den Garten.*

## Lichteffekte

❀ Jeder, der einmal in einen mit Weihnachtslichtern erhellten Garten geblickt hat, und seien es auch nur einige an einem einsamen Baum aufgehängte Christbaumleuchten, wird zugeben, dass Licht Ihr Vergnügen an Ihrem Garten steigern kann, auch wenn Sie geschützt im Haus sitzen. Diese atmosphärische Beleuchtung unterscheidet sich von der funktionellen.

❀ Eine gleichmäßige Beleuchtung des gesamten Gartens erhöht weder den Charme noch die Romantik. Stimmungsbeleuchtung stammt ebenso wie im Haus von separaten Lichtquellen, die gezielt so positioniert sind, dass sie besonders interessante Aspekte beleuchten. Weniger attraktive Merkmale können im Dunkeln bleiben und dem Schatten anheim fallen.

❀ Ebenso wie zu viele dekorative Aspekte in einem Garten um Aufmerksamkeit wetteifern und einen zu geschäftigen, unruhigen Eindruck vermitteln können, sollte auch bei akzentuierter Beleuchtung besondere Sorgfalt walten. Zu viele unterschiedliche Lichttypen können ein zusammenhangloses Bild vermitteln – das besser zu einem großen Stadtpark passt als in die meist kleineren Privatgärten.

❀ Möglicherweise ist nur ein einziger, in der Silhouette sichtbarer Baum oder ein Teich mit Unterwasserbeleuchtung erforderlich, um eine Wirkung zu erzeugen. Transparentes weißes Licht bewahrt meist am besten ein natürliches Gefühl. Behalten Sie sich farbige Lampen für einen besonderen Anlass vor, sonst könnte Ihr Garten auf peinliche Weise wie eine Märchengrotte aussehen statt wie das geplante elegante Idyll.

UNTEN: *Die Installation von an den Netzstrom angeschlossener Beleuchtung kann teuer und störend sein, das Ergebnis lohnt jedoch alle Anstrengungen und Kosten.*

## Praktische Erwägungen

❀ Für die meisten Gartenleuchten sind elektrische Anschlüsse erforderlich. Es werden zwei Arten von Elektroleuchten im Garten benutzt – Niederspannungsleuchten und mit Netzstrom betriebene Lampen.

❀ Netzstrombeleuchtung sollte am besten in der Planungsphase eines Gartens erwogen werden, da die Kabel professionell mindestens 46 cm tief unter der Erde verlegt werden müssen. Dies ist natürlich teuer und störend, aber erforderlich, wenn Sie Ihren Garten effektiv beleuchten möchten, lange Kabel verlegt werden müssen, die Lampen lange brennen sollen oder eine breite Landschaft zu beleuchten ist.

❀ Niederspannungslampen senken die Spannung mittels eines Trafos und reduzieren so wirksam die verfügbare Beleuchtungskraft. Gleichzeitig wird die Beleuchtung aber sicherer. Der Hauptvorteil eines Niederspannungssystems besteht darin, dass die Kabel nicht eingegraben werden müssen.

❀ Niederspannungskabel mit hoher Leistung können bei Bedarf sogar auf dem Boden verlegt werden. Es ist jedoch besser, Kabel nach Möglichkeit zu vergraben und zu ummanteln, um eine Beschädigung während der Gartenarbeit zu vermeiden.

UNTEN: *Dezente Leuchten in Lücken können Bereiche wie Wege und Stufen unauffällig erhellen.*

## Beleuchtungsmuster

- Beleuchtung fällt im Allgemeinen in zwei Kategorien – Spotlights und Flutlichter. Der Unterschied liegt in der Lichtstreuung. Spotlights geben einen schmalen, an den Kanten scharf definierten Lichtstrahl ab; Flutlichter haben einen breiten Strahl, der an den Kanten sanft abfällt. Leuchten beider Kategorien können verschiedene Effekte erzielen, wie z. B. Beleuchtung nach oben oder unten oder von hinten. Aufgrund des kontrollierten und schmalen Strahls sind Spotlights allerdings häufiger anzutreffen.
- Für eine Beleuchtung von hinten wird das Licht hinter einem Element wie einer Statue angebracht, so dass diese in einer dramatischen Silhouette dargestellt wird. Bei der Beleuchtung nach oben wird eine Lichtquelle auf Bodenhöhe montiert. Die Leuchte scheint nach oben auf eine Pflanze oder ein anderes Merkmal. Viele ausgewachsene Bäume sehen aus dieser Perspektive besonders spektakulär aus.
- Beleuchtung nach unten spricht für sich – eine Lampe scheint aus der Höhe nach unten. Es kann sich dabei um eine funktionelle Beleuchtung handeln, wie Wandleuchten, die zur Terrasse hin scheinen, oder dramatisch wirkende Mondscheinleuchten. Diese nach unten weisenden Lampen werden in einem Baum verteilt und imitieren das Mondlicht. So wie das weiche Licht von Tischlampen eine intime Atmosphäre im Haus schafft, vermitteln nach unten scheinende Lampen im Garten Gemütlichkeit.

## Externe Lampen

- Die meisten kennen externe Wandleuchten, die z. B. die Haustür oder den Bereich rund um Garagen und Schuppen beleuchten. Auch Pfahllaternen sind beliebt. Neben den bekannten Pfahllaternen im Kutscherstil sind im Handel auch kürzere Pfahlleuchten erhältlich. Bei diesen Leuchten wird das Licht über einen kleineren Bereich zerstreut, so dass sie eine dezentere Alternative darstellen.
- Lampen mit Spikefixierung sind vielleicht weniger bekannt, dafür aber sehr flexibel und daher eine überlegenswerte Alternative. Diese Lampen werden in den Rasen oder die Erde gesteckt und sind sowohl als feste Positionsleuchten als auch Leuchten mit festem Winkel erhältlich, mit denen gezielte Lichteffekte geschaffen werden können.
- In Aussparungen montierte Lampen, die z. B. Mauerziegel in Mauern neben Wegen ersetzen, können Pfade sicher und zugleich dezent erhellen. Wofür Sie sich aber auch entscheiden, übertreiben Sie es nicht mit den faszinierenden Möglichkeiten der Gartenbeleuchtung. Betonen Sie die Aspekte Ihres Gartens durch die Beleuchtung, aber lassen Sie nicht zu, dass die Lichteffekte den Garten beherrschen.

RECHTS: *Diese Gartenstufen werden durch eine ungewöhnliche und attraktive Lampe erhellt.*

## BELEUCHTUNGSSYSTEME

STROM im Garten hat effektive Lichtarrangements für alle Gärten, ob winzig klein oder sehr weitläufig, möglich gemacht. Zudem kann der Garten wirksam und wirtschaftlich über einen langen Zeitraum auch in Ihrer Abwesenheit bewässert werden. Verwenden Sie für den Garten stets spezielle Außenleuchten. Andere Beleuchtungstypen sind im Freien gefährlich.

### Vorzüge der Gartenbeleuchtung

- Beleuchtung verleiht dem Garten eine weitere Dimension und sollte von Anfang an in Ihrem Gartenentwurf berücksichtigt werden. Ein guter Entwurf kann Ihren Garten am Abend in eine völlig andere Welt verwandeln. Sie können sanfte Lichtseen mit allgemein erhellender Wirkung schaffen oder bestimmte Bäume, Sträucher und Gartenmerkmale dramatisch hervorheben.
- Kleine, zwischen den Blättern und Blüten großer Containerpflanzen und umliegender Beetbepflanzungen versteckte Lampen fesseln und entzücken das Auge. Häufig ist es hübscher, den Garten statt des Hauses zu beleuchten (es sei denn, Ihr Haus besitzt ungewöhnliche architektonische Merkmale, die besonders hervorgehoben werden sollen).

### Wie viel Licht?

- Für einen typischen Vorstadtgarten reichen ein oder zwei kleine, an der rückwärtigen Hauswand montierte Flutlichter aus, damit man sich sicher bewegen und die Terrasse zum Grillen nutzen kann. Um Aspekte des Gartenentwurfs oder einzelne Pflanzen hervorzuheben und um den Garten abends faszinierender zu machen, kann allerdings erheblich mehr getan werden.
- Blickpunkte wie Skulpturen und Springbrunnen sind erleuchtet besonders wirkungsvoll. Denken Sie aber daran, dass Sie selbst für einen dramatischen Effekt dezente Beleuchtung wählen sollten. Man kann es nur zu leicht mit der Beleuchtung übertreiben. Das Resultat ist dann grell und unangenehm.

UNTEN: *Eine handgefertigte japanische Lampe lässt den Garten in der Dunkelheit angenehm leuchten und erhellt den Steg.*

## Beleuchtung für den Raum im Freien

- Die Beleuchtung ist vor allem dann wichtig, wenn der Garten klein ist, abends zur Bewirtung von Gästen genutzt wird und wenn die Pflanzen hervorgehoben werden sollen. Sie möchten in diesem Fall sicher nicht nur die vom Wohnzimmer aus sichtbaren Pflanzen erhellen, die vielleicht am anderen Ende des Gartens stehen, sondern auch den Weg zu ihnen. Eine derartige Beleuchtung muss nicht taghell sein, nur hell genug, dass man den Weg erkennt. Der übrige Garten kann ruhig in geheimnisvoller Dunkelheit liegen.
- Eine Anzahl kleiner Laternen mit Kerzen kann den Tisch ausreichend beleuchten und einen hübschen Schimmer auf Gegenstände und Personen werfen. Sie finden im Handel eine Fülle unterschiedlicher ansprechender Kerzen- oder Teelichthalter aus Glas oder perforiertem Metall. Das Flackern einer Flamme erzeugt interessante wechselnde Schatten.

## Vom Haus aus sichtbare Beleuchtung

- Wenn Sie abends nicht in den Garten gehen, ihn aber vom Haus oder von der Terrasse aus bewundern möchten, müssen die Wege nicht erhellt werden. Konzentrieren Sie sich in erster Linie auf das „Bild“, das sich Ihnen vom Fenster aus bietet.
- Betonen Sie ziervolles Blattwerk, Skulpturen und andere augenfällige Elemente. Sie werden vermutlich feststellen, dass einzelne Zweige, die Sie zuvor nicht richtig bemerkt haben, beleuchtet plötzlich ganz zauberhaft und durch individuelle Beleuchtung wie Skulpturen wirken.

OBEN: *Unauffällige Lichtquellen sind die weitaus wirksamste abendliche Beleuchtung. Hier ist die Lichtquelle von den Bäumen verborgen – die Wirkung ist beeindruckend.*

## Positionierung der Gartenbeleuchtung

- Wenig, aber durchdacht positioniertes Licht kann fantastische Effekte hervorrufen. Vermeiden Sie blendendes und grelles Licht, indem Sie die Leuchten verbergen. Wählen Sie dazu eine Stelle wie hinter Baumstämmen oder Mauern, hinter Pflanzbehältern oder Sträuchern mit großen Blättern. Probieren Sie verschiedene Standorte aus, indem Sie die Lichter vorübergehend platzieren und dann durch den Garten spazieren und sich vergewissern, dass die Lichtquelle von keinem Winkel sichtbar ist.
- Lampen mit Spikefixierung sind nützlich, da sie sich versetzen lassen. Sie sollten aber nur als vorübergehende, nicht als dauerhafte Lösung angesehen werden. Ziehen Sie den Stecker ab und nehmen Sie die Lampe mit ins Haus, wenn sie nicht benutzt wird. Wie bei allen Lampen ist es wichtig, dass Sie die vom Hersteller empfohlene Glühbirne verwenden, sonst ist der Beleuchtungskörper möglicherweise nicht wasserdicht, und die Lampe könnte platzen.

### Beleuchtung von Bäumen

- Die Struktur und Form von Baumstämmen, Zweigen, Blättern und Blüten eröffnen unzählige Möglichkeiten für eine dekorative Beleuchtung. Verwenden Sie Wolfram-Halogenflutlichter und montieren Sie sie so, dass sie von einer Gartenmauer oder dem unteren Baumstammbereich nach oben die Äste erhellen.
- Sie können eine Lampe mitten in einen Baum setzen und so einen weichen Schimmer erzeugen. Über Äste und Zweige verteilte Lichterketten schaffen eine magische Wirkung, vor allem wenn die Glühbirnen weiß sind. Verwenden Sie Lampen, die für Außenanwendungen geeignet sind.
- Bei diesem Beleuchtungstyp sollten die Glühbirnenhalterungen an das Kabel formgepresst sein; scharfe Kontakte, die die Kabelisolierung bis zum Kern durchdringen, sind beim Einsatz im Freien sehr gefährlich.

### Die zauberhafte Verbindung von Licht und Wasser

- Wasser und Licht erzeugen gemeinsam eine zauberhafte Wirkung und können bei Nacht noch stärker glitzern und funkeln. Montieren Sie Spotlights mit breitem und schmalem Strahl an Springbrunnen und fließendem Wasser. Wenn Sie einen Teich erleuchten, sollten Sie darauf achten, dass sich die Lichtquelle nicht darin spiegelt, dies würde sonst die mysteriöse Wirkung zunichte machen.

### Sicherheitsbeleuchtung

- Beleuchtung ist wichtig, um Stufen und andere Höhenunterschiede zu markieren. Achten Sie darauf, dass das Licht keine verwirrenden Schatten wirft. Auch sollte die Hausnähe ausreichend beleuchtet sein, damit Sie beim Verlassen des hellen Hauses oder der Terrasse nicht durch die plötzliche Dunkelheit überrascht werden.

### Lampenkörper

- Wie bei allen Elementen des Gartendesigns sollten auch die Lampenkörper zum Gartenstil passen. Sie finden viele hübsche und praktische Fassungen im Handel. Wählen Sie ein gutes, rostbeständiges Material und eine Leuchte, die gegen die Witterungsbedingungen abgedichtet ist. Allerdings sind diese nicht billig.
- Verschiedene Designs sind für kompakte Energiesparlampen geeignet, und in jeden Lampenkörper für Standardglühlampen lassen sich ebenfalls Energiesparlampen einsetzen. Mehrere schwache Lichtquellen sind angenehmer als wenige sehr helle, nur können sich dadurch die Kosten schnell summieren.
- Es sind auch mit Sonnenenergie gespeiste Lampenkörper erhältlich, die gut den Weg erleuchten. Allerdings ist die

UNTEN: *Beleuchtung in Wassernähe kann eine zauberhafte Wirkung erzeugen; hier sind die verschiedenen Farben der Lichter zusätzliche Blickpunkte.*

Auswahl begrenzt und einige sehen eher so aus, als wären sie für Hotels und nicht so sehr für Privatgärten geschaffen.

OBEN: *Lichterketten sind um die Bögen dieses Wandelgangs gewickelt und betonen die Blüten.*

## Montage

❀ Außenbeleuchtung sollte grundsätzlich von einem zugelassenen Elektriker installiert werden. Die Anschlüsse müssen korrekt versiegelt werden und die Verkabelung muss von spezieller Art sein und in Rohrkabeln verlaufen. Außenbeleuchtung ist nicht billig, testen Sie daher zunächst Ihre gewünschten Leuchten und vergewissern Sie sich, dass die Positionen gut gewählt sind, bevor Sie den Elektriker bestellen. Denken Sie daran, dass die Pflanzen wachsen und sich der Garten verändern wird. Dauerhafte Beleuchtung, deren Montage kompliziert ist, sollte daher unter ausgewachsene Bäume und Sträucher oder Skulpturen platziert werden, an denen sich vermutlich nichts ändern wird.

# GEWÄCHSHÄUSER UND FRÜHBEETKÄSTEN

**Häufig meint man, Gewächshäuser seien den engagiertesten Gartenfreunden vorbehalten. Mittlerweile gibt es aber Gewächshäuser und Frühbeetkästen für jeden Geldbeutel und Gartentyp, und so sollte sich auch ein neuer Gartenbesitzer nicht davon abhalten lassen, ein Gewächshaus oder einen Frühbeetkasten zu errichten. Normalerweise meint man, dass diese Konstruktionen der Vermehrung von Pflanzen dienen – eine Aufgabe, die einem neuen Gärtner zu schwierig und arbeitsintensiv erscheinen mag –, aber ein solches Gebilde bringt weitere, unmittelbarere Vorteile.**

## DIE VORZÜGE

DER offensichtlichste Vorzug eines eigenen Gewächshauses oder Frühbeetkastens besteht darin, dass die Wachstumszeit über die ersten Frostnächte im Winter hinaus ausgedehnt wird und bereits vor Ende des letzten Frühjahrsfrosts beginnt. Dies ist besonders hilfreich, wenn Sie wie jährlich Tausende von Gartenbesitzern den in Gartenbaumärkten bereits früh im Jahr dargebotenen verlockenden Pflanzen nicht widerstehen können. Im Garten würden diese Pflanzen aber nicht überleben, solange noch Frostgefahr besteht.

### Warum ein Gewächshaus?

- Sie können einfach nicht alle Sommerpflanzen mit Vlies abdecken. Wenn Sie aber länger warten, sind die besten Pflanzen meist bereits verkauft. Gewächshäuser und Frühbeetkästen bieten die perfekte Lösung – eine Umgebung, in der Pflanzen abgehärtet und vor dem Auspflanzen allmählich an die Witterung gewöhnt werden können. Ihre empfindlichen Lieblingspflanzen können auf diese Weise auch sicher überwintern.
- Die meisten Gärtner kaufen nach wie vor ein Gewächshaus, um Pflanzen vermehren zu können. Es dauert zwar einige Jahre, bis sich die Erstinvestition rentiert, aber Sie können erhebliche Einsparungen erzielen, wenn Sie neue Pflanzen in großen Mengen ziehen. Das Erlebnis, Ihre eigenen Pflanzen heranwachsen zu sehen, ist unglaublich, und die dazu erforderlichen Verfahren sind im Grunde ganz einfach.

OBEN: *Ein Gewächshaus bietet zahlreiche Vorzüge: Junge Pflanzen können vor Frost geschützt werden, und die wärmeren Temperaturen helfen bei der Vermehrung von Pflanzen.*

OBEN: *Gewächshäuser sollten gut belüftet sein. Auf Bodenhöhe sollten Belüftungsöffnungen und im Dach Fenster zu finden sein, und die Türen sollten sich im geöffneten Zustand sichern lassen.*

## MATERIALIEN FÜR GEWÄCHSHÄUSER

Für Rahmen und Fenster stehen eine Reihe von Materialien zur Auswahl, mit denen Sie Ihr perfektes Gewächshaus schaffen können:

### Holz

- Holz ist das traditionelle Material für Gewächshausrahmen, ob lackiert oder gebeizt, es ist stets attraktiv. Ein Gewächshaus aus Holz ist nicht nur eine nützliche Ergänzung für den Garten, sondern auch ein auffälliges visuelles Element.
- Harthölzer wie Eiche, Teak- oder Zedernholz sind zwar teuer aber optimal, da sie minimale Pflege erfordern. Weichholz sollte mit einem Holzschutzmittel druckbehandelt sein, und es muss zudem regelmäßig gestrichen oder mit Holzschutzmittel nachbehandelt werden.
- Wenn ein altes Gewächshaus aus Holz noch weitgehend intakt ist, könnte sich eine Renovierung durchaus lohnen. Vielleicht müssen nur das Holz und die Fenster leicht behandelt und nachgebessert werden, damit das Gewächshaus wieder in alter Pracht steht.

### Metall

- Seit einigen Jahren ist Aluminium das beliebteste Baumaterial für Gewächshäuser. Es ist billiger als ein Gewächshaus aus Hartholz, lässt sich leicht pflegen, und die schmalen Fensterrahmen lassen mehr Licht durch als die breiteren Holzrahmen. Auf der anderen Seite hält Metall nachts die Wärme nicht ganz so gut wie ein Gewächshaus aus Holz, und es wird meist nicht als so hübsch angesehen, aber für die meisten Gärtner machen die Kosten- und Pflegevorteile diese leichten Nachteile mehr als wett.
- Kunststoff beschichtete verzinkte Stahl- und Eisenrahmen müssen regelmäßig auf Rost hin überprüft werden. Wenn Rost auftritt, können eine umfangreiche Behandlung und Neulackierung erforderlich werden.

### Glas

- Glas ist nicht nur das traditionellste Fenstermaterial für Gewächshäuser, sondern auch das wirksamste. Glas lässt sich leichter reinigen und tönen als Kunststoff, es speichert gut die Wärme und leitet Licht besser. Falls das Gewächshaus in der Nähe eines Spielbereichs oder einer Straße steht, ist Glas aber nicht die beste Wahl, da es natürlich leichter zerschmettert als Kunststoff.

### Kunststoff

- Kunststoffscheiben sind nicht so haltbar wie Glas und trotzdem häufig teurer. Kunststoff verfärbt sich leicht und bekommt mit der Zeit oft Kratzer. Das ist nicht nur hässlich, sondern verringert auch ganz erheblich das durch die Scheiben fallende Licht. Kunststoffscheiben müssen in der Regel nach einigen Jahren ausgewechselt werden.
- Polykarbonat besitzt bessere Isoliereigenschaften und ist fast unverwüstlich. Es ist damit das perfekte Material für Gewächshäuser, die in der Nähe von Straßen und Spielbereichen stehen. Andererseits ist dieses Material aber teuer, zerschrammt leicht und kann sich verfärben.

## WÄRMEZIRKULATION IM GEWÄCHSHAUS

*Die Sonnenenergie wird durch die Glasseiten und das Dach des Gewächshauses ins Innere geleitet, wo sie zirkuliert und dabei die Luft im Inneren aufwärmt.*

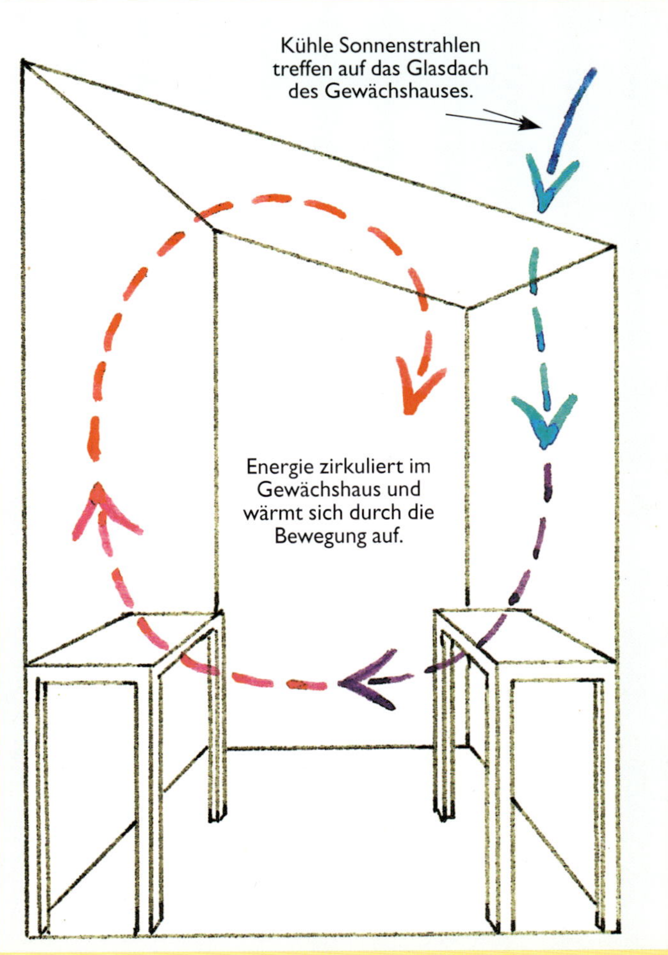

## GEWÄCHSHAUSTYPEN

Ursprünglich war das Gewächshaus der Ort, an dem zurückgeschnittene immergrüne Sträucher überwintern. Es ist ein funktioneller Bau, der normalerweise dezent in den Garten integriert werden sollte. Bei der Wahl des geeigneten Gewächshaustyps stehen Ihnen verschiedene Konstruktions- und Fenstermaterialien sowie vielfältige Designs zur Verfügung. Wofür Sie sich entscheiden, hängt in erster Linie von Ihrem Budget und ferner vom verfügbaren Platz in Ihrem Garten ab. Verdecken Sie ein Gewächshaus nach Möglichkeit nicht durch Kletterpflanzen, da diese einen Großteil des durch das Dach einfallenden Lichts ausfiltern, so dass die Pflanzen im Gewächshaus nicht gedeihen können. Pflanzen Sie lieber eine Gruppe sorgfältig ausgewählter Zierbäume oder -sträucher auf einer Seite des Gewächshauses und schaffen Sie so eine attraktive visuelle Abgrenzung. Wählen Sie nach Möglichkeit dabei auch einige immergrüne Bäume oder Sträucher, damit diese Hecke das Gewächshaus das ganze Jahr über verdeckt.

### Das traditionelle Gewächshaus

❀ Das traditionelle Gewächshaus hat senkrechte, unten geschlossene Wände und ein gleichmäßiges Dach. Das Gewächshaus nutzt den vorhandenen Raum geschickt, und der geschlossene untere Wandbereich hält wirksam die Wärme, so dass das Gewächshaus sehr energieeffizient ist. Wenn Sie viele niedrige Rabattenpflanzen ziehen möchten oder Pflanzensäcke verwenden, empfiehlt sich ein Gewächshaus ohne geschlossene Seitenwände.

❀ Für diesen Gewächshaustyp, den es in vielen Größen gibt, ist eine Fülle von Zubehör wie Regale und Gerüste erhältlich, und es ist daher insgesamt eine gute Wahl. Richten Sie die Gewächshausgröße nach der Größe Ihres Gartens und der Zeit, die Sie darin verbringen möchten. Für einen begeisterten Pflanzenzüchter ist in einem kleinen Modell schon bald kein Platz mehr.

UNTEN: *Ein Anlehngewächshaus kann viel Platz sparen, und da die Hauswand isolierend wirkt, speichert es auch gut die Wärme.*

## Das Anlehngewächshaus

❀ Ein an eine Hauswand gebautes Gewächshaus empfiehlt sich für diejenigen Gartenbesitzer, die nicht zu viel ihres wertvollen Gartenraums opfern möchten. Sie benötigen natürlich eine geeigneteWand, damit das Gewächshaus versteckt an der Hausseite liegen kann.

❀ Alternativ kann sich das Gewächshaus auch an eine hohe Mauer am anderen Gartenende anlehnen, beispielsweise neben einem Gemüsebeet, Komposthaufen oder einem Anzuchtbereich für neue Pflanzen. Dieser gesamte Bereich könnte dann durch eine Hecke oder ein Spalier vom übrigen Garten abgeschirmt werden. Da dieser Gewächshaustyp an eine Mauer oder Hauswand gebaut ist, speichert er gut die Wärme und profitiert oft nicht nur vom Sonnenlicht, sondern auch von einer gewissen Wärme, die von der Heizung im Haus ausgestrahlt wird.

❀ Anlehngewächshäuser können optisch sehr ansprechend sein, und wenn eine Verbindungstür zum Haus besteht, können sie auch als Wintergarten genutzt werden. Aufgrund der kleineren Glasfläche ist die Beheizung dieses Typs nicht so teuer wie bei einem konventionellen Gewächshaus. Allerdings fällt natürlich auch weniger Licht ein als bei den traditionellen Modellen. Bewässerungssysteme und Heizungen lassen sich ebenfalls vergleichsweise einfach installieren, denn es müssen keine Kabel in weiter entfernte Gartenbereiche verlegt werden.

❀ Ein weiterer, an eine Mauer gebauter Gewächshaustyp, der die gleichen Merkmale besitzt wie das Grundmodell des Anlehngewächshauses, ist ein traditionelles Gewächshaus, bei dem eine Viertelseite an eine Hauswand gebaut wird.

## Das Minigewächshaus

❀ Minigewächshäuser sind die ideale Einführung in die Pflanzenzucht unter Glas und von unschätzbarem Wert nicht nur für einen Gärtner mit wenig Platz, sondern auch für einen Anfänger, der vor der teuren Investition in ein größeres Modell zurückschreckt. Es gibt freistehende und angelehnte Modelle. Die Anlehnmodelle sollten am besten an eine Südwest-, West- oder Südostwand oder einen Zaun gelehnt werden, da sie hier am meisten Licht erhalten.

## Spezialgewächshäuser

❀ Sie finden im Handel auch eine Reihe von Gewächshäusern in ungewöhnlichen Formen und Größen. Einige wurden in erster Linie im Hinblick auf ihre dekorative Funktion entworfen, wie z. B. achteckige Pavillons, andere im Hinblick auf eine erhöhte Wärmespeicherung oder Stabilität bei starkem Wind. Ein großer Nachteil eines Spezialgewächshauses ist, dass Gerüste, Regale, Scheibenzubehör und Ersatzteile nicht so einfach zu kaufen sind. Die Auswahl kann daher begrenzt und teuer sein.

### ANLEHNGEWÄCHSHAUS

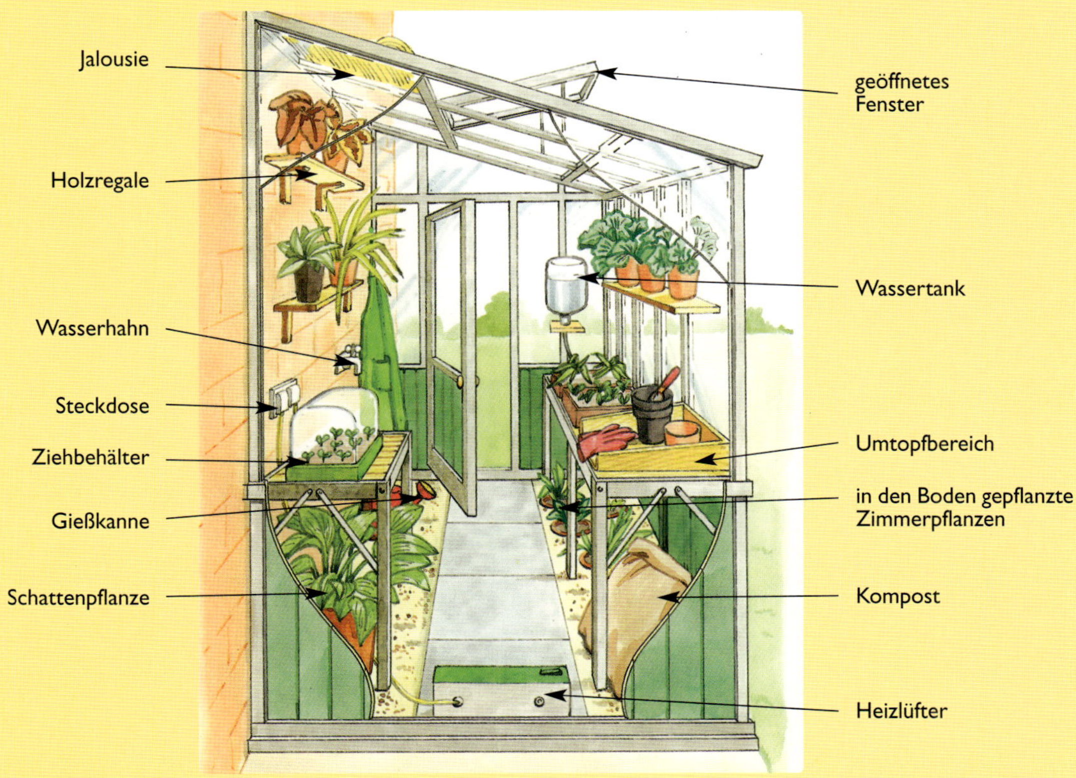

## DER BESTE STANDORT

- Freistehende Gewächshäuser sollten nicht in Baumnähe stehen. Wählen Sie eine helle, aber geschützte Position, möglichst so, dass der Mittelgang in Ost-West-Richtung verläuft. Das Gewächshaus darf nicht Windkanälen oder Frostlinsen ausgesetzt sein.
- In ungeschützten Bereichen kann ein Windschutz erforderlich sein. Achten Sie aber darauf, dass dieser Zaun bzw. die Hecke nicht so hoch ist und so eng steht, dass er bzw. sie kein Licht durchlässt und Teile des Gewächshauses für Wartungsarbeiten unzugänglich macht. Setzen Sie das Gewächshaus möglichst in die Nähe des Schuppens oder eines anderen Funktionsbereichs im Garten, so dass der Arbeitsbereich proportional zu den anderen Gartenbereichen ist. Auf diese Weise müssen Sie nicht so viele Wege anlegen, und die Wasser- und Stromversorgung wird erleichtert.

## FRÜHBEETKÄSTEN UND SCHUTZGLOCKEN

- Diese bieten weitgehend die gleichen Vorzüge wie Gewächshäuser: Sie verlängern die Wachstumszeit, helfen beim Überwintern empfindlicher Kulturen und erlauben die Anzucht einer größeren Vielfalt von Gewächsen. Da sie kleiner als Gewächshäuser sind, empfehlen sie sich besonders für kleine Gärten und neue Gartenbesitzer, die die hohen Kosten und Zeitanforderungen eines großen Gewächshauses scheuen.
- Darüber hinaus ergänzen diese Konstruktionen das Gewächshaus in geschäftigen Zeiten des Gartenjahres, wenn Platzmangel herrscht, z. B. wenn Pflanzen im Frühjahr abgehärtet werden. Gärtner ohne Gewächshaus können Pflanzen im Haus heranziehen und dann in einem Frühbeetkasten oder unter Schutzglocken abhärten.

OBEN: *Gewächshäuser sollten hell stehen und vor Windkanälen und Frostlinsen geschützt sein.*

## Frühbeetkästen

- Die Konstruktion von Frühbeetkästen kann ebenso unterschiedlich sein wie das Design von Gewächshäusern: Bei einigen sind die Seitenflächen geschlossen, andere sind von oben bis unten mit Glas- oder Kunststoffscheiben ausgestattet. Es gelten die gleichen Richtlinien für die Wahl von Bau- und Scheibenmaterialien. Da Frühbeetkästen im Allgemeinen auf dem Boden stehen, sollten unbedingt Kunststoffscheiben eingesetzt werden, wenn kleine Kinder in der Nähe spielen.
- Frühbeetkästen können problemlos und günstig selbst zu Hause hergestellt werden. Verwenden Sie dazu mit Holzschutzmittel behandeltes Holz oder Ziegel (sofern Sie gerade ausreichend alte Ziegel zur Hand haben). Aluminiumrahmen (Wanderkästen) haben eindeutig einen Vorteil gegenüber diesen Dauerkästen, da sie im Garten versetzt werden können, so dass sie während des Jahres optimale Lichtverhältnisse erhalten.
- Alle Frühbeetkästen sollten an geschützten Standorten mit guten natürlichen Lichtverhältnissen aufgestellt werden. Verfahren Sie auch hier wie bei der Wahl eines Standorts für ein Gewächshaus. Wie Gewächshäuser können auch Frühbeetkästen im Sommer etwas Beschattung und im Winter Isolierung benötigen. Vor allem aber brauchen sie eine angemessene Belüftung. Auch wenn Sie einen Frühbeetkasten aufstellen, sollten Sie sich daher die allgemeinen Pflege- und Wartungsanweisungen für Gewächshäuser durchlesen.
- Sie können eine Heizung im Frühbeetkasten einbauen, der dann streng genommen allerdings kein „kalter“ Kasten mehr ist.

OBEN: *Frühbeetkästen können unterschiedlich aufgebaut sein: Einige sind durchweg mit Scheiben versehen, andere nur an den Seiten.*

## Schutzglocken

- Schutzglocken werden in erster Linie zur Anzucht von Gemüsepflanzen verwendet. Sie schützen Jungpflanzen vor der Witterung und vor Schädlingen. Glocken sind in vielen Formen (z. B. in Pyramiden-, Tunnel- und Kuppelform) und Materialien erhältlich. Wie auch bei Gewächshäusern ist das empfohlene Material für die beste Lichtdurchlässigkeit und Wärmespeicherung Glas. Wiederum gelten aber die gleichen Sicherheitsvorbehalte, so dass Kunststoff für Gartenbesitzer mit Kindern zu empfehlen ist.
- Kunststoff ist kostengünstig. Es speichert zwar keine Wärme und lässt nur mäßig Licht durch, aber dies ist nicht für alle Gemüsearten notwendig. Unabhängig vom Material sollten Sie darauf achten, dass die Glocke an den Enden passt, sonst kann sie sich in einen Windkanal verwandeln, der die Pflanzen schnell schädigt. Sie können einfache Schutzglocken für einzelne Pflanzen aus abgeschnittenen Plastikflaschen herstellen. Sie sind vielleicht nicht so hübsch wie traditionelle Glasglocken, dafür aber erheblich günstiger und ebenso effektiv.

LINKS: *Schutzglocken bieten praktischen und messbaren Schutz für empfindliche Pflanzen.*

## IM GEWÄCHSHAUS

Die Wahl der geeigneten Umgebung für die vorgesehenen Pflanzen bildet den Kern erfolgreicher Gewächshauskultivierung. Wärme, Feuchtigkeit und Belüftung müssen bereits in der Planungsphase sorgfältig erwogen und während des gesamten Jahres in allen Umgebungsarten, von kalten bis hin zu tropischen, wirksam kontrolliert werden. Sobald Sie Ihre ideale Umgebung gewählt haben, müssen Sie auch vorsehen, wie sie realisiert und kontrolliert werden soll.

### Das ungeheizte Gewächshaus

- Ein unerfahrener Gewächshausgärtner kann gut beraten sein, mit einem ungeheizten Gewächshaus zu beginnen, um sich an die Grundsätze der Gewächshauskultivierung zu gewöhnen. Dazu gehören Belüftung, grundlegende Beschattung, Isolierung sowie Bekämpfung von Schädlingen und Krankheiten.
- Das Sortiment von Pflanzen, die in einem ungeheizten Gewächshaus aufgezogen werden können, ist natürlich begrenzt, dennoch ist ein solches Gewächshaus sehr nützlich, zum Beispiel bei der Kultivierung von Steingartenpflanzen, zur Überwinterung etwas empfindlicher Pflanzen und um die Entwicklung von Kulturen zeitlich vorzuziehen. Ein beheizter Ziehbehälter kann das Potenzial einer solchen Umgebung verbessern. In gewissem Rahmen können Ableger aber auch ohne diese Hilfe etabliert werden.

### Das Kalthaus (frostfrei)

- Dieser Gewächshaustyp wird nur so weit beheizt, dass kein Frost entsteht – tagsüber sind dazu Temperaturen von 5 – 10 °C und nachts Temperaturen von mindestens 2 °C erforderlich.
- Neben den gleichen Vorzügen wie beim ungeheizten Gewächshaus können in einem frostfreien Kalthaus auch frostempfindliche Pflanzen überwintern und blühende Kübelpflanzen sowie Sommergemüse herangezogen werden. Auch hier ist ein beheizter Ziehbehälter nützlich – vor allem zum Keimen von Samen – sowie eine Wachstumslampe, die jungen Setzlingen zusätzliches Licht liefert.

### Das temperierte Gewächshaus

- Diese Umgebung ist noch etwas wärmer: Am Tag werden Temperaturen von 10 – 13 °C und nachts Temperaturen

OBEN: *Ein Gewächshaus muss angemessen in Stand gehalten werden, damit es effektiv arbeitet und ansprechend aussieht.*

von mindestens 7 °C gehalten. Eine gute Auswahl an empfindlichen Kübelpflanzen, Gemüsesorten und bedingt winterharten Kulturen gedeiht in diesem Gewächshaustyp. Auch hier erzielen Sie mit einem Ziehbehälter die besten Ergebnisse. Oder erhöhen Sie einfach die normale Heizung während des entsprechenden Zeitraums. In jedem Fall hilft jedoch eine Wachstumslampe.

### Das warme (tropische) Gewächshaus

- Tagsüber beträgt die Temperatur in diesem Gewächshaus 13 – 18 °C und fällt nachts nicht unter 13 °C. In dieser Umgebung kann ein faszinierendes Pflanzensortiment, darunter tropische und subtropische Zier- und essbare Pflanzen, kultiviert werden.
- Dieser Gewächshaustyp ist auch ausreichend warm, um Setzlinge ohne Ziehbehälter zu kultivieren. Das zusätzliche Licht einer Wachstumslampe wäre aber auch hier noch nützlich.

### Heizung

- Es gibt verschiedene Heizmethoden für Ihr Gewächshaus. Elektroheizungen sind praktisch, zuverlässig und sauber im Gebrauch. Zudem sind sie im Allgemeinen sparsam im Energieverbrauch, da die meisten Heizungen von einem Thermostat gesteuert werden. Sie benötigen allerdings eine Stromzufuhr zum Gewächshaus, und diese könnte teuer werden.
- Heizlüfter, Konvektorheizungen und Rohrheizkörper befinden sich alle im Rahmen des Möglichen. Heizlüfter sind besonders vielseitig, denn sie sind tragbar und können im Sommer als Ventilator das Gewächshaus kühlen. Separate Gas- und Paraffinheizgeräte setzen Rauch und Dämpfe frei, die eine stehende, feuchte Atmosphäre schaffen können, die Krankheiten fördert. Eine gute Belüftung ist für diese Geräte daher besonders wichtig.
- Für welchen Typ Sie sich aber auch entscheiden, jedes Gewächshaus benötigt ein Thermometer, um sicherzustellen, dass die gewünschte Temperatur gehalten wird. Ein Frostalarm hilft in ungeheizten Gewächshäusern und auch in beheizten Gewächshäusern, in denen ein plötzlicher Temperatursturz (beispielsweise infolge eines Stromausfalls) verheerende Folgen haben könnte.

### Isolierung

- Eine wirksame Isolierung erhält Wärme und reduziert die Heizkosten erheblich. Verbundfenster sind für die meisten Gärtner unerschwinglich. Mit Heftzwecken, Clips oder Saugnäpfen befestigte Blisterfolie ist eine preiswerte und effiziente Alternative, die zudem eine gute Lichtmenge durchlässt. Einfache Plastikfolie ist günstiger, bietet aber keine so wirksame Isolierung.

## ISOLIERUNG UND BESCHATTUNG

*Ein Gewächshaus muss im Sommer vor Hitze und im Winter vor plötzlichen Temperaturstürzen und Frost geschützt werden.*

**1** *Kunststoff-Blisterfolie ist ein wirksames Isoliermittel, das gleichzeitig viel Licht in das Gewächshaus lässt.*

**2** *Ein tönender Anstrich verhindert, dass sich Ihr Gewächshaus im Sommer überhitzt.*

**3** *Oder installieren Sie Blenden, die das Gewächshaus bei heißem Wetter kühl halten.*

### Belüftung

- Gute Belüftung ist eine Voraussetzung für gesunde Pflanzen. Sie verhindert einen Stau stehender Luft, der Schädlinge und Krankheiten auf den Plan ruft, und hält die gewünschte Temperatur im Gewächshaus. Selbst ein Kalthaus muss angemessen belüftet sein, damit die Luft im Winter nicht feucht und schal wird.
- Neben den beim Kauf bereits installierten Belüftungssystemen sind zahlreiche, mitunter sehr ausgeklügelte Zusatzoptionen, wie z. B. Thermostat gesteuerte Belüftungsöffnungen und Dunstabzüge, erhältlich. Wenn Sie die Gewächshaustür im Sommer offen lassen, befestigen Sie ein Netz an der Tür, um Tiere fern zu halten.

### Beschattung

- Auch Beschattung steuert die Temperatur im Gewächshaus. Tönende Anstriche lassen sich günstig, wirksam und einfach von außen auf die Scheiben auftragen, allerdings ist das Ergebnis nicht besonders elegant. Durch den Anstrich kann genug Licht für ein gutes Pflanzenwachstum einfallen, und am Ende des Sommers kann die Tönung wieder entfernt werden. Jalousien sind wirksam und hübsch, aber Sie müssen sich ständig darum kümmern. Mit einem Thermostat gesteuerte automatische Jalousien sind praktisch, aber teuer.

UNTEN: *Dieses hübsche Gewächshaus aus extrudiertem Aluminium kann mit Sicherheitsglas versehen werden. Das Finish ist aus Polyester, so dass die Konstruktion sehr wartungsarm ist.*

### Bewässern

- In der regenfreien Umgebung eines Gewächhauses kommt es auf eine wirksame Bewässerung an. Eine Gießkanne erfüllt ihren Zweck in einem kleinen Gewächshaus, aber vermutlich werden Sie auch andere Optionen in Betracht ziehen müssen. Systeme, bei denen das Wasser über Kapillare nach oben in die Pflanzen gesogen wird, sind weit verbreitet; Sie müssen dazu die Pflanzen auf eine Kapillarmatte setzen, von der ein Teil in einen Wasserbehälter herunterhängt.
- Eine Tropfbewässerung ist eine weitere Option. Diese automatisierten Bewässerungssysteme müssen sorgfältig überwacht werden, um sicherzustellen, dass die Pflanzen entsprechend ihren individuellen Anforderungen und jahreszeitgemäß bewässert werden.

### Feuchtigkeit

- Feuchtigkeit ist die in der Luft befindliche Wasserdampfmenge. Zu hohe Feuchtigkeit kann durch Belüftung reduziert und zu trockene Luft durch Wasser angereichert werden. Letzteres erreichen Sie ganz einfach, indem Sie von Hand mit einem Sprühgerät Wasser in die Luft spritzen, im Sommer Boden und Gerüste mit Wasser abspritzen oder komplizierte automatische Sprühanlagen installieren.
- Hygrometer messen die Feuchtigkeit und sind in Gewächshäusern sehr nützlich. Ein relativer Feuchtigkeitsgrad zwischen 40 und 75 Prozent ist für die meisten Gewächshauspflanzen geeignet. Bei feuchterer Luft können sich Mehltau und Grauschimmel (Botrytis) bilden.

### Schädlinge und Krankheiten im Gewächshaus

- Die geschützte Umgebung des Gewächshauses bietet eine ideale Brutstätte für Schädlinge und Krankheiten. Angemessene Belüftung, kontrollierte Luftfeuchtigkeit und sorgfältige Hygiene halten das Gewächshaus gesund.
- Achten Sie während des Jahres darauf, dass Sie nur sterilen Kompost und saubere Töpfe verwenden. Fegen Sie regelmäßig den Boden, um Blätter und Schmutz zu entfernen, die schädliche Sporen enthalten können. Reinigen Sie das Gewächshaus in jedem Herbst gründlich. Stellen Sie die Pflanzen solange an einen geeigneten Ort, desinfizieren Sie das Gewächshaus und spülen Sie es gründlich von innen und außen ab.

### Bekämpfung von Schädlingen und Krankheiten

- Kontrollieren Sie regelmäßig die Blattunterseiten, da sich dort Schädlingsbefall schnell unbemerkt ansammeln kann. Behandeln Sie Schädlinge und Krankheiten sofort – eine Begasung ist in beiden Fällen wirksam. Biologische Mittel sind eine weitere Option, und so können Sie Parasiten und Nützlinge in das Gewächshaus setzen, die bestimmte Schädlinge fressen. Auch chemische Sprays können eingesetzt werden, sie sind aber nicht sehr umweltfreundlich.

### FRANZÖSISCHE SYMMETRIE

Die Franzosen nahmen den italienischen Renaissancegarten und verliehen ihm ihren eigenen symmetrischen Charakter. Französische Gärten waren größer, das Gelände flacher. Sie zeigten die absolute Macht des Königs und unterlagen strengen Regeln sowie strikter Verwaltung. Das für Ludwig XIV., den „Sonnenkönig", erbaute Versailles ist der Inbegriff derartiger Gartenanlagen. Der riesige Palast war einst ein bescheidenes Jagdschlösschen, das Ludwigs Vater gehörte. Die Gartenanlage läuft in regelmäßige Alleen aus, die breit genug sind, um einer Armee Platz zu bieten, und in der Ferne verschwinden. Ludwigs Gärtner, André le Nôtre, entwarf die Gärten zum Ruhme seines Königs und als riesiges Theater für Feierlichkeiten im Freien, bei denen Seine Hoheit graziös und auffällig in Erscheinung treten bzw. einen Abgang machen konnte. Riesige Terrassen wurden als feine „Gartenstickereien" bepflanzt, deren Muster am besten von den Fenstern im ersten Stock des Schlosses zu bewundern waren.

RECHTS: *Das Basin d'Apollo in Versailles, Frankreich, in seiner ganzen Pracht. Das flache Land und die riesige Weite werden für endlose Wasseranlagen, goldene Skulpturen und lange, breite Alleen genutzt, die bis zurück zum Palast verlaufen.*

# ERRICHTEN ANDERER GARTENGEBÄUDE

**Kleine Gebäude im Garten erhöhen ganz erheblich die Effizienz und häufig auch den Charme des Gartens. Daneben bieten sie Schutz und wichtigen Speicherraum für Gartengeräte und -möbel. Sie dienen zur Unterhaltung, Bewirtung von Gästen, als Unterschlupf und sind ein fantastischer Spielbereich für Kinder. Visuell können sie einen wichtigen Beitrag zum Erscheinungsbild des Gartens leisten, da sie ein architektonisches Gegengewicht zum Haus oder einer anderen Gartenkonstruktion bieten. Gebäude jeder Art sind ein potenzieller Fokus, auf den sich der Blick richtet und wo er gern verweilt. Natürlich gibt es aber auch sehr hässliche Gebilde.**

## DER ELEMENTARE SCHUPPEN

IM HANDEL sind relativ günstige Schuppen als Bausatz erhältlich, die man selbst zusammenbauen kann. Die kleinsten sind gerade einmal groß genug für Gartenwerkzeuge, zusammenklappbare Gartenmöbel und Spielgeräte. Die primitivsten Schuppen sind nicht besonders hübsch, können aber auf verschiedene Weise verdeckt werden. Es ist überraschend, wie häufig Schuppen in einem kleinen Garten mitten an eine Wand gestellt werden, wo sie geradezu auffallen müssen.

UNTEN: *Geräteschuppen sind als Bausatz erhältlich – in so einfacher oder anspruchsvoller Ausführung, wie Ihr Budget erlaubt.*

- Wenn der Garten nicht ganz rechteckig ist und einige merkwürdige Ecken hat, könnten diese ideal für einen kleinen Schuppen sein. Verstecken Sie ihn hinter einer Abschirmung – vielleicht einigen Sträuchern oder einem Spalier mit daran erzogenen Kletterpflanzen.
- Versuchen Sie, das Augenmerk vom Schuppen weg auf andere interessante Aspekte im Garten zu lenken. Der Schuppen sollte über einen Pfad auch bei schlechtem Wetter gut zu erreichen sein.
- Schuppen sind in verschiedenen Größen erhältlich. Die robusteren können sogar mit weiteren Fenstern versehen und in Arbeitsräume verwandelt werden. Von außen sind sie nicht besonders ansprechend, aber es dürfte nicht allzu schwierig sein, sie mit Farbe zu tarnen oder durch Strauchwerk und Kletterpflanzen zu verbergen.

### Alternativen für kleine Gärten

- Wenn Ihr Garten sehr klein ist und für einen Schuppen in voller Höhe einfach kein Platz ist, suchen Sie nach „Sitztruhen", die auch zur Aufbewahrung dienen. Sie sind groß genug für Spaten, Harken und Pflanzenheber, klein genug, um auf der Terrasse Platz zu finden, und hübsch genug, um durchaus mit normalen Gartenmöbeln mitzuhalten.

### Aufhellen eines Schuppens

- In den letzten Jahren wurden Außenanstriche erheblich verbessert. Heutzutage können Sie fast alles wetterfest in einer Vielfalt von Farben, von herrlichen Seegrün- und Blautönen bis hin zu Altrosa und Sonnenblumengelb, streichen.

❀ Mit diesen Anstrichen können Sie Ihren Schuppen ganz nach Wunsch streichen, z. B. in blassblauen und weißen Streifen wie ein Strandhäuschen oder in tiefem Blau oder Grün, wobei die Fenster- und Türrahmen wiederum einen anderen Farbanstrich erhalten könnten.

## Gartenhaus

❀ Die Wohnräume werden immer kleiner, und immer mehr Menschen arbeiten von zu Hause aus. Ein zusätzlicher Raum im Garten, der sich als Studio oder Büro verwenden lässt, ist daher sehr sinnvoll. Viele Firmen spezialisieren sich auf die Konstruktion von Gartenhäusern, so dass Sie einen weiteren Wohnraum erhalten.

❀ Prüfen Sie verschiedene Designs und Güteklassen – die Preise sind sehr unterschiedlich. Achten Sie vor allem darauf, dass das Haus wetterfest und warm ist. Sie können leicht unterirdische Spezialkabel verlegen, damit Sie Beleuchtung, Heizung und Computer installieren können. Sie sollten sicherstellen, dass Fenster und Türen gesichert werden können und dass der Raum angemessen isoliert ist.

OBEN: *Dieser sehr einfache Geräteschuppen hat durch den leuchtenden Anstrich in Meerblau eine persönliche Note erhalten. Dieser Ton scheint die Farben der Blätter besonders gut hervorzuheben.*

UNTEN: *Ein aufgeräumter Schuppen ist in jedem auch noch so kleinen Garten von unschätzbarem Wert. Hier lassen sich Pakete und Dosen, Samen und Saatkisten sowie andere Gartenartikel ausgezeichnet aufbewahren.*

## WINTERGÄRTEN

GLASBAUTEN nutzen das Sonnen- und Tageslicht optimal. Wintergärten stellen eine nützliche und wetterfeste Verbindung zwischen Haus und Garten her, können aber auch einen eigenen Zauber besitzen. In dieser Erweiterung des Hauses können Sie sich an der Dschungelatmosphäre empfindlicher Pflanzen mit ihren leuchtenden Farben und exotischen Düften erfreuen. Nutzen Sie den Wintergarten als leichtes, luftiges Esszimmer oder als ruhigen Raum, in dem Sie ungestört lesen oder sich entspannen können. Stühle und Tische aus Rohr oder perforiertem Metall betonen den tropischen Aspekt, und eine Fülle tropischer Pflanzen und Kletterpflanzen in Kübeln verstärkt das „Urlaubsgefühl".

OBEN: *Dieses neugotische Gewächshaus bzw. Wintergarten steht fest auf einem Ziegelfundament. Es fügt sich gut in den Garten ein, und auch die umliegenden Pflanzenarrangements unterstützen den einheitlichen Gesamteindruck.*

### Stilrichtungen für Wintergärten

- Die meisten Wintergärten sind an das Haus angebaut. Achten Sie darauf, dass es vom Stil, den Proportionen und Materialien zu den Baustoffen und der Architektur des Hauses passt. Das heißt nicht unbedingt, dass alle Gebäude im gleichen zeitlichen Stil konstruiert sein sollten. So können einfache, moderne Konstruktionen beispielsweise sehr gut zu einem traditionellen Haus passen. Am wichtigsten ist, dass der Maßstab und die Proportionen im Verhältnis zum Haus stimmen.
- Viele Wintergärten werden aus behandeltem Weichholz gefertigt. Diese müssen häufig gestrichen werden, was nicht unproblematisch und auch sehr zeitaufwendig ist. Zedernholz muss nicht gestrichen werden und verwittert zu einem optisch ansprechenden Silbergrau. Aluminium ist teuer, aber ebenso wie UPVC fast wartungsfrei.
- Zu Gebäuden im klassizistischen Stil passen einfache Wintergärten mit Bogenfenstern und quadratischen Scheiben, die den im 18. Jahrhundert so beliebten Originalorangerien ähneln, in denen die aus dem Mittelmeerraum importierten Zitrusfrüchte kultiviert wurden. Gebäude im neugotischen oder Jugendstil sind meist exzentrischer und reicher verziert und werden hübsch durch einen auffallenden Wintergarten ergänzt. Der erstere könnte beispielsweise mit einem Zierrahmen aus Metall, spitz zulaufenden Fenstern und anderen gotischen Details versehen sein.

RECHTS: *Ein gusseiserner Pavillon mit seinen weiß lackierten Schnörkeln und dem dekorativen Sitz ist ein guter Fokus im Garten. Die Gesamtwirkung wird durch einen immergrünen Hintergrund und ein Beet von Frauenmantel (*Alchemilla mollis*) verstärkt.*

- Für kleine Häuser sollten kleine Wintergärten gewählt werden, die den Übergang zwischen Haus und Garten überbrücken, ohne zu dominant zu wirken. Einfache, schnörkellose Designs mit Aluminium- oder UPVC-Rahmen wirken häufig besser als eine zu elegante Lösung.
- Man kann sehr leicht den Verlockungen „antiker" Wintergärten erliegen. Viele sind zu verschnörkelt, wobei die Details nicht zum Haus passen. Für Wintergärten gilt ebenso wie für viele andere Gartenelemente, dass einfach meist wirksamer ist als zu detailliert.

## Ein Blickpunkt

- Ein hübsches Gewächshaus kann den Blickfang eines kleinen Gartens bilden. Ein Sechseck ist eine ansprechende Form, und sechseckige Gewächshäuser mit Holz- oder Aluminiumrahmen können charmant wirken. Sie können darin farbenfrohe Pflanzen wie Pelargonien, *Impatiens* (Springkraut) und empfindliche Fuchsien kultivieren sowie Samen und Ableger aufziehen.

## Pavillons und Gazebos

- Pavillons werden meist in größeren Gärten platziert, um eine romantische Atmosphäre und einen geschützten Ort der Ruhe mit Blick auf den Garten zu schaffen. Diese Idee wurde bereits im alten Rom, in chinesischen Pagoden und in den Tempeln oder Pavillons der indischen Mogulen verwirklicht. Ein Gazebo ist eine kleinere Version eines Pavillons.
- Pavillons sind häufig rund oder sechseckig und gewähren von allen Seiten einen Blick auf den Garten. Das Dach sollte steil sein, damit die Konstruktion imposant und elegant wirkt. Wenn der Pavillon von Blattwerk bewachsen ist, besteht ein angenehmer Kontrast zwischen der Geometrie der Materialien und der freien From der Bepflanzung.
- Ein chinesischer Pavillon ist einfach atemberaubend, wenn Lampen die überbetonte Dachform nachts hervorheben. Pavillons und Gazebos sollten in einem sonnigen Teil des Gartens zu finden sein, allerdings mit einigen angrenzenden Pflanzen, die ein gewisses Maß an Schatten und Abgeschiedenheit bieten.

UNTEN: *Dieser viktorianische Wintergarten ist sehr hoch und bietet sogar Platz für relativ große Bäume.*

# KLEINE KONSTRUKTIONEN

**Pergolen, Lauben, Gazebos und andere offene kleine Gartenkonstruktionen bieten angenehmen Schutz oder einfach einen Ort, an dem Sie den Blick auf Ihren Garten genießen können. Gleichgültig, ob Sie ein orientalisches oder traditionelles Ambiente anstreben, Elemente wie Brücken können den Stil Ihres Gartens verändern. Achten Sie vor allem darauf, dass all diese Konstruktionen großzügig bemessen, aber nicht zu groß oder überladen für die Größe oder Façon des geplanten Gartens sind. Sie könnten sonst zu stark wirken und von der eigentlichen Schönheit des Gartens ablenken.**

OBEN: *Ein kleines weißes Gazebo ist ein atemberaubender Blickfang in diesem Garten voller Rasenflächen und Blattpflanzen. Den Ausgleich zu dieser Konstruktion liefern Pflanzbehälter aus Blei.*

OBEN: *Kleine Konstruktionen wie dieses kleine Sommerhaus bieten willkommenen Schutz und Entspannung im Garten.*

## Pergolas

- Pergolas wurden von den alten Ägyptern bereits um 2000 v. Chr. als Stützen für Weinreben errichtet. Durch die Jahrhunderte haben sie ihre Beliebtheit als Gartenelemente nicht verloren und werden in modernen Gärten sehr vielseitig als Wege, überdachte Gänge und als Schutz bietende Konstruktionen genutzt. Besonders geschätzt wird die dekorative Wirkung einer Pergola. Mit Kletterpflanzen geschmückt können sie an jedem Fleck im Garten platziert werden.
- Sie können entlang der äußeren Garteneinfriedung verlaufen oder geradewegs mitten über das Grundstück. Sie können eine Terrasse überdecken und so den Übergang zwischen Haus und Garten architektonisch verschmelzen lassen. Ferner verbinden sie besonders wirksam zwei separate Gartenbereiche.
- Pergolas können aus Ziegelsäulen mit Querbalken aus Holz oder aber ganz aus Holz hergestellt werden. Wenn das Hauptgerüst steht, können leichtere Streben den Kletterpflanzen helfen, die Abstände zu überwinden.

OBEN: *Dies ist idyllischer Gartenstil per se: Eine Masse von rosafarbenen, roten und weißen Rosen, die sich um eine bogenförmige Pergola winden.*

- Bögen aus Metall oder Kunststoff können miteinander verbunden werden und elegante Pergolas schaffen, die für kleine Gärten sehr geeignet sind.
- Wenn die stützenden Säulen zu leicht erscheinen, können immergrüne Pflanzen an der Basis einen robusteren Eindruck verschaffen.
- In vielen Gärten kann eine zentrale Pergola, die mitten durch den Garten verläuft, zu dominant sein. Sie sollten sie besser entlang einer Seite in Wand- oder Zaunnähe führen.
- Wenn Sie einen Laubengang als langen, schattigen Weg nutzen, können Sie einige Sitzgelegenheiten darunter einrichten, die zum Verweilen und Bewundern der Pflanzen einladen. Eine Pergola muss aber nicht so lang sein; sie kann auch eine relativ kurze Konstruktion sein, die einfach einen Sitz oder eine Rasenfläche oder einen Schnittpunkt von Wegen überdeckt.

## Lauben

- Eine Laube ist eine offene Konstruktion, die robust genug ist, um Kletterpflanzen zu stützen.
- Traditionell werden altertümliche Pflanzen wie duftende Kletterrosen und Geißblatt an Lauben kultiviert. Lassen Sie sich aber dadurch nicht einschränken, denn es gibt viele weitere attraktive Kletterpflanzen, die ebenso gut wirken.
- Die Laube umschließt meist eine Sitzgelegenheit. Diese kann aus Holz oder Metall gefertigt sein. Sie können aber

auch kreativer sein und den Sitz selbst anfertigen, indem Sie in eine immergrüne Hecke, wie z. B. aus Eibengewächsen, eine Nische schneiden.

- Lauben bilden einen romantischen Blickfang und markieren ebenfalls Übergangsbereiche von einem Gartenteil zum nächsten oder aber den Schnittpunkt von zwei Wegen.
- Eine Laube kann eine große, pergolaartige Konstruktion sein, die statt eines Sommerhauses in den Garten gesetzt wird. Sie kann aber auch kleine Ausmaße haben. Wie bei anderen kleinen Konstruktionen müssen Sie aber auch hier sicherstellen, dass die Laube proportional zum Garten ist und nicht zu viel Raum einnimmt oder von den Pflanzen ablenkt.

### Brücken

- Eine Brücke bietet häufig interessante Designmöglichkeiten – von einer einfachen Holzplanke oder einem Deck bis hin zu einer auffällig rot lackierten gewölbten Brücke im chinesischen oder japanischen Stil.
- Brücken sehen meist am besten von einem Boot im Wasser oder von einem seitlichen Pfad aus.
- Wie auch bei anderen Gartenelementen sollte der Brückenstil dem Gartenstil entsprechen. Eine bescheidene, vielleicht rustikale Brücke ist für einen schmalen Wasserlauf am besten. Eine orientalische Zickzackbrücke aus Pfosten und Latten ergibt einen geeigneten Weg über einen Teich mit reicher Tier- und Pflanzenwelt. Wenn das Wasser ruhig ist, werden die Brücke und alle angrenzenden Pflanzen mit magischer Wirkung im Wasser reflektiert.
- Eine Attrappenbrücke neben einem kleinen Teich kann den Eindruck vermitteln, dass der Teich viel größer ist als er aussieht, und vielleicht sogar, dass er sich über den Garten hinaus erstreckt.

UNTEN: *Diese einfache aber zugleich sehr wirkungsvolle Holzbrücke im japanischen Stil wird durch farbenfrohe Bepflanzung und einen samtigen grünen Rasen ergänzt.*

# NUTZUNG VON GARTENORNAMENTEN

**Einfach gesagt werden Skulpturen in Gärten gesetzt, um angenehme Formen zu bieten oder um Flächen und Kontraste zu markieren und zu betonen, um als Blickfang oder Überraschung zu dienen und um ein Gefühl von Bewegung oder Stille zu vermitteln. Traditionell besitzen Skulpturen eine gewisse Symbolik, dieser Aspekt ist aber heute nicht mehr so bedeutsam. Skulpturen und andere zierende Objekte stehen in völligem Kontrast zu den Formen und Farben von Pflanzen. Selbst „gefundene“ Skulpturen wie Granitblöcke und „gesammelte“ Skulpturen von Kieselhaufen können einen Kontrast zu den flexiblen und weichen Formen von Gartengewächsen bieten.**

OBEN: *Dekorative Glaskugeln in leuchtenden Farben setzen Farbtupfer in einer verschneiten Landschaft.*

### Welche Skulptur?

- Wenn man „Skulptur“ hört, verbindet man damit häufig die traditionellen westlichen Formen wie die großen Stein- oder Bleifiguren der klassischen Antike. Diese sind jedoch zu groß, zu pompös und zu sehr in der Vergangenheit verwurzelt, um in vielen der kleinen Gärten von heute heimisch zu wirken.
- Mit „Skulptur“ sind aber auch zahlreiche weitere Objekte gemeint, die einem Garten Esprit, Blickfänge, Humor oder Romantik verleihen können. Im 20. Jahrhundert haben Bildhauer abstrakte Formen und verschiedene Möglichkeiten der figürlichen Darstellung ausprobiert, von denen sich viele besonders gut für den modernen Garten eignen.

OBEN: *Diese auffälligen Steinfrösche scheinen den Schutz eines überhängenden Steins zu suchen.*

LINKS: *Skulpturen müssen nicht in prominenter Position stehen. Einige sind wirksamer, wenn man sie „zufällig entdeckt", wie diesen modernen Kopf eines Jungen, der aus einem Efeuvorhang hervorlugt.*

## Einsatz von Skulpturen

- Eine Skulptur kann groß oder klein sein, vorübergehend aufgestellt oder dauerhaft, auffällig oder halb verborgen. Unabhängig von ihren Qualitäten sollte sie aber den Geschmack ihres Besitzers und den Stil und die Größe des Gartens widerspiegeln. Eine Skulptur kann den Blick auf das Ende einer Allee lenken oder ein integraler Bestandteil einer Baum- oder Strauchgruppe werden.
- Eine Figur oder Amphore kann einen bestimmten Aspekt des Gartens, wie z. B. einen einladenden grünen Weg, einen Teich oder einen von einer Mauer umgebenen Hof, betonen oder aber als optischer Magnet wirken, der den Blick des Besuchers anzieht und ihn veranlasst, durch den Garten zu streifen, um zu entdecken, was sich hinter der nächsten Ecke verbirgt.

## Platzieren von Skulpturen

- Skulpturen sollten bewusst so platziert werden, dass sie eine Wirkung erzeugen. Sie können ein Werk speziell für eine bestimmte Stelle in Ihrem Garten in Auftrag geben oder eine Skulptur wählen, die Sie mögen, und dann eine Stelle dafür finden. Sie könnten Objekte wie Schwimmer (von Angelruten) nehmen, die bildhauerisch wirken, und diese an Bäume hängen oder auf Steine oder Sockel legen.
- Skulpturen sollten stets an strategisch günstigen Standorten aufgestellt werden – am Ende einer Allee, in einer Gruppe auf offener Fläche oder als Ausgleich zu einer Gruppe von Sträuchern oder anderen kräftigen Pflanzenarrangements. Eine große Skulptur kann als Blickfang in der Ferne dienen, der von einer Bodenerhebung aus sichtbar ist. Amphorenpaare sind am Ende eines Stufenaufgangs oder als Tor zu einem anderen Gartenbereich effektiv.
- Eine figurative Skulptur kann in einer Nische oder Laube spektakulär sein. Allgemein sollte ein Einzelstück oder ein Skulpturenpaar dominieren. Zu viele Skulpturen wetteifern miteinander um Aufmerksamkeit und verlieren ihre eigene Ausstrahlungskraft.

## Die Wahl der richtigen Skulptur

- Setzen Sie Skulpturen diskret ein. Wenn sie zu stark verziert sind, wetteifern sie mit den Pflanzen um Aufmerksamkeit. Zu große Skulpturen sind Konkurrenz für das Panorama der Gartenlandschaft. Sie können in krassem Kontrast zu ihrer Umgebung stehen oder geschickt inmitten von Grünpflanzen verborgen sein.
- Traditionelle Figuren von Schäfern und Schäferinnen, Engeln und Nymphen sollten in den meisten modernen Gärten von kleinerer Größe sein als ihre klassischen Vorbilder. Es gibt viele Kopien aus Betonmaterial, die unter einem Baum oder verborgen in einer mit Rosen bedeckten Laube bezaubernd aussehen können. Moderne Skulpturen sind häufig abstrakt, für moderne Gärten geeignet und ein phantastischer Hintergrund für Blattwerk.

OBEN: *Der Globus ist eine ansprechende Form. Diese Glaskugel bietet zudem die Faszination von Wasser, das über die Kugelfläche fließt und den Anblick der Blumen, die durch die Kugel sichtbar sind, verändert.*

## AMPHOREN UND VASEN

DIES sind wichtige Gartenornamente. Ebenso wie figurative Skulpturen kann auch eine große Amphore als Blickpunkt am Ende einer Allee oder eines Gangs oder als Abschluss auf einem Torpfosten aufgestellt werden. Identische Amphoren oder Vasen auf Sockeln können in einer Linie aufgestellt werden und so einen Pfad begrenzen. Eine gestutzte Eibenhecke im Hintergrund kann auf die Form der Amphoren aufmerksam machen. Manchmal können sie neben eine auffällige Pflanze wie eine einzelne Palme oder eine Kollektion silberfarbener und rosafarbener Sommerpflanzen gesetzt werden. Manchmal wirken sie am besten für sich allein.

- Antique Amphoren und Vasen sind sehr teuer, aber es gibt gute Reproduktionen aus verschiedenen Materialien, die den richtigen Eindruck vermitteln können. Einfache Terracottatöpfe werden in vielen Größen angeboten, sie sind vergleichsmäßig günstig und können beeindruckend aussehen. Reproduktionsgefäße sind auch aus Betonstein erhältlich und können auf einer Terrasse imposant wirken.

## DEKORATIVE GARTENMÖBEL

SITZE und Tische nehmen relativ viel Platz im Garten ein. Nur zu häufig stören sie aber den Gesamteffekt, da sie aus unpassenden Materialien gefertigt oder zu groß für die Umgebung sind. Wenn Sie eine Gartenmöbelgruppe auf einen speziellen gepflasterten Bereich stellen, sieht sie zweckmäßig aus und bildet einen Rahmen. Die Proportionen sind wichtig. Es kann empfehlenswert sein, den Bereich teilweise zu umschließen, so dass die Masse der Gartenmöbel nicht optisch vom Garten Beschlag nimmt.

- Kunststoffmöbel sind zwar günstig, leicht und lassen sich einfach transportieren, können einen Garten aber nicht verschönern. Derartige Möbel können für eine Terrasse am praktischsten sein, für dauerhafte Sitzgelegenheiten und Bänke, die zum Gartendesign gehören, gibt es aber geeignetere Materialien, unter denen Sie wählen können.
- Ein Sitz in einer Nische oder im Winkel vor einer Strauchgruppe oder vor hohen mehrjährigen Pflanzen kann eine hübsche Skulptur bilden. Steinsitze besitzen ohne Zweifel Elemente einer Skulptur. Wählen Sie aber möglichst einen Standort, wo der Sitz von der Sonne aufgewärmt wird, bevor Sie sich darauf setzen. Gusseisen kann reizend wirken, und behandeltes, lackiertes oder gebeiztes Holz sieht in einem ländlichen Garten besonders gut aus. Eine Bank kann durch Pflanzen auf beiden Seiten an ihrem Standort „verankert" werden. Durch diese Technik sehen Gartenmöbel so aus, als seien sie verwurzelt und würden ewig dort stehen.
- Ein „Baumsitz" kann ganz oder halb um einen Baum geführt werden. Er bietet einen schattigen und visuell ansprechenden Ort, an dem Sie sich entspannen können. Gusseiserne Reproduktionsmöbel im Stil des ausklingenden 19. Jahrhunderts fügen sich besonders gut in überwucherte, nicht symmetrisch angelegte Gärten ein. Exemplare aus gegossenem Aluminium sind zwar leicht, allerdings büßen sie bei den Details in der Verzierung ein.

RECHTS: *Mit Terracotta besitzen Sie fantastische Möglichkeiten im Garten. Dieser ungewöhnliche und zugleich elegante Behälter verleiht einer Terrasse architektonischen Wert.*

UNTEN: *Eine traditionelle verzierte Terracottavase kann in einer regelmäßigen oder nicht symmetrischen Umgebung gut aussehen. In einer regelmäßigen Umgebung sollten Vasen am besten zu zweit oder in Reihen gesetzt werden. Hier ist der Hintergrund eher überwachsen und nicht symmetrisch.*

## PFLANZBEHÄLTER

GESCHICKT in Gruppen platzierte Behälter verleihen einem kleinen Hof, einer Veranda, Haustür oder einer Wasserbeckenumrandung einen Hauch von Luxus. Auch die Pflanzen vermitteln den Eindruck einer Skulptur und müssen daher sorgfältig gewählt werden, damit sie den Behälter betonen und ergänzen. Ein großer Pflanzbehälter mit einer kleinen Geranie, die oben hervorlugt, sieht nicht wie eine Skulptur aus, und dabei spielt es auch keine Rolle, wie farbenfroh die Pflanze ist.

❀ In einem halben Holzfass findet ein relativ großer Strauch Platz. Ein hoher, beschnittener Lorbeerbaum sieht darin besonders in einer ländlichen Umgebung gut aus. Eine elegante Alternative ist der Versailles-Behälter, der mit einem Zitronenbaum bepflanzt sehr reizvoll wirkt. Stein- oder Tuffsteintröge können mit Steingartenpflanzen oder einjährigen Kulturen bepflanzt werden.

❀ Metalleimer sind ungewöhnliche und doch ansprechende Gefäße, die auf Holzdecks überraschend gut wirken. Hohe Terracottakrüge des Typs „Ali Baba" mit schmalem Hals sind anmutig, an sich schon imposant und sollten nicht bepflanzt werden.

UNTEN: *Dieser Steinsockel trägt einen eleganten Behälter mit Strohblumen* (Helichrysum)*; ein kleines Schwein aus Stein sitzt auf der einen Seite.*

### Standort für Töpfe

❀ Wenn Sie Töpfe in Gruppen platzieren, versuchen Sie, ähnliche Materialien und Formen zusammen zu arrangieren, sonst fehlt Einheit und die Gruppe sieht kunterbunt aus. Terracotta-Behälter ohne Glasierung wirken nebeneinander gut, aber beispielsweise nicht so sehr mit farbig glasierten Töpfen aus China. Steintöpfe wirken am besten auf Steinpflaster, und Terracotta auf Ziegel, während Edelstahleimer oder Eimer aus verzinktem Metall für moderne Gärten sehr beliebt sind und einem Dachgarten einen hellen, frischen Look verleihen. Zwei gleiche Töpfe auf beiden Seiten einer Haustür können mit einer gepflegten und kunstvoll beschnittenen Eibe, einem Lorbeerbaum oder Buchsbaum bepflanzt werden und heißen so Besucher herzlich willkommen. Quadratische Töpfe sind eine gute Wahl für den Eingang eines rechteckigen Gartenbereichs, da sie seine Form bestätigen.

UNTEN: *Ein hoher, eleganter und quadratischer Topf in leuchtendem Indigoblau erzeugt einen imposanten Blickfang und passt zu den blasseren Graublautönen des Spaliers dahinter.*

# STUHLKISSEN ZUM FESTBINDEN

**Klappstühle für den Garten sind preiswert und herrlich praktisch für ein spontanes Abendessen im Freien. Sie sind aber nicht immer bequem genug, um zum Verweilen einzuladen. Diese hübschen Sitzkissen sind einfach anzufertigen und zu waschen. Eine natürliche Paspelschnur verleiht ein flottes seemännisches Aussehen und macht das Herstellen und Einfädeln komplizierter bedeckter Paspeln und Stoffbänder überflüssig. Das ganze Kissen kann problemlos gewaschen werden, ohne dass der Bezug entfernt werden muss.**

## WERKZEUG UND MATERIALIEN

- Bleistift und Pauspapier für Schablone
- Gartenstuhl
- Maßband bzw. Lineal
- Schere
- Stecknadeln
- Nadel und Faden
- Nähmaschine und Faden passend zum Stoff
- Bügeleisen
- Dicke Füllung
- Paspel

**1** *Legen Sie ein großes Stück Pauspapier auf den Stuhlsitz und ziehen Sie die Konturen der Sitzfläche nach. Lassen Sie 2,5 cm Nahtzugabe rund um die Sitzkontur und schneiden Sie die Schablone aus.*

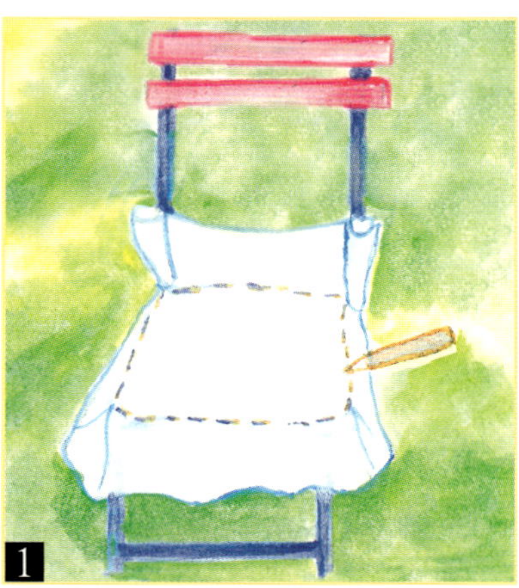


**2** *Heften Sie das Muster auf den Stoff und schneiden Sie zwei Teile aus. Achten Sie darauf, dass offensichtliche Muster wie das hier abgebildete große Schachbrettmuster zusammenpassen.*

**3** *Heften Sie die beiden Stoffteile mit den rechten Seiten zusammen. Vernähen Sie sie zunächst grob und dann sauber entlang der Nähte. Lassen Sie auf der einen Seite in der Mitte eine Lücke, damit Sie den Bezug später wenden können. Schneiden Sie diagonal über die Ecken der Nahtzugabe, so dass der fertige Kissenbezug am Ende saubere, scharfe Ecken hat. Legen Sie die Nähte frei.*

**4** *Wenden Sie den Bezug und bügeln Sie ihn. Schneiden Sie die Nahtzugabe vom Papiermuster ab, so dass die ursprüngliche Sitzkontur bleibt. Schneiden Sie ein Stück dicke Füllung auf diese Größe und stecken Sie sie in die Kissenhülle. Verschließen Sie die Öffnung mit Heftstich.*

**5** *Heften und nähen Sie dann eine Paspel um die Kissenkanten. Schneiden Sie zwei Stücke Paspel für die Bänder ab. Verknoten Sie die Enden beider Stücke, um ein Ausfransen zu verhindern, und falten Sie die Stücke in der Mitte. Nähen Sie jede Paspel an der Faltmitte an die hintere Kissenkante, wo sie an die Stuhllehne gebunden wird.*

# SPITZSÄULE AUS WEIDENRUTEN

**Ein wenig zusätzliche Höhe ist in einer Gartenrabatte stets willkommen, da sie ausgedehnten, ebenen Flächen eine weitere Dimension verleiht und auf einem kleineren Grundstück eine zusätzliche Pflanzfläche liefert. Statt Haselruten können Sie auch andere hübsche gerade Stöcke verwenden. Ihre Länge hängt davon ab, wie hoch die Spitzsäule werden soll. Biegsame Weidenruten sind immer mehr in Heimwerkermärkten und im Gartenhandel erhältlich und ein gefragter Artikel im Versandhandel von Spezialanbauern. Wenn Sie keine frischen Weiden finden, weichen Sie ältere, getrocknete Weidenruten in einem großen Behälter voll Wasser über Nacht oder solange auf, bis sie geschmeidig sind.**

## WERKZEUG UND MATERIALIEN

- Haselruten oder andere gerade Zweige ohne Äste, ca. 1,5 m lang
- Zwirn
- Schere
- Geschmeidige Weidenruten zum Flechten
- Messer oder Gartenschere

1 *Stellen Sie eine ungerade Anzahl fester Haselruten – hier wurden 19 verwendet – zu einer Wigwamform zusammen. Binden Sie unweit der Spitze vorübergehend ein kurzes Stück Zwirn um die Stämme, um sie zu sichern, während Sie die Säule fertig stellen.*

2 *Wickeln Sie zwei oder drei geschmeidige Weidenruten ca. 10 cm unterhalb der Spitzen um die Ruten, um diese fest zusammenzubinden. Sobald die Ruten fest zusammengebunden sind, entfernen Sie den Zwirn.*

3 *Nehmen Sie zwei geschmeidige Weidenruten. Drehen Sie sie lose zusammen, bevor Sie sie um die aufrechten Ruten wickeln und damit verweben, so dass sie an zwei Stellen – rund ein Drittel und zwei Drittel vom oberen Band und dem Boden entfernt – ca. 5 cm breit gebunden sind. Schneiden Sie alle losen Weidenenden ab und stecken Sie sie in die Säule.*

1

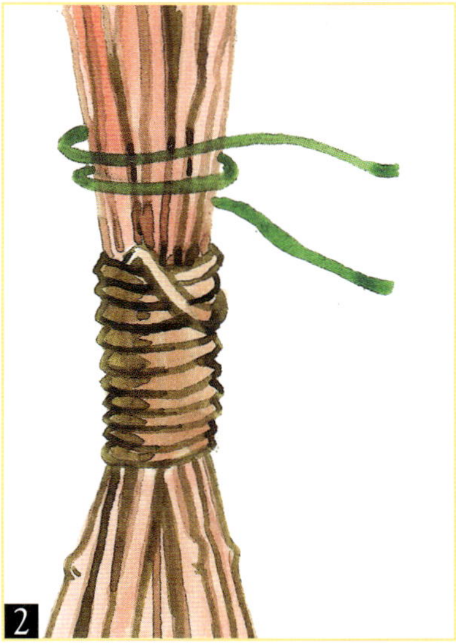

2

3

# GARTENSTIL

**Es gibt zwei Ansätze für das Gartendesign – den geplanten und den ungezwungenen. Die meisten Gartenstile passen in eine dieser Kategorien.**

Geplante Gärten basieren auf einer zentralen Achse mit Querachsen, die im rechten Winkel verlaufen und den Garten unterteilen. Gärten ohne Symmetrie haben viele Kurven und sehen natürlich aus.

Innerhalb dieser grundlegenden Stilrichtungen gibt es zahlreiche unterschiedliche Möglichkeiten. Romantische, wilde und exotische Gärten sind meist eher unregelmäßig, während Dachgärten oder winzige Vorgärten eher sorgfältig geplant werden.

Bevor Sie mit der Arbeit an Ihrem Garten beginnen, sollten Sie entscheiden, welche Wirkung Sie anstreben. Denken Sie daran, dass es meist keine gute Idee ist, geplante und unregelmäßige Stilrichtungen zu vermischen.

# ZWANGLOSE GÄRTEN

**Zwanglose Gärten ohne Symmetrie sind durch fließende Kurven, nicht symmetrische Arrangements von Elementen und Räumen und Pflanzen, die in ihrer natürlichen Form wachsen können, gekennzeichnet. Traditionell sind Gärten in Hausnähe immer am regelmäßigsten angelegt und werden dann weiter vom Haus weg immer weniger regelmäßig. Diese Aufteilung ist auch heute noch sinnvoll. Im regelmäßig angelegten Garten ist das Gerüst des Gartens als Teil der Struktur erkennbar, während in Gärten ohne Symmetrie der zu Grunde liegende Rahmen durch Pflanzen fast völlig verdeckt wird und der Garten so aussehen sollte, als sei er natürlich gewachsen. Eine gewisse Struktur ist aber auch hier erforderlich, sonst verfällt alles wieder in unkontrollierte Wildnis.**

## PLANUNG FÜR UNREGELMÄSSIGKEIT

DER Entwurf eines Gartens ohne Symmetrie ist schwieriger als der einer regelmäßigen Anlage. Gerade Linien und Symmetrie beherrschen den Garten mit Symmetrie. Ausgleich ist daher ein integraler Bestandteil. Der ungezwungene Garten hingegen wird von Unregelmäßigkeit und natürlich wirkender Bepflanzung beherrscht. Der Designer muss daher durch eine Mischung von Instinkt, Experiment und Erfahrung einen Ausgleich schaffen. Das Verfahren ist fast wie beim Erschaffen eines Gemäldes oder einer Skulptur.

- Wenn Sie versuchen, auf einem rechteckigen Gartengrundstück Unregelmäßigkeit zu erzeugen, planen Sie Ihr Design in der Diagonalen. Ein Pfad könnte von der rechten Hausseite an einem ovalen Rasen vorbei zum linken Gartenende führen. Auf der Strecke schaffen Bäume und andere Pflanzen natürliche Abschirmungen.
- Auf einem abschüssigen Gelände können Sie gewundene oder im Zickzack verlaufende Wege und Stufen über eine grasbewachsene Böschung führen. Dabei empfinden Sie eine Blumenwiese im Stil des Mittelalters nach, die im Frühjahr mit Blumenzwiebeln und im Sommer mit wilden Blumen bepflanzt wurde. Ein unregelmäßig geformtes Gelände ist für die Planung eines Gartens ohne Symmetrie wie geschaffen. Nutzen Sie merkwürdig geformte Flächen, um versteckte Gärten anzulegen, oder auch für so alltägliche Zwecke wie das Verbergen eines Gewächshauses oder das Anlegen eines Spielbereichs.

OBEN: *Eine Mischung aus Sträuchern, Gräsern, Fuchsien und niedrigen Stauden schafft neben einer großen Rasenfläche eine charmant ungezwungene Rabatte.*

LINKS: *Violett und rosa leuchtende Blüten sind in der Pflanzenwelt in Hülle und Fülle anzutreffen und passen immer gut zusammen. Der Kiesweg verleiht einem sonst sehr unregelmäßigen Beet Form.*

## Zwanglose Gartenformen ohne Symmetrie

- Auch in einem Garten ohne Symmetrie werden die bepflanzten Flächen sorgfältig geplant, die Grenzen sind jedoch nicht zu erkennen. Sie können Abgrenzungen durch gemischte Hecken einheimischer Sträucher wie Weißdorn, Stechpalmen (*Ilex*) und der Gelben Rose anlegen oder in größeren Gärten Baumgruppen beispielsweise aus Birken oder Ebereschen.
- Eine unregelmäßige Wirkung wird durch organisch erscheinende Flächen und gewundene Kurven erreicht. Eine mit Gräsern bewachsene Rasenfläche kann in schlängelnder Form zu einem Wild- oder Rosengarten führen. Achten Sie darauf, dass die Formen großzügig bemessen sind. Wege sollten sanft in großen Kurven verlaufen und sich nicht wurmähnlich durch den Garten winden.
- Ein großer Schwung sieht stets besser aus als zwei oder drei Kurven mit merkwürdigen Winkeln. Ungezwungenheit deutet auf Entspannung hin, der ganze Garten sollte daher entspannt wirken. Es sollte viel Platz vorhanden sein, damit man sich gemächlich durch den Garten bewegen kann. Wichtig sind auch viele Sitzgelegenheiten.
- An jeder Kurve sollten einige hohe Pflanzen verdecken, was sich hinter der Ecke verbirgt, so dass den Besucher stets eine neue Überraschung erwartet – ein blühender Kirschbaum, eine von Efeu halb verborgene Skulptur oder eine ländlich idyllische Laube. Dies sollte ja kein Garten voll strenger Muster, sondern ein Garten für Streifzüge und voller Mysterien sein.
- Auf einem sehr schmalen Grundstück können Sie den gesamten Garten als Weg betrachten. Ein sanft wellenförmig verlaufender Weg, auf beiden Seiten von geschwungen angelegten Rabatten flankiert, führt Sie zu einem Sitz oder einem anderen Blickfang am anderen Ende des Gartens. Der Weg kann aus Ziegeln, Stein oder sogar Gras angelegt sein. Allerdings wird Gras im Sommer leicht ausgetreten, und im Winter staut sich das Wasser, so dass die Gartenarbeit erschwert wird.

OBEN: *In dieser schmalen Rabatte finden sich hinten Kulturen mit bandförmigen Blättern und vorne niedrige mehrjährige Pflanzen. Der Mosaiktopf gibt dem Beet einen Blickfang.*

- Ab und zu können Sie auf beiden Seiten des Pfades einen etwas in die Pflanzen zurückgesetzten Sitzbereich schaffen, der es dem Besucher erlaubt, anzuhalten und die Pflanzen zu genießen. Die Pflanzen selbst sollten um ihrer Farbe und ihres Dufts willen gewählt werden, und sie sollten während des größten Teils des Jahres interessant wirken. Ein vereinzelter kleiner Baum oder großer Strauch liefern Höhe und Schatten.

RECHTS: *Selbst ein sehr kleiner Garten kann größer wirken und viele Überraschungen bereithalten. Statten Sie ihn daher mit geschwungenen Kurven, diagonalen Linien und hohen Pflanzen aus, die verbergen, was den Besucher hinter der nächsten Ecke erwartet. Hier ist eine Rasenfläche relativ nahe zum Haus angelegt und ein Kräutergarten am Fuß des Gartens. Bequeme Sitze laden den Besucher ein, zu verweilen und die Pflanzen zu betrachten.*

OBEN: *Spitze Weidensäulen sehen allein oder mit Blumen hübsch im Blumenbeet aus. Hier dient eine Säule als Stütze für eine Clematis, und in den anderen wachsen verschiedene Pflanzen an der Basis.*

## Senkrechte Elemente

- Senkrechte Elemente im Garten schaffen eine nötige zusätzliche Dimension. Sie sind interessant, setzen Akzente, stehen im Kontrast zu sich stark ausbreitenden Pflanzen und markieren das Ende von Alleen. Paarweise können sie Rahmen für einen breiteren Ausblick oder Tore zu anderen Bereichen des Gartens bilden.
- Im Allgemeinen zählen zur Bepflanzung von Gärten ohne Symmetrie hohe Sträucher, die Abgrenzungen und geheime Durchgänge schaffen. Sie benötigen zudem höhere Bäume, die die senkrechte Dimension unterstreichen und Schatten liefern. Außerdem verbergen diese Bäume die Grundstücksgrenzen und die angrenzenden Gebäude und helfen so, den Eindruck eines abgeschiedenen Gartens auf dem Lande zu erzeugen.
- Skulpturen, Spitzsäulen und andere dekorative Objekte können ein Element der Höhe zwischen niedrige Pflanzen setzen – entweder in zentraler Position oder aber dezent hinter Blattwerk positioniert.

RECHTS: *Wenn in Ihrem Garten hohe Bäume oder Büsche fehlen, bringen Sie Höhe und einen Blickfang beispielsweise durch eine bepflanzte Spitzsäule in den Garten. Sie bringt Abwechslung und schafft ein vielseitiges Gartenbild.*

## Blumen für einen zwanglosen Garten

- Der Garten ohne Symmetrie strahlt in seiner Farbenfreude. Ein regelmäßig angelegter Garten wirkt häufig mit einer Anzahl von Grün- oder Grün- und Weißtönen am besten, während der Garten ohne Symmetrie mit den auffälligen Rot- und Rosatönen der Geranien und *Impatiens* (Springkraut), mit Kapuzinerkresse, rotem Salbei und Sonnenblumen auflebt.
- Oder wählen Sie Silber-, Rosa- und weiche Blautöne. Diese Farben wirken sehr schön bei einer weniger kräftigen Sonne und dunstigeren Atmosphäre. Ein nicht regelmäßig angelegter Rosengarten sollte mit altmodischen Rosen bepflanzt werden, die durch Fingerhut (*Digitalis*), Lavendel und Waldreben ergänzt werden. Wichtig ist, dass der Garten natürlich wirkt, als hätten sich all die Pflanzen ganz von allein entwickelt.

## Blickpunkte

- Zwanglose Gärten ohne Symmetrie haben nicht die geraden Wege und Alleen, die sich für Blickpunkte anbieten. Ihre Kurven und verborgenen Flecken sollten im letzten Augenblick augenfällige Überraschungen zu Tage fördern. Hinter einer Ecke sollte sich Ihnen etwas Angenehmes, Überraschendes oder Amüsantes darbieten.
- Skulpturen sollten Bewegung suggerieren, darum wirken Tierskulpturen häufig gut. Wie Sie diese auffälligen Elemente positionieren, ist von größter Bedeutung, da man sich ihnen vermutlich von verschiedenen Richtungen aus nähern wird. So müssen Sie aus jedem Winkel optisch ansprechend sein. Skulpturen verschönern jeden Standort: Sie können hinter Blättern versteckt sein, vom Ast eines Baumes hängen oder neben einem Becken oder Teich aufgestellt werden.

OBEN: *Hinter einem interessanten und hübschen Arrangement hügelförmig angelegter Blühpflanzen erheben sich hohe, dornige Pflanzen und dahinter eine Wand mit Kletterrosen. Die Farben sind in erster Linie Rot, unterlegt mit Gelbschattierungen, und das neutralisierende Weiß leuchtet in der Mitte.*

## Ein Gefühl von Bewegung

- Durch die geschickte Planung der einzelnen Gartenbereiche können Sie steuern, wie sich Besucher durch Ihren Garten bewegen. Lange, schmale Wege ermuntern zum schnellen Weitergehen. Wenn Sie Besucher zum Verweilen und Schauen anregen möchten, müssen Sie breite Wege aus festem, trockenem Material und gelegentliche Sitze einrichten.
- Ein Weg neben einer Sommerrabatte sollte breit genug sein, damit zwei Personen nebeneinander gehen und die Pflanzen bewundern können, wohingegen ein Weg zu einem Komposthaufen ruhig schmal und von Hecken umsäumt sein kann. Zu lange, schmale und geschlossene Pfade können unangenehm wirken – je höher die Seiten, desto schmaler und länger erscheint der Weg.

## Ein Gefühl von Ausgeglichenheit

- Ausgeglichenheit wird im regelmäßig angelegten Garten durch Symmetrie erzielt. In einem Garten ohne Symmetrie müssen Sie selbst für Ausgeglichenheit sorgen. Eine große, offene Fläche wie ein Rasen kann durch einen hohen, gerade gewachsenen Baum oder eine Skulptur ausgeglichen werden.
- Ein weißer Sitz ist stets ein Blickfang. Gleichen Sie ihn durch einen dunkelgrünen Hintergrund oder Aufstellen in einer Laube aus. Wählen Sie ein massiges Gegenstück zu einer Gruppe von Bäumen oder Sträuchern, wie z. B. Tisch und Stühle in sehr markanter Form, oder aber ein kleines Gebäude.

## Wasser

- Natürlich wirkende Teiche und Becken sind ideale Wasserelemente für zwanglose Gärten ohne Symmerie. Sie erhalten vermutlich eine bessere Form, wenn Sie das Loch ausheben und mit Butyl auskleiden, statt einen vorgeformten Einsatz zu kaufen. Sie können Wasser-, Rand- und Sumpfpflanzen setzen.
- Als weitere Wasserelemente sind ein kleiner Bach oder ein über Steine laufender Wasserfall denkbar, die Sie problemlos mit einer Kollektion von Steinen, einem kleinen Becken und einer Tauchpumpe anlegen können. Fontänen mit Kieseln, über einen Mühlenstein oder an einer Wand herablaufendes Wasser können Lösungen sein, wenn Sie den Anblick und den Klang von Wasser in den Garten bringen möchten, ohne Platz für einen Teich opfern zu müssen.

OBEN: *Ein leuchtendes und farbenfrohes Blumenbeet unter anderem mit* Calendula *(Ringelblumen)*, Ligularia *(Greiskraut), Lilien, Rittersporn und Rosen.*

## MATERIALIEN

KIES ist für Gärten ohne Symmetrie zu empfehlen. In Gras oder Kies gelegte Betonplatten bieten Rollstühlen oder hochhackigen Schuhen Halt. Rinde sieht auf gewundenen Wegen in bewaldeten Anlagen hübsch aus und polstert den Boden unter Spielgeräten, so dass Kinder weich fallen.

# ROMANTISCHE GÄRTEN

**Der romantische Garten ist im Grunde ein Traum – ein Garten voll schattiger Flecken und lauschiger Plätze, ein Ort der Düfte und Pastellfarben, in dem weiche, bogenförmige Pflanzen und süß riechende Blumen wachsen. Vögel hüpfen von Zweig zu Zweig, Farnblätter spiegeln sich in stillen Teichen wider, und ganz in der Nähe sind Wasserfälle zu hören. Die Sonne bescheint Blumen in vielen Farben, die üppig wachsen, nie in Konflikt zueinander stehen, nicht das Bild beherrschen, und niemand scheint tatsächliche Gartenarbeit zu leisten. Bilder der blühenden, umschlossenen Gärten des Mittelalters zeigen, wie sich Liebende unter Apfelbäumen treffen, auf Gras- oder Kamillenbänken sitzen und sich dabei zärtlich in die Augen schauen.**

OBEN: *Eine Bank oder eine andere Sitzgelegenheit, in eine kleine Nische des Gartens oder aber in eine schattige Laube gesetzt, umgeben von süß duftenden Blumen, schafft ein perfektes romantisches Versteck.*

## FARBE UND DUFT

Es besteht kein Grund, warum ein modernes Haus keinen romantischen Garten haben sollte. Am wichtigsten sind Farbe und Duft. Die Farben sollten sanft und weich sein: Blassrosa, Braungelb und Weiß sind romantische Farben, die bei einer Fülle von Blüten zu finden sein sollten. Es gibt viele alte und neue Rosen mit hübschen Farben und angenehmem Duft, die lange blühen und sich nicht übermäßig ausbreiten.

❀ Gartenlauben, Laubengänge und Sitzgelegenheiten mit gerundeten Bogenformen oder gotischen Ogiven sind weithin im Handel erhältlich. Duftende Blumen können neben Sitzen und Wegen kultiviert werden, und duftende Kletterpflanzen können schattige Lauben und Laubengänge umhüllen.

❀ Von Farbe und Duft her geeignete Strauchrosen sind ‚Gertrude Jekyll' mit ihren üppigen rosafarbenen Blüten, ‚Constance Spry', deren fast transparente rosafarbene Blüten über einen langen Zeitraum das Auge erfreuen, sowie ‚Buff Beauty' und ‚Felicia'. Kletter- und Schlingrosen sind beispielsweise ‚New Dawn', eine leicht matt schimmernde pinkfarbene Rose, die über eine Nordwand wächst, und ‚Albertine', eine beliebte Rose mit sehr hübschen dunkelroten Knospen, Blüten in einem warmen Rosaton und sehr festen Dornen.

## DER ROMANTISCHE GARTEN DES 19. JAHRHUNDERTS

Das moderne Konzept eines romantischen Gartens folgt der Tradition der Romantik. In dieser Ära wuchs nicht nur das Interesse an den neuen Pflanzen, die aus allen Teilen der Welt in Europa eingeführt wurden, sondern auch die Vorstellung all der fernen Länder, aus denen die Pflanzen stammten, wurde als herrlich romantisch empfunden.

❀ Im viktorianischen England, wo der romantische Garten am stärksten ausgeprägt war, gehörten zu einem größeren Garten

UNTEN: *Dieser kleine Garten steckt voller Überraschungen, wie z. B. die kleine Statue, die unter der rosenbewachsenen Pergola hervorlugt.*

beispielsweise ein Rosengarten mit einer Vielfalt von Rosenarten, darunter auch alte, stark duftende Rosen, sowie Steingärten, Wasserläufe und Farngärten. Daneben war meist der so genannte ‚Cottage-Garten' zu finden, der im 19. Jahrhundert von Künstlern in idealisierten Aquarellen porträtiert wurde und der fröhlich chaotische Beete mit üppigen mehrjährigen und einjährigen Kulturen zeigt, die in vertraulichem Beisammensein vor riedgedeckten Häuschen wachsen.

## DER MODERNE ROMANTISCHE GARTEN

Moderne Gärtner lassen ihrer Phantasie und Kreativität freien Lauf und entwerfen romantische Gärten, die natürlich aussehen und dennoch gut zu pflegen sind. Der Obstgarten ist traditionell ein wichtiger Teil des romantischen Gartenkonzepts, die Idee ist aber natürlich symbolisch, und es müssen nicht reihenweise Obstbäume gepflanzt werden. Ein Apfelbaum, zwei an Spalieren an einer Wand erzogene Obststräucher oder eine „Hecke" mit erzogenen Obstbäumen erfüllen den gleichen Zweck und können den Garten geschmackvoll ergänzen.

OBEN: *Rosen sind die exquisitesten Blumen, gleichgültig ob als Knospen oder in voller Blüte. Wenn sie angemessen gedüngt und bewässert werden, blühen viele bis weit in den Herbst oder sogar noch später.*

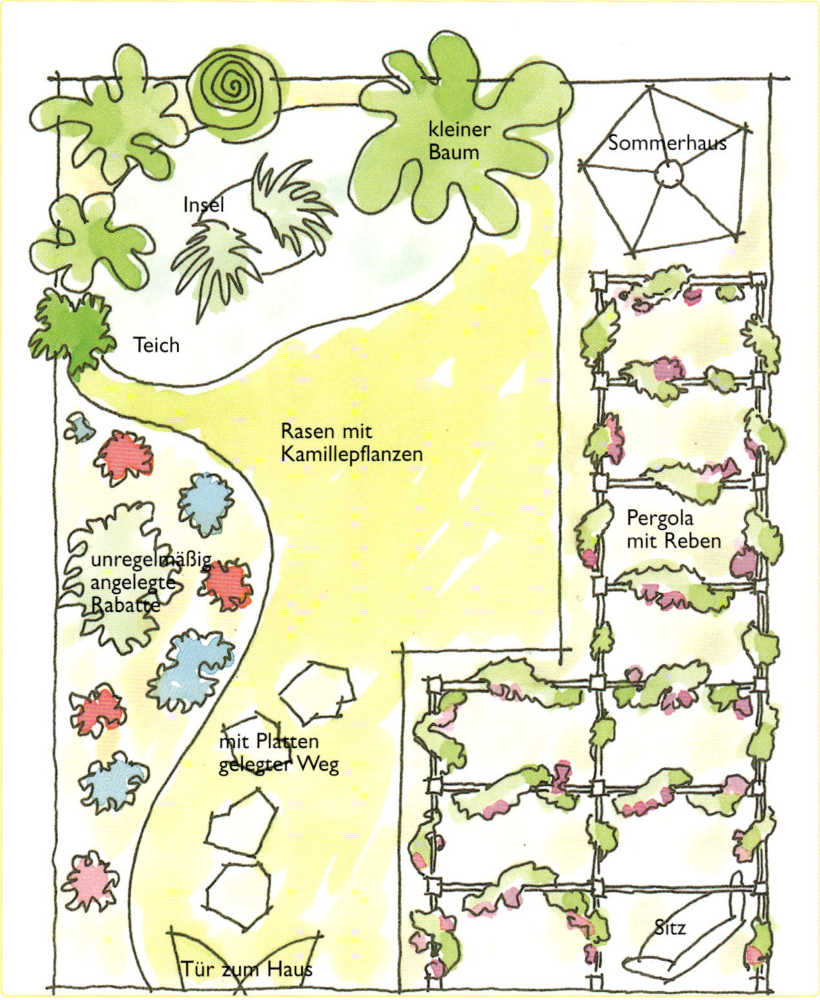


- Die gebräuchlichen Namen vieler Pflanzen können einen Hinweis darauf liefern, wie romantisch ein Garten früher war. ‚Seelenfriede' war die Bezeichnung für das purpurne und gelbe Stiefmütterchen. Himmelsleiter (*Polemonium caeruleum*), Trollblume (*Trollius europaeus*), Frauenmantel (*Alchemilla mollis*), Mädesüß (*Filipendula ulmaria*), Jungfer im Grünen, Vergissmeinnicht und Frühlings-Gedenkmein sind Namen für Blumen im Cottage-Garten, von denen viele noch heute hübsch in natürlichen oder romantischen Gärten aussehen.
- Die romantischen Gärten von heute werden gezielter geplant, und es werden weniger und dafür pflegeleichtere Pflanzenvarietäten kultiviert. Dafür sind Duft und Farbe sowie ein Gefühl von Zeitlosigkeit der Kern dieses Gartenstils, und dies lässt sich heute ebenso gut erreichen wie eh und je.

LINKS: *Der romantische Garten basiert auf Kurven. Hier liegen in einer Rasenfläche mit Kamillepflanzen Platten, die als Pfad dienen. Der Teich soll Tiere anlocken, die Pergola ist mit ansprechenden Reben bedeckt, und vom Sitz aus können Sie das einzige, etwas symmetrische Element betrachten: ein sechseckiges Sommerhaus als Blickpunkt am Ende des Gartens.*

## FARBE IM ROMANTISCHEN GARTEN

FARBE hängt in hohem Maße davon ab, wo, wann und wie sie sichtbar ist. Im romantischen Garten ist Farbe einer der wichtigsten Pflanzaspekte. Wählen Sie daher sorgfältig diejenigen Pflanzen, die in einem bestimmten Teil des Gartens am besten wirken. Achten Sie bei Ihrem Gartendesign darauf, dass der Garten nicht nur vom Haus aus ansprechend ist, sondern auch faszinierend ist, wenn Sie durch ihn wandern oder an einem Schatten spendenden Plätzchen sitzen. Viele Pflanzen wirken aus der Nähe am besten, sorgen Sie daher für ausreichend Sitzgelegenheiten und wählen Sie die Pflanzen entsprechend, damit diese Stellen zum Verweilen einladen.

❀ Dunkle, volle Farben wie Purpur- und Rottöne (vor allem tiefe Rottöne) sind aus der Nähe betrachtet, wenn die Sonne hinter Ihnen steht, hinreißend. Diese Farben, die beispielsweise bei tiefroten Rosen und Geranien in Karmesin, Scharlachrot und grellem Pink anzutreffen sind, sollten am besten unweit des Hauses kultiviert werden. Blasse Farben sollte man möglichst aus der Ferne betrachten, denn sie sind für den romantischen Stil des Gartens am geeignetsten. Blassblaue Clematis wie ‚Lasurstern' und ‚Perle d'Azur' sind die wirkungsvollsten Clematisfarben im romantischen Garten. Die tiefen, vollen Farben der Clematissorten ‚Royal Velours', ‚Ville de Lyon' und ‚Niobe' sollten in Hausnähe erzogen werden, während die *Viticella*-Sorten (Zierliche Reben) mit ihren kleineren pagodenförmigen Blüten sehr wirkungsvoll zwischen blasseren Rosen im Hauptteil des Gartens kultiviert werden können.

❀ Achten Sie darauf, ob die Pflanzen besser frontal angestrahlt oder im Gegenlicht wirken. Die gelben Ligusterformen (*Ligustrum*), *Philadelphus coronarius* (Pfeifenstrauch) ‚Aureus' und *Choisya ternata* ‚Sundance' (Orangenblüte) wirken optimal vor einem schwarzen Hintergrund und einer nach Norden blickenden Mauer. Das hohe Sonnenlicht, das auf die Blätter fällt, hebt das Gelb auf imposante Weise von der dunklen Wand oder Hecke ab.

## TRADITIONELLE PFLANZEN FÜR DEN ROMANTISCHEN GARTEN

VIELE Pflanzensorten können die Romantik Ihres Gartens erhöhen. Im 19. Jahrhundert wurden mindestens zwei Dutzend Varietäten von Weinreben oder Wandtrauben als ornamentale Kulturen sowie als Nutzpflanzen in den Garten gesetzt. Die Wände waren dick mit Rosen bedeckt. Große, farbenfrohe Blumen wie Pfingstrosen und orientalischer Mohn waren beliebt. Duftende Blumen wie Geißblattsorten, Lilien und altmodische Nelken wie die weiße ‚Mrs Sinkins' mit ihrem starken, typischen Nelkenduft sind heute aus einem romantischen Garten nicht wegzudenken.

### Kletterrosen

❀ Dauerblühende Kletterrosen sind am geeignetsten für Gartenbögen und Laubengänge, während die kräftigen aber nur einmal blühenden Schlingrosen die stärkeren Stützen von Pergolen benötigen können. ‚Aloha' ist eine der besten dauerblühenden Kletterrosen, die 3 m hoch wächst. Es ist eine sehr gesunde Sorte mit herrlich vollen, rosafarbenen Blüten voller Duft, die auch mit sehr guten Resultaten als Strauch kultiviert werden kann. ‚Golden Showers' ist eine gute Sorte, wenn Sie Gelb mögen. Sie ist fast dornenlos, aber leider auch fast ohne Duft. Die Blüten von ‚New Dawn' sind ein hübsches Perlrosa; diese Sorte ist sehr duftintensiv und blüht fast dauerhaft. ‚Madame Alfred Carrière' ist eine weitere, fast dornenlose Rose mit weißen, duftenden Blüten. An einer Nordwand gedeihen die wirklich dauerblühenden Blüten bestens.

❀ Schlingrosen blühen nur einmal ab der Sommermitte. Sie lassen sich problemloser erziehen als Kletterrosen, und die Blüten sind kleiner. Schlingrosen sind sehr kräftig und passen

LINKS: *Der obere Teil dieses zwanglosen Bogens ist fast vollständig verborgen, als trüge der Bogen einen Hut voll leuchtender Rosen.*

OBEN: *Eine unter einem Baum aufgehängte Hängematte, umgeben von einer Sommerrabatte mit süß duftenden Blumen wie Levkojen* (Matthiola) *schafft eine wahrhaft romantische Umgebung.*

möglicherweise nicht in einen kleinen Garten. Wenn Sie aber eine Pergola oder Wand oder auch einen alten Baum besitzen, lohnt sich der Versuch, die Rosen daran zu erziehen. ‚Goldfinch' ist eine blassgelbe Rose mit intensivem Duft, die bis zu 3 m hoch wird.

LINKS: *Bei einer so großen Auswahl an Rosen werden Sie sicher eine Varietät finden, die Ihrem Garten unabhängig von seiner Größe, Form oder Richtung entgegenkommt. Rosen sollten in Ihrem romantischen Garten nicht fehlen, denn sie sorgen für mehr Farbe und Duft.*

## Alte Rosen

- Einige alte Bourbon- und Portlandrosen sind sehr gefragt und zudem ideal für den romantischen Garten, da sie eine Fülle weicher Farben und eleganter Wachstumsbereiche bieten. Viele der alten Rosensorten besitzen einen exquisiten Duft. ‚Mme Isaac Perrière' ist eine Bourbon-Rose mit sehr duftintensiven Blüten. Sie besitzt kugelförmige Blütenkelche, die vollständig doppelt ausgeführt sind, und sie gilt als die Rosensorte mit dem stärksten Duft. Lassen Sie ihr ausreichend Platz, da sie 2 m hoch wachsen kann.
- Auch ‚Mme Pierre Ogre' besitzt kugelförmige, blass silberne Blüten voller Duft. Diese Sorte wächst gut an Bögen und kann als eine der schönsten Rosensorten überhaupt bezeichnet werden. ‚La Reine Victoria' wächst weniger kräftig und kann eine Stütze gebrauchen. Sie besitzt kugelförmige Blüten mit herrlichem Duft, die sich zunächst in Blassrosa öffnen und bei Lichteinfall dann eine intensivere Farbe annehmen.

# GÄRTEN FÜR TIERFREUNDE

**Wie in jedem Garten versuchen Sie auch in einem Wildgarten nicht, die Natur nachzuahmen. Sie entwerfen vielmehr einen Garten, in dem einheimische Pflanzen, Vögel und andere Tierarten gesund wachsen und leben können. Ein Garten für Tierfreunde kann auch dem Menschen Freude bereiten. Er kann gut geplant und modern aussehen, ohne seine Attraktivität für kleine Lebewesen zu verlieren. Den Tieren ist es gleichgültig, ob der Garten ländlich oder „natürlich" aussieht, sie wollen nur die Pflanzen und Umgebungen, in denen sie sich heimisch fühlen können. Wenn der Boden unweit des Hauses mit Bauschutt gefüllt ist, können Sie ihn mit einem Deck belegen. Dieser Bereich wird so eine nützliche „Terrasse", von der aus sich der Garten aus einer etwas erhöhten Perspektive beobachten lässt.**

## EIN LEBENSRAUM FÜR TIERE

DURCH verschiedene Umgebungen und Nahrungsquellen können Tiere in den Garten gelockt werden. Im Idealfall sollte der Garten einen bewaldeten Bereich, eine Wildblumenwiese und einen Teich besitzen. All diese Elemente können problemlos an einen kleinen Garten angepasst werden. Machen Sie das Beste aus den Bedingungen, die in Ihrem Garten vorherrschen. Schlechte Böden sind beispielsweise ideal für eine Wildblumenwiese, während in einem feuchten und schattigen Bereich viele Waldpflanzen gedeihen.

- Weitere gute Lebensräume sind ein Teich und eine Trockensteinmauer oder ein Stoß Holzstämme. Sie brauchen Pflanzen, die Pollen, Nektar, Beeren und Samen liefern. Auch Wildblumen locken viele kleine Kreaturen an. Verleihen Sie dem Garten mit einem durch das Gras verlaufenden Natursteinweg Struktur, oder lassen Sie einen mit Rinde belegten Weg durch eine Baumgruppe verlaufen. Ein leicht erhöhter Sitzbereich bietet einen guten Ausblick über den Garten. Umgeben Sie den Sitz mit hohen Sträuchern, so dass Sie unbemerkt kleine Tiere beobachten können, die Ihren Garten besuchen.

### Pflanzen

- Für das Design dieses Gartentyps können die gleichen Grundregeln gelten wie für jeden anderen Garten: Schaffen Sie Gartenbereiche mit angemessenen Proportionen, sorgen Sie für Blickpunkte, interessante Bereiche und kultivieren Sie verschiedenartige Pflanzen.
- Ein sonniges Blumenbeet ist perfekt für einige der alten Kornfeld-Unkräuter wie die Kornrade, die gelbe Wucherblume, Kornblumen und Mohnblumen. Schon allein eine Mohnblumenmischung ist im Sommer wirklich spektakulär.
- Wenn Ihr Garten recht groß ist, möchten Sie vielleicht in der Mitte eine Wiese mit Wildblumen und Grassamen

OBEN: *Eine wilde Wiese in England, mit Goldball, Kornblumen, Oregano und vielen verschiedenen Gräsern.*

UNTEN: *Der spektakuläre Anblick einer mit Wildblumen bepflanzten Wiese in Frankreich. Korn- und Mohnblumen und Margeriten ergeben hier ein fantastisches Arrangement von Farbe.*

anlegen, die zu der Bodenart passen. Wählen Sie nach Möglichkeit einen Bereich des Gartens mit recht schlechter Bodenqualität. Im Unterschied zu den meisten Gartenpflanzen brauchen Wildblumen einen relativ unfruchtbaren Boden, der das Wachstum der stärkeren Gräser hemmt und den Wildblumen die Chance gibt, mit den Gräsern mitzuhalten. Entfernen Sie Rasensoden und Mutterboden und ersetzen Sie ihn durch Unterboden.

- Kaufen Sie einen günstigen Testsatz und ermitteln Sie den pH-Wert des Bodens. Wählen Sie dann eine Samenmischung, die zu diesem Boden passt. Verschiedene Samenhersteller bieten geeignete Mischungen an. Die Pflanzen sollten etwa zur gleichen Zeit blühen, entweder alle im Frühling oder alle im Sommer, so dass Sie das Gras zur geeigneten Zeit schneiden können. Eine im Frühling blühende Wiese sollte mitten im Sommer geschnitten und dann wie üblich bis zum Herbst oder aber noch einmal im Spätherbst gemäht werden. Eine sommerblühende Wiese sollte im späten Frühjahr und dann wieder im Spätherbst geschnitten werden.
- Auch ein „richtiger" Rasen hat seine eigene Flora und Fauna. Lassen Sie keinen Löwenzahn oder Wegerich auf Ihren Rasen, aber Sie können weiße Kleesamen mit Rasensamen vermischen oder auf einen bereits vorhandenen Rasen streuen. Sie können einen Weg durch diese Wiese und um den Rand herum mähen, so dass Sie problemlos darum herumgehen und die Blumen bewundern können.

OBEN: *Die hübsche kleine Ringelblume (*Calendula officinalis*) füllt Lücken im Sommergarten und passt gut in viele verschiedene Blumenarrangements.*

UNTEN: *In einem tierfreundlichen Garten müssen Sie der Natur in gewissem Maße ihren Lauf lassen. Versuchen Sie nicht, ihn zu aufgeräumt zu halten. Ein kleiner Haufen von Stöckchen und abgeschnittenen Zweigen kann beispielsweise für Igel interessant sein. Ein Teich mit verwilderten Ufern ermutigt andere kleine Geschöpfe, ihn häufig zu besuchen. Bäume locken Eichhörnchen und Vögel an, und wenn Sie einen sumpfigen Bereich haben, können Sie eine größere Pflanzenvielfalt kultivieren.*

UNTEN: *Ein Paradies für Flora und Fauna heißt auch, dass die Blumen ihre Samenköpfe behalten können. Hier erzeugen die Samenköpfe von Schmucklilien interessante Strukturen.*

## Waldähnlicher Bereich

- Ein bewaldeter Saum bietet einen reichhaltigen Lebensraum für viele Tier- und Pflanzenarten und kann Igel, Fledermäuse und andere Tiere anlocken. Sie können eine derartige Umgebung selbst auf kleinem Raum nachempfinden und so eine Fülle von Geschöpfen in Ihrem Garten etablieren. Ein bewaldeter Bereich sollte aus verschiedenen Vegetationsschichten bestehen, z. B. hohen Bäumen, kleineren Bäumen und einer noch niedrigeren Strauchebene. Darunter können Bodendecker und frühe Blumenzwiebeln gepflanzt werden.
- In einem kleinen Garten, in dem so große Bäume wie die Stieleiche (*Quercus ruber*) und Buche (*Fagus sylvatica*) fehl am Platz wirken würden, können Sie Haselnuss (*Corylus avellana*), Weißdorn (*Crataegus*) oder Vogelkirsche (*Prunus padus*) pflanzen, die alle Nahrung für Tiere liefern. In einem kleinen Stadtgarten legen Sie als oberste Schicht eine gemischte Hecke an oder verwenden Sie „Ersatzkletterpflanzen" wie Heckenlilien (*Lonicera periclymenum*), die an einem Spalier erzogen werden. Zu den kleineren Sträuchern für die mittlere Schicht eignen sich *Berberis* (Berberitze) oder *Cotoneaster* (Felsenmispel). Kulturen wie Mandelblättrige Wolfsmilch (*Euphorbia amygdaloides*) und Sauerklee (*Oxalis acetosella*) mögen feuchte und schattige Umgebungen und sind daher gute Optionen für waldartige Bereiche.
- Jeder Garten, der die heimische Tierwelt anlocken soll, braucht einen Teich, der alle möglichen Tiere, Vögel und Insekten anzieht. Der Teich sollte im offensten Bereich des Gartens liegen, wo er einen ausgezeichneten Blickpunkt bildet. Sumpf- und Teichrandpflanzen bilden eine natürlich wirkende Umrahmung und Schutz für die kleinen Besucher.

OBEN: *Besonders interessant wird dieser waldartige Weg durch unterschiedliche Bäume und dichte Bodendecker wie Efeu,* Hosta *(Funkien) und Farne.*

## Windschutz

- Zäune liefern im Nu einen günstigen Windschutz. Sie können aus geflochtenen Weiden- oder Haselruten oder aus Flechtwerk im mittelalterlichen Stil bestehen, und sie filtern den Wind ausgezeichnet auf sanfte Art. Da dies ein organischer Garten ist, möchten Sie sicher einen Bereich für einen Komposthaufen reservieren. Verdecken Sie diesen Bereich durch Sträucher oder eine Hecke oder einen Zaun, der zu den Einfriedungen im übrigen Garten passt.
- Hecken liefern Nahrung, Schutz, Nistplätze und einen sicheren und geschützten Korridor für die gefiederten und vierbeinigen Besucher. Wählen Sie eine blühende Hecke wie *Rosa rugosa* ‚Frau Dagmar Hastrup', eine hübsche, blassrosane Wildrose, oder die rein weiße ‚Blanche Double de Coubert'. Oder entscheiden Sie sich für eine gestutzte Ilexhecke oder eine gemischte Hecke. Nadelgehölze lassen sich nicht gut

LINKS: *Ein waldartiger Bereich kann einen der attraktivsten Teile eines Gartens bilden, wie hier an der graziösen Form und den Herbstfarben dieses kleinen japanischen Ahorns (*Acer japonicum*) erkennbar ist.*

mit anderen immergrünen Sträuchern mischen und locken alleine nicht besonders gut die heimische Tierwelt an.

### Sträucher für eine gemischte Hecke

- Wählen Sie eine Sorte als Hauptelement. Der Gemeine Weißdorn (*Crataegus monogyna*) ist eine optisch ansprechende Wahl. Im Frühling ist er von duftenden weißen Blüten und mit roten Blättern und purpurfarbenen Mehlbeeren übersät. Der Schwarzdorn (*Prunus spinosa*) ist eine weitere gute Basis für eine Hecke. Er trägt weiße Blüten im Frühjahr und blau-schwarze Schlehen im Herbst.
- Wählen Sie unter den folgenden Pflanzen, die Ihren Hauptstrauch in der Hecke ergänzen: Wegdorn (*Rhamnus catharticus*), der die Raupe des Zitronenfalters ernährt, Stechpalme (*Ilex aquifolium*), Hartriegel (*Cornus sanguinea*), Liguster (*Ligustrum vulgare*) mit seinen intensiv duftenden weißen Blüten im Sommer, Hasel (*Corylus avellana*) mit seinen hübschen, herabhängenden Kätzchen und der Spindelstrauch (*Euonymus europaeus*) mit seinen außergewöhnlichen braunroten und orangefarbenen Beeren, die bei Vögeln ganz besonders beliebt sind.

### Abwechslung macht Freude in der Flora und Fauna

- Der beste Garten für Tiere ist einer mit einer großen Pflanzenvielfalt. Etwas Gras, einige Stauden, Rosen, etwas Gemüse, ein oder zwei Bäume, selbst einige Unkräuter wie Nesseln und Liguster, den einige Raupen als Nahrungsgrundlage benötigen, bilden einen guten Anfang. Die Gartenrabatten sollten breit genug für mehrere Vegetationsschichten sein.

OBEN: *Wenn Sie die richtigen Waldbedingungen schaffen, besuchen vielleicht auch Igel Ihren Garten. Sie fressen gern Schnecken, bereiten Sie ihnen daher ein herzliches Willkommen.*

OBEN: *Bei diesen Kirschbäumen können nützliche Bodendecker wie Mondviolen (*Gattung Lunaria*) und Immergrün den Grund darunter bedecken.*

- Achten Sie darauf, dass einige immergrüne Sträucher im Winter Schutz und einen Blickfang bieten und dass einige laubabwerfende Bäume und Sträucher in Ihrem Garten etwas Licht im Frühling durchlassen. Jede Pflanzenschicht liefert einen Lebensraum für verschiedene Tierarten. Drosseln fühlen sich in Baumwipfeln wohl, Spatzen und Meisen versammeln sich etwas tiefer und Amseln picken gerne am Boden, wo sie nach Würmern suchen. Spinnen, Käfer und Mäuse bauen ihr Zuhause in einem Steinhaufen in einer abgeschiedenen Ecke.

## Vögel

- Wenn Sie Nistkästen an den Bäumen befestigen, können Sie Vögel ermuntern, in Ihrem Garten zu nisten. Hängen Sie die Nistkästen im Herbst oder mitten im Winter auf, damit die Vögel ausreichend Zeit haben, sich ein Haus zu suchen und es genau kennen zu lernen, bevor die nächste Nistsaison beginnt.
- Nistkästen mit kleinen Öffnungen (ca. 3 cm) sind für kleinere Vögel wie Kleiber und Meisen geeignet. Größere Öffnungen locken eine größere Vielzahl von Vögeln an. Ein Kasten sollte hoch genug aufgehängt werden, so dass er für Katzen und Eichhörnchen unerreichbar ist. Der Standort ist von größter Bedeutung. Er sollte vor Wind, Regen und starkem Sonnenlicht geschützt sein und nicht in der Nähe von Tischen mit Vogelnahrung aufgehängt werden.
- Vögel werden von Pflanzen wie Astern, Goldrute, Kornblumen, der Kardendistel, Felsenmispel, Stiefmütterchen, Fenchel, Lavendel, Vergissmeinnicht, Skabiose, Vogelbeere, Geißblatt und Feuerdorn angelockt. Insekten lieben *Phacelia tanacetifolia* (Bienenfreund), eine winterharte einjährige Pflanze mit glockenförmigen blauen Blüten und auffälligen Staubgefäßen, die sich auch bei schlechtem Boden selbst im Garten aussät. Insekten mögen ferner Thymian, Minze, Oregano, Krokusse und Efeu.

OBEN: *Ein bedächtiger Gartenbesitzer hat einen Garten mit farbenfrohen Frühlingsblumen zwischen einem Waldrand und einer Straße angelegt.*

UNTEN: *Weiche Grüntöne und sehr blasse Gelbtöne verleihen einer Rabatte zwischen einer Wiese und einer Hecke Farbe und Struktur.*

## Schmetterlingsrabatten

- Schmetterlinge tummeln sich gerne an sonnigen, windgeschützten Stellen. Locken Sie in einer Rabatte mehrjähriger Kulturen mit Blaukissen (*Aubrieta*) Schmetterlinge wie Distelfalter, Admirale, Zitronenfalter und kleine Füchse an. Diese Schmetterlinge trinken Nektar auch von Lavendel, der auch beim kleinen und gemeinen Bläuling, beim Augenfalter und kleinen Dickkopffalter beliebt ist. Später im Jahr, im Spätsommer und Herbst, sind Heidekraut-Astern, Spornblumen (*Centranthus*), Phlox und Fetthenne (*Sedum spectabile*) mit ihren grünen fleischigen Blättern und flachen Dolden winziger rosafarbener Blüten besonders anziehend. Fetthenne besitzt dünne schmale Blütchen, in die die Schmetterlinge mit ihren langen Zungen reichen und Nektar trinken können.
- Die Mondviole besitzt Dolden mit kleinen purpurfarbenen Blüten und liefert Raupen und Schmetterlingen der Gattung *Synchloë* Nahrung. Der lila oder weiße Flieder ist für seine Anziehungskraft für Tagpfauenaugen und Füchse bekannt, die die Blüten an einem sonnigen Tag nahezu bedecken können.

## Andere Insekten

- Blumen ziehen Bienen wegen ihres Nektars und der Pollen an und sind ein beständiger Nahrungslieferant vom Frühlingsanfang bis hin zum Spätherbst. Besonders beliebt sind Kräuter wie Thymian, Majoran, Minze, Lavendel und Zitronenmelisse.
- Nützliche Insekten im Garten befruchten Obst und Gemüse und verspeisen die häufigsten Gartenschädlinge. *Anthocoridae* (Blattwanzen), Marienkäfer, Schwebfliegen, Florfliegen, Laufkäfer und Hundertfüßer fressen Raupen, Mücken, Rüsselkäfer, Schildläuse und Blattspinnmilben, Schnecken, Wollläuse, Thrips, Singzirpen, Blattläuse und die Eier und Larven von Kohlfliegen und Möhrenfliegen. Die Wahl von Pflanzen, die Nützlinge anlocken, ist daher natürlich sinnvoll. Fenchel (*Foenciulum vulgare*) mit seinen Dolden gelber Blüten über federartigen Blättern ist bei Schwebfliegen sehr beliebt. Pollen- und

nektarfressende Insekten mögen auch Sonnenblumen (*Helianthus annuus*).

- Weitere nützliche Blumen sind die einjährige Ringelblume (*Calendula officinalis*), Sumpfschnabel (*Limnanthes douglasii*), Kalifornischer Mohn (*Eschscholtzia californica*), Hainblume (*Nemophila*), Garbe (*Achillea*), Perlpfötchen (*Anaphalis*), Riesenmaßliebchen (*Chrysanthemum maximum*), Mannstreu (*Eryngium*), wildwachsende Erdbeere (*Fragaria vesca*) und Schleifenblume (*Iberis*).

OBEN: *Die Farben von Gleditschien und Leinkraut bieten einen interessanten Kontrast am Rand eines bewaldeten Bereichs.*

## Wählen Sie speziesfreundliche Pflanzen

- Denken Sie bei der Wahl von Blumen daran, dass einfache Blüten für Tiere am besten sind. Die zusätzlichen Blütenblätter bei doppelten Blüten gehen häufig zu Lasten von Honigdrüsen und Staubbeuteln und liefern Insekten daher weniger Nahrung. So produzieren beispielsweise die gelben, erbsenförmigen Blüten des Gemeinen Hornklee reichlich Nektar, die doppelte Varietät hingegen keinen.
- Bei anderen Pflanzen können die weiteren Blütenblätter doppelter Blüten häufig ein unüberwindliches Hindernis für Insekten darstellen. Das heißt, dass sie nicht in die Blüte gelangen und Nahrung finden können.
- Sie müssen sicherstellen, dass Kapuzinerkresse und Akelei (*Aquilegia*) spitze Säcke (Sporn) hinter den Blüten besitzen. Dies sind Nektarbehälter, die für Arten wie die langzüngigen Hummeln, eine zunehmend gefährdete Spezies, wichtig sind.
- Auch Rittersporn sollte Sporn besitzen. Wählen Sie im Zweifelsfall altmodische Varietäten, die den wilden Blumen oder Sorten so nahe wie möglich kommen. Häufig sind diese ohnehin graziöser und eleganter.
- Zu den nachtblühenden Nektarpflanzen gehören blühender Tabak (*Nicotiana alata*) und die bei Nacht duftenden Levkojen (*Matthiola longipetala*). Sie ziehen nachtaktive Insekten an, die wiederum Fledermäuse anlocken können.

OBEN: *Ein dekoratives Schaublatt hebt sich in einem bewaldeten Bereich von dem Farnhintergrund ab.*

# GÄRTEN MIT VIELEN KÜBELPFLANZEN

**Blumentöpfe und Kübel können das ganze Jahr hindurch einen hübschen Blickfang bieten; besonders skulpturartige Gefäße müssen überhaupt nicht bepflanzt werden. Sie können an immer neue Standorte versetzt werden und so Lücken füllen, das Gleichgewicht eines Gartenaspekts neu formen oder eine bestimmte Farbe in den Garten bringen. Empfindliche Pflanzen können in Kübeln im Sommer draußen stehen und bei kaltem Wetter ins Haus oder Gewächshaus gebracht werden. Kübel mit Kletterpflanzen können Terrassen, Balkone, einen Hof oder ein Fensterbrett zieren. Sie können langweilige Flecken beleben und die ödesten winzigen Passagen oder Kellerbereiche interessanter gestalten.**

## DIE WAHL DES GEEIGNETEN BEHÄLTERS

Der Handel bietet eine riesige Auswahl möglicher Behälter. Fast alles eignet sich als Pflanzbehälter – vorausgesetzt der Boden ist durchlöchert und der Behälter fasst ausreichend Pflanzerde, um die Kultur zu stützen. Viele Kübel werden speziell zur Bepflanzung hergestellt, aber es es gibt auch eine Fülle von Möglichkeiten, andere Behälter umzufunktionieren, und häufig ist dies eine ebenso wirksame und zugleich günstigere Option. So schmücken beispielsweise in Griechenland häufig in leuchtenden Farben lackierte alte Farbtöpfe, mit roten Geranien bepflanzt, die Straßenwand weiß getünchter Häuser.

- Alte Schornsteinaufsätze können einfach, aber sehr dekorativ sein und liefern bei Bedarf mehr Höhe.
- Schubkarren erfreuen sich seit einiger Zeit großer Beliebtheit als Pflanzbehälter. Für regelmäßig angelegte Gärten sind sie allerdings nicht geeignet. Gleiches gilt für alte Gießkannen, Eimer, Keramikwaschbecken und alte Wassertanks.
- Waschbecken sind sehr schwer, und wenn sie einmal aufgestellt sind, werden Sie sie nicht wieder an eine andere Stelle versetzen wollen. Flache Waschbecken sind gut für Steingärten, kleine Knollengewächse und Zwergkoniferen. Weiße, glasierte Schamottenwaschbecken können mit „Tuff" bedeckt werden, damit sie wie Stein wirken. Oder verstopfen Sie zunächst den Abfluss und graben Sie ein Waschbecken dann in den Boden ein, um einen Miniatur-Sumpfgarten für Feuchtigkeit liebende Pflanzen wie Primeln zu schaffen.

OBEN: *Schornsteinaufsätze sind interessante Pflanzbehälter. Experimentieren Sie mit Pflanzen und finden Sie die geeignetste für den Aufsatz. Hier scheint eine Fuchsie den durch die Pforte einfallenden Sonnenstrahl zu genießen.*

LINKS: *Ein in leuchtenden Farben lackierter Kübelpflanzen-Garten schafft einen farbenfrohen Eingang zu einem Haus am Meer.*

LINKS: *Schubkarren werden häufig mit einer interessanten Auswahl an einjährigen Pflanzen bepflanzt. Die ansprechendsten Schubkarren wie diese hier, mit ihrer langsam absplitternden grau-grünen Farbe, haben bereits ihre Pflichten im Garten erfüllt.*

Farbe. Vergewissern Sie sich, dass Sie nur frostbeständige Tontöpfe kaufen.

## Weitere Optionen

- Pflanzbehälter aus Betonstein oder einfachem Beton können hübsch sein. Große Kästen und Fässer aus Beton und Holz können mit ausreichend Pflanzerde für einen kleinen Baum gefüllt werden. Im 18. Jahrhundert wurden quadratische oder runde Holzfässer mit Orangen- oder Zitronenbäumen in regelmäßig angelegten Gärten in Reihen gestellt und über den Winter in eine frühe Wintergartenform, eine „Orangerie", gebracht.
- Behälter aus Kunststoff sind erheblich leichter als die meisten anderen Gefäße. Dies ist ein großer Vorteil, wenn Sie sie an einen anderen Standort versetzen möchten. Sie sehen nicht ganz so ansprechend aus wie Terracotta, aber bepflanzt fallen die Behälter auf der Terrasse kaum noch auf.

## Tontöpfe

- Tontöpfe und -behälter sind in einer Vielfalt von Größen und Designs erhältlich. Kleine und mittelgroße Töpfe sollten möglichst zusammen gruppiert werden, da einer alleine auf einer offenen Fläche verloren wirken kann. Sehr große, wohlgeformte Tonbehälter wirken am Ende einer Wegachse oder an einer anderen auffälligen Stelle wie richtige Ornamente.
- Tontöpfe können farblich von Creme und Blassrosa bis hin zu einem tiefen Rotton und eher grellem Orange variieren. Die Farbe verwittert mit der Zeit. Wählen Sie ein relativ einfaches Design, das die Aufmerksamkeit nicht von den Pflanzen ablenkt.
- Ziervollere Tontöpfe sind im Grunde nur für besondere Standorte geeignet. Tontöpfe im chinesischen Stil mit farbiger Glasur werden auch in nützlichen und robusten Formen angeboten. Wählen Sie bei Behältern, die in demselben Bereich aufgestellt werden sollen, möglichst die gleiche Art und

UNTEN: *Dieser kleine Innenhof wurde mit einem mosaikartigen Pflaster belegt. Große und kleine Pflanztöpfe bieten das ganze Jahr hindurch hübsche Blickpunkte. Gestutzte immergrüne Pflanzen sind im Winter attraktiv. Geranien und Springkraut (Impatiens) müssen hingegen im Winter ins Haus gebracht werden, und ein oder zwei hohe Sträucher verleihen den Rändern eine sanftere Note.*

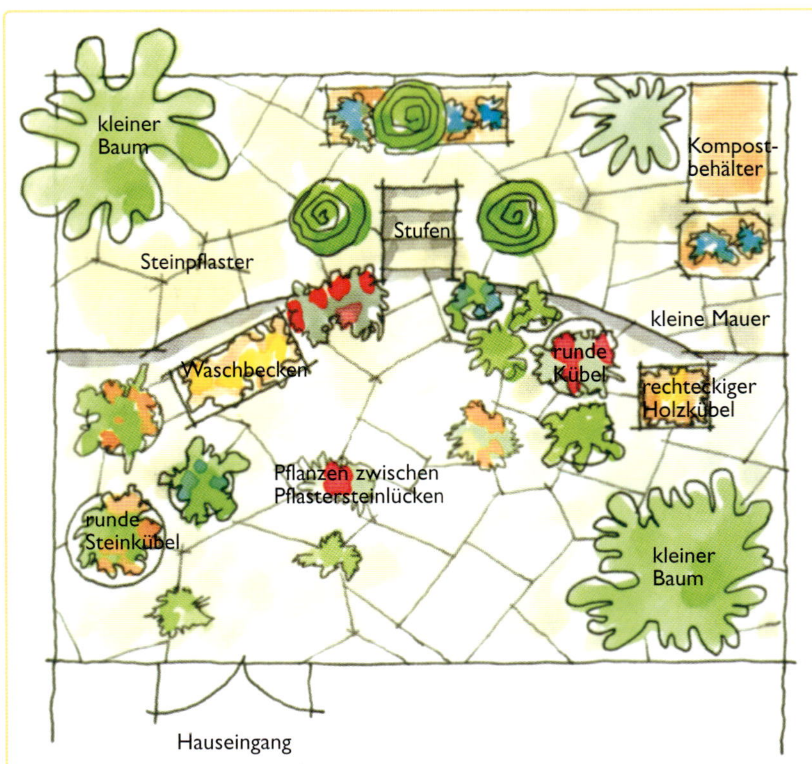

LINKS: *Dieses kühne Design von Agaven und Kakteen in Pflanztöpfen ist besonders effektiv. Die streifenförmigen Spiralen werden auf allen Töpfen wiederholt. Die niedrigen Sträucher im Hintergrund bilden eine unregelmäßige niedrige Hecke, die den Anblick des Zauns mildert.*

## KÜBELPFLANZEN

Wie bei jedem Gartendesign gilt: Halten Sie Ihre Pflanzenarrangements einfach. Versuchen Sie nicht, zu viele Varietäten zu vermischen. Wählen Sie zwei oder drei nacheinander blühende Sorten, dann erhalten Sie eine lange Blütezeit. Häufig wirkt eine Varietät pro Behälter ohnehin am besten. Nachdem Sie sie bepflanzt haben, können Sie die Behälter nebeneinander stellen und auf diese Weise Farbkombinationen erzeugen.

### Pflanzen für das Frühjahr

- Relativ flache Behälter, die oben weit zulaufen, wirken besonders hübsch mit niedrigen Frühlingsknollengewächsen wie Krokussen und Hyazinthengewächsen. In höheren Behältern können Pflanzen mit längeren Stielen wie Narzissen und Tulpen gepflanzt werden. Schaffen Sie ein über lange Zeit ansprechendes Display in einem ausreichend tiefen Kübel für zwei Zwiebellagen, indem Sie Krokusse und Iris zusammen mit später blühenden Tulpen und Narzissen pflanzen.
- Setzen Sie die Tulpen- und Narzissenzwiebeln zuunterst. Die samtweiche, fast schwarze Tulpe ‚Queen of the Night' oder eine Gruppe eleganter, lilienblütiger Tulpen wie die schneefarbene Sorte ‚White Triumphator' sind gute Zwiebeln für Kübel. Bei den Narzissen könnten Sie die Sorte ‚Minnow' mit ihren jeweils zwei bis vier zarten, cremegelben Blüten je Stängel probieren. ‚Hawera' mit ihren hübschen gelben Blüten ist eine der am spätesten blühenden Narzissen.
- Setzen Sie die Zwiebel der Zwergiris (*Iris reticulata*) und früher Krokusse höher in die Pflanzerde – wenn sie absterben fallen ihre Blätter nicht auf, da das Auge zu den Narzissen und Tulpen gewandert ist. Die winzige Iris wächst geradlinig und sieht mit ihren langen schlanken Blättern auch als einzige Sorte in einem Topf hübsch aus, allerdings währt ihre Blütezeit nicht lange.
- Goldlack (*Cheiranthus cheiri*) besitzt den schönsten Duft im späten Frühjahr. Pflanzen Sie ihn zusammen mit Tulpen und Narzissen, um einen leuchtenden Farbteppich zu schaffen. Tulpen wirken auch hübsch, wenn Vergissmeinnicht (*Myosotis*), Scillas und Traubenhyazinthen den Boden bedecken.
- Auch Hohe Schlüsselblumen (*Primula elatior*) machen sich ausgezeichnet in Pflanzbehältern. Pflanzen Sie sie zusammen mit Stiefmütterchen oder kleinkronigen Narzissen und Traubenhyazinthen. Ihre Farben sind einfach herrlich. Sie können die gesamte Farbpalette zusammen kultivieren oder die Kombinationen Blau und Weiß, Blau und Rosa usw. probieren. Maßliebchen (*Bellis perennis*) sind gute Randpflanzen und sehen sehr hübsch mit Vergissmeinnicht, Goldlack und Stiefmütterchen aus.

### Pflanzen für den Sommer

- Wenn Sie Kübel für den Sommer bepflanzen, steht Ihnen eine Vielfalt interessanter und farblich hübscher Pflanzen zur Auswahl. Gefleckte oder silberfarbene rankende Pflanzen wie kleine Efeusorten, die Strohblume *Helichrysum petiolare* und das Kreuzkraut *Senecio maritima* ‚Silver Dust' ergänzen gemischte Pflanzenarrangements. Nützliche Sommerpflanzen sind unter anderem Springkraut (*Impatiens*, für schattige Stellen), Petunien, Verbenen, Strauchmargeriten (*Felicia amelloides*) und Lobelien.

UNTEN: *In diesem friedvollen Wassergarten liefern immergrüne Pflanzen das ganze Jahr hindurch einen Blickfang. Die in Kübeln gepflanzten Sommerröschen in leuchtenden Farben verleihen dem Garten ein fröhliches Ambiente in der Sonne.*

LINKS: *Ein heißes Klima ist für einen Kaktusgarten wie diesen gerade richtig. Die Gartenmauern wurden weiß gestrichen und unterstreichen damit die von den Töpfen geworfenen Schatten. Selbst der Hund scheint die Sonne zu genießen.*

## Pflanzen für saure Böden

❀ Pflanzbehälter können besonders nützlich für Pflanzen sein, für die der Boden in Ihrem Garten nicht geeignet ist. Pflanzen, die saure Böden bevorzugen, wie Zwergrhododendren, Azaleen, Kamelien und Heide können in Heidekraut-Kompost kultiviert werden. Die meisten dieser Pflanzen sind Waldpflanzen, die keine pralle Sonne mögen. Sie alle haben flache Wurzeln, so dass sie sich für Kübel besonders eignen.

❀ Pflanzbehälter und Geranien sind wie füreinander geschaffen. Sie können als einzige Sorte in Balkonkästen und jedem anderen Behälter gepflanzt werden. Im Unterschied zu Springkraut (*Impatiens*) mögen Geranien intensives Licht. Ihre Blätter strahlen eine erstaunliche Vielfalt von Düften aus, von Zitrone und Pfefferminz bis hin zu Apfel, Kiefer und Rose. So können Sie die Behälter geschickt an Stellen platzieren, an denen die aromatischen Blätter bei Berührung ihren Duft aussenden.

## Pflanzen für den Herbst und Winter

❀ Im Winter wirken alle gestutzten immergrünen Sträucher hübsch; sie liefern Muster und Strukturen in einer Zeit, in der alle anderen Pflanzen kahl sind. Schneeglöckchen (*Galanthus nivalis*) sind winterharte Knollengewächse, die nicht oft in Behälter gepflanzt werden, die aber vom Winterende bis in den Frühling hinein weiß und grün leuchten. Auch blühende Sträucher können vor allem in Hausnähe ein Blickfang sein, da der Garten während des Winters in erster Linie vom Haus aus betrachtet wird.

❀ Der kleine laubabwerfende Strauch *Ceratostigma willmottianum* (Bleiwurz) kann in einem mittelgroßen Behälter allein gepflanzt werden. Die leuchtend blauen Blüten erfreuen vom Spätsommer bis tief in den Herbst das Auge, und die Blätter verfärben sich im Herbst rot. *Daphne odora* (Seidelbast) ist ein immergrüner Strauch mit glänzenden dunkelgrünen Blättern, der von der Mitte des Winters bis in den Frühling Dolden duftender purpur- bis pinkfarbener und weißer Blüten trägt. Die Heidekrautgewächse (*Calluna*, *Daboecia* und *Erica*) umfassen Arten und Kulturpflanzen, die das ganze Jahr über blühen. Gute Winterblüher sind beispielsweise *Erica* × *darleyensis* ‚White Perfection', *E.* × *veitchii* ‚Pink Joy' und *E. Carnea* ‚Vivelli' (leuchtend rosa).

UNTEN: *Die Sukkulenten in diesen Terracottatöpfen zeigen eine Vielfalt von Formen, die einen Kontrast zu den Schatten auf dem dahinter liegenden gestrichenen Zaun bilden.*

# DACHGÄRTEN

**Ein Dachgarten kann mit der größte Luxus für den Stadtbewohner sein. Er erweitert Ihren Wohnraum im wahrsten Sinne des Wortes über das Haus hinaus, bietet einen spektakulären Ausblick über die Dächer und vermittelt ein Gefühl von Licht und Raum, das Sie in der Stadt normalerweise nicht erleben.**

## GESCHICHTE

DACHGÄRTEN besitzen eine lange Geschichte. Die Hängenden Gärten von Babylon waren im Grunde Dachgärten, die in ansteigenden Terrassen über einem arkadenförmigen Palast errichtet wurden. Über die Bögen wurden Bündel von Ried und Asphalt gelegt, die dann mit Ziegeln und dicken Lagen Blei bedeckt wurden, um die prunkvollen Zimmer darunter vor eindringendem Regen zu schützen. Wasser wurde mit Hilfe einer Pumpe in den Dachgarten gebracht, der dann mit blühenden Sträuchern und Bäumen wie Lärchen, Birken, Zypressen, Zedern, Akazien und Mimosen bepflanzt werden konnte.

❀ Als Derry und Tom's Kaufhaus in den 30er Jahren des 20. Jahrhunderts in London erbaut wurde, erhielt das Gebäude keine Genehmigung für ein weiteres Stockwerk, da die Feuerwehrleitern nicht bis dorthin reichten. Stattdessen legte man einen Dachgarten an. Dieser bestand aus einer Reihe traditioneller Gärten, darunter ein spanisch-maurischer Garten, ein elisabethanischer Garten und ein bewaldeter Bereich, komplett mit kleinem Wasserlauf voller Fische und Enten. Es gab sogar einen Wasserfall und eine Grotte. Der Garten ist noch heute für die Öffentlichkeit zugänglich, und obwohl Flamingos einen Teil der Pflanzen geschädigt und Fische gefressen haben, ist dieser Dachgarten noch immer ein Ort voller Zauber.

OBEN: *Dieser winzige Dachgarten ist ein Paradies zwischen den Schornsteinen mitten in London. Die dauerhaften Pflanzen sind mehrjährige Kulturen, während einjährige Pflanzen in Kübeln im Sommer für Blickpunkte sorgen.*

Man könnte hier vergessen, dass man sich hoch über der Stadt befindet.

### Praktische Schwierigkeiten

❀ Fortschritte, die in den letzten Jahren bei der Wasserabdichtung, wasserfesten Materialien und der verstärkten Dachisolierung erzielt wurden, haben den Dachgarten für jeden Flachdachbesitzer möglich gemacht. Und der Luxus von zusätzlichem Wohnraum in einer kleinen Stadtwohnung kann gewiss nicht genug betont werden.

LINKS: *Dieser kleine Dachgarten in London bietet nicht nur einen ansprechenden Sitzbereich, sondern ist auch von der Straße und den gegenüberliegenden Häusern aus hübsch anzusehen. Die Pflanzen sind fast nur Sträucher, die das ganze Jahr über ihre Attraktivität bewahren.*

OBEN: *In diesem sehr eleganten Dachgarten bilden Spaliere einen „Raum im Freien" mit japanischem Ambiente – zum Himmel hin offen und zugleich vor den Augen der Welt verborgen.*

arbeiten von einem Bauingenieur begutachten. In historischen oder unter Denkmalschutz stehenden Bereichen kann es Vorschriften geben, die von der Straße sichtbaren Sichtschutz oder Pflanzen verbieten. Erkundigen Sie sich daher zunächst beim zuständigen Aufsichtsamt.

### Raumähnliche Flächen

❀ Hohe Ebenen, die zum Himmel hin offen sind, können bedrohlich wirken. Versuchen Sie daher, ein raumähnliches Gebilde mit irgendeiner Art von Begrenzung zu schaffen. Falls keine niedrige Brüstung oder Mauer vorhanden ist, müssen Sie schon aus Sicherheitsgründen eine Einfriedung errichten. Sie werden auf einem Dachgarten ferner feststellen, dass der Wind viel stärker ist als zu ebener Erde und dehydrierend wirkt. Sie müssen Pflanzen also stärker bewässern.

❀ Sie können den Garten mit einem Spalier als psychologische Einfriedung umgeben. Das Spalier filtert auch in gewissem Maße den Wind aus. Sie können es leicht mit Efeu oder einer Clematis bepflanzen, die für einen höheren Sichtschutz sorgen. Lassen Sie andere Teile unbepflanzt, so dass die weitere Aussicht nicht blockiert wird. Wählen Sie das stabilste Spalier, das Sie finden können, und befestigen Sie es sicher an Stützen, da es der Wind sonst binnen kurzem vom Dach fegen würde.

❀ Bevor Sie aber Pflanzen für Ihren luftigen Garten kaufen, müssen Sie eine Reihe von praktischen Problemen aus dem Weg räumen. Die Tragfähigkeit der meisten Dächer ist begrenzt, so dass das Dach möglicherweise nicht das zusätzliche Gewicht der Oberflächenmaterialien, Erde, Pflanzbehälter usw. tragen kann. Sie werden entweder die Struktur verstärken lassen oder Töpfe und Pflanzen am Rand kultivieren müssen, in der Nähe der Hauswände, die das Dach tragen.

❀ Achten Sie darauf, dass das Dach wirklich wasserdicht ist. Lassen Sie das Dach daher vor Beginn der Garten-

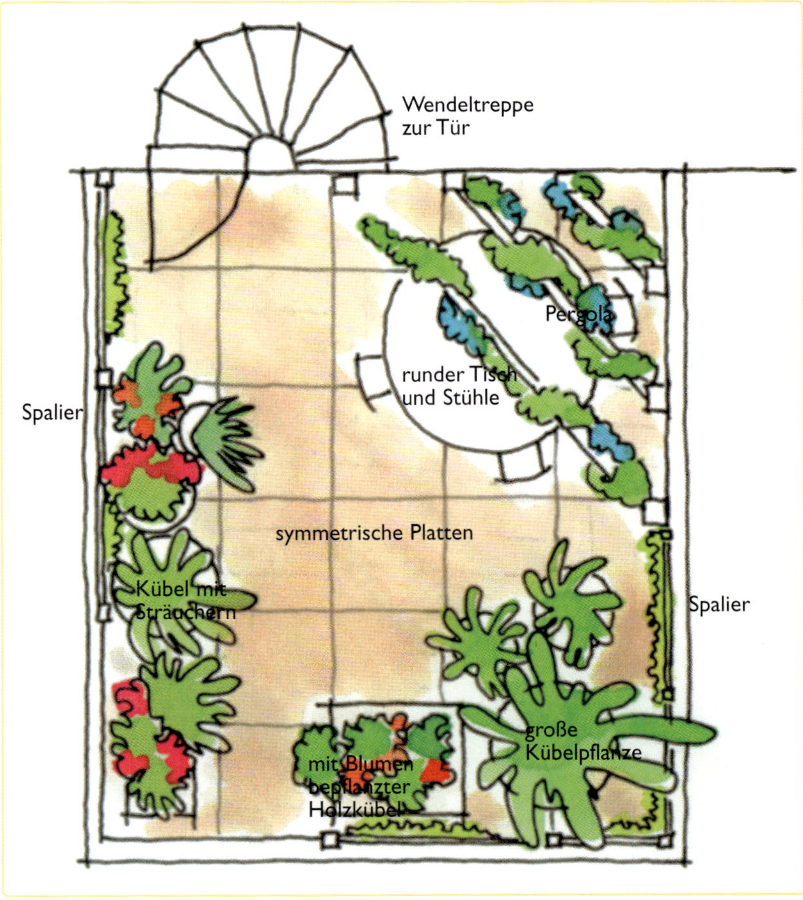


RECHTS: *Als erstes muss bei einem Dachgarten sichergestellt werden, dass das Dach stark genug und wasserdicht ist und dass eine Baugenehmigung für eine Nutzung als Garten vorliegt. Die Platten sollten möglichst leicht sein – am besten sind vermutlich dünne Fliesen oder Holzdecks. Eine Pergola sollte sicher montiert werden, damit sie sich nicht im Wind bewegen kann. Pflanzbehälter sollten an den Dachrändern aufgestellt werden, an denen das Dach abgestützt ist.*

## Eine Pergola auf dem Dach

❀ Sie können das Gefühl der Einfriedung durch eine kleine Pergola verstärken, die zudem Schatten liefert und Kletterpflanzen stützt. Sie reduziert auch die Wirkung des möglicherweise bedrückenden Himmels und schützt vor den Blicken von umliegenden Dachgärten. Die Pergola sollte an Wänden, sicheren Sitzen und Pflanzbehältern befestigt werden, so dass sie sich nicht lösen kann.

UNTEN: *Dieser ansprechende und sonnige kleine Dachgarten wird von Efeu und einem kleinen Lorbeerbaum vor den Elementen und Blicken von Nachbarn geschützt. Immergrüne Kräuter wie Rosmarin werden durch das Rot der Geranien und die Rosatöne der Wicken aufgehellt.*

OBEN: *Die meisten Pflanzen in diesem kleinen Dachgarten sind niedrig, so dass ihnen der Wind nichts anhaben kann. Sie finden hier beispielsweise eine Mexikanische Orangenblume* (Choisya ternata *‚Sundance'*), *einige niedrige Bambussorten, buntscheckige Funkien, Ginster, Bleiwurz* (Ceratostigma), *Lavendel und als Kletterpflanzen Nachtschatten* (Solanum) *und Clematis.*

## Bodenmaterialien

❀ Leichter Kies ist ein hübscher Hintergrund für kleine Behälter. Holzdecks sind relativ leicht und daher für ein Flachdach geeignet. Sie finden auch Holzfliesen im Handel, die sich problemlos verlegen und nach oben transportieren lassen. Wenn Sie ausreichend Platz haben, können Sie ein erhöhtes Deck als Tisch oder zum Sonnenbaden anlegen.

❀ Robert Burle Marx, der gefeierte Gartendesigner aus Brasilien, verwendete Mosaikdesigns in leuchtenden Farben als auffällige Bodenelemente in seinen Dachgärten. Sofern Sie eine geeignete Fläche besitzen, würde diese Idee auch kleine Dachterrassen aufhellen.

## Kübel und Pflanzbehälter

❀ Auf den meisten flachen Dächern sind oft hässliche Elemente wie ein Wasserspeicher oder eine Klimaanlage zu finden, die Sie nicht entfernen können. Sie können diese unansehnlichen Aspekte aber durch tragbare Holzkübel in verschiedenen Höhen verbergen. Füllen Sie sie mit einem leichten, Feuchtigkeit speichernden Kompost und bepflanzen Sie sie mit kleinen Bäumen, die eine wirksame Abschirmung schaffen. Sie können Pflanzbehälter auch passend zu einem Spalier oder einer Wand streichen. Weiß ist immer wirksam, Sie finden im Handel aber eine Fülle ausgezeichneter Farbtöne, und vielleicht gefällt Ihnen ja ein Pastellton oder etwas Mutigeres wie ein tiefer Blauton besser.

## Pflanzen für das Dach

❀ Wenn Ihr Dach zum Himmel offen ist, sollten Sie möglichst einige skulpturähnliche Pflanzen an sorgfältig ausgewählten Standorten platzieren. Wählen Sie Pflanzen, die an schwierigen, hoch gelegenen Standorten in der Stadt gedeihen. Oder stellen Sie kleinere Pflanzbehälter rund um das Dach, die Sie mit windbeständigen Sträuchern und kleinen Bäumen bepflanzen. Kakteen und Sukkulenten lieben die Sonne und brauchen wenig Wasser. Wenn die Temperaturen für sie zu kalt sind, pflanzen Sie Gräser, die pflegeleicht sind und im Wind sehr hübsch aussehen.

❀ Auf kleinem, teilweise umschlossenem Raum könnten Sie eine Art Laube aus blühenden Sträuchern und Kletterpflanzen schaffen, mit einigen kleinen Koniferen, die Höhe, Vielfalt und Schatten liefern. Pflanzen, die am Meer gut gedeihen, sind häufig auch für Dachgärten geeignet: Varietäten von *Escallonia*, Berberitze (*Berberis*) und Lorbeerschneeball (*Viburnum lauristinus*) müssten mit der Höhenlage gut zurechtkommen.

## Balkone

❀ Ein Balkon kann den Wohnbereich visuell und real erweitern. Die beiden Bereiche können beispielsweise integriert werden, indem Sie einige Topfpflanzen ins Haus und auf den Balkon stellen. Sie stellen so eine Verbindung her und lassen den Balkon größer erscheinen. Verwenden Sie identische Behälter und Kulturen, um das Gefühl von Einheit zu verstärken. Wenn Ihr Arrangement auch bauliche Elemente umfasst, erkundigen Sie sich zunächst bei einem Bauingenieur, wie viel Gewicht Ihr Balkon tragen kann (wie Sie auch bei einem Flachdach verfahren würden).

## Fenstergärten

❀ Wenn sich Ihr Garten auf Balkonkästen und Ampeln beschränkt, machen Sie das Beste daraus. In vielen ländlichen Gegenden sind sehr farbenfrohe Ampeln und Balkonkästen typische Elemente. Viele sind herrlich anzusehen mit ihrer üppigen und vielseitigen Bepflanzung, aber die besten halten sich an bestimmte Farben. Sie sind nicht einfach eine bunte Mischung beliebiger Farben, die in einem Gefäß zusammengewürfelt wurden.

OBEN: *Dieser große, sonnige Dachgarten wurde relativ regelmäßig angelegt. Reihen weiß blühender Geranien wurden am unteren Fensterrand aufgestellt, während purpurfarbene Stiefmütterchen auf den Stufen stehen.*

❀ Wenn Ihnen diese fröhlichen Bepflanzungen gefallen, notieren Sie sich, welche Pflanzen dafür verwendet wurden, und stellen Sie das gleiche Arrangement zusammen. Aber nicht jeder Fenstergärtner möchte einen derart auffallenden Fensterschmuck. Es gibt unzählige Möglichkeiten, wie Sie Balkonkästen optimal nutzen können. Die gemischten Farben roter und weißer Geranien, kombiniert mit etwas rankendem Efeu, leuchten den ganzen Sommer über in strahlenden Farben.

❀ Balkonkästen mit Kräuterpflanzen können sowohl ansprechend als auch nützlich sein. Wählen Sie Kräuter, die unter den gleichen Bedingungen gedeihen und in etwa gleich hoch wachsen, da die Bepflanzung sonst nicht wirkt oder unausgewogen aussieht. Salbei, Goldmajoran, Zwerglavendel und Schnittlauch könnten eine interessante und geschmackvolle Zusammenstellung ergeben.

❀ Wenn das Fenster auf der Schattenseite des Hauses liegt, können Sie Miniaturbambus in Balkonkästen pflanzen, der sich zu einer Art grüner Netzgardine entwickelt. Wählen Sie Gefäße, die dem Stil des Hauses gerecht werden, und achten Sie darauf, dass die Kästen sicher befestigt sind.

# GEPLANTE GÄRTEN

**Geplante Gärten sind präzise und häufig symmetrisch um eine zentrale Achse angelegt, die den Garten in der Mitte teilt. Senkrecht zum Mittelpfad können weitere Pfade verlaufen, die den Garten in Rechtecke oder Quadrate schneiden. Ein sehr kleiner und quadratischer Garten muss keinen geraden Weg besitzen: Ein Element in der Mitte, umrandet von Platten, reicht aus. Die positiven symmetrischen Formen des Gartens müssen sehr definiert und klar gehalten werden. Wege sollten sehr detailliert, die Hecken präzise und immergrüne Sträucher in disziplinierte Formen geschnitten sein. Verschiedene Elemente werden mit den großartigen symmetrischen Gärten früher Epochen in Verbindung gebracht. Viele dieser Merkmale werden mit großem Erfolg in kleinen Gärten eingeführt. Der Stil ist besonders für quadratische oder rechteckige ebene Gelände geeignet, wo sich die Symmetrie gut in die Grundform des Grundstücks einfügt.**

## Hecken

- Da ein symmetrisches Muster wichtig ist, kennzeichnen Hecken häufig das Muster wie die Litzen auf einem Kissen. Viele der Hecken sind so niedrig, dass sie die grundlegende Geometrie betonen und nicht einen Teil vor dem anderen verbergen. Buchsbaum ist einer der beliebtesten Sträucher für niedrige Hecken, da er langsam wächst und problemlos zurückgeschnitten werden kann.
- Hohe, beschnittene Eiben-, Liguster-, Hainbuchen- oder Buchenhecken können verschiedene Bereiche unterteilen oder die Außengrenzen markieren. Gerade Alleen können auf beiden Seiten durch ineinander übergehende Hainbuchen- oder Lindenhecken begrenzt werden. Bei dieser Technik werden die Bäume in gleichem Abstand voneinander gepflanzt, die unteren Äste werden abgeschnitten und die Seitenäste miteinander verschlungen oder gepfropft, so dass sie sich etwa in Augenhöhe treffen und eine zugeschnittene Hecke auf „Stelzen" formen. In größeren Gärten können zwei Reihen gepflanzt werden und eine dichte Doppelhecke mit Tunnel in der Mitte bilden.

OBEN: *Ein Gemüsegarten, in sorgfältig geplanter Façon angelegt. Kontrastreiche Steinstufen, Wege und beschnittene Büsche geben dem Garten Symmetrie.*

## Knotengärten und Terrassen

- Kunstvolle Blumengärten, die so genannten Knot-Gardens oder Knotengärten, erfreuten sich im elisabethanischen England großer Beliebtheit. Die Anlage basierte auf altertümlichen Irrgärten, die zu kleinen rechteckigen, kunstvollen geometrischen Mustern weiterentwickelt und in einer fortlaufenden, ungebrochenen Linie bepflanzt wurden. Ein solcher Blumengarten kann für sich allein schon ausreichen oder aber mit Farben gefüllt werden, die die Formen noch

LINKS: *Einfache geometrische Muster, sorgfältig gruppiert oder terrassenförmig angelegt, können jeden Garten verschönern – gleichgültig wie klein.*

LINKS: *Ein kleiner Garten wurde sorgfältig mit Liebe zum Detail bepflanzt. Die Terrasse weist ein präzises Muster auf, und die Gartenmöbel sind regelmäßig angeordnet.*

stärker betonen. Früher wurden verschiedenfarbiger Kies und Kohle oder vielleicht niedrige Kräuter wie Thymian und Lavendel verwendet. Heute ergänzen recyclierte Glasstückchen und farbige Glaskiesel das Sortiment der Möglichkeiten.

❀ Terrassen können einfacher angelegt werden als ein Knotengarten; sie werden häufig in individuellen, voneinander getrennten Quadraten bepflanzt. Die Terrassen entwickelten sich während des 17. Jahrhunderts in Frankreich aus den kunstvollen Knotengärten, mit der grundlegenden Absicht, ein Fensterpanorama für den Betrachter im ersten Stock zu schaffen. Meist sind Terrassengärten größer und offener und können daher auch mit höheren Kulturen bepflanzt werden. Mögliche Pflanzen sind beispielsweise Strauchrosen wie die Sorten ‚Felicia', ‚Ballerina' und ‚Iceberg'. Terrassen eignen sich auch zum Anbau von Gemüse.

## Symmetrische Formen

❀ Symmetrische Formen sind von ihren Konturen her regelmäßig. Quadrate, Rechtecke und Kreise sind am häufigsten, aber auch Dreiecke, Sechsecke und Achtecke sind denkbar. Die Linien müssen nicht unbedingt gerade verlaufen. Eine ovale Form kann in einem rechteckigen Garten sehr zufriedenstellend sein, und runde Formen können auf quadratischen Grundstücken hübsch aussehen.

❀ Aneinander angrenzende Formen können sich berühren, überlappen oder durch eine Lücke voneinander getrennt sein. Meist ist eine einzige Form, z. B. ein Quadrat, am vorteilhaftesten, so dass dann Quadrate verschiedener Größen in einem regelmäßigen Muster angeordnet werden können.

## Wege als Achsen

❀ Beim Anlegen Ihrer Achsenlinien können Sie diese durch zugeschnittene Hecken auf beiden Seiten stärker betonen. Buchsbaum ist am beliebtesten, Lavendel oder Rosmarin schaffen aber ebenfalls ansprechende niedrige Hecken. Wenn Sie etwas Höheres wünschen, pflanzen Sie abgestützte Hochstammrosen.

RECHTS: *Dieser Garten führt über zwei Stufen von einer geschwungenen Terrasse mit quadratischen Platten zu vier Quadraten, die mit Ziegelpflaster und beschnittenen Eiben umfriedet sind. Die Mitte jedes Quadrats bildet eine kleine Hochstammrose oder ein Lorbeerbaum. Eine zugeschnittene Hecke trennt diesen Bereich von einem runden Teich mit Sitzgelegenheiten zur friedvollen Betrachtung.*

OBEN: *Die Gartenbank aus Holz bietet hier einen Blickpunkt, und das Auge wird durch die Symmetrie der sorgfältig zugeschnittenen Büsche auf beiden Seiten der Bank vom fließenden Pflastermuster zur Bank geleitet.*

UNTEN: *Diese Terrassenanlage wird durch geometrisch geformte Buchsbaumbeete geformt. Die einzelnen Beete werden durch schmale Ziegelpfade unterteilt und sind mit einer Vielzahl von weißen Blumen, meist mit silbernen Blättern, gefüllt.*

## Vertikale Elemente

- Da ein großer Teil des Musters in geplanten Gärten von Wegen und niedrigen Hecken stammt, müssen einige vertikale Elemente in den Garten gebracht werden, die Höhe und Blickpunkte mit sich bringen. Sie können diese Elemente auf verschiedene Weise einführen. Eine Sonnenuhr oder eine Vogeltränke auf einem Podest oder eine Steinfontäne können einen hübschen zentralen Fokus bilden. Eibe oder Buchsbaum in länglicher Form oder als Halbkugel geschnittene Buchs- oder Lorbeerbäume in Kübeln können in Reihen auf beiden Seiten des Weges positioniert werden.

## Blickpunkte

- Ein Blickpunkt ist etwas, was Aufmerksamkeit erweckt. Es kann ein kleines Gebäude, ein Baum in der Ferne oder auch eine Skulptur oder Amphore sein. Ein Blickpunkt sollte wohlüberlegt sein. Schließlich soll das Auge ja nicht auf eine Wäscheleine oder einen Geräteschuppen gelenkt werden. Das Auge wandert stets in gerader Linie zu einem Blickpunkt; regelmäßig angelegte Gärten brauchen daher Blickpunkte, die am Ende gerader Wege und Alleen positioniert sind.
- Als Blickpunkt ist beispielsweise ein Solitärgehölz, eine schön geformte Bank in einer Laube, ein kleines Sommerhaus oder ein weiß lackierter Sitz denkbar (Weiß ist ein sofortiger Blickpunkt).
- Auch eine schöne Aussicht könnte als Fokus dienen. Sie müssen den Ausblick dazu mit Pflanzen einrahmen oder ein „Fenster“ in einer zugeschnittenen Hecke schaffen, durch das der Ausblick sichtbar ist.

### Materialien

- Der formelle Stil ist sehr diszipliniert. Pflastermaterial muss sorgfältig ausgewählt werden, so dass es mit nahen Gebäuden harmoniert. Selbst wenn verschiedene Ziegelarten und Farben gemischt werden, kann dies störend wirken.
- Alle Materialien sollten sich gut abzeichnen. Am besten verwenden Sie möglichst wenige Materialien, so dass die Gesamtwirkung ein Gefühl von Einheit vermittelt. Wenn Sie Pflastersteine verwenden, sollten sie geometrisch platziert sein, nicht mosaikartig, was selten zu einer symmetrischen Anlage passt.
- Wenn Sie Ziegel verlegen, werden Sie feststellen, dass ein Fischgrätenmuster weicher wirkt, als wenn die Ziegel in geraden Linien verlegt werden. Wege können mit kleinen Kieseln umrandet werden, die ihnen einen „Rahmen" geben, der das Muster hervorhebt. Ziegel und Steine sind warme, konstante Bodendecker, die in Kombination mit Mauerwerk ein einheitliches Design erzeugen.
- Kiesel ist meist keine gute Wahl für den symmetrischen Garten. Nur zu leicht wird er weggetreten und schafft für einen geometrischen Garten keine Linie, die präzise genug wäre. Eine Ausnahme ist ein sehr kleiner Garten, der mehr zum Betrachten denn zum Herumlaufen gedacht ist. Hier kann der Kies einen sehr wirkungsvollen Hintergrund für einen zentralen, beschnittenen Strauch oder eine Steinskulptur schaffen.

### Wasser

- Wasser ist ein wichtiger Bestandteil des traditionellen symmetrischen Gartens. Er führt seine Ursprünge auf die alten Wüstengärten mit ihren Bewässerungskanälen und erfrischenden zentralen Wasserbecken zurück.
- Ein runder oder anderer geometrischer Teich in der Mitte, vielleicht mit einem Springbrunnen als Mittelpunkt, oder ein anderes zentral angelegtes Wasserelement mit symmetrischer Form wirkt harmonisch.
- Schmale Kanäle können entlang von Wegen angelegt werden, und lange, rechteckige Wasserbecken mit passenden Sitzen auf beiden Seiten ermöglichen den Besuchern, die Seerosen und die Widerspiegelung des Himmels im Wasser zu genießen. Ein langes, schmales und rechteckiges Becken kann auf beiden Seiten mit einem Springbrunnen versehen sein, der dem Becken einen Blickpunkt verleiht.
- Wenn Wasser das zentrale Element des Gartens ist, schafft es eine Atmosphäre großer Stille. Die reflektierende Qualität des Wassers in einem großen Becken, ergänzt durch Fliesen in dezenten Farben, verleiht dem Mittelpunkt des Gartens das Gefühl von Leichte und Optimismus.
- Das Becken sollte natürlich symmetrisch und ausgewogen sein. In einem eingeschlossenen Bereich kann mehr Wasser über Wandfontänen hinzugefügt werden. Selbst Wasserpflanzen können symmetrisch platziert werden.
- Über einen breiten gepflasterten oder mit Platten ausgelegten Weg kann sich der Besucher dem Wasser nähern, und Stufen können zum Wasserrand führen. Eine symmetrische Reihe kleiner Bäume oder eine zugeschnittene Hecke kann das Becken umrahmen und abschirmen. Auf diese Weise wird die Regelmäßigkeit der Anlage betont.

### KINDER IM GEPLANTEN GARTEN

ES BESTEHT kein Grund, warum Kinder nicht auch in einem symmetrischen Garten spielen sollten. Zugeschnittene Hecken sind meist recht robust, vor allem in Kübeln, und angesichts der gepflasterten Wege und geraden Linien können die Kinder rennen, mit dem Rad, Skateboard oder mit Rollschuhen fahren. Denken Sie daran, dass Wege breit genug sein sollten, damit all diese Aktivitäten problemlos ausgeführt werden können, und es ist eine gute Idee, am Ende eines Weges jeweils einen Wendekreis zu schaffen.

RECHTS: *Dank ihrer abgestuften Höhen sind diese kunstvoll zugeschnittenen Eibenformen ausgesprochen faszinierend. In Verbindung mit den roten Hochstammrosen und weißen Strauchrosen ergeben sie ein beeindruckendes Bild.*

# KLEINE GÄRTEN

**Der Schlüssel zu einem symmetrisch angelegten Garten sind Wiederholung, Einheit und geometrische Muster und Flächen. Kleine quadratische oder rechteckige Gärten in der Stadt sind für regelmäßige Formen vortrefflich geeignet. Die symmetrische Form ist für die geometrische Unterteilung der verschiedenen Gartenräume und für gerade Pflanzenlinien vorteilhaft. Denken Sie daran, dass beschnittene Hecken eine sehr ausgefeilte Regelmäßigkeit besitzen. Allein das Pflanzen von identischen Kulturen in Reihen ist schon ein regelmäßiges Arrangement. Es gibt verschiedene alte und traditionelle Modelle symmetrischer Gärten, auf die Sie ein Design stützen können.**

## Ein persischer Garten

- Die ersten Vergnügungsgärten Ägyptens und Persiens basierten auf dem Element Wasser. Die langen schmalen Kanäle verliefen schachbrettförmig in Anlehnung an den Paradiesgarten mit seinen vier Quadraten. Am Schnittpunkt dieser Kanäle war ein großer zentraler Teich oder ein Becken mit Fischen und Seerosen angelegt. Der königliche Paradiesgarten war groß, und erhöhte Pavillons fingen den kleinsten Windhauch ein. Hier konnte man im Schatten der Bäume sitzen und den Klang des fließenden Wassers und die Düfte und Farben der Blumen genießen.

- In gemäßigten Klimata ist Wasser zwar nicht ganz so bedeutsam wie in Wüstenbereichen, doch wir finden Wasser auch hier beruhigend und entspannend. Die meisten Gärten, ob groß ob klein, sind interessanter, wenn sie ein Wasserbecken, eine Fontäne oder einen Wasserlauf besitzen. In Stadtgärten kann ein umfriedeter Garten nach persischem Muster hässliche Gebäude in der Nachbarschaft verbergen. Selbst in winzigen Gärten lässt sich ein schmaler Wasserlauf anlegen, entweder entlang eines Weges oder mitten auf dem Grundstück.
- Schmale Blumenbeete können entlang der Grundstücksgrenzen verlaufen und mit Sitzgelegenheiten oder schattigen Plätzchen unter ausladenden Bäumen versehen sein. Setzen Sie in einem kleinen Garten Wege statt Wasser als Raster ein und pflanzen Sie auf beiden Seiten symmetrisch einige Hochstamm-Rosenbüsche und zugeschnittene Buchsbäumchen oder Eiben. Säulenbäume (mit senkrechten Ästen) und halbkugelförmige Bäume liefern Schatten, ohne zu viel Licht auszufiltern.

## Ein maurischer Garten

- Es gibt viele Ähnlichkeiten zwischen persischen und maurischen Gärten, z. B. die Schatten spendenden Bäume, die duftenden Blumen und die Idee der Wasserläufe. Während persische Gärten aber von einer Mauer umschlossen waren und so die Wüste außen vor hielten, wurden in maurischen Gärten die strengen und beengenden Linien geöffnet und erlaubten so einen Blick auf Obstgärten, Olivenhaine und die Hügel in der Ferne.
- Terrassen, Veranden und Laubengänge schufen einen fast nahtlosen Übergang vom Haus zum Garten. In ähnlicher Weise könnte die Mauer oder Hecke Ihres mit vier Quadraten versehenen Gartens eine Öffnung lassen, um den Ausblick auf einen Baum oder ein interessantes

*LINKS: Mit den richtigen Pflanzgefäßen wirkt auch eine sehr kleine Fläche interessant. Hier wurden zwei Behälter im Schornsteinstil mit gestutztem Buchsbaum bepflanzt – ein zugleich auffälliges und ungewöhnliches Arrangement. Die Buchsbaumblätter greifen den Grünton der Tür wieder auf.*

## Buchsbaumhecken

- Eine elegante Terrasse kann für den kleineren Garten zu groß sein. Einfachere, mit Buchsbaum umfriedete Hecken hingegen passen sehr gut. Es kann etwas dauern, bevor sich die Pflanzen etablieren, aber schließlich werden sie eine feste Blattwand formen, die eine gute Folie für andere Pflanzen bildet. Die gefleckten Varietäten sind zwar hübsch, schaffen aber nicht so einen guten Hintergrund und werden am besten als eigenständige Elemente kultiviert.

LINKS: *Einfache Rabatten – wie diese sorgfältig angelegte Lavendelrabatte mit der ansprechenden Pflanzglocke in der Mitte – sind häufig am geeignetsten für einen kleinen Garten.*

UNTEN: *Symmetrie kann durch Wiederholung, Einheit und Geometrie erzielt werden. Eine kleine Fontäne in der Mitte ist von einer niedrigen Hecke und einer Grasumrandung in Rasenmäherbreite umgeben. Symmetrisch angeordnete Bänke befinden sich in Nischen, die durch zugeschnittene Eibenhecken geschaffen werden und durch kunstvoll zugeschnittene Bäume geschützt sind.*

Architekturmerkmal außerhalb des eigentlichen Gartens zu lassen. Sommerhäuschen könnten mit Säulen versehen werden und so einen kreuzgangähnlichen Eindruck vermitteln, der sich an dem einen Ende des Wasserlaufs wiederspiegelt.

## Eine Terrasse

- Die Terrasse ist im Grunde ein „flaches“ Schema, das häufig am besten von oben betrachtet wird, z. B. von einem Fenster im ersten Stock oder einer erhöhten Terrasse oder einem Hügel. Selbst ohne erhöhten Bereich kann eine Terrasse hübsch sein, wenn man hindurchwandert. Sie kann Teil eines größeren, regelmäßig angelegten Gartens sein, einen ganzen Garten oder einen Teil eines kleinen Gartens einnehmen.
- Die einfachste Terrassenform, vielleicht rechteckig oder quadratisch, mit beschnittener Buchsbaumhecke oder buschigem Geißblatt wie *Lonicera nitida* umfriedet, ist ein ausgezeichnetes Design für einen kleinen Vorgarten, der meist nur im Vorübergehen betrachtet und nicht betreten wird.

## FORM-VORGÄRTEN

EIN sehr kleiner Garten bietet vielleicht nicht viel Raum für ein erweitertes symmetrisches Arrangement, aber selbst ein kleiner Hochstammbaum in einem quadratischen Beet, umrandet von Buchsbaum, schafft einen symmetrischen Vorgarten voller Charme. Sie könnten einen beschnittenen Lorbeerbaum (*Laurus nobilis*) in einen Kübel in jede Beetecke pflanzen und Platten oder Kiesel als umgebendes Material verwenden.

❀ Wenn der Standort sonnig ist und Sie überhaupt keinen Schatten wünschen, sehen die silberfarbenen Blätter des kleinen Strauchs *Convolvulus cneorum* (Brennende Winde) in einem kleinen Kiesmeer das ganze Jahr über hübsch aus. In einem schattigen Bereich sollten Sie eine auffällige Funkie, *Hosta sieboldiana*, pflanzen, deren bläulich-grüne Blätter groß und bedeutsam aussehen.

### Zugeschnittene Heckenpflanzen

❀ Der Buchsbaum ist vermutlich die dankbarste Heckenpflanze, zahlreiche andere ergeben aber auch attraktive Heckeneinfassungen, und vielleicht bevorzugen Sie ja den silbrigen Anblick, den viele dieser Pflanzen bieten.

OBEN: *Das sorgfältige Kultivieren, Ausputzen und Beschneiden von Büschen wie Lorbeerbäumen kann selbst dem kleinsten Gartenbereich ein Gefühl von Symmetrie vermitteln.*

LINKS: *Dieser winzige, schmale Garten bezeugt sorgfältige Planung bei der dekoraktiven Pflasterung, und die kleinen Teiche spiegeln einander und die Pflanzen am Weg wider.*

❀ Lavendel, Rosmarin und Heiligenkraut wurden früher als zugeschnittene Heckenpflanzen verwendet und sind noch immer als solche sehr hübsch. Sie halten sich nicht so lange wie Buchsbaum, und wenn Sie sich über viele Jahre an ihnen erfreuen möchten, müssen Sie sie alle stark zurückschneiden. Sie werden nicht gerne eng zusammen gepflanzt und mögen keine Konkurrenz um Licht, Feuchtigkeit oder Nährstoffe. Achten Sie daher darauf, das zwischen der Hecke und der Bepflanzung im Beet eine Lücke besteht.

### Symmetrisch aber weich

❀ Bei einem sehr langen, schmalen Grundstück kann das Anlegen eines förmlich-symmetrischen Gartens schwierig erscheinen, da die bandförmige Form die geraden Linien und Raumknappheit bereits betont. Sie können die Linien der geraden Wege zwischendurch durch runde Formen auflockern. Oder pflanzen Sie spitz zulaufende Pflanzen und schneiden Sie Sträucher in gerundete Formen.

OBEN: *Dieses malerische und traditionelle Ried gedeckte Haus wirkt mit der sauber zugeschnittenen Hecke und dem weißen Tor sehr symmetrisch. Die kunstvoll zugeschnittenen Säulen tragen eine Form, die das Ried des Daches nachahmt.*

- Der Weg kann auch mit rundköpfigen Blütenpflanzen gesäumt werden, wie zum Beispiel mit den weich gerundeten Formen von Goldmajoran und Lauchgewächsen (*Alliums*), die im Sommer große runde Blütenköpfe tragen. Auch Kies statt Platten oder Ziegel verleiht einen weicheren Anblick.

## Achsen und Ausblicke

- Eine Ihrer ersten Entscheidungen ist die Ausrichtung der Hauptachsen. Sie legen die wichtigsten Aussichten und die Beziehung des Gartens zum Haus fest. Die Ornamente und Elemente, die einen Ausblick abschließen, können später hinzugefügt werden. In den meisten Fällen werden Sie vermutlich die Hauptachse in Beziehung zur Haupttür des Hauses bringen wollen, damit Garten und Haus als Einheit gesehen werden können.
- Querachsen sollten im rechten Winkel verlaufen. Wenn der Boden uneben oder das Grundstück nicht rechteckig ist, lässt sich dies allerdings nicht immer problemlos umsetzen. Im Anwesen Sissinghurst im englischen Kent verlaufen die Achsen nicht immer im rechten Winkel, dies wurde jedoch durch die Bepflanzung geschickt verborgen.

## Materialien

- Welches Material für harte Flächen gewählt und wie es verlegt wird, kann einen Formgarten vollenden oder verderben. Kies ist vielseitig und harmoniert mit anderen Oberflächen wie Beton und Granitpflaster.
- Wählen Sie bei jedem Material stets die beste Qualität, die Sie sich leisten können. York-Stein ist leider zu teuer für die meisten Gartenbesitzer, aber es gibt auch gute Imitatsteinarten, die hübsch aussehen können. Auch Granitpflaster ist eine gute Alternative.
- Große, gerundete Steine sind zwar optisch ansprechend, aber nicht bequem zum Laufen und sollten daher nur für dekorative Details zwischen anderen Pflasterarten eingesetzt werden. Sie bilden einen hübschen Kontrast zu anderen Materialien und können für ein dekoratives Pflastermuster verwendet werden. Zudem können sie den Übergang zwischen zwei separaten Bereichen oder aber die geänderte Richtung eines Weges markieren. Auch hochkant platzierte Fliesen können Richtungsänderungen kennzeichnen oder eine interessante Einfassung anderer Materialien bieten.

## Pflanzen für einen Formgarten

- Randpflanzen betonen sehr hübsch den Verlauf einer geraden Rabatte. Wählen Sie Stauden, die lange interessant wirken. Halten Sie sich auf der gesamten Rabattenlänge an eine Sorte, um ein einheitliches Bild zu erzeugen. Geeignet sind beispielsweise *Alchemilla mollis* (Frauenmantel), eine hübsche grün-gelbe Pflanze, die mit fast allen anderen Pflanzen harmoniert.
- Die Katzenminze *Nepeta cataria* bildet eine weitere gute Einfassung, vorausgesetzt, Ihre Rabatte ist breit genug. *Bergenia cordifolia* (Herzblättriger Steinbrech) grenzt eine Rabatte mit ihren auffallenden dunkelgrünen Blättern ein, die sich im Herbst rötlich verfärben.

# MODERNE GARTENANLAGEN

**Viele moderne Gebäude besitzen einfache, rechteckige Formen, die sich wiederholen. Die Gebäude sind nur minimal verziert. Es kommt auf die Form der Gesamtstruktur an – die Abstände und Proportionen von Fenstern und Türen und die Beziehung der verschiedenen Ebenen zueinander. Für derartige Bauten müssen wir sehr einfache, elegante und stilvolle Gärten konzipieren, die die geometrischen Linien des Hauses ergänzen. Das Gesamtbild erhält dann durch die passende Bepflanzung eine weichere Note.**

## MODERNISTISCHE IDEEN

MODERNISTISCHE Gartengrundsätze haben sich aus der modernistischen Architekturrichtung entwickelt, die sich zu Beginn des 20. Jahrhunderts herausbildete. Diese Architektur nutzte die neuesten technologischen Entwicklungen und schuf Gebäude, die nicht mehr auf den traditionellen Bautechniken beruhten. Stahlbeton ließ sich zu faszinierenden neuen Strukturen formen. Das Ergebnis waren hellere Gebäude mit größeren, miteinander verbundenen Räumen und einer übersichtlichen Innenarchitektur.

- Heute erleben wir eine neue Welle modernistischer Denkweise, bei der der Garten als „Raum im Freien" gesehen wird, dessen Verbindung zum Haus von größter Bedeutung ist. Zentrale Elemente der Hausarchitektur wie Türen und Fenster werden als Gartenelemente wiederholt. Holzfußböden im Haus können draußen mit Holzdecks wiederholt werden, und Steinböden mit Steinplatten. Ein Rasen oder rechteckiger, mit Platten belegter Bereich draußen kann in Beziehung zu einem Teppich im Haus gebracht werden.
- Selbst wenn Ihr Haus von seiner Architektur her nicht besonders wirkungsvoll ist, können Sie einen traditionellen Stil nach Belieben modern interpretieren und ein altes Thema durch neue Elemente beleben. Während der klassische regelmäßige Garten auf einer Achse beruht, sind modernistische Gärten stets unsymmetrisch. Und dennoch sind sie eindeutig regelmäßig. Die Linien sind geometrisch, es werden wenige Ideen und Pflanzen verwendet, die sich aber im Garten wiederholen. Die Winkel und Räume sind dynamisch, vermitteln ein Gefühl von Energie und Leben, aber die überschaubaren Terrassen sind zugleich ruhig.
- Die Garnierung sind die Pflanzen: in Töpfen, Amphoren, verzinkten Metalleimern oder auch Abfallkörben kultivierte Frühlings- oder Sommerblumen, die nach Belieben an andere Standorte versetzt werden können. Derartige Gärten sind sehr pflegeleicht und häufig für Personen geschaffen, die im Beruf sehr gestresst sind und wenig Zeit haben und den Garten zur Freizeit und zum Bewirten von Gästen nutzen möchten, nicht um Pflanzen zu vermehren und zu kultivieren. Hier wird die Natur nicht nachgeahmt: Diese Umgebung ist künstlich geschaffen und stolz darauf.

### Formen und Konturen

- Alle Formen sollten einfach, schlicht und funktionell gehalten werden. Wenn Sie einen exotischen Garten oder einen Garten mit strukturell interessanten Pflanzen entwerfen, sollten Sie eine klare geometrische Form als Ausgleich zum unregelmäßigen Pflanzenwuchs wählen. Wenn Sie sich für ein geometrisches Gartendesign entscheiden, führen Sie Ihren Plan mit Zuversicht aus.

RECHTS: *Eine hohe, gewölbte Betonwand wurde mit einem tiefen Azurblau gestrichen und mit Meerestieren und fliegenden Enten verziert. Der Mosaiktisch liefert weitere Farben und bildet einen interessanten Aspekt.*

LINKS: *Quadratische Gefäße und eine begrenzte Pflanzenauswahl ergänzen viele moderne Gärten. Hier wurde ein verzinkter Behälter mit auffallenden farbenfrohen Kulturen ganz in Rot- und Gelbtönen bepflanzt.*

## Schmale Gärten

❀ Ein typischer schmaler Stadtgarten kann günstig mit Betonplatten gepflastert werden. Entlang einer Seite könnten Sie den Beton zu einer großzügigen Kurve schneiden, der Platz für ein relativ tiefes Blumenbeet lässt. Das bedeutet, dass Sie an der breitesten Stelle zwei oder drei Pflanzenschichten kultivieren und so mehr Höhe und Vielfalt erzielen können.

## Ein Garten im Hof

❀ Sie können den Innenhof im italienischen Stil durch ein regelmäßiges Wasserbecken mit elegantem, modernem Springbrunnen in der Mitte ergänzen, umgeben von Terracottafliesen mit Ziegeleinfassung. Bei den Pflanzen sollten Sie sich an regelmäßige, beschnittene immergrüne Pflanzen in sehr einfachen Behältern halten. Verwenden Sie beispielsweise verzinkte Eimer und Mülltonnen. Bereits ein oder zwei dieser Gefäße, z. B. mit wirkungsvollen Palmen bepflanzt, schaffen einen sehr stilvollen Raum im Freien.

❀ In einem kleinen Vorhof können Sie die Wände in jeder beliebigen satten Farbe streichen. Inzwischen sind neue Außenanstrichsortimente auf dem Markt, mit denen Gartenbesitzer Zäune, Wände und ganze Höfe in Farben streichen können, die die Pflanzen- und Blattformen sehr wirkungsvoll zum Ausdruck bringen.

❀ Der Stil passt zu jedem modernen Haus, sei es aus Beton, Ziegeln oder Holz gebaut. Vor allem wenn der Garten zwischen Gebäuden geradezu eingezwängt ist, eignet sich diese Stilrichtung auch für Bauten im Stil des 18. Jahrhunderts oder andere gemauerte Gebäude. Häufig verlangen merkwürdig geformte Grundstücke nach einer geometrischen Designlösung.

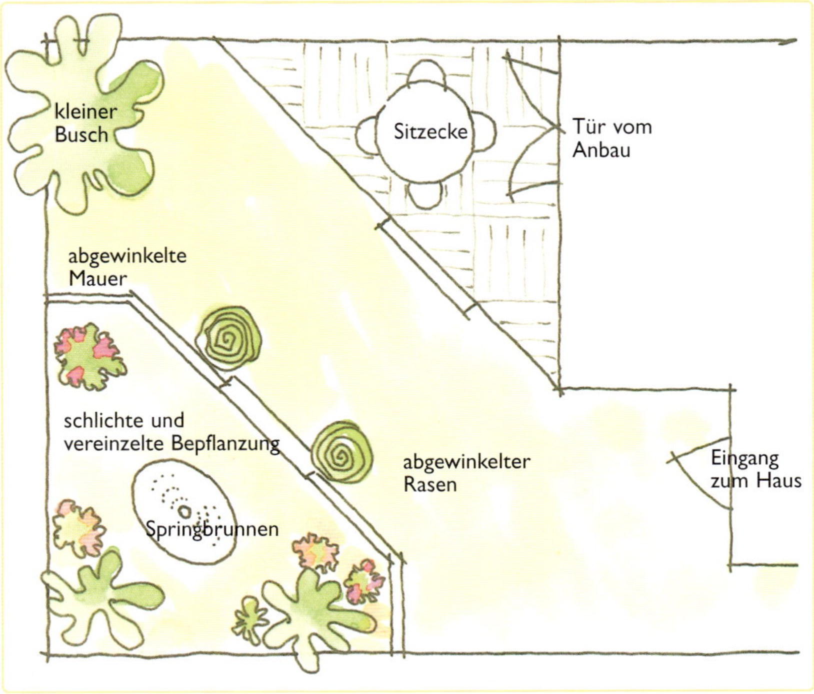


RECHTS: *Der moderne Garten nimmt den Gedanken eines „Raums" sehr wörtlich. Die Linien sind geometrisch, der Eindruck architektonisch, doch es werden nur wenige, dafür aber skulpturartige Pflanzen eingesetzt. Moderne Baustoffe wie Klinker und Holzdecks können eingesetzt werden, und Wasser ist häufig in Form einer bildhauerischen Fontäne gegeben, die wiederum moderne Materialien wie Edelstahl oder Glas verwendet.*

OBEN: *In diesem Garten hat der Besitzer den Zaun mit einer wellenförmigen Linie versehen, die den Blick zur geschwungenen Linie des eigentlichen Gartens lenkt, dort, wo er in waldartiges Terrain übergeht.*

## Kleine rechteckige Gärten

- Wenn der Garten sehr klein ist, können Sie ihn diagonal aufteilen. Die lange Linie vermittelt das Gefühl, als wäre der Garten eigentlich länger. Betonen Sie die Linie durch Höhenunterschiede oder einen Materialwechsel, beispielsweise indem Sie für die eine Seite Kies und für die andere Betonplatten verwenden.

## Materialien

- Die erste Überlegung in einem modernen Garten betrifft nicht unbedingt die Pflanzen. Ja, es kann sogar sehr wenige oder gar keine Pflanzen geben. Die Flächen der Wände und Böden im Garten bieten ausgezeichnete Dekorationsmöglichkeiten. Im traditionellen Garten wurden meist Ziegel, Stein, Granitpflaster, Sand oder Kies verwendet.
- Der moderne Gartendesigner kann zudem auf glasierte Fliesen, Mosaik (besonders an den Wänden), Glasbausteine, Spiegel, farbige Glasperlen und Gummi oder recycelte Materialien zurückgreifen. Glasbausteine müssen etwas gestützt werden, können aber in passende Rahmen eingearbeitet werden. Helle Edelstahlbehälter, Pfosten und Säulen können ebenfalls „Segel" tragen und so als Alternative zum traditionellen Sonnenschirm Schatten liefern.
- Traditionelle Materialien sind häufig für den modernen Garten absolut geeignet, werden aber völlig anders eingesetzt. Schiefer kann geschnitten und sehr präzise verlegt werden. Präzisionsschneidtechniken passen zum minimalistischen „hartkantigen" Design moderner Architektur. Schiefer kann aber auch in beliebige unterschiedliche Längen geschnitten und als Terrassen- und Wegbelag oder als Umrandung für ein geometrisch geformtes Becken oder einen L-förmigen Kanal verwendet werden.
- Grüner Schiefer ist für den modernen Garten ideal, sollte aber aufgeraut werden, damit er bei jedem Wetter rutschfest bleibt.
- Gepflasterte Bereiche sollten ein einheitliches Gefühl vermitteln. Dies ist besonders wichtig, wenn ein Gegengewicht zu exotischen Pflanzen geschaffen werden soll.
- Holzdecks sind ein gutes Material für viele moderne Gärten, vor allem Dachgärten. In Verbindung mit der dunklen, rohen Struktur von Eisenbahnschwellen als Stützwände oder Ziegeln können sie einen prachtvollen Look schaffen. Überraschenderweise passen auch moderne, verzinkte Pflanzbehälter gut zu Holzdecks.

RECHTS: *Moderne Gärten sollten funktionell und schlicht sein. Der hohe und sichere Zaun ist bei diesem Garten aus einfachen Holzpflöcken erstellt, die in verschiedenen Blau- und Purpurfarben gestrichen wurden.*

- Durch Beimischen von farbigem Zement kann Beton gefärbt werden. Meist sind die unterschiedlichen Steinfarben am beliebtesten, denn sie bilden den „freundlichsten" und ruhigsten Kontrast zu Gras und Pflanzen.

## Senkrechte Elemente

- Feine Holzleisten können elegante vertikale Strukturen wie Pergolen mit einem sehr modernen Look schaffen. Sie können Baumstämme symbolisieren und das Gefühl eines kleinen Gehölzes oder Hains erzeugen und wirken dabei ganz anders als die gewollt rustikale traditionelle Pergola. Derartige Leisten ergänzen die geraden Linien schmaler Holzdecks. Spitze Holzsäulen können anstatt Säulenbäumen mit nach oben strebenden Ästen (wie Wacholder oder Eiben) aufgestellt werden.
- Auch eine moderne Beleuchtung kann den senkrechten Effekt verstärken. Kugeln auf Metall-„Stielen" erzeugen eine moderne Wirkung. Der Stiel kann aus einer Gruppe kuppelförmiger Sträucher emporragen, die wiederum die gerundete Form des Beleuchtungskörpers aufweisen.

## Farbe

- Wände, Zäune, Möbel und Behälter können gestrichen werden. Weiß reflektiert mehr Licht als jede andere Farbe und erhellt eine im Schatten liegende Wand. Weiß lässt zudem Blattformen sehr schön zur Geltung kommen.
- Die großen Fortschritte bei Außenanstrichen und die erweiterten Farbsortimente bieten dem modernen Gartenbesitzer eine wirklich faszinierende Auswahl. Blaugrün und Graugrün scheinen universell ansprechende Farben für den Garten zu sein, die wie Weiß die meisten Blatt- und Blütenfarben und -formen ausgezeichnet hervorheben. Aber auch ein leuchtendes Orange oder Tiefblau können in den Garten passen, wenn sie kühn und im Verbund mit möglichst wenig Pflanzen eingesetzt werden. Viele skulpturartige, vor allem abstrakte Elemente können vor diesem farbigen Hintergrund fantastisch wirken.

## Die Pflanzen

- Blütenlose Pflanzen sind für den modernistischen Garten ideal. Farne wie der Frauenfarn *Athyrium filix-femina* können in großer Anzahl vor einen großblättrigen Efeu wie *Hedera helix* ‚Montgomery' gepflanzt werden. Gruppen von drei kleinen Bäumen zusammen gepflanzt, wie *Betula pendula* (Sandbirken) und vor allem die Sorten mit interessanter Rinde, bleiben kleinwüchsig und sehen hübsch aus. Dank der zarten Blätter und schmalen Stämme können Sie die dahinter liegende Architektur bewundern.
- Große quadratische oder rechteckige Behälter fügen sich auch in die Architektur ein, und Sie können sie mit exotischen Pflanzen wie Palmen, Funkien oder Gräsern bepflanzen.

## Farbe

- Wenn Sie Farbe in den Garten bringen möchten, sollten Sie sich für begrenzte Farbkombinationen entscheiden, damit die Farbe nicht von den kühnen Linien und geometrischen Räumen des Gartenplans ablenkt. Sie können auch in geometrischen Farbblöcken pflanzen. Verwenden Sie dazu Geranien oder Sommerpflanzen. Sie können auch mit den Blattfarben wie den Rottönen von *Phormium* (Flachs) arbeiten.

UNTEN: *Moderne Anstriche sind in einer breiten Palette von Farben erhältlich, die so leuchtend sind wie die Gartenblumen. Hier wurden Platten eines Betonzauns in leuchtenden Grün-, Rot- und Gelbtönen gestrichen.*

# JAPANISCHE GÄRTEN

**Japanische Gärten haben sich über die Jahrhunderte entwickelt. Sie wurden von religiösen und philosophischen Ideen verfeinert und beeinflusst, vom Shintoismus, Hinduismus und Taoismus bis hin zum Buddhismus – die sich alle grundlegend von den klassischen Wurzeln des Christentums und Islams unterscheiden, die die europäischen Gartentraditionen geprägt haben. Das Grundprinzip, das sich hinter japanischen Gärten verbirgt, ist die Suche nach Harmonie. Ein wichtiges Element dabei ist der Gedanke, dass die Atmosphäre des Ortes erhalten bleibt und die Schönheit des Natursteins voll zum Ausdruck kommt.**

## DIE GRUNDSÄTZE

In frühen japanischen Gärten gehörte zu den Designgrundsätzen auch die Vorstellung, dass bereits vorhandene Steine wegen ihrer eigenen Stille respektiert werden sollten und dass Felsen, Inseln und Teiche die Natur repräsentieren und stets asymmetrisch positioniert werden sollten. Symmetrische Elemente repräsentierten Menschen.

- Die Darstellung eines Berges ist wichtig und bezeichnet den „Kosmischen Berg" als Mittelpunkt des Universums. Die „Insel der Unsterblichkeit" kann durch eine Insel oder einen Felsstein repräsentiert werden. Die Steine werden in Dreiergruppen arrangiert. In alten japanischen Gartenbüchern wird dies als die drei Kräfte erläutert – horizontal, diagonal und vertikal. Diese Kräfte stehen in Beziehung zur Struktur des Universums – Himmel, Erde und Menschheit.
- Ziel ist es nicht, die Natur zu unterwerfen, sondern eine Partnerschaft mit der Natur einzugehen. Der Garten ist ein Ort für göttliche Geister, und wenn Harmonie gewährleistet ist, werden die guten Geister in den Garten gelockt, während die feindseligen Geister ihn in Ruhe lassen.

OBEN: *Dies ist eine ungewöhnliche und zugleich attraktive und angemessene Art, einen Garten im japanischen Stil abzugrenzen. Bambusstäbe sind hier mit Seilen zusammengeknotet.*

UNTEN: *Die Haltung leuchtend roter Fische in einem stillen Teich ist nicht schwer, und sie passen gut zu der roten Farbe, mit der viele japanische Brücken gestrichen sind.*

OBEN: *Japanisches Design ist stets sehr diszipliniert. Das schwarze Deck und die einzelne, wohl geformte Pflanze in einem Topf spiegeln vorzüglich das japanische Gefühl für Design wieder.*

- Überall im Garten sollten Vorrichtungen aufgestellt werden, die böse Geister fern halten. Bäume und Steine sollten stets in ungerader Zahl gruppiert werden – d. h. jeweils drei, fünf oder sieben zusammen. Es heißt, Teufel wandern in geraden Linien, Gartenwege müssen daher gewunden und verschlungen verlaufen.
- Im japanischen Garten sind nicht lebende Elemente von größter Bedeutung: Pflanzen stehen nicht an erster Stelle. Eines der wichtigsten Elemente ist Wasser – das japanische Wort für Gärtner bedeutet „der das Bett aus Strömen schafft". Andere Elemente sind Stein, Sand, Kies, Bambus, alte Bäume und Raum.
- Ein japanisches Diagramm aus dem 15. Jahrhundert zeigt, wie eine Landschaft bewusst so angelegt werden sollte, dass sie natürlich wirkt. 16 Wasser- und Landteile sind rund um einen zentralen „Wächterstein" arrangiert. Das Design ist asymmetrisch, aber sorgfältig ausgewogen, und jedes Teil hat seine eigene Funktion und Bedeutung. Die Teile sind Berge (nah und fern), Felsen, Strände, Inseln, ein See und ein Wasserfall.
- Jedes Element wird durch ein anderes ausgeglichen. Hohe Pflanzen wachsen neben buschigen. Scharfe Winkel werden durch sanfte Kurven ausgeglichen. Jeder Wasserlauf sollte möglichst natürlich wirken, vom Osten her fließen, dann unterirdisch verlaufen und schließlich im Westen in den Ozean fließen. Eine stilisierte Form einer Quelle symbolisiert Frische.
- Einige japanische Gärten haben kein Wasser, sondern werden einfach aus Felsgestein und Kies gefertigt, da im 15. Jahrhundert der Bürgerkrieg alle Gartenarbeiten mit Ausnahme in buddhistischen Klöstern stilllegte. Hier hielten die Mönche die Tradition aufrecht, aber in sehr einfacher Form. Sand stellte den Ozean dar und wurde täglich in eine Wellenform geharkt. Ungeschnittene und verwitterte Steine waren Götter, Berge und Tiere.

### Die Grenzen

- Japanische Gärten werden stets vom umgebenden Land getrennt. Bambus kann als Einfriedung des Gartens oder verschiedener Gartenbereiche nützlich sein. Die Bambusstäbe sollten hoch und fest genug sein, damit der Blick beim Betrachten der Steine nicht von einer anderen Aussicht abgelenkt werden kann. Im Kies verlegte Trittsteine sind gezielt in solchen Abständen platziert, dass Sie langsamer gehen und Ihre täglichen Sorgen hinter sich zurücklassen.
- Ein typisches Element eines japanischen Gartens ist eine kleine Bambuspfeife, die sich auf einem Bambusstand dreht. Wenn die Pfeife gefüllt wird, neigt sie sich nach vorne und fällt dann mit einem „Klack"-Geräusch auf einen „Klangstein" zurück. Dieses Gerät war ursprünglich als Vogel- und Tierscheuche gedacht, die das Getreide schützen sollte.

UNTEN: *Einfachheit ist das Kennzeichen eines Gartens im japanischen Stil, ebenso wie die Wahrung der Atmosphäre. Wenn alte Bäume oder Felsen in Ihrem Garten stehen, versuchen Sie, sie in Ihr Design zu integrieren. Kies mit Trittsteinen, ein regelmäßig geformter Teich und charakteristische Pflanzen wie Bambus- und Kirschbäume entsprechen der Atmosphäre dieses Gartenstils.*

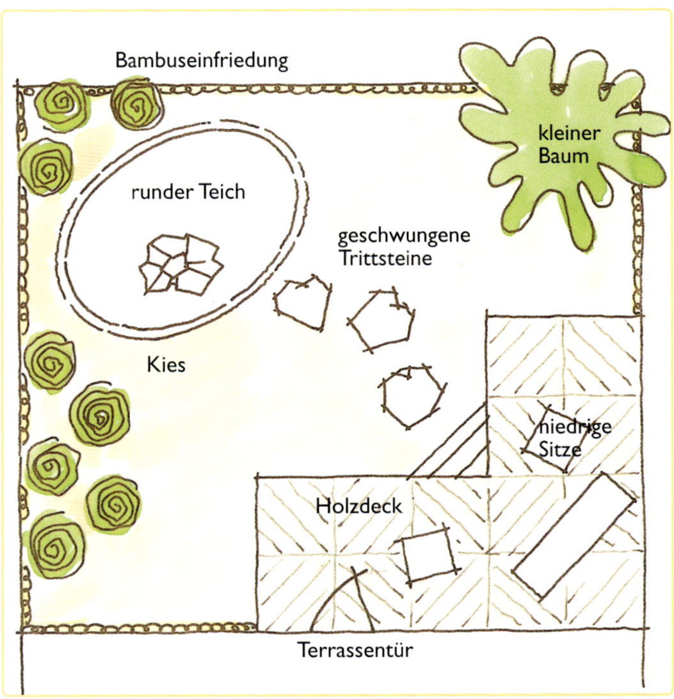

## DER TEEHAUSGARTEN

Es heißt, der Zenmönch Muratushuko (1422 – 1502) habe vermutlich die Teezeremonie erfunden. Er baute ein kleines Teehaus im Zentrum von Kyoto, ausgestattet mit einfachen Utensilien. Dieser Gedanke der Einfachheit und Strenge fasste Fuß. Das Hauptmerkmal des Teehausgartens ist der Weg grober Trittsteine, die den Besucher daran hindern, auf das herrliche Moos zu treten. Steinlaternen beleuchten bei Nacht den Weg, und in einer Steinschale außerhalb des Teehauses kann sich der Besucher geistig und körperlich vor Betreten des Hauses reinigen.

- Das Teehaus selbst sollte einem kleinen, rustikalen Zufluchtsort gleichen; das Design basierte auf dem traditionellen japanischen Bauernhaus. Traditionell gab es keine Fenster in diesem kleinen Haus, da es von innen keinen Blick auf den Garten geben sollte. Es konnte eine Veranda vorhanden sein, von der die Gartenform betrachtet werden konnte.
- Der ganze Garten ist in gedämpften Farben gehalten. Es gibt viel Moos, das häufig bewässert werden muss, damit es feucht und grün bleibt, und das überall auf Wegen und Trittsteinen wächst. Alles sollte völlig natürlich wirken. Wenn ein Teich vorhanden ist, sollte er kurvenreich angelegt sein, mit vorspringenden Halbinseln und tiefen Buchten, deren Ufer häufig mit Steinen belegt sind, so dass Sie von der Teehausveranda einen beeindruckenden Überblick erhalten. Sträucher und Büsche werden in Formen geschnitten, die an Berge erinnnern.

OBEN: *Steine sind ein wesentliches Element japanischer Gärten. Sie werden mit größter Sorgfalt ausgewählt und platziert und durch die Pflanzen sowie andere Objekte im Garten ausgeglichen.*

UNTEN: *Dieser Garten wirkt zwar zwanglos, ist aber sehr regelmäßig angelegt und mit größter Disziplin bepflanzt, so dass alles ausgeglichen ist und sich im Teich widerspiegelt.*

## DER SPAZIERGARTEN

DIES ist im Grunde ein Gartenspaziergang, bei dem Besucher um einen bewusst angelegten Weg geführt werden, damit sie die verschiedenen, sich ändernden Ausblicke und für diesen Zweck angelegten Aussichten genießen können. Künstliche Hügel, Teiche, breite, gewundene Wasserläufe und Wasserfälle mit Inseln, Felsen und kunstvoll beschnittene Bäume oder Sträucher betonen das ländliche Ideal. Es gibt viele und vielfältige Wege und Brücken, und ein Teegarten ist in einem kleinen separaten Bereich innerhalb des Spaziergartens verborgen.

- Brücken können verschiedene Formen annehmen. Die steile Brücke ist gewölbt und meist rot und schwarz lackiert, aber Brücken sind häufig auch einfache Planken, die über einen engen Wasserlauf gelegt werden. Trittsteine können über das Wasser oder durch den Kies oder das Moos verlegt werden. Üblicherweise haben sowohl Pflanzen als auch Steine eine gerundete Brötchenformen, und vertikale Elemente werden durch die Bäume realisiert. Die Teiche sind voll goldener Karpfen.
- Das Tor zum Spaziergarten ist eine pergolaähnliche Struktur mit Dach. Der gesamte Garten ist mit erzogenen und in Form geschnittenen Nadelgehölzen und Miniaturnadelbäumen bepflanzt. In den Teichen können viele große Steine liegen, und Gras wächst bis dicht an die Ufer. Diese Art eines Spaziergartens kann durch Bambusschirme eingefasst werden, oder sie kann allmählich mit dem natürlichen Wald verschmelzen. Beschnittene Wege und interessant geformte Felssteine können vor einer weiß getünchten Wand sehr vorteilhaft aussehen.

UNTEN: *Dieser Kiesgarten stellt den Ozean dar, in dem grüne Inseln treiben. Derart disziplinierte geharkte Muster sind wie eine tiefer liegende Terrasse zur Betrachtung von einem höher gelegenen Fenster mit Blick auf den Garten geschaffen.*

## DER TROCKENE GARTEN

EIN landschaftlich angelegter Trockengarten kann einen Teich oder den Ozean darstellen und wird häufig in wellenförmige Muster geharkt. Ein solcher Garten kann sehr elegant wirken, wenn er im Frühjahr von Kirschblüten überdacht wird. Diese Art von Garten kann für einen kleinen Vorgarten zu empfehlen sein, der so sehr von Bäumen überschattet wird, dass kaum etwas wächst. Wenn der Garten zudem mehr zum Betrachten als zur tatsächlichen Nutzung verwendet wird, bleibt der Kies unberührt und sieht länger hübsch aus. In den Kies können größere Steine gesetzt werden und vielleicht eine Latschenkiefer wie *Pinus mugo* ‚Mops' oder eine Zierkirsche.

### GEEIGNETE PFLANZEN FÜR EINEN GARTEN IM JAPANISCHEN STIL

DIE Auswahl an Bäumen und Blumen ist relativ begrenzt. Wenn Sie Pflanzen setzen, nutzen Sie die verschiedenen Jahreszeiten optimal. Kiefern, Kirschen und Pflaumenbäume nehmen eine besonders prominente Position ein. Bambus ist aufgrund seiner natürlichen Wirkung und architektonischen Bedeutung sehr zu empfehlen. *Prunus × yedoensis* ‚Shidare Yoshino' ist eine hängende Zierkirsche mit rosafarbenen Knospen, die sich zu rein weißen Blüten in kurzen Trauben öffnen. In 10 Jahren wird die Kirsche 4 m hoch. Der japanische Ahorn *Acer palmatum* ‚Dissectum' bildet einen Hügel mit bogig überhängenden Trieben. Die fein geschnittenen Blätter verfärben sich im Herbst golden. Dieser Ahorn wird 1,8 m × 3 m groß.

# EXOTISCHE GÄRTEN

**Der exotische Effekt kann einfach durch fremde Elemente erzeugt werden. Im 19. Jahrhundert, insbesondere im viktorianischen England, war man von ausländischen Ideen fasziniert, und die Gärten aus dieser Zeit waren durch viele verschiedene Länder inspiriert. Der im 19. Jahrhundert in Biddulph Grange im englischen Staffordshire angelegte Garten – der mittlerweile der britischen Denkmalschutzorganisation National Trust gehört und in seiner ursprünglichen Pracht wiederhergestellt wurde – war in verschiedene Bereiche aufgeteilt, die die Stilrichtungen verschiedener Länder widerspiegelten. So gab es einen chinesischen Garten, einen ägyptischen Garten mit Sphinxen und einen japanischen Garten.**

## TROPISCH WIRKENDE PFLANZEN UND GEWÄCHSHÄUSER

Die Zeitgenossen Königin Viktorias liebten auch tropisch wirkende Pflanzen in ihren Sommerrabatten. Diese Pflanzen mussten im Winter dann in Gewächshäuser gebracht werden. Wirklich tropische Pflanzen überleben das gemäßigte Klima nicht im Freien. Zuchtfortschritte in den letzten Jahren haben jedoch eine Reihe von tropisch wirkenden Pflanzen hervorgebracht, die selbst im Winter ein gemäßigtes Klima überstehen. Dadurch steigt die Auswahl von Pflanzen für einen exotischen, dschungelartigen Garten enorm an, vor allem in milderen Gegenden oder in Städten, wo die Temperatur stets um einige Grade höher ist als auf dem umliegenden Land.

❀ Auch Gewächshäuser oder Wintergärten erweitern das Spektrum von Möglichkeiten. Selbst das kleinste Gewächshaus kann die Möglichkeit zur Schaffung wahrhaft leuchtender Effekte bieten, mit Kletterpflanzen, Ampeln und von Ästen hängenden epiphytischen Pflanzen (die auf anderen Pflanzen wachsen) sowie mit Orchideen und Ananasgewächsen.

OBEN: *Die elegante Yucca (Palmlilie) überrascht im Sommer stets mit ihrer hohen Ähre weißer Glocken. Sie kann als architektonisches Element eingesetzt werden und bringt Höhe in eine Rabatte oder kann auch für sich allein platziert werden.*

LINKS: *Bananen und Canna-Lilien sind wahrhafte Exoten, und auch die Akazie dahinter wirkt exotisch. In milden Klimabereichen wachsen sie an geschützten Standorten, allerdings werden Sie wohl keine Bananen ernten können.*

### Anlegen eines winterharten Dschungels

❀ Ein Dschungel ist überladen mit üppigem Blattwerk. Viele große Blätter in unterschiedlichen Formen wachsen in verschiedenen Höhen und schaffen grüne Vorhänge, die überlappen und miteinander verwoben zu sein scheinen. Sie erzielen diesen Effekt im Garten, wenn Sie kräftige Kletterpflanzen und großblättrige winterharte Pflanzen

OBEN: *Ein üppiger exotischer Wassergarten mit einem kleinen Steg über den Wasserlauf schafft ein wahrhaft tropisches Ambiente.*

kultivieren. Viele Pflanzen im Dschungel werden sehr groß, sie wachsen an den Bäumen hoch zum Licht hin. Sie können die Höhe des Blätterdachs im Dschungel durch hohe Gerüstschirme imitieren. Achten Sie aber darauf, dass das Gerüst robust und sicher befestigt ist, da viele Pflanzen in der Blüte sehr schwer werden und stark gestützt werden müssen.

❀ Für einen sonnigen Standort eignet sich der winterharte goldene Hopfen (*Humulus lupulus* ‚Aureus'). Jede kräftige und großblättrige Kletterpflanze verstärkt den Effekt. Die karmesinrote Jungfernrebe (*Vitis coignetiae*) wächst schließlich auf 24 m, und Wilder Wein wird 15 m lang. Die Blätter beider Pflanzen färben sich im Herbst leuchtend rot. Die immergrüne *Clematis armandii* (Armands-Clematis) ist eine weitere kräftige Kletterpflanze mit vielen glänzenden Blättern, deren Massen weißer Blüten Ihren Schirm im Frühjahr wie einen Schneesturm wirken lassen werden. Für einen schattigen Standort ist *Hydrangea petiolaris* (Kletter-Hortensie) als kräftige und winterharte Kletterpflanze geeignet. Die hübschen weißen Blüten sehen schirmartig aus. An einer Wand kann diese Pflanze 3,5 m und an einem Baum 5 m hoch wachsen.

❀ Als niedrigere Pflanzen sind die Zimmeraralie (*Fatsia japonica*) mit ihren großen, palmförmigen Blättern sowie Flachs- oder Yuccapflanzen zu empfehlen. *Yucca glauca* besitzt eine Unmenge gerader und dünner graublauer Blätter mit einer Ausdehnung von 1,5 m. Pflanzen Sie sie dicht zusammen in Gruppen. Die *Yucca* ‚Vittorio Emmanuel II' ist eine der größten und besten Palmlilien und wird bis zu 1,8 m groß.

RECHTS: *Diesem kleinen und geschützten Garten verleihen einige architektonische und halbtropische Pflanzen eine exotische Qualität mittels skulpturähnlicher Formen und leuchtender Farben. Hohe Gerüste liefern kräftigen Kletterpflanzen wie Wildem Wein einen Halt und erzeugen ein dschungelähnliches, umschlossenes Gefühl. Palmen, Yuccas und großblättrige Sträucher verstärken das Dschungelgefühl, und ein lebhafter Springbrunnen glitzert herrlich.*

❀ Für einen feuchten Standort sollten Sie *Gunnera magellanica* (Mammutblatt), *Zantedeschia aethiopica* (Zimmerkalla) und *Rodgersia aesculifolia* (Schaublatt) wählen. Bambus lässt sich problemlos züchten und kann den exotischen Eindruck des Gartens noch verstärken. Wählen Sie Bambussorten, die sich nicht ausbreiten, oder wählen Sie einen Standort, wo Sie wirklich einen Dschungel anlegen möchten, oder lassen Sie Bambus im Kübel. *Phyllostachys aurea* (Gold-Bambus) wächst zivilisierter und wird bis zu 4,5 m hoch.

### Ein sanfter Dschungel

❀ Viele tropisch aussehende Pflanzen, die häufig aus Mittelmeerregionen stammen, lassen sich zwar nicht einfach vermehren, wachsen aber problemlos. Einige bevorzugen einen hellen Standort, andere gedeihen am besten in teilweisem Schatten. Die winterhärteren Eukalyptussorten und die Steineiche (*Quercus ilex*) sind dicht genug, um die Wärme zu halten, und licht genug, um Licht durchzulassen, vor allem wenn Sie die unteren Äste abschneiden. *Eucalyptus aggregata*, *E. perriniana* und *E. parvifolia* sind ebenfalls gute baldachinartige Bäume.

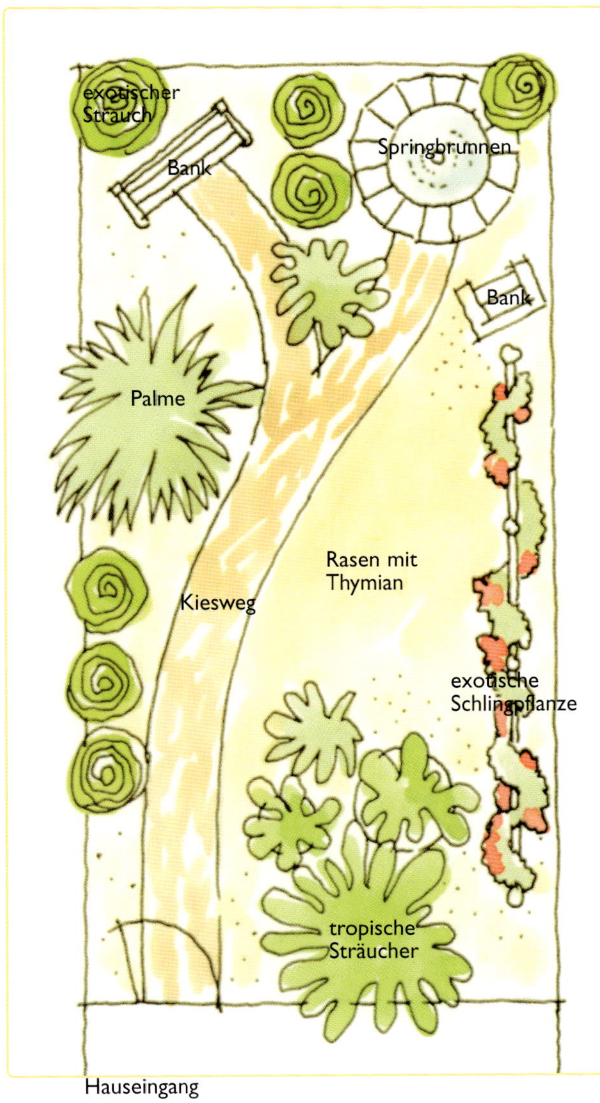

LINKS: *Diese Pflanze ist für einen wüstenähnlichen Garten, einen Steingarten, ein erhöhtes Beet an einer Wand oder als Kübelpflanze geeignet. Am besten gedeiht sie in nährstoffarmem, stark entwässertem Boden in voller Sonne. Wenn die Temperatur unter 2 °C fällt, sollten Sie sie aber lieber in einem Gewächshaus ziehen.*

## Beinahe winterharte Pflanzen mit exotischem Effekt

- Einige kleine immergrüne Bäume können für sich sehr exotisch wirken. Dazu zählen die Silber-Akazie (*Acacia dealbata*) mit ihren hübschen, farnartigen Blättern und ihrer Fülle kleiner kugeliger gelber Blüten im Frühjahr. *Acacia* ‚pravissima' ist eine kleine hängende Akazie mit dreieckigen Blättern, die sich für einen kleinen Garten eignet.
- Die aus Chile stammende Schuppentanne (*Auracaria araucana*) ist sehr exotisch. Sie ist die einzige Sorte dieser Familie, die in gemäßigten Klimazonen im Freien überwintern kann. Im 19. Jahrhundert war dieser Baum in Vorgärten sehr in Mode. Setzen Sie diese Tanne in einen Hain oder als Solitärgehölz nahe genug zum Haus, damit ihre faszinierenden Blüten und Früchte aus dem ersten Stock bewundert werden können. Der Hybrid-Erdbeerbaum (*Arbutus* × *arachnoides*) mit seiner attraktiven roten Rinde ist immergrün, wächst schnell und blüht im Winter.
- Bananen sind eigentlich Staudengewächse, aber sie sind hoch genug, um im exotischen Garten als Baumart durchzugehen. Sie wirken hübsch am Rand eines Teichs, in dessen Wasser sie sich spiegeln. Die winterharte Banane (*Musa basjoo*) besitzt riesige fransige Blätter, die sehr vielseitig sind: Sie können damit Geschenke einpacken, sie als Picknickteller verwenden oder auch als Regenschirm! Andere Bananensorten wie die essbaren müssen im Gewächshaus kultiviert werden.
- Die beiden winterharten Palmen sind *Trachycarpus fortunei* (Hanfpalme), die bis zu 7 m groß wird, und die Zwergpalme (*Chamaerops humilis*) mit ihren breiten grünen Fächern auf dornigen Stämmen. Sie wird bis zu 4 m groß. Sie ist die einzige in Europa heimische Palme, und sie übersteht Wind besser als *T. fortunei*. Baumfarne sind sowohl imposant als auch federhaft – eine zugleich überraschende und attraktive Kombination. *Dicksonia antarctica* (Australischer Baumfarn) besitzt 2 m lange Farnwedel. Sie müssen den Stamm im Sommer bewässern oder besprühen und im Winter einwickeln, aber die Mühe lohnt sich, sofern Sie einen geschützten Standort besitzen, an dem diese Pflanzen gut zur Geltung kommen.
- Der aus dem südlichen Afrika stammende *Melianthus major* (Honigstrauch) ist eine beeindruckende Pflanze mit gezackten graugrünen Blättern. Sie ist eigentlich ein Strauch, Sie sollten sie aber möglichst wie eine Staude behandeln. Wenn Sie sie im Winter schützen, überlebt sie in vielen Gegenden an einem warmen Standort. All diese exotischen

RECHTS: *Hedychium densiflorum* (Ingwergewächs) *ist eine Gruppen bildende mehrjährige Pflanze, die im Spätsommer rohrförmige orangefarbene Blüten voller Duft entwickelt und bis zu 5 m groß wird. Diese Pflanze braucht feuchten Boden und muss windgeschützt stehen. Mit einer hohen Mulchschicht kann sie den Winter im Freien überstehen.*

OBEN: *Die Kardone (*Cynara cardunculus*) ist eine imposante, statuenhafte Pflanze, die in fruchtbaren, gut entwässerten Boden gepflanzt werden sollte. Wählen Sie einen geschützten Standort mit voller Sonne.*

Pflanzen verleihen dem Garten eine architektonische Dimension. Sie können in Verbindung mit winterhärteren großblättrigen Pflanzen (z. B. Schaublatt (*Rodgersia*), Greiskraut (*Ligularia*) und Astilben) kultiviert werden oder aber einem Beet mit Bodendeckern wie Fetthenne (*Sedum*) und Knöterich (*Polygonum*) mehr Höhe verleihen.

## Exotische Pflanzen für Kübel und Gewächshäuser

- Diese Pflanzen können während des Sommers im Garten stehen, müssen aber im Winter in einem Gewächshaus oder Wintergarten geschützt werden.
- Canna sind sowohl von ihrer Form als auch ihrer Blüte her Exoten. Die *Canna indica* mit ihren bananenähnlichen Blättern wird bis zu rund 1,5 m groß und blüht im Sommer leuchtend rot und gelb. *C. indiflora* ist größer und für Sommerbeete oder Kübel geeignet. Sie besitzt auffällige rosafarbene Blüten und wird bis zu 3 m groß. *C.* ‚Purpurea' ist eine Version mit purpurfarbenen Blättern und orangefarbenen Blüten. Canna sollten nach Möglichkeit im Herbst ausgegraben und über den Winter unter einer Bank aufbewahrt werden, bevor Sie sie im nächsten Frühjahr wieder einpflanzen.
- Agaven sind sukkulente mehrjährige Pflanzen, die wegen ihrer großen, fleischigen und schwertförmigen Blätter kultiviert werden. Die *Agave americana* besitzt graugrüne Blätter mit wellenförmigen Rändern und kurzen Stacheln. Pflanzen Sie sie in einen Kübel, um sie im Winter ins Haus zu bringen und vor Frost schützen zu können.

## Exoten am Swimmingpool

- Überraschenderweise wurden bislang wenig Versuche unternommen, Swimmingpools in ihre Umgebung zu integrieren. Und dabei kann man sich das städtische Schwimmbadambiente sparen, wenn man ein eigenes im Garten besitzt. Hecken, Mauern oder Spaliere können einen geschlossenen, privaten Raum schaffen, den Sie so exotisch gestalten können, wie Sie möchten.
- Der Swimmingpool könnte in eine große Terrasse integriert werden, auf der große Kübel mit Zitruspflanzen oder tropisch wirkenden Pflanzen stehen, die sich im Wasser spiegeln.
- Der Pool kann jede gewünschte Form haben. Er könnte lang und schmal sein, in Erinnerung an die maurischen Gärten in Spanien. Hochstämmige Buchsbäume mit beschnittenem Bubikopf können entlang dem Becken wie Wachposten positioniert werden. Eine maurisch anmutende Umkleide mit gerundeten Bögen im Vordach könnte an einem Ende des Pools stehen. Oder legen Sie einen barocken Pool an mit Schnörkelverzierungen, Statuen und weiteren zugeschnittenen Pflanzen.

# KÜCHENGÄRTEN

**Ein besonderer Vorteil des eigenen Gemüsegartens besteht darin, dass man frische Produkte ernten und sie sogleich zubereiten und verzehren kann. Häufig wird angenommen, dass man für Gemüse mindestens so viel Platz wie im Schrebergarten haben muss. Das ist jedoch nicht richtig. Auf einem winzigen Flecken kann man in jedem kleinen Garten Salatgemüse aussäen, und Pflanzsäcke auf einer sonnigen Terrasse liefern Ihnen eine gute Ernte Ihrer eigenen Tomaten oder Bohnen.**

## HÜBSCHES GEMÜSE

SORGFÄLTIG ausgewählte und mit Fantasie kultivierte Gemüsesorten können für sich selbst einen ästhetisch überraschend ansprechenden Lustgarten schaffen. Wer einmal die prächtigen und dekorativen Gemüseterrassen am Château von Villandry (im französischen Loiretal) gesehen hat, weiß, dass Gemüse so farbenfroh und optisch attraktiv aussehen kann wie Blumen. Es besteht also kein Grund, warum Sie Ihr Gemüse an einen versteckten Platz im Garten verbannen sollten. Die riesige untere Terrasse der imposanten Gartenanlage in Villandry ist mit Reihen von vielen sehr unterschiedlichen Gemüsesorten in leuchtenden Farben bepflanzt, die von beschnittenen Hecken umrahmt werden.

❀ Zum Glück müssen Sie aber kein großes Schloss besitzen, um die faszinierenden Formen und Farben von Gemüse in Ihrem eigenen Garten nutzen zu können.

UNTEN: *Ein elegantes, selbstgebautes „Wigwam" stützt in diesem von Buchsbaum umfassten Küchengarten Wicken und grüne Bohnen. Der gesamte Küchengarten soll genauso dekorativ wie praktisch sein.*

## DER STANDORT

GEMÜSE sollten nicht in Vollschatten gesetzt werden. Wählen Sie daher möglichst einen hellen Standort. Gleichzeitig müssen die Pflanzen aber vor allem vor Wind geschützt werden, daher sind eine Hecke oder ein Flechtzaun, die den Wind ausfiltern, ideal. Sofern der Bereich nicht zu viel Schatten bekommt, sind Gewächshaus- oder Schuppennähe besonders zu empfehlen. Berücksichtigen Sie auch Platz für einen Komposthaufen.

❀ Bei dieser Anlage liegen die Nutzbereiche des Gartens zusammen. So verleihen Sie einer sonst vielleicht über den Garten verstreut wirkenden Gruppe von Baustrukturen und Arbeitsbereichen das Gefühl einer Einheit. Der Gemüsegarten selbst muss nicht zu diesem Bereich gehören. Er kann davon durch einen Zaun oder eine Hecke getrennt werden, es ist jedoch praktisch, wenn sich der Arbeitsbereich

UNTEN: *Bei diesen sehr hübschen Gemüsereihen wurde neben dem Geschmack auch bewusst auf Farbe und Form geachtet. Hier stehen unter anderem Porree und die Rosenkohlsorten ‚Rubine' und ‚Icarus'.*

LINKS: *In diesem wohlgeordneten Bereich schaffen quadratische Holzkübel und Spaliere einen farbenfrohen und ertragreichen Küchengarten, in dem Gemüse wie Saubohnen mit roten Kletterrosen gemischt werden.*

ganz in der Nähe befindet und über einen festen Weg, der die beiden Bereiche verbindet, zu erreichen ist.

## KÜCHENGÄRTEN

Ein solcher Garten ähnelt einem „Cottage"-Garten, in dem statt Blumen Gemüse gezogen werden. Er ist ein dekorativer Gemüsegarten, den Sie je nach Vorliebe mehr oder weniger regelmäßig anlegen können. Wenn Sie eine fast terrassenförmige Anlage mögen, können Sie die Gemüsesorten in jeweils durch niedrige Hecken oder Ziegel- oder Kieswege voneinander getrennte Bereiche setzen. So erhalten Sie eine größere und mit einer größeren Pflanzenvielfalt versehene Version des regelmäßigen Kräutergartens.

### Der regelmäßig angelegte Küchengarten

❀ Streng geordnete Gemüsereihen können attraktiv sein, sofern sie gut gepflegt werden. Gemüse muss aber nicht so kultiviert werden. Erhöhte Beete, von Ziegelwegen umgeben, wirken ebenfalls sehr hübsch. Die Beete können quadratisch oder rechteckig sein und mit jeweils ein oder zwei Sorten bepflanzt werden, damit das Gesamtbild geordnet wirkt. Zwergtomaten können neben Zwergbohnen stehen; Lauch neben Zierkohl. In der Beetmitte platzierte Artischocken verleihen Höhe und Struktur; Erdbeeren bilden eine hübsche Einfassung für einige Beete.

❀ Ein Gemüsebeet kann auch rund angeordnet werden und durch strahlenförmig verlaufende Wege unterteilt werden. Das Muster wird durch Steineinfassungen hervorgehoben. Kreisförmige Beete wirken stets elegant. Die Konturen können ein wertvoller Blickpunkt werden, der in keiner Weise mit einem ansonsten rein dekorativen Garten konkurriert.

❀ In Reihen gepflanztes Gemüse innerhalb dieser Unterteilungen verleiht dem Design ein hübsches Farbmuster. Wenn Sie ausreichend Platz haben, können Sie quadratische oder kompliziertere geometrische Formen anlegen. Gerade Beete können mit speziellen Randfliesen eingefasst werden, oder verwenden Sie Holzleisten.

UNTEN: *Ein Gemüsegarten kann überaus dekorativ sein. Dieser hier wurde wie ein regelmäßiger Kräutergarten angelegt. Die vier quadratischen Beete sind relativ klein und daher für alle Gartenarbeiten gut zugänglich. Den Mittelpunkt des Gartens bildet ein dekorativer Lorbeerbaum. Das Gewächshaus und der Komposthaufen befinden sich in praktischer Nähe.*

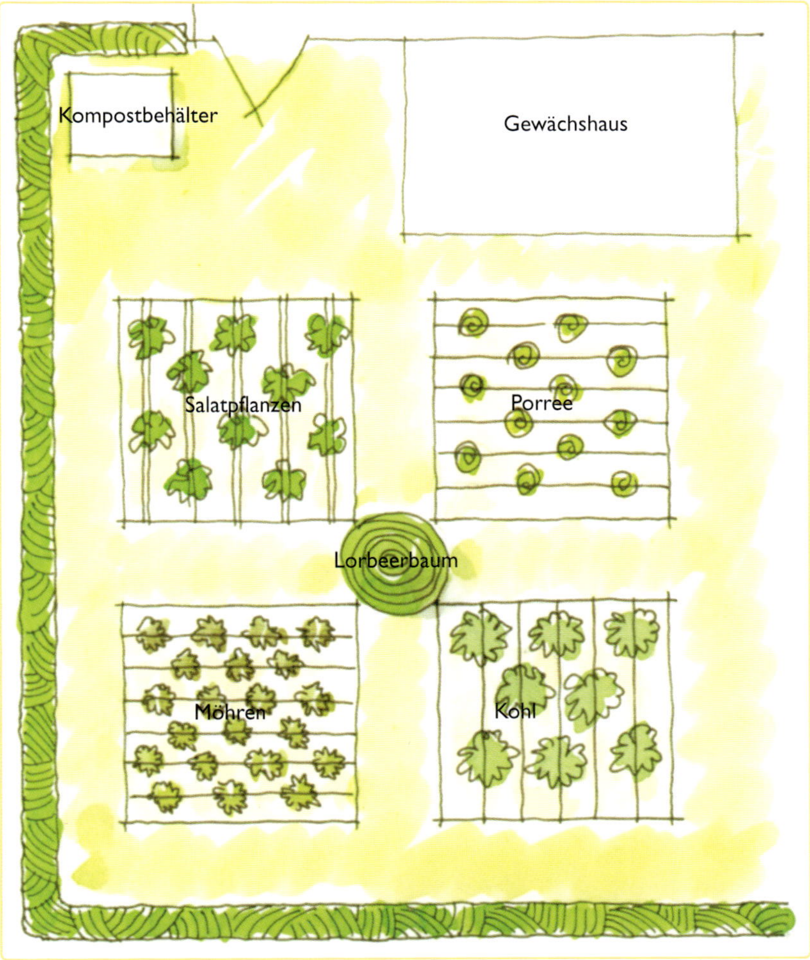

OBEN: *Einige der einfachsten Gemüsesorten können ganz bezaubernd aussehen, wenn sie an einem Standort gezogen werden, an dem die Sonne auf die jungen Blätter scheinen kann. Dieser Mangold ‚Rainbow' ist in Grün- bis hin zu Rot- und Bronzetönen erhältlich.*

## Der Küchengarten ohne Symmetrie

- In einem kleinen Garten oder wenn Sie Ihr Gemüsebeet in einem ungewöhnlichen Teil des Gartens anlegen möchten, ist ein Gemüsebeet ohne Symmetrie vermutlich die vernünftigste Lösung. Hier können die Pflanzen natürlicher wachsen als in einem symmetrisch angelegten Beet.
- Sie brauchen einen starken Rahmen. Auch wenn das üppige Wachstum die Kanten im Sommer verdeckt, werden Sie im Winter wollen, dass die Form wiederzuerkennen ist. Sie können den Bereich durch einen Flechtzaun abgrenzen, der auch zum Design passt. Oder erziehen Sie Apfel- oder Birnenbäume an Spalieren. Die Zweige sehen sowohl mit Blättern als auch im Winter kahl sehr ansprechend aus.
- Verleihen Sie den Beeten mit hochstämmigen Weichobststräuchern etwas Höhe. Stachelbeeren sowie schwarze und rote Johannisbeeren sind hierfür geeignet, da sie sich so leichter pflegen und ernten lassen. Zudem verleihen sie dem Bereich Form. Andere Gemüsesorten können nach Wunsch mehr oder weniger organisiert gepflanzt werden.
- Zierkohl, hohe und runde Salatsorten in so vielen Farbtönen wie Sie finden können, Mangold, Lauch und Zwergzuckererbsen können zwischen Kräutern und Hochstamm- oder Strauchrosen gepflanzt werden, die das Gesamtbild weiter verschönern. Rhabarber ist für sich allein schon sehr beeindruckend. Eine einzelne Rhabarberpflanze kann eine Familie während der gesamten Erntezeit mit Rhabarberkuchen versorgen; die prachtvollen Blätter und hübschen pinkfarbenen Stängel machen einen guten Eindruck und bilden einen wirkungsvollen Kontrast zu anderen Pflanzen.

## Der Küchengarten im Souterrain

- Kellerwohnungen sind meist nur mit einer winzigen Terrasse ausgestattet, von der Stufen zu einem in Augenhöhe oder noch höher liegenden Garten führen. Meist wird nur die Terrasse genutzt, da die steilen und schmalen Stufen zum Garten nicht einladend wirken. Eine solche Anlage ist gut als Gemüsegarten geeignet. Wenn Sie die Terrasse vergrößern und so den Garten etwas weiter zurück verlegen können und wenn Sie die Stufen breiter und weniger hoch anlegen, verlieren Sie zwar etwas Wachstumsfläche, das Grundstück wirkt aber offener und geräumiger.
- Sie können die Terrasse mit großen blühenden Sträuchern aufhellen, die Sie in Kübel pflanzen. Stellen Sie einen Tisch und Stühle auf die Terrasse und konzentrieren Sie Ihren grünen Daumen auf den oberen Gartenbereich. Zierkohl mit seinen runden und leuchtenden Formen, den federhaften,

LINKS: *Zierkohl ist überraschend dekorativ. Er kann als Teil einer ansprechenden Mischung zusammen mit anderen Gemüsesorten gepflanzt werden, wirkt allein und in Reihen gepflanzt aber meist am besten, wie hier diese rosa- und türkisfarbene Sorte ‚Benihato'.*

LINKS: *Gemüse kann sehr wohl in eine Blumenrabatte passen. Dies empfiehlt sich besonders, wenn Sie Gemüse in einem kleinen Garten kultivieren möchten, aber kein Platz für einen separaten Küchengarten vorhanden ist.*

blassgrünen Blättern von Möhren, Schnittlauch mit seinen bläulichgrünen spitzen Blättern, der hohe bandförmige Lauch und die weichen, runden Spinatblätter schaffen auf der unteren Terrasse kontrastreiche Muster.

❀ Hohe, imposante Gemüsesorten wie die Kardone können ganz hinten stehen. Mit sorgfältiger Planung und einigen sommerblühenden Stauden und Sträuchern können Sie einen angenehmen Raum zum Entspannen erzeugen, vor allem wenn die Sonne auf den Garten und nicht auf die Terrasse scheint.

## GEMÜSE IN GEMISCHTEN PFLANZUNGEN

GEMÜSE kann neben Kräutern, Stauden und Sträuchern auch in einer gemischten Rabatte stehen. Mit einer weniger reglementierten Haltung gegenüber dem Gemüseanbau können Sie neben dem Gemüse durchaus Pflanzen in das Beet setzen, die Farbe bringen und Lücken füllen. Zudem bildet eine solche Rabatte auch den Vorteil, dass durch die größere Pflanzenvielfalt eine konzentrierte Ausbreitung von Schädlingen und Krankheiten, die bestimmte Pflanzen anziehen, verhindert wird. Studentenblumen (*Tagetes*) und Ringelblumen (*Calendula*) ziehen nützliche Insekten an und halten schädliche fern. Es ist also eine gute Entscheidung, wenn Sie Gemüse in einer gemischten Rabatte direkt neben diesen Blumen pflanzen.

RECHTS: *Diese hübsche Ecke in einem Blumenbeet zeigt eine interessante Mischung aus Gemüse und Blumen. Rotes und weißes Springkraut umringt hier einen hohen Salat, der aus der Mitte herausragt.*

❀ Rubinroter Mangold ist ein grobes, spinatähnliches Gemüse mit Blättern in tiefem Purpur und eindrucksvollen Stängeln und Adern. In die vorderste Reihe einer Staudenrabatte gepflanzt sieht Mangold einfach spektakulär aus. Zierkohl bleibt auch im Winter imposant mit seinen leuchtend purpurfarbenen und blaugrünen Blättern, mitunter mit cremefarbenen Markierungen versehen, sowie mit seinen festen, gerundeten und symmetrischen Formen. Im Winter wirkt Zierkohl am besten und kann während der kalten Jahreszeit eine ruhende Rabatte aufhellen.

### Gemüse und Obst auf der Terrasse

❀ Äpfel auf verkürzten Wurzelstöcken, Tomaten, grüne Bohnen – ja der gesamte Küchengarten *en miniature* – kann in Kübeln auf einer Terrasse kultiviert werden. Die Farben, die verschiedenen Blattformen und das eigentliche Obst und Gemüse können sich als eine ansprechende Kombination erweisen. In spezielle Gefäße mit seitlichen Löchern gesetzte Erdbeeren wirken besonders hübsch. Ein praktischer Vorteil von Terrassenanbau ist, dass Sie einfach nach draußen schlüpfen und nach Bedarf ein paar Früchte oder etwas Gemüse ernten können. Achten Sie darauf, dass Sie die Pflanzen regelmäßig düngen und bewässern, sonst sind Sie am Ende vom Ertrag enttäuscht.

# GEMÜSEGÄRTEN

**Mit das Lohnendste und Befriedigendste bei der Gartenarbeit ist zweifellos das Ziehen von eigenem Gemüse. Verwöhnen Sie sich mit frisch gepflückten Tomaten aus dem eigenen Garten, noch warm von der Sonne, die sie reifen ließ. Im Laden gekauftes Gemüse ist durch die beschleunigte Anzucht und die intensiven Anbaumethoden sehr laff im Geschmack; es wurde möglicherweise mit Pestiziden und Düngemitteln behandelt, auf die Sie lieber verzichten möchten. Bei Ihren eigenen Erträgen wissen Sie hingegen ganz genau, wie Sie Ihr Gemüse angebaut haben.**

## DER EIGENE GARTEN IST AM BESTEN

WENN Sie Ihr eigenes Gemüse anbauen, können Sie Varietäten wählen, die nicht allgemein im Handel erhältlich sind, da Sie am kulinarischen Wert dieser Produkte interessiert sind und nicht an ihrem Gewinnpotenzial. Bei Ihren eigenen Erzeugnissen gewährleisten Sie auch einen optimalen Vitamingehalt und Geschmack, da Sie das Gemüse sofort nach dem Ernten zubereiten und verspeisen können, während die Vitamine bei gekauftem Gemüse während der Zeit im Regal langsam abgebaut wurden.

❀ Der Anbau des eigenen Gemüses kann wirtschaftlich vorteilhaft sein, für die meisten Gärtner ist es jedoch die einzigartige Befriedigung, Nahrung vom Samenkorn bis zur fertigen Speise selbst erzeugt zu haben, die sie zum Anlegen eines Gemüsegartens motiviert.

OBEN: *Die Mischung von Nutz- und Zierpflanzen wird eine immer beliebtere Option, vor allem auf begrenztem Raum.*

OBEN: *Ein ordentlicher Gemüsegarten erfordert viel Arbeit, lohnt aber die Mühe.*

## DIE WAHL DES GEEIGNETEN GEMÜSEGARTENS

WIE Sie Ihren Gemüsegarten genau anlegen, hängt davon ab, wie groß Ihr Grundstück ist und wie viel Zeit und Energie Sie auf Ihr Gemüse verwenden möchten. Sie müssen zudem entscheiden, ob Sie wenige ausgewählte Arten anbauen möchten, die im Laden sehr teuer sind und im Eigenanbau einfach viel besser schmecken, oder ob Sie genug Gemüse anbauen möchten, um Ihre Familie das ganze Jahr über zu versorgen.

❀ Ein gut organisierter Gemüsegarten von ca. 7 m × 4 m dürfte ausreichen. Lassen Sie sich nicht entmutigen, wenn Sie viel weniger Platz haben. Sie können auch auf sehr begrenztem Raum recht viel Gemüse ernten, und das Ziehen von Gemüse in Gefäßen ist in den letzten Jahren immer beliebter geworden.

## GEMÜSEARTEN

**Hülsenfrüchte:**

Okra
Scharlachbohne
Limabohne
Gartenbohne
Erbsen
Saubohne

**Laucharten:**

Knollenzwiebel
Perlzwiebel
Frühlingszwiebel
Schalotte
Winterzwiebel
Orientalische Röhrenzwiebel
Lauch
Knoblauch

**Nachtschattengewächse, Wurzel- und Knollengemüse:**

Paprika
Tomate
Aubergine
Stangensellerie
Knollensellerie
Rote Bete
Möhre
Süßkartoffel
Pastinake
Schwarzwurzel
Roter Bocksbart
Kartoffel

**Kohl:**

Grünkohl
Blumenkohl
Kohlsorten
Rosenkohl
Purpurfarbener Sprossenbrokkoli
Sprossenbrokkoli
Orientalischer Senf
Chinesischer Brokkoli
Pak choi
Mizuna-Gemüse
Chinakohl
Kohlrabi
Weiße Rübe
Steckrübe
Rettich

## DER TRADITIONELLE GEMÜSEGARTEN

Begeisterte Gartenbesitzer legen gerne einen separaten Garten nur für Gemüse an. Der gesamte Bereich kann zur Anzucht verwendet werden, und das Beet soll in erster Linie dem Gemüse optimale Wachstumsbedingungen bieten. Dekorative Gesichtspunkte spielen weitgehend keine Rolle. Dennoch ist ein gut gepflegter Gemüsegarten optisch sehr ansprechend. Er besitzt eine natürliche Geometrie, da das Gemüse aus praktischen Gründen in Reihen angebaut wird (damit Sie sich bequem dazwischen bewegen können).

- Ein Gemüsegarten sollte nicht aus einer Laune heraus angelegt werden, denn er erfordert viel Pflege. Er muss jeden Herbst umgegraben werden, Sie müssen regelmäßig Unkraut jäten, und das Gemüse will gut gepflegt und vor unersättlichen Schädlingen und der Witterung geschützt sein.
- Zudem geht beträchtliche Arbeit in die wirksame Planung des Gemüsegartens, denn schließlich möchten Sie ja den vorhandenen Raum optimal nutzen, Überfüllung vermeiden und durch einen sorgfältigen Fruchtwechsel Schädlinge und Krankheiten in Schach halten. Der gleichzeitige Anbau von zwei verschiedenen Gemüsearten in einem Beet spart im traditionellen Gemüsegarten Platz, muss aber durchdacht werden. Sie können beispielsweise schnell reifende Produkte wie Salat zwischen langsam reifendem Gemüse wie Möhren anbauen. Das schnell reifende Gemüse ist bereits herangewachsen und abgeerntet, bevor das andere Gemüse den Platz benötigt.

### Fruchtwechsel

- Gemüse sollte nicht Jahr für Jahr an der gleichen Stelle angebaut werden. Im Boden lebende Schädlinge und Krankheiten, die bestimmte Gemüsearten befallen, würden sich beständig vermehren, wenn sie Jahr für Jahr ihren liebsten Wirt vorfinden würden. Der fortlaufende Anbau des gleichen Gemüses an der gleichen Stelle kann auch die Nährstoffe im Boden ungleichmäßig aufbrauchen.
- Der Fruchtwechsel kann so erschreckend komplex erscheinen, dass ihn einige Gärtner ganz aufgeben. Für einen Anfänger im Gemüsegarten ist es besser, nach einem einfachen Dreijahresplan vorzugehen – und Gemüse in drei Arten zu unterteilen: Wurzel-, Kohlgemüse und anderes Gemüse. Lassen Sie lieber die Hände von einem komplizierten Plan, den Sie langfristig vielleicht nicht umsetzen können.
- Eine sehr einfache Regel lautet: Wenn eine Gemüseart in einem Jahr besonders schlecht wächst, sollten Sie an dieser Stelle im nächsten Jahr auf keinen Fall ein Gemüse der gleichen Gruppe anbauen, es sei denn, Sie sind bereit, das Risiko eines ähnlich schlechten Ergebnisses einzugehen.

OBEN: *Erhöhte Beete erleichtern dem Gemüsegärtner die Arbeit, und sie sehen hübsch und sauber aus.*

## GEMÜSE IN GEFÄSSEN

DER Anbau von Gemüse in Gefäßen hat sich aus dem überall anzutreffenden Pflanzsack für Tomaten entwickelt, der für viele Gartenbesitzer der erste Schritt zu ehrgeizigeren Gemüseprojekten ist. Selbst Gärtner, die nur sehr wenig Platz für Gemüse haben, können Erntegemüse anbauen, die nicht nur gut schmecken, keine Chemikalien enthalten, reich an Vitaminen und superfrisch sind, sondern die auch an und für sich sehr ansprechend aussehen. Kohl wird beispielsweise zunehmend nicht mehr so sehr als Ernteerzeugnis angebaut, sondern vielmehr wegen seiner dekorativen Eigenschaften. Einige Tomatensorten wachsen wie Hängepflanzen und sind daher für Pflanzgefäße wie Ampeln und die mit vielen Pflanzöffnungen versehenen Terracottatöpfe, die meist mit Erdbeeren bepflanzt werden, geradezu perfekt.

- Der Anbau von Gemüse in Behältern hat neben der Platzmaximierung auch andere Vorteile. Sie müssen weder gegen Bodenschädlinge kämpfen, noch Unkraut jäten und Umgraben, was den Anbau im offenen Boden gewöhnlich so schwer macht. Da im Behälter angebaute Pflanzen problemlos an einen anderen Ort gesetzt werden können, können Sie Pflanzen anbauen, die bestimmte Bedingungen zum Wachstum benötigen, und sie bei sich ändernden Wetterverhältnissen oder je nach individuellen Bedürfnissen umsetzen.
- So können Sie beispielsweise empfindliches Gemüse, das geschützt stehen muss, an einer von der Sonne beschienenen Wand fern vom ungeschützten Hauptgemüsebeet anbauen, auf dem sie nicht gedeihen könnten. Wählen Sie ausreichend große Gefäße. Gemüse mit langen Wurzeln wie beispielsweise Möhren benötigen eine Tiefe von mindestens 46 cm, während Salat in einem Fensterkasten gezogen werden kann.

### NACHTEILE

EIN Nachteil von Gemüse in Kübeln ist, dass Sie sich fortlaufend um das Düngen und Bewässern kümmern müssen. Zudem sind Pflanzsäcke aus Plastik nicht hübsch. Wenn Sie viele Säcke im Garten verteilen, sieht dies sogar ausgesprochen unattraktiv aus.

## DER ZIERVOLLE GEMÜSEGARTEN

GEMÜSEGÄRTEN, die sowohl dekorativ als auch produktiv sind, sind sehr in Mode gekommen. „Potager" ist das französische Wort für Küchengarten, mittlerweile wird dieser Begriff aber international verwendet, um einen Garten zu bezeichnen, in dem besonders dekorative essbare Pflanzen angebaut werden. Neben diesen Nutzpflanzen werden auch andere Elemente eingesetzt, um einen ebenso hübschen wie produktiven Bereich zu schaffen – so zum Beispiel saubere Ziegel- oder Kieswege, die zwischen geometrischen Beeten verlaufen. Umrandet werden die Beete von regelmäßig zugeschnittenen Zwergbuchsbaumhecken, zum Teil mit Efeu, Rosen und Trauben weiter verschönert, die über den Weg kreuzende gewölbte Bögen drapiert werden.

- Viele Gemüsearten im dekorativen Gemüsegarten werden aufgrund ihres optischen Eindrucks gewählt, beispielsweise Mangold und rote Salatsorten, aber auch die gewöhnlichen Sorten wirken in einer so charmanten Umgebung ansprechender.

## GEMÜSE IN DER RABATTE

GEMÜSE wird auch in der Blumenrabatte immer stärker akzeptiert und moderner. Viele Gartenbesitzer haben einfach nicht den Platz, um einen ganzen Garten für Gemüse zu reservieren. Hinzu kommt die erforderliche Zeit, die zur Pflege des Gemüsegartens erforderlich ist, sowie eine möglicherweise zu große Ernte, die leicht zu Verschwendung führen kann.

- Gärtner mischen seit vielen Jahren Blumen mit Erntepflanzen. Historisch gesehen waren Kräuter in „Cottage"-Gärten jedoch aus praktischen Gründen gang und gäbe, und eine dekorative Wirkung wäre völlig zufällig gewesen.
- Heute werden ziervollere Nutzpflanzen wie im „Potager" den weniger attraktiven Standardsorten häufig vorgezogen. Kaminroter Mangold besitzt beispielsweise beeindruckende

rote Stängel, die sich schon aufgrund ihrer eigenen Attraktivität einen Platz in der Rabatte verdient haben. Es gibt auch blühende grüne Bohnen in hübschen Farben, die am hinteren Rand einer Rabatte ein Element der Höhe bieten können, sowie Zucchini mit ihren spektakulären, exotisch wirkenden essbaren gelben Blüten und gestreiften Früchten.

❀ Gemüse in der Rabatte ist zwar praktisch und attraktiv und bringt nützliche Ernteerzeugnisse hervor, aber unterschätzen Sie nicht die damit verbundene Arbeit. Das Gemüse steht mit den Zierpflanzen im Konkurrenzkampf, wenn es um Nahrung, Licht und Wasser geht. Setzen Sie daher nie zu viele Pflanzen in einen Bereich. Im Idealfall sollten Sie die Zierpflanzen als Zugabe zu den essbaren Pflanzen sehen, nicht umgekehrt, so dass das Gemüse optimale Wachstumsbedingungen erhält.

## BEGLEITPFLANZUNG

Begleitpflanzung bedeutet, dass verschiedene Pflanzensorten nebeneinander kultiviert werden, weil sie direkt oder indirekt eine positive Wirkung aufeinander haben. Faszinierende Forschungsarbeiten wurden zu diesem Thema durchgeführt. Eine nähere Beschäftigung mit diesem Thema lohnt sich, vor allem wenn Sie Nutz- und Zierpflanzen zusammen kultivieren möchten.

❀ Die Zusammenstellung bestimmter Blumen und Erntepflanzen bietet häufig erhebliche Vorzüge, vor allem wenn Sie Schädlinge und Krankheiten in Schach halten möchten. So ist Knoblauch beispielsweise ein ausgesprochener Freund von Rosen, da er angeblich Blattläuse abhält und den Duft der Rosen intensiviert. Ergebnisse von Forschungsarbeiten zu Begleitpflanzungen belegen jedoch auch, dass einige Pflanzenkombinationen schädlich aufeinander wirken, so zum Beispiel Knoblauch neben Erbsen und Bohnen.

OBEN: *Ein gepflegter Gemüsegarten kann eine herrliche Vielfalt von Gemüse produzieren, die Sie während des ganzen Jahres mit Nahrung versorgen.*

UNTEN: *Ein sauber bepflanzter Schrebergarten mit Erdbeeren, Schnittlauch und Schalotten, die Anfang des Sommers reifen.*

OBEN: *Ordentliche Gemüsereihen besitzen eine angenehme Symmetrie, die die Pflege bezeugt, mit der sie bedacht werden.*

OBEN: *Ein mit Gemüse bepflanzter Garten kann ebenso ansprechend sein wie ein Garten mit reinen Zierpflanzen.*

## DER GEMÜSEANBAU

GEMÜSE gedeiht am besten an einem sonnigen und geschützten Standort, in lehmigem, humusreichem Boden mit einem pH-Wert zwischen 6,5 und 7,0. Andere Böden können durch Untermischen von reichlich verrotteten organischen Substanzen und durch gründliche Bearbeitung verbessert werden.

### Aussäen von Gemüse und erste Pflege

❀ Lesen Sie sich sorgfältig die Anweisungen auf den Samenpackungen durch und entnehmen Sie den Packungen die empfohlene Saattiefe und das zu wählende Verfahren. Sie finden auf der Packung ferner die zu erwartende Keim- und Erntezeit, so dass Sie Ihre Gemüsepflanzungen entsprechend planen können. Beim Aussäen von Gemüse gelten die allgemeinen Richtlinien zur Vermehrung. Samen können direkt in den Boden gebracht werden, wo das Gemüse heranreifen kann. Sie können auch in ein Saatbeet, Pflanzgefäße und Saatkisten aussäen.

### Bodenvorbereitung

❀ Der Boden muss sich in optimalem Zustand befinden, damit Gemüse die bestmögliche Chance hat zu gedeihen. Es mag zwar mühevoll sein, aber das Umgraben des Gemüsebeets ist von größter Bedeutung. Umgraben lüftet den Boden, hebt Erdklumpen, die durch Frost aufgebrochen werden können und so die Struktur des Bodens verbessern, und es fördert die biologische Aktivität, die für die Fruchtbarkeit des Bodens unabdingbar ist.

❀ In einigen Fällen wird nicht umgegraben (insbesondere bei leichten Böden, in denen Umgraben die Bodenstruktur eher stören denn verbessern würde). Vielmehr werden dicke Schichten gut verrotteten organischen Düngemittels als Mulch über den Boden verteilt. Die im Boden lebenden Würmer befördern den Mulch in den Boden und verbessern dadurch die Fruchtbarkeit. Jungpflanzen können in den Mulch gesetzt werden, und neue Erntepflanzen werden zwischen den Wurzeln des bereits geernteten Gemüses gepflanzt, die zum Verrotten im Boden gelassen werden.

❀ Samen brauchen zum Keimen insgesamt einen guten Kontakt mit dem Boden. Wenn Sie ein Saatbeet vorbereiten, sollten Sie daher den Boden während der Saatzeit nach dem Umgraben im Herbst zu einer feinen Krume harken.

### Düngen

❀ Intensiv kultivierter Boden muss reichlich gedüngt werden, wenn Sie sich eine üppige Ernte erhoffen. Sie können dazu organische oder anorganische Düngemittel verwenden. Viele

Gärtner verwenden organische Düngemittel, da sie Erzeugnisse ernten möchten, die nicht durch Chemikalien verunreinigt sind. Dies ist schließlich der Grund, warum viele Gartenbesitzer überhaupt Gemüse anbauen.

- Organischer Stallmist und organische Düngemittel locken Würmer an, die wiederum die Fruchtbarkeit des Bodens verbessern. Chemische Düngemittel mögen höhere Erträge erzielen, aber in einem privaten Garten (im Unterschied zu einem großen landwirtschaftlichen Betrieb) werden Qualität und Geschmack allgemein als wichtiger eingestuft als maximale Erträge.
- Wie viel Düngemittel aufgebracht werden sollte, hängt zum Teil vom Boden ab. Schwere Böden mit hohem Tonanteil halten die Nährstoffe beispielsweise länger als Sandböden, bei denen das Wasser schnell abläuft. Ein weiterer Faktor sind die angebauten Pflanzen. Blattgemüse wie Kohl brauchen viel Stickstoff – ca. ein Drittel beim Pflanzen und die übrigen zwei Drittel während des Wachstums.
- Den Bemühungen darum, die Pflanzen ausreichend mit Düngemittel zu versorgen, muss mit gesundem Menschenverstand begegnet werden. Überwinternde Gemüsearten, die im Herbst mit zu viel Stickstoff gedüngt wurden, sind frostanfällig, da der Stickstoff in einer kalten Jahreszeit weiches Wachstum fördert. Beachten Sie die Anforderungen jeder einzelnen Frucht. Pflanzen, die Früchte tragen, müssen vor und während der Blütezeit regelmäßig mit geeigneten Düngemitteln begossen werden, damit Blüte- und Fruchtphase optimal verlaufen.

## Bewässern

- Die Bewässerungsanforderungen von Gemüse entsprechen denen der meisten anderen Pflanzen. Während der Keimungs- und Sämlingphase (bis die Wurzeln der Jungpflanzen etabliert sind) muss besonders stark gegossen werden. Auch nach dem Umpflanzen müssen Sie wieder regelmäßig bewässern, bis sich die Pflanzen erneut etabliert haben. Wurzelgemüse muss von der Aussaat bis zur Ernte beständig bewässert werden. Früchte tragende und blühende Pflanzen brauchen am meisten Wasser, wenn sie in Blüte sind und während sich die Früchte entwickeln. Blattgemüse muss 12 – 15 Tage vor der Ernte gründlich bewässert werden.

UNTEN: *Das regelmäßige Untermischen von Kompost unter den Boden ist ein wichtiges Element für den erfolgreichen Gemüsegärtner. Dies ist an diesem gut gepflegten Garten mit Wicken, Spargel, Saubohnen und Zwiebeln zu erkennen.*

## GEMÜSEVERZEICHNIS

Der Anbau von Gemüse ist äußerst lohnenswert, und es gedeiht in den meisten Böden. Achten Sie auf die Anforderungen der einzelnen Pflanzensorten, um höhere Erträge zu erzielen und bessere Erfolgschancen zu haben. Ernten Sie in Folge, damit Sie nicht plötzlich eine Unmenge von Gemüse verarbeiten müssen.

| Gemüse | Aussaat | Pflanzen/ Auspflanzen | Ernte | Ertrag pro m² |
|---|---|---|---|---|
| **Aubergine** | *Februar* | *April* | *Aug. – Sept.* | *5 kg* |
| **Blattkohl** | *Mai* | *Juli* | *Dez. – März* | *1,5 kg* |
| **Blumenkohl** | *April* | *Juni* | *Aug. – Sept.* | *4,5 kg* |
| **Brokkoli** | *April – Mai* | *Juni – Juli* | *Feb. – Mai* | *2 kg* |
| **Chicorée** | *Mai* | – | *Dez. – März* | *0,4 kg* |
| **Eierkürbis** | *Mai – Juni* | – | *Aug. – Okt.* | *2 kg* |
| **Erbse** | *März – Juli* | – | *Mai – Okt.* | *3 kg* |
| **Gartenkürbis** | *Mai (unter Glas)* | *Juni – Juli* | *Okt. – Nov.* | *2 kg* |
| **Grüne Bohne** | *April (unter Glas)* | *Mai – Juni* | *Mai – Juni*<br>*Aug. – Okt.* | *4 kg* |
| **Gurken** | *Mai – Juni* | – | *Aug. – Sept.* | *3 kg* |
| **Kartoffel** | *April* | – | *Sept. – Okt.* | *3 kg* |
| **Knollensellerie** | *März (unter Glas)* | *Mai – Juni* | *Okt. – Nov.* | *3 kg* |
| **Kohlrabi** | *April – Juni* | – | *Aug. – Okt.* | *2,5 kg* |
| **Lauch** | *März – April* | *Juni* | *Nov. – März* | *1,5 kg* |
| **Mais** | *Mai* | – | *Aug. – Sept.* | *0,5 kg* |
| **Mangold** | *April* | – | *Aug. – Nov.* | *1 kg* |
| **Möhren** | *April – Juni* | – | *Sept. – Okt.* | *2 kg* |
| **Pastinake** | *März* | – | *Nov. – Feb.* | *1,5 kg* |
| **Rettich** | *März – Juni* | – | *Mai – Sept.* | *0,4 kg* |
| **Rosenkohl** | *März – April* | *Mai – Juni* | *Okt. – Feb.* | *1,5 kg* |
| **Rot-/Weiß-/Grünkohl** | *April* | *Mai – Juni* | *Aug. – Sept.* | *4 kg* |
| **Rote Bete** | *April – Juni* | – | *Juni – Okt.* | *2 kg* |
| **Roter Bocksbart** | *April* | – | *Nov. – Jan.* | *1,5 kg* |
| **Salat** | *März – Juli* | – | *Juni – Okt.* | *1 kg* |
| **Saubohne** | *Feb. – April* | – | *Juli – Aug.* | *4 kg* |
| **Schalotte** | *Feb. – März* | *Aug.* | | *2 kg* |
| **Span. Pfeffer** | *Feb. (unter Glas)* | *April (unter Glas)* | *Aug. – Sept.* | *1,5 kg* |
| **Spargel** | *April* | *April* | *Mai – Juni* | *1,5 kg* |
| **Spinat** | *März – Mai* | – | *Juni – Okt.* | *1,5 kg* |
| **Sprossenbrokkoli** | *April – Mai* | *Juni – Juli* | *Aug. – Okt.* | *2 kg* |
| **Stangensellerie** | *März – April (unter Glas)* | *Juni* | *Aug. – Okt* | *4 kg* |
| **Steckrübe** | *Juli – Aug.* | – | *Okt. – Dez.* | *1,5 kg* |
| **Tomate** | *März – April (unter Glas)* | *Juni* | *Aug. – Sept.* | *2,5 kg* |
| **Weiße Rübe** | *Mai – Juni* | – | *Nov. – Feb.* | *2 kg* |
| **Winterendivie** | *April – Aug.* | – | *Sept. – Feb.* | *1,5 kg* |
| **Zucchini** | *Mai – Juni* | – | *Juli – Sept.* | *2 kg* |
| **Zwiebel** | *März – April* | – | *Aug. – Sept.* | *1,5 kg* |

| Frostverträglichkeit | Kultivierung | Zum Einfrieren geeignet |
|---|---|---|
| *nein* | *schwierig* | *ja* |
| *ja* | *durchschnittlich* | *ja* |
| *ja* | *schwierig* | *ja* |
| *ja* | *durchschnittlich* | *ja* |
| *ja* | *schwierig* | *nein* |
| *nein* | *durchschnittlich* | *ja* |
| *nein* | *einfach* | *ja* |
| *nein* | *durchschnittlich* | *nein* |
| *nein* | *einfach* | *ja* |
| *nein* | *durchschnittlich* | *nein* |
| *nein* | *einfach* | *ja* |
| *ja* | *durchschnittlich* | *ja* |
| *ja* | *durchschnittlich* | *ja* |
| *ja* | *durchschnittlich* | *ja* |
| *nein* | *schwierig* | *ja* |
| *ja* | *einfach* | *nein* |
| *ja* | *durchschnittlich* | *ja* |
| *ja* | *durchschnittlich* | *ja* |
| *ja* | *einfach* | *nein* |
| *ja* | *einfach* | *ja* |
| *ja* | *einfach* | *ja* |
| *ja* | *durchschnittlich* | *ja* |
| *ja* | *durchschnittlich* | *nein* |
| *nein* | *einfach* | *nein* |
| *ja* | *durchschnittlich* | *ja* |
| *nein* | *durchschnittlich* | *nein* |
| *nein* | *durchschnittlich* | *ja* |
| *ja* | *schwierig* | *ja* |
| *ja* | *durchschnittlich* | *ja* |
| *nein* | *durchschnittlich* | *ja* |
| *ja* | *schwierig* | *ja* |
| *nein* | *einfach* | *ja* |
| *nein* | *durchschnittlich* | *ja* |
| *ja* | *einfach* | *ja* |
| *ja* | *durchschnittlich* | *nein* |
| *nein* | *durchschnittlich* | *ja* |
| *nein* | *durchschnittlich* | *ja* |

## DER ENGLISCHE LANDSCHAFTSGARTEN

FRÜHE englische Gärten waren ein Zufluchtsort, um der schrecklichen Welt draußen zu entkommen, in der Natur und Menschen feindselig und aggressiv waren. Anfang des 18. Jahrhunderts hatte man die Natur weitgehend gezähmt, und viele wohlhabende junge Engländer waren auf ihrer „Grand Tour" nach Italien gereist, um die Wunder der Architektur und Gartenanlagen der Renaissance sowie die modernen Landschaftsmalereien zu sehen, die natürliche Landschaften idealisierten. Bei ihrer Rückkehr wollten sie dann auch ihr Land buchstäblich in Gemälde verwandeln. Reiche und mächtige Landbesitzer übten ihren Einfluss aus, um Gesetze im Parlament durchzubringen, die ihnen die Umzäunung großer Bereiche öffentlichen Landes und sogar den Zwangsumzug ganzer Dörfer erlaubten, nur damit sie nicht die Sicht verdarben. Lancelot „Capability" Brown wurde für seine Designs von Landschaftsgärten berühmt. Er staute Flüsse, um Seen anzulegen, er bewegte Erde, um wogende Hügel zu schaffen, und er pflanzte Gruppen natürlich wirkender Bäume. Verstreut in diese Landschaft eingebettet waren ziervolle Gebilde und Tempel, auf die der Blick fallen sollte.

Die Hecken bereits bestehender Gärten wurden entfernt und ihre Terrassen aufgegraben. Grünes Gras reichte bis ans Haus, und durch die Verbindung eines Grabens mit einer versenkten Mauer konnte der Betrachter scheinbar ohne Hindernis weit in die Landschaft hinaus blicken. Möglicherweise als Ausgleich zu den fehlenden Farben und Blumen wurde der *ferme ornée*, ein Zierbauernhof, erfunden. Dieses Gebilde bewahrte die Vorstellung der Landschaft, nahm aber gleichzeitig die Form einer Art Wanderweg an, dessen Ränder und Hecken mit blühenden Sträuchern bepflanzt wurden. An vielen strategischen Punkten entlang des Weges standen Bänke, von denen aus man die Aussicht bewundern konnte. Kleine Gruppen von Schafen oder Kühen ließ man malerisch in der Nähe grasen.

Humphrey Repton, der auf Capability Brown folgte, haben wir es in erster Linie zu verdanken, dass die Landschaft wieder in einen Garten verwandelt wurde. Er fertigte Aquarellzeichnungen für seine Kunden an, bei denen er seine Vorschläge durch verschiebbare „Vorher"- und „Hinterher"-Bilder verdeutlichte. Repton legte Blumenbeete in der Nähe des Hauses an und sah häufig einen niedrigen Zaun oder eine kleine Mauer vor, um den farbenfroheren Teil des Gartens von der weiten Landschaft zu trennen.

RECHTS: *Der gotische Tempel in Painshill, Surrey (England), war einer der beliebtesten und besuchtesten Gärten des 18. Jahrhunderts. Er wurde zwischen 1738 und 1773 angelegt und bestand aus einem rund um einen See führenden Gartenweg. Eine Reihe sorgfältig geplanter Elemente wie ein römisches Mausoleum, eine rustikale Einsiedelei und eine Grotte waren vom Weg aus sichtbar.*

# KRÄUTERGÄRTEN

**Jeder Garten braucht einige Kräuter – sei es wegen ihrer hübschen Blüten, ihrer aromatischen Blätter oder kulinarischen Qualitäten. Während der vier Jahrhunderte ihrer Herrschaft in Nordeuropa brachten die Römer viele Kräuter in unsere Gegend, die wir noch heute kultivieren und nutzen. Viele dieser Kräuter wären sicher während des durch Kriege gekennzeichneten Mittelalters verloren gegangen, hätte es nicht die Mönche gegeben, die innerhalb ihrer sicheren Klostermauern weiterhin Kräuter als Heilmittel und Kochzutat anbauten. In den Anfangsjahren wurden Kräuter in erster Linie als Heilpflanzen gezüchtet – daher der Artenname *officinalis*. Die Mönche pflanzten Kräuter in sauberen, rechteckigen Beeten und kategorisierten und etikettierten sie mit großer Sorgfalt.**

## KULTIVIEREN VON KRÄUTERN

Die Tradition der Kräuterbeete ist bis heute erhalten geblieben, was zum Teil sicherlich darauf zurückzuführen ist, dass viele Kräuter saubere, niedrige Pflanzen sind, die in einem Beet besonders gut wirken. Im 17. Jahrhundert wurden Kräuter nur als Zierpflanzen in symmetrischen Mustern auf terrassenförmigen Anlagen gepflanzt.

❀ Im modernen Garten ist es nicht nur optisch ansprechend, Kräuter in stufenförmig angelegten Beeten zu pflanzen, sondern es ist auch praktisch, da kleine, durch niedrige Hecken, Wege oder Steine voneinander getrennte Beete die Pflege und Ernte der Pflanzen erleichtern.

UNTEN: *Dieser runde Kräutergarten wurde inmitten eines von schützenden Hecken umfriedeten Rasens angelegt. Dieses Beet enthält eine Fülle verschiedener Kräuter, die sowohl wegen ihrer Farben als auch wegen ihrer imposanten Formen gewählt wurden.*

❀ Kräuter finden aber in Gärten jeden Typs einen Platz, denn es gibt zahllose Möglichkeiten. Sie können zwischen anderen Pflanzen in einer gemischten Rabatte kultiviert werden. Wenn Sie nur einen kleinen Garten besitzen, wirken einige Pflanzgefäße mit Kräutern hübsch auf einer Fensterbank in der Küche. Sie können einen kleinen Kräutergarten auch in einem Fensterkasten anlegen.

❀ Kriechpflanzen wie Poleiminze, einige Thymian- und Minzesorten können zwischen Terrassenplatten oder Ziegelsteinen gepflanzt werden. Hügel bildende Pflanzen wie Oregano, gemeiner Salbei und Schnittlauch sehen im Vordergrund einer Rabatte hübsch aus, und hohe, imposante Pflanzen wie Fenchel, Liebstöckel, Angelika und die Wohlriechende Süßdolde können Struktur ins Beet bringen.

UNTEN: *Dieser Kräutergarten hat einen regelmäßigen Steinrahmen, ist aber relativ unregelmäßig bepflanzt. Die Kräuter können hier frei wachsen. Die kleinen Weiden und der winzige Obstbaum verleihen dem Beet mehr Höhe.*

OBEN: *Ein übergroßer mit Thymian bepflanzter Mörser verleiht diesem kleinen Kräutergarten Charakter. Rundherum finden Sie eine Auswahl von Beifußsorten und anderen federigen Pflanzen.*

❀ Mit ihrem wohlgeordneten Wachstum sind die meisten Kräuter (mit der Ausnahme von Minze) für regelmäßig angelegte Gärten geeignet und mit ihren weichen Blattfarben vortreffliche Begleitpflanzen in Blumenrabatten oder im fröhlichen Chaos von „Cottage"-Gärten. Viele Kräuter gedeihen in Pflanzbehältern, und eine Gruppe von Gefäßen in der Nähe der Küchentür ist sowohl ansprechend als auch praktisch.

## Standorte für Kräuter

❀ Die Wahl des richtigen Standorts für Ihren Kräutergarten ist eine wichtige Überlegung. Wenn Sie die Kräuter zum Kochen verwenden möchten, sollten Sie ihn möglichst nahe an der Küche anlegen. Selbst wenn Sie gerne durch den Garten zum Kräuterbeet gehen, haben Sie vielleicht nicht immer die Zeit dazu. (Es ist aber auch möglich, eine gesonderte Kräuterkombination zum Kochen in Pflanzbehältern zu pflanzen.)

❀ Die meisten Pflanzen gedeihen in einem offenen, sonnigen Teil des Gartens, da viele Kräuter aus dem Mittelmeerraum stammen, wo das Klima heiß und trocken ist. Viele Kräuter verbreiten einen herrlichen Duft, wenn Sie darauf treten oder daran vorbeistreichen. Sie können große Kräuter daher neben einer Tür zum Garten pflanzen. Setzen Sie andere Pflanzen entlang von Wegen – Thymian, Orangenminze, Pfefferminze und Koriander können in die Nähe von Wegen und kriechende Thymian- und Kamillearten zwischen Steinplatten gepflanzt werden.

❀ Der gesamte Kräutergarten kann durch eine zugeschnittene Eibenhecke umfriedet oder auch einfach mit einer Formschnitthecke vom restlichen Garten getrennt werden. Wenn Ihr Garten auf verschiedenen Ebenen angelegt ist, kann ein kreisrunder Kräutergarten auf der unteren Ebene, durch Mauern und Sträucher vor den Elementen geschützt, die Sonne für Pflanzen und Menschen einfangen.

❀ Wenn Ihr Garten auf schwerem Tonboden angelegt ist, könnten erhöhte Beete zu empfehlen sein, damit Wasser schnell abfließen kann. Geben Sie Kies und Sand in den Kompost, da die meisten Kräuter einen nährstoffarmen Boden bevorzugen.

RECHTS: *Die Wagenradform kann einen ansprechenden und praktischen Kräutergarten bilden. Die „Speichen" trennen verschiedene Kräuter voneinander und sind gleichzeitig schmale Wege, die beim Pflanzen, Unkraut jäten und Ernten nützlich sind. Hier befindet sich das Rad in der Mitte eines quadratischen, sonnigen Gartens, der an den Rändern mit Rosen und Sträuchern bepflanzt ist. Von einer Bank aus können Sie den Duft und Anblick des Kräutergartens bewundern.*

## STILRICHTUNGEN FÜR DEN KRÄUTERGARTEN

EIN regelmäßiger Kräutergarten wird häufig in Form einer Terrasse angelegt und mit einer kurz geschnittenen niedrigen Buchsbaumhecke versehen, die den Kräutern einen soliden Rahmen gibt. Auch andere Pflanzen eignen sich für eine Hecke. *Santolina chamaecyparis* (Heiligenkraut) verleiht dem Design einen herrlichen Silberrahmen; Silbergamander (*Teucrium × lucidrys*) besitzt saubere dreieckige dunkelgrüne Blätter. Auch die dunkelgrünen Blätter von Rosmarin sowie der Zwerglavendel ‚Munstead Dwarf' können sehr wirkungsvoll sein.

- Ysop und Thymian wachsen ebenfalls dicht genug, um regelmäßig beschnitten zu werden, und Schnittlauch ergibt im Sommer eine sehr hübsche Einfassung, die im Winter allerdings verschwindet.
- Halten Sie Ihr Design zunächst auf dem Papier fest und markieren Sie es dann mit einem Band oder Schlauch auf dem Boden, bevor Sie mit dem Pflanzen beginnen. Rechteckige, runde und quadratische Formen können hübsch wirken. Dreieckige Formen sind schwieriger umzusetzen, können aber zu bestimmten Grundstücken passen. Die ganze Anlage kann so groß oder klein, so einfach oder komplex sein, wie Sie wünschen.
- In einem kleinen Garten können Sie mit einer Wagenradform arbeiten. Legen Sie die Konturen mit Steinen oder Ziegeln und pflanzen Sie die Kräuter zwischen den „Speichen". Am besten trennen Sie die Pflanzen durch schmale Wege oder Trittsteine aus Ziegeln oder Platten voneinander, sonst wachsen sie ineinander und verderben die Klarheit des Musters.
- Wenn Sie in Ihrem Kräuterbeet mehr Höhe wünschen, pflanzen Sie Hochstammrosen in regelmäßigen Abständen und setzen Sie einen vertikalen Blickfang in die Mitte (z. B. eine Sonnenuhr, Fontäne, ein anderes Wasserelement oder eine große Amphore auf einem Podest).

### Unsymmetrischer Anbau von Kräutern

- Ein regelmäßiger Kräutergarten braucht seinen Platz und ist nicht unbedingt die beste Lösung für einen im wesentlichen unsymmetrischen Garten. Regelmäßigkeit ist in Verbindung mit einem grandiosen oder formstrengen Gebäude erfolgreich, verlangt aber beständiges Zurückschneiden, damit der Garten unter Kontrolle bleibt.

LINKS: *Die blassen und interessanten Stiele mit dunklen Samenkapseln dieser ägyptischen Zwiebeln wurden stehen gelassen. Sie vermitteln dem Garten im Winter ein interessantes Aussehen und liefern Futter für die Vögel.*

UNTEN: *Selbst wenn nicht viel Platz im Garten ist, können Kräuter sehr zufriedenstellend in Töpfe gepflanzt werden. Hier wächst eine interessante Vielfalt von Kräutern wie Basilikum, Estragon und Salbei in Terracottatöpfen in praktischer Nähe zum Haus.*

- Für vielbeschäftigte Gartenbesitzer empfiehlt es sich, Kräuter wie andere blühende Pflanzen in eine gemischte Rabatte zu setzen.
- Rosmarin wird zu einem hohen, imposanten Strauch, bei dem sich im Frühjahr und Sommer himmelblaue Blüten entlang der Zweige öffnen. Rosmarin kann als Struktur verleihende Pflanze in einer Rabatte oder als Solitärpflanze für sich allein an einer sonnigen Mauer oder auch freistehend gepflanzt werden. Auch Angelika, Liebstöckel und die Wohlriechende Süßdolde sind hohe, imposante Pflanzen, die Struktur in die Rabatte bringen können. Der Gartenfenchel mit seinen dunklen, federartigen Blättern bildet einen guten Kontrast zu anderen Pflanzen. Schnittlauch, Salbei, Goldmajoran und andere Pflanzen mit ähnlichem Wachstum sind zur Front der Rabatte hin dankbare Begleitpflanzen. Schnittknoblauch hat schmale, bandförmige Blätter mit kleinen flachen Blüten im Spätsommer und Herbst.

### Gepflasterter Kräutergarten

- In einem mit Platten ausgelegten Teil des Gartens können Sie einen hübschen Garten speziell für Ihre Kräuter anlegen. Schaffen Sie quadratische Beete zwischen Ziegelpfaden. Pflanzen Sie in jedem Quadrat eine große Anzahl von Kräutern der gleichen Art, um bewusst ein bestimmtes Wachstums- und Farbmuster zu erzielen. Unregelmäßiger wäre ein Kiesgarten mit Trittsteinen aus Betonplatten, in dem die Kräuter in scheinbar zufälliger Weise natürlich wachsen und sich ausbreiten können.
- Hohe Pflanzen wie die Echte Artischocke *Cynara scolymus* ‚Green Globe' und Angelika können nach hinten hin gepflanzt werden. Vorne könnten Sie Ringelblumen mit ihren fröhlichen runden orangefarbenen Blütenköpfen oder die silberblättrige Italienische Strohblume (*Helichrysum angustifolium*) und Beifußarten platzieren. Die Iriswurzel (*Iris florentina*) mit ihrer bandförmigen Struktur sorgt für einen vertikalen Blickfang. Setzen Sie ein paar Strauchrosen und ein oder zwei *Alchemilla mollis* (Frauenmantel) in das Beet, um reizvolle Assoziationen und einen dezent farbenfrohen Garten voller Charme zu schaffen.

### Kräuter in Fensterkästen und auf dem Balkon

- Einige Kräuter wie Basilikum, duftende Geranien und Zitronenverbenen gedeihen unter einem Dach, in geschützten Fensterkästen und auf dem Balkon besser als im freien Beet. Wie erfolgreich Sie mit diesen Arten sind, hängt von der Lage des Fensterkastens bzw. Balkons und seiner Ausrichtung ab. Er muss zudem ausreichend Sonne, aber nicht zu viel Wind erhalten. Stellen Sie einige Töpfe mit Kräutern, die sich problemlos ziehen lassen, auf dem Balkon zu einer Kräuterecke zusammen. Sie können Kräuter wie Kerbel, Bohnenkraut, Gurkenkraut und Garten-Majoran direkt in diese Gefäße aussäen. Bestimmte mehrjährige Kräuter wie Thymian und Lavendel können über mehrere Jahre gehalten werden, sofern Sie sie regelmäßig durch Beschnitt klein gehalten haben.

UNTEN: *Ein Kräutergarten kann wie dieser durchaus eindrucksvoll aussehen. Das übliche quadratische Beet in der Mitte ist mit hohen spitzen Samenkapseln gefüllt.*

OBEN: *Eine ganz ausgebildete Basilikumpflanze (*Ocimum sanctum, *Fam. der Lippenblütler) ist in diesem halben Holzfass sehr buschig geworden.*

## DIE KULTIVIERUNG VON KRÄUTERN

KRÄUTER erleben eine Renaissance – sowohl als hübsche Pflanzen als auch als Zutat für die tägliche Speisenzubereitung. Natürlich werden sie auch bereits seit Jahrhunderten als Schmuck und Duftspender im Haus und wegen ihrer heilenden Wirkung geschätzt.

- Ernten Sie regelmäßig, denn das hält die Pflanzen kompakt und buschig und fördert neue, frische und geschmacksintensive Triebe. Legen Sie Ihren Kräutergarten daher möglichst nicht zu weit von der Küche entfernt an. Es ist angenehmer, einfach das Fenster zu öffnen oder vor die Küchentür zu treten und eine Handvoll frischer Kräuter zu ernten, als erst im strömenden Regen bis zum hinteren Ende des Gartens zu laufen.
- Kräuter machen sich auch in Kübeln sehr gut, denn viele mögen die gut entwässerten Bedingungen in Pflanzgefäßen. Es ist durchaus möglich, einen nützlichen und ansprechenden Kräutergarten in kleinen Behältern anzulegen, die auf einer Fensterbank in der Sonne das ganze Jahr über gut erreichbare Kräuter hervorbringen.
- Zwei Kübel auf beiden Seiten der Haustür mit eleganten hochstämmigen Lorbeerbäumen mit verschlungenen Stämmen hingegen sind eine hohe Kräuterinvestition, die zudem möglicherweise im Winter geschützt werden muss – wenn nicht vor der Kälte, dann vielleicht vor Dieben! In jedem Garten findet sich Platz für ein paar Kräuter.
- Konzentrieren Sie sich darauf, einige wenige Arten gut zu ziehen statt eine Vielfalt von Arten, die schnell chaotisch wirken kann. Trennen Sie möglichst alle Kräuter voneinander – vielleicht indem Sie sie in gesonderten Gefäßen oder, wie im traditionellen Kräutergarten, in separaten Bereichen ziehen.
- Viele Kräuter können schnell überhand nehmen und sehr üppig wachsen. Trennen Sie die Kräuter, damit nicht eins überhand nimmt. Es wirkt ordentlicher, und Sie können ein Kraut ernten und kultivieren, ohne seinen Nachbarn zu stören. Speziell für diesen Zweck finden Sie im Handel geteilte Behälter. Vielleicht haben Sie auch Platz für einen Knotengarten oder einen Kräutergarten in Wagenradform, bei dem jede Speiche durch Ziegel oder Wegeinfassungen gekennzeichnet ist, um gesonderte Abschnitte zu erzeugen.

## TEILEN VON KRÄUTERN UND ANDEREN KLEINEN PFLANZEN

DAS Teilen kleiner Pflanzen ist eine sehr clevere Möglichkeit, ohne Kosten und mit minimalen Anstrengungen mehr Pflanzen zu erhalten. Viele mehrjährige Pflanzen gedeihen darüber hinaus besser, wenn sie alle paar Jahre ausgehoben und geteilt werden, da sonst die Mitte absterben und das übrige Wachstum unregelmäßig werden könnte.

Teilen Sie die Pflanzen in Abschnitte. Zupfen Sie die Wurzeln vorsichtig auseinander, aber reißen Sie nicht daran. Pflanzen Sie die geteilten Wurzelballen wieder ein und bewässern Sie die Pflanzen gut. Beim Teilen alter Pflanzen sollten Sie den geschwächten alten Mittelteil wegwerfen und nur die frischen jungen Triebe an den Rändern wieder einpflanzen.

## WUCHERN VON MINZE VERHINDERN

*Minze wächst schnell und nimmt leicht überhand. Daher empfiehlt es sich, die Pflanzen in einem im Boden versenkten Gefäß zu ziehen. So können sich die Wurzeln nicht übermäßig ausdehnen, und dennoch wird für ausreichend Feuchtigkeit gesorgt. Verwenden Sie einen handelsüblichen Blumentopf oder Eimer ohne Boden. Einige Gartenbesitzer stecken auch Schiefer in den Boden, um die Wurzeln in Schach zu halten.*

**1** *Graben Sie ein Loch, das groß genug ist, damit ein ausreichend großes Gefäß soeben unterhalb der Erdoberfläche eingegraben werden kann.*

**2** *Setzen Sie den Topf in den Boden und häufeln Sie mit den Händen fest Erde an. Achten Sie darauf, dass die Oberkante des Gefäßes bündig zum Boden ist.*

**3** *Geben Sie etwas Anzuchterde in den Topf.*

**4** *Pflanzen Sie die Minze in den Topf und füllen Sie das Gefäß dann mit Anzuchterde auf. Drücken Sie die Erde fest rund um die Pflanze an. Bewässern Sie die Pflanze gut. Heben, teilen und topfen Sie die Minze in jedem Frühjahr um.*

## ZU ANFANG

VIELE Kräutergärten beginnen mit einem Impulskauf einer gesunden mehrjährigen Kräuterpflanze im Topf, die aus dem großen Angebot von Kräutern im Gartenhandel ausgewählt wurde. Das kann ein sehr guter Anfang sein. Viele Kräuter können aus Samen gezogen werden, aber wenn Sie nur ein Exemplar einer Kräuterpflanze wie Rosmarin benötigen, ist es günstiger und einfacher, eine Pflanze zu kaufen. Kräuter wie Schnittlauch, von dem Sie vielleicht größere Mengen beispielsweise als dekorative Einfassung oder als Begleitpflanze an einer anderen Stelle im Garten wünschen, lassen sich problemlos durch Teilen vermehren. Einige Pflanzen aus dem Gartenhandel werden da schnell zu mehr. Einige einjährige Kräuter wie Kapuzinerkresse und Basilikum lassen sich schnell und einfach von Samen ziehen.

### Kultivieren von Kräutern

- Viele Kräuter lieben die Sonne und brauchen täglich mindestens 6 Stunden Sonnenlicht, um gedeihen zu können. Ohne ausreichend Licht werden sie leicht dünn, wachsen unregelmäßig, und das Aroma leidet. Viele Kräuter mögen auch keinen Wasserstau, pflanzen Sie sie daher in gut entwässerten Boden. Einige Kräuter wie Thymian, Salbei und Zwerglavendel gedeihen auch bei längerer Trockenheit und genießen einen sonnigen trockenen Standort. Die meisten Kräuter bevorzugen Wärme. Sie können zwar Temperaturen von 7 °C überstehen, mögen das kalte Wetter aber nicht.
- Schützen Sie wertvolle mehrjährige Kräuter wie Lorbeer und Rosmarin vor starker Kälte oder Wind. Eine einfache Lösung für empfindliche Kräuter sind Behälter, die Sie in den milderen Monaten einfach auf den Boden stellen und über den Winter an eine geschütztere Stelle versetzen oder unter Dach bringen. Einige Kräuter wie Minze verbreiten sich stark und sollten stets in versenkte Gefäße gesetzt werden, so dass sie nicht vom Garten Besitz ergreifen.

### ERNTEN VON KRÄUTERN

Sie können die Blätter zu jedem beliebigen Zeitpunkt während der Wachstumsphase abpflücken. Immergrüne Kräuter wie Thymian können jederzeit geerntet werden, aber lassen Sie neue Triebe vor dem Winter abhärten.

- Ernten Sie die Blätter morgens, nachdem der Tau von den Blättern verdunstet ist. Blätter haben unmittelbar vor der

### PFLANZEN EINES KRÄUTERGARTENS IM TOPF

*1 Verwenden Sie Erdbeertöpfe, da Sie so mehrere verschiedene Kräuter auf kleinem Raum ziehen können. Legen Sie einige Tonscheiben zuunterst in das Gefäß. Füllen Sie es bis zum ersten Pflanzloch mit einer Mischung aus Kompost und Wasser speicherndem Gel auf.*

*2 Achten Sie darauf, dass Sie den Wurzelballen nicht verletzen. Führen Sie die Wurzeln des ersten Krauts durch die unterste Pflanzöffnung in den Topf.*

*3 Pflanzen Sie dann weitere Kräuter und geben Sie mehr Kompost hinzu, bis alle seitlichen Löcher gefüllt sind. Setzen Sie weitere Kräuter oben in den Topf. Bewässern Sie den Topf langsam und vorsichtig, damit das Wasser alle Pflanzen erreicht.*

*4 Entfernen Sie in jedem Frühjahr diejenigen Kräuter, die zu groß oder ungleichmäßig werden, und teilen Sie sie.*

Pflanzenblüte am meisten Geschmack und sind dann auch am zartesten. Wenn Sie die Blüten ernten, pflücken Sie sie mittags bei trockenem Wetter, wenn sich die Blüte ganz zu öffnen beginnt.

- Achten Sie darauf, dass Ihre geernteten Kräuter lose aufbewahrt werden und dass ausreichend Luft um sie herum zirkulieren kann, damit sie nicht vor der Verwendung gequetscht, zermalmt oder anders beschädigt werden. Traditionelle Körbe sind für diesen Zweck ideal.
- Sammeln Sie die Samen an einem warmen trockenen Tag, wenn sie hart und reif sind. Wurzeln werden meist im Herbst geerntet, wenn die oberirdisch wachsenden Pflanzenteile allmählich absterben.
- Die Wirksubstanzen, die Naturheilkundige für medizinische Zwecke suchen, entwickeln sich im zweiten oder dritten Jahr nach dem Pflanzen in den Wurzeln von Stauden. Einjährige Wurzeln können zum Ende des Jahres geerntet weden. Wenn Sie die Kräuter nicht sofort nach dem Pflücken benötigen, konservieren Sie sie möglichst schnell, um optimale Ergebnisse zu gewährleisten.

## AUFBEWAHREN VON KRÄUTERN

WIE Sie nach der Ernte mit Kräutern umgehen, hängt vom Kräutertyp und dem vorgesehenen Verwendungszweck ab. Einige Kräuter verlieren einen Großteil ihres Aromas, wenn sie getrocknet werden. Der Geschmack und das Aroma dieser Kräuter bleiben besser erhalten, wenn Sie sie einfrieren oder in Öl oder Essig einlegen.

### Einfrieren von Kräutern

- Einfrieren ist eine einfache und wirksame Art, einen Großteil des Aromas, der Farbe und der Nährstoffe der Kräuter zu erhalten. Einige zartere Kräuter schmecken nach dem Einfrieren frischer als getrocknet. Frieren Sie sie in Plastiktüten oder festen Behältern ein, die Sie deutlich beschriften. Oder geben Sie kleine Mengen fein gehackter Kräuter in Eiswürfelschalen und füllen Sie sie mit Wasser auf. So haben Sie bei Bedarf bereits portionierte Mengen zur Hand.

### Kräuteröl und -essig

- Kräuter können mit Essig oder Öl aufgegossen werden. Diese Mischungen sind einfach herzustellen, verleihen Salaten und Marinaden eine angenehme Note und sind auch eine hübsche Geschenkidee. Kräuteressig ist zudem bei der Speisenzubereitung beliebt und kann als Haar- oder Hautspülung verwendet werden.

## TROCKNEN VON KRÄUTERN

*Kräuter müssen nach der Ernte recht schnell getrocknet werden, damit sie möglichst viel ihrer Farbe und ihres Dufts erhalten. Es ist wichtig, dass alle Feuchtigkeit entzogen wird, bevor die Pflanzen zu faulen beginnen oder schimmelig werden.*

*1 Pflücken Sie mehrere Stängel oder Blätter des gewünschten Krauts (hier ist es Rosmarin). Entfernen Sie alle Blätter, die zu dicht gedrängt wären und zu viel Feuchtigkeit speichern würden, so dass sie eher faulen als trocknen würden. Erstellen Sie kleine Sträuße, die schnell trocknen. Hängen Sie sie mit dem Kopf nach unten an einen trockenen, warmen und dunklen oder schattigen Ort, z. B. in den Heizungskeller. Es muss ausreichend Luft um trocknende Kräuter zirkulieren können.*

*2 Nach dem Trocknen (nach ein bis vier Wochen) können die Kräuter durch ein Sieb gestrichen werden, um die Stängel zu entfernen. Oder entfernen Sie die Stängel von Hand und füllen Sie die Blätter in Flaschen. Bewahren Sie die Kräuterflaschen an einem dunklen und trockenen Ort auf, bis Sie sie benötigen.*

## ANBAU UND VERWENDUNG VON KRÄUTERN

*Diese Tabelle identifiziert einige der am häufigsten verwendeten Kräuter, zeigt ihre Verwendungsmöglichkeiten in der Küche und in einigen Fällen auch bei Heilanwendungen auf. Zudem wird die optimale Pflege erläutert.*

| Kraut | Verwendung | Kultivierung |
|---|---|---|
| **Basilikum**  | *Wird in vielen beliebten italienischen Gerichten verwendet; natürliches Pendant zu Tomaten. Zerpflücken Sie die Blätter grob statt sie zu hacken.* | *Empfindliche einjährige Pflanze; nicht frostbeständig.* |
| **Lorbeer**  | *Hauptelement des Bouquet garni; passt zu Fisch, Eintöpfen und Reisgerichten. Reißen Sie die Blattkanten ein, bevor Sie das Kraut zu einer Mahlzeit geben, und entfernen Sie die Blätter vor dem Servieren.* | *Immergrüner Strauch; kältebeständig, sollte aber vor Wind und Frost geschützt werden.* |
| **Borretsch**  | *Zartes Aroma und interessanter Zusatz zu sommerlichen Longdrinks.* | *Winterharte einjährige Pflanze; gedeiht in jedem Boden bei voller Sonne.* |
| **Schnittlauch**  | *Milder Zwiebelgeschmack; passt besonders gut zu Käse, Kartoffeln, Eiern und Butter. Nicht so schwefelhaltig wie Zwiebeln, und verursacht daher auch weniger Verdauungsprobleme.* | *Winterharte mehrjährige Pflanze. Blühender Schnittlauch sieht ansprechend aus und kann durch Teilung problemlos vermehrt werden. Den intensivsten Geschmack erhalten Sie aber, wenn die Pflanze nicht zur Blüte gelangt.* |
| **Koriander**  | *Junge Blätter mit herrlichem Duft. Weit verbreitete Verwendung der Blätter und Samen in Curry-Gerichten.* | *Winterharte einjährige Pflanze; bevorzugt einen sonnigen und gut dränierten Standort.* |
| **Dill**  | *Passt besonders gut zu Lachs und anderen Fischgerichten.* | *Winterharte einjährige Pflanze; gedeiht an einem geschützten, kühlen Standort in fruchtbarem, tiefem Boden.* |
| **Mutterkraut**  | *In erster Linie eine Zierpflanze; Heilmittel zur Behandlung von Kopfschmerzen – bitte beachten Sie aber, dass Kräuterheilmittel nur auf Rat eines fachkundigen Heilpraktikers verwendet werden sollten.* | *Winterharte Staude, die sich selbst aussät. Bevorzugt trockenen, gut dränierten Boden an einem sonnigen Standort.* |

| Kraut | | Verwendung | Kultivierung |
|---|---|---|---|
| Lavendel |  | *Beliebt in der Küche; verleiht Honig einen zarten Parfümgeschmack und eignet sich für würzige Gerichte. Beliebt in Duftmischungen, Schlafkissen und als Zierpflanze – frisch wie getrocknet.* | *Winterharte immergrüne Pflanze; an einen trockenen, sonnigen Standort pflanzen, nach der Blüte beschneiden.* |
| Majoran |  | *Passt besonders gut zu Eiern, Käse und Tomaten.* | *Winterharte Staude; an einen feuchten und sonnigen Standort setzen* |
| Minze |  | *Unentbehrlich als Zutat der Minzsauce, wird zu Lammbraten gereicht.* | *Winterharte Staude; in feuchtem Boden im Halbschatten oder in der Sonne pflanzen. Nimmt schnell überhand und sollte daher möglichst in Pflanzgefäßen kultiviert werden.* |
| Oregano |  | *Weit verbreitet im Bouquet garni; auch beliebt für Füllungen und zum Bestreuen von Fleisch vor dem Braten.* | *Winterharte einjährige Pflanze; in gut dränierter Sonnenlage ziehen.* |
| Petersilie |  | *Beliebte Garnierung; passt gut zu Fisch und Kartoffeln.* | *Winterharte zweijährige Pflanze; leicht geschützt in fruchtbarem, feuchtem Boden ziehen.* |
| Rosmarin |  | *Traditionelles Begleitgewürz für Lamm und Schweinefleisch.* | *Immergrüne Pflanze; an einem sonnigen Standort in sandigem, gut dräniertem Boden ziehen, möglichst geschützt.* |
| Salbei |  | *Natürliche Ergänzung zu Zwiebeln; beliebt in Füllungen, da es den schweren Fleischbratengeschmack ausgleicht.* | *Immergrüne Pflanze; in der Sonne in leichten, gut dränierten Boden pflanzen.* |
| Thymian |  | *Für Suppen und Eintöpfe, Omelettes und Salate.* | *Immergrüne Pflanze; in einen leichten, steinreichen Boden in der vollen Sonne pflanzen.* |

# OBSTGÄRTEN

**Im Vergleich zum Gemüse ist der Anbau von Obst sehr unkompliziert und relativ einfach. Ein Gemüsegarten erfordert ständige Arbeit und Pflege, damit er überhaupt Erträge bringt – umgraben, düngen, Unkraut jäten, Saatfolge planen, mehrere Gemüsesorten auf einem Beet pflanzen und Fruchtwechsel berücksichtigen. Die meisten Obstsorten hingegen müssen nur in die passende Umgebung gesetzt werden und schon gedeihen sie auch bei nur elementarer Pflege. Wenn Sie sie richtig pflanzen und in der ersten Zeit angemessen pflegen, tragen einige Obstbäume Jahr für Jahr ohne viel Aufwand Früchte.**

## DIE VORZÜGE DES EIGENEN OBSTGARTENS

Der Anbau von eigenem Obst garantiert eine chemiekalienfreie Ernte und bietet den herrlichen Geschmack und all die guten Vitamine von frisch gepflückten Früchten. Einige kommerziell gepflanzte Obstsorten wie Weintrauben werden während des Wachstums besonders stark mit Chemikalien besprüht.

- Der organische Anbau von Obst ohne Pestizide oder Düngemittel ist denkbar einfach, da mehrjährige Obstpflanzen auch in recht nährstoffarmen Böden gedeihen. Die umfassende ökologische Unterstützung, die sie in einem etablierten Bereich erhalten, kommt ihnen besonders zugute. Begleitpflanzen können zusätzlich helfen, da sie noch mehr Nützlinge und Bestäuber anlocken, sobald die Pflanze etabliert ist.
- Obst kann auch ein äußerst dekoratives Element im Gartendesign darstellen. Obstbäume sind das ganze Jahr über attraktiv, selbst im Winter ohne Blätter. Sie können Obstpflanzen erziehen, damit sie den Garten vertikal unterteilen und beleben oder Mauern und Zäune verbergen. Reben können über Bögen, Spaliere, Schuppen und Pergolen ranken.

OBEN: *Erdbeeren können problemlos gezogen werden und sind sehr ertragreich.*

LINKS: *Obstbäume wie diese Apfelbäume gedeihen besonders gut in einem offen angelegten Obstgarten.*

## DIE WAHL DER GEEIGNETEN OBSTSORTEN

Welche Obstsorten Sie kultivieren möchten, hängt von der Größe Ihres Gartens und unter anderem von der Zeit und Energie ab, die Sie auf Ihren Obstanbau verwenden möchten.

- Einige Obstbäume werden bis zu 7 m hoch und sind für einen kleinen Garten eindeutig nicht geeignet. Niederstammobst

OBEN: *Obst kann auch an sehr platzarmen Stellen mit Erfolg kultiviert werden. Nutzen Sie einfach senkrechte Flächen als Stützen.*

kann hingegen auch im Kübel angebaut werden. Überlegen Sie sich zunächst, welche Arten Sie wo pflanzen möchten, bevor Sie Pflanzen kaufen.

❀ Wählen Sie auch den Standort mit Bedacht. Viele Obstbäume gedeihen zwar auch ohne viel Pflege gut, aber sie müssen an einem für ihre Wachstumsgewohnheiten passenden Standort stehen. Die meisten Arten bevorzugen einen geschützten Standort in der Sonne. Die Sonne fördert den Reifungsprozess und verhilft Ihnen zu geschmacksintensiven leuchtenden Früchten. Schutz hält die Pflanzen warm und reduziert die Gefahr von Windschäden. Zudem werden windige Stellen weniger von Insekten besucht, die für die Bestäubung so wichtig sind. Je weniger Blüten bestäubt werden, desto ärmer fällt Ihre Ernte aus.

❀ Ein eigener Obstgarten ist natürlich der ideale Standort für Obstbäume. Ein großer Obstkäfig, in dem ein Erwachsener aufrecht stehen kann, ist für Weichobst zu empfehlen. Aber auch auf kleinerem Raum können Sie eine ausreichende Obsternte produzieren.

❀ Immer mehr Gartenbesitzer pflanzen Obst in Kübeln an (wie Gemüse). So können Sie frisch gepflückte Früchte essen, auch wenn Sie nicht mehr Platz als die Terrasse oder ein paar große Kübel neben der Haustür für Obstpflanzen aufbringen können.

## DIE ANZUCHT VON ERDBEEREN

*Erdbeeren sind einfach zu kultivieren und eine ideale Einstiegspflanze für neue Obstgärtner. Sie gedeihen auch ohne viel Pflege, einige wichtige Tipps verbessern aber die Menge und Qualität der Ernte erheblich.*

**1** *Pflanzen Sie Erdbeerpflanzen in gut entwässerten, humusreichen Boden im Abstand von ca. 46 cm.*

**2** *Wenn die reifenden Erdbeeren zum Boden hin hängen, können die Früchte mit einer Mulchschicht aus sauberem Stroh oder einer Erdbeermatte aus Gummi vor Schmutzspritzern und Fäulnis geschützt werden. Mulch speichert zudem bei heißem Wetter die Feuchtigkeit im Boden und unterdrückt das Wachstum von Unkräutern, die mit den Erdbeeren um Licht, Wasser und Nährstoffe kämpfen.*

**3** *Um die bestmögliche Ernte zu gewährleisten, entfernen Sie sich entwickelnde Ableger sofort von den Pflanzen. Diese Ableger können dann zu neuen Pflanzen gezogen werden.*

**4** *Schneiden Sie die alten Blätter nach Abernten aller Erdbeeren bis auf ca. 10 cm von den Blattstängeln zurück und entfernen Sie das alte Laub und Stroh um die Erdbeeren herum.*

spaliererzogener Baum

Hochstamm

spaliererzogene Rebe

Palmette

## ALLGEMEINE PFLEGE VON OBSTBÄUMEN

KAUFEN Sie nur gesunde und robuste Pflanzen. Dies ist besonders für Bäume und Büsche wichtig, die sich ja lange im Garten halten sollen. Pflanzen eines zertifizierten Stamms der Güte „A" sind garantiert gesund und frei von Krankheiten. Diese Richtlinie ist besonders nützlich, wenn Sie hochwertige Weichfrüchte kaufen, die besonders anfällig für die Mosaikkrankheit sind, die auf einer Jungpflanze noch nicht feststellbar ist.

- Wählen Sie Kulturpflanzen, die zu Ihrem Grundstück passen und die gewünschte Wirkung erzeugen – vielleicht einen Baum, den Sie an einer warmen Mauer zu einer Spalierform erziehen können, oder einen Hochstammbaum, der auf dem Rasen phantastisch aussieht. Achten Sie darauf, dass der Wurzelstock im Verhältnis zu Ihrer Gartengröße steht. Sie finden Wurzelstöcke in verschiedenen Größen, von sehr kräftig bis zu zwergwüchsig. Wählen Sie daher mit Bedacht. Denken Sie daran, dass die meisten Obstbäume Fremdbestäubung brauchen (es sei denn, Sie wählen einen „Familienbaum" mit verschiedenen Varietäten, die sich gegenseitig befruchten).

### Pflanzen

- Obststräucher und -bäume werden meist im Spätherbst oder zum Winteranfang gepflanzt. Kübelpflanzen können aber je nach Wetter zu jeder Jahreszeit ausgepflanzt werden. Die meisten Obstsorten wachsen auf gut entwässertem, leicht saurem Boden mit ausreichenden Wasserreserven im Unterboden.
- Um die Gefahr von Krankheiten zu vermeiden, halten Sie den empfohlenen Pflanzabstand ein. Viele Obstsorten sind anfällig für Fäulnis, die von in feuchten, überfüllten Verhältnissen gedeihenden Pilzkrankheiten verursacht wird. Bei ausreichend Luft und Licht sind Pilzkrankheiten selten und verbreiten sich nur schwierig, wenn sie denn überhaupt auftreten.

### Stützen

- Außer Erdbeeren, an Sträuchern wachsenden Johannisbeeren und Stachelbeeren müssen alle Obstpflanzen gestützt werden, d. h. entweder an einen Pfahl gebunden oder an einer Fläche erzogen werden. Um eine wurzelnackte Pflanze an einen Pfahl zu binden, schlagen Sie einen Pfahl senkrecht in das Pflanzloch, bevor Sie die Pflanze hineinsetzen.
- Bei Kübelpflanzen müssen Sie nach dem Pflanzen einen Pfahl in einem Winkel in den Kübel treiben. Weichfrüchte wie Himbeeren und einige rote Johannis- und Stachelbeersorten müssen mit Drähten und Pfählen gestützt werden. Oder befestigen Sie Drähte an Mauern und Zäunen. Für welche Stütze Sie sich aber auch entscheiden, sie muss stets gut befestigt sein.

### Düngen

- Beim Pflanzen haben Sie sicher etwas gedüngt, und durch das Abfallen der Blätter werden dem Boden erneut Nährstoffe zugeführt. Beim Ernten von Obst werden dem Boden allerdings Nährstoffe dauerhaft entzogen, die Sie nach Möglichkeit wieder ersetzen sollten.
- Tragen Sie regelmäßig gut zersetzten organischen Frischkompost auf, der die Fruchtbarkeit des Bodens erhöht. Auch im späten Winter können organische Düngemittel Gutes tun. Diese Zeit mag Ihnen zwar verfrüht erscheinen, aber die Wurzeln der Bäume erwachen in dieser Phase gerade wieder zum Leben, und organische Düngemittel werden erst allmählich vom Boden absorbiert und stehen den Wurzeln daher erst nach einer Weile zur Verfügung.
- Einige Pflanzen haben spezielle Nährstoffanforderungen. Lesen Sie sich beim Kauf der Pflanzen daher die Beschreibungen sorgfältig durch und notieren Sie sich alle speziellen Anforderungen. Rote Johannisbeeren und Stachelbeeren benötigen beispielsweise Kalidünger, und Steinobst braucht Kalzium.

### Bewässern

❀ Die flachen, faserigen Wurzeln von Weichobst leiden besonders unter Trockenheit. Achten Sie daher gut auf ihren Wasserbedarf. Baumobst muss meist nur dann bewässert werden, wenn es an einem Zaun oder einer Mauer gezogen wird.

### Schützen

❀ Die meisten Frucht bildenden Pflanzen müssen vor Frost, Krankheiten, Vögeln und anderen Schädlingen geschützt werden. Ein fester Schutz wie Netze, Vlies oder Käfige sind einfach und wirksam. Vermeiden Sie chemische Sprühmittel, da sie bestäubende Insekten töten oder von der Pflanze fernhalten können. Zudem möchten Sie die Chemikalien sicher nicht in Kontakt mit essbaren Erzeugnissen bringen. Entfernen Sie Abdeckungen, die vor Frost im späten Frühjahr schützen sollen, während des Tages, damit Insekten die Blüten bestäuben können.

## BEGLEITPFLANZEN

Wie beim Gemüse ist es häufig auch beim Obst sehr vorteilhaft, es zusammen mit anderen Pflanzen zu ziehen. Dies kann vor allem Schädlinge und Krankheiten abhalten. Laucharten – insbesondere Schnittlauch – sind nützlich für Apfelbäume, da sie vor einem Befall mit Apfelschorf schützen. Kapuzinerkresse rund um den Stamm eines Apfelbaums rankt den Stamm hoch und hält Blutläuse fern. Umgekehrt sind einige Pflanzkombinationen geradezu schädlich, wie z. B. unschuldig anmutende Anemonen in der Nähe von Pflaumenbäumen, da sie Pflaumenrost in sich tragen.

## ERNTEN UND LAGERN VON ÄPFELN

*Die Erntezeit hängt davon ab, ob die Äpfel sofort verzehrt oder lange gelagert werden sollen. Für ersteres wählen Sie Äpfel auf dem Höhepunkt ihrer Reife. Beurteilen Sie die Reife vom Aussehen her. Beobachten Sie, wie die Farbe intensiver wird, und drehen Sie die Frucht sanft am Ast. Wenn der Stiel bei diesem leichten Druck problemlos abbricht und der Apfel sich sauber löst, ist er völlig reif.*

**1** *Pflücken Sie Lageräpfel, kurz bevor sie ganz reif sind. Wählen Sie nur Früchte von höchster Qualität ohne Flecken, Druckstellen und Anzeichen von Schädlingsbefall, der sonst auch auf alle anderen gelagerten Äpfel übergreifen könnte.*

**2** *Wickeln Sie alle Äpfel vorsichtig in Backpapier ein und legen Sie sie in eine flache Kiste. Die Äpfel müssen an einem dunklen und kühlen Ort gelagert werden. Diese Ernte- und Lagerbedingungen gelten auch für Birnen.*

OBEN: *Einige Obstbäume ergeben hübsche und produktive Kübelpflanzen.*

## ANBAU VON OBST IN KÜBELN

IN DEN letzten Jahren ist der Anbau von Obst in Pflanzgefäßen immer beliebter geworden. Selbst Gartenfreunde mit winzigen Gärten können Obst anbauen, das herrlich schmeckt, chemikalienfrei, nährstoffreich und absolut frisch ist. Die meisten Obstpflanzen sind zudem nicht nur produktiv, sondern auch äußerst dekorativ. So werden beispielsweise Apfelbäume häufig mehr wegen ihres hübschen Aussehens denn ihrer Früchte gepflanzt. Erdbeeren wachsen attraktiv hängend und sind daher für Ampeln und Terracottatöpfe mit seitlichen Öffnungen (die häufig auch als Erdbeerpflanztöpfe bezeichnet werden) ideal.

- Wählen Sie Ihre Sorte mit Bedacht, wenn Sie Obst in Pflanzbehältern ziehen möchten. Dies gilt besonders für Obstbäume. Wenn Sie im Gartenhandel einkaufen, sollte die Pflanze ein deutlich beschriftetes Etikett tragen und ausführliche Angaben zum Wurzelstock, dem benötigten Platz sowie Informationen darüber enthalten, ob sich die Pflanze selbst befruchtet oder andere Bäume zur Bestäubung benötigt. Haben Sie beispielsweise nur Platz für einen einzigen Apfelbaum in einem Behälter, wählen Sie einen Zwergwurzelstock wie M27 oder M9 mit einer „Familie“ von drei oder vier kompatiblen Varietäten, die darauf gepfropft wurden. In diesem Fall benötigen Sie keine weiteren Bäume zur Bestäubung.

### Geeignete Pflanzgefäße

- Berücksichtigen Sie bei der Wahl Ihres Behälters die Anforderungen der Pflanze, die im Behälter gedeihen soll. Obstbäume möchten ihre Wurzeln frei entfalten und benötigen daher einen ausreichend großen Kübel. Kirschen, Pflaumen, Birnen, Äpfel und ähnliche Obstsorten brauchen mindestens 38 cm tiefe Töpfe, nach Möglichkeit sollten sie aber viel tiefer sein.
- Mülltonnen sind zwar nicht besonders attraktiv, für Obstbäume sind sie jedoch ideal. Wählen Sie eine verzinkte Mülltonne, die industriellen Chic verkörpert, oder umwickeln Sie eine günstige Kunststofftonne mit Bambus oder einem anderen natürlichen Schirm. Letztere Alternative hat zudem den Vorteil, dass Sie unter der dekorativen natürlichen Deckschicht problemlos eine Schicht gepolsterter Kunststofffolie verbergen und damit dem Baum zusätzliche Isolierung im Winter bieten könnten.
- Es gibt auch sehr ansprechende große Behälter, die einst einen anderen Zweck erfüllten, wie z. B. alte Waschtröge, die wie riesige chinesische Laternen wirken. Das silbrige Metall hat im Laufe der Jahre einen weicheren Ton angenommen.

RECHTS: *Erdbeeren belohnen selbst minimale Pflege mit einer üppigen Ernte saftiger reifer Früchte.*

## Pflege von Kübelobst

- Bei der Pflege von Obstpflanzen und insbesondere -bäumen, die in Behältern gezogen werden, müssen die besonderen Anforderungen beim Pflanzen, Bewässern, Düngen und Umpflanzen beachtet werden. Ein nützlicher Weg, um das Umpflanzen alle zwei Jahre zu erleichtern, besteht darin, einen anfangs zu großen Behälter zu wählen, die Pflanze bei Bedarf aus dem Gefäß zu heben und weitere Kompostschichten unter die unterste zu geben, bis die Pflanze schließlich für ihr Gefäß zu groß wird. Verwenden Sie gute organische Anzuchterde.
- Im Idealfall installieren Sie ein System zur fortlaufenden Kübelbewässerung. Damit sparen Sie sich Arbeit und gewährleisten, dass der Kompost nicht austrocknet. Wissen Sie, wie viel Wasser ein in einem Pflanzbehälter gezogener Obstbaum benötigt? Bei heißem Wetter müssen Sie ihn sicher drei- bis viermal täglich gießen. Da lohnt es sich doch, in ein System zu investieren, das dies für Sie übernimmt. Im Winter muss meist nicht bewässert werden.

## Obst für Kübel

- Sichern Sie sich die größten Erfolgschancen und wählen Sie stets Obst, das sich bereits als Kübelpflanze bewährt hat. Erdbeeren sind ein mehrjähriger Favorit und können in allen möglichen Behältern gepflanzt werden. Selbst individuelle kleine Erdbeertöpfe auf einer Fensterbank bringen gute Erträge. In Gefäßen gepflanzte Erdbeeren bieten zudem den Vorteil, dass sie nicht so leicht von Schnecken befallen werden können. Zudem müssen Sie nicht mühsam mulchen oder Unkraut jäten, was sich bei der Freilandkultivierung von Erdbeeren nicht vermeiden ließe.

OBEN: *Birnenbäume gedeihen nicht in Kübeln, da sie nicht mit Niederstamm erhältlich sind.*

- Feigen ergeben auch gute Kübelpflanzen, denn sie mögen es, wenn ihr Wurzelwachstum eingeschränkt ist. Hingegen mögen es Weintrauben gar nicht, wenn ihr Wurzelwachstum behindert wird, und sie gedeihen daher nie in Pflanzgefäßen. Äpfel eignen sich besser als Birnen, da Birnen zum Zeitpunkt der Erstellung dieses Buchs noch nicht mit Niederstamm erhältlich sind, und selbst die kleinste Birne wird mindestens 2,4 m groß.
- Einige Obstsorten gedeihen in Kübeln sehr gut, sie sind aber aufgrund ihrer Wachstumsgewohnheiten zu chaotisch, als dass sie dekorative Pflanzen abgeben könnten. Ein Beispiel sind Himbeeren, die hoch wachsen und daher an einem Pfahl festgebunden und mit Netzen geschützt werden müssen. Wenn Sie die Pflanze mit Bedacht wählen, sie gut bewässern und an einen ihren Anforderungen gemäßen Standort stellen, sind im Kübel gezogene Obstsorten eine optisch ansprechende und lohnende Ergänzung für Ihren Garten.

LINKS: *Feigen gedeihen vorzüglich in Behältern, denn sie mögen es, wenn ihr Wurzelwachstum eingeschränkt wird.*

## OBSTVERZEICHNIS

*Viele Obstsorten überstehen Vernachlässigung bemerkenswert gut. Selbst ein Obstbaum, der mehrere Jahre lang nicht gepflegt wird, bringt angemessenen Ertrag, aber allen Früchten kommt etwas geeignete Pflege und Aufmerksamkeit zugute. Diese Pflege hält die Pflanzen gesund, liefert eine ertragreiche Ernte und sorgt für Früchte in guter Größe.*

| OBST | Apfel | Aprikose | Schwarze Johannisbeere | Blaubeere | Feige |
|---|---|---|---|---|---|
| BRAUCHT VOLLE SONNE | *ja* | *ja* | *ja* | *ja* | *ja* |
| WINTERHART BEI UNTER -8 °C | *ja* | *ja* | *ja* | *ja* | *nein* |
| HÖHE × AUSDEHNUNG | *vom Wurzelstock bestimmt* | *vom Wurzelstock bestimmt* | *1,5 × 1,5 m* | *1,2 × 1,2 m* | *2,4 × 3 m* |
| BODENANFORDERUNGEN | *tief, gut dräniert* | *leicht basisch* | *sauer* | *fruchtbar, feucht, schwer* | *leicht basisch* |
| BEGLEITPFLANZEN | *Schnittlauch* | *Knoblauch* | *keine* | *Nesseln* | *Gartenraute* |
| KULTIVIERUNG | *einfach* | *durchschnittlich* | *einfach* | *einfach* | *durchschnittlich* |

| OBST | Stachelbeere | Traube | Kiwi | Pfirsich | Birne |
|---|---|---|---|---|---|
| BRAUCHT VOLLE SONNE | *ja* | *ja* | *ja* | *ja* | *ja* |
| WINTERHART BEI UNTER -8 °C | *ja* | *nein* | *ja* | *ja* | *ja* |
| HÖHE × AUSDEHNUNG | *1,2 × 1,2 m* | *Höhe 6 m* | *Höhe 9 m* | *vom Wurzelstock bestimmt* | *vom Wurzelstock bestimmt* |
| BODENANFORDERUNGEN | *fruchtbar, feucht* | *durchschnittlich* | *durchschnittlich* | *sauer/neutral* | *fruchtbar, feucht* |
| BEGLEITPFLANZEN | Limnanthes douglasii *(Sumpfschnabel)* | *Brombeeren* | *keine* | *Knoblauch* | *keine* |
| KULTIVIERUNG | *einfach* | *einfach* | *durchschnittlich* | *einfach* | *schwierig* |

| OBST | Pflaume | Himbeere | Rote Johannisbeere | Erdbeere | Garten-Johannisbeere |
|---|---|---|---|---|---|
| BRAUCHT VOLLE SONNE | *ja* | *ja* | *nein* | *ja* | *nein* |
| WINTERHART BEI UNTER -8 °C | *ja* | *ja* | *ja* | *ja* | *ja* |
| HÖHE × AUSDEHNUNG | *vom Wurzelstock bestimmt* | *Höhe 1,8 m* | *1,2 × 1,2 m* | *15 × 30 cm* | *1,2 × 1,2 m* |
| BODENANFORDERUNGEN | *schwer, feucht* | *sauer/neutral* | *kühl, durchschnittlich* | *fruchtbar* | *kühl, durchschnittlich* |
| BEGLEITPFLANZEN | *Knoblauch* | *Knoblauch* | *Nesseln* | *Zwiebeln* | *Nesseln* |
| KULTIVIERUNG | *durchschnittlich* | *einfach* | *einfach* | *einfach* | *durchschnittlich* |

## DIE JEKYLL-LUTYENS-PARTNERSCHAFT

GERTRUDE Jekyll war eine Freundin von William Robinson und die einflussreichste englische Gartendesignerin der Vorkriegszeit. 1889 traf sie einen jungen Architekten namens Edwin Lutyens, mit dem sie gemeinsam an vielen Gärten zusammenarbeitete. Er kümmerte sich um die architektonischen Aspekte und die festen Landschaftselemente, während Gertrude Jekyll die Pflanzengestaltung entwarf. Die ausgebildete Malerin ließ sich durch die eleganten Farbtheorien ihrer Zeit beeinflussen. Sie entwickelte einfarbige oder abgestufte Farbsysteme. Ihr naturalistischer Ansatz war besonders erfolgreich im regelmäßigen Rahmen von Lutyens Ziegeln, Stufen und Pflaster.

OBEN: *Les Bois des Moutiers in Frankreich. Das Haus wurde von Lutyens für die Familie entworfen, der das Anwesen noch heute gehört. An der Bepflanzung ist deutlich Gertrude Jekylls Philosophie zu erkennen. Die Farbmuster im regelmäßigen Teil sind abgestuft, während der rückwärtige Garten asymmetrisch gehalten ist.*

# ORGANISCHE GARTENTECHNIKEN

**In den letzten Jahren ist eine spürbare Distanzierung von jenen Tipps festzustellen, die Gartenexperten früher fast selbstverständlich gaben. Bei der Schädlings- und Unkrautbekämpfung werden nicht mehr nur noch die stärksten im Handel erhältlichen Chemikalien empfohlen, die dann regelmäßig aufgebracht werden sollen. Zunehmend wird auch zu alternativen Methoden neben oder statt der chemischen Keule geraten. Dieser naturalistische Ansatz ist nichts Neues. Er zeigt vielmehr die Rückkehr zu jahrhundertealten Gartenweisheiten, die vor dem Aufkommen von Gartenchemikalien durchaus effektiv waren. Schließlich hat sich die Chemie erst in den letzten einhundert Jahren in unseren Gärten etabliert.**

## DIE GRUNDSÄTZE

ORGANISCHE Gartenpflege heißt nicht nur, weniger Chemie im Garten einsetzen. Die Wahl eines „natürlichen" Schädlingsbekämpfungsmittels ist nicht notwendigerweise ökologisch viel sinnvoller als der Einsatz des entsprechenden chemischen Mittels. Bei der organischen Vorgehensweise wird der Garten viel ganzheitlicher gesehen.

❀ Der organische Ansatz tut nicht alle Geschöpfe im Garten automatisch als Schädlinge und alle Pflanzen, die keine Nutzpflanzen sind, als Unkräuter ab. Vielmehr betrachtet, bewertet und nutzt dieser Ansatz die komplexe Wechselwirkung zwischen Pflanzen und Geschöpfen, der Witterung und dem Boden – all diese Beziehungen können zum Vorteil des Gärtners eingesetzt werden. Die organische Methodik ist keine einzelne Regel oder gar eine Vorschrift. Es ist vielmehr eine ökologisch vertretbare, bestandserhaltende, natürliche und sogar umweltfreundliche Art der Gartenpflege.

### Die Vorzüge

❀ Die meisten Menschen sind sich der Umweltprobleme bewusst, die in den letzten Jahren immer mehr in das Zentrum der Aufmerksamkeit gerückt sind. Sie haben den Wunsch, die Umwelt oder unsere Körper nicht mit Chemikalien zu verschmutzen. Ferner möchten sie die Natur wieder zurück in unser tägliches Leben bringen, indem sie Vögel, Schmetterlinge und andere Geschöpfe in unseren Garten einladen.

UNTEN: *Der einfachste Weg zu einem gesunden Wachstum besteht darin, den natürlichen Lebensraum einer Pflanze zu achten und diesen Lebensraum im Garten nachzubilden.*

OBEN: *Pflanzen Sie entsprechend den in Ihrem Garten vorherrschenden Bedingungen. Hier finden Sie beispielsweise den scheckigen Schatten eines Waldwegs, in dem die geeigneten Pflanzen ohne viel weitere Pflege gedeihen.*

- Es handelt sich dabei nicht einfach um kosmetische Bedenken oder Fragen der aktuellen Gartenmode. Wir achten immer mehr auf das, was wir essen – und erkennen beispielsweise, dass es wenig nutzt, Obst vor dem Verzehr zu waschen, um Pestizide und Düngemittel von der Haut zu entfernen, da bei einigen kommerziell angebauten Obstsorten das gesamte Fruchtfleisch Chemikalien enthält. Organische Erzeugnisse erfreuen sich daher immer größerer Beliebtheit, und viele Gartenbesitzer pflanzen mittlerweile ihre eigenen organischen Produkte an.

## Der Wert des Bodens

- Eine organische Vorgehensweise verbessert aber nicht nur die Qualität des Ertrags, sondern bietet auch dem Garten zahlreiche Vorzüge. Bei der organischen Gartenpflege geht es darum, dass die Lebensader des Gartens gestärkt wird – der Boden.
- In den letzten rund hundert Jahren haben Landwirte und private Gartenbesitzer versucht, das Wachstum ihrer Pflanzen mit Hilfe von Kunstdünger zu fördern und Schädlinge im Boden mit Hilfe von Chemikalien zu beseitigen. Die Risiken, die sich mit diesen häufig gefährlichen Stoffen verbinden, sind uns heute klar; wir erkennen auch, dass wir nicht nur unseren eigenen Körper direkt vergiften könnten, sondern auch das Leben um uns herum schädigen, da Chemikalien in das Grundwasser eindringen und so von wildlebenden Pflanzen und Tieren aufgenommen werden.
- Eine weitere, nicht unmittelbar sichtbare Schädigung ist langsam eingetreten und darauf zurückzuführen, dass sich kommerzielle und private Gartenbesitzer immer mehr auf Chemikalien verlassen haben. Der missbrauchte und vernachlässigte Boden stirbt, und ohne lebendigen Boden unter unseren Füßen können wir kein Leben auf dem Boden schaffen. Gesunder Boden wimmelt von Organismen, die inaktive Mineralien und Wasser in Stoffe verwandeln, die die Pflanzen zum Wachstum benötigen.
- Der übermäßige Einsatz von chemischen Düngemitteln und eine zu intensive Kultivierung sind kurzsichtige Anbaumethoden, die die Humus erzeugenden Organismen im Boden töten. Da der Boden ohne Humus praktisch fein gemahlener Stein ist, auf dem nichts gedeihen kann, zielt die organische Methodik darauf ab, natürliches Leben in den Boden zu bringen und es dort zu halten. So wird die Fruchtbarkeit des Bodens erhöht sowie seine Feuchtigkeitsspeicherung, so dass die Pflanzen besser gedeihen. Zudem wird allmählich eine weitere natürliche Umgebung geschaffen und unterstützt. Wenn Sie beispielsweise die Ansiedelung von Würmern fördern, finden Amseln und Drosseln Nahrung, und Sie können sich nicht nur an ihrem hübschen Gezwitscher erfreuen, sondern die Vögel lohnen es Ihrem Boden, indem sie dem Boden ihren Kot, ihre Federn, Eierschalen und letztendlich ihren eigenen toten Körper zur weiteren Bereicherung des Bodens geben.

OBEN: *Die Erzeugung Ihres eigenen Komposts ist vermutlich der wichtigste Schritt zur organischen Gartenpflege, und ein Komposthaufen muss weder aufwendig noch teuer sein.*

## DIE ERSTEN SCHRITTE ZUM ORGANISCHEN GARTEN

PLÖTZLICH mit allen Gewohnheiten zu brechen und zum organischen Gartenbau überzugehen, erscheint ein großer Schritt. Aber bereits die folgenden einfachen Schritte werden Ihrem Garten gut tun.

❀ Verwenden Sie keine chemischen Insektenvertilgungsmittel, Düngemittel, Fungizide und Herbizide mehr. Kaufen Sie nur umweltfreundliche Produkte. Kaufen Sie beispielsweise keinen Torf von Quellen, die nicht für die Anlage neuer Bestände sorgen, und keine Zwiebeln, die aus der freien Natur stammen. Nutzen Sie möglichst viele natürliche Methoden zur Schädlingsbekämpfung oder zur Förderung von Befallresistenz – setzen Sie beispielsweise Begleitpflanzen und schaffen Sie Lebensräume, die hilfreiche Tiere und Pflanzen in Ihren Garten locken.

❀ Da der Respekt für und die Pflege des Bodens den Kern der organischen Gartenpflege bilden, ist der wichtigste erste Schritt zum organischen Gärtner der Bau eines Komposthaufens. Organismen sind einfach gesagt alles, was einmal gelebt hat. Diese Stoffe wieder in Kompost zu verwandeln, ist nicht nur ökologisch sinnvoll, da Abfallstoffe wiederverwertet und die anfallenden Abfälle reduziert werden können, sondern der Boden profitiert auch ganz erheblich.

❀ Ausgewogener, reifer Kompost ist perfekte Pflanzennahrung, die nicht die Gefahr der Überdüngung oder sogar Schädigung birgt, die bei chemischen Düngemitteln häufig besteht. Die Humus produzierenden Organismen im Kompost verwandeln Pflanzennahrung in Substanzen, die die Pflanzen auch aufnehmen können. Wichtig ist aber auch, dass sie dem Boden helfen, allmählich in seinen natürlich ausgewogenen und gesunden Zustand zurückzufinden. Das fördert ein problemloseres Wachstum der Pflanzen, die krankheitsresistenter werden.

### Kompostieren

❀ Gartenkompost ist besser als Stallmist, da er eine größere Vielfalt von Nährstoffen und Mikroorganismen enthält. Es gibt viele verschiedene Möglichkeiten der Kompostierung, die den gleichen Prinzipien folgen.

❀ Allgemein kann festgestellt werden, dass guter Kompost aus einer Vielzahl verschiedener Stoffe produziert wird, nicht nur aus einem Material. Der Kompost muss gut gemischt, gelüftet und mit Feuchtigkeit versetzt werden. Die richtige Mischung von Materialien, Luft und Feuchtigkeit ist der Schlüssel zum erfolgreichen Kompostieren. Daneben sind aber auch die richtige Mischtechnik und eine wirksame Isolierung zum Speichern der Wärme wichtig. Je größer Ihr Komposthaufen, desto effizienter wärmt er sich auf und „kocht" den Kompost relativ schnell.

❀ Ein teurer Kompostbehälter ist nicht erforderlich. Ein einfacher hausgemachter Komposthaufen von ca. 1 $m^2$,

RECHTS: *Werfen Sie Ihre gesamten kompostierbaren Abfälle in den Kompostbehälter, damit sie sich in fruchtbaren Mulch für die Pflanzen verwandeln können.*

OBEN: *Organisch angebautes Gemüse wie diese Salatköpfe, Schnittlauch und Frühlingszwiebeln sind voller Vitamine und natürlich wertvoller Stoffe.*

umgeben von einer Holz-, Draht- oder Ziegelkonstruktion ist sehr effektiv, wenn auch nicht so elegant wie das gekaufte Gegenstück. Schützen Sie den Komposthaufen vor Regen und isolieren Sie ihn – es sieht zwar nicht schön aus, aber ein alter Teppichläufer, bedeckt mit Kunststofffolie, ist ein wirksamer Deckel. Isolieren Sie einen herkömmlichen Deckel mit Plastiktüten, die mit zusammengeknülltem Zeitungspapier gefüllt und unter dem Deckel nicht sichtbar sind. So haben Sie eine ansehnlichere Lösung.

## WAS GEHÖRT AUF DEN KOMPOSTHAUFEN?

- Eine gute Kompostmischung enthält feuchte vegetarische Substanzen, die relativ schnell verrotten, wie z. B. Rasenschnittgut. Faseriges Material wie Stroh und hölzerne Stängel zersetzen sich zwar langsamer, liefern aber nützliche Substanz.
- Drücken Sie nicht riesige Mengen von Schnittgut fest, da dies die Luftzirkulation hemmen würde. Wechseln Sie dünne, unkomprimierte Schichten von ca. 15 cm mit anderen Materialien ab.
- Fasermaterial kompostiert leichter, wenn es vor dem Kompostieren gehäckselt oder in kleine Stücke geschnitten wird. Im Idealfall können Sie alle 30 cm eine Schicht Stallmist hinzugeben. Der im Stallmist enthaltene Stickstoff beschleunigt die Kompostierung und liefert dem Boden wertvolle Organismen.
- Küchenabfälle wie zerhackte Eierschalen, Gemüseabfälle, Teeblätter und Kaffeesatz sind für den Komposthaufen geeignet. Geben Sie aber kein Fleisch, Fisch und gekochte Nahrungsmittel auf den Komposthaufen, da diese Ungeziefer anlocken. Benutzen Sie den Komposthaufen nie als zusätzliche Mülltonne.
- Windeln, Haustierabfälle und allgemeine Haushaltsabfälle verursachen einen unangenehmen Geruch, und ergeben nicht den süßen, krümeligen, braunen Kompost, den Sie schließlich erhalten möchten. Und schaffen Sie sich nicht selbst Probleme, indem Sie mehrjährige Unkräuter, kranke Pflanzen und Blumen mit ausgebildeten Samenkapseln auf den Komposthaufen werfen.
- Es dauert meist drei Wochen, bis der Kompost seine Höchsttemperatur erreicht, dann reift er in ca. drei bis sechs Monaten. Es tut dem Kompost gut, wenn Sie ihn in dieser Zeit wenden.

OBEN: *Eine organische Umgebung muss nicht wild und undiszipliniert sein. Jede Art von Teich zieht nützliche Tiere in den Garten.*

## DER WERT EINES POSITIVEN ÖKOSYSTEMS

Dies mag sich sehr technisch anhören, gemeint ist aber einfach eine Gartenumgebung, die sich immer stärker selbst versorgt. Wenn Sie die natürliche Flora und Fauna in Ihren Garten locken, können Sie alle Vorzüge des natürlichen Zyklus genießen, der durch moderne Gartentechniken aus dem Gleichgewicht geworfen worden sein könnte. Versuchen Sie beispielsweise Nützlinge anzulocken, die sich von Schädlingen ernähren, die wiederum andere Schädlinge verzehren usw.

- Nützlinge vermehren sich meist langsamer als Schädlinge. Das kann ein großes Problem sein, wenn Sie chemische Schädlingsbekämpfungsmittel verwenden, die die Nützlinge zusammen mit den Schädlingen vernichten können. Das sich selbst regulierende System von Schädlingen und Nützlingen wird so aus dem Gleichgewicht geworfen, und es kann Jahre dauern, bevor es wiederhergestellt ist. Es ist wichtig, dass Sie die bislang so eindeutigen „Schädlinge" einmal in einem neuen Licht betrachten. Ein anmutiger Schmetterling, der durch die Bestäubung der Blüten Ihrem Garten zu einer größeren Blütenvielfalt verhilft, war einst eine Raupe, die sich durch die Blätter fraß.
- Versuchen Sie, die Tierwelt in Ihrem Garten zu steuern und für sich arbeiten zu lassen, statt sie einseitig zu zerstören. Ein Schädling kann auch einfach als Teil der Tierwelt bezeichnet werden, als Bestäuber, Nützling und letztendlich als Fruchtbarkeitsbringer. Nicht alle Schädlinge stellen eine so große Bedrohung dar, wie man Gartenbesitzern in den letzten hundert Jahren glauben machen wollte, und der organische Gartenbesitzer hat verschiedene Optionen zur Schädlingsbekämpfung, bei denen er seinen Garten nicht mit gesundheitsschädlichen Chemikalien tränken muss.

RECHTS: *Wenn Sie die Samenkapseln an den Pflanzen lassen, liefern Sie den Vögeln wertvolle Nahrung.*

## DIE SCHAFFUNG EINES POSITIVEN ÖKOSYSTEMS

SCHMETTERLINGE, Käfer, Wespen, Bienen und Schwebfliegen bestäuben Pflanzen mit Blütenstaub. Sie alle übertragen Pollen, die die Entwicklung von mehr Blüten in Ihrem Garten fördern und so das Gartenjahr verlängern. Wenn die Bestäuber sterben, leisten ihre verrottenden Körper natürlich einen weiteren Beitrag zur Fruchtbarkeit des Bodens.

### Anlocken von Bestäubern

- Einige Pflanzen sind für Bestäuber besonders attraktiv. Es ist wichtig, dass Sie ihnen eine möglichst lange Nektarsaison bieten. Pflanzen Sie daher eine Reihe von Pflanzen, die von Bestäubern gerne besucht werden – von Frühblühern wie Glockenblumen und Blaukissen (*Aubrieta*) bis hin zu Sommerblumen wie Flieder, Spornblumen und Lavendel.
- Schwebfliegen fressen viele Blattläuse und sollten daher mit ihrer Lieblingsblume, der *Limnanthes douglasii* (Sumpfblume) belohnt werden, einer hübschen und pflegeleichten einjährigen Pflanze.
- Daneben mögen Schwebfliegen auch Ginster, Ringelblumen, Goldrute und Heidekraut-Astern sowie die meisten anderen Blumen. Florfliegen und Marienkäfer trinken Nektar aus den gleichen Blumen wie Schwebfliegen, aber sie mögen auch Dill, Garbe und Laucharten, die ohnehin spektakuläre Zierpflanzen darstellen.

UNTEN: *Ein nützlicher Laufkäfer auf einem Pflanzenstiel.*

OBEN: *Frösche und Kröten sind sehr nützliche Gartengeschöpfe, die Schnecken verspeisen, bevor diese ungeahnten Schaden an den Pflanzen anrichten.*

### Frösche und Kröten in den Garten bringen

- Kröten, Frösche und Molche fressen zahlreiche Schädlinge wie Schnecken, und ein weiser organischer Gärtner stellt diesen Gartenfreunden Wasser und Feuchtbereiche bereit. Ein Teich ist die naheliegendste Wahl, aber jeder feuchte und geschützte Winkel kann diesen nützlichen Geschöpfen ein Heim bieten.
- Einige organische Gärtner schaffen bewusst einen verführerisch feuchten und überwucherten Bereich im Gewächshaus, in dem sich Frösche und Kröten sammeln. Sie helfen, Schädlinge im Gewächshaus wie Ohrwürmer und zahllose andere Insekten und Raupen in Schach zu halten. Ermöglichen Sie den Fröschen und Kröten Zugang zu einem Teich, in dem sie sich paaren und vermehren können.

### Nützliche Käfer

- Der Begriff Käfer umfasst eine riesige Gruppe von Insekten – mindestens 250.000 Arten. Mit wenigen Ausnahmen wie dem Holzbohrer sind die meisten Käfer die Helfer des Gärtners, die Schnecken und Bodenschädlinge fressen und auch bei schlechtem Wetter Blüten bestäuben, wenn die anderen Bestäuber nicht mehr fliegen.
- Einige Käfer leben am Boden, während andere fliegen können. Schützen Sie am Boden lebende Käfer vor größeren Räubern, indem Sie ihnen Pflanzen mit dichtem Blattwerk zur Verfügung stellen, auf denen sich Tau sammelt, wie z. B. Frauenmantel. Die Käfer können sich darunter verstecken. Stellen Sie einige Schieferstücke auf und geben Sie einige Holzstücke, Steine, alte Fliesen oder Kohlrahmen in das Gemüsebeet, damit sich Käfer dort niederlassen und Blattläuse fressen können.

OBEN: *Eine Gartenspinne auf einem von Tau benetzten Netz, das sie am frühen Morgen auf einer Samenkapsel gesponnen hat.*

## Spinnen

- Spinnen sind in zweierlei Hinsicht nützlich. Sie lauern Schädlingen auf und dienen als Nahrung für Zaunkönige, Rotkehlchen und andere Gartenfreunde. Locken Sie Spinnen an, indem Sie den natürlichen Schutt, der sich unter Hecken sammelt, unverändert lassen. Abgestorbene Zweige und Blätter bieten einen vorzüglichen Lebensraum für Spinnen und andere nützliche Insekten und kleine Säugetiere.

## Vögel

- Obwohl Vögel Nutzpflanzen schädigen können, machen die Vorzüge einer reichen Vogelpopulation in Ihrem Garten die Nachteile mehr als wett. Der organische Gärtner schützt daher lieber empfindliche Pflanzen vor den Vögeln und ermuntert gleichzeitig nützliche Vögel, sich im Garten häuslich niederzulassen.
- Stellen Sie Nistplätze zur Verfügung, in denen junge Vögel sicher aufgezogen werden können. Füttern Sie die Vögel, um ihnen über den Winter zu helfen, und stellen Sie ihnen ausreichend Wasser hin. Die Vögel werden Ihnen dies vielfach lohnen.
- Die meisten Vögel fressen Beeren oder Samen. Obst- und andere Beeren tragende Pflanzen locken daher natürlich Vögel an. Es hilft auch, wenn Sie die Samenkapseln an den Pflanzen lassen. Begeisterte organische Gartenbesitzer pflanzen häufig „Opferkulturen“, da einige Vögel so wertvoll für den Garten sind. Füttern Sie sie nicht weiter im Sommer, damit die Vögel Ihre unerwünschten Schädlinge vertilgen.
- Einige Vögel sind besonders nützlich, und es lohnt sich, ihnen Bedingungen vorzusetzen, die sie vermutlich anlocken werden. Stellen Sie Nistkästen auf, die ihre natürlichen Umgebungen nachahmen, und versorgen Sie sie mit ihrem Lieblingsfutter. Blaumeisen zum Beispiel fressen Raupen, Blattläuse und Minierschädlinge und nisten in kleinen Löchern in Bäumen. Hängen Sie daher Nistkästen mit einem kleinen Loch vorne auf, die die natürliche Nistumgebung nachahmen. Rotkehlchen lassen sich in Kästen mit größeren Öffnungen nieder.
- Wie Sie die Vögel in Ihrem Garten auch füttern, tun Sie es beständig. Im Winter kann ein vergeblicher Flug zu einem leeren Vogeltisch einen ohnehin schon geschwächten Vogel erschöpfen. Im Idealfall sollten Sie die Vögel im Winter daher zweimal pro Tag füttern.
- Wählen Sie den Standort für die Nistkästen mit Bedacht und in angemessener Entfernung von der aufgestellten Nahrung, da die fressenden Vögel die nistenden Vögel stören würden. Hängen Sie die Nistkästen ca. 2 m hoch an einem Baumstamm, Pfosten oder einer Mauer auf, mit Blick weg von vorherrschenden Winden und starker Sonne. Nistkästen mit offener Vorderseite sollten in ein Dickicht gesetzt werden.

RECHTS: *Vögel fressen viele Insekten und sind in jedem Fall lohnende Gartenbewohner.*

### Igel

- Igel sind beliebte Gartenbewohner, die Schnecken, Raupen, Käfer und andere Insekten verspeisen. Im Gegensatz zur landläufigen Ansicht sollten Igel nicht mit Milch gefüttert werden. Geben Sie ihnen lieber Katzen- oder Hundefutter. Wenn Sie dieses Futter im Herbst im Garten auslegen, können Sie Igel anlocken, da sie zu dieser Zeit Fettpolster für ihren Winterschlaf anlegen.
- Spezielle Igelhäuser können gekauft oder selbst gebaut und unter Hecken oder Sträuchern aufgestellt werden. Bevor Sie ein Feuer im Garten anzünden, sollten Sie sich stets zuvor vergewissern, dass sich keine Igel für ihren Winterschlaf unter dem zu verbrennenden Material niedergelassen haben. So kommen jedes Jahr viele Igel ums Leben. Wenn Sie einen Teich besitzen, lehnen Sie auf der einen Seite ein grobes Stück Holz als Leiter an, da Igel in Teichen mit steilen Ufern ertrinken können.

OBEN: *Igel sind fantastische mobile Schneckenbekämpfer.*

### Würmer

- Der bescheidene Wurm ist ein wichtiges Geschöpf im Garten. Die von Würmern exkretierten Erdhäufchen verleihen dem Boden ausgezeichnete Struktur und düngen ihn, und Wurmlöcher helfen bei der Dränage und Belüftung des Bodens. Wenn Sie Vögel in den Garten locken möchten, brauchen Sie natürlich auch Würmer. Fördern Sie die Würmeraktivität, indem Sie den Boden feucht und kompostiert halten und ihn nach Möglichkeit reichlich mit organischen Substanzen anreichern. Auch Kalk fördert Ihre Wurmbevölkerung, da sie leicht alkalische Böden mögen.

OBEN: *Eine gewöhnliche Langohrfledermaus hängt schlafend an einem Ast.*

### Fledermäuse

- Viele mögen sie zwar nicht, aber Fledermäuse erfüllen nützliche Funktionen, so dass es sich durchaus lohnt, sie im Garten heimisch zu machen. Sie fressen riesige Mengen fliegender Schädlinge, zum Beispiel Blattläuse und Mücken. Viele Fledermausarten nehmen in ihrer Zahl immer weiter ab. Wenn Sie ihnen also günstige Brut- und Überwinterungsstellen in Ihrem Garten geben, tun Sie daher eine gute Tat.
- Fledermäuse lassen sich nicht leicht anlocken, denn sie haben sehr spezifische Anforderungen. Aber Sie könnten versuchen, einen Fledermauskasten an einem geeigneten Platz aufzustellen, und abwarten, ob Fledermäuse kommen und darin nisten. Im Idealfall stellen Sie zwei Nistkästen auf – einen mit Südlage für den Sommer und einen mit Nordlage für den Winterschlaf – beide mindestens 1,5 m, vorzugsweise aber 5 m über dem Boden. Hängen Sie sie an einen Baumstamm oder unter die Dachtraufen des Hauses.

OBEN: *Schneiden Sie unerwünschtes Wachstum mit einer Gartenschere zurück, statt ein chemisches Herbizid einzusetzen.*

## DER ORGANISCHE ANSATZ ZU SCHÄDLINGEN UND KRANKHEITEN

WIE bereits beschrieben, sieht der organische Gärtner die Flora und Fauna in seinem Garten ganzheitlich. Er will nicht einfach alle Tiere mit gefährlichen Chemikalien töten. Wenn Nützlinge in den Garten gebracht werden, können diese die Vermehrung einiger Schädlinge auf natürliche Art beschränken. Eine gute Bodenpflege und allgemein gute Pflanzenpflege fördern ein gesundes Pflanzenwachstum, so dass die Pflanzen auch gegenüber Krankheiten resistenter werden.

- Eine sehr faszinierende Entwicklung der jüngeren Zeit besteht darin, dass Begleitpflanzen immer breitere Akzeptanz als wertvolles Instrument des Gartenbaus finden. Diese Praxis ist zwar seit Jahrhunderten bekannt, doch erst vor kurzem gewann sie Bedeutung als nützliche Gartentechnik und wird nicht mehr als merkwürdige Mischung aus Folklore und Mythos gesehen.

### Begleitpflanzen

- Seit langem pflanzt man bestimmte Pflanzenkombinationen wegen ihrer speziellen vorteilhaften Wirkung, und es ist ein immer stärker werdender Trend zu verzeichnen, Schädlinge und Krankheiten nicht mehr mit Chemikalien zu behandeln. So interessiert man sich heute stärker für diesen faszinierenden Bereich der Gartenpflege.
- Der organische Ansatz betrachtet im Allgemeinen den Garten als Ganzes, die gesamten komplexen Wechselbeziehungen der Natur werden akzeptiert, genutzt und maximiert, während auf der anderen Seite gleichzeitig negative Einflüsse minimiert werden. Das Konzept der Begleitpflanzung hat sich aus dieser Betrachtungsweise entwickelt und wirkt auf verschiedene Weise.
- Einige Pflanzen vertreiben unerwünschte Insekten oder locken sie von bestimmten anderen Pflanzen weg. Ringelblumen beispielsweise halten weiße Fliegen ab und stehen daher häufig in der Nähe von Pflanzen, die leicht von weißen Fliegen befallen werden (wie Tomaten in Gewächshäusern). Ringelblumen sind heutzutage vor allem als Begleitpflanzen bekannt, die wegen ihrer langen Blütezeit geschätzt werden und wegen ihrer Fähigkeit, Älchen zu töten und Schädlinge abzuwehren.
- Einige Pflanzen helfen einander direkt, indem sie Schutz vor der Witterung bieten, oder indirekt, indem ihre Wurzeln und Blätter zuträgliche Sekrete abgeben. Einige Wurzeln geben beispielsweise Substanzen ab, durch die sie unattraktiv für Schädlinge werden, und diese nützliche Eigenschaft kann durch den Boden auf benachbarte Pflanzen übertragen werden. Manche Pflanzen können dem Boden helfen, so zum Beispiel Hülsenfrüchte, die Stickstoff abgeben, der dann wiederum von anderen Pflanzen aufgenommen werden kann.
- Während einige Pflanzen in gutem nachbarschaftlichem Verhältnis zueinander stehen, sind sich andere Pflanzenkombinationen spinnefeind. Dies ist zum Beispiel der Fall, wenn sich Pflanzen gegenseitig überschatten und somit eine Keimung verhindern, wenn sie sich die Bodennährstoffe stehlen oder wachstumshemmende Wurzelsekrete abgeben. Die Lehre der Begleitpflanzung hat derartige unerwünschte Beziehungen erkannt und vermag sie auf ein Minimum zu reduzieren.

### Organische Bekämpfung von Schädlingen und Krankheiten

- Sie erwarten vielleicht, dass dieser Abschnitt die Form einer Liste selbst gemachter Gebräue zur alternativen Schädlings- und Unkrautbekämpfung annimmt. Aber der organische Ansatz ist weiter gefasst als das schlichte Ersetzen von Chemikalien durch „natürliche" Rezepturen.

- Die organische Gartenpflege konzentriert sich auf eine allgemein gesunde, langfristige Vorgehensweise. Sie bietet keine schnellen Lösungen für Gartenprobleme, wie es uns die Hersteller als die Norm weismachen wollen. Der organische Gartenbesitzer sorgt für optimale Wachstumsbedingungen für die Pflanzen und fördert so eine natürliche Gesundheit der Pflanzen und Widerstandskraft gegen Krankheiten. Auch gute Hygienepraktiken und die Wahl von krankheitsresistenten Sorten halten Krankheiten in Schach.
- Der Fruchtwechsel ist ein anerkannter Weg, um Pflanzen vor Schädlingen und Krankheiten zu schützen. Auch mechanische Methoden tauchen im organischen Lexikon der Schädlingsbekämpfung auf. Dazu zählen beispielsweise physische Hindernisse für die Schädlinge, wie z. B. der Schutz von Nutzpflanzen durch Netze, um Vögel fern zu halten. Oder pflücken Sie einfach die Schädlinge ab (wie z. B. Raupen von Kohlpflanzen).

RECHTS: *Das manuelle Herausziehen von Unkraut ist zwar mühsam aber auch wirksam, vor allem bei mehrjährigen Unkräutern, die durch Hacken nicht entfernt werden.*

## ANFERTIGEN VON TÖPFEN FÜR OHRWÜRMER

*Die traditionelle Ohrwurmfalle ist nicht besonders hübsch, aber sie wirkt! Sie zieht Ohrwürmer an und hält sie gefangen, die sonst besonders empfindliche Pflanzen wie Dahlien befallen würden. In der Rabatte eines Cottage-Gartens können die strohgefüllten Töpfe sogar besonders rustikal wirken. Eine unauffälligere Möglichkeit besteht darin, Stücke aufgerollter Zeitung auf dem Boden rund um den Fuß empfindlicher Pflanzen zu legen. Jede Falle muss täglich geprüft und geleert werden.*

**1** *Für die traditionelle Falle stopfen Sie einen Blumentopf mit Stroh voll.*

**2** *Drehen Sie den Topf auf den Kopf und stecken Sie ihn auf einen Rohrstock in die Rabatte. Überprüfen Sie die Falle jeden Tag und entsorgen Sie alle Ohrwürmer, die sich dort über Nacht eingenistet haben.*

# ZYLINDRISCHES PFLANZGEFÄSS IM SCHORNSTEINSTIL

**Dieses elegante Pflanzgefäß begann einmal erheblich weniger ziervoll – als orangefarbenes Kunststoffschnäppchen aus einem Billigladen. Durch eine einfache Streichtechnik können Sie das Terracotta-Imitat in ein täuschend echtes Blei-Finish verwandeln, das Pflanzen herrlich ergänzt.**

## WERKZEUG UND MATERIALIEN

- Schleifpapier mittlerer Körnung
- Zylindrisches Pflanzgefäß aus Kunststoff im Schornsteinstil
- Sprühdose mit weißem Akryl-Voranstrich
- Mattierte Emulsionsfarbe in Weiß und Holzkohlengrau
- Pinsel
- Akryl-Vertreibglasur
- Plastikkarton
- Akryl-Sprühlack für Außenanstriche, in mattem oder satiniertem Finish

*1 Schmirgeln Sie das Pflanzgefäß aus Kunststoff gründlich mit dem Schleifpapier mittlerer Körnung ab, so dass die Farbe später halten kann. Arbeiten Sie in einem gut durchlüfteten Bereich, besprühen Sie das Gefäß gleichmäßig mit weißem Voranstrich – überall außen und am oberen inneren Rand.*

1

*2 Wenn der erste Voranstrich ausreichend getrocknet ist (für die Trocken- und erneuten Anstrichzeiten beachten Sie die Herstelleranweisungen),*

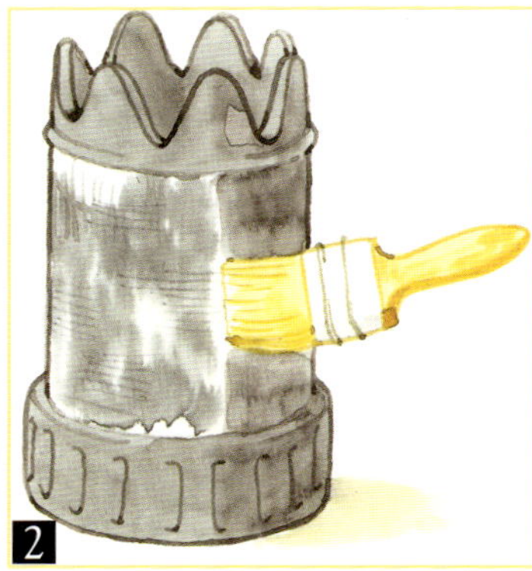

2

*tragen Sie eine zweite Schicht mit dem weißen Akryl-Voranstrich auf – ausreichend, um das Gefäß gleichmäßig zu bedecken. Lassen Sie sie vollständig trocknen – wenn möglich über Nacht.*

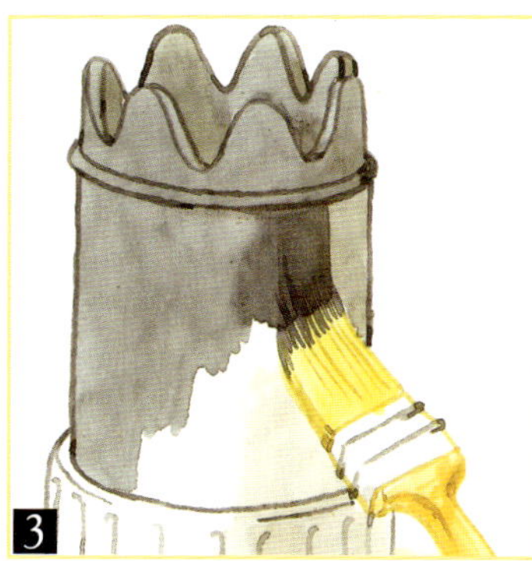

3

*3 Streichen Sie den Pflanzbehälter gleichmäßig mit holzkohlengrauer Emulsionsfarbe und lassen Sie ihn mindestens drei Stunden lang trocknen.*

*4 Geben Sie etwas Akryl-Vertreibglasur in einen Kunststoffbehälter und geben Sie ein wenig weiße Emulsionsfarbe hinzu. Fügen Sie Wasser hinzu, bis die Glasur flüssig und milchig ist. Streichen Sie die Glasur schnell über das Pflanzgefäß, so dass sie ungleichmäßig an den Flächen hinunterlaufen kann. Die entstehenden Flecken sind mattiert an einigen Stellen und wässrig transparent an anderen. Waschen Sie mit etwas Wasser unregelmäßig über die Glasur. Achten Sie aber darauf, dass Sie die Glasur an den Stellen, an denen sie natürliche Muster bildet, nicht entfernen. Lassen Sie sie mehrere Stunden lang trocknen.*

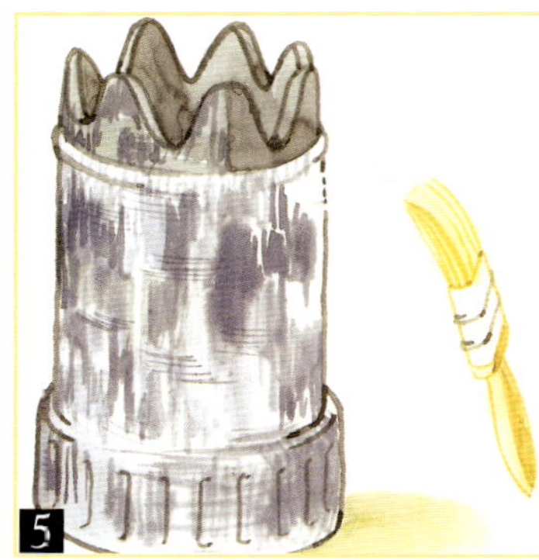

5

*5 Geben Sie mehr von der Glasur auf einige Stellen des Pflanzgefäßes, um den Eindruck alter Salzverkrustungen zu geben. Geben Sie Wasser hinzu, um harte, unnatürliche Linien aufzuweichen. Spritzen Sie Glasur willkürlich über Bereiche des Pflanzgefäßes, so dass es noch verwitterter wirkt. Lassen Sie es dann gründlich – möglichst über Nacht – trocknen.*

*6 Beenden Sie die Arbeit am Pflanzgefäß in einem gut durchlüfteten Bereich. Besprühen Sie es mit Akryllack. Tragen Sie den Lack in mehreren Schichten auf, und halten Sie sich bei den Trocken- und erneuten Auftragungszeiten an die Anweisungen des Herstellers.*

# BEPFLANZTER EIMER

**Metall wirkt in Verbindung mit Pflanzen sehr gut und sieht auch verwittert sehr ansprechend aus. Für eine Party können Sie diesen hängenden Eimer beispielsweise mit Schnittblumen füllen, die Sie in einen Floristenschwamm stecken. So beleben Sie die Gartenwand vorübergehend, und später können Sie den Eimer dann für eine dauerhaftere Dekoration bepflanzen. Das Objekt ist umweltverträglich und hübsch, denn nach seinem ersten Einsatz als Kerzenhalter wurde der Eimer zu diesem Pflanzgefäß recycelt.**

## WERKZEUG UND MATERIALIEN

- Hammer
- Langer Nagel
- Kleiner verzinkter Eimer
- Dübel und Schraube für Mauerwerk bzw. Holzschraube je nach Material
- Schraubendreher
- Pflanzen und Kompost oder Schnittblumen und Floristenschwamm

*1 Stechen Sie mit einem Hammer und einem langen Nagel ein Loch in die Seite des verzinkten Eimers kurz unterhalb des Randes, damit Sie den Eimer später aufhängen können.*

*2 Stechen Sie ebenso Entwässerungslöcher in den Eimerboden.*

1

2

3

*3 Hängen Sie den Eimer auf. Benutzen Sie angemessene Befestigungen – Dübel und Schraube für Mauerwerk bzw. nur eine Schraube für Holz wie in unserem Beispiel.*

*4 Bepflanzen Sie den Eimer oder arrangieren Sie Schnittblumen in einem gut mit Wasser durchtränkten Floristenschwamm. So erhalten Sie ein farbenfrohes Dekor, das einige Tage hält.*

# DIE RICHTIGE PFLANZENWAHL

**Die Wahl der geeigneten Pflanzen für Ihren Garten muss nicht verwirrend sein. Beachten Sie lediglich die folgenden einfachen Grundsätze:**

Die Anforderungen einer Pflanze im Garten hängen davon ab, wo sie in der freien Natur vorkommt. Wenn eine Pflanze beispielsweise den harten Alpenboden mag, wird sie eine bewaldete Umgebung nicht vertragen.

Testen Sie stets den Boden in verschiedenen Bereichen Ihres Gartens, bevor Sie Pflanzen wählen, und kaufen Sie stets gesunde Exemplare – verkümmerte Pflanzen erreichen nicht ihr volles Potenzial. Seien Sie sich auch bewusst, dass Pflanzen schnell über den für sie vorgesehenen Platz in einer Rabatte hinauswachsen können.

Wenn Sie diese Grundsätze konsequent beachten, können Sie bei Ihrer Pflanzenwahl eigentlich kein Pech haben.

# PFLANZENNAMEN

**Die alten Griechen und Römer begannen vor über 2.000 Jahren damit, Pflanzen zu klassifizieren. In den europäischen Klöstern und Universitäten, in denen diese Arbeit fortgesetzt wurde, war Latein die allgemein verbreitete Sprache. Jahrhundertelang wurden daher einzelne Pflanzen mit lateinischen Namen bezeichnet. Jede Pflanze musste durch einen langen Satz identifiziert werden. Die wissenschaftlichen Bezeichnungen waren aber schwerfällig und in den verschiedenen Teilen der alten Welt nicht einheitlich, so dass es viele Missverständnisse gab. Auch die gebräuchlichen Namen für Pflanzen waren nicht eindeutig. Eine Pflanze kann an verschiedenen Orten anders genannt werden, und umgekehrt können mit einem Namen mehrere verschiedene Pflanzen gemeint sein.**

## DAS BINOMINALE SYSTEM

Im 18. Jahrhundert entwickelte der schwedische Naturforscher Carl Linnaeus (1707 – 1778) ein System zur methodischen Benennung und Klassifizierung aller Lebewesen „von Büffeln bis zu Butterblumen". Sein System, das binominale System, bestand aus zwei Namen für jede Pflanze.

- Seitdem wurde das Linnaeische Klassifizierungssystem von Wissenschaftlern weiterentwickelt. Sie teilten das gesamte Pflanzenreich in einen „Stammbaum", an dem die botanischen Merkmale jeder Pflanze zu erkennen sind. Mittlerweile gibt es internationale Regeln für Pflanzenbezeichnungen.
- Linnaeus ordnete die Pflanzen verschiedenen „Familien" zu und teilte die einzelnen Familien dann in kleinere Gruppen, die so genannten Gattungen (*Genera* – oder *Genus* im Singular).

### Pflanzenfamilien

- Alle blühenden Pflanzen werden je nach der Struktur ihrer Blüten bestimmten Familien zugeordnet. Der Familienname beginnt stets mit einem Großbuchstaben und endet in -aceae oder -ae. Rosaceae beispielsweise ist die Rosenfamilie; Ranunculaceae ist die Familie der Hahnenfußgewächse; Liliaceae ist die Familie der Lilien; und zur Familie der Umbelliferae gehören Pflanzen mit Trauben kleiner Blüten wie der Gemeine Kerbel oder Angelika.

### Gattung und Art

- Jede Pflanzenfamilie wird dann in kleinere Gruppen, die Gattungen (Genus (sg.), Genera (pl.)) unterteilt. Das binominale (d. h. zwei Namen) System gibt jeder Pflanze einen aus zwei Wörtern zusammengesetzten Namen. Das erste Wort bezeichnet die Gattung, wie z. B. *Ilex* (Stechpalme).
- Das zweite Wort ist der spezifische Name, die Art. Er entspricht dem Vornamen einer Person. So zum Beispiel

RECHTS: *Ein Gemälde von zwölf Stiefmütterchen und Veilchen von Joachim Camerarius d. J. (1589). Er nannte sie „Kleine Tag- und Nachtblumen" – Linnaeus entwickelte sein binominales System der botanischen Namen erst im 18. Jahrhundert.*

OBEN: *Eine Reihe moderner Stiefmütterchen (*Viola wittrockiana*) wachsen zusammen mit Lavendel vor einer beschnittenen Ligusterhecke.*

*aquifolium*, was „spitzblättrig" bedeutet. *Ilex aquifolium* ist daher der Name für die übliche Stechpalme und bedeutet „Stechpalme mit spitzen Blättern", während *Ilex platyphylla* „Stechpalme mit breiten Blättern" bedeutet. Im binominalen System beginnt der Gattungsname stets mit einem Großbuchstaben, der zweite Name, die Art, die nur für diese Pflanze gilt, beginnt mit einem kleinen Buchstaben.

❀ Eine Pflanze kann nach dem Entdecker benannt werden, der diese Pflanze zuerst in der freien Natur fand und sie in die Zivilisation mitbrachte. So ist beispielsweise *Dicksonia antarctica* nach James Dickson benannt, der diese Pflanze in der Antarktis entdeckte.

❀ Unterart oder Subspezies (mit „Subsp." gekennzeichnet) weist auf eine bestimmte Variante einer Art hin, die meist an eine bestimmte Region angepasst wurde.

## Kulturvarietät

❀ Viele Pflanzen unterscheiden sich von der normalen Artform. Sie haben sich vielleicht durch eine Mutation natürlich im Garten entwickelt oder wurden durch Züchtung, Bestrahlung oder mit Hilfe von Chemikalien in ihrer jetzigen Form geschaffen.

❀ In der freien Natur wurden solche Pflanzen früher als Varietät bezeichnet, und wenn sie vom Menschen bewusst geschaffen wurden als Kulturvarietät (oder Kulturrasse). Neuerdings werden alle Varietäten als Kulturvarietäten oder -rassen bezeichnet. Die Bezeichnung für die Kulturvarietät folgt auf den Artennamen, beginnt mit einem Großbuchstaben und wird in einfache Anführungszeichen gesetzt. So ist *Rosa rugosa* ‚Blanche Double de Coubert' beispielsweise eine weißblütrige *Rugosa*-Rose, und *Rosa rugosa* ‚Frau Dagmar Hastrup' hat rosafarbene Blüten.

## Hybriden

❀ Hybriden sind Pflanzen, die durch die Kreuzung von zwei verschiedenen Elternpflanzen entstehen. Meist werden zwei Arten der gleichen Gattung gekreuzt, da sie eng miteinander verwandt sind. So ist *Viburnum* × *bodnantense* beispielsweise eine Kreuzung aus den beiden Arten *Viburnum farreri* und *Viburnum grandiflorum*. Es gibt aber auch Kreuzungen von Arten verschiedener Gattungen, wie z. B. die sehr kräftige × *Cupressocyparis leylandii*, die aus den Gattungen *Chamaecyparis* und *Cupressus* entstand.

❀ Aufgrund der Hybridisierung und Selektionsprozesse sind viele Kulturvarietäten mit ähnlichen Merkmalen entstanden. Aus praktischen Gründen werden diese häufig in Gruppen oder Reihen zusammengefasst, wie z. B. Delphinium Pacific-Hybriden oder die Elatum-Gruppe.

LINKS: *Ein zartes Aquarell der breitblättrigen* Anemone hortensis *aus einer botanischen Zeichnung von 1795.*

## NAMENSÄNDERUNGEN

MITUNTER lassen sich Namensänderungen nicht vermeiden, auch wenn dies für Gärtner sehr verwirrend ist. Es kann verschiedene Gründe für eine Namensänderung geben. Die Pflanze wurde falsch identifiziert oder ein früherer Name für diese Pflanze wurde entdeckt, in welchem Fall der internationale Code die Verwendung des früheren Namens vorschreibt. Ein weiterer Grund ist, dass zwei Pflanzen möglicherweise denselben Namen erhalten haben.

- Es ist wichtig, den korrekten Namen einer Pflanze zu kennen, da zwei verschiedene Arten einer Gattung sehr unterschiedliche Merkmale aufweisen können.
- Nehmen wir einmal die Wolfsmilchfamilie (*Euphorbia*). Diese Pflanzen entwickeln ungewöhnliche Blüten und üppiges Blattwerk und eignen sich daher besonders für dekorative Effekte oder als Hintergrundblattwerk im Garten.
- Aber Sie müssen die richtige Art wählen. *Euphorbia wulfenii* ist eine große, strauchähnliche und sehr winterharte Pflanze, die eine Kuppel großer gelber Blütenköpfe entwickelt und bis zu 1,5 m groß wird. Sie wirkt phantastisch als strukturelles Element, während *E. myrsinites* nur 15 cm hoch wird und *E. obesa* eine zarte, kugelförmige Sukkulente ist, die im Gewächshaus gehalten werden muss.

## LATEINISCHE NAMEN UND IHRE BEDEUTUNG

VIELE Gattungsnamen und eine noch größere Anzahl von Artenbezeichnungen haben eine bestimmte Bedeutung, die bei ihrer Identifizierung hilft.

RECHTS: *Dieses detaillierte Aquarell zeigt eine Waldanemone (*Anemone sylvestris*), die zuerst in einer botanischen Fachzeitschrift aus dem Jahr 1796 abgedruckt wurde.*

### Gattungsnamen

- Gattungsnamen erinnern manchmal an Götter und Helden der Antike oder an berühmte Botaniker. *Achillea* (Garbe) wurde beispielsweise nach dem Krieger Achilles benannt, der von einem Pfeil in die Ferse getroffen wurde; Daphne war eine vom Sonnengott Apollo begehrte Jungfrau; Iris war die Göttin des Regenbogens. All diese Namen sind der klassischen Literatur entnommen.
- Nach berühmten Botanikern benannt sind beispielsweise *Aubrieta* nach Claude Aubriet (1668 – 1743), einem französischem Botanikkünstler; *Clarkia* nach William Clark (1770 – 1838), einem amerikanischen Forscher; *Dahlia* nach Anders Dahl (1751 – 1789), einem schwedischen Botaniker; *Magnolia* nach Pierre Magnol (1638 – 1715), einem französischen Arzt und Botaniker; *Mahonia* nach Bernard McMahon (1775 – 1816), einem irisch-amerikanischen Pflanzenzüchter; *Nicotiana* nach Jean Nicot (1530 – 1600), einem französischen Reisenden; *Rudbeckia* nach Olaf Rudbeck (1660 – 1740), einem schwedischen Botaniker; *Saintpaulia* nach Baron Walter von Saint Paul-Illaire (1860 – 1910), einem deutschen Reisenden; und *Tradescantia* nach John Tradescant (ca. 1570 – 1638), dem Gärtner des englischen Königs Charles I.

### Artennamen

- Die Artennamen können noch aussagekräftiger sein. Sie können Personen ehren, die eine direkte Verbindung zu der Pflanze hatten. Häufig wurde eine Pflanze nach ihrem Entdecker benannt, der sie sammelte, oder nach dem Pflanzenzüchter, der sie vermehrte und auf den Markt brachte.
- *Darwinii* nach dem Gattungsnamen einer Pflanze erinnert daher an den englischen Wissenschaftler Charles Darwin (1809 – 1882); *douglassii* bezeichnet David Douglas (1798 – 1834), einen Schotten, der in Nordamerika viele Nadelgehölze sammelte; *farreri* erinnert an den englischen

LINKS: *Scharlachroter Mohn (*Papaver rhoeas*) aus einem Buch mit dem Titel* Wild Flowers *(Wildblumen) von F. Edward Hulme, 1894 veröffentlicht.*

Sammler und Autor Reginald J. Farrer (1880 – 1920); *fortunei* steht für den schottischen Sammler Robert Fortune (1812 – 1880); *veitchii* bezeichnet die englische Pflanzenzüchterfamilie Veitch, die zwischen 1808 und 1914 in Exeter und London operierte und verschiedene erfolgreiche Pflanzenentdecker finanziell unterstütze; *willmottiae* steht für Ellen Mary Willmott (1860 – 1934), eine englische Gärtnerin; und *wilsonii* für Ernest Henry („Chinese") Wilson (1878 – 1931), einen englischen Sammler und Botaniker.

❀ Einige Namen beziehen sich auf den geographischen Bereich, aus dem die Pflanze ursprünglich stammt. Allerdings sind diese Namen nicht immer zuverlässig. Botaniker machen manchmal Fehler. Beispielsweise stammen einige Pflanzen, die ursprünglich als japanisch (*japonica*) beschrieben wurden, eigentlich aus China.

❀ Linnaeus sah indisch (*indica*) und chinesisch (*sinensis*) als praktisch identisch an. Zu den häufig verwendeten geographischen Namen zählen *cambricus* (Cambria oder Wales), *capensis* (Kap der guten Hoffnung), *damascenus* (Damaskus), *gallicus* (Gallien oder Frankreich), *hispanicus* (Spanien), *lusitanicus* (Portugal) und *neopolitanus* (Neapel).

❀ Hunderte weiterer Namen beschreiben einfach Aspekte der Pflanze. Einige gebräuchliche Beispiele sind in der Tabelle unten aufgeführt. Die meisten dieser Namen sind lateinische Beschreibungen.

LINKS: *Diese farbenfrohen isländischen Mohnblumen tragen den lateinischen Namen* Papaver nudicaule, *was soviel heißt wie „Mohn mit nacktem Stängel".*

## BESCHREIBENDE LATEINISCHE ARTENNAMEN

| | | | |
|---|---|---|---|
| *acaulis* | stiellos | *lacteus* | milchweiß |
| *albus* | weiß | *maculatus* | gepunktet |
| *amoenus* | angenehm | *meleagris* | gefleckt |
| *argenteus* | silbrig | *nanus* | Zwerg |
| *atropurpureus* | dunkles Purpur | *niger* | schwarz |
| *azureus* | himmelblau | *nivalis* | schneeweiß |
| *baccatus* | beerentragend | *occidentalis* | westlich |
| *caeruleus* | dunkelblau | *parviflorus* | mit kleinen Blüten |
| *citriodorus* | mit Zitronenduft | *plumosus* | federartig |
| *cordatus* | herzförmig | *reptans* | kriechend |
| *coronatus* | gekrönt | *saggitifolius* | mit pfeilartigen Blättern |
| *dentatus* | gezähnt | *scandens* | kletternd |
| *farinosus* | mehlig | *sinensis* | chinesisch |
| *flavus* | gelb | *speciosus* | auffallend |
| *floribundus* | üppige Blüten | *spinosus* | stachelig, dornig |
| *fruticosus* | strauchartig | *tomentosus* | wollen |
| *fulgens* | glänzend | *tortuosus* | sehr verschlungen |
| *glaber* | glatt | *uliginosus* | aus sumpfigen Gebieten |
| *gladiatus* | schwertartig | *venustus* | hübsch |
| *hybridus* | gemischt | *vernalis* | Frühlings- |
| *japonicus* | japanisch | *viridis* | grün |

# DIE RICHTIGE PFLANZPOSITION

**In der freien Natur haben sich Pflanzen an den Boden und das Klima der Regionen angepasst, in denen sie wachsen. Wenn Sie Pflanzen in einer Umgebung kultivieren möchten, in der sie nicht natürlich vorkommen, müssen Sie versuchen, ihnen ihre gewohnten Bedingungen zu bieten, sonst sterben die Pflanzen. Viele Tropen- oder Wüstenpflanzen überleben in einem gemäßigten Klima nicht im Freiland. Andere Pflanzen sind möglicherweise ziemlich winterhart und können Kälte bis zu einem gewissen Grad vertragen, aber ein harter Frost tötet auch sie.**

## KLIMATISCHE ANPASSUNGEN

IN WARMEN gemäßigten Regionen wie dem Mittelmeerraum haben es die Pflanzen gelernt, auch auf schlechtem Boden und bei mangelnder Feuchtigkeit in den Sommermonaten zu überleben. Sie besitzen häufig silbrige Blätter. Das heißt, die Blätter sind mit winzigen Härchen übersät (und schimmern daher silbrig), die die Pflanze vor der Sonne schützen.

❀ In den Tropen fehlt es den Pflanzen nicht an Wasser, und es ist das ganze Jahr über warm. Die Pflanzen treiben daher das ganze Jahr über, und Knospen, Blüten und Früchte sind alle gleichzeitig an ein und derselben Pflanze zu beobachten. Sukkulenten oder Kakteen sind andererseits an staubtrockene Wüsten gewöhnt. Sie haben ihre Stiele zu geraden Wasserspeichern entwickelt und ihre Blätter zu Dornen reduziert, so dass sie sehr wenig Feuchtigkeit durch die Poren verlieren.

OBEN: *Eine niedrige Bank präsentiert eine Gruppe interessanter kleiner Sukkulenten in Terracotta-Töpfen.*

❀ Zwischen den sehr warmen und kalten Regionen mit ständigem Frost liegen die gemäßigten Zonen, in denen die meisten Pflanzen ihr Laub abwerfen. Pflanzen, die sich in gemäßigten Klimazonen entwickelt haben, haben es gelernt, mit den sehr unterschiedlichen Bedingungen zu den verschiedenen Jahreszeiten fertig zu werden. Sie wachsen, wenn das Wetter warm ist, und verfallen in einen Ruhezustand, wenn es kalt wird. Laubabwerfende Bäume verlieren ihre Blätter über den Winter und halten Winterschlaf, immergrüne Pflanzen halten in ihrem Wachstum inne, und mehrjährige Pflanzen sterben völlig ab, wobei sie ihre Keime unterirdisch schützen und neue Triebe erst im nächsten Frühling zum Vorschein bringen.

LINKS: *Eine sonnige Bank umgeben von Sukkulenten, darunter eine imposante Agave und Töpfe mit kleineren Fettpflanzen.*

## WINTERHÄRTEZONEN

Wie winterhart eine Pflanze ist, hängt von den niedrigsten Temperaturen ab, die sie vertragen muss. In den USA, wo sehr kalte Winter häufig auftreten, wurden vom Arnold Arboretum der Harvard University Winterhärtezonen für Pflanzen festgelegt (das sind Zonen mit einer beständigen, jahresdurchschnittlichen Mindesttemperatur).

- Die Zonen werden durchnummeriert und die Pflanzen entsprechend gekennzeichnet (z. B. „Winterhart bis zu Zone 9“). Das bedeutet, dass diese Pflanze bei durchschnittlichen Mindesttemperaturen im Jahr zwischen 6 °C und 1 °C überleben würde. Eine ähnliche Karte wurde für Europa erstellt.

OBEN: *Frost kann die Samenkapseln und Stiele im Winter in geheimnisvolle und ansprechende Formen voller Magie und wie von Puderzucker überzogen verwandeln.*

### Lokale Klimata

- In jeder Zone gibt es Bereiche mit milderem oder extremerem Klima. Die lokalen Bedingungen können sehr unterschiedlich ausfallen, und die Höhenlage spielt eine wichtige Rolle. Die Temperatur fällt spürbar mit jedem 100 m-Höhenanstieg. Unerwarteter Frost kann neue Schösslinge vernichten, die einen strengen Winter überstanden haben, und schlafende oder sogar winterharte Pflanzen können durch Frost geschädigt werden.
- Verschiedene Aspekte können das Klima in einem spezifischen Garten bestimmen. Das Klima in einer Stadt kann erheblich wärmer sein als auf dem umgebenden Land, so dass mehr empfindliche Pflanzen kultiviert werden können. Auch die Lage ist wichtig, d. h. nach Norden oder Süden, auf einem Hügel oder am Fuß eines Hügels.
- Hänge mit Südlage sind spürbar wärmer als solche mit Nordlage und bringen bereits im frühen Frühling Wachstum hervor. In einer Mulde muss stets mit Frost gerechnet werden. Die Stille der geschützten Luft erhöht die Frostgefahr, und ein scheinbar geschützter Winkel des Gartens kann in Wirklichkeit sehr gefährdet sein. Wenn Wind auf eine feste Wand trifft, erreichen die komprimierten Böen eine sehr hohe Geschwindigkeit und können Pflanzen schädigen.

LINKS: *Auch ohne Blätter ist die Form laubabwerfender Bäume häufig sehr interessant. Die Blätter dieses* Acer palmatum *‚Oshio Beni‘ (Fächerahorn) werden leuchtend rot, bevor sie abfallen.*

## DIE RICHTIGE PFLANZE FÜR DEN BODEN

Die Gartenerde sollte fruchtbarer, gut dränierter Lehmboden sein, der Feuchtigkeit gut speichern kann. Böden haben ihre eigenen Merkmale, die für einige Pflanzen ideal sind, nicht aber für andere. Einige Böden sind sehr tonhaltig und reich an Nährstoffen, wärmen sich aber im Frühjahr nur langsam auf; andere sind sandig und lassen sich problemlos bearbeiten, aber Wasser und Nährstoffe werden in diesem Bodentyp schnell ausgespült; und wieder andere können hingegen für viele Pflanzen zu sauer sein.

❀ Der Boden kann durch organische Substanzen erheblich verbessert werden; der Grundtyp bleibt jedoch der gleiche. Sie werden es erheblich einfacher finden, Pflanzen zu ziehen, die dem Boden in Ihrem Garten entsprechen, statt zu versuchen, die Bodenbeschaffenheit grundlegend zu ändern, damit er zu den gewünschten Pflanzen passt.

## DER IDEALE BODEN

Der ideale Boden besteht zu 22 Prozent aus Wasser, 20 Prozent aus Salz, 20 Prozent aus Luft, 15 Prozent aus Schlick, 10 Prozent aus Ton, 8 Prozent aus „nicht verfügbarem Wasser“ (d. h. im Boden gebundenes Wasser, das die Pflanze nicht nutzen kann) und zu 5 Prozent aus organischen Substanzen. Die Bodenstruktur bezeichnet, wie sich der Boden bei der Berührung oder beim Umgraben anfühlt. Die Bodenstruktur wird durch das Grundgestein bestimmt, aus dem der Boden besteht und das nicht geändert werden kann, sowie dadurch, wie die Teilchen im Boden zusammengehalten werden. Dies wirkt sich wiederum darauf aus, ob die Pflanze die Luft, das Wasser und die Nährstoffe aufnehmen kann, die im Boden gespeichert sind. Die Bodenstruktur kann durch Hinzufügen organischer Substanzen, durch gute Entwässerung und Umgraben im Herbst verbessert werden, was ein Aufbrechen der Klumpen in schweren Böden während des Winters ermöglicht. Es ist überraschend, welchen Unterschied organische Substanzen für fast jeden Bodentyp machen können.

### Lehmiger Boden

Lehmige Böden fühlen sich kalt und schwer an und können in der Hand geformt werden. Häufig sind sie sehr fruchtbar, aber sie sind auch schwer, und Wasser kann sich im Boden stauen. Sie wärmen sich im Frühjahr nur langsam auf und können nass sehr kompakt werden, so dass sich eine Kruste an der Oberfläche bildet, die weniger Luft an die Wurzeln und Samen dringen lässt. Pflanzen aus heißen und trockenen Gegenden gedeihen nicht in Lehmboden, es sei denn, er wurde durch Sand, Kies und organische Substanzen erheblich verbessert. In lehmigen Böden gedeihen Taglilien (*Hemerocallis*), Rosen, Astilben und Pfingstrosen besonders gut.

### Sandige Böden

Ein leichter, gut dränierter und leicht zu bearbeitender Sandboden wärmt sich im Frühjahr schnell auf und bietet Pflanzen dadurch eine gute Ausgangsposition. Die Nachteile sind das zu schnelle Ablaufen des Wassers und das möglicherweise beschleunigte Absickern von Mineralstoffen. Mittelmeerpflanzen und viele Kräuter gedeihen gut in sandigem Boden.

### Torfböden

Sehr dunkelbraune und häufig saure Böden, die nicht sehr fruchtbar und häufig schlecht dräniert sind. Rhododendren und Heidekrautgewächse gedeihen in diesen Böden.

### Schlickartige Böden

Diese Böden fühlen sich bei Berührung samtartig an, ohne zu haften, und sie lassen sich in gewissem Maße in der Hand formen. Der Boden ist mäßig fruchtbar und speichert weniger Wasser als lehmige Böden, wird aber leicht kompakt und bildet eine harte Kruste, die verhindern kann, dass Wasser und Luft bis an die Wurzeln der Pflanzen gelangen.

lehmiger Boden

sandiger Boden

Torfboden

schlickartiger Boden

OBEN: *Viele Waldpflanzen bevorzugen Torfböden oder saure Böden. Hier stehen Rhododendren neben säureliebenden Pflanzen und kreieren so eine hübsche Waldatmosphäre.*

OBEN: *Lehmhaltige Böden sind für Steinbrechgewächse* (Astilben), *Aronkelch* (Zantedeschia), Lychnis, *Nachtkerzen* (Oenothera), *Taglilien* (Hemerocallis) *und Fingerhut* (Digitalis) *geeignet, die in diesem Garten prachtvoll gedeihen.*

## SAUER UND BASISCH

DER Säure- und Basengehalt des Bodens ist bei der Planung der geeigneten Pflanzen wichtig. Diese Werte werden auf einer pH-Skala von 1 – 14 gemessen. Saure Böden haben einen pH-Wert von weniger als 7; neutrale Böden haben einen pH-Wert von 7, und der Wert basischer Böden beträgt mehr als 7. Kalk reduziert den Säuregehalt, während organische Substanzen wie Kompost und Stallmist die Alkalinität in gewissem Maße senken.

- Es empfiehlt sich jedoch, Pflanzen zu wählen, die in dem vorhandenen Boden gedeihen. Eine radikale Veränderung des pH-Werts ist sehr schwierig. Viele Pflanzen bevorzugen neutrale bis leicht saure Böden, andere wachsen lieber unter sauren Bedingungen und hassen jede Alkalinität.
- Pflanzen, die saure Bedingungen mögen, werden als calcifug bezeichnet, Pflanzen, die basische Böden mögen, werden calciphil genannt. Viele Pflanzen gedeihen aber in einem neutralen Boden, der entweder schwach sauer oder aber schwach basisch ist.
- Säureliebende Pflanzen sind Heidekräuter (*Calluna* und *Erica*), Rhododendren und Kamelien. Ein Messkit für den Boden testet die Erde in verschiedenen Teilen Ihres Gartens auf ihre Säure/Alkalinität. Es lohnt sich, dieses Verfahren durchzuführen, um es Ihren Pflanzen zu ersparen, in einem Boden, für den sie nicht geeignet sind, einzugehen.

## HILFREICHE SYMBOLE

DIE folgenden Symbole sind weit verbreitet und zeigen den Sonnen- und Schattenbedarf einzelner Pflanzen an, ihre Winterhärte und wie groß sie wachsen.

**Benötigte/r Sonne/Schatten**

*Sonne*

*Sonne oder Teilschatten*

*Schatten*

**Frostempfindlichkeit**

*Bedingt winterhart* ❄ - kann Temperaturen bis zu 0 °C vertragen

*Frostbeständig* ❄❄ - kann Temperaturen bis zu -5 °C vertragen

*Völlig winterhart* ❄❄❄ - kann Temperaturen bis zu -15 °C vertragen

**Größe**

*Typische Höhe 3 m*

*Typische Breite 3 m*

*Typische Höhe und Breite*

OBEN: *Die Kamelie ist ein immergrüner Strauch, der spektakuläre wundervolle rote, rosafarbene oder weiße Blüten treibt.*

## PFLANZEN FÜR BESTIMMTE STANDORTE

Die folgenden Empfehlungen können Ihnen bei der Wahl der geeigneten Pflanzen für einige schwierigere Bereiche Ihres Gartens helfen. Keine zwei Gärten gleichen sich völlig, und auch die Pflanzen können sich möglicherweise weigern, an einer Stelle zu wachsen, die Sie eigentlich für geeignet halten. Sie werden daher etwas mit Ihrem eigenen Garten experimentieren müssen.

## PFLANZEN FÜR SAURE BÖDEN

Viele Pflanzen gedeihen in mäßig saurem Boden, nur wenige aber wachsen in sehr sauren Böden, die unfruchtbar sind. Viele säureliebende Pflanzen stammen ursprünglich aus bewaldeten Gegenden und viele der folgenden Pflanzen mögen Teilschatten.

❀ Wenn Sie keinen sauren Boden haben und diese Pflanzen dennoch gerne in Ihrem Garten sehen würden, können Sie sie in Torfbeeten oder Behältern pflanzen, die Sie mit Heidekraut-Kompost füllen.

### Azaleen

❀ Siehe Rhododendron.

### Putzer *(Callistemon)*

❀ Die Blüten dieser Sträucher sehen aus wie Pfeifenputzer. Sie stammen aus Australien und dem Pazifikraum und brauchen ein mildes Klima und einen geschützten Standort. *Callistemon salignus* blüht weiß; *C. citrinus* ‚Splendens‘ entwickelt leuchtend rote Blüten und ist vermutlich die winterhärteste Sorte.

RECHTS: *Die zarten, himmelblauen Blüten des blauen Himalajamohns* (Meconopsis betonicifolia) *gedeihen nur in kühlen Gegenden.*

### Besenheide *(Calluna)*

❀ Dieser sehr ansprechende bodendeckende Strauch ist in großer Anzahl zusammen mit Erika am wirkungsvollsten. Er sieht auch neben Azaleen hübsch aus.

### Kamelie

❀ Sehr schöner immergrüner Strauch mit glänzenden, lederartigen Blättern und perfekt geformten roten, rosafarbenen oder weißen Blüten. Kamelien gedeihen in großen Kübeln oder können auch an einer geschützten Wand zu einem Fächer erzogen werden. Kamelien können bis zu 3 m hoch werden. *Camellia × williamsii* ‚Donation‘ ist eine der beliebtesten Sorten mit hellrosa Blüten, die sich beim Absterben nicht braun verfärben.

### Glockenheide *(Erica)*

❀ Dieser attraktive Bodendecker wirkt am besten in großer Anzahl in der Nähe von Baumbestand und in Verbindung mit Besenheide. Es gibt verschiedene Arten im Handel.

### Gemeiner Hundszahn *(Erythronium)*

❀ Diese Zwiebelpflanze bringt im Frühjahr charmante kleine, pagodenförmige Blüten hervor. Halten Sie die Pflanze mit viel gut verrottetem Kompost feucht und kühl, damit sie sich zu größeren Büscheln entwickelt.

RECHTS: *Dieser phantastisch dekorative Rhododendron zeigt während der Frühlingsmonate seine malvenfarbigen Blüten.*

## Herbstenzian *(Gentiana sino-ornata)*

❀ Enzian benötigt einen tiefen, sauren Boden, der nie austrocknet und in dem sich das Wasser nie staut. Unter den richtigen Bedingungen breitet er sich zu grasartigen Matten aus.

## Otaksa-Hortensie *(Hydrangea macrophylla)*

❀ Diese Hortensien wirken besonders gut in einer natürlichen Umgebung wie einer leicht bewaldeten Umgebung, in der sie vor Frostschäden geschützt sind. Sie können groß werden und sich stark ausbreiten. *Hydrangea macrophylla* ‚Whitewave' und *H. m.* ‚Bluewave' sind zu empfehlen. In leicht alkalischem Boden verfärben sich blaue Blüten rosafarben.

## Tigerlilie *(Lilium tigrinum)*

❀ Alle Lilien wachsen aus Zwiebeln. Lilien mögen volle Sonne, gute Dränage und kalkfreie Böden. Pflanzen Sie mehrere Lilien zusammen, um in einer gemischten Rabatte einen stärkeren Effekt zu erzielen.

OBEN: *Die leuchtend rosafarbenen Blütenkerzen der Lupinen wirken in Verbindung mit einem fleckigen* Cornus *(Hartriegel) und tiefblauen Spitzen von Akelei* (Columbine) *spektakulär.*

## Lupine *(Lupinus)*

❀ Lupinen sind winterharte Stauden mit eindrucksvollen Blütenkerzen mit erbsenähnlichen Blüten im Sommer, die in vielen Farben anzutreffen sind. Sie halten nicht viele Jahre, säen sich aber häufig selbst aus und bieten in großen Rabatten ein Element der Höhe sowie interessante Blickpunkte vom Frühjahr bis zum Sommeranfang.

## Magnolie

❀ Dieser majestätische Baum produziert atemberaubende duftende Blüten. Setzen Sie Magnolien für sich als Solitärgehölz oder mit anderen Bäumen und Sträuchern zusammen. Sie mögen gut dränierten, kalkfreien Boden in der Sonne oder mit Teilschatten. *Magnolia grandiflora* ist immergrün und kann nur in sehr milden Klimazonen gehalten werden. M. *stellata* ist ein besonders beliebter und außergewöhnlich schöner kleiner Baum oder großer Strauch mit sternähnlichen weißen Blüten zum Frühlingsanfang. Zu den sommerblühenden Magnolien zählen M. *conspicua* (rein weiße, tassenförmige Blüten) und M. *wilsonii* (hängende weiße Blüten mit karmesinrotem Stamens).

## Blauer Himalajamohn *(Meconopsis betonicifolia)*

❀ Dieser schöne blaue Mohn braucht Kühle und Feuchtigkeit. Möglicherweise blüht er nach mehreren Jahren nur einmal und stirbt dann. Unter den richtigen Bedingungen können Sie sich aber über viele Jahre an den Blüten erfreuen.

## Primel

❀ Viele Primeln mögen saure Böden. Die gewöhnliche *Primula vulgaris* ist für eine waldartige Umgebung oder einen Wildblumengarten geeignet. Die meisten Primeln brauchen Feuchtigkeit.

## Rhododendron

❀ Diese Gruppe, zu der auch die großblütrigen Hybriden, die Zwerg-Hybriden, die niedrigen Arten und Azaleen gehören, zählt zu den schönsten frühlingsblühenden Sträuchern. Die niedrigen Arten passen gut zu Heidekrautgewächsen. Hohe Rhododendren wirken als eigenständige Sträucher imposant oder können in unregelmäßigen bewaldeten Landschaften gepflanzt werden.

## Kapuzinerkresse *(Tropaeolum speciosum)*

❀ Eine winterharte kletternde Form von Kapuzinerkresse mit leuchtenden scharlachroten Blüten. Gedeiht gut an einer Wand mit Nord- oder Ostlage und bildet einen interessanten Kontrast, wenn sie an einer dunkelgrünen Eibenhecke hochklettert.

## PFLANZEN FÜR SCHWERE LEHMBÖDEN

Eine Fülle von Pflanzen gedeiht in Lehmböden, und Sie werden erheblich mehr Erfolg bei Ihrer Gartenarbeit erzielen, wenn Sie sich an diese Arten halten. Pflanzen, die leichte, sandige Böden bevorzugen, wie Nelken und Pflanzen mit silbrigen Blättern, erkranken in Lehmböden und gehen ein.

### Heidekraut-Aster *(Aster)*

- Winterharte Staude mit großen, margeritenähnlichen Blüten in Rosa- und Purpurtönen, die im Spätsommer bis Herbst blühen und in feuchten Böden gedeihen.

### Montbretie *(Crocosmia)*

- Diese winterharten mehrjährigen Pflanzen mit bandförmigen Blättern und leuchtend roten, orangen oder gelben Blüten im Sommer brauchen einen geschützten und gut dränierten Standort.

### Fingerhut *(Digitalis purpurea)*

- Der Fingerhut besitzt hohe Kerzen voll trompetenförmiger purpurfarbener oder weißer Blüten. Er mag waldartige Standorte und einen Boden, der die Feuchtigkeit gut speichert.

### Sonnenbraut *(Helenium)*

- Dies ist eine weitere winterharte Staude mit margeritenähnlichen Blüten, die in jedem Boden gedeiht, auch wenn er nicht gut dräniert ist. Sie blüht im Spätsommer und Herbst in auffallenden Gelb- und Rottönen.

### Taglilie *(Hemerocallis)*

- Die bandförmigen Blätter dieser winterharten Staude bilden dicke, elegant gebogene Büschel. Die Blüten variieren von Gelb bis Cremefarben und Ziegelrot. Sie mögen Böden, die die Feuchtigkeit gut speichern und wachsen am Rand von Wasserbecken.

OBEN: *Streng genommen sind Vergissmeinnicht wilde Blumen, sie können aber vorzüglich als sich selbst aussäende Bodendecker eingesetzt werden.*

### Monarde, Virginische Melisse, Oswegotee *(Monarda didyma)*

- Die fransigen Blüten in Rosa- und Purpurtönen blühen im Spätsommer bis Herbst. Die Pflanze mag feuchte, fruchtbare Böden.

### Vergissmeinnicht *(Myosotis)*

- Eine winterharte zweijährige Pflanze mit himmelblauen Blüten, die sich selbst aussät. Vergissmeinnicht mögen feuchten, fruchtbaren und gut entwässerten Boden.

## PFLANZEN FÜR TROCKENEN SCHATTEN

Extrem schattige Stellen im Garten sind für die meisten Pflanzen schwer verträglich. Einige gedeihen hier jedoch.

### *Anemone* × *hybrida*

- Diese winterharte herbstblühende Anemone wird bis zu 1,2 – 1,5 m hoch, und jede Pflanze entwickelt viele rosafarbene oder weiße Blüten. In Rabatten sind sie nützlich. *Anemone* ‚Honorine Jobert' wirkt sehr imposant mit ihren weißen Einzelblüten.

### Alpenveilchen, Erdscheibe *(Cyclamen europaeum)*

- Diese schönen kleinen Knollenpflanzen und Verwandten der Zimmeralpenveilchen sind durchaus winterhart und gedeihen gut unter Bäumen. Die Blüten sind weiß oder in Pinktönen und je nach Art zu jeder Jahreszeit anzutreffen. Die herzförmigen Blätter haben silberne Markierungen. *Cyclamen coum* blüht im Winter oder zum Frühlingsanfang; *C. hederifolium* (syn. *C. neapolitanum*) blüht in der Herbstmitte bis zum Spätherbst, bevor die Blätter sprießen;

LINKS: *Die Blätter der Taglilie wachsen in gebogenen Büscheln, und die Blüten erscheinen im Hochsommer.*

*C. purpurascens* blüht im Hoch- bis Spätsommer und bevorzugt einen basischen Boden; *C. repandum* blüht in der Frühlingsmitte bis zum Spätfrühling. Alpenveilchen können sich selbst aussäen und an unerwarteten Stellen auftauchen.

### Elfenblume, Bischofshut *(Epimedium)*

❀ Diese winterharte mehrjährige Pflanze hat drahtige Stiele und zarte Blätter, die im Frühling bronzefarben schimmern und im Herbst hübsche Farben entwickeln. Die kleinen, wie Tasse und Untertasse wirkenden Blüten in Weiß, Rosa, Rot, Purpur, Beige oder Gelb erscheinen im Frühjahr bis frühen Sommer in Trauben. Die Staude erreicht eine Höhe und Breite von ca. 20 – 30 cm. *Epimedium grandiflorum* ‚Crimson Beauty' ist laubabwerfend; *E. pubigerum* ist immergrün mit cremig weißen Blüten; *E. × warleyense* trägt gelbe Blüten.

### Wolfsmilch *(Euphorbia)*

❀ Diese Gattung umfasst einjährige, zweijährige, mehrjährige, immergrüne Pflanzen und Stauden. Einige kommen für trockene Standorte in Frage. *Euphorbia amygdaloides* (Mandelblättrige Wolfsmilch) hat dunkelgrüne Blätter und grüngelbe Blüten; *E. myrsinites* ist eine immergrüne Pflanze mit fetten blaugrünen Blättern und leuchtenden grüngelben Blüten; *E. characias* Subsp. *wulfenii* ist eine hohe, imposante Pflanze mit graugrünen Blättern und gelbgrünen Blüten.

### Scharlachfuchsie *(Fuchsia magellanica)*

❀ Diese winterharte Fuchsie ist ein aufrechter Strauch, der den ganzen Sommer über kleine elegante hängende Blüten in tiefroter und purpurner Farbe hervorbringt. Sobald sie sich etabliert hat, kommt sie mit trockenem Boden zurecht.

### Taubnessel *(Lamium)*

❀ Diese niedrige bodendeckende Pflanze wird in erster Linie wegen ihres auffallenden Blattwerks in den Garten gesetzt, aber auch die Blüten sind interessant. In feuchtem Boden kann die Taubnessel leicht überhand nehmen, aber in leicht waldartigem Gelände oder zwischen Sträuchern ist sie hübsch und wirksam. *L. maculatum* ist eine niedrige mehrjährige Staude, deren Blätter silberfarbene Markierungen aufweisen. Im Sommer trägt sie weiße oder rosafarbene, spitz zulaufende Blüten.

## PFLANZEN FÜR DICHTEN SCHATTEN

In einigen Gärten, vor allem in Städten, gibt es Stellen, an denen der Schatten sehr intensiv ist, die die Sonne kaum erreicht und wo überhängende Bäume und hohe Mauern noch mehr Licht wegnehmen. Kellerbereiche, Innenhöfe und Ecken großer Gärten verursachen häufig derartige Probleme. Nur wenige Pflanzen vertragen diese Bedingungen, machen Sie daher das Beste aus den Arten, die hier leben können.

### Aukube *(Aucuba japonica)*

❀ Dieser große, 1,5 m hohe Strauch besitzt glänzende Blätter und leuchtend rote Beeren. Die Blätter des dunkelgrünen Typs glänzen wie Spiegel in der Sonne, aber die gefleckte Art kann das Gefühl von Sonne in einen dunklen Winkel bringen. Die Pflanze mag Böden, die Wasser gut speichern, wächst aber auch in trockenem Schatten.

### Liguster *(Ligustrum)*

❀ Laubabwerfend oder immergrün; Liguster wird häufig zu Hecken gepflanzt, wirkt aber auch als kleiner Baum. *L. ovalifolium* hat goldene und silberfarbene gescheckte Typen und verträgt starken Schatten. Von *L. lucidum* gibt es einige auffällige gescheckte Varietäten.

OBEN: *Die Blüten der Elfenblume können viele Farben haben, wie weiß, rosa und gelb. Die Blütezeit ist im Frühjahr oder Frühsommer.*

OBEN: *Wenn sie sich einmal im Garten etabliert hat, kann* Fuchsia magellanica *in trockenem Boden überleben und zeigt im Sommer ihre hängenden Blüten.*

# MERKMALE VON PFLANZEN

**Die Evolution von Pflanzen ist ein faszinierendes Thema. Es hilft jedem Gärtner, die Ursprünge und verschiedenen Merkmale der diversen Hauptpflanzengruppen zu verstehen. Nadelgehölze zählen zu den ältesten Pflanzen; blühende Pflanzen tauchten erst viel später auf. Die Welt der Blumen ist erstaunlich vielfältig. Viele haben sich so entwickelt, dass sie auf ganz bestimmte Weise verschiedene Tiere anlocken, die sie bestäuben. Andere produzieren Millionen winziger Samen, die der Wind davonträgt. Wenn Sie bestimmte Blumen, Sträucher und Bäume für den Garten kaufen und züchten, sind solche Hintergrundkenntnisse stets nützlich.**

## DAS PFLANZENREICH

ALLE Pflanzen sind im Pflanzenreich vertreten, das in zwei Hauptgruppen unterteilt ist, die wiederum je nach ihren botanischen Charakteristika in Untergruppen aufgeteilt sind. So entsteht so etwas wie ein Stammbaum.

- Gefäßpflanzen besitzen ein leitfähiges Gewebe, das Wasser und Nährstoffe zirkuliert. Sie werden in nacktsamige Pflanzen (Gymnosperme) und bedecktsamige Pflanzen (Angiosperme) unterteilt. Nicht-Gefäßpflanzen sind solche wie Moose, Lebermoose, Farne und Schachtelhalmgewächse, die kein leitfähiges Gewebe besitzen und nur in feuchten Umgebungen überleben. Sie sind in der freien Natur weit verbreitet, häufig aber optisch nicht sehr interessant.
- Gymnosperme sind beispielsweise Nadelgehölze, die auf ihren Zapfen Samen tragen. Viele Koniferen wie Eiben und Zedern vertragen Hitze, Kälte und Zug gut und sind daher im Garten sehr nützlich.
- Angiosperme oder blühende Pflanzen produzieren ihre Samen in einem Fruchtknoten. Es gibt 300 Familien blühender Pflanzen und 250.000 Arten. Je nach der Anzahl ihrer Keimblätter und anderer Unterschiede in ihrer Anatomie und bei ihrem Wachstumsmuster kann es sich dabei um Monokotyle (Einkeimblättrige) oder Dikotyle (Zweikeimblättrige) handeln.
- Monokotyle besitzen ein einzelnes Keimblatt, Blätter mit Venen, die über die gesamte Länge laufen, sowie schlanke, nicht hölzerne Stängel und jeweils zu dritt zusammengefasste Blütenteile. Dazu gehören Gräser, Bambusarten und Lilien. Dikotyle besitzen zwei Keimblätter, ein Venennetz auf den Blättern, dicke, hölzerne Stängel und jeweils zu Gruppen von 4, 5, 7 oder mehr zusammengefasste Blütenteile.

### Familie, Gattung, Art

- Die Grundunterscheidung, die bei allen höheren Pflanzen getroffen wird, ist die Familie. Alle blühenden Pflanzen sind allein aufgrund der Struktur ihrer Blüten in Familien gruppiert. Die Pflanzen einer bestimmten Familie können alle deutlich verwandt sein, wie z. B. Orchideen (Orchidaceae). Eine Familie kann aber auch verschiedene oder sehr diverse Pflanzen aufweisen, wie z. B. die Rosaceae-Familie, die Bäume, Sträucher und Gartenpflanzen umfasst. Dazu gehören Rosen, Äpfel, Erdbeeren, Weißdorn und Frauenmantel (*Alchemilla*).
- Innerhalb der Familien werden die Pflanzen nach bestimmten Merkmalen weiter in kleinere Gruppen unterteilt. Sie erhalten definierende Gattungs- und Artennamen, die im binominalen System verwendet werden, um Pflanzen in Gartenenzyklopädien und Katalogen zu identifizieren.

OBEN: *Eine Floribundarose mit großen, tiefroten Blüten und einem herrlichen Duft – die Verkörperung des Rosentraums eines jeden Gärtners.*

OBEN: *Sie wirken zwar nicht wie Rosen, doch die winzigen grüngelben Blüten rechts auf diesem Bild gehören zu* Alchemilla mollis, *einem Mitglied der Rosenfamilie Rosaceae.*

OBEN: *Nadelgehölze gehören zu den nacktsamigen Pflanzen, den Gymnospermen, deren Samen außen am Zapfen wachsen.*

## DER LEBENSZYKLUS BLÜHENDER PFLANZEN

*Blühende Pflanzen haben sich auf unterschiedliche Weise entwickelt, damit sie sich in einer Fülle verschiedener Lebensräume vermehren und dort überleben können. Die Kenntnis der Pflanzenfunktionen und ihrer Lebenszyklen wird es Ihnen erleichtern, diese Pflanzen mit Erfolg zu ziehen und einen interessanten Pflanzplan für Ihren Garten zusammenzustellen.*

**Es gibt vier Schritte im Lebenszyklus einer blühenden Pflanze.**

### 1. Keimung

*Wenn die Samen von der Pflanze gefallen sind, werden sie erst bei ausreichender Versorgung mit Wasser, Licht und Wärme zu Wachstum stimuliert. Die Samen einiger Pflanzen, z. B. von Alpenpflanzen, müssen erst eine Kaltperiode durchmachen, bevor sie keimen. Bei anderen muss die Samenhülle möglicherweise erst eingeschnitten oder „geschmirgelt" werden, damit die Samen Wasser absorbieren können. In der Natur geschieht dies, wenn der Samen beispielsweise von einem Tier, z. B. einem Vogel, verdaut wird.*

### 2. Wachstum

*Die Keimblätter zeigen sich zuerst, dann folgen die richtigen Blätter, die Nahrungsreserven für die Jungpflanzen aufbauen.*

### 3. Reifung

*Die ersten Blätter und Stängel entwickeln sich schnell zu einem reifen System von Trieben. Ihre erste Funktion besteht darin, Energie aus dem Sonnenlicht zu gewinnen. Diese Energie wird für die Photosynthese benötigt, die eine komplexe Reihe chemischer Reaktionen dazu nutzt, um Kohlendioxyd in Glukose zu verwandeln. Das anfängliche Wachstum der Blätter verlangsamt sich häufig, damit die Pflanze ihre Energie in die Entwicklung von Blüten investieren kann. Die gesamte Energie der Pflanze konzentriert sich jetzt auf die Blüte und Reproduktion.*

### 4. Samenbildung

*Die Blüten wurden befruchtet und entwickeln sich zu Früchten mit Samen, die reifen und sich verstreuen.*

## Blüten

- Blüten haben sich in unendlicher Vielfalt entwickelt, um die Bestäubung zu erleichtern. Einige werden von Insekten bestäubt, andere von Vögeln, Wind oder Wasser. Blüten, die von Insekten bestäubt werden, sind meist groß, leuchtend und duften stark. Einige haben sich so angepasst, dass sie nur von einer bestimmten Insekten- oder Vogelart bestäubt werden. Vom Wind bestäubte Blüten sind kleiner und weniger auffällig, dafür gibt es sie aber millionenfach an jeder Pflanze.
- Die meisten Blüten enthalten sowohl männliche als auch weibliche Reproduktionsorgane. Sie können sich selbst bestäuben oder von einer anderen Pflanze der gleichen Art bestäubt werden. Andere Pflanzen wiederum produzieren eingeschlechtige Blüten. Monözische oder einhäusige Pflanzen haben männliche und weibliche Teile in verschiedenen Blüten derselben Pflanze.
- Diözische (getrennt geschlechtliche) Pflanzen sind entweder männlich oder weiblich. Um Früchte zu erhalten, müssen daher sowohl männliche als auch weibliche Pflanzen kultiviert werden. Einige Arten sind polygam mit zwei- und eingeschlechtigen Blüten.
- Die Teile aller Blüten sind in konzentrischen Kreisen (Wirteln) oder Spiralen angeordnet. Der äußere Wirtel oder Kelch schützt die Knospe, bevor sich die Blüte öffnet. Er besteht aus Kelchblättern.
- Der nächste Wirtel ist die Blumenkrone, die aus den Blütenblättern besteht. Dann folgen die männlichen Teile, die Stamens, die jeweils aus einem Stiel (Staubfaden) und einem Staubbeutel bestehen.
- Im inneren Ring sind die weiblichen Teile, die Karpella (Fruchtblätter). Jedes Karpell ist am Fuß mit einem Fruchtknoten versehen, einem Stiel (dem Griffel) und dem Stigma. Zur Befruchtung muss ein Pollenkorn auf dem Stigma abgelegt werden.

## Blätter

- Die Fülle unterschiedlicher Blätter – ihre Formen, Größen und wie sie an verschiedenen Pflanzen angeordnet sind – ermöglicht dem Gartenbesitzer, eine riesige Vielfalt unterschiedlicher Effekte im Hinblick auf Struktur und Farbe zu erzielen.
- Immergrüne Bäume und Sträucher zählen zu den dauerhaften Merkmalen eines Gartens. Dazu können Zwiebelpflanzen zählen, die im Frühjahr und Frühsommer optisch interessante Aspekte bieten, Stauden für die Sommer- und Herbstrabatte, alpine Pflanzen, die den Steingarten beleben, und Kletterpflanzen und Rosen, die dem Bild etwas Zauberhaftes verleihen.
- Beim Gartendesign ist zu beachten, welche vielfältigen Einsatzmöglichkeiten die verschiedenen Pflanzen bieten, und wie sie am effektivsten mit anderen Pflanzen gemischt werden können. Vor dem Pflanzen muss der Boden stets gut vorbereitet werden, damit die Wurzeln ausreichend Luft, Feuchtigkeit und Unterstützung haben.

OBEN: *Flieder wird auch als Schmetterlingsstrauch bezeichnet, da sich dort Schmetterlinge sammeln, um an warmen Sommertagen den Nektar zu trinken. Hier erfreut sich ein Admiral an der Blüte.*

UNTEN: *Dahlien zählen zu den am exotisch wirkendsten Blumen. Häufig scheint es, als seien sie aus Papier gefertigt. Sie verdanken ihren Namen dem schwedischen Botaniker Anders Dahl, der im 18. Jahrhundert lebte.*

LINKS: *Eine frische Frühlingsrabatte voller Charme mit* Crocus vernalis *(d. h. „Frühlings"-Krokus) und* Helleborus orientalis *(d. h. Nieswurz „aus dem Osten").*

- Nachdem das Wasser und die Nährstoffe von den Wurzeln aufgenommen wurden, werden sie durch Transpiration von der Pflanze aufgesogen. So erreichen Mineralstoffe die Blätter, wo Sauerstoff und Wasser durch die Stomas (die Poren) in der Blattoberfläche verdunsten. Durch die Bewegung des Wassers können die Zellen angeschwollen und aufrecht bleiben. Pflanzen verdorren schnell, wenn es ihnen an Wasser mangelt.

## Modifizierte Triebe und Wurzeln

- Viele Pflanzen besitzen modifizierte Triebe und Wurzelsysteme. So sind beispielsweise die Wickelranken von Kletterpflanzen modifizierte Blattstiele, die zu greifenden Stützen modifiziert wurden. Efeu ist ein Beispiel. Bei einigen Pflanzen entwickelt sich ein Großteil der Stiele unter der Erde. Dazu zählen Zwiebeln, beblätterte Sprossen und Knollen, die als Nahrungsspeicher dienen.
- Die modifizierten Triebe oder Wurzeln produzieren kleine Zwiebeln, die als Nebenzwiebeln oder Ableger bezeichnet werden und die als neue Pflanzen ausgepflanzt werden können. Rhizome (Wurzelstöcke) sind auch Stämme oder Stängel, nur dass sie horizontal kurz unter der Erdoberfläche wachsen, während Nebenwurzeln entlang der Länge des Rhizoms wachsen. Bei der Bartiris wachsen die Rhizome langsam, bei einigen Bambusarten hingegen sehr schnell und kräftig. Wenn Sie über diese Wachstumsgewohnheiten informiert sind, können Sie verhindern, dass einige Pflanzen überhand nehmen.
- Nebenwurzeln sind Luftwurzeln, die aus den Pflanzenstängeln sprießen. Sie können an jeder Oberfläche haften und dringen in winzige Risse und Spalten ein, wo sie sich ausdehnen, bis sie die Pflanze sicher verankert haben. Die Kletterhortensie (*Hydrangea petiolaris*) sowie Efeu zeigen dieses Verhalten.
- Bei vielen niedrigen Pflanzen wie Immergrün (*Vinca*) sprießen Nebenwurzeln aus Knoten am Stängel. Der Gärtner macht sich diese Eigenschaft zunutze, indem er die Stängel „absenkt" oder am Boden festheftet, so dass sie im Boden neue Wurzeln fassen und neue Pflanzen entstehen.

## Das Gesamtbild

- Ein Garten setzt sich aus vielen verschiedenen Arten blühender und nicht blühender Pflanzen zusammen, die jeweils ihre besonderen Vorzüge in Bezug auf Höhe, Langlebigkeit, Struktur, Farbe und Form einbringen.
- Bäume, Sträucher, Kletterpflanzen, Stauden, Steingartenpflanzen, einjährige und zweijährige Pflanzen, Zwiebelgewächse und Wasserpflanzen finden alle ihren Platz im Garten wie auch die nicht blühenden Pflanzen wie Gräser, Bambusarten und Farne. Die Kombinationen dieser Pflanzen und die Kontraste, die sie bilden, bestimmen die Attraktivität des Gartens.

RECHTS: *Die dunkelvioletten Blüten von* Vinca minor *(d. h. „kleines" Immergrün) können eine waldartige Landschaft aufhellen. In einem Blumenbeet kann diese Pflanze allerdings überhand nehmen.*

# PFLANZEN VERMEHREN

**Eigene Pflanzen vom Samen zu ziehen oder den bereits vorhandenen Bestand durch Vermehrung zu vergrößern, ist zweifellos einer der schönsten Aspekte der Gartenpflege. Die Vermehrung ist nicht nur ein günstiges Verfahren, um den Garten zu füllen, sondern das Gefühl, den Garten mit Pflanzen versorgen zu können, die Sie selbst herangezogen haben, ist einfach unvergleichlich. Sie können alte, müde wirkende Pflanzen verjüngen und Reserven von solchen Pflanzen züchten, die sehr anfällig für Frost und Krankheiten sind. Die Vermehrung ist auch eine sehr gesellige Beschäftigung, da Sie häufig feststellen werden, dass Sie viel mehr Pflanzen gezogen haben, als Ihr Garten Platz bietet, und so entwickeln sich durch das Tauschen von Stecklingen und Sämlingen schnell Gartenfreundschaften.**

## DIE GRUNDLAGEN

Der Begriff „Vermehrung" beschwört häufig eher abschreckende Assoziationen mit wissenschaftlichen Laboratorien, Spezialgeräten und tiefgründigen Kenntnissen der Botanik herauf. Aber es ist wirklich nur das „Züchten oder Vervielfachen" gemeint, und das Konzept gilt für alle Verfahren zur Erhöhung Ihres Pflanzenbestandes – von der breit gestreuten Aussaat einjähriger Samen direkt in den Boden bis zum Schneiden und zur Anzucht von Stecklingen.

❀ Spezialgeräte wie Gewächshäuser und Sprühnebelanlagen sind nützlich, für viele Vermehrungsweisen aber nicht unbedingt erforderlich. Eine helle (aber nicht sonnige) Fensterbank, ein Frühbeetkasten und nach Möglichkeit ein kleiner beheizter Anzuchtbehälter reichen aus, um eine große Vielfalt von Pflanzen zu kultivieren.

OBEN: *Verwenden Sie nur völlig saubere Töpfe und Kisten, um eine gesunde und krankheitsfreie Vermehrung sicherzustellen. Decken Sie die Töpfe mit Maschendraht oder Netzen ab, damit nichts auf die empfindlichen neuen Pflanzen fallen kann.*

OBEN: *Samen können direkt auf den Boden gestreut werden, doch ist die Erfolgsquote dabei nicht unbedingt so hoch wie bei der Anzucht in Töpfen und der späteren Auspflanzung ins Freiland.*

## AUSRÜSTUNG ZUR VERMEHRUNG

Die einfachste Vermehrung – das direkte Aussäen in den Boden – erfordert keine besonderen Geräte, wie jedes Kind weiß, das schon einmal eine Fülle von Kapuzinerkresse aus einer (etwas unbeholfen aufs Land geworfenen) Hand voll Samen produziert hat.

❀ Viele Gartenbesitzer, die von den ersten Erfolgen ihrer direkten Freilandsaat begeistert sind, werden schnell mutiger und möchten ihr Pflanzensortiment vergrößern. Einige wenige Ausrüstungsteile werden Ihre Chancen auf beständige Saaterfolge erheblich steigern.

## Töpfe, Kisten und Platten

- Sie finden im Handel eine große Fülle von Töpfen und Kisten zur Anzucht, und die Wahl der richtigen Gefäße kann schwer fallen. Da die Hygiene ein zentraler Faktor bei der Vermehrung ist, könnte es empfehlenswert sein, zunächst neue, modulare Einweg-Anzuchtkisten zu verwenden, da diese keine alten, für Ihre Pflanzen möglicherweise tödlichen Bakterien oder Pilze enthalten können.
- Diese Anzuchtkisten (oder Multitopfplatten) bestehen aus einzelnen Kunststoffzellen, in die Sie problemlos einzelne Samen legen können. So können auch beim Ausdünnen der Sämlinge keine Probleme entstehen. Die Platten sind nicht sehr stabil und werden daher in eine festere Kiste gegeben. Dieses Gefäß ist meist nur für eine Pflanzsaison gedacht.
- Sie finden auch haltbarere und teurere Anzuchtkisten aus festem Kunststoff. Diese müssen nach jeder Verwendung gründlich desinfiziert werden. Lagern Sie sie nicht in der Sonne. Neue Gartenbesitzer mit wenig Platz und Zeit werden vermutlich die günstigen, Arbeit und Platz sparenden biegsamen Kisten bevorzugen. Diese werden meist mit einem nützlichen transparenten Plastikdeckel verkauft, der die warme und feuchte, für eine erfolgreiche Keimung erforderliche Umgebung liefert.
- Größere Töpfe sind für größere Samen wie von Kletterpflanzen oder Sträuchern zu empfehlen und werden natürlich zum Umtopfen aller Pflanzen benötigt. Fasertöpfe sind besonders für jene Pflanzen geeignet, deren Wurzeln nicht gestört werden sollten. Sie können die Jungpflanze dann einfach mit ihrem Topf auspflanzen, der sich mit der Zeit in Erde zersetzt. Sie können biologisch abbaubare Töpfe auch einfach aus Zeitungspapier fertigen, das Sie zu einer Kegelform rollen.

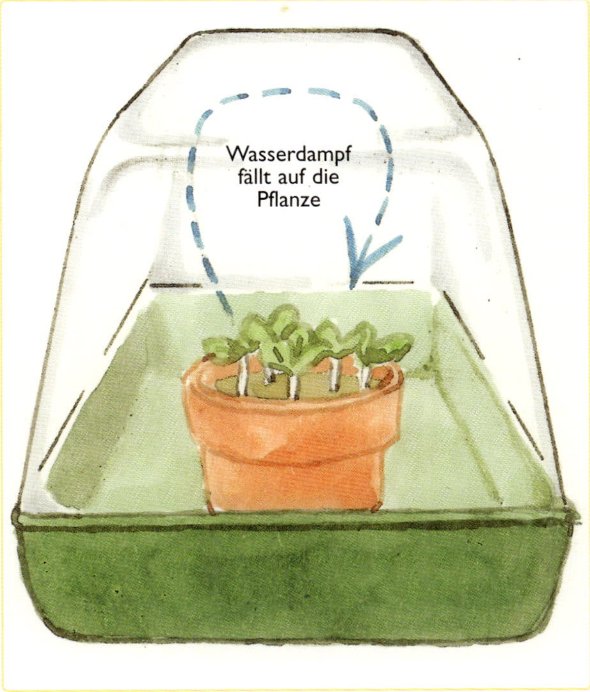


OBEN: *Ein Anzuchtbehälter mit festem Deckel bietet eine ausgezeichnete Ausgangsposition für Jungpflanzen. Der Wasserdampf kondensiert an der Deckelinnenseite und fällt auf die Pflanzen, so dass die Atmosphäre im Behälter feucht bleibt. Diese Verbindung hilft den Pflanzen, die durch die Blätter verlorene Feuchtigkeit wieder aufzunehmen.*

Platte mit einzelnen Anzuchtzellen

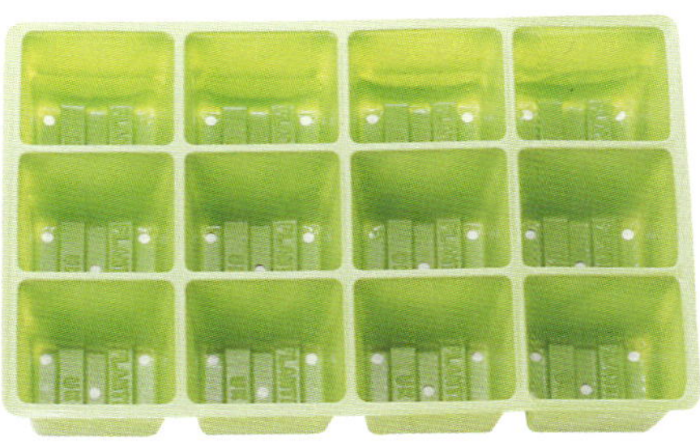

modulare Multitopfplatte

einzelner Topf

Anzuchtkiste

OBEN: *Frühbeetkästen sind eine ausgezeichnete Einführung in die Anzucht unter Glas. Da sie so klein sind, können sie sich im Sommer allerdings leicht überhitzen. Halten Sie den Deckel bei heißem Wetter daher mit einem Stock offen, so dass die aufsteigende warme Luft entweichen kann und die Pflanzen im Kasten gut belüftet sind und bei angemessenen Temperaturen wachsen können.*

## SELBST GEFERTIGTE ANZUCHTAUSRÜSTUNG

BEFESTIGEN Sie transparente Plastiksäcke mit Stöcken oder schlaufenförmig gebogenem Draht über Töpfen und Anzuchtkisten. Dies ist ein beliebtes und günstiges Verfahren, um eine warme, feuchte Umgebung zu schaffen, in der die Pflanzen schnell keimen und gesund heranwachsen können.

❀ Schneiden Sie den Boden aus transparenten Plastikflaschen und stülpen Sie ihn über Töpfe. Dies ist eine weitere wirksame und zugleich preisgünstige Idee. Wichtig ist aber, dass die Blätter der Jungpflanzen nicht mit dem Kunststoff in Berührung kommen. Wenn die Blätter mit der Feuchtigkeit, die sich an den Innenseiten der Flasche sammelt, in Kontakt kommen, verfaulen sie.

### Beheizte Anzuchtgefäße

❀ Ein wenig Wärme von unten unterstützt meist den Keimungsprozess und ist bei einigen Pflanzen sogar zur Keimung erforderlich. Sie finden im Handel kleine, separate Anzuchtgefäße mit Heizung für den privaten Garten. Diese Gefäße passen sogar auf die Fensterbank und bilden den idealen nächsten Schritt von der Vermehrungstechnik mit Plastiksäcken. Beheizte Unterlagen, die unter Anzuchtkisten gestellt werden können, sind ebenfalls erhältlich.

❀ Viele Gärtner, die durch ihre ersten Vermehrungserfolge ermutigt sind, haben schon bald ihre Fensterbänke vollgestellt und setzen ihre Anzuchtaktivitäten im Gewächshaus fort. Wenn Sie im Winter und zu Beginn des Frühjahrs bei noch niedrigen Temperaturen im Gewächshaus neue Pflanzen ziehen, müssen Sie in ein ausgereifteres Anzuchtgefäß mit Thermostat und leistungsstarkem

RECHTS: *Für selbst gefertigte Anzuchtgefäße eignen sich Pflanztöpfe jeder Größe und Form.*

LINKS: *Durch die geschützte Anzucht von Stecklingen unter einer Plastikhaube können Sie Ihre Pflanzen günstig vermehren.*

Heizelement investieren. Vermutlich benötigen Sie auch ein größeres Modell als für das Haus, in das mehr als nur zwei oder drei Anzuchtkisten passen.

### Anzuchtbehälter mit Sprühnebelanlage

- Ambitionierte Pflanzenzüchter sind sicher von Anzuchtbehältern mit Sprühnebelanlage begeistert. Sie besitzen alles, was die Pflanzen für eine optimale und problemlose Keimung und ein frühes, gesundes Wachstum benötigen.
- Die einfachsten Sprühnebel-Anzuchtbehälter sind die separaten, geschlossenen Geräte mit Heizelement, Thermostat, transparentem Deckel und Sprühkopf.
- Die Pflanzen sind mit einem beständigen Wasserfilm bedeckt und die Aktivierung des Sprühkopfes reduziert die Gefahr von Pilzkrankheiten, da die Sporen wirksam aus der Luft und von den Blättern gespült werden, bevor sie sich im Pflanzengewebe festsetzen können. Das Prinzip ist das gleiche wie beim Anzuchtgefäß mit Plastiktüte, nur dass diese feuchten Anzuchtbehälter größer und praktischer sind. Zudem wird hier der Behälter beständig von unten beheizt und die Feuchtigkeit reguliert. Der Sprühkopf wird automatisch aktiviert, wenn die Pflanze zu trocken wird. Offene feuchte Anzuchtbehälter sind ebenfalls erhältlich.

### Frühbeetkasten

- Ein Frühbeetkasten ist beim Abhärten der Pflanzen sehr nützlich. Die Luft- und Bodentemperaturen im Frühbeetkasten sind wärmer als im Freiland, so dass sich die Pflanzen nach ihrer geschützten Keimung im Haus oder Gewächshaus allmählich an die Bedingungen im Freien gewöhnen können.
- Damit für eine ausreichende Luftzufuhr zu den Pflanzen gesorgt ist, sollte der Deckel an wärmeren Tagen entfernt und nachts (bei sehr kaltem Wetter ggf. mit zusätzlicher Isolierung) wieder aufgelegt werden. Falls Sie Blisterfolie oder transparente Plastikfolie verwenden, muss diese tagsüber nicht entfernt werden, sie lässt ausreichend Licht für die Pflanzen durch.

### Wärmekabel

- Derartige Kabel werden speziell hergestellt, um den Kompost in unbeheizten Ziehbehältern anzuwärmen oder um die Boden- und Lufttemperatur in einem Frühbeetkasten bzw. bei einer vorhandenen Sprühnebelanlage im Gewächshaus zu erhöhen. Die Kabel werden S-förmig ca. 7,5 cm tief unter feuchtem Sand verlegt, dürfen sich aber nicht berühren.
- Die Kabel werden komplett mit Anleitung und Informationen geliefert, welche Fläche sie wirksam beheizen können. Wichtig ist natürlich, dass Sie sich genau an alle Montage- und Nutzungshinweise halten.
- Die besten Kabel sind mit integriertem Thermostat ausgestattet. Alle derartigen Kabelsysteme sollten an ein Reststromgerät angeschlossen werden, um bei einem versehentlichen Durchtrennen bei der Pflanzenanzucht Schäden und Unfällen vorzubeugen. Im Hinblick auf Aufbau und Gebrauch sind komplette Ziehbehälter für die meisten neuen Gartenfreunde aber einfacher als Kabelsysteme.

UNTEN: *In einem geöffneten Frühbeetkasten kann die Luft besser zirkulieren.*

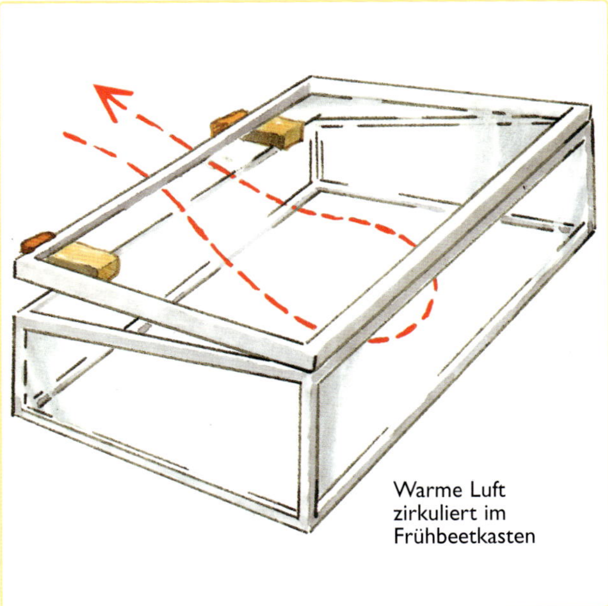

## AUSSAAT IM HAUS ODER GEWÄCHSHAUS

DAS beschriebene Verfahren eignet sich für feine und mittelgroße Samen. Große Samen oder Pillensamen (speziell beschichtete Samen, die sich leichter aussäen lassen) sollten einzeln in Zellen, biologisch abbaubaren Gefäßen oder gleichmäßig in Pfannen (flachen Töpfen) ausgesät werden.

- Wenn Sie feine Samen vor der Aussaat mit der gleichen Menge feinem Sand vermischen, werden die Samen gleichmäßiger verteilt. Vergewissern Sie sich vor der Aussaat über die speziellen Keimanforderungen Ihrer Samen. Einige Pflanzen sind Dunkel-, andere Lichtkeimer. Die folgenden Anweisungen sind zwangsläufig allgemein gehalten, gelten aber für die meisten feinen Samen, z. B. viele bedingt winterharte einjährige Pflanzen, die gerne im Haus oder Gewächshaus von Samen gezogen werden.

## ANZUCHTERDE

Die Keimchancen von Pflanzen sind erheblich höher, wenn sie in den richtigen Boden gesät werden. Vor allem feine Samen müssen insgesamt guten Kontakt zur Erde haben.

- Spezielle Saaterde ist sehr fein und wird daher diesen Anforderungen gerecht. Sie speichert zudem gut Feuchtigkeit und ist nährstoffarm (Salz kann Sämlinge schädigen). Wenn die Sämlinge heranwachsen, müssen sie in einen Boden umgepflanzt werden, in dem sie ausreichend Nährstoffe finden.

### Saaterde

- Eine Mehrzweck-Saaterde besteht zu zwei Teilen aus sterilisiertem Lehm, zu einem Teil aus Torf oder Torfersatz und zu einem Teil aus Sand, plus ein wenig Kalk. Kaufen Sie nach Möglichkeit eine bereits vorbereitete Saaterde, da Sie dann sicher sein können, dass die Mischung stimmt.

### Stecklingserde

- Erde für Stecklinge ist gut dräniert, da sie in feuchten Umgebungen eingesetzt werden soll. Eine Mehrzweck-Erde für Stecklinge besteht zu gut einem Teil aus Kompost und zu einem Teil aus Sand (oder einem anderen Material mit guten Entwässerungseigenschaften wie Perlit) sowie aus ein wenig Kalk, getrocknetem Blut, Kalziumkarbonat, Kaliumnitrat und Kaliumsulphat.
- Wie bei der Saaterde ist auch bei Stecklingserde der Kauf einer fertigen Mischung zu empfehlen, um sicherzustellen, dass die einzelnen Substanzen in den richtigen Anteilen vorliegen.

RECHTS: *Eine zu dichte Bepflanzung und fehlende Belüftung können die „Umfallkrankheit" heraufbeschwören. Diese verheerende Krankheit schädigt und entstellt neue Blätter und Triebe und schwächt die gesamte Pflanze.*

## HYGIENE

Die Hygiene ist ein wesentliches Element der Vermehrung. Die feuchten Bedingungen im Anzuchtgefäß sind für die Entwicklung von Pilzkrankheiten ebenso ideal wie für die Entwicklung gesunder Pflanzen.

- Um dieses Risiko zu senken, sollten Sie daher unbedingt sterilisierte Behälter, Komposte und Werkzeuge verwenden. Fungizide Mittel können die Sämlinge zusätzlich schützen. Halten Sie sich exakt an die Anweisungen des Herstellers.
- Der Schnitt von Stecklingen legt zwangsläufig Pflanzengewebe bloß und erhöht dadurch die Infektionsgefahr. Gute Hygienegewohnheiten reduzieren das Risiko. Reinigen Sie die Werkzeuge zwischen den Schnitten mit einer vergällten Spirituslösung, um eine gegenseitige Ansteckung zu vermeiden, und halten Sie die Arbeitsflächen völlig sauber.

### Vermeiden der Umfallkrankheit

- Wenn Pflanzen zu dicht stehen, wird die Atmosphäre zu feucht und stagniert – die ideale Umgebung für Pilze. Luft- oder Bodenpilze können die so genannte „Umfallkrankheit" hervorrufen, bei der die Wurzeln erkranken, sich dunkel verfärben und absterben. Die Sämlinge fallen um, und auf der Erde sowie den Sämlingen kann ein watteähnliches Wachstum sichtbar werden.
- Die Umfallkrankheit kann nicht behandelt werden, beugen Sie ihr daher vor, indem Sie auf Sauberkeit achten, Sämlinge pikieren, um eine Überfüllung im Anzuchtgefäß zu vermeiden (siehe unten), nicht zu stark bewässern und für ausreichende Luftzirkulation über und um die Pflanzen herum sorgen. Achten Sie darauf, dass keine Blätter auf die Erde fallen und auch sonst keine Substanzen darauf liegen, die Krankheiten Vorschub leisten könnten.

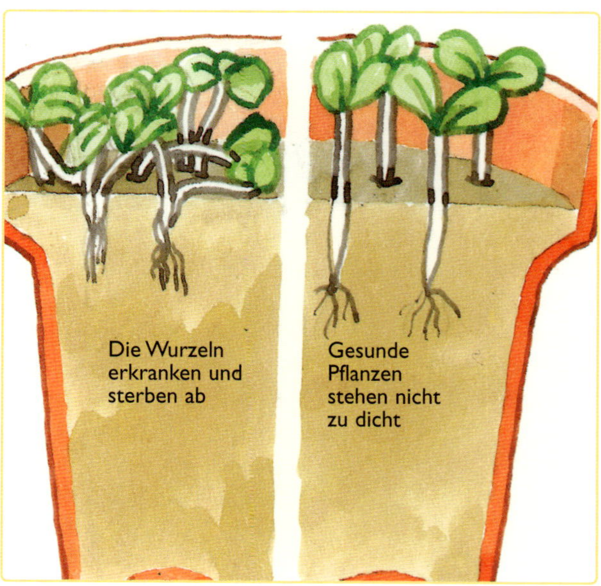

1 Füllen Sie eine Anzuchtkiste mit hochwertiger Saaterde. Drücken Sie die Erde mit einer Druckleiste bis 1,5 cm unter dem oberen Kistenrand an. Bewässern Sie sie und lassen Sie sie ca. 30 Minuten lang ruhen.

2 Streuen Sie die Samen oder Samen-Sandmischung gleichmäßig über die Erde.

3 Sieben Sie eine Schicht feuchte Erde über die Samen, deren Dicke der Samengröße entspricht.

4 Bedecken Sie die Kiste mit Glas oder transparentem Kunststoff. Die Abdeckung darf dabei nicht die Samen berühren. Stellen Sie die Kiste an einen warmen und hellen Standort. Wenn direktes Sonnenlicht auf die Kiste fällt, sorgen Sie durch ein feines Netz für Schatten.

## PFLEGE VON KEIMLINGEN

NICHT nur bei der Vorbereitung des Komposts, der Gefäße und Stecklinge oder Samen für die Vermehrung sind gute Hygienepraktiken wichtig, sondern auch bei der Pflege der keimenden und wachsenden Jungpflanzen.

### Andrücken

❀ Die Samen müssen guten Kontakt zur Erde haben, da Wasser durch Kapillare aufgenommen wird. Wenn sich Luft um die Samen staut, kann das Wasser nicht an die bedürftigen Bereiche weitergeleitet werden. Es ist daher wichtig, dass Sie die Erde beim Säen sanft, aber nicht zu fest, andrücken.

### Bewässern

❀ Vermehrte Pflanzen benötigen eine beständig feuchte Umgebung, die aber nicht nass sein darf. In allzu sehr mit Wasser getränkte Erde dringt weniger Sauerstoff an die Pflanzen, so dass Krankheiten hervorgerufen werden können.

### Die Pflege neuer Sämlinge

❀ Sämlinge müssen ausreichend Platz zum Atmen haben. Sobald Triebe sichtbar sind, entfernen Sie die Abdeckung des Anzuchtgefäßes. Schützen Sie die Sämlinge vor Zug und direktem Sonnenlicht, aber lassen Sie sie an einem hellen Standort. Bewässern Sie weiter, damit die Wurzeln nicht austrocknen.

OBEN: *Achten Sie darauf, dass Ihre neuen Pflanzen ausreichend, aber nicht zu viel Wasser haben, um Krankheiten keinen Vorschub zu leisten.*

### Ausdünnen

❀ Wenn Sämlinge sichtbar werden, sind die Pflanzen noch sehr empfindlich. Neben der Gefahr der Umfallkrankheit kämpfen die Sämlinge um Licht und Nährstoffe. Wenn sie nicht erkranken, werden sie vielleicht unterernährt, schwach und überlang werden. Derartige Pflanzen erreichen nie ihr volles gesundes Potenzial. Sie müssen daher ausgedünnt werden. Dieses Umpflanzen wird auch als Pikieren bezeichnet.

❀ Die ersten Blätter, die nach dem Keimen zum Vorschein treten, sind die Keimblätter, die bei der Keimung anschwellen und den Samenmantel platzen lassen. Sie bilden die ersten Nahrungsreserven für die Pflanze. Die nächsten Blätter sind die ersten „richtigen" Laubblätter, und sobald die ersten Laubblätter voll entwickelt sind, können die Sämlinge vereinzelt werden. Werfen Sie schwache und kränklich aussehende Sämlinge weg.

❀ Füllen Sie den nächstgrößeren Behälter mit guter Anzuchterde (ein Topf oder eine Pflanzzelle von 7,5 cm Durchmesser reicht für einen einzelnen Sämling aus, während ein größerer Topf bequem drei wachsende Pflanzen fasst).

❀ Klopfen Sie sanft gegen das Gefäß mit den Sämlingen, um die Erde zu lockern. Trennen Sie die Sämlinge vorsichtig voneinander. Fassen Sie sie nur an den Keimblättern an, so dass die Sämlinge keinen Schaden nehmen. Heben Sie jeden gesunden Sämling vorsichtig aus der Erde. Lassen Sie nach Möglichkeit ein wenig Erde um die Wurzeln. Pflanzen Sie die Sämlinge in der gleichen Tiefe in den Boden wie im ersten Behälter und drücken Sie die Erde um die Jungpflanzen sanft an. Klopfen Sie leicht auf den Behälter, damit sich die Erde setzt, und bewässern Sie die Sämlinge, damit sich die Erde auch um die Wurzeln setzt.

❀ Damit sich die Pflanzen schnell vom Ausdünnen erholen können, erhöhen Sie die Feuchtigkeit wie für die Keimung. Bedecken Sie dazu den Behälter einige Tage lang mit transparentem Plastik. Achten Sie darauf, dass das Plastik nicht die Blätter berührt.

## Abhärten

- Das allmähliche Akklimatisieren der Pflanzen an die jeweiligen Konditionen außerhalb der geschützten Umgebung des Anzuchtbehälters sollte ebenso ernst genommen werden wie das anfängliche, interessantere Vermehren.
- Das Abhärten braucht seine Zeit. Die natürlichen Wachse, die die Blätter der jungen Pflanzen bedecken, müssen sich zunächst in Form und Stärke an die neuen Bedingungen anpassen, um den Wasserverlust zu reduzieren – dieser Prozess erstreckt sich über mehrere Tage und kann nicht beschleunigt werden. Auch die Poren in den Blättern, die den Wasserverlust regulieren und durch die Sauerstoff und Kohlendioxid durch die Blätter aufgenommen und abgegeben werden, müssen sich zunächst an die härteren Außenbedingungen gewöhnen.
- Grundsätzlich dauert das Abhärten zwei Wochen. Wenn sich die Jungpflanzen unter Dach gut etabliert haben, können sie in einen unbeheizten Frühbeetkasten gesetzt werden, in dem sie durch eine Kunststoff- oder Glasabdeckung geschützt sind. Erhöhen Sie allmählich die Luftzirkulation, indem Sie die Abdeckung nach und nach über längere Zeit öffnen, bis sich die Pflanzen vollständig akklimatisiert haben. Schließen Sie den Frühbeetkasten zunächst nachts und lassen Sie ihn nach einer Weile nachts auf (außer wenn Frost vorhergesagt ist). Bei sehr kaltem Wetter sollten Sie den Frühbeetkasten isolieren.

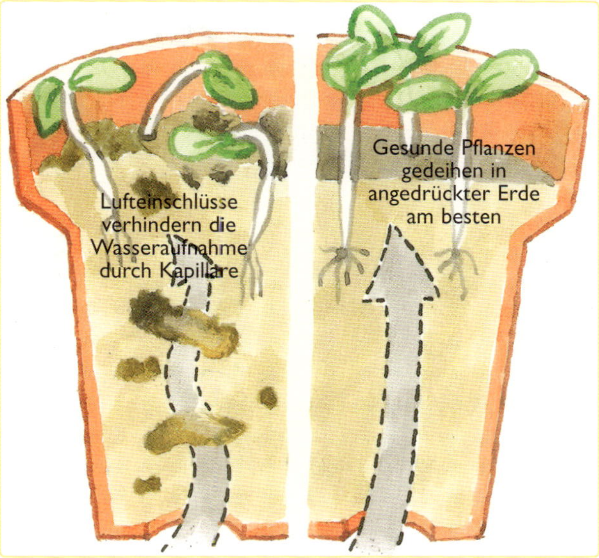


OBEN: *Wichtig ist, dass Sie die Erde vor der Aussaat gleichmäßig andrücken, damit das Wasser durch Kapillare zu den Wurzeln der Sämlinge gezogen werden kann. Lufteinschlüsse im Boden unterbrechen diesen Mechanismus, so dass der Sämling nicht optimal gedeihen kann.*

### PIKIEREN

*Alle jungen Sämlinge sind empfindlich, pflanzen Sie sie daher vorsichtig um.*

**1** *Drücken Sie mit einem Pikierholz oder Bleistift ein Loch in den Boden, das in etwa ebenso tief ist wie die Wurzeltiefe der Sämlinge in ihrem alten Behälter.*

**2** *Setzen Sie den Sämling vorsichtig in das Loch. Lassen Sie ein wenig alte Erde um die Wurzeln, um eine Schädigung der Wurzeln zu vermeiden, und drücken Sie die Erde um die Pflanze sanft an, damit sich keine Lufteinschlüsse bilden können.*

### Umtopfen

- Je größer die Pflanzen werden, desto mehr Platz benötigen die Wurzeln für ein ungehemmtes Wachstum. Zudem benötigen die Pflanzen mehr Bodennährstoffe. Der nächstgrößere Behälter muss daher groß genug sein, so dass der vorhandene Wurzelballen mit einer ausreichenden Schicht von neuer Erde umgeben werden kann. Der Topf sollte aber nicht übergroß sein, da sich die Wurzeln sonst nicht gesund entwickeln können.
- Lassen Sie die Pflanze vor dem Umtopfen etwas austrocknen, so dass sie leichter aus ihrem Behälter entfernt werden kann, ohne dass die Wurzeln zu Schaden kommen. Füllen Sie den neuen Topf mit einer Schicht Dränagesubstanzen und neuer Anzuchterde. Klopfen Sie gegen den Topf, um Lufteinschlüsse zu beseitigen, und pflanzen Sie in der gleichen Tiefe wie zuvor. Füllen Sie den Topf vorsichtig mit Erde auf und drücken Sie die Erde sanft an. Bewässern Sie die Pflanze gut und lassen Sie das überschüssige Wasser ablaufen.

## FREILANDAUSSAAT

- Winterharte Stauden und einjährige Pflanzen werden meist direkt an den gewünschten Standort ausgesät, so dass sie später nicht nochmals umgepflanzt werden müssen. Dies ist besonders hilfreich, wenn Sie Pflanzen mit tiefen Pfahlwurzeln wie Mohn kultivieren möchten, da sich diese Pflanzen nicht gerne umsetzen lassen. Meist erfolgt die Aussaat im Frühjahr, wenn die Frostgefahr gebannt ist und sich die Erde erwärmt hat, so dass die Samen nicht verfaulen.
- Die exakten Aussaatzeiten hängen allerdings davon ab, wann und wo die Pflanzen stehen sollen und welche Temperaturen sie zur Keimung benötigen. Einige winterharte zweijährige Pflanzen beispielsweise, die im Freien ausgesät werden, wachsen schnell und sollten daher erst im Hochsommer gesät werden. Andere wachsen hingegen zunächst langsam und müssen daher bereits im Spätfrühling ausgesät werden. Lesen Sie sich vor der Aussaat stets genau die Informationen auf der Saatpackung durch und achten Sie auf die Anforderungen bestimmter Samentypen. Nur so erzielen Sie optimale Anzuchtergebnisse.
- Es gibt zwei Methoden zur Freilandaussaat – die breitwürfige Aussaat und die Aussaat in Saatrillen. Bei letzterer werden die Samen in Reihen gesät. Bei der breitwürfigen Aussaat werden die Samen buchstäblich weit über das Saatbeet geworfen, auf dem sie wachsen sollen. Bei beiden Aussaatarten muss der Boden aber korrekt vorbereitet werden, damit die Samen bestens gedeihen können.

### Das Saatbeet

- Im Idealfall säen Sie in ein Beet, das im letzten Herbst umgegraben und gleichzeitig mit reifem organischem Dünger versetzt wurde – rund 1 m² organischer Dünger auf jeweils 4 m² Boden. Säen Sie nicht in zu fruchtbaren Boden, da sich sonst die Blätter stärker entwickeln als die Blüten.
- Wenn Sie hingegen wissen, dass der Boden sehr unfruchtbar ist, können Sie ca. 60 g Kopfdünger pro m² einharken. Bei einem besonders schweren Boden können Sie Grobsand einharken, der den Boden öffnet und die Entwässerung verbessert.

### Aussaat in Rillen

- Bei der Aussaat in Rillen werden mit der Harkenkante oder Spatelspitze flache Rillen oder Reihen gezogen. Die Samen werden dann unter eine feine Erdschicht in gleichmäßigem

## BEWÄSSERN VON JUNGPFLANZEN

*Sämlinge müssen nach der Freilandaussaat sorgfältig bewässert werden, damit sie gesund heranwachsen können.*

**1** *Um einen großen Bereich zu bewässern, schließen Sie einen Schlauch an den Wasserhahn an. Wählen Sie einen Schlauch mit einem sehr feinen Brausenkopf.*

**2** *Bewässern Sie den Bereich. Achten Sie aber darauf, dass sich das Wasser nicht auf dem Boden staut und alle Nährstoffe wegschwemmt. Setzen Sie den Schlauch an eine andere Stelle und wiederholen Sie das Verfahren.*

## BREITWÜRFIGE AUSSAAT

*1 Treten Sie den Boden gleichmäßig fest, so dass eine feste und ebenmäßige Fläche entsteht. Harken Sie den Boden, um Steine zu entfernen und eine ebene Fläche mit feiner, krümeliger Erde zu erhalten. So erhalten die Samen insgesamt guten Kontakt zum Boden.*

*2 Säen Sie die Samen fein und gleichmäßig auf dem vorbereiteten Beet aus. Sehr feine Samen können zunächst mit Sand vermischt werden, damit sie gleichmäßiger auf dem Beet verteilt werden können.*

*3 Arbeiten Sie die Samen sanft mit der Harke in den Boden ein. Harken Sie dabei zunächst in eine Richtung und dann nochmals im rechten Winkel, damit die Samen möglichst wenig berührt werden.*

*4 Befestigen Sie ein Schild mit dem Pflanzennamen am Beet und bewässern Sie die Samen mit einer Gießkanne mit feiner Brause.*

Abstand in diese Rillen gelegt, bewässert und mit einem Schild gekennzeichnet.

❀ Diese Art der Aussaat hat den Vorteil, dass die Sämlinge in erkennbaren Reihen wachsen und so die gewünschten Pflanzen leichter von Unkräutern unterschieden werden können. Im Allgemeinen müssen die Sämlinge sowohl bei der breitwürfigen Aussaat als auch beim Säen in Rillen ausgedünnt werden.

### Ausdünnen

❀ Die meisten Sämlinge müssen nach einiger Zeit ausgedünnt werden, so dass sie nicht zu dicht stehen und einander Luft, Licht und Nährstoffe wegnehmen. Entfernen Sie bei mildem Wetter, wenn der Boden feucht ist, die überflüssigen Sämlinge, vor allem die schwächeren, weniger gesund erscheinenden Pflanzen.

❀ Drücken Sie beim Ausdünnen sanft auf den Boden um die Sämlinge herum, damit die Wurzeln der Pflanzen, die stehen bleiben, möglichst wenig in Mitleidenschaft gezogen werden.

❀ Wenn die Sämlinge sehr dicht wachsen, müssen Sie möglicherweise ganze Büschel ausheben und vorsichtig die gesunden Sämlinge entnehmen, die Sie dann wieder einpflanzen können.

❀ Überflüssige Sämlinge können in Bereiche gesetzt werden, die nur spärlich bewachsen sind, weil dort entweder nicht viele Samen aufgegangen sind oder die Aussaat unregelmäßig war. Die Sämlinge können auch an anderen Stellen im Garten eingepflanzt werden oder aber den kleinen Nützlingen als Nahrung hingelegt werden. Drücken Sie umgepflanzte Sämlinge sanft an und bewässern Sie sie leicht, damit sich ihre Wurzeln wieder etablieren können.

## VERMEHRUNG DURCH STECKLINGE

Das Abschneiden von Trieben oder Triebstücken zur Anzucht neuer Pflanzen ist eine beliebte Methode, um den eigenen Pflanzenbestand mit minimalen Kosten zu vergrößern. Sie können so weitere Pflanzen von einer Mutterpflanze ziehen, bei der Sie sich nicht ganz sicher sind, ob sie wirklich den Winter übersteht. Oder Sie können eine Pflanze in Ihrem Garten etablieren, die Sie bei einem Freund bewundert haben. Durch den Austausch von Stecklingen und Ablegern entwickeln sich viele Freundschaften unter Gartenbesitzern.

❀ Stammstecklinge lassen sich je nach der Jahreszeit des Schnitts und der Reife der Mutterpflanze grob in drei Gruppen unterteilen. Jede Pflanze reagiert anders auf die verschiedenen Schnitttechniken, informieren Sie sich daher vor dem Schnitt, wie Sie eine bestimmte Pflanze vermehren sollten. Verallgemeinernd gesagt werden Stauden und kleine Sträucher durch Weichholzstecklinge vermehrt, Bäume, Rosen und viele Straucharten durch halbreife Stecklinge oder Hartholzstecklinge. Wenn Sie erst einmal wissen, welche Vermehrungsart eine Pflanze bevorzugt, sind die grundlegenden Schritte zum Schneiden und Einpflanzen von Stecklingen ganz einfach.

❀ Einige allgemeine Regeln gelten für alle Stecklinge: Schneiden Sie nur von gesunden Pflanzen, und schneiden Sie nur von nicht blühenden Seitentrieben, da diese meist besser Wurzeln bilden als Stecklinge, die vom Hauptstamm geschnitten wurden. Verwenden Sie stets ein sauberes, scharfes Messer, damit das Pflanzengewebe nicht verletzt wird.

### KOPFSTECKLINGE

*1 Trennen Sie den Steckling von der Mutterpflanze und schneiden Sie dann quer durch den Stamm unmittelbar unter einem Knoten, so dass der Steckling ca. 7,5 cm lang ist.*

*2 Entfernen Sie vorsichtig die Blätter von der unteren Hälfte des Stecklings. Tauchen Sie die Unterseite des Stecklings in ein Hormonpräparat.*

*3 Bohren Sie mit einem Pikierholz oder Bleistift ein Loch in einen Behälter mit Anzuchterde und pflanzen Sie den Steckling hinein. Drücken Sie die Erde vorsichtig an und bewässern Sie die Pflanze.*

*4 Sorgen Sie für eine warme und feuchte Umgebung, indem Sie eine transparente Plastiktüte über den Steckling stülpen. Die Tüte darf dabei die Blätter nicht berühren. Sie können den Steckling auch in einen Anzuchtbehälter stellen. Stellen Sie den Topf an einen hellen Standort, ohne dass er direkt der Sonne ausgesetzt wird. Prüfen Sie ihn täglich auf Anzeichen von Krankheit oder Trockenheit hin und behandeln Sie ihn entsprechend. Topfen Sie ihn um, sobald sich Wurzeln gebildet haben – das heißt nach rund zwei bis drei Wochen.*

## WEICHHOLZSTECKLING

**1** *Entfernen Sie einen ca. 10 cm langen jungen kräftigen Seitentrieb von der Mutterpflanze und schneiden Sie ihn unmittelbar unter einem Blattansatz quer durch.*

**2** *Entfernen Sie vorsichtig die Blätter von der unteren Hälfte des Stecklings. Tauchen Sie die Unterseite des Stecklings in ein Hormonpräparat.*

**3** *Bohren Sie mit einem Pikierholz oder Bleistift ein Loch in einen Behälter mit Anzuchterde und pflanzen Sie den Steckling hinein. Drücken Sie ihn sanft mit dem Pikierholz an und achten Sie darauf, dass sich um den Steckling keine Lufteinschlüsse bilden.*

**4** *Bewässern Sie den Steckling vorsichtig und befestigen Sie eine transparente Plastiktüte auf Stöcken oder Drähten über dem Steckling. Achten Sie darauf, dass die Tüte nicht die Blätter berührt, die sonst verfaulen könnten.*

❀ Pflanzen Sie den Steckling möglichst schnell ein und achten Sie darauf, dass er beim Einpflanzen rundum guten Kontakt zum Boden hat. Wie bei allen Vermehrungstechniken sollten Sie nur völlig saubere Erde, absolut reine Behälter und Werkzeuge benutzen, um die Gefahr eines Krankheitsbefalls zu vermindern. Für zusätzlichen Schutz können Sie den Steckling mit sterilisiertem Wasser gießen, das mit einem Fungizid versetzt ist. Ziehen Sie nicht ungeduldig am Steckling um nachzuschauen, ob er Wurzeln entwickelt. Achten Sie stattdessen auf neues Wachstum.

### Kopfstecklinge

❀ Stauden, die sich nicht gut teilen lassen, können häufig durch Kopfstecklinge vermehrt werden. Wenn geeignete Triebe wachsen, können Sie sie jederzeit während der Wachstumsphase entfernen. Die Triebe müssen gesund und robust sein und dürfen keine Blütenknospen aufweisen. Pflanzen Sie die Stecklinge möglichst schnell nach dem Schnitt.

### Weichholzstecklinge

❀ Weichholzstecklinge werden von Frühlingsanfang bis zum Hochsommer vom Wachstum des laufenden Jahres geschnitten. Im Allgemeinen sind Weichholzstecklinge weiche, noch nicht ausgereifte Triebe, die völlig grün sind und daher nach dem Schnitt schnell welken. Bei dieser Vermehrungsmethode kommt es auf Geschwindigkeit und Sorgfalt an. Sammeln Sie die Stecklinge in einer geschlossenen Plastiktüte, die Sie nicht in die Sonne stellen dürfen.

❀ Um die besten Erfolgschancen zu haben, sollten Sie die Stecklinge möglichst bald nach dem Schnitt vorbereiten. Einige Weichholzstecklinge bilden in Wasser Wurzeln, andere müssen in Erde gesteckt werden. Informieren Sie sich über die konkreten Anforderungen Ihrer Pflanze. Einige Pflanzen schlagen nur Wurzeln, wenn von unten durch einen Anzuchtbehälter oder eine Wärmematte Wärme zugeführt wird. Andere Stecklinge können in einen Frühbeetkasten gesetzt werden. Wie auch beim Keimen von Samen sollten Sie die Stecklinge an einen hellen Standort ohne direkte Sonneneinstrahlung stellen.

❀ Schauen Sie nach dem Pflanzen alle zwei Tage nach dem Topf oder Anzuchtbehälter, um festzustellen, ob Sie mehr gießen müssen. Die meisten Weichholzstecklinge schlagen in ca. sechs bis acht Wochen Wurzeln. Sobald neues Wachstum sichtbar wird, kann die Pflanze allmählich abgehärtet werden.

## Halbreife Stecklinge

- Halbreife Stecklinge werden ebenfalls von den Trieben des laufenden Jahres geschnitten, aber später im Jahr (vom Hochsommer bis zum Frühherbst). Wählen Sie auch für diese Stecklinge nicht blühende gesunde Seitentriebe, die oben weich und unten soeben hart sind.
- Halbreife Stecklinge sind etwas härter als Weichholzstecklinge und welken daher nicht so schnell. Es dauert aber auch länger, bis sie Wurzeln schlagen. Daher werden sie häufig von Achselstecklingen vermehrt, d. h. um die Wurzelbildung zu fördern, wird der untere Stammteil angeschnitten („verwundet").
- Dazu wird ein flacher Schnitt ca. 2,5 – 3,5 cm oberhalb der unteren Schnittkante des Stecklings ausgeführt und die Rinde von dieser Stelle bis zur unteren Kante mit einem scharfen Messer abgezogen. Reißen Sie nicht an der Rinde. Die Wurzelbildung wird so von der Unterseite des Stecklings als auch von der verwundeten Fläche stimuliert. Achselstecklinge legen die geschwollene Basis des diesjährigen Wachstums bloß, die eine Konzentration von Wachstumshormonen enthält, die wiederum die Wurzelbildung fördern.

### ACHSELSTECKLING

*1 Ziehen Sie mit einer Bewegung nach außen und unten einen kräftigen, nicht blühenden Seitentrieb von der Mutterpflanze ab, so dass etwas Rinde mit entfernt wird. Ziehen Sie den Trieb nicht langsam, sondern mit einer festen Ruckbewegung ab. Achten Sie darauf, dass die Rinde der Mutterpflanze dabei nicht verletzt wird, sie könnte sonst anfällig für Krankheiten werden.*

*2 Schneiden Sie die Blätter von der unteren Hälfte des Stecklings mit einem sauberen und scharfen Messer ab. Schneiden Sie überflüssiges und krankes Pflanzengewebe ab sowie zu lange Rindenstücke.*

*3 Tauchen Sie die unteren 2,5 cm des Stecklings in ein Hormonpräparat. Dies beugt einem Pilzbefall vor und unterstützt die Wurzelbildung.*

2

*4 Bohren Sie mit einem Pikierholz ein Loch in einen Behälter mit Anzuchterde und pflanzen Sie den Steckling hinein. Drücken Sie ihn sanft an und gießen Sie ihn. Befestigen Sie eine transparente Plastiktüte auf Stöcken oder Drähten über dem Steckling (achten Sie darauf, dass die Tüte nicht die Blätter berührt) oder geben Sie den Steckling in ein Anzuchtgefäß. Stellen Sie ihn an einen hellen Standort ohne direkte Sonneneinstrahlung.*

3

4

### Hartholzstecklinge

- Viele Sträucher können mittels Hartholzstecklingen vermehrt werden. Diese Stecklinge werden von der Herbstmitte bis zum Winteranfang von reifen, kräftigen Trieben des laufenden Jahres geschnitten. Hartholzstecklinge von laubwechselnden Sträuchern werden unmittelbar nach Abwerfen der Blätter geschnitten.
- Auf diese Art vermehrte Stecklinge schlagen nur langsam Wurzeln, aber mit der richtigen Pflege erhalten Sie innerhalb eines Jahres starke und widerstandsfähige Pflanzen. Sie können die Stecklinge in Kübeln, im Frühbeet oder auch im Freiland ziehen.
- Zum Pflanzen tauchen Sie das Ende des Stecklings in ein Hormonpräparat. Bohren Sie mit einem Pikierholz ein Loch in einen Kübel mit Anzuchterde und pflanzen Sie den Steckling hinein. Drücken Sie ihn an und gießen Sie ihn. Kennzeichnen Sie ihn mit einem Schild und stellen Sie den Steckling ins Frühbeet. Bewässern Sie ihn während der Wachstumszeit regelmäßig und härten Sie ihn vor dem Auspflanzen ab.

## HARTHOLZSTECKLING

*1 Trennen Sie bleistiftdicke Triebe an der Verbindungsstelle des alten und neuen Wachstums ab.*

*2 Schneiden Sie die Stecklinge auf ca. 15 cm zurück. Dazu schneiden Sie sie oben direkt oberhalb der Knospen oder Blätter ab und unten unmittelbar unterhalb der Knospen oder Blätter. Schneiden Sie oben schräg und unten gerade, damit Sie wissen, wie herum Sie den Steckling einpflanzen müssen.*

1

4

*3 Entfernen Sie verbleibende Blätter. Bei immergrünen Stecklingen entfernen Sie die Blätter von den unteren zwei Dritteln des Stamms und schneiden Sie große Blätter quer halb durch.*

*4 Bei der Vermehrung im Freien pflanzen Sie die Stecklinge im Abstand von 15 cm in einen 15 cm tiefen, mit Kompost und hartem Sand gefüllten Graben. Füllen Sie den Graben mit Erde auf und gießen Sie die Stecklinge. Drücken Sie den Boden nach einem strengen Frost an und gießen Sie die Pflanzen in längeren Trockenzeiten.*

## PFLANZEN TEILEN

DURCH Teilen kann nicht nur eine ziemlich erbärmlich wirkende Pflanze wiederbelebt werden, sondern es ist auch eine unglaublich einfache und günstige Methode, um Ihren Pflanzenbestand zu vergrößern. Viele Stauden sehen nach einiger Zeit nicht mehr hübsch aus, und wenn sie nicht alle drei oder vier Jahre ausgehoben und geteilt werden, sterben sie in der Mitte allmählich ab.

- Teilen bedeutet buchstäblich, die alte Pflanze in viele kleinere Pflanzen zu teilen, von denen die gesündesten wieder eingepflanzt werden. Größere Pflanzenteile, die im Frühjahr eingepflanzt werden, können sogar noch im gleichen Jahr Blüten treiben – wenn auch zunächst mit kürzeren Stielen als die ursprünglichen etablierten Pflanzen.
- Wenn Sie der Größenunterschied zwischen den Jungpflanzen und ihren Nachbarn in der Rabatte stört, pflanzen Sie die neuen Pflanzen doch in Töpfe oder Saatbeete, bis sie groß genug sind, um an ihren endgültigen Standort verpflanzt zu werden.

### Wo anfangen?

- Die meisten Pflanzen vermehren sich auch, wenn man sie sich selbst überlässt. Die Vermehrung durch Teilen mag sich zwar kompliziert anhören, bedeutet aber im Grunde nur, dass der Gärtner der Natur etwas nachhilft.
- Die meisten Gartenbesitzer teilen zunächst mehrjährige Stauden. Meist ist es eine erbärmlich aussehende Rabattenpflanze, die in der Mitte abstirbt und außen hoch und unregelmäßig wächst, die zum Handeln

### TEILEN VON RHIZOMEN

**1** *Heben Sie den Wurzelballen vorsichtig mit einer Mistgabel aus dem Boden. Achten Sie darauf, dass die Gabel nicht in die Nähe der Wurzelstöcke (Rhizome) sticht, da Sie sie sonst verletzen könnten. Schütteln Sie lockere Erde ab.*

**2** *Brechen Sie den Ballen grob mit den Händen oder einer Handgabel auf. Bei großen Ballen (wie bei großen mehrjährigen Stauden) müssen Sie u. U. zwei Gabeln zu Hilfe nehmen, mit dem Rücken gegeneinander in die Ballenteile einstechen und auseinanderziehen. Entfernen Sie frische neue Rhizome mit einem sauberen, scharfen Messer. Jedes Teil sollte oben Knospen oder Blätter und unten Wurzeln tragen. Werfen Sie kranke oder alte Rhizome weg.*

**3** *Schneiden Sie lange Wurzeln um ein Drittel zurück. Schneiden Sie die Blätter von Irispflanzen ca. 15 cm lang und winkelförmig an, um Schäden durch Windböen zu vermeiden. Bestäuben Sie die Schnittkanten des Rhizoms mit einem Hormonpräparat, um Krankheiten fern zu halten und neues Wachstum zu stimulieren.*

**4** *Pflanzen Sie die neuen Rhizome in der gleichen Tiefe, in der sie ursprünglich wuchsen, wobei die Blätter und Knospen nach oben weisen. Gießen Sie die Pflanze und drücken Sie die Erde fest an.*

veranlasst. Statt einfach die ganze Pflanze wegzuwerfen, lohnt es sich, einige gesunde Teilstücke außen abzutrennen und viele gesunde Jungpflanzen aus einer alten zu kultivieren.

### Wann teilen?

- Denken Sie daran, dass einige Pflanzen nicht gern gestört werden. Informieren Sie sich daher stets zunächst über die konkreten Anforderungen einer Pflanze, bevor Sie sie teilen. Meist wird in der halb ruhenden Zeit geteilt – zu Anfang des Frühlings oder im Herbst. Der Boden sollte dabei feucht sein, ohne dass sich Wasser staut.
- Einige Pflanzen bevorzugen zum Umpflanzen allerdings ganz bestimmte Zeiten. Informieren Sie sich daher bitte auch in diesem Fall, bevor Sie die Pflanzen aus dem Boden heben. Rhizome (Wurzelstöcke, d. h. Pflanzen mit fleischigen, fast horizontalen unterirdischen Stämmen) wie Bergenien, Rhizomlilien und -iris lassen sich völlig unproblematisch teilen und werden meist im Spätsommer umgepflanzt.

## TEILEN VON MEHRJÄHRIGEN STAUDEN

*1 Heben Sie die zu dicht gewordene Staude mit einer Mistgabel aus, möglichst ohne die Wurzeln zu verletzen. Schütteln Sie die lockere Erde ab und stellen Sie fest, wo Sie die Pflanze am besten teilen können. Werfen Sie kranke Teile sowie den mittleren Pflanzenteil weg. Teilstücke von den äußeren Wurzelballen wachsen zu neuen, gesunden Pflanzen. Waschen Sie überschüssige Erde mit Wasser ab, wenn Sie die Wurzeln und Triebe für eine präzise Teilung der Pflanze nicht klar genug erkennen können.*

*2 Teilen Sie die Pflanze in Stücke mit gesunden Wurzeln und Trieben. Einige Pflanzen können Sie mit der Hand teilen, aber Pflanzen mit fleischigen, zähen Wurzeln müssen mit einem sauberen, scharfen Messer geschnitten werden. Bestäuben Sie die Schnittflächen gemäß Herstelleranweisungen mit einem Fungizid.*

*3 Sehr harte und faserige Wurzelballen müssen möglicherweise mit zwei Gabeln geteilt werden, die Sie mit dem Rücken zueinander in die Mitte des Ballens stechen. Die Hebelwirkung der beiden Gabeln erleichtert das Teilen. In einigen Fällen reichen Handgabeln durchaus, in anderen Fällen brauchen Sie Mistgabeln. Drücken Sie die beiden Gabeln stets vorsichtig auseinander und versuchen Sie, die Wurzeln mit der Hand zu trennen, statt sie mit Gewalt zu teilen und zu zerreißen.*

*4 Pflanzen Sie die neuen Pflanzen sofort nach der Teilung in der gleichen Tiefe wie zuvor ein und sorgen Sie für eine gute Verteilung der Wurzeln. Drücken Sie die Erde an und gießen Sie die Pflanzen reichlich.*

### Teilen von Zwiebeln

- Nach ein oder zwei Jahren im Boden bilden die meisten Zwiebeln und Knollengewächse unten Ableger. Die Ableger von Zwiebeln werden als Brutzwiebeln bezeichnet, sehr kleine als kleine Nebenzwiebeln. Die Ableger von Knollen werden Brutknöllchen genannt. Wenn sich diese ungehindert entwickeln können, stehen die Pflanzen bald zu dicht und nehmen einander die Nährstoffe weg. In den meisten Fällen wirkt sich dies sehr nachteilig auf die Blüte aus.
- Es empfiehlt sich daher, die meisten Zwiebel- und Knollenballen alle drei oder vier Jahre auszuheben, damit sie auch weiterhin ihre Blütenpracht zeigen können. Außerdem können Sie auf diese Weise die Zahl Ihrer blühenden Pflanzen kostenlos und mit relativ wenig Anstrengung vergrößern.
- Die meisten beliebten Zwiebeln und Knollen wie Narzissen, Schneeglöckchen, Krokusse und Lilien reagieren sehr gut auf eine Teilung. Sie blühen verstärkt, und Sie können Ihre zusätzlichen Zwiebeln oder Knollen über einen größeren Bereich verteilen. Es ist jedoch nachdrücklich zu empfehlen, dass Sie sich über die Anforderungen der jeweiligen Pflanze informieren, bevor Sie sie teilen, da es einige Ausnahmen von der Regel gibt. Die Vallote (*Vallota*) beispielsweise blüht gut, wenn sie dicht steht, und die Sternbergia und Alpenveilchen werden nicht gerne versetzt.

### Wann sollten Sie Zwiebeln und Knollen teilen?

- Am besten teilen Sie, wenn sich die Pflanze im Ruhezustand befindet. Natürlich ist es aber erheblich einfacher, die Zwiebeln oder Knollen zu finden, wenn die Pflanzen sichtbare Blätter tragen. Daher werden die Zwiebeln meist geteilt, wenn die Blätter fast abgestorben sind. Einige Zwiebeln haben etwas andere Anforderungen. So sollten Schneeglöckchen geteilt werden, wenn sie in vollem Blattwerk stehen. Informieren Sie sich daher über die Anforderungen der jeweiligen Pflanze, bevor Sie sie teilen.

### Pflanzen aus Zwiebelschuppen ziehen

- Schuppenstecklinge sind eine einfache Methode, um Zwiebeln mit Schuppen (vor allem Lilien, die sich so

#### TEILEN VON ZWIEBELN

**1** *Heben Sie die Zwiebel samt Ballen vorsichtig mit einer Gabel aus.*

**2** *Schütteln Sie die lockere Erde ab und teilen Sie den Ballen in kleinere, handlichere Teile.*

**3** *Ziehen Sie die einzelnen Zwiebeln mit den Händen auseinander. Werfen Sie weiche, ausgetrocknete, beschädigte oder kranke Zwiebeln weg. Reinigen Sie die Zwiebeln, die Sie wieder einpflanzen möchten, und entfernen Sie lose Haut (die papierartige Membran, die Zwiebeln umhüllt).*

**4** *Pflanzen Sie die Brutzwiebeln in der korrekten Tiefe und im richtigen Abstand in den vorbereiteten Boden. Der Abstand entspricht meist der zwei- bis dreifachen Zwiebelgröße, aber vergewissern Sie sich vor dem Teilen, was für die jeweilige Art zu beachten ist.*

## VERMEHREN VON HYAZINTHEN DURCH EINSCHNEIDEN

*Gegen Ende der Ruheperiode können Hyazinthen durch Einschneiden der Zwiebelbasis vermehrt werden.*

**1** *Schneiden Sie die Zwiebelbasis mit einem scharfen Messer ein. Bestäuben Sie die Schnittflächen mit einem Fungizid und lagern Sie die Zwiebel in feuchtem Perlit, dem Sie ein Fungizid untermischen, an einem warmen Ort. Die durch den Einschnitt verursachte Wunde fördert das Wachstum kleiner Zwiebeln (Brutzwiebeln) entlang der Schnittflächen.*

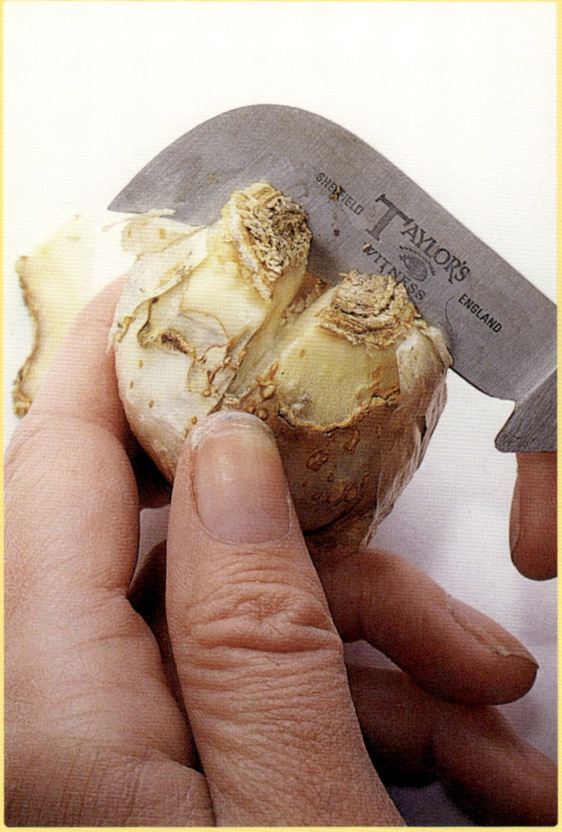


**2** *Wenn sich Brutzwiebeln gebildet haben, pflanzen Sie die Zwiebel umgekehrt in sandige Erde. Die Brutzwiebeln wachsen über der Mutterzwiebel und können zum Umpflanzen vorsichtig von der alten Zwiebel getrennt werden. Einfacher ist es, die Mutterzwiebel einzuschneiden, sie sofort wieder einzupflanzen und dann auf die Bildung von Brutzwiebeln zu warten.*

problemlos teilen lassen) zu vermehren. Das Vermehren von Lilien lohnt sich insbesondere deshalb, weil die Zwiebeln relativ teuer sind. Ein weiterer Bonus ist, dass die Mutterpflanze nach dem Entfernen der Schuppen wieder eingepflanzt werden kann und dann wieder normal blüht.

- Die meisten Lilienzwiebeln bestehen aus konzentrischen Schuppenringen, die unten mit der Zwiebelbasis verbunden sind. Entfernen Sie Lilienschuppen im Herbst, bevor das Wurzelwachstum einsetzt. Heben Sie die Zwiebeln aus oder entfernen Sie die Erde rund um die Zwiebel und arbeiten Sie an Ort und Stelle. Entfernen Sie einige Schuppen von der Zwiebel, achten Sie aber darauf, dass Sie auch ein Stück der Zwiebelbasis mit entfernen. Auf diese Weise vergrößern Sie Ihre Erfolgschancen erheblich.
- Bedecken Sie die Schuppen mit einer Fungizidschicht und stellen Sie sie in eine Kiste mit zwei Teilen Kompost und einem Teil groben Sand. Bewahren Sie sie ca. zwei Monate lang feucht an einem warmen, schattigen Ort auf. Stellen Sie sie im Frühjahr zwei Monate lang an einen kalten Ort, um ein gutes Blattwachstum zu fördern. Topfen Sie die einzelnen Brutzwiebeln um und lassen Sie sie ein weiteres Jahr wachsen, bevor Sie sie auspflanzen.

## ABSENKEN

Absenken ist eine ausgezeichnete Einführung in Vermehrungstechniken für den neuen Gartenbesitzer, da die Jungpflanzen erst dann von der Mutterpflanze getrennt werden, wenn sie Wurzeln gebildet haben und unabhängig wachsen. Dies ist natürlich nicht so faszinierend wie die Pflanzenaufzucht von Samen oder Stecklingen, wobei die neuen Pflanzen noch sehr empfindlich sind, bis sie sich etabliert haben. Sie müssen besonders gepflegt werden, um eine starke Wurzelbildung und kräftiges Wachstum zu gewährleisten und um Krankheiten in Schach zu halten.

- Absenken ist ein so einfaches Vermehrungsverfahren, dass einige Pflanzen sich sogar selbst absenken, wie z. B. Erdbeeren und Sträucher mit niedrigen Zweigen wie der Perückenstrauch (*Cotinus coggygria*). Andere Pflanzen versuchen, sich natürlich abzusenken (selbstabsenkende Pflanzen); diese können problemlos in ihrem Bemühen unterstützt werden, indem Zweige mit Klammern oder Steinen solange auf den Boden gedrückt werden, bis sie Wurzeln fassen.
- Viele Pflanzen (wie Efeu) besitzen hängende Triebe, die bei Bodenkontakt Wurzeln entwickeln. Die Vermehrung hat in diesem Fall bereits stattgefunden. Sie müssen nur die neue Pflanze sanft aus dem Boden heben, ohne die Wurzeln zu beschädigen, und die Jungpflanze vor dem Einpflanzen vom Hauptstamm trennen.
- Absenken ist auch ein nützliches Verfahren, um Pflanzen zu vermehren, deren Stecklinge nicht leicht Wurzeln bilden, wie z. B. einige Sträucher und Kletterpflanzen. Absenken ist nicht unbedingt eine schnelle Art der Vermehrung, aber die gezogenen Pflanzen sind kräftig, bereits an den Boden gewöhnt, in dem sie heranreifen sollen, und das Verfahren ist auch nicht arbeitsintensiv.
- Zudem sind keine Spezialgeräte erforderlich. Sie können Pflanzen jederzeit absenken, und Sie müssen weder Platz auf der Fensterbank noch im Gewächshaus opfern. Daher könnte jeder Gartenbesitzer seine Vermehrungserfahrungen mit Absenken beginnen.
- Es wird im Wesentlichen zwischen drei Absenkungsarten unterschieden: Luft-Absenken, bei dem das Wachstumsmedium (ein Blumentopf) bis zum Trieb angehoben wird; eine Reihe von Techniken, bei denen die Erde über einem Trieb angehäuft wird (z. B. französisches Absenken); und eine Reihe grundlegender Ablegetechniken, bei denen der gesamte Trieb im Boden abgelegt wird (z. B. Ablegen der Spitze, serpentinenartiges Ablegen, natürliches und einfaches Ablegen).
- All dies ist einfacher, als es sich anhört, und den meisten Hobbygärtnern wird die letztgenannte Technik, die sich auf die pflanzeneigene Tendenz zur Wurzelbildung bei Bodenkontakt stützt, für ihren Vermehrungsbedarf ausreichen.

### Das Pflanzen der natürlichen Wurzelschösslinge von Kletterpflanzen

- Sie werden möglicherweise verschiedene Stellen an einem kletternden Trieb entdecken, wo die Pflanze Wurzeln gebildet hat. Die neuen Wurzelsysteme sind leicht daran erkennbar, dass sich an diesen Stellen üppiges und gesundes neues Wachstum zeigt.
- Lösen Sie diese Triebstücke sanft aus dem Boden und heben Sie die Wurzeln vorsichtig aus. Schneiden Sie diesen Trieb mit einer Gartenschere von der Mutterpflanze ab. Teilen Sie den Trieb in Stücke mit jeweils gutem Wurzelsystem. Entfernen Sie Blätter, die in der Nähe der Wurzelabschnitte wachsen. Pflanzen Sie jedes verwurzelte Triebstück in Kompost oder direkt in den Garten und bewässern Sie es gut.

UNTEN: *Efeuschößlinge (wie bei dieser* Hedera helix *'Goldheart') entwickeln bei Bodenkontakt oft automatisch Wurzeln. Die Vermehrung ist damit bereits auf natürliche Art erfolgt.*

## VERMEHRUNG DURCH ABSENKEN

*1 Viele Pflanzen senken sich selbst ab, einige können dabei aber etwas Hilfe gebrauchen. Wählen Sie einen gesunden und biegsamen Trieb, der problemlos bis auf den Boden gebogen werden kann.*

*2 Heben Sie an einer geeigneten Stelle ein flaches Loch aus und reichern Sie die Erde mit Kompost an. Sie erhöhen die Chancen der Wurzelbildung, wenn Sie die Triebunterseite an dem Punkt, an dem er abgesenkt werden soll, kurz schräg anschneiden. Die Konzentration von Kohlenhydraten und Hormonen an der Wunde und der leicht erhöhte Druck, der auf die Pflanze an dieser Stelle ausgeübt wird, fördern die Wurzelbildung.*

*3 Drehen Sie den Trieb, um den Schnitt zu öffnen. Tragen Sie ein Hormonpräparat auf die verwundete Stelle auf um Krankheiten vorzubeugen und die Wurzelbildung stärker zu fördern.*

*4 Legen Sie den verwundeten Triebabschnitt in den Boden und verankern Sie ihn mit einer Metallklammer oder einem gebogenen Stück Draht. Achten Sie darauf, dass der Schnitt offen bleibt. Füllen Sie das Loch wieder mit Erde auf, drücken Sie die Erde fest an und gießen Sie den Trieb mit einer Gießkanne mit feiner Brause. Halten Sie den Bereich während der gesamten Wachstumszeit feucht. Nach ca. einem Jahr kratzen Sie den Boden weg, um festzustellen, ob sich neue Wurzeln gebildet haben. Wenn ja, können Sie die neue Pflanze von der Mutterpflanze trennen und ein weiteres Jahr an der Stelle wachsen lassen, bevor Sie sie an ihren endgültigen Standort versetzen.*

# BÄUME UND STRÄUCHER

**Bäume sind mehrjährige Gehölze, die meist einen einzigen Trieb oder Stamm besitzen und bis zu 90 m hoch wachsen. Immergrüne Bäume behalten ihre Blätter das ganze Jahr über, während laubabwerfende Bäume ihre Blätter im Winter verlieren. Sträucher sind ebenfalls mehrjährige Gehölze, die aber mehrere Triebe entwickeln, die sich von der Bodenhöhe aus ausbreiten. Die meisten Sträucher erreichen eine maximale Höhe von 4,5 bis 6 m. Größere Sträucher wie Cotoneaster und Flieder (*Syringa*) können auch als kleine Bäume gezogen werden. Halbsträucher sind Pflanzen, die nur an der Basis holzig sind (wie Perovskien und Fuchsien) und deren Wachstum jedes Jahr stirbt. Häufig werden diese Pflanzen als Stauden kultiviert. Bäume und Sträucher bieten dem neu angelegten Garten eine gute Struktur und sollten vor allen anderen Pflanzen in den Garten gesetzt werden.**

## BÄUME

SOWOHL Koniferen (Nadelgehölze) als auch laubabwerfende Bäume wachsen in unzähligen Formen und Größen. Koniferen besitzen eine ganz eigene Form, regelmäßige Äste und Zweige und nadelförmige Blätter. Sie eignen sich sowohl als Solitärgehölz als auch in einer Hecke.

❀ Laubabwerfende Bäume gibt es in einer großen Fülle von Blattformen und -größen. Viele von ihnen können allein wegen ihrer Astformen oder Rindenstruktur gewählt werden, die im Winter, wenn die Blätter abgefallen sind, einen besonderen Blickfang bieten. Bei vielen Bäumen der Birkenfamilie schält sich die reizvoll gefärbte Rinde.

❀ Bäume können einem Garten Höhe und Statur verleihen. Durch ihre Größe und Form schaffen sie auch Kontraste zu anderen Pflanzen. Ein hoher, säulenförmiger Baum kann wie ein Wahrzeichen in der Landschaft wirken, während ein ausladender Baum eher schützend und Obdach gewährend anmutet. Die Blätter sind oft sehr dekorativ und erzeugen je nach Größe, Form, Farbe, Struktur und ihrer Befestigung am Zweig ganz unterschiedliche Effekte. Pappelblätter wachsen so, dass sie im Wind rascheln und sich heftig bewegen, so dass sie den Gedanken an das rauschende Meer heraufbeschwören.

❀ Gute Solitärgehölze für große Gärten sind Buchen. Alle Buchen sind schöne, hohe Bäume mit glatter grauer Rinde und feinem Blattwerk. Die gewöhnliche Buche trägt den botanischen Namen *Fagus sylvatica*, die Hängebuche wird *F. s.* ‚Pendula' genannt, und *F. s.* ‚Roseomarginata' ist zwar kleiner als andere Buchen, aber noch immer ein großer Baum.

❀ Auffällige Blattfarben können wichtig sein, aber übertreiben Sie es nicht. Gelb kann beeindruckend wirken, vor allem wenn die Sonne in den frühen Morgen- oder späten Abendstunden auf die Blätter fällt, aber zu viel des

LINKS: *Nadelgehölze verschiedener Varietäten passen sehr gut zusammen, wie die hohen Formen und diversen Farbtöne dieser gemischten Koniferenrabatte beweisen.*

LINKS: *Sowohl Hartriegel als auch Sumach oder Essigbaum (hier in ihren Herbstfarben abgebildet) können Sträucher und Bäume ergeben. Hier stehen sie am Rasenrand und lenken das Auge auf sich.*

Guten ermüdet die Augen. Versuchen Sie nach Möglichkeit, einen Ausgleich bei den Blattfarben zu erzielen und nicht zu viele verschiedene Töne auf kleinem Raum zu pflanzen. Immergrüne Pflanzen sollten so positioniert werden, dass sie während der Ruhephase des übrigen Gartens für einen Ausgleich sorgen. Kiefern wirken am besten gegen den Himmel, gegen den sich ihre interessanten Stammformen abheben.

- Viele Ahornarten sind graziös und optisch ansprechend. Die Schlangenhautvarietäten verfärben sich im Herbst hübsch, und auch ihre Stämme und das Astwerk sind sehr attraktiv.

## Bäume für kleinere Gärten

- Im kleineren Garten kann *Aesculus pavia* (Rote Rosskastanie), eine kleinere Art der Rosskastanienfamilie mit interessanten Blüten, auch als großer Strauch gepflanzt werden. *Amelanchier canadensis* (Kanadische Felsenbirne) sieht in Gärten jeder Größe hübsch aus und wird nur bis zu 6,5 × 5 m groß. Im Frühjahr ist er von weißen Blüten übersät und strahlt im Herbst mit seinen orangeroten Blättern.
- Silberbirken sind entzückende kleine Bäume, die einzeln oder in dichten Gruppen zu einem Gehölz gepflanzt werden können. Die weißstämmigen Varietäten sind einfach spektakulär. *Betula papyrifera* (Amerik. Papierbirke) besitzt große Blätter und eine sich schälende papierähnliche Rinde. *Catalpa bignonioides*, der Syringenblättrige Trompetenbaum, zeichnet sich durch attraktive große Blätter und Rispen (Kerzen voll winziger, auf langen Stielen sitzenden Blüten) mit weißen, glockenförmigen Blüten mit gekräuselten Rändern und purpurfarbenen Markierungen aus. Dieser exotische Baum liefert viel Schatten.

UNTEN: *Die hängende Silberbirne* (Pyrus salicifolia *‚Pendula‘) ist ein kleiner, sehr dekorativer Baum, der mit großem Erfolg in einem kleinen Garten kultiviert werden kann. Unter dieser Silberbirne stehen weiße Tulpen.*

LINKS: *Eine Fülle von Rhododendronsträuchern kann ein atemberaubendes farbenfrohes Display schaffen, und Rhododendren sind für fast jeden Garten- und Bodentyp erhältlich.*

## STRÄUCHER

STRÄUCHER umfassen eine riesige Vielfalt von Pflanzen, die für Gärten jeder Größe und Stilrichtung geeignet sind. Es gibt eine unendliche Fülle unterschiedlicher Größen, Farben, Formen und interessanter Aspekte, die sie zu den verschiedenen Jahreszeiten bieten. Sträucher sind daher unentbehrlich, wenn Sie Ihrem Garten Form und Substanz verleihen möchten und einen Rahmen benötigen.

- Die kleineren Sträucher bringen Fülle, Form und Struktur in sommerblühende Rabatten. Größere Sträucher können geheimnisvoll wirken oder hässliche Teile des Gartens verdecken, und viele Sträucher bilden für sich auffallende Gartenelemente. Zudem sind sie nützliche Heckenpflanzen.
- Oder setzen Sie nur eine Varietät ein, wie Buchsbaum in einer Terrassenanlage, Lavendel als Umfriedung eines Rosenbeets oder Eiben als Hintergrund für eine Rabatte. Mit gemischten Varietäten können Sie zwanglose Unterteilungen erzielen oder einen Windschutz schaffen. Gruppen von zueinander passenden Sträuchern können einen Weg umsäumen oder eine Rabatte bilden, denken Sie aber daran, dass viele unterschiedliche Sträucher kein zufriedenstellendes Bild erzeugen, da ihnen die Einheit und Harmonie fehlt.
- Wählen Sie ein Thema für Ihr Design, vielleicht eine bestimmte Farbpalette oder einige Sträucher ähnlicher Form oder Wachstumsgewohnheiten. Häufig passen Pflanzen, die saure Böden lieben, gut zusammen, und eine große Anzahl von Rhododendren können phantastisch aussehen. Zwei der nützlichsten Beiträge, die Sträucher im Garten leisten können, sind die Farben ihrer Blätter und die interessanten Beeren, die viele im Herbst produzieren.

### Laubabwerfende, immergrüne oder halb-immergrüne Pflanzen

- Laubabwerfende Pflanzen verlieren ihre Blätter im Herbst, während immergrüne Pflanzen das ganze Jahr über ihre Blätter behalten. Ein Strauch wird als halb-immergrüne Pflanze bezeichnet, wenn er nur einige seiner Blätter während der kalten Monate verliert. Die Fähigkeit einer Pflanze, ihr Laub zu behalten, hängt von den Witterungsbedingungen ab.
- Während eines milden Winters mag ein normalerweise sommergrüner Strauch einige seiner Blätter behalten, und bei besonders harten Witterungsbedingungen kann ein immergrüner Strauch mehr Blätter verlieren als normal. An den Stellen, wo der Strauch ein wesentlicher Bestandteil der Strukturform Ihres Gartens ist, sollten Sie eine immergrüne Pflanze wählen, es sei denn, die Äste und Zweige des Strauches sind Ihrer Ansicht nach allein interessant genug, um eine imposante Silhouette während des Winters zu bieten.

RECHTS: *Der Lavendelstrauch* Lavandula angustifolia *ist besonders hübsch am Rand eines Rosenbeets, aber denken Sie daran, dass einer willkürlichen Mischung von Sträuchern die Harmonie fehlt und sie den Anschein erwecken, als seien sie gedankenlos gepflanzt worden.*

## Ziersträucher

- Sträucher, die wichtig für die grundlegende Struktur Ihres Gartens sind, können mit ihren farbenprächtigen, duftenden Blüten, vielfältigen Blattarten, attraktiven Beeren oder Stämmen auch im Winter sehr dekorativ sein. Achten Sie allerdings darauf, dass Sie sich nicht von einzelnen Pflanzen zum Kauf verleiten lassen und am Ende zu viele verschiedene Arten oder einfach zu viele Sträucher pflanzen, die schnell übergroß werden.
- Unter anderem ist die Eignung für die gegebenen Wachstumsbedingungen zu berücksichtigen, sowie endgültige Wuchshöhe und Ausbreitung und die Verträglichkeit mit anderen Straucharten. Die Entscheidung, an welcher Stelle ein Strauch zu pflanzen ist und ob er überhaupt für den Garten geeignet ist, ist eine wichtige Überlegung.

OBEN: *Eine scheinbar willkürlich platzierte Skulptur von den „Osterinseln", umgeben von einer gelben Azalee und den großen Blättern einer Baumpfingstrose.*

## Größe und Wachstumsgewohnheiten

- Es gibt Sträucher in den unterschiedlichsten Größen. Es gibt geflechtartige Pflanzen wie den Feldthymian (*Thymus serpyllum*), der in einem Steingarten oder zwischen Pflastersteinen wächst; es gibt kleine, aufrechte Sträucher wie die Lavendelarten, die in eine Blumenrabatte gepflanzt werden oder als niedrige Hecken vielleicht als Umrandung eines Kräutergartens dienen können.
- Viele silberfarbene Sträucher bilden einen guten Kontrast – sowohl von ihren Wachstumsgewohnheiten wie auch von ihren Farben her – zu rosa-, purpurfarbenen und roten Blumen. Die Italienische Strohblume (*Helichrysum italicum*) ist in dieser Hinsicht geeignet und zudem pflegeleicht. Gleiches gilt für die Beifußarten wie *Artemisia* ‚Powys Castle' mit ihren federigen Blättern.
- Mittelgroße Sträucher setzten gute Akzente in einer Rabatte oder können als skulpturartige Elemente dienen. Die größeren Salbeiarten (*Salvia*) ergeben interessante Sträucher mittlerer Größe in milderen Gebieten. *Salvia microphylla* ist eine immergrüne Pflanze, die einen geschützten Standort braucht und karmesinrote Blüten an den Zweigspitzen entwickelt, die den Gärtner den ganzen Sommer über bis zum Herbst erfreuen. *Senecio latifolius* (eine Greiskrautart) ist ein unproblematischer Strauch mit silberfarbenen Blättern und gelben, margeritenähnlichen Blüten. An sonnigen Stellen bildet er einen aufrechten Busch von 1 × 1 m, und hält sich im Schatten dicht am Boden.
- Zu den Giganten der Strauchwelt zählen der Perückenstrauch (*Cotinus coggygria*), der als imposantes Gartenelement oder zur Unterteilung des Gartens dienen kann. Die vielseitige Cotoneaster-Familie reicht von horizontalen Varietäten, die auf einem sonnigen Hof ausgedehnt einen guten Eindruck machen, bis zur *Cotoneaster* ‚Cornubia', die bis zu 5 m hoch wird und im Herbst leuchtend rote Beeren trägt.

LINKS: *Eine sehr angenehme Kombination: beschnittene, gerundete Formen und kontrastierende stachelige Blätter vor einer hohen, dunkelgrünen beschnittenen Hecke.*

OBEN: *Diese Strauchhecke zeigt erfolgreiche Kontraste von Blattformen und Farben; im Vordergrund die gekräuselten Blätter von Mangold.*

## Interessante Elemente

- Die Formen, Rinde und Triebe von Sträuchern können ebenso unterschiedlich sein wie ihre Größe. Einige Sträucher wuchern. Sie können als Bodendecker nützlich sein, wirken möglicherweise aber besser, wenn sie an einer Wand erzogen werden. *Ceanothus prostratus* (Säckelblume) ist ein solches Beispiel. Sie entwickelt einen Haufen leuchtend blauer Blüten im Frühjahr, nimmt an einer Wand erzogen aber weniger Platz ein.
- Die niedrigen Weidenformen (*Salix*) können mit ihren attraktiven Blättern und Kätzchen im Steingarten oder an kleinen Wasserbecken sehr hübsch aussehen. Eine gerundete Strauchform wie *Daphne collina* (Seidenhaariger Seidelbast), ein ansprechender zwergwüchsiger Seidelbast, ist die perfekte Pflanze für die Mitte eines Steingartens mittlerer Größe, da sie zwischen den Steinen ein weiches Element bietet. Eine bogig überhängende Form wie *Buddleja alternifolia* (Schmetterlingsstrauch) kann niedrige Pflanzen im Hintergrund einer Rabatte wie ein Baldachin beschirmen.

## Blickpunkte

- Blickpunkte, die die Augen auf sich lenken, sind wichtige Aspekte im Garten. Sträucher können diese Aufgabe erfüllen, allerdings nur dann, wenn sie das ganze Jahr über interessant sind. Viele Hartriegel-Arten (*Cornus*) sind ausgezeichnete auffallende Pflanzen, wie auch *Cotinus* (Perückenstrauch), *Corylopsis* (Steinhasel) und Hortensien (*Hydrangea*).
- Flachs (*Phormium*) besitzt kräftige, bandförmige Blätter, die sehr skulpturartig, ja fast tropisch wirken. Yuccas werden bis zu 2 m hoch, bieten einen hohen Blickfang und produzieren elegante, cremigweiße Blüten.

## Verbindungen

- Sträucher schaffen wertvolle Verbindungen zwischen verschiedenen Teilen des Gartens sowie zwischen Pflanzen, die sonst nicht zueinander passen. Sie können einen Hauseingang vom Garten aus markieren und in Gruppen oder Reihen eine Auffahrt oder eine Pforte flankieren. Die gewählten Sträucher sollten mit dem Stil, der Größe und Farbe des Gebäudes harmonieren.
- Immergrüne Sträucher werden häufig deshalb ausgewählt, weil sie ständig Blätter tragen und sich stets für einen regelmäßig angelegten Garten eignen. Eine diverse Bepflanzung mit laubabwerfenden Sträuchern wie der Sternmagnolie (*Magnolia stellata*), die Hunderte von weißen, sternförmigen Blüten trägt, bietet zusammen mit immergrünen Pflanzen interessante Aspekte im Frühjahr.
- Flieder (*Syringa*) ist ein gutes Beispiel für eine Pflanze, die in Verbindung mit anderen gut wirkt, da sie nach der Blüte uninteressant und allzu staksig erscheint. Sich ausbreitende Sträucher wie die Hortensie *Hydrangea quercifolia* können Verbindungen zwischen aufrechteren Pflanzen schaffen.

## Strauchrabatten

- Sträucher können sehr wirksam für sich in Rabatten stehen. Wählen Sie Arten, die für den Boden und das Klima Ihres Gartens geeignet sind und möglichst aufeinanderfolgende Farben und interessante Aspekte liefern. Wählen Sie Sträucher mit ausgewogenen Formen und Höhen und lassen Sie ausreichend Platz, damit sie sich zu ihrer vollen Größe entwickeln können.
- Sie können Sträucher mit interessanten Farbkombinationen wählen oder sich auch mehr auf die Strukturen konzentrieren. Eine Rabatte mit gescheckttblättrigen Sträuchern in diversen Grün- und Gelbschattierungen und eine gelegentliche kontrastierende Einzelfarbe müsste eigentlich an einem leicht schattigen Standort gedeihen.
- Immergrüne und laubabwerfende Sträucher können vermischt werden, sofern Sie sie ausgewogen pflanzen. Höhere Sträucher sollten hinten stehen, kriechende vorne. Einige Sträucher liefern monatelang interessante Aspekte, andere reifen und vergehen schnell. Beim Bepflanzen einer Rabatte sollten Sie sicherstellen, dass kurzlebige Sträucher durch langlebigere verdeckt sind. Schnell wachsende

OBEN: *Eine dekorative Wand bildet den Hintergrund für eine geschickt bepflanzte gemischte Rabatte aus Rosen, Begonien, Garbe* (Achillea) *und Mädchenauge* (Coreopsis).

Sträucher müssen vermutlich ausgedünnt werden, wenn die Rabatte reifer wird.

- Ein dichteres Strauchwerk oder ein von Sträuchern umsäumter Weg können in Gras gepflanzt werden. In diesem Fall sollten die Sträucher nicht wie in einer kleinen Rabatte dicht beieinander gepflanzt werden, sondern die einzelnen Sträucher sollten ausreichend Raum erhalten, um in ihre natürlichen Formen zu wachsen. Es sollte dabei dennoch ausreichend Platz vorhanden sein, um um die Pflanzen herum zu gehen und sie aus gebührendem Abstand zu bewundern.

## Sträucher in der gemischten Rabatte

- Einst waren reine Staudenrabatten beliebt. Heute macht es mehr Sinn, einen Rahmen von Sträuchern durch verschiedene Stauden aufzufüllen, die das ganze Jahr über interessante Blickpunkte bieten und erheblich weniger Pflege erfordern.
- Viele Sträucher dienen als Bodendecker, die Unkraut in Schach halten und ein Verdunsten von Feuchtigkeit vermeiden. Eine gemischte Rabatte kann neben einer Wand angelegt werden. An der Wand erzogene Pflanzen und Kletterpflanzen können einen interessanten Hintergrund bieten.
- Für eine ausgewogene, farbenfrohe Zusammenstellung werden andere Pflanzen zwischen die Sträucher gesetzt. Eine solche Rabatte müsste vom Winterende bis zum Spätherbst interessant aussehen. In einem „Inselbeet" können die höchsten Sträucher in die Mitte gepflanzt werden, umgeben von anderen Pflanzen in Büscheln und Grüppchen.

UNTEN: *Eine niedrige Strauchrabatte mit großer Vielfalt, die das dunkle Purpur der Berberitze, der gescheckte Spindelstrauch* (Euonymus), *der purpurfarbene Salbei* (Salvia) *und die Spiräe mit ihren rosafarbenen Spitzen bieten.*

# ROSEN ERZIEHEN

**In der Natur gibt es rund 100 Wildarten von Rosen und viele natürliche, in der freien Natur wachsende Hybriden. Vom Menschen werden Rosen aber bereits seit über 2.000 Jahren gezüchtet, so dass es heute Tausende von Kulturvarietäten – von winzigen Bodendeckern bis hin zu großen Sträuchern und Kletterpflanzen – gibt, die alle eine Rolle im modernen Gartendesign spielen.**

## DIE GESCHICHTE DER ROSEN

DIE ersten Gartenrosen wurden vermutlich im Nahen oder Mittleren Osten gezüchtet und über das antike Griechenland und Rom in das übrige Europa verbreitet. Diese ersten Arten waren die Französische Rose (*Rosa gallica*), die Damaszener-Rose (*Rosa damascena*) und *Rosa alba*. Dies sind rosbuste und intensiv duftende Rosen, die allerdings nur einmal im Jahr blühen. Im siebzehnten Jahrhundert kreuzten niederländische und französische Züchter Alba- und Damaszener-Rosen zu den großblütigen Rosen mit über 100 Blütenblättern.

❀ In der Dekade ab 1780 begannen Boote der Handelsmarine, Rosen aus chinesischen Gärten heimzubringen. Diese Rosen stammten von zwei wilden Arten ab – der „Riesenrose“, einer gigantischen Kletterpflanze mit großen, gelben Blüten, und der *Rosa chinensis* (Chinesische Rose), die in der Ichang-Schlucht des Yangtse-Flusses zu finden war. Seit jener Zeit werden europäische und chinesische Rosen gezüchtet und gekreuzt, und die modernen Rosenkataloge zeigen eine riesige Vielfalt von alten wie neuen Rosentypen.

OBEN: *Rosen und Lavendel ergeben stets eine gute Verbindung; der Lavendel hilft, die kahlen Stängel vieler Rosen im Sommer zu verbergen. Diese Rose hier heißt ‚Cameo‘*

### Rosengruppen

❀ Es können verschiedene Rosenguppen unterschieden werden. Wildrosen und ihre Hybriden sind große, bogig überhängende Sträucher, die nur einmal im Frühjahr oder Hochsommer einfache Blüten mit fünf Petalen tragen. Im Herbst entwickeln sich daraus dekorative Hagebutten, die wilden Gärten gute Dienste erweisen.

❀ Alte Gartenrosen wie die Französischen, Damaszener- und Alba-Rosen sind für Gärten ohne symmetrische Anlage am besten geeignet. Moderne Gartenrosen wie Patio- und Zwergrosen hingegen sollten in symmetrische Rosengärten gepflanzt werden.

❀ Kletterrosen haben lange, kräftige Triebe und große Blüten, die einzeln oder in kleinen Trauben stehen. Einige blühen nur im Sommer, die meisten sind aber mehrfach blühende Arten bis in den Herbst hinein. Die Spreizklimmer unter den Rosen sind kräftig und besitzen lange, biegsame Triebe, die meist zum Sommeranfang kleine Blüten in großen Büscheln entwickeln.

LINKS: *Ein Rosengarten am Meer, der durch beschnittene Hecken und Sträucher in mehreren Reihen gut vor dem Wind geschützt ist.*

## GARTENROSEN

*Die vielen tausend Wildrosen und Kulturvarietäten, die es heute gibt, lassen sich einer der folgenden Kategorien zuordnen.*

### Alte Gartenrosen

**Französische Rose (*Gallica*):** *Vermutlich die älteste Rosensorte. Bildet meist kleine, rund 1,2 m hohe Sträucher mit kräftigem und aufrechtem Wachstum und vielen kleinen, spitzen Dornen. Die delikat duftenden Blüten sind in den Farbtönen Tiefrosa bis zu Purpur zu finden.*

**Damaszener-Rose:** *Eine ebenfalls alte, aber elegantere Sorte als die Französischen Rosen mit offenen, bogig überhängenden Zweigen, langen, eleganten Blättern und voll duftenden rosa- und purpurfarbenen Blüten.*

**Alba-Rose:** *Eng mit der Hundsrose (Rosa canina) verwandt. Große, eindrucksvolle Sträucher, die früher als „Baumrosen" bezeichnet wurden. Mit graugrünen Blättern und sanftrosa oder weißen Blüten.*

**Zentifolie (Provence):** *Lockeres, offenes Wachstum, große gerundete Blätter und kugelähnliche Blüten mit vollem Duft.*

**China-Rose:** *Erheblich leichteres Wachstum als europäische Rosen, mit dünnen Stielen und wenig Blättern, so dass diese Sorten eher unterernährt wirken.*

**Portland-Rose:** *Kurzer, aufrechter Wuchs; schöne, intensiv duftende Blüten mit der unschätzbaren Fähigkeit zur Dauerblüte.*

**Bourbon-Rose:** *Ähnlich wie die Portland-Rose, aber lockerer und höher.*

**Hybrid-Moschusrose:** *Kräftiger, mehrfach blühender Strauch mit üppigem Blattwerk und einer Fülle duftender doppelter Blüten.*

**Immerblühende Hybridrose:** *Kräftig, mitunter mehrfach blühend; Blüten werden im Sommer oder Herbst einzeln oder zu je drei Blüten getragen.*

**Moosrose:** *Lockerer Strauch mit haarigem, moosähnlichem Wachstum auf Stielen und Kelch. Blüht nur einmal.*

**Noisette-Rose:** *Mehrfach blühend mit großen Blütenbüscheln und würzigem Duft.*

**Sempervirens-Rose:** *Halbimmergrüne Kletterrose mit zahlreichen Blüten im Spätherbst.*

**Teehybriden:** *Mehrfach blühende Sträucher und Kletterpflanzen mit lockeren, meist doppelten und markant duftenden Blüten.*

### Moderne Gartenrosen

**Großblühende Strauchrosen (Teehybriden):** *Aufrechter, vom Sommer bis zum Herbst mehrfach blühender Strauch mit einzelner, großer Blüte am Stiel oder in kleinen Büscheln.*

**Büschelblühende Strauchrosen (Floribundarosen):** *Aufrechter, mehrfach blühender Strauch mit großen Blütenzweigen vom Sommer bis in den Herbst.*

**Büschelblühende Zwergstrauchrosen (Patio-Rosen):** *Ähnlich wie die Strauchrose mit Blütenbüscheln, aber mit kleinerem, ordentlicherem Wuchsverhalten.*

**Zwergrose:** *Winziges Exemplar der großblütigen und büschelblühenden Rosenarten.*

**Bodendeckerrosen:** *Niedrige hängende oder sich ausbreitende Rose.*

**Moderne Strauchrose:** *Gruppe sehr diverser Rosenarten von niedrigen, hügelbildenden Kulturvarietäten bis hin zu ausladenden Sträuchern und riesigen, büschelblühenden Buschrosen.*

UNTEN: *Ein ansprechender, gemischter Floribunda-Rosengarten, der von einer Mauer umgeben ist. Die Rosen wurden sorgfältig so ausgewählt, dass sie zur gleichen Zeit wachsen und sich vermehren.*

## Alleinstehende Rosen

- Traditionell werden Rosen für sich in einem Beet angepflanzt. Dies ist besonders für die Strauchrosen mit großen Blüten oder büschelartigen Blütenständen zu empfehlen, deren große und perfekte Blüten besondere Aufmerksamkeit zu verlangen scheinen.
- Vermeiden Sie mehrfarbige oder unklare Hintergründe. Die meisten für sich gepflanzten Rosen wirken vor einem glatten grünen Hintergrund am besten – entweder einem Rasen oder einer beschnittenen Hecke. Auch neben einem mit Platten ausgelegten Hof oder Pfad, Ziegel- oder Kiesweg können sie eindrucksvoll sein. Die großen büschelblühenden Strauchrosen werden vor allem später im Jahr sehr nackt und dünn. Wenn daher im Hintergrund nur nackter Boden zu sehen ist, ist die Gesamtwirkung eher mottenzerfressen.
- Ein Rosenbeet kann insgesamt von einer Einfassung beispielsweise durch beschnittene Buchsbaumpflanzen profitieren. Silbergraue Pflanzen passen besonders gut zu Rosen, und Pflanzen wie Katzenminze (*Nepeta*) und Lavendel bilden auch sehr schöne niedrige Hecken, die die nackten Triebe der Rosen verbergen und dem ganzen Beet zudem einen erhöhten Rahmen liefern. Wählen Sie unbedingt Pflanzen, die mindestens ebenso lang halten wie die Rosen.

## HIERAUF SOLLTEN SIE ACHTEN

ROSEN sind in einer Vielzahl unterschiedlicher Blüten und Farben zu finden. Die Blüten können einfach (mit 4 – 7 Petalen), halb doppelt (mit 8 – 14 Petalen), doppelt (mit 15 – 20 Petalen) oder ganz doppelt (mit mehr als 30 Petalen) sein. Formen gibt es von flach, kelchförmig, spitz, urnenförmig, gerundet, rosettenförmig, in Viertel geteilt oder pomponartig. Die wohl einzige Rosenfarbe, die Sie nicht antreffen werden, ist blau.

### Hagebutten

- Einige Rosen entwickeln keine Hagebutten. Diejenigen Arten, die jedoch Hagebutten produzieren, können Trauben in fantastischen Herbstfarben zeigen. Die Rugosa-Rosen mit ihren einfachen oder halb doppelten Blüten besitzen leuchtend rote und sehr dekorative Hagebutten. Einige Wildrosen haben gelbe, rote oder purpurfarbene Hagebutten.

### Blattwerk

- Das Blattwerk spielt eine Rolle, wenn die Rose als Hecke oder trennendes Element im Garten eingesetzt wird. *Rugosa*-Rosen haben kräuselige, leuchtend grüne Blätter. Die *R. glauca* besitzt federiges Blattwerk in dunklen grün-purpurfarbenen Tönen und tiefrote Hagebutten. Durch ihren bogig hängenden Wuchs ist diese Art für sich besonders attraktiv oder auch in einem Strauch oder als Teil einer großen gemischten Rabatte sehr hübsch. Die Blätter der großblumigen Hybriden sind häufig im Frühjahr besonders ansprechend, wenn die jungen Blätter in tiefpurpurfarbenen oder Bronzetönen leuchten. Wenn sich die Blätter später im Jahr ausdünnen, kann dies durch andere Pflanzen verborgen werden.

UNTEN: Rosa *‚New Dawn' ist eine beliebte, silbrig-rosafarbene Kletterrose, die im Sommer mit Blüten überdeckt ist. Sie kann an einer Wand oder über eine Pergola oder einen Bogen erzogen werden.*

OBEN: *Strauchrosen sind die beste Wahl rund um eine Bank. Ihre üppigen Blüten sind hübsch geformt, und ihr intensiver Duft erfüllt die Luft.*

## Rosen in Verbindung mit anderen Pflanzen

- Vor allem in kleineren Gärten ist es schade, wenn Rosen für sich stehen oder ein Teil des Gartens nur einem Pflanzentyp gewidmet wird. Rosen sind gesellig und wirken neben kleineren Pflanzen gut, die nicht mit ihnen um Licht oder Nährstoffe konkurrieren.
- Sommerpflanzen eignen sich meist nicht als Begleitpflanzen für Rosen, aber viele kleinere Geranienarten (vor allem solche mit blauen Blüten wie G. ‚Johnson's Blue') ergänzen Rosen hübsch, da sie groß genug werden, um die verwinkelten Rosenstämme in einem See blauer Blüten zu verbergen. Clematis ist ebenfalls eine gute Begleitpflanze für Rosen und sorgt im Sommer, wenn die Blütenpracht der Rosen weniger intensiv ist, für mehr Farbe.

## Der regelmäßig angelegte Rosengarten

- In regelmäßigen Rosenbeeten ist wie bei jedem symmetrisch angelegten Garten zu empfehlen, lediglich wenige Farben pro Beet zu setzen. Zu viele leuchtende Farben lenken von der Schönheit der einzelnen Rosen ab und verwirren eher, als dass sie das Auge verwöhnen. Ein völlig weißer Rosengarten kann imposant aussehen.
- Sie können einen Rosengarten in verschiedene Beete mit jeweils eigener Farbkombination aufteilen: beispielsweise ein Beet mit weißen und roten Pflanzen, ein weiteres mit Gelb- und Orangetönen. Auch Gelb und Weiß passen gut zusammen. Ein Beet mit vorherrschend niedrigen Rosen kann durch ein vertikales Element in der Mitte oder an den vier Ecken interessanter wirken. Hochstammrosen können in dieser Weise sehr eindrucksvoll platziert werden.
- Denken Sie daran, dass nicht alle Rosen zur gleichen Zeit blühen. Zu viele unterschiedliche Varietäten könnten daher das Display unregelmäßig wirken lassen. Kulturvarietäten erreichen zudem unterschiedliche Höhen, auch dies sollten Sie bei Ihrer Planung berücksichtigen. Wählen Sie für ein flaches, offenes Beet gleich hohe Pflanzen. In einem von einer Wand oder Hecke begrenzten Beet sollten die höheren Rosen hinten und die kleineren vorne stehen.

RECHTS: *Die Moschusrose ‚Paul's Himalayan' (tiefrosa mit herrlichem Duft) und die weiße Floribundarose ‚Blessings' ergeben eine angenehme Kombination.*

## Eine eher zwanglose Regelmäßigkeit

- Ein regelmäßiger Rosengarten kann auf zwanglosere Art angelegt werden, indem der Bereich in symmetrische Wege aufgeteilt wird, Wasserelemente das Bild auflockern und überdachte Sitzbereiche den Besucher zum Verweilen einladen. Kleine rechteckige Wasserbecken mit Fontänen können den Schnittpunkt von Wegen in entzückende Ruhezonen verwandeln.
- Hochstammrosen oder großblumige und büschelblühende Rosen können durch Kletter- oder Rankpflanzen ergänzt werden, die an Bögen und Laubengängen erzogen werden. Ein solcher Garten besitzt zwar die Regelmäßigkeit alter islamischer Gärten, die strenge Geometrie wurde jedoch durch die alten Rosen und Kletterrosen gemildert, die ein Gefühl von Höhe und Freiheit vermitteln. Wählen Sie Rosen mit dem intensivsten Duft, den Sie finden können, um den Zauber dieses Gartentyps noch weiter zu erhöhen.

## Rosen in Kübeln

- Rosen gedeihen recht gut in Kübeln, wenn sie regelmäßig gegossen und gedüngt werden – sie benötigen reichlich Wasser und Nährstoffe, sonst leiden sie schon bald sichtbar. Sie können einen Hof oder eine Terrasse beleben, und die kleinsten Arten wachsen sogar in Fensterkästen.
- Sie finden ausgezeichnete buschigere Exemplare in dieser Kategorie mit hübsch geformten Miniaturblüten. Wählen Sie kompakte moderne Arten, die bald buschig den Pflanzbehälter überwölben.
- Zwergrosen besitzen in Töpfen und Kübeln viel Charme. Wenn Sie einen Rosaton suchen, versuchen Sie es mit *R.* ‚Silver Tips', einer buschigen Sorte, die von vielblättrigen Blüten mit silberner Unterseite übersät ist, oder *R.* ‚Stars ‚n' Stripes', eine sehr hübsche kleine Rose mit rot-weiß gestreiften Blüten.
- Wenn Sie Weiß mögen, könnten Sie die elfenbeinfarbene *R.* ‚Easter Morning' pflanzen; mehr Farbe liefert die *R.* ‚Little Flirt', eine kleine, doppelte orangerote Blüte mit goldener Basis und Petalenunterseite. All diese Zwergrosen werden ca. 30 cm hoch.
- Patio-Rosen sind winterhart, kommen im nächsten Jahr gut wieder und eignen sich besonders gut für größere Kübel. Sie sind größer und robuster als Zwergrosen, aber nicht so groß wie die büschelblütigen Exemplare. Sie besitzen entzückende rosettenförmige Blüten und zeigen ein sauberes, buschiges Wachstum. *R.* ‚Bianco' ist ideal für sonnige Höfe und Terrassen, wo sie mit ihrem Meer von schneeweißen Pomponblüten und ihrem buschigen Wachstum erfreut; *R.* ‚Festival' zeigt Büschel halb doppelter hochroter bis scharlachfarbener Blüten mit silbriger Petalenunterseite; *R.* ‚Queen Mother' besitzt halb doppelte weiche rosafarbene Blüten, die sich von den glänzenden dunklen Blättern abheben und einen sanften Duft verbreiten.

UNTEN: *Häufig wirken Rosen besser in Verbindung mit anderen Pflanzen als für sich; die Wirkung ihrer verwinkelten Triebe wird durch die Form vieler Stauden gemildert. Hier wächst* Rosa ‚English Miss' *neben Lavendel und lavendelblauen Stiefmütterchen.*

RECHTS: *Die blassgelbe Rose ‚Alchymist' ist an einer Wand und rund um das Fenster mit seinen diamantförmigen Scheiben erzogen. Einen schönen Kontrast bietet die Spornblume* Centranthus ruber *zu Füßen der Rose.*

❀ Selbst recht kräftige Kletterrosen können in großen Kübeln oder halben Fässern an einer Wand gezogen werden. Pflanzen und erziehen Sie diese Kletterrosen wie andere Rosen auch; gießen und düngen Sie sie regelmäßig und füllen Sie den Mutterboden auf, da ein Umtopfen schwierig wäre. *R.* ‚New Dawn' ist eine der besten und kräftigsten modernen Kletterrosen mit silbrig-rosafarbenen Blütenbüscheln; *R.* ‚White Cockade' wächst eher langsam, was in einem Pflanzgefäß sicher von Vorteil ist. *R.* ‚Danse de Feu' besitzt mehrfach blühende, halb doppelte leuchtend orange-scharlachfarbene Blüten und eignet sich für eine Wand mit Nordlage.

## Rosen als Bodendecker

❀ Die meisten als Bodendecker empfohlenen Rosen sind nicht wirklich bodendeckende Pflanzen, die über den Boden kriechen. Sie sollten wohl eher als dichte, niedrige Strauchrosen beschrieben werden. Meist sind sie sehr winterhart und krankheitsfrei.

❀ Die Arten, die sich wirklich auf dem Grund ausbreiten, bilden einen dichten, im Sommer mit Blüten übersäten Teppich. Sie verbergen ausgezeichnet die Stämme umgefallener Bäume, Gullìöffnungen und andere hässliche Elemente, die Sie nicht entfernen können. Sie können sich sogar an einer steilen Böschung ausbreiten.

❀ Es gibt verschiedene Sorten von Bodendeckerrosen. Einige bedecken den Grund gut, werden aber zu groß, um wie ein Teppich zu wirken. Andere sind zu kräftig für einen kleinen Garten, da sie sich schnell ausbreiten und fortlaufend in Schach gehalten werden müssen.

❀ Die höheren Arten können in einer gemischten Rabatte Lücken füllen, wo sich ihr gesundes Blattwerk und ihre kleinen Blüten hübsch unter viele andere Pflanzen mischen. *R.* ‚Max Graf' ist eine kriechende Rosenpflanze mit dichtem, glänzendem Blattwerk und einmal blühenden einzelnen rosafarbenen Blüten, die einen Apfelduft verbreiten. *R.* ‚Raubritter' breitet sich stark aus und zeigt Büschel kelchartiger rosafarbener Blüten, die über eine Böschung oder niedrige Wand wachsen können. *R.* ‚Running Maid' besitzt einzelne rosafarbene Blüten und ein dichtes, niedriges Wachstum, das den Boden gut deckt.

LINKS: *Die herrliche Kletterrose ‚Adelaide d'Orleans' klettert fröhlich über diese Metallpergola mit einer Mischung aus Stauden und Sommerblumen zu ihren Füßen.*

# KLETTERPFLANZEN EINPFLANZEN

**Kletterpflanzen sind die Verkleidung eines Gartens. Sie bieten viel Raum für Fantasie und können einen Garten mit einem Meer von Farbe bedecken. Sie können hässliche Gebäude verstecken – vom üblichen Gartenschuppen bis zur Garage aus Betonbausteinen. Viele Kletterpflanzen besitzen einen süßen Duft, den sie von einem hohen Gerüst aus im ganzen Garten verbreiten können. Einige Pflanzen sind zwar keine Kletterpflanzen im eigentlichen Sinn, können aber an einer Wand erzogen werden und einen Vorhang von Blüten oder Beeren schaffen. So sind beispielsweise die roten Beeren des Feuerdorns (*Pyracantha*) ein herrlicher Anblick im Herbst, und die leuchtenden blauen Blüten der Säckelblume (*Ceanothus*) können im Frühjahr oder Sommer eine ganze Wand bedecken.**

## EINIGE MÖGLICHKEITEN

EINIGE Pflanzen, wie die herrliche einfache gelbe Rose ‚Mermaid', wachsen kräftig und können eine ganze Wand bedecken; oder sie klettern bis in die Wipfel der höchsten Bäume wie ‚Kifsgate' mit ihrer Fülle winziger weißer Blüten. Diese Kletterpflanzen sind für einen kleinen Garten nicht zu empfehlen. Die imposanten Glyzinen (*Wisteria*), der leuchtend rote Wilde Wein und die Hortensie *Hydrangea petiolaris* mit ihren lange haltenden Blüten können ebenfalls eine große Wandfläche bedecken. Die großblumigen Clematispflanzen klettern sanft durch die Triebe der sie stützenden Sträucher und bringen im Sommer herrlich große Blüten in fantastischen Farben hervor. Im darauf folgenden Frühjahr werden sie zurückgeschnitten.

### Klettermethoden

- Kletterpflanzen haben sich auf viele verschiedene Weisen eingestellt, sich zum Licht zu strecken. Einige Pflanzen wie die Efeuarten (*Hedera*) suchen sich selbst Halt und halten sich mit Luft- oder Nebenwurzeln an ihren Stützen fest. Andere Pflanzen wie der Wilde Wein (*Parthenocissus quinquefolia*) sichern sich mit Hilfe von Wickelranken. Sie halten sich ohne weitere Stütze an Mauern und Baumstämmen fest. Alle Rankpflanzen müssen dauerhaft gestützt werden.
- Einige wenige Kletterpflanzen halten sich mit eingerollten Blattstielen fest. Andere wie die Wicke (*Lathyrus odorata*) benutzen Wickelranken. Passionsblumen wickeln ihre blattachselständigen Triebe um Stützen, während Reben endständige Triebe benutzen.
- *Bougainvillea*-Arten und Jasminpflanzen produzieren lange, bogenförmige Triebe, die in ihre Stützen gebunden werden müssen. Einige Arten besitzen hakenförmige Dornen, mit denen sie durch ihre Wirtspflanze klettern können. Brombeerpflanzen lassen sich besonders schwer entfernen, da sie sich auf eben diese Weise festkrallen.

OBEN: *Wilder Wein (*Parthenocissus tricuspidata*) kann eine große Wand bedecken. Die Blätter verfärben sich im Herbst zu einem wirklich spektakulären und intensiven Hochrot.*

### Kletterpflanzen an Gebäuden

- Nutzen Sie Pflanzen, um die guten Elemente eines Gebäudes zu betonen. Wenn es aus angenehmen Materialien errichtet und von der Architektur her ansprechend ist, kann es empfehlenswert sein, sich auf niedrige Kletterpflanzen zu beschränken, die helfen, das Haus mit dem Boden zu verankern, ohne die Form oder architektonischen Details zu verbergen. Ein langweiliges Gebäude hingegen kann durch Kletterpflanzen, die ganze Wände bedecken, eine attraktivere Note erhalten.
- *Actinidia kolomikta* (Strahlengriffel/Buntblättrige Kiwi) besitzt schmückende gescheckte grüne und rosafarbene Blätter mit weißen Spitzen und deckt rote Ziegel recht gut ab. Pflanzen mit goldenen oder gelben Blättern wie *Humulus lupulus* ‚Aureus' (Goldhopfen) ergänzen rote Ziegel auf interessante Weise. Eine blasse Wand bildet einen wirkungsvollen Hintergrund für tiefrote Blüten wie die der *Rosa* ‚Climbing Ena Harkness'.

OBEN: *Es gibt viele wunderschöne duftende Geißblattarten; diese hier,* Lonicera *'Graham Thomas', ist mit ihren zitronengelben Blüten etwas ungewöhnlich.*

## Kletterpflanzen für niedrige Mauern und Zäune

❀ Niedrige Mauern können durch Kletterpflanzen, die an Spalieren erzogen werden, mehr Höhe erhalten. Auf diese Weise vermeiden Sie unerwünschte neugierige Blicke und sorgen für mehr Privatsphäre. Wenn Sie eine kräftige Kletterpflanze kultivieren möchten, sollten Sie nicht vergessen, dass sie sehr wuchtig und schwer werden kann. Der Zaun muss daher stark und das Spalier äußerst robust sein, sonst zieht die Kletterpflanze in ca. einem Jahr alles zu Boden.

❀ Wenn Sie einen Zaun schnell bedecken möchten, pflanzen Sie schnell wachsenden Efeu. Einige Efeuarten wachsen besonders schnell und erzeugen einen hübschen grünen „Vorhang". *Hedera canariensis* ist eine kräftige Kletterpflanze mit großen, glänzenden Blättern. *H. c. algeriensis* besitzt gelbgrüne Blätter an glatten, weinroten Stielen. *Hedera* 'Dentata Variegata' besitzt hellgrüne Blätter, graugrün gesprenkelt mit breiten, cremeweißen Rändern. Denken Sie aber daran: Je schneller eine Kletterpflanze wächst, desto größer ist auch die Gefahr, dass sie ausufert und Sie sie letztendlich vermutlich energisch zurückschneiden müssen.

UNTEN: Hedera helix *'Goldheart' ist ein attraktiver gefleckter Efeu mit sehr gelber Blattmitte. Er kann wie hier einen Schuppen mit großem Erfolg einhüllen.*

## Sonnenanbeter

- Viele Kletterpflanzen lieben die Sonne. Clematispflanzen lassen ihre Blüten gerne von der Sonne bescheinen, die Wurzeln hingegen lieber im Schatten wachsen. An einer zur Sonnenseite gelegenen Wand kann ein Strauch vor die Clematis gesetzt oder eine große Steinplatte über die Wurzeln gelegt werden.
- Viele Rosen bevorzugen pralle Sonne, einige vertragen aber auch etwas Schatten. In geschützten Bereichen und sehr häufig in der Stadt, wo die Temperaturen um mehrere Grad wärmer sind als auf dem umgebenden Land, können Sie häufig exotische Kletterpflanzen züchten.
- Der leuchtend gelbe Flanellstrauch *Fremontodendron californicum* ist ein wahrer Blickfang. *Eccremocarpus scaber* (Schönranke) besitzt rote Röhrenblüten mit gelben Schattierungen und wächst zu einer guten Höhe heran. Die Passionsblume *Passiflora caerulea* mit ihren quallenartigen Blüten wirkt an einer geschützten Stelle einfach spektakulär. Andere Passionsblumen sind empfindlich und müssen im Gewächshaus kultiviert werden.

## Kletterpflanzen für Wände mit Nordlage

- Verschiedene Pflanzen können an Wänden mit Nordlage klettern. Dazu gehören beispielsweise die Kletterhortensie *Hydrangea petiolaris*, die hübsche weiße mehrfach blühende Rose ‚Madame Alfred Carrière' und die tief schwarzrote Rose ‚Guinée', die eine herrliche Duftnote verbreitet und dunkelgrüne Blätter an einem wohlverzweigten Stamm aufweist.
- Für schattige Nordwände oder von kaltem Wind heimgesuchte Wände sind kräftige, winterharte Kletterpflanzen zu empfehlen. Viele Efeuarten sind hier geeignet. Wenn die Wand in intensivem Schatten liegt, verwenden Sie grünblättrige Varietäten; wenn keine Gefahr von Frostschäden besteht, können Sie gescheckte oder gelbblättrige Sorten pflanzen. Auch einige Geißblattarten gedeihen an einem solchen Standort.

OBEN: *Diese faszinierende Kombination von* Clematis tangutica *und* Clematis ‚Perle d'Azur' *wächst auf beiden Seiten einer himmelblauen Tür.*

UNTEN: *Diese so zauberhafte Rose ‚Phyllis Bide' mit ihrem Meer kleiner chamäleonartiger Blüten, deren Töne von blassrosa bis tiefrosa reichen, sieht an einer Ziegelwand besonders hübsch aus.*

## Kletterpflanzen für Säulen

- Wenn Kletterpflanzen an freistehenden Stützen wie Säulen und sogar alten Baumstämmen erzogen werden, sind sie von allen Seiten sichtbar und verleihen dem Garten ein visuell intensives und stilistisches Element. Die Pflanzen müssen daher sorgfältig ausgewählt und erzogen werden.
- Je nach den Materialien und der Konstruktion der Stütze kann die Kletterpflanze regelmäßig und diszipliniert oder cottagegartenähnlich und wuchernd wirken. Spitzsäulen aus Metall haben in einem regelmäßig angelegten Rosen- oder Kräutergarten einen ungewöhnlichen Effekt und sind aufgrund ihrer Form zum Erziehen von Kletterpflanzen sehr gut geeignet. Sie müssen robust genug sein, um die möglicherweise überraschend schwere Kletterpflanze zu tragen, für die Sie sich entschieden haben. Kleine Spitzsäulen sind besonders gut für sommerblühende Clematis, Wicken und Geißblattarten.
- Säulen liefern einer gemischten Kräuterrabatte ein starkes vertikales Element. Eine Säule kann zudem als Blickfang dienen, das Ende eines Weges bilden, an den Ecken einer Rabatte oder an den oberen Stufen stehen, an denen sich das Gartenniveau ändert.
- Eine Reihe von Säulen entlang eines Pfads können durch Taue verbunden werden, an denen die Kletterpflanzen erzogen werden. Rosen sind vermutlich die beliebtesten Kletterpflanzen für diesen Standort. Ein robuster Pfosten mit Maschendraht liefert vielen Kletterpflanzen einen guten ersten Halt. Wenn Sie besonders schöne Stützen verwenden, könnten Sie auch laubabwerfende Kletterpflanzen wie den Goldhopfen (*Humulus lupulus* ‚Aureus') zusammen mit der dunklen, sommerblühenden *Clematis* ‚Madame Julia Correvon' kultivieren. Selbst wenn beide Pflanzen zurückgeschnitten werden, ist die Stütze nach wie vor auch für sich sehr auffällig.

## Kletterpflanzen für Lauben

- Eine mit Kletterpflanzen bedeckte Laube bietet Schutz, eine entspannte Atmosphäre und die Chance, spektakulären Kletterpflanzen die Möglichkeit einer freien Entfaltung bieten zu können. Lauben werden meist nur im Sommer und nur selten im Winter bepflanzt, so dass Sie sich auf sommerblühende Kletterpflanzen konzentrieren können. Wählen Sie Pflanzen mit duftenden Blüten, die die Laube besonders am frühen Morgen und abends in einen magischen und süß duftenden Ort verwandeln werden.
- *Rosa* ‚Felicité Perpétue' entwickelt riesige cremeweiße doppelte Pomponblüten, deren Petale mitunter rote Spitzen aufweisen. Die kleinen dunklen Blätter sind im jungen Stadium pflaumenrot. Diese kräftige Pflanze entwickelt ihre Triebe von der Basis.
- Wenn Sie Rosatöne in Ihrer Laube mögen, entscheiden Sie sich für die altmodischen üppigen rosafarbenen Blüten von *R.* ‚Bantry Bay', die ein sehr hübsches Bild ergeben und sich großer Beliebtheit erfreuen. Viele Geißblattarten besitzen einen herrlichen Duft und sehr hübsche Blüten. *Lonicera × americana* beispielsweise produziert vom Sommer bis in den Herbst hinein duftende rosa- und cremefarbene Blüten. Diese Heckenkirsche ist immergrün und muss an einen geschützten Standort in der Sonne oder im Schatten gesetzt werden; *L.* ‚Donald Waterer' entwickelt im Sommer duftende rote und cremefarbene Blüten, auf die dann rote Beeren folgen.

OBEN: *Wicken mögen fruchtbare, tiefe Lehmerde und viel Wasser. Sie lohnen Ihnen dies mit einer wahren Blütenpracht, die sich über jede Stütze ergießt. Dieses selbst gebaute Bambuszelt ist eine ausgezeichnete Möglichkeit, um den Blüten Halt und viel Sonne zu geben.*

LINKS: *Rosen und Äpfel gehören zur gleichen Familie und passen im Garten sehr hübsch zusammen. Hier wurden eine bräunlichgelbe und eine altrosa Kletterrose ermuntert, in einen alten Apfelbaum hineinzuwachsen.*

## Pergolen

- Pergolen werden häufig über einer Terrasse nahe des Hauses aufgestellt oder aber an einer auffälligen, vom Haus aus sichtbaren Stelle über einem Weg. Wählen Sie daher nach Möglichkeit Kletterpflanzen, die auch im Winter ansprechend sind. Wenn die Struktur der Pergola schon interessant genug ist, ist dies allerdings nicht immer erforderlich.
- Achten Sie darauf, dass die Querstreben an der Pergola hoch genug sind, damit die Blüten herunterhängen können, ohne dass sie durch die Pergola schreitende Personen berühren.
- Glyzinenvarietäten blühen zwar nur kurz, sie zählen aber zu den schönsten Kletterpflanzen überhaupt, und an einer Pergola können sie ihre großen, hängenden Blüten elegant pendeln lassen, um ihre federigen Blätter zu zeigen. Alle Glyzinen sind laubabwerfende Holzpflanzen, die Geflechte bilden. Sie klettern schnell und wirken am besten, wenn sie ausreichend Platz haben, um sich auszubreiten. Eine Pergola bietet ihnen all diese Bedingungen.
- Die meisten Glyzinenarten sind winterhart, bevorzugen aber einen sonnigen, geschützten Standort. Bei diesen Pflanzen ist es wichtig, dass Sie sie korrekt beschneiden, um eine gute Blüte zu gewährleisten. *Wisteria floribunda* (Japanischer Blauregen) entwickelt duftende violettblaue Blüten; *W. f.* ‚Alba' besitzt weiße Blüten mit einem Hauch von Lila; *W.* × *formosa* ‚Kokkuryu' duftet intensiv und produziert doppelte purpurfarbene Blüten. *W. sinensis* (Chinesischer Blauregen) zeigt ein schnelles und kräftiges Wachstum mit dichten Ranken sanft duftender violettblauer Blüten.

## Kletterpflanzen an stützenden Pflanzen erziehen

- Viele Kletterpflanzen wachsen zwischen und durch andere Pflanzen hindurch. Wählen Sie aber Kletterpflanzen, die für ihre Stützpflanzen nicht zu kräftig sind und nicht so darin verwickelt werden, dass ein Beschneiden problematisch wird. Wichtig ist auch, dass Sie Stützpflanzen wählen, die nicht so kräftig sind, dass sie beschnitten werden müssen, während die Kletterpflanzen noch in Blüte stehen.

UNTEN: *Diese Weinrebe (*Vitis vinifera*), die sich bis zum kleinen Balkon streckt, nutzt die Sonne optimal und bildet ein hübsches Arrangement mit den blassrosa und roten Pelargonien, die durch die Gitterstäbe ragen.*

LINKS: *Die Glyzine (Wisterie) mit ihren riesigen Kerzen purpurfarbener, erbsengroßer Blüten könnte als Königin der Kletterpflanzen bezeichnet werden. Hier bildet die* Wisteria sinensis *(Chinesischer Blauregen) einen weichen Kontrast zu einem roten Ziegelhaus mit entsprechender Terrasse.*

- In Verbindung mit Sträuchern empfehlen sich beispielsweise die großblumigen sommerblühenden Clematisarten, die jedes Jahr fast bis zum Boden zurückgeschnitten werden. *Clematis viticella*-Varietäten können durch mittelgroße Sträucher gepflanzt werden. C. *v.* ‚Polish Spirit' besitzt intensiv purpurfarbene Blüten, die gut neben goldenen Sträuchern wie der Orangenblume *Choisya ternata* ‚Sundance' und silberblättrigen Sträuchern wie dem Greiskraut *Senecio latifolius* wirken.

## Kletterpflanzen in großen Gärten

- In großen Gärten, in denen die Pergolen lang und breit sein können und es nicht an Platz mangelt, können Sie die kräftigsten und eindrucksvollsten Kletterpflanzen wählen. Die zu Frühlingsanfang blühende immergrüne *Clematis armandii* bedeckt lange Mauer- oder Zaunabschnitte und wirkt zu einer Jahreszeit, in der nur wenige Pflanzen blühen, wie Schneewehen.
- Auch anderen kräftigen, im Frühjahr erblühenden Clematisarten wie C. *montana* kann freier Lauf gegeben werden; C. *m.* ‚Mayleen' ist eine hübsche Varietät mit sehr dunklen Blättern und einfachen rosafarbenen Blüten, die einen Duft von Vanille ausströmen. Eine weitere schöne *montana*-Sorte ist C. *chrysocoma*, deren große einfache Blüten sich in weißen Wellen über die dunkelgrünen Blätter ergießen.
- Im Sommer erreicht *Rosa* ‚Kifsgate' (eine berühmte Pflanze dieser Varietät wächst im Garten von Kifsgate im englischen Gloucestershire) die Wipfel sehr hoher Bäume. *R.* ‚Albertine' ist eine weitere kräftige und sehr beliebte Rose, die sich auf einer großen Pergola gerne zu ihrem vollen Potenzial ausdehnt. *Vitis coignetiae* (rostrote Rebe) gehört zur Rebenfamilie; ihre sehr großen, samtartigen Blätter wachsen schattenspendend über die ganze Pergolalänge. Der Wilde Wein (*Parthenocissus quinquefolia*) benötigt einen Bereich, in dem seine hängenden, leuchtend roten Vorhänge optimal zur Geltung kommen.

## Kletterpflanzen in kleinen Gärten

- Für kleine Gärten sollten Sie Kletterpflanzen wählen, die nicht zu groß werden. Sie können in Kübel gepflanzt werden und verleihen Gruppen anderer Kübelpflanzen ein Element der Höhe. Sie können einen Dreifuß aus Bambusstäben bauen oder kleine Spitzsäulen aus Metall oder Rohr kaufen, an denen die Kletterpflanzen erzogen werden können.
- Viele Clematisarten gedeihen in Töpfen. Sie können öde Ecken eines Hofs mit Betonboden oder Gebäudewände beleben. Wählen Sie die Clematissorten im Hinblick auf diesen gewünschten Effekt. C. *alpina* und C. *macropetala* können in Kübeln kultiviert werden, blühen aber nur im Frühling.
- Frühe, großblumige Clematispflanzen zeigen im Frühsommer ihre Pracht. Gute Sorten sind C. ‚Miss Bateman' (weiß mit grünen Staubbeuteln) und C. ‚Pink Champagne'. Beide Sorten sind kompakt und ideal für die Erziehung im Kübel. Etwas später blühen C. ‚Nelly Moser' (rosa-weiße Streifen) und C. ‚The President' (in einem tiefen Purpur- und Rotton).
- Eine weitere prachtvolle Pflanze für eine Terrasse ist die Weinrebe (*Vitis vinefera*), deren Trauben einladend herunterhängen.

# PFLANZEN STUTZEN

**Alle immergrünen Pflanzen können erzogen oder beschnitten werden und so architektonische Gartenelemente wie Hecken und Bögen schaffen. Zudem können sie lebende Gartenskulpturen bilden. Der Formschnitt, das kunstvolle Erziehen und Beschneiden von Bäumen und Sträuchern, war schon bei den Römern beliebt, und viele traditionelle Gärten auf dem europäischen Festland (vor allem in Frankreich, Italien, Portugal und Spanien) sind in erster Linie rund um beschnittene immergrüne Bäume und Sträucher angelegt. Farben sind eher selten, vielleicht mit Ausnahme der allgegenwärtigen tiefroten Rose rund um Eingänge.**

## TIPPS UND TECHNIKEN

ES KÖNNEN nur Pflanzen erzogen und beschnitten werden, die kleine, dicht nebeneinander wachsende Blätter besitzen und so eine klare Form behalten. Die Technik erlaubt Spielraum für Spezialeffekte, sowohl in großen Gärten als auch auf den kleinsten Grundstücken. Im modernen Garten werden derartige Pflanzen sogar immer wichtiger, denn sie bilden einen robusten Rahmen, und ihre architektonische Wirkung kann wirksam zur Ergänzung moderner Gebäude genutzt werden.

❀ Die meisten Schnittarbeiten an Hecken und Sträuchern werden an Eiben oder Buchsbaum vorgenommen, da diese Pflanzen besonders gut auf die Formschnitttechnik reagieren und in dichte, gut konturierte Formen wachsen. Sie können aber auch zahlreiche andere immergrüne Sträucher beschneiden. So kann die Aukube (*Aucuba japonica*) zu einer imposanten Hecke beschnitten werden, deren große, dunkelgrün glänzende Blätter das Sonnenlicht wie Spiegel einfangen und reflektieren. Auch die strauchartigen Geißblattarten wie *Lonicera nitida* sind zum Beschneiden geeignet; die Varietät ‚Baggesen's Gold' ist viel interessanter als die normale grüne Varietät.

UNTEN: *Diese kunstvolle Gartenanlage besitzt eine Buchsbaumterrasse, beschnittene Eiben und Rosen nur einer Varietät, die gleichzeitig das Gefühl von Einheit und Vielfalt vermitteln.*

OBEN: *Die Gartenskulpturen in diesem Cottage-Garten liefern einen dramatischen Kontrast zu den übrigen Pflanzen und bilden ein auffallendes zentrales Element vor dem Haus.*

- Wie immer sollte die Höhe der Hecken der Größe des Gartens entsprechen, und die Bäume sollten in einer Art geformt sein, die zu ihrer Umgebung passt. Fast immer ist davon abzuraten, zu viele kunstvolle Formschnitte im Garten zu haben, da sie miteinander konkurrieren und andere Aspekte des Gartens schmälern würden.
- Einfache runde Schirmformen können zusammen eindrucksvoll wirken, und beschnittene Kugelformen sehen in einem größeren Garten paarweise oder in kleinen Gruppen eindrucksvoll aus.
- Die Eibe *Taxus baccata* wächst erheblich schneller als häufig angenommen, wenn sie ausreichend gedüngt und gegossen wird. Buchsbaum wächst langsamer, reift aber ebenfalls schön, wenn er ebenso gepflegt wird. Die Eibe *Taxus baccata* ist für Hecken geeignet, während die Äste der Säuleneibe (*Taxus baccata* ‚Fastigiata') schräg nach oben wachsen und diese Pflanze daher besser geeignet ist, wenn Sie eine schmale Silhouette wünschen.

## Pflege

- Wenn Sie viele Sträucher in Ihrem Garten beschneiden und erziehen möchten, vergessen Sie nicht, dass sie fortlaufende Pflege benötigen. Beschnittene immergrüne Sträucher sollten im Frühjahr mit einem Mittel gedüngt werden, das die Nährstoffe langsam an die Pflanze abgibt. Während Trockenzeiten muss die Pflanze gewässert werden, bis sie fest etabliert ist (meist nach zwei oder drei Jahren). Damit eine regelmäßige Hecke ihre Form behält, muss sie mindestens zweimal im Jahr beschnitten werden.
- Hecken werden meist mit einer Heckenschere oder einem Elektrotrimmer beschnitten. Verwenden Sie eine gerade Kante oder Gartenlinie als Anhaltspunkt. Hecken ohne Symmetrie müssen regelmäßig beschnitten werden, damit unsauber wirkendes Wachstum entfernt werden kann; schneiden Sie sie so weit zurück, wie es Ihnen ratsam erscheint. Blühende und Früchte tragende Hecken sollten nur in der richtigen Jahreszeit (abhängig von der Art) beschnitten werden. Verwenden Sie eine Gartenschere statt einer Heckenschere, um eine hässliche Beschädigung der Blätter zu vermeiden.
- Alte, vernachlässigte Formschnittbäume oder -hecken müssen nicht immer völlig gerodet werden, damit Sie von neuem mit einem Formschnitt starten können. Manchmal sind alte Hecken noch zu retten. Wenn Hainbuchen (*Carpinus*), Geißblatt bzw. Heckenkirschen (*Lonicera*) und Ligusterpflanzen (*Ligustrum*) überwuchert sind, reagieren sie gut auf einen Beschnitt. Vor allem die Eibe kann stark zurückgeschnitten werden und sprießt dann von scheinbar totem Holz. Es empfiehlt sich, jeweils in Drei-Jahres-Phasen und jeweils nur eine Pflanzenseite zu beschneiden.

OBEN: *Die glühenden roten Triebe von* Cornus alba *(weißer Hartriegel) wirken am besten in einer Gruppe, da ihre ganzen Triebe während der Wintermonate im Sonnenlicht zu bewundern sind.*

## SCHNITTMUSTER

PFLANZEN werden seit Urzeiten dazu genutzt, Muster auf dem Boden zu kreieren. Irrgärten zählten zu den ersten Mustern. Die Terrassenform wurde im 17. Jahrhundert in Frankreich beliebt. Häufig waren sie so kompliziert, dass sie als *parterres de broderie* (gestickte Terrassen) bekannt wurden. Sie waren so angelegt, dass sie von Fenstern der ersten Etage oder von erhöhten Veranden aus sichtbar waren. In ebenen Gärten wurde häufig ein Hügel angelegt mit einem kleinen Gebäude oben, von dem man auf die Terrassen blicken konnte.

❀ Der „Knot" ist ein kunstvoller und komplizierter Blumengarten im Terrassenmuster, der in einer kontinuierlichen Linie bepflanzt ist. Meist wird das Muster mit Buchsbaumpflanzen erzielt; andere Pflanzen wie Majoran, Gartenraute, Lavendel, Rosmarin, Heiligenkraut und Gamander können aber ebenfalls eingesetzt werden. Sie können zwei Pflanzen miteinander verflechten, indem Sie beispielsweise das silberne Blattwerk von Heiligenkraut mit dem Dunkelgrün von Rosmarin oder Buchsbaum vermischen.

❀ Eine Terrasse stellt keine fortlaufende Linie dar und lässt sich daher leichter entwerfen und pflegen. Sie besteht aus separaten Mustern (häufig Quadraten), und die Mitte ist meist mit farbigem Sand und Kies oder Blumen ausgefüllt.

❀ Derartige Designs können Flächen fast jeder Größe Einheitlichkeit bieten. Auf einer kleineren Fläche lassen sie sich ohne größere Schwierigkeiten pflegen und beschneiden. Wiederverwertetes Glas oder Glaskies können statt Kies verwendet werden. Auch Sommerpflanzen können eine Fülle von Farben zeigen. Stauden wie kleine Strauchrosen vermischt mit Fingerhut (*Digitalis*) oder eine Kräutermischung können die Muster ausfüllen.

## HECKEN

WENN Sie Pflanzen für Hecken suchen, müssen Sie die Varietät mit Bedacht für den vorgesehenen Standort wählen. Windschlag kann junge Eiben vernichten, die auch sumpfigen Boden nicht vertragen können, und einige Koniferen wie Zypressen können sich aus altem Holz nicht regenerieren. Ein resoluter Beschnitt zu großer Pflanzen wäre also verhängnisvoll. Zedern und Heckenkirschen wachsen schnell und müssen erheblich stärker oder häufiger beschnitten werden als Eiben.

❀ Die besten laubabwerfenden Pflanzen für regelmäßige beschnittene Hecken sind Buchen und Hainbuchen, die sich problemlos beschneiden lassen und kompakt bleiben. Eine Buchenhecke (*Fagus sylvatica*) behält ihre attraktiven braunen Blätter, bis sich im Frühjahr neues Wachstum zeigt. Gute immergrüne Heckenpflanzen sind Aukuben (*Aucuba japonica*), *Chamaecyparis lawsoniana* ‚Pembury Blue' (die immergrüne Blaue Scheinzypresse mit silberblauen Blättern) und Stechpalmen (*Ilex*). Auch ein Zweigriffliger Weißdorn mit glänzenden dunkelgrünen Blättern ist zu empfehlen (*Crataegus laevigata*).

- Zierhecken ohne Symmetrie können auch mit Rosen gebildet werden. *R. rugosa* ‚Frau Dagmar Hastrup' besitzt silber- und rosafarbene Blüten, die sich zu großen roten Hagebutten entwickeln, und *R.* ‚Mundi' ergibt eine sehr hübsche Hecke mit gestreiften weiß-rosa Blüten. Die dornige Ölweide *Eleagnus pungens* ‚Frederici' hat dunkelgrüne, glänzende Blätter mit silberfarbenen Rändern; *Osmanthus delavayi* (Duftblüte) besitzt immergrüne, dunkelgrüne gerundete Blätter.

### Funktionelle Hecken

- Wenn Sie neben Schmuck auch Sicherheit suchen, sollten Sie Berberitzen- oder Feuerdornvarietäten mit langen, scharfen Dornen pflanzen, durch die sich unliebsame Gäste so schnell nicht freiwillig wagen. Die blühende japanische Quitte (*Chaenomeles*) besitzt lange, scharfe Dornen und hübsche apfelblütenartige Blüten. Auch diese Pflanze kann eine ansprechende und wirksame Sicherheitshecke bilden.

UNTEN: *Das Flechten von Hecken erfordert einige Mühe, kann aber eine regelmäßige Unterteilung oder eine sehr elegante Allee schaffen. Diese Allee geflochtener Hainbuchen lenkt das Auge auf einen bogenförmigen Ausgang am fernen Ende.*

## FLECHTEN, STUTZEN UND RADIKAL BESCHNEIDEN

FLECHTEN ist eine Methode, bei der Bäume in Reihen gepflanzt und die seitlichen Äste und Zweige dann so erzogen werden, dass sie sich in horizontalen, parallelen Reihen treffen. Das übrige Wachstum wird entweder zurückgeschnitten oder zu einem vertikalen Schirm verflochten. Buchen, Linden, Hainbuchen und Platanen können auf diese Weise kultiviert werden. Diese Pflanzmethode ist besonders in symmetrischen Anlagen sehr wirkungsvoll und wird in ausgedehnteren Gärten und Parks häufig als Einfriedung für Wege oder Alleen eingesetzt.

- In kleineren Gärten kann auf diese Weise eine elegante Trennung von zwei angrenzenden Bereichen erzielt werden. Eine Allee mit geflochtenem Baumbestand lenkt das Auge automatisch zum Ende. Achten Sie daher darauf, dass am Ende des Weges ein Blickfang wartet (beispielsweise eine Skulptur oder eine dekorative Sitzmöglichkeit).
- Das Stutzen oder Auslichten ist in Frankreich sehr beliebt. Hierbei wird die gesamte Baumkrone zu kurzen Stümpfen zurückgeschnitten, damit viele dünne Zweige und ein voller Schirm mit Blattwerk nachwachsen können. Dieses Verfahren kann für kleine Gärten zu empfehlen sein, wo eine natürliche Baumkrone zu viel Schatten werfen würde. Einige Sträucher, wie die Weide, werden gestutzt, damit sie farbenfrohe neue Triebe hervorbringen.
- Beim radikalen Rückschnitt wird ein Strauch wie Hartriegel (*Cornus*) bis auf den Grund zurückgeschnitten. Auch diese Technik soll die Bildung von jungen Trieben in interessanten Farbtönen fördern. Eukalyptusbäume können resolut zurückgeschnitten werden; sie produzieren dann fortlaufend neue Blätter und wachsen eher strauchähnlich.

LINKS: *Diese bewundernswerten Eiben-„Bonbonnieren" in Great Dixter (Südengland) bewachen den Eingang zu einem weiteren Teil des Gartens. Die wehrartige Eibenhecke im Hintergrund wiederholt den militärischen Effekt.*

## FORMSCHNITT

DER Formschnitt ist die Kunst, lebende Pflanzen in Skulpturen zu verwandeln. Durch Erziehung und Beschneiden können kühne und häufig imposante Strukturen wie „Wände" und Bögen geschaffen werden. Sie können auch Vögel und andere Tiere, Züge, Schachfiguren oder einfache Kegel, Kugelformen oder Spiralen kreieren und so selbst dem kleinsten Garten ein Element von Symmetrie und Faszination verleihen.

UNTEN: *Buchsbaum- und Wacholdersäulen liefern unterschiedliche Strukturen und geben dieser hübsch mit rosafarbenen Blumen bepflanzten Rabatte ein Element der Höhe.*

❀ Beginnen Sie keinen Formschnitt in Ihrem Garten, wenn Sie nicht die Zeit und Geduld (oder einen Gärtner) haben, um sich beständig darum zu kümmern. Bei jedem Beschnitt entfernen Sie alle jungen, kräftigen neuen Triebe und schwächen die Pflanze. Düngen, Gießen und Jäten sind daher unabdingbar. Verwenden Sie einen langsam wirkenden organischen Dünger, der die Bodenstruktur verbessert und Nährstoffe liefert.

### Formschnitt als Designelement

❀ Viele Arten immergrüner Sträucher können einem regelmäßigen oder eher formlosen Design Form und Festigkeit verleihen, eine Beetecke mit einem angrenzenden Weg oder aber das Haus mit seiner Umgebung verbinden. Die meisten immergrünen Sträucher weisen sehr charakteristische Wachstumsgewohnheiten auf. Einige sind von Natur aus großwüchsig und schlank, wie *Cupressus sempervirens* ‚Green Pencil'. Diese Zypressenart verleiht dem Garten ein Element der Höhe, ohne ihm zu viel wertvollen Platz oder wertvolles Licht zu nehmen.

❀ Andere Sträucher können in verschiedene Formen geschnitten werden. Wenn Sie Formelemente neben dem Haus wünschen, könnten Sie einen architektonischen Aspekt des Hauses in der Schnittform wiederholen. Kunstvoll beschnittene Pflanzen ergänzen fast jeden Pflasterbelag sowie Kies sehr wirkungsvoll. Wenn Sie Kübelpflanzen auf diese Weise beschneiden,

OBEN: *Hier verleihen die kunstvoll beschnittenen immergrünen Sträucher dieser herrlich gedeihenden Rabatte von Rosen, Farnen und dem exotischen Wachstum des Baumfarns* (Dicksonia antarctica) *Disziplin.*

wählen Sie einen einfachen Kübel. Die Augen sollten auf die Form der Pflanze, nicht auf den Behälter schauen.

- Einzelne Pflanzen können in der Gesamtanlage Akzente setzen; Pflanzenpaare können einen Durchgang kennzeichnen oder bilden. Sie können mit beschnittenen Pflanzen aber auch einen Weg oder eine Allee umsäumen.
- In ähnliche oder kontrastierende Formen geschnittene Pflanzen können zusammen gruppiert werden. Besonders vor einem einfachen Hintergrund wie einer Stein- oder Ziegelmauer wirken sie dann besonders dramatisch. In einem südenglischen Garten wurden Eiben sogar zu einem vollständigen Satz Schachfiguren geschnitten. Die Figuren stehen sich auf beiden Seiten eines Rasens gegenüber und lenken den Blick auf die Weite der Landschaft.

## Einfache Schnittformen

- Einfache geometrische Formen lassen sich am leichtesten kreieren. Buchsbaum ist ein besonders geeignetes Objekt für den Formschnitt, da sich neue Triebe von der Pflanzenmitte aus entwickeln. Auch Eiben und strauchartige Heckenkirschen (*Lonicera*) reagieren gut auf den kreativen Beschnitt. Wenn Sie eine Hochstammform – ein runder Kopf auf einem kahlen Stamm – schaffen möchten, erziehen Sie einen einzelnen Leittrieb an einem Stock und entfernen Sie regelmäßig die nachwachsenden Triebe aus der Spitze, bis Sie eine feste, gerundete Form erhalten. Meist gelingt Ihnen das, wenn Sie nach dem optischen Eindruck gehen. Der Lorbeerstrauch (*Laurus nobilis*) kann zu einem sauberen kleinen Bubikopf geschnitten werden und sieht in einem Kübel sehr hübsch aus.
- Bäume, die von Natur aus in eine Kegelform wachsen (wie Eiben und die Zypresse *Cupressus macrocarpa*), können problemlos zu geometrischen Kegeln erzogen werden. Binden Sie Rohrstöcke zeltförmig zusammen und stülpen Sie das Zelt vor dem Schnitt über die Pflanze. So haben Sie einen Rahmen, an den Sie sich beim Schnitt halten können.
- Um eine etablierte Kegelform in eine Spirale zu verwandeln, sollte die Pflanze mindestens 1 m hoch sein. Binden Sie eine Schnur an die Spitze der Pflanze und wickeln Sie sie in einer breiten Spirale um den Busch. Binden Sie sie unten am Stamm fest. Schneiden Sie die unteren Äste mit einer Gartenschere in der vom Faden vorgegebenen Spiralform ab. Versuchen Sie, die Spirale rund um den Baum gleichmäßig zu schneiden.

## Formschnitt für Hecken

- In einigen Gärten können Sie die Heckenspitze zu kunstvollen Formen schneiden. Denkbar sind Kugeln, Würfelformen, wie Zinnen angeordnete Vogel- und andere Tierformen. Auch einfache Muschelformen können sehr wirkungsvoll sein. Verwenden Sie aber stets eine Schnur oder einen Draht, um das Muster zu vermessen und zu markieren, bevor Sie zur Schere greifen.
- In großen Hecken können Sie Säulen und Pfeilerformen kreieren, die interessante architektonische Effekte erzeugen. Lassen Sie die Heckenkanten in regelmäßigen Abständen höher wachsen und nehmen Sie sich drei Jahre Zeit, sie in Form zu schneiden. Runde Fenster in einer Hecke können wie Gucklöcher den Blick auf die dahinter liegende Landschaft gestatten. Erziehen Sie dazu biegsame junge Zweige um einen Eisenrahmen, den Sie mit einem Pfahl fest im Boden verankern.

# PFLANZEN BESCHNEIDEN

**Beim Beschneiden wird unerwünschtes Wachstum entfernt – unerwünscht, weil es krank, alt oder einfach hinderlich ist. Viele Gärtner schrecken allerdings vor dieser Aufgabe zurück. Jede Pflanze hat andere Schnittanforderungen, so dass jedes Buch zum Thema Beschnitt notwendigerweise eine große Menge an Informationen vermitteln muss. Lassen Sie sich dadurch nicht abschrecken. Wenn Sie die wichtigsten Grundsätze des Beschnitts erst einmal verstanden haben und die konkreten Beschnittanforderungen für die Pflanzen in Ihrem Garten kennen, haben Sie die beste Ausgangsposition, um das Aussehen und die Gesundheit vieler Pflanzen nachhaltig zu verbessern.**

OBEN: *Eine vernachlässigte Pflanze durch Beschnitt regenerieren – eine einfache und zugleich sehr befriedigende Aufgabe.*

## DER ZWECK DES BESCHNITTS

BESCHNEIDEN kann Wachstum und Blüte im Gleichgewicht halten. Es kann das Wachstum kontrollieren, was erforderlich sein kann, wenn eine Pflanze sich auf einen Weg oder in einen benachbarten Garten ausbreitet. Durch einen richtig ausgeführten Beschnitt können Pflanzen erzogen, zu einem sauberen Wachstum und einer Fülle von Blüten oder Früchten ermuntert werden. Schließlich kann der Beschnitt auch dazu beitragen, dass die Pflanzen gesund bleiben und Stämme und Triebe, Blätter, Früchte und Blüten eine gute Qualität aufweisen.

- Grob gesagt werden die folgenden drei Beschnitttechniken unterschieden: Verjüngungsschnitt, Pflanz- oder Rückschnitt und Erziehungsschnitt.

## VERJÜNGUNGSSCHNITT

Durch den Beschnitt kann eine Anzahl konkreter Probleme behandelt oder verhindert werden.

### Reibende oder sich kreuzende Triebe

- Wenn Triebe wiederholt aneinander reiben, werden sie schließlich durch die Reibung beschädigt. Es entstehen offene Wunden, durch die die Pflanze für Krankheitssporen anfällig wird. Über Kreuz wachsende Triebe wirken zudem unordentlich und verhindern, dass die Pflanze in eine ansprechende Gesamtform wächst.

### Entfernen von Wipfeldürre

- Wenn junge Triebe zum Hauptstamm hin absterben, müssen Sie sie entfernen, da sonst weiteres Gewebe abstirbt und auch gesundes Gewebe betroffen ist. Um diese Ausdehnung zu verhindern, sollten Sie bis zum gesunden Teil des Hauptstamms zurückschneiden. Durchtrennen Sie den abgestorbenen Trieb unmittelbar über einer Austriebsstelle.

### Eindämmen von Krankheiten

- Schneiden Sie verrottetes Gewebe und Krankheiten weg, bevor sie sich ausbreiten und den Rest der Pflanze befallen. Entfernen Sie abgestorbene Triebe, da diese nicht nur Krankheiten beherbergen, sondern auch wenig ansprechend aussehen. Schneiden Sie bis zum gesunden Holz zurück.

### Beschnitt zum Erhalt von Vielfarbigkeit

- Durch den Beschnitt können panaschierte Pflanzen daran gehindert werden, in ihre ursprüngliche einfache Form

## VERJÜNGUNGSSCHNITT

Der Verjüngungsschnitt soll Probleme wie beschädigte und kranke Teile einer Pflanze entfernen. Ein präventiver Beschnitt ist stets dem Entfernen bereits erkrankter Teile vorzuziehen, da Sie so Problemen vorbeugen können. Wenn Sie beispielsweise die Pflanze auslichten, so dass ausreichend Licht und Luft durch die Pflanze zirkulieren, kann sie gut gedeihen, und Schädlinge und Krankheiten bleiben fern.

OBEN: *Zwei Beispiele für einen korrekten Beschnitt; der Schnitt wird am Einzeltrieb schräg von der Knospe weg ausgeführt; beim doppelten Trieb wird der gerade Schnitt unmittelbar oberhalb der Knospen ausgeführt.*

OBEN: *Beispiele für einen falsch ausgeführten Schnitt, von links nach rechts: zu große Entfernung, zu nah, mit stumpfer Gartenschere, im Winkel zu einer Knospe. Eine schlechte Schnitttechnik kann Probleme an der Pflanze verursachen, wie z. B. Wipfeldürre, Verrottung und Krankheiten.*

zurückzufallen. Wenn sich an einer ansonsten panaschierten Pflanze reife grüne Blätter zeigen, schneiden Sie sie bis zur Austriebsstelle zurück, da sie kräftig wachsen und allmählich die Pflanze beherrschen. Einige Pflanzen entwickeln buntscheckige Blätter erst an reifem Blattwerk, vergewissern Sie sich daher, welche konkreten Merkmale Ihre Pflanze aufweist und warten Sie mit dem Beschnitt, bis Sie sich ganz sicher sind, wie Sie vorgehen sollten.

## RÜCKSCHNITT

Einige Pflanzen blühen auf, wenn sie jedes Jahr radikal zurückgeschnitten werden. Hartriegel und Weiden beispielsweise müssen so stark beschnitten werden, dass sie kräftige und große Blätter tragen und sich gesunde, farbenfrohe neue Triebe entwickeln. Andere Pflanzen, vor allem Strauchrosen und Obstpflanzen wachsen viel kräftiger und tragen mehr und bessere Blüten, wenn sie jährlich beschnitten werden.

## ERZIEHUNGSSCHNITT

Der Erziehungsschnitt dient dazu, eine gewünschte Pflanzenform zu schaffen und zu erhalten. Es ist stets empfehlenswert, bereits im jungen Pflanzenstadium auf die gewünschte Form hinzuarbeiten, statt die Pflanze nach langem ungehinderten Wuchs in eine bestimmte Form zu zwingen.

## BESCHNITTTECHNIKEN

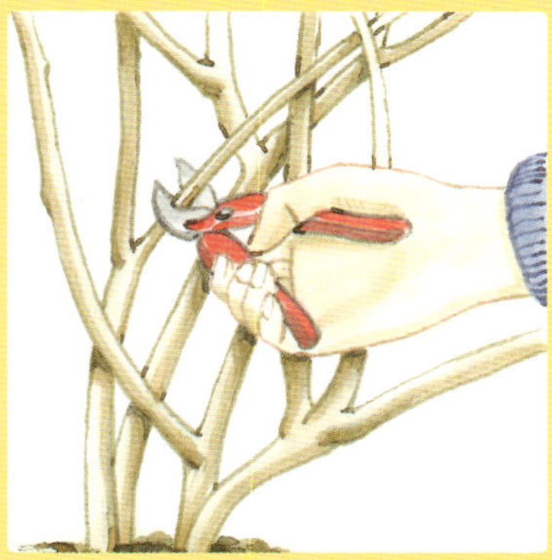

OBEN: *Durch das Entfernen von Trieben, die ungünstig über Kreuz wachsen, kann die Luft besser durch die Pflanze zirkulieren.*

OBEN: *Das Beschneiden panaschierter Pflanzen ist wichtig, um einen Atavismus (Rückfall) zu verhindern, bei dem einfarbige Blätter schon bald wieder das Pflanzenbild beherrschen würden.*

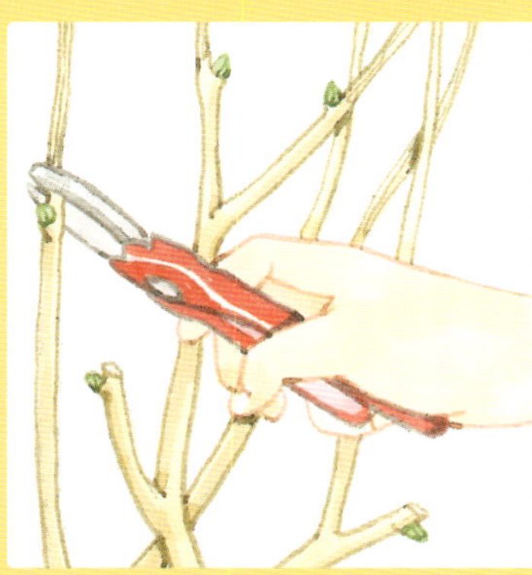

OBEN: *Entfernen Sie von Wipfeldürre oder anderen Schäden betroffene Triebe oder Stämme, die sonst eine Infektion hervorrufen und ein Absterben von weiterem Gewebe verursachen könnten.*

OBEN: *Entfernen Sie verrottete Triebe und Stämme, da sich sonst Krankheiten in der gesamten Pflanze ausbreiten könnten.*

## WICHTIGE BESCHNITTREGELN

Ein übereilter Beschnitt kann mehr Schaden anrichten als nützen. Sie dürfen beim Beschnitt die Pflanze auf keinen Fall beschädigen. Verwenden Sie saubere und scharfe Werkzeuge und beachten Sie das natürliche Wachstumsmuster der Pflanze.

- Bei Pflanzen mit Blättern, die abwechselnd am Stamm wachsen, schneiden Sie ca. 5 mm über einer nach außen weisenden Knospe (Ansatzstelle) schräg. Achten Sie darauf, dass Sie den Schnitt von der Knospe weg ausführen, damit Feuchtigkeit nicht in die Richtung der Knospe fließen und Verrottung hervorrufen kann.
- Bei Pflanzen mit Blattpaaren schneiden Sie gerade und unmittelbar über einem Knospenpaar durch.
- In beiden Fällen ist es wichtig, dass Sie dicht an den Knospen schneiden, da Stammgewebe in der Nähe der Ansatzstelle der Blätter besser heilt. Bei einem zu hoch ausgeführten Schnitt stirbt der Stamm vermutlich bis zur Knospe zurück. Dadurch wird die Pflanze krankheitsanfällig und wenig attraktiv. Andererseits sollten Sie aber auch nicht direkt an der Ansatzstelle schneiden, da Sie sonst die Knospe mit beschädigen oder einer Infektion Vorschub leisten könnten.
- Führen Sie stets einen sauberen und scharfen Schnitt aus. Ein gezackter Schnitt oder ein verletzter, angerissener Stamm ist sehr krankheitsanfällig.

## BESCHNITT VON BÄUMEN

Vor dem Beschnitt müssen die individuellen Anforderungen eines Baums berücksichtigt werden. Einige Bäume müssen nur minimal beschnitten werden oder können durch einen Beschnitt sogar geschädigt werden (das gilt beispielsweise für den Maulbeerbaum), während andere wie der Ostasiatische Götterbaum (*Ailanthus*) einen radikalen Rückschnitt mögen. Der Rückschnitt kontrolliert das Wachstum und bringt ein neues üppiges Blattwerk hervor.

### Immergrüne Bäume

- Immergrüne Bäume werden meist zum Ende des Frühjahrs hin beschnitten, vergewissern Sie sich aber, welche konkreten Anforderungen der betreffende Baum hat, bevor Sie zur Schere greifen.
- Bei jungen Bäumen erziehen Sie den Hauptstamm nach oben, damit er kräftig wächst und Sie eine gute Grundform für den Baum erhalten. Lichten Sie Leittriebe aus, die miteinander um Licht und Nährstoffe kämpfen, sowie Triebe, die sich ungünstig kreuzen oder aneinander reiben.
- Reife immergrüne Bäume müssen kaum beschnitten werden. Entfernen Sie lediglich tote, beschädigte oder kranke Zweige. Schneiden Sie bis zu einem gesunden Trieb zurück oder entfernen Sie den entsprechenden Zweig ganz. Entfernen Sie über Kreuz wachsende Seitentriebe und Konkurrenzleittriebe. Erliegen Sie nicht der Versuchung, einfach wild die Spitze eines Nadelgehölzes zu stutzen, das zu hoch gewachsen ist. Das Ergebnis könnte eine sehr hässliche Form sein. Wenn möglich, sollten Sie den Baum ausgraben und ganz von vorne anfangen.

### Laub abwerfende Bäume

- Die meisten Laub abwerfenden Bäume werden im Spätherbst oder Winter beschnitten, während sie ruhen. Aber lesen Sie auch hier nach, wann und wie Ihr Baum beschnitten werden sollte, bevor Sie aktiv werden. Einige Bäume müssen im Frühjahr oder Sommer beschnitten werden.
- Durch den Beschnitt und die Erziehung eines jungen Baumes soll ein optisch ansprechender und stabiler Rahmen geschaffen werden. Der Mittelstamm sollte gerade wachsen, die Zweige sollten einen guten Abstand voneinander haben. Der Beschnitt von Bäumen mit paarweise austreibenden Knospen wie Eschen ist besonders wichtig. Wenn sich der Mittelstamm gabelförmig entwickeln kann, könnte er sich sogar spalten. Andere Bäume, die sich zu früh gabeln, entwickeln keine ansprechende Gesamtform.
- Um einen vertikalen Stamm an einem Ziergehölz zu schaffen, entfernen Sie konkurrierende Triebe sowie schwache oder sich kreuzende Seitentriebe. Entfernen Sie im ersten Frühjahr nach dem Einpflanzen des Baums auch alle Seitentriebe im unteren Drittel und kürzen Sie die Seitentriebe im mittleren Baumteil etwa auf die Hälfte ihrer Länge. Im Spätherbst/Winteranfang entfernen Sie alle Seitentriebe im mittleren Teil, die Sie im Frühjahr gekürzt haben. Fahren Sie in den nächsten beiden Jahren so fort, bis Sie einen senkrechten Stamm von ca. 2 m Höhe erhalten.

### Reife, Laub abwerfende Bäume

- Etablierte Laub abwerfende Bäume müssen meist nur wenig beschnitten werden. Wahren Sie einfach nur die hübsche Form, die Sie bis dahin hoffentlich bereits geschaffen haben. Lichten Sie zu dichte Zweige in der Baummitte aus, da sie sonst Licht ausfiltern und die Luft nicht ausreichend zirkulieren kann. Um die Gesamtform des Baums zu erhalten, schneiden Sie alle Zweige ab, die zu dominant und unansehnlich werden.

UNTEN: *Die Bäume in dieser eleganten, ausgedehnten Allee müssen jetzt wahrscheinlich nur noch beschnitten werden, um die schöne Form zu erhalten, die eine geschickte Pflege im Laufe der Jahre geschaffen hat.*

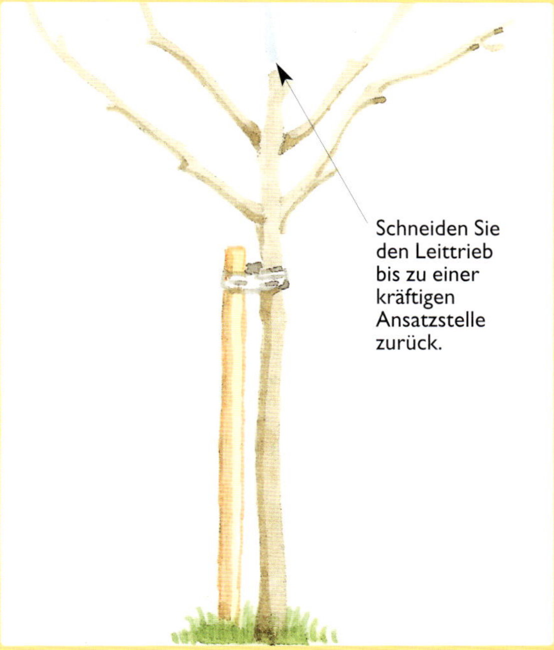


**1** *Drei Jahre nach dem Einpflanzen schneiden Sie den Leittrieb bis zu einem kräftigen Seitentrieb oder einer Knospe zurück (30 cm oberhalb der erforderlichen reinen Stammlänge).*

**2** *Im Sommer des vierten Jahres lassen Sie Seiten- und Nebenseitentriebe ungehindert wachsen.*

**3** *Im Herbst des vierten Jahres beschneiden Sie sich kreuzende oder zu dicht wachsende Seiten- und Nebenseitentriebe. Lassen Sie 3 bis 5 in regelmäßigen Abständen wachsende Seitentriebe stehen.*

**4** *Im fünften und den darauffolgenden Jahren entfernen Sie junge Zweige, die die Symmetrie des Baumes stören, sowie Triebe, die direkt am Hauptstamm angesetzt sind.*

## KAPPUNG UND RADIKALER RÜCKSCHNITT

Die Kappung beschreibt das Zurückschneiden eines Baumes zum Hauptstamm, damit dort neue Schösslinge treiben können. Beim radikalen Rückschnitt wird ein Baum regelmäßig bis kurz über dem Boden zurückgeschnitten. Mit beiden Techniken wurde früher regelmäßig leicht zugängliches und biegsames Holz als Brennstoff oder Material zum Bau von Zäunen und zum Korbflechten geschnitten. Heute werden Bäume meist gekappt oder radikal zurückgeschnitten, um farbenfrohe Triebe zu erzielen oder um die Baumgröße in akzeptabler Größe zu halten.

- Sowohl die Kappung als auch der Rückschnitt werden im Allgemeinen im späten Winter oder Erstfrühling unternommen. Wenn der Stamm die gewünschte Höhe erreicht hat, schneiden Sie die Zweige ca. 5 cm vom Haupttrieb ab. Diese Behandlung sieht zwar brutal aus, lässt aber im Sommer eine Fülle neuer Triebe sprossen. Im Idealfall wiederholen Sie das Verfahren jedes Jahr; düngen und mulchen Sie den Baum nach dem Beschnitt.

### KAPPUNG UND RADIKALER RÜCKSCHNITT BEI BÄUMEN

*Meist sollen durch das Kappen oder den radikalen Rückschnitt farbenfrohe Triebe erzielt oder die Baumgröße begrenzt werden. Beide Verfahren fördern einen gesunden neuen Wuchs.*

OBEN: *Kappen bedeutet, dass die Triebe bis zum Stamm zurückgeschnitten werden, so dass sich kräftige neue Triebe entwickeln können.*

OBEN: *Beim radikalen Rückschnitt werden die Triebe kurz über dem Boden entfernt, so dass sich grundständige Schösslinge entwickeln können.*

### Schneiden großer Äste

- Das Beschneiden sehr großer, reifer Bäume sollten Sie lieber qualifizierten Baumgärtnern überlassen. Der Beschnitt bestimmter Bäume kann unter bestimmten Bedingungen eingeschränkt oder untersagt sein, erkundigen Sie sich daher, ob städtische Auflagen vorliegen, bevor Sie wesentliche Arbeiten an reifen Bäumen planen.
- Kleinere Bäume oder überwucherte alte Sträucher können dicke Zweige besitzen, die Sie selbst nicht sicher entfernen können. Verwenden Sie eine Gartensäge und schneiden Sie in drei Phasen. Schneiden Sie zunächst von unten, damit der Ast durch sein eigenes Gewicht nicht unregelmäßig und unkontrolliert von der Pflanze weggerissen wird.

## BESCHNITT VON STRÄUCHERN

Die allgemeinen Regeln und Gründe zum Beschnitt von Bäumen gelten auch für Sträucher. Einige Sträucher benötigen nur einen leichten „Haarschnitt", d. h. praktisch keinen echten Beschnitt. Die meisten leiden aber nach einer Weile darunter, wenn sie nicht beschnitten werden. Bei ihnen fördert der Beschnitt ein kräftiges und gesundes Wachstum und viele große herrliche Blüten.

- Grundsätzlich werden blühende Sträucher kurz nach dem Verblühen beschnitten. Es gibt aber einige wichtige Ausnahmen, so zum Beispiel einige im Spätsommer blühende Sträucher wie der Schmetterlingsstrauch und Hortensien, die bei einem Beschnitt um diese Jahreszeit frostanfällig würden. Warten Sie bei diesen Sträuchern mit dem Beschnitt bis zum Frühjahr. Wie immer sollten Sie vor dem Beschnitt die individuellen Anforderungen des Strauchs nachlesen.

### Radikaler Rückschnitt

- Mit einem radikalen Rückschnitt des richtigen Strauchtyps können Sie lohnende Ergebnisse erzielen. Hohe und dürre blühende Sträucher sind in Vorgärten leider nur zu häufig anzutreffen – armselige, spindeldürre Triebe mit einigen wenigen kleinen Blüten an der Spitze, so hoch, dass sie nicht einmal in Augenhöhe liegen, damit man sich an ihnen erfreuen könnte.
- Im Idealfall sollten Sie den erforderlichen Beschnitt Ihres Strauchs planen, solange die Pflanze noch jung ist. Beginnen Sie Ihr Schnittprogramm im ersten Jahr nach dem Pflanzen. Eine gute Schnittroutine, an die Sie sich auch halten, ist immer besser, als wenn Sie versuchen, einen Strauch wiederzubeleben, den Sie jahrelang nicht beschnitten haben und der daher nicht mehr gesund ist, seine Form verloren hat und zu dicht wächst.
- Sie können versuchen, einen derart vernachlässigten Strauch bis unmittelbar über dem Boden zurückzuschneiden, denn er könnte daraufhin grundständige Triebe entwickeln. Allerdings lassen sich die Ergebnisse nicht vorhersagen. Meist wird im Frühjahr radikal zurückgeschnitten, damit der Strauch daraufhin kräftig wachsen kann. Informieren Sie sich

## BESCHNEIDEN VON STRÄUCHERN

*Wie auch bei Bäumen müssen die Anforderungen des betreffenden Strauchs berücksichtigt werden. Nur so können Sie erhebliche Schäden oder eine nicht optimale Blüte durch zu leichten Beschnitt vermeiden.*

OBEN: *Ein radikaler Rückschnitt ist nur bei einigen Sträuchern zu empfehlen. Er fördert ein kräftiges neues Wachstum und bei geeigneten Pflanzen eine wahre Blütenpracht.*

OBEN: *Unansehnliche Sträucher können durch sorgfältigen Beschnitt zu wohlgeformterem Wachstum veranlasst werden. Der Beschnitt schafft einen besseren Rahmen für die Triebe.*

OBEN: *Einige Sträucher wie dieser Hartriegel (Cornus) werden im Frühjahr radikal beschnitten, so dass die Triebe eine intensive Farbe annehmen.*

aber zunächst über die Anforderungen der jeweiligen Pflanze, da die richtige Jahreszeit für den Beschnitt sehr wichtig ist.

- Der radikale Rückschnitt erscheint wie eine sehr drastische Maßnahme. An Sträuchern mit Blüten am diesjährigen Holz ist der Grund dafür allerdings leicht erkennbar. Ohne Beschnitt würden die Triebe einfach weiter wachsen und nur ganz am Ende Blüten tragen. Lassen Sie vom Trieb des letzten Sommers nur ca. 5 cm stehen und schneiden Sie den Rest zurück. Das Ergebnis sieht zwar brutal aus, aber die Pflanze treibt an diesen Stellen gesunde neue Schösslinge.
- Schneiden Sie bis zu einem Punkt unmittelbar oberhalb der Austriebstelle zurück (nach Möglichkeit sollte es eine nach außen weisende Knospe sein), um der Pflanze eine gute Gesamtform zu verleihen. Grundsätzlich sollten Sie die Pflanze bis zum neuen Wachstum zurückschneiden, um aber einen sehr buschigen alten Strauch zu verjüngen, der zu dicht und außer Form gewachsen ist, müssen Sie einige Haupttriebe bis fast in Bodenhöhe zurückschneiden. Nur so können Sie die Gesamtform des Strauchs verbessern.

### Entfernen von Verblühtem (Ausputzen)

- Bei vielen Pflanzen wie Heidekräutern und Lavendel müssen die Blüten entfernt werden, sobald sie abgestorben sind. Aber prüfen Sie auch hier, ob dies nötig ist, da manche Pflanzen andere Anforderungen haben.
- Schneiden Sie das Verblühte bis zu einem Punkt unmittelbar unterhalb der Blütenähre mit einer Gartenschere ab. Achten Sie darauf, dass Sie nicht in das alte Holz schneiden, da einige Sträucher auf altem Holz nicht oder nicht gut blühen. Zudem erhalten Sie unattraktive kahle braune Stellen, wenn Sie zu rigoros beschneiden.

## BESCHNITT VON KLETTERPFLANZEN

KLETTERPFLANZEN weisen unterschiedliche Wachstumsmuster auf. Natürliche Kletterpflanzen wie Efeu sichern sich mit Hilfe von Luftwurzeln oder Wurzelschößlingen an ihrer Stütze und benötigen keine weitere Stützvorrichtung (z. B. ein Spalier).

- Rankende Kletterpflanzen (Schlingpflanzen) wie Geißblatt und Clematis ranken sich mit Wickelranken, Trieben oder Blattstielen um eine Stütze. Wuchernde Kletterpflanzen (Spreizklimmer) halten sich mit hakenförmigen Dornen fest (so z. B. einige Rosenarten)und müssen an einer Stütze befestigt werden. Der Beschnitt von Spreizklimmern ist im nachfolgenden Abschnitt zum Rosenbeschnitt beschrieben. Zum Beschnitt von Schling- und Rankpflanzen lesen Sie sich bitte den Abschnitt zum Beschnitt von Clematis durch.

### Grundregeln

- Je nach ihrer Blütezeit und dem Alter des Holzes, an dem sie blühen, müssen Kletterpflanzen unterschiedlich beschnitten werden. Grundsätzlich müssen Kletterpflanzen, die auf dem Wachstum des Vorjahres blühen, nach Ende der Blüte beschnitten werden. Kletterpflanzen, die auf dem Wachstum des laufenden Jahres blühen, werden im Erstfrühling oder am Winterende beschnitten, so dass sie ausreichend Zeit zur Ausbildung neuer blühender Triebe haben.
- Sobald Sie sich vergewissert haben, dass Sie die betreffende Pflanze zur richtigen Jahreszeit beschneiden, müssen allgemeine Regeln beachtet werden. Verwenden Sie scharfe Werkzeuge und führen Sie saubere Schnitte aus, mit denen Sie beschädigtes oder schwaches Wachstum entfernen.
- Entfernen Sie Triebe, die aneinander reiben oder zu dicht wachsen. Schneiden Sie direkt über einer Knospe oder gesundem Trieb. Bei Kletterpflanzen, bei denen die Triebe paarweise angesetzt sind, führen Sie den Schnitt unmittelbar über einem Knospenpaar aus. Bei Kletterpflanzen, bei denen die Triebe abwechselnd austreten, schneiden Sie unmittelbar über einer Ansatzstelle, die in die gewünschte Wuchsrichtung des neuen Triebs weist, schräg von der Knospe weg.

### Beschnitt zur Wachstumskontrolle

- Schling- und Rankpflanzen lassen sich zwar problemlos pflanzen und etablieren, sie können aber eine bauliche Konstruktion überwältigen. Vor allem Efeu kann schwere bauliche Schäden verursachen. Die Wurzeln können in den Mörtel eindringen, und wenn die Triebe dicker werden, kann eine Dachrinne vom Gebäude weggedrückt werden.
- Derart kräftige Kletterpflanzen können unter Dachziegel kriechen und sie, ebenso wie Holzverkleidungen, lösen. Sobald diese Kletterpflanzen erst einmal Halt bekommen haben, sind sie schwer zu entfernen. Achten Sie also auf diese Pflanzen und beschneiden Sie sie bei Bedarf, um einen Ausgleich zwischen ansprechendem verdeckendem Wachstum und unerwünschtem Wuchern zu finden. Entfernen Sie so viel Wachstum wie nötig zu der für Ihre Pflanze angemessenen Jahreszeit.

OBEN: *Kräftige Kletterpflanzen wie Geißblatt müssen sorgfältig beschnitten werden, damit sie nicht außer Kontrolle geraten.*

### Beschnitt für gute Deckung

- Der frühzeitige Beschnitt von haftenden Kletterpflanzen fördert zudem ein gleichmäßiges Wachstumsmuster und einen

RECHTS: *Um eine wohlgeformte und gut erzogene Kletterpflanze zu kultivieren, müssen Sie sie von Anfang an sorgfältig beschneiden und erziehen.*

ebenen Rahmen für neue Triebe. Selbsthaftende Kletterpflanzen müssen zwar eigentlich nicht festgebunden und gestützt werden, sie bedecken eine Fläche aber ebenmäßiger, wenn sie noch in jungem und biegsamem Stadium waagerecht erzogen und beschnitten werden, so dass sich auch an Seitentrieben neue Knospen bilden können.

- Um einen erfolgreichen Rückschnitt durchzuführen, sollten Sie die jungen Triebe entweder festbinden oder mit Klammern herunterdrücken und befestigen. Im zweiten Frühjahr nach dem Pflanzen schneiden Sie die Seitentriebe der Pflanze bis dicht über einer Knospe in der Nähe des Haupttriebs zurück. Wenn sich die Triebe entwickeln, schneiden Sie die Spitzen im darauf folgenden Jahr zurück, so dass sich die Schösslinge besser ausbreiten und die Stütze optimal bedecken können. Schneiden Sie andere neue Schösslinge so weit zurück, dass noch zwei Knospen zum nächsten Trieb vorhanden sind.

## VERJÜNGEN VERNACHLÄSSIGTER KLETTERPFLANZEN

EINE vernachlässigte Kletterpflanze ist ein eher jämmerlicher Anblick. Sie wölbt sich nicht nur unattraktiv von ihrer Stütze weg, sondern kann auch die Stütze ganz von der Wand oder vom Zaun wegziehen.

- Zudem können benachbarte Pflanzen in tiefen Schatten versetzt werden, der das Wachstum nachteilig beeinflusst. Eine verworrene, dichte Masse meist toter oder absterbender Triebe kann erschreckend wirken. Behandeln Sie sie aber zuversichtlich, da in den meisten Fällen selbst stark wuchernde Kletterpflanzen durch einen geeigneten Beschnitt regeneriert werden können.
- Einige Kletterpflanzen wachsen auch dann wieder, wenn sie fast bis zur Basis zurückgeschnitten werden. Wie bei allen Schnitten müssen Sie vor dem Griff zur Schere die Anforderungen Ihrer jeweiligen Pflanze berücksichtigen. Wenn Sie sich nicht sicher sind, ob eine Pflanze einem radikalen Rückschnitt standhalten kann, führen Sie den Verjüngungsschnitt über einen Zeitraum von zwei Jahren aus.
- Nach und nach ersetzt frisches und kräftiges Wachstum die entfernten Triebe. Gehen Sie methodisch vor, wenn Sie einen Verjüngungsschnitt über einen längeren Zeitraum ausführen, sonst wachsen neue Triebe, die sich in den alten Trieben festranken, und ein Beschnitt wird dann fast unmöglich.
- Auch wenn die Pflanze in dieser Zeit unausgewogen aussieht, sollten Sie im ersten Beschnittjahr nur eine Pflanzenseite zurückschneiden. Bei einer sehr vernachlässigten Pflanze kann es mehrere Jahre dauern, bis sie sich von dieser Behandlung erholt, also verzweifeln Sie nicht, wenn die Pflanze auch nach dem Beschnitt beider Seiten etwa zwei Jahre lang nicht blüht. Haben Sie Geduld.

## BESCHNITT VON ROSEN

ROSENSTIELE wachsen und tragen nur einige Jahre lang Blüten, bevor die Pflanze erschöpft ist und die Blüten sich tiefer am Trieb entwickeln. Sie müssen daher beschnitten werden, bevor die Rosen zu einer unordentlichen, verworrenen Masse absterbender und lebender Triebe mit minderwertigen Blüten werden.

### Schlingrosen (Baumkletterer/Rambler)

- Schlingrosen erfreuen sich heute nicht mehr ihrer früheren Beliebtheit. Sie blühen nur einmal im Jahr (dann allerdings mit einer spektakulären Blütenpracht), sind meist anfällig für Krankheiten und müssen regelmäßig beschnitten werden.
- Die Blüten sitzen an neuem Holz, Sie müssen die Pflanzen daher jedes Jahr beschneiden, damit die Blüten gleichmäßig und üppig über die ganze Rose verteilt getragen werden. An einigen Standorten, an denen sich ihre natürlichen Talente nutzen lassen, sind Rosen allerdings eine gute Wahl. Ihre langen, biegsamen Stiele klettern voll Energie tote Baumstämme empor, die ohne diesen Schmuck sehr unansehnlich wären, oder aber sie kriechen energisch über den Boden und bilden so einen ungewöhnlichen Bodendecker.

### Kletterrosen

- Die Triebe der Kletterrosen sind erheblich weniger biegsam als die von Schlingrosen; viele sind erheblich krankheitsresistenter, und einige sind dauerblühend. Da sich die Blüten an einem Rahmen alten Holzes entwickeln, ist der Beschnitt von Kletterpflanzen nicht so aufwendig wie der Beschnitt von wuchernden Spreizklimmern. In erster Linie müssen Sie nur totes, schwaches oder krankes Wachstum entfernen.
- Entfernen Sie im Sommer so viel Verblühtes wie möglich und beschneiden Sie im Herbst nach der Blüte. Wenn Sie auch die verblühten Seitentriebe bis auf ca. drei Augen (Knospen oder Triebe) entfernen, werden Sie im nächsten Jahr bestimmt eine Blütenpracht erleben.

### Rückschnitt einer alten Kletterrose

- Wenn eine Kletterrose vernachlässigt wurde und Seitentriebe nicht durch regelmäßiges Erziehen und Festbinden gefördert wurden, können in Bodennähe zahlreiche kahle Stiele zu sehen sein. Um die Entwicklung neuer Basalschösslinge zu fördern, können Sie einige der alten kahlen Stiele fast bis zum Boden zurückschneiden.

## STRAUCH- UND ZWERGROSEN

DER Begriff „Strauchrose" umfasst viele alte Rosenvarietäten, die es bereits vor den heute so beliebten Floribundarosen und Teehybriden gab. Strauchrosen blühen meist erheblich kürzer als ihre Rivalen und wachsen häufig zu erheblich größeren Sträuchern heran, so dass sie nicht mehr so beliebt sind wie früher. Doch es gibt bemerkenswerte Ausnahmen zu dieser Regel. Einige Strauchrosen sind dauerblühend, andere beschränken sich auf kleineres Buschwachstum, und wieder andere blühen zwar nur einmal im Jahr, dafür aber umso auffälliger und so lange, dass sie dennoch eine gute Wahl für den Garten darstellen können. Die Beschnittanforderungen von Rosen sind meist nicht sehr groß – eine Eigenschaft, die auch Zwergrosen teilen. Beim Beschnitt dieser Rosen können Sie meist nur die Strauchgröße in Schach halten und abgestorbenes, krankes oder schwaches Wachstum entfernen. Zwergrosen können mit einer Haushaltsschere statt mit einer Gartenschere beschnitten werden.

Ein schwacher Rückschnitt (Auslichten) ist nur für sehr käftige Teehybriden zu empfehlen.

Der starke Rückschnitt ist für neu gepflanzte Strauchrosen und zur Verjüngung vernachlässigter Pflanzen zu empfehlen.

Rosen reagieren phantastisch auf einen wirksamen Beschnitt und belohnen ihn mit einer Fülle von Blüten.

Bei Zwergrosen müssen das Verblühte, kranke oder beschädigte Stiele nur mit einer Schere entfernt werden.

## Entfernen von Wurzelschösslingen

- Wenn Pflanzen durch Pfropfung kultiviert wurden, können sich Wurzelchösslinge bilden. Sie sprießen aus dem ursprünglichen Rhizom, nicht aus der aufgepfropften Varietät. Wenn die Wurzelschösslinge nicht entfernt werden, nehmen sie letztendlich überhand, und die Pflanze fällt in ihre Wurzelstockvarietät zurück.
- Der Schössling muss korrekt an seiner Austriebsstelle entfernt werden. Vermutlich müssen Sie zunächst etwas Erde entfernen, bevor Sie den Schössling an der Stelle, an der er am Wurzelstock sprießt, entfernen. Wenn Sie den Schössling einfach auf Bodenhöhe abknipsen, gedeiht er durch diesen Beschnitt und entwickelt sich noch stärker.

OBEN: *Die meisten Teehybriden und etablierten Floribundarosen müssen nur mäßig zurückgeschnitten werden.*

## Teehybriden und Floribundarosen

- Teehybriden und Floribundarosen sind beliebte Gartenpflanzen mit weitgehend identischen Beschnittanforderungen.
- Teehybriden werden seit rund einhundert Jahren gezüchtet. Ihre Blüten haben eine häufig als „klassisch" bezeichnete Rosenform. Sie sind in einer phänomenalen Vielfalt von Farbtönen erhältlich und duften häufig intensiv. Allerdings sind nicht alle Sorten gleich vorteilhaft.
- Viele Teehybridensträucher haben eine relativ starre Form, die im Garten zu steif wirken kann, und Teehybriden blühen meist weniger häufig als Floribundarosen. Zudem sind sie regenempfindlich und müssen unter perfekten Konditionen kultiviert werden. Wählen Sie die gewünschte Sorte daher mit Bedacht.
- Floribundarosen erfreuen sich seit rund fünfzig Jahren großer Beliebtheit. Die einzelne Blüte ist zwar möglicherweise nicht so eindrucksvoll wie bei den entsprechenden Teehybriden, dafür blühen Floribundarosen aber kontinuierlich über einen langen Zeitraum, sie sind krankheitsresistent, vertragen auch weniger ideale Bedingungen, und Regen macht ihnen nichts aus.
- Beschneiden Sie diese Rosen zum Frühlingsanfang zu Beginn des Wachstums. Um Schäden durch Windhosen zu vermeiden, sollten Sie aber lange Triebe im Herbst entfernen. Kürzen Sie die Triebe um etwa die Hälfte und entfernen Sie beschädigte, schwache oder kranke Triebe. Einige alte Leittriebe von Floribundarosen sollten in Bodennähe entfernt werden, so dass sich neue Basaltriebe bilden können. Das Holz des Vorjahres sollte hingegen nur mäßig beschnitten werden. Dieser selektive Beschnitt gewährleistet eine gleichmäßige Blüte über die gesamte Pflanze.

## VERJÜNGEN VON ALTEN KLETTERROSEN UND ENTFERNEN VON WURZELSCHÖSSLINGEN

*Wurzelschösslinge stören das Erscheinungsbild und die Form jeder Rose. Entfernen Sie diese Schösslinge rigoros. In ähnlicher Weise muss auch eine vernachlässigte Rose radikal beschnitten werden, damit sich gesunde und wohlgeformte Triebe entwickeln können.*

## BESCHNITT VON CLEMATIS

DER korrekte Beschnitt von Clematis ist leider sehr von Rätseln und Gerüchten umwoben. Dabei gibt es nur drei Grundtechniken. Die Wahl der richtigen Technik für eine bestimmte Clematis ist die wichtigste Entscheidung beim Beschnitt.

❀ Clematisarten lassen sich je nach ihrer Blütezeit grob drei Gruppen zuordnen, die meist als Clematistyp Gruppe 1, 2 und 3 bezeichnet werden. Beim Kauf einer neuen Clematispflanze sparen Sie sich später viele Überlegungen, wenn Sie sich beim Kauf erkundigen, zu welcher Gruppe Ihre Pflanze gehört. Es ist wichtig, dass Sie die Pflanze richtig zuordnen. Falsch identifizierte Beschnittanforderungen könnten ungewollt die nächste Blüte zunichte machen.

## GRUPPE 2: SCHWACHER BESCHNITT

DIESE Clematisarten tragen im Früh- oder Hochsommer große Blüten, und einige Arten blühen bis in den Herbst. Clematispflanzen dieser Gruppe blühen auf den kurzen Trieben des laufenden Jahres, die auf dem reifen Holz des Vorjahres wachsen. Die neuen Triebe müssen im Frühjahr, bevor das aktive Wachstum wieder einsetzt, leicht beschnitten werden. Clematispflanzen der Gruppen 1 und 2 werden manchmal auch als auf „altem Holz" blühende Pflanzen bezeichnet.

❀ Angesichts ihrer großen Blüten und häufig langen Blütezeit ist es nicht verwunderlich, dass Gruppe 2 viele der beliebtesten Kulturvarietäten an Clematishybriden aufweist, wie ‚Nelly Moser', ‚The President', ‚Mrs Cholmondeley' und ‚Lasurstern'.

OBEN: *Schneiden Sie Varietäten der Gruppe 2 wie ‚Nelly Moser' im Frühling schwach zurück.*

## GRUPPE 1: MINIMALER BESCHNITT

DIESE kräftigen Clematisarten blühen im Frühling oder Sommer direkt auf den reifen Trieben des Vorjahres. Die Blüten sind meist klein. Zu dieser Gruppe gehörige Pflanzen müssen beim Einpflanzen stark zurückgeschnitten werden, in darauf folgenden Jahren aber nur sehr schwach. Sollte die Pflanze verschlungen, unordentlich oder zu dicht wachsen, können Sie sie nach der Blüte durch Beschnitt wieder in kontrollierte Form bringen.

❀ Beliebte Kulturvarietäten der Gruppe 1 sind beispielsweise *Clematis montana*, *C. macropetala*, *C. alpina* und *C. armandii*.

OBEN: *Clematisarten der Gruppe 1, wie* C. montana, *werden nach der Blüte sehr schwach beschnitten.*

## GRUPPE 3: STARKER RÜCKSCHNITT

CLEMATISARTEN der Gruppe 3 blühen spät – vom Hoch- bis zum Spätsommer und möglicherweise bis in den Herbst hinein – und tragen ihre Blüten auf neuem Holz. Entfernen Sie im Erstfrühling, bevor das aktive Pflanzenwachstum einsetzt, das gesamte Wachstum des Vorjahres bis unmittelbar oberhalb des untersten Paares gesunder Austriebsstellen (ca. 30 cm über dem Boden). Binden Sie die neuen Triebe fest, die im Spätfrühling und Sommer wachsen. Gehen Sie beim Erziehen sehr vorsichtig vor, da die Triebe sehr spröde sind und leicht abbrechen.

❀ Zu den Clematisvarietäten der Gruppe 3 gehören ‚Ernest Markham', ‚Jackmanii', ‚Ville de Lyon', ‚Perle d'Azur' und ‚Gipsy Queen'.

RECHTS: C. *‚Jackmanii' und andere Clematisvarietäten der Gruppe 3 müssen im Frühjahr stark zurückgeschnitten werden.*

## CLEMATISGRUPPEN

OBEN: *Beschneiden Sie Clematispflanzen der Gruppe 1 bei Bedarf nach der Blüte. Entfernen Sie dabei möglichst wenig Blattwerk.*

OBEN: *Beschneiden Sie Clematispflanzen der Gruppe 2 nur dann, wenn die Pflanze nach der Blüte ausgelichtet werden muss.*

OBEN: *Schneiden Sie Clematispflanzen der Gruppe 3 im späten Winter oder zum Frühlingsanfang bis zum tiefsten gesunden Trieb zurück.*

## Beschneiden und Erziehen von Clematis und anderen Kletterpflanzen an einem Bogen oder einer Pergola

- Kletterpflanzen wirken an einer Pergola oder über einer Bogenstruktur am besten, wenn sie die Struktur gut und gleichmäßig bedecken und Blüten über die gesamte Pflanze verteilt treiben, nicht nur einige wenige an der Spitze oberhalb der Augenhöhe. Der Schlüssel zu einem ansprechenden Kletterbild besteht darin, die Pflanze horizontal zu erziehen, während die Triebe noch biegsam sind. Beschneiden Sie zudem die Haupttriebe, damit sich Seitentriebe entwickeln können.
- Achten Sie stets darauf, dass Sie die Triebe sanft festbinden und Raum für Bewegung und Wachstum lassen. Führen Sie den Rückschnitt zu der für die jeweilige Pflanzenart richtigen Jahreszeit durch und entfernen Sie krankes, beschädigtes oder abgestorbenes Holz. Wenn die Haupttriebe die Spitze der Stütze erreicht haben, beschneiden Sie sie (in der richtigen Jahreszeit), damit sie nicht zu dicht, unordentlich oder anfällig für Windböen werden.

UNTEN: *Blühende Kletterpflanzen müssen sorgfältig beschnitten werden, um Jahr für Jahr für eine optimale Blüte zu sorgen.*

## BESCHNITT VON HECKEN

Wie eine Hecke genau beschnitten werden muss, hängt von zwei Faktoren ab – der Gesamtwirkung, die Sie erzielen möchten, und den individuellen Anforderungen der Pflanze.

- Eine dichte, regelmäßige Hecke wie Liguster behält nur bei regelmäßigem Beschnitt ihre Attraktivität, während eine zwanglos blühende oder Früchte tragende Hecke wie die Schneebeere (*Symphoricarpos racemosus*) auch mit erheblich weniger Aufmerksamkeit ansprechend wirkt.

### Gestaltung einer Hecke

- Ein Fehler, der beim Heckenbeschnitt häufig gemacht wird, besteht darin, die Seiten gerade zu schneiden oder sie unten schmaler zulaufen zu lassen. Letztendlich entsteht so eine Hecke, wie sie nur zu häufig in Vorgärten anzutreffen ist – oben sehr buschig und unten kahle braune Zweige. Der Grund ist einfach. Die Blätter im unteren Heckenbereich sind durch Lichtmangel abgestorben. Die oberen Blätter und Triebe lassen einfach nicht ausreichend Licht durch. Zum Glück kann eine einfache Technik dem aber vorbeugen.
- Schneiden Sie eine Formhecke stets leicht pyramidenförmig – so dass sie oben ca. ein Drittel enger ist als unten – auf diese Weise kann ausreichend Licht alle Pflanzenteile erreichen. Dieser Winkel erhöht auch den Windwiderstand und hilft der Pflanze im Winter, Schnee abzuschütteln. In Gebieten mit viel Schneefall könnte eine ausgeprägtere A-Form nach oben hin zu empfehlen sein, damit sich kein Schnee auf der Hecke festsetzen und sich kein Eis bilden kann.
- Sobald die Hecke die gewünschte Höhe erreicht hat, erstellen Sie ein Schnittmuster aus Sperrholz, um einen klaren und einfachen Anhaltspunkt zu haben, in welcher Form und Höhe Sie schneiden müssen.
- Beschneiden Sie die Hecke von unten nach oben, so dass das Schnittgut beim Schneiden nicht im Weg ist. Ein Elektrotrimmer bewerkstelligt diese Arbeit auch bei großen oder langen Hecken problemlos. Beachten Sie stets die erforderlichen Sicherheitsbestimmungen und tragen Sie die nötige Schutzausrüstung wie Handschuhe, Schutzbrille und (bei einem Elektrotrimmer) auch ein Reststromgerät.

### Zwanglose Hecken

- Zwanglose Hecken stellen erheblich weniger Ansprüche als ihre sauber gestutzten regelmäßigen Gegenstücke. Sie müssen meist nur einmal im Jahr beschnitten werden, und eine präzise Form ist für eine ansprechende Wirkung nicht unbedingt erforderlich. Der Beschnitt dieser Hecken dient meist dazu, ihre Größe und Ausbreitung zu kontrollieren, Krankheiten oder verrottende Triebe zu entfernen und die Entwicklung neuer Triebe zu fördern.
- Meist erfolgt der Beschnitt nach der Blüte der Pflanzen, vergewissern Sie sich aber vor dem Beschnitt, welche konkrete Behandlung ihre jeweilige Heckenart benötigt. Beeren tragende Hecken beispielsweise werden meist erst dann beschnitten, wenn die Beeren abfallen oder von den Vögeln gefressen wurden. Grundsätzlich sollten Sie einfach zu dichte oder schwache Bereiche entfernen, alte Triebe kürzen und einige Triebe bis fast auf Bodenhöhe zurückschneiden, so dass sich Basaltriebe entwickeln können.

### FORMHECKEN

*Formhecken – in präzise Formen geschnittene Hecken – behalten nur bei regelmäßigem Beschnitt ihr ansprechendes Aussehen. Eine vernachlässigte Formhecke ist ein unschöner Anblick. So wie ungekämmtes Haar bei einer ansonsten gut gekleideten Person einen insgesamt ungepflegten Eindruck vermittelt, färbt der Eindruck von Vernachlässigung, den eine unordentliche Formhecke abgibt, auf den gesamten Garten ab. Durch den Beschnitt der Formhecke soll sich eine dichte Masse von kompakten Trieben entwickeln, die eine buschige, in ihrer gewünschten Form gleichmäßig wachsende Hecke bilden. Beim Beschnitt von Seitentrieben wird die Wachstumsspitze des Triebs entfernt und dadurch ein buschiges Wachstum gefördert. Viele Formhecken können beschnitten werden, wenn sie unordentlich wirken – zwischen dem Frühjahr und Herbst – informieren Sie sich aber stets zunächst über die individuellen Beschnittanforderungen der Hecke, bevor Sie zum Trimmer greifen. Schnell wachsende Hecken müssen möglicherweise mehrmals pro Jahr geschnitten werden; langsamer wachsende Heckenarten hingegen können auch mit nur einem oder zwei Nachschnitten das ganze Jahr über ordentlich wirken.*

## TECHNIKEN ZUM HECKENSCHNITT

*Wählen Sie das geeignete Schnittwerkzeug je nach dem Bereich, der gestutzt werden muss.*

**1** *Eine kleine Gartenschere reicht, um einzelne Triebe zu kürzen.*

**2** *Mit einer scharfen Heckenschere können relativ kleine Heckenabschnitte gestutzt werden.*

**3** *Mit einem Elektrowerkzeug ist der Heckenschnitt schnell bewerkstelligt. Bei der Arbeit mit Elektrogeräten im Garten müssen Sie stets die erforderliche Schutzausrüstung verwenden.*

## VERJÜNGEN EINER VERNACHLÄSSIGTEN HECKE

*Die Versuchung, eine sehr unansehnliche, vernachlässigte Hecke gnadenlos zu beschneiden, mag groß sein, aber ein zu radikaler Beschnitt kann die Pflanze hohem Stress aussetzen, von dem sie sich nur langsam erholt. Schneiden Sie zunächst zu der für die Pflanze geeigneten Jahreszeit eine Seite stark zurück, damit neues Wachstum von der Heckenmitte folgen kann. Sie können diesen drastischen Beschnitt im folgenden Jahr auf der anderen Heckenseite fortsetzen und das neue Wachstum auf der anderen Seite nur leicht stutzen.*

## ZIEHEN EINER HÖHENLINIE

*Ein Band hilft, eine Formhecke präzise und gleichmäßig auf eine Höhe zu trimmen. Spannen Sie ein farbiges Band straff in der gewünschten Heckenhöhe und orientieren Sie sich daran beim Schnitt.*

## FORMSCHNITT

Unter Formschnitt versteht man die Kunst des Pflanzenbeschneidens. Pflanzen werden seit der Zeit der Römer erzogen und in kunstvolle, sehr dekorativ wirkende Formen geschnitten. Der Formschnitt passt in viele Gartenformen und ist keineswegs auf großartige, symmetrische Umgebungen beschränkt, mit denen man den Formschnitt normalerweise in Verbindung bringt.

- Der Formschnitt kann einen optischen Anker für eine eher zwanglose Umgebung bieten und eine wertvolle, das ganze Jahr über haltende Struktur und Farbe liefern. Selbst der kleinste Garten von vielleicht nicht mehr als ein paar Stufen, die zur Haustür führen, kann durch ein sauberes Paar beschnittener Kübelpflanzen viel imposanter wirken.

### PFLANZENSCHNITTFORMEN

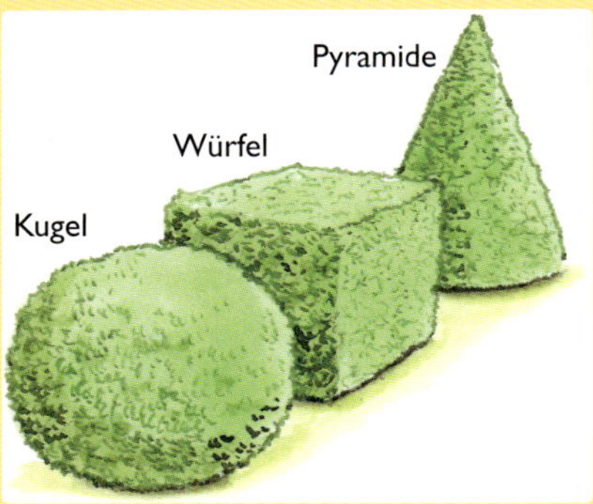


Beim allerersten Formschnittversuch sollten Sie mit einer einfachen, geometrischen Figur beginnnen. Starr geometrische Formen wie Würfel tolerieren eine unpräzise Form weniger als etwas weichere Formen wie Pyramiden und Kugeln. Figurativere Formen wie Teddybären und Pfauen sind nicht unbedingt schwieriger zu erstellen, vor allem wenn Sie bereits ein Drahtgitter als Hilfsmittel vorbereitet haben. Allerdings kann es bei figurativen Formen viele Jahre dauern, bevor sie eine erkennbare Form annehmen, da die Pflanzen meist für den ungeduldigen Formschnitt-Gärtner zu langsam wachsen.

Anfangs werden die Jungpflanzen nach Augenmaß in die richtige Form geschnitten. Das Ergebnis ist eine grob geometrische Form. Wenn die Pflanze in den kommenden Jahren zu einer ausreichenden Größe heranwächst, legen Sie ein Schnittmuster über die Pflanze und halten Sie sich beim Beschnitt an dieses Muster. Rohrstöcke, oben mit Draht zusammengehalten, sind eine einfache und kostengünstige Pyramidenschablone. Wenn die Pflanze die gewünschte Form und Größe erreicht hat, schneiden Sie sie einfach in den für die Form und Pflanze geeigneten Abständen leicht zurück, um eine klare Kontur und ein dichtes Wachstumsmuster zu erhalten.

- Niedrige Buchsbaumhecken werden seit vielen Jahren zur Einfriedung von Kräutergärten verwendet, die sich von der Natur der Pflanzen her recht unbändig entwickeln können. Die gestutzte Hecke definiert nicht nur den Gesamteindruck des Bereichs und verleiht ihr einen geordneten Eindruck, sondern sie schützt auch die Pflanzen innerhalb der Einfriedung vor der Witterung und hält den Duft der Kräuter im Beet fest.
- Der Formschnitt kann sich auf so einfache geometrische Strukturen wie Kugeln und Würfel beschränken oder sehr extravagant ausfallen, wie Schachfiguren oder ein ganzer Zoo. Er kann auf diese Weise einer langen Hecke interessante Aspekte verleihen oder als separate, lebende Skulptur auftreten. Meist werden langsam wachsende Pflanzen für einen Formschnitt gewählt – Arten, die einen regelmäßigen Beschnitt vertragen, gleichzeitig aber nicht so schnell wachsen, als dass sie ihre Konturen über Nacht verlieren würden.

### Die Technik

- Der Formschnitt ist keine wartungsarme Beschnittform, auch wenn viele für einen Formschnitt benutzte Pflanzen sehr widerstandsfähig sind und ein dichtes Wachstum aufweisen. Mit nur ein wenig Sorgfalt bei der Beachtung einiger Grundsätze lässt sich der Formschnitt problemlos umsetzen. Die Ergebnisse sind zugleich beeindruckend und äußerst zufriedenstellend.
- Verwenden Sie für den Formschnitt stets sehr scharfe und saubere Werkzeuge, da die weichen Triebe, die Sie entfernen, sehr saftig sind und beim Zerreissen leicht für Krankheiten anfällig werden. Gezielte und präzise Schnitte sind mit stumpfen Werkzeugen bei so biegsamen Trieben zudem nicht möglich.
- Scheren für die Schafschur eignen sich ausgezeichnet für einen leichten und präzisen Schnitt, für schwerere Arbeiten sind sie allerdings nicht geeignet. „Wenig und dafür oft schneiden" lautet die Devise zum erfolgreichen Formschnitt. Ein drastisches und zugleich stümperhaftes Eingreifen kann zu unausgewogenen Formen führen, die mindestens ein Jahr brauchen, um einigermaßen auszuwachsen. Bei rigorosen Schnitten ist ein unpräziser Schnitt nur zu leicht ausgeführt. Schneiden Sie immergrüne Pflanzen mit großen Blättern, wie z. B. Lorbeerpflanzen, mit einer Gartenschere anstelle einer Heckenschere, damit die Blätter bei einem Beschnitt nicht hässlich in der Mitte durchtrennt werden.

### Schnittintervalle

- Wie häufig Sie einen Formschnitt nachschneiden müssen, hängt davon ab, wie schnell die Pflanze wächst, wie kompliziert das Muster ist und wie präzise und detailliert es ausgeführt werden muss. Einfache Formen müssen bei langsam wachsenden Pflanzen nur relativ selten nachgeschnitten werden. So muss eine Eibenpyramide beispielsweise nur einmal im Jahr gestutzt werden, während eine komplexe abstrakte Form in einer Buchsbaumhecke während der Wachstumsphase möglicherweise alle vier bis sechs Wochen nachgeschnitten werden muss, damit die Konturen erhalten bleiben.

## EINFACHE RAHMEN FÜR DEN FORMSCHNITT

*Sie müssen keinen fertigen Rahmen kaufen, um Formschnitte auszuführen.*

**1** *Oben zu einer Pyramidenform zusammengebundene Rohrstöcke sind eine günstige und zugleich wirkungsvolle Leitlinie.*

**2** *Schneiden Sie übermäßiges Wachstum so weit zurück, bis sich die Pflanze auf einer Höhe mit den Führungsstäben befindet.*

**3** *Kugelförmige Drahtgeflechte sehen auch teilweise von Laubwerk bedeckt attraktiv aus. Binden Sie die Triebe daran fest, um eine gleichmäßige Bedeckung zu gewährleisten.*

❀ Wie bei jedem Beschnitt sollten Sie zunächst die Anforderungen einer Pflanze überprüfen, bevor Sie den Rückschnitt planen. Die optimalen Beschnittzeiten hängen zudem von dem örtlichen Klima ab. In kühleren Regionen sollten Sie nach Herbstanfang nicht mehr stutzen, da die jungen Triebe niedrige Wintertemperaturen nicht so gut vertragen. In milderen Gegenden, in denen die Pflanzen fast fortlaufend wachsen, müssen Sie möglicherweise das ganze Jahr über beschneiden. Die meisten Formschnittpflanzen sollten zum Beginn ihres Sommerwachstums gestutzt werden. Ausnahmen sind Hainbuchen und Buchen, die erst im Spätsommer beschnitten werden sollten.

## KORREKTE FORMGEBUNG FÜR EINE HECKE

EINE wirkungsvolle Formhecke muss gleichmäßig von Blättern bedeckt sein. Bei Formen, bei denen viel Blattschatten den unteren Pflanzenteilen Licht entzieht, ist dies nicht einfach zu erzielen. Lassen Sie nicht zu, dass eine Hecke kopflastig wird, oben abflacht oder unten spitz zuläuft und kahle Triebe an der Basis aufweist. Lassen Sie die Hecke gleichmäßig von einer schmalen Spitze zu einer breiten Basis verlaufen, so dass sie sich problemlos beschneiden lässt, gesund wächst und anmutig aussieht.

## BESCHNITT VON ZIERPFLANZEN

IM FOLGENDEN sind die Beschnittanforderungen einiger beliebter Pflanzen einschließlich der besten Zeiten und Verfahren beschrieben, damit Sie das Beste aus den Pflanzen machen können.

### Echte Akazie (*Acacia*)

- Bei echten Akazien muss nur das abgestorbene Holz nach einem harten Winter zurückgeschnitten werden. Wenn Sie die Strauchhöhe begrenzen müssen, schneiden Sie die Pflanze nach der Blüte auf ein Drittel ihrer Größe zurück.

### Lorbeer (*Laurus*)

- Lorbeerpflanzen müssen nur dann regelmäßig gestutzt werden, wenn sie über den ihnen zugewiesenen Platz hinauswachsen. In diesem Fall können Sie sie im Frühjahr zurückschneiden.

### Zylinderputzer (*Callistemon*)

- Ein regelmäßiger Beschnitt ist nicht erforderlich, das gelegentliche Entfernen der alten Zweige und Triebe am Boden ist allerdings für ein Auslichten der Pflanze ratsam.

### Besenheide (*Calluna*)

- Heide wuchert schnell und zeigt ein unregelmäßiges Wachstum, wenn sie über längere Zeit nicht beschnitten wird. Zum Glück ist der Beschnitt unproblematisch: Einfach in den ersten Monaten des Frühjahrs schnell mit der Gartenschere darüber fahren. Nicht bis zum alten Holz zurückschneiden, da sonst kahle Stellen auftreten.

### Kamelie (*Camellia*)

- Kamelien müssen nicht stark zurückgeschnitten werden; wuchernde Triebe können nach der Blüte in der Mitte des Frühjahrs entfernt werden. Das Entfernen von Verblühtem bei Varietäten mit üppiger Blüte erhöht das Wachstum im darauf folgenden Jahr.

Echte Akazie

Lorbeer

Zylinderputzer

Besenheide

Kamelie

Winde

Hartriegel

Seidelbast

Glockenheide

Fuchsie

### Winde (*Convolvulus*)

❀ Damit die Pflanze buschiger wird, kürzen Sie diesen Strauch jedes Jahr im Spätsommer um ca. zwei Drittel. Dies fördert das erneute Wachstum der hübschen silberfarbenen Blätter und Blüten im nächsten Jahr.

### Hartriegel (*Cornus*)

❀ Der wegen seiner farbenfrohen Stämme gepflanzte Hartriegel muss regelmäßig beschnitten werden, so dass sich neue Triebe bilden können. Um im Winter Farbe in den Garten zu bringen, sollten die Triebe im Spätfrühling bis zur Basalebene zurückgeschnitten werden.

### Seidelbast (*Daphne*)

❀ Keine der vielen Seidelbastarten muss regelmäßig beschnitten werden. Entfernen Sie aber wuchernde Triebe zum Frühlingsanfang, damit die Pflanze hübsch und sauber aussieht.

### Glockenheide (*Erica*)

❀ Knipsen Sie Verblühtes ab, um neues Wachstum zu fördern. Ein Beschnitt im Frühjahr, unmittelbar vor Wachstumsbeginn, ist ebenfalls zu empfehlen.

### Scharlachfuchsie (*Fuchsia magellanica*)

❀ Die winterharte Fuchsie stirbt im Winter ab, wenn das Spitzenwachstum von Frost und niedrigen Temperaturen geschädigt wird. Schneiden Sie die Triebe im Frühjahr bis fast auf den Boden zurück, und schon bald sprießt eine Fülle neuer Triebe.

Hebe

Sonnenröschen

Goldregen

## Strauchhebe (*Hebe*)

❀ Einige Varietäten dieser Pflanzen sind nicht sehr winterhart und müssen im Frühjahr beschnitten werden. Schneiden Sie erst im Frühjahr, denn auch wenn die Blätter braun verfärbt und die Triebe kahl sind, bieten sie noch Schutz vor den Elementen. Schneiden Sie die beschädigten Triebe ab, sobald sich neues Wachstum zeigt, und stutzen Sie die Pflanze bei Bedarf nochmal nach etwa einem Monat, damit sie wieder Form annimmt.

## Sonnenröschen (*Helianthemum*)

❀ Kürzen Sie das neue Holz im Sommer um zwei Drittel, damit die Pflanze im nächsten Jahr wieder ausschlagen kann.

## Australischer Eibisch, Roseneibisch (*Hibiscus*)

❀ Diese winterharte Art ist sehr pflegeleicht. Entfernen Sie alte Äste und Triebe, um die Größe unter Kontrolle zu halten, und schneiden Sie frostgeschädigte Triebe zum Frühlingsanfang zurück.

## Otaksa-Hortensie (*Hydrangea macrophylla*)

❀ Lassen Sie die abgestorbenen braunen Blüten vieler Hortensiensorten im Winter stehen, um die Blütenknospen zu schützen. Entfernen Sie die abgestorbenen Blüten im Frühjahr, wenn das Wetter wärmer ist und sich die ersten grünen Triebe zeigen. Entfernen Sie gleichzeitig unschön wuchernde Triebe.

## Goldregen (*Laburnum*)

❀ Da sich diese Pflanzen sehr stark ausbreiten, sollten sie in jungem Stadium in Form erzogen werden. Bei Bedarf können Sie über Kreuz wachsende oder übermäßig große Äste im Spätsommer entfernen. Nach Möglichkeit sollten Sie sie aber nicht beschneiden, da die Wunden leicht übermäßig stark bluten.

Otaksa-Hortensie

Lavendel

Pfingstrose

Lupinen

Zistrose

Oleander

Rhododendron

### Lavendel (*Lavandula*)

- Schneiden Sie Lavendel zurück, damit er hübsch und ordentlich aussieht, ansonsten kann er leicht wuchern und schäbig wirken. Schneiden Sie ihn im Erstfrühling, sobald die neuen Triebe sprießen, bis auf die neuen Triebe zurück. Stutzen Sie den Lavendel nach der Blüte leicht, damit die Lavendelbeete ordentlich aussehen. Nehmen Sie im Sommer Ableger, um die Pflanzen zu vermehren.

### Lupine (*Lupinus*)

- Lupinen sind kurz blühende Stauden, die schnell wachsen. Entfernen Sie Verblühtes unmittelbar nach der Blüte, damit sich keine Samen bilden. Um ein buschiges Wachstum zu fördern, entfernen Sie jeden dritten Trieb.

### Oleander (*Nerium*)

- Oleander ist nicht winterhart und sollte im Winter ins Gewächshaus gesetzt werden. Kürzen Sie nach der Blüte zum Sommeranfang die Hälfte des neuen Holzes. Da Oleander giftig ist, sollten Sie beim Beschnitt stets Schutzhandschuhe tragen.

### Pfingstrose (*Paeonia*)

- Entfernen Sie im Sommer das abgestorbene Holz und abgestorbene Triebe, sobald die Früchte tragenden Triebe abgestorben sind.

### Rhododendron

- Dieser frühlingsblühende Strauch muss erst dann regelmäßig beschnitten werden, wenn er ausgewachsen ist, d. h. nach ca. 10–15 Jahren. Entfernen Sie dann jeden dritten Trieb im Sommer, um ein gesundes Wachstum in ansprechender Form zu fördern. Entfernen Sie jedes Jahr Verblühtes.

# RABATTENPFLEGE

**Eine farbenfrohe Rabatte mit einer guten Pflanzenauswahl ist eines der schönsten Gartenelemente. Planen Sie die Farbgestaltung Ihrer Rabatte aber erst zum Schluss, wenn der restliche Garten fertig geplant ist und Flächen und Rahmen zugeteilt sind. Stauden, einjährige und zweijährige Pflanzen blühen im Frühling und Sommer und sterben in den Wintermonaten ab; diese Pflanzen liefern die meiste Farbe für eine Rabatte. Es gibt unzählige Arten und Blüten in Tausenden von Farbkombinationen. Einige halten sich über viele Jahre im Garten; andere blühen in einem Jahr und sterben dann ab. Gemeinsam können sie aber vom Spätfrühling bis weit in den Herbst für Farbe sorgen.**

## STAUDEN

STAUDEN sind mindestens zweijährige Pflanzen ohne Holz. Die meisten Stauden sind krautartig und sterben im Herbst bis zum Boden ab. Im Frühjahr sprießen aus den so sicher vor Frost geschützten Wurzeln neue Triebe. Es finden sich Staudenarten für fast jeden Gartentyp, die Sie über lange Zeit mit leuchtenden Farben oder eher dezenten Schattierungen erfreuen können.

- Einige Stauden sind immergrün und decken auch im Winter den Boden mit ihren Grüntönen. Dazu zählen beispielsweise die Christrose (*Helleborus niger*) und andere Nieswurzarten (*Helleborus*). An einigen Standorten blüht sie wirklich um die Weihnachtszeit, in den meisten Umgebungen und in schwerem Boden erscheinen die Blüten aber erst im Frühjahr.

UNTEN: *Viele Rabattenpflanzen gedeihen auch in Meeresnähe, sofern sie vor den salzigen Winden geschützt werden. Hier wachsen Mohn, Nelken, Heiligenkraut und andere niedrige Stauden hinter einer immergrünen Hecke.*

### Die Wahl der richtigen Staude

- Die Höhe von Stauden variiert vom schlingenden Günsel (*Ajuga reptans*) und der Taubnessel (*Lamium*), die an den Rabattenkanten besonders dann hübsch aussehen, wenn sie auf Ziegel- oder Steinwege hinaus wachsen können, bis hin zum königlichen Rittersporn, der bis zu 2 m groß wird.
- Niedrige Stauden können auch in Kübeln wachsen, aber hohe, statuenhafte Pflanzen gedeihen besser separat als

LINKS: *Mit ihrer tiefschwarzen Mitte und ihren orangegelben Blütenblättern ist die Rudbeckie ‚Marmalade' – hier in einem großen Kübel – auch als Einzelpflanze sehr attraktiv.*

❀ Einige Stauden blühen im Spätsommer oder Herbst und beleben die Rabatte nach der schwierigen Trockenphase im Sommer. Die winterharten Herbstchrysanthemen (*Dendranthema*) können einem Herbstgarten Frische verleihen. Die koreanischen *Dendranthema*-Hybriden tragen hübsche kleine Blüten in Purpur- oder Rosttönen vom Hochsommer bis zum ersten Frost. Auch *D. rubellum*-Hybriden wie ‚Duchess of Edinburgh', eine einfache, leuchtend rote Sorte mit großer gelber Mitte, ist ausgezeichnet für die Rabatte geeignet.

UNTEN: *Glockenblumen, Wiesenrauten, Ehrenpreis und Taglilien* (Hemerocallis) *in Reihen statt in Gruppen gepflanzt, ergeben eine abwechslungsreiche, interessante und lange blühende Sommerrabatte.*

dominierendes Element, das sich im Hintergrund einer Hecke über die niedrigeren Nachbarn erhebt. Viele der höheren Pflanzen müssen mit Stöcken zusammengehalten werden, da sie sich sonst chaotisch über die kleineren Pflanzen lehnen könnten, um mehr Sonnenlicht aufzunehmen. Dadurch werden die kleineren Pflanzen nicht nur verborgen, sondern ihr Wachstum wird auch gehemmt. Stützen Sie die Pflanzen zu Beginn ihres diesjährigen Wachstums, wenn sie zu sprießen beginnen. Wenn Sie sie erst später festbinden, ist die Wirkung eher unordentlich, und die Blüten weisen in die verkehrte Richtung.

❀ Im Gartenfachhandel und Gartenbaubetrieben haben Sie die Qual der Wahl. Es besteht daher die Versuchung, einfach zu kaufen und verschiedene Arten auszuprobieren. Wie bei allen Pflanzen sollten Sie aber sicherstellen, dass die gewählten Exemplare für Ihren Garten geeignet sind – Boden, Lage und Mikroklima sollten günstig sein, sonst sterben die Pflanzen vermutlich ab oder wachsen zumindest mickrig.

❀ Denken Sie bei der Wahl der geeigneten Stauden daran, dass die Blätter meist erheblich länger Bestand haben als die Blüten. Pfingstrosen beispielsweise blühen im Frühjahr vielleicht drei Wochen lang atemberaubend schön, ihr Blattwerk ist aber so hübsch, dass sie der Rabatte auch lange nach der Blüte noch Fülle und Attraktivität verleihen.

❀ Die imposanten, im Frühsommer blühenden Bartirisse besitzen kräftige bandförmige Blätter und verleihen einer Rabatte besonders zwischen gerundeteren Pflanzen Konturen; *Iris sibirica* (die sibirische Schwertlilie) mit ihren grasähnlicheren Blättern hingegen wirkt nach der Blüte schnell unschön.

OBEN: *Diese sorgfältig angelegte Rabatte zeigt, wie in einem Formgarten nur wenige Farbtöne benötigt werden. Die Rabatte besteht aus* Lupinus texensis *‚Texas Blue Bonnet' in leuchtenden Rosa- und Purpurtönen.*

## RABATTENDESIGN

Die Anlage Ihrer Staudenrabatten kann Ihren Gartenstil gezielt hervorheben. In einem Formgarten wirken gerade, geometrische Rabatten ausreichend ordentlich. Legen Sie die Rabatten der Symmetrie halber möglichst paarweise auf gegenüberliegenden Seiten eines Weges an. Die Farbenvielfalt sollte auf wenige Farbtöne beschränkt sein, da im Formgarten das Gartenmuster insgesamt wichtiger ist als Farbe. In einen Garten ohne Symmetrie passen eher unregelmäßige, geschwungene Rabatten mit einer freieren, gewagteren Bepflanzung.

- Legen Sie Wege stets großzügig an. Wenn zwei Rabatten durch einen Weg geteilt werden, achten Sie darauf, dass der Weg proportional zur Beetbreite ist, und lassen Sie ausreichend Platz, damit Blumen bis in den Pfad hinein wachsen können.

## STAUDENRABATTEN UND GEMISCHTE RABATTEN

Eine echte Staudenrabatte enthält nur mehrjährige Pflanzen – keine Sträucher, Knollengewächse oder andere Pflanzenarten. Dieser Rabattentyp ist sehr arbeitsaufwendig, und Pflanzen, die bereits absterben, bevor andere überhaupt erblühen, hinterlassen unschöne Lücken. Reine Staudenrabatten sind heute daher eher selten.

- In einer gemischten Rabatte finden sich viele Stauden, aber in Verbindung mit Sträuchern, Sommerblumen, Knollengewächsen und möglicherweise sogar Gemüsepflanzen. In kleinen Gärten mit wenig Platz ist eine gemischt Rabatte sicher die beste Wahl. Während der Wachstumsphase werden Lücken durch Sträucher mit dekorativem Blattwerk gefüllt, und wenn die Stauden im Herbst und Winter absterben, liefern immergrüne Pflanzen und Knollengewächse nach wie vor Farbe und einen interessanten Blickfang.
- Symmetrie verlangt große, markante Gruppen eines Pflanzentyps. Mehrere Pflanzen einer Art sehen vor allem in kleinen Gärten besser aus als Einzelexemplare unzähliger verschiedener Arten. In Rabatten ohne Symmetrie können die Pflanzen in Reihen statt in Gruppen gepflanzt werden, so dass Pflanzengruppen ineinandergreifen.
- Wenn Sie verschiedene Staudenarten ohne ersichtlichtes Konzept in eine Rabatte setzen, erzielen Sie einen traditionellen Cottage-Garteneffekt voller Farbe und Vielfalt; eine gemischte Rabatte hingegen liefert mehr Struktur und Ordnung. Jeder Gärtner ist zugleich Pflanzenexperte und Designer, was stets Konflikte heraufbeschwört. Es ist daher

meist besser, einen Kompromiss zwischen zu vielen Pflanzen und einem zu strengen Design zu suchen.

## Wichtige Stauden für die Rabatte

- Für traditionelle Staudenrabatten sind die hohen weißen Edelmargeriten (*Chrysanthemum × superbum*), die blassen malvenfarbigen Skabiosen mit ihrer Fülle winziger Blüten und die herrlich duftenden Flammenblumen *Phlox paniculata* mit ihren schweren Blütendolden in Rosa- und Orangetönen typisch.
- All diese Stauden vertragen sich gut mit anderen Blumen und blühen sehr lange. Taglilien (*Hemerocallis*) und Schmucklilien (*Agapanthus*) besitzen bandförmige Blätter, die einen guten Kontrast zu federigen oder weniger konturierten Pflanzen bilden.

## Nützliche Verbindungen für die gemischte Rabatte

- Die Garbe (*Achillea*) trägt federige Blätter und winzige Blütenscheiben in Margeritenform. *Achillea filipendulina* ‚Gold Plate' ist eine beliebte hohe Sorte mit eindrucksvollen leuchtend gelben Blüten, die für große Gärten am geeignetsten ist. A. ‚Moonshine' besitzt sanftere gelbe Blüten und einen Berg silbergrüner Blätter, die auch im Winter nicht abfallen. Diese Gattung passt ausgezeichnet zu vielen anderen Stauden, darunter Geraniensorten wie G. ‚Buxton's Blue', die sich wie eine Kletterpflanze verhält und unter den Garbenblättern hervorlugt. Die *Astilbe × arendsii* besitzt farnartige Blätter und federige Blütenrispen, die den ganzen Sommer über das Auge erfreuen. A. ‚Fanal' ist eine sehr dunkelrote Sorte, die einen hübschen Kontrast zu den spitzen Blättern der Taglilien (*Hemerocallis*) bildet.
- *Astrantia major* (Große Sterndolde) ist ein unerlässliches Gewächs für schattige Rabatten. Die hohen Stiele ragen hoch aus den stark ausgebuchteten Blättern hervor, und die Blüten ähneln Rosetten winziger papierartiger Petale mit langer Blütezeit. Die Sterndolde wirkt sehr hübsch neben *Geranium psilostemon* (Schwarzäugiger Storchschnabel), die ähnlich hoch wächst, ähnliche Blätter trägt und die Sterndolde als Stütze benutzt. Die leuchtenden purpurfarbenen Blüten der Geranie mit ihrer eleganten schwarzen Mitte fallen in der geisterhaften Masse von Sterndoldenblüten sofort auf.
- Frauenmantel (*Alchemilla mollis*) ist eine wunderschöne Pflanze mit niedrigem Wachstum und flaumigen grünen Blättern, die während des gesamten Sommers in einem Meer von grüngelben Blüten erstrahlt. Dieses gutmütige kleine Gartenjuwel verträgt sich mit vielen anderen Pflanzen und kann sowohl im Schatten als auch in der Sonne gedeihen. Pflanzen Sie Frauenmantel als Randpflanze entlang eines Pfades oder unter Rosensträuchern. Frauenmantel sät sich freigebig aus und weiß vielleicht besser als Sie, wo er sich am besten ins Gartenbild einfügen würde.

UNTEN: *Diese Rabatte ist zwar in leuchtenden Farben gestaltet, beschränkt sich dabei aber auf Rot- und Gelbtöne, um das Auge nicht allzu sehr zu verwirren. Die Kapuzinerkresse im Vordergrund der Hecke wird durch die leuchtend roten Stiele von rubinfarbenem Mangold hervorgehoben.*

OBEN: *Eine hübsch und stilsicher bepflanzte Rabatte, in der die Farben sorgfältig zu einem einfachen und zugleich eleganten Konzept vereint wurden; die Gartenbank lädt zum Entspannen und Bewundern der Aussicht ein.*

## EIN- UND ZWEIJÄHRIGE PFLANZEN

DIES sind kurzlebige aber nützliche Gartenpflanzen, die häufig auch als „Sommerpflanzen" bezeichnet werden, da sie in einem Sommer ins Beet gesetzt und zum Ende des Gartenjahres entfernt werden.

❀ Eine einjährige Pflanze ist ein Gewächs, dessen gesamter Lebenszyklus, von der Keimung über die Saatproduktion bis hin zum Absterben, in einem einzigen Jahr abläuft. Pflanzen, die Frost vertragen können, werden als winterharte einjährige Pflanzen bezeichnet. Pflanzen, die Frost nicht vertragen, werden als bedingt winterhart bezeichnet. Sie müssen unter Glas gezogen werden und können erst dann ausgepflanzt werden, wenn die Frostgefahr völlig gebannt ist. Eine Großzahl der Pflanzen, die wir als einjährige Gewächse kultivieren, sind ursprünglich in den Tropen beheimatet.

❀ Zu den winterharten einjährigen Pflanzen zählen Vergissmeinnicht (*Myosotis sylvatica*), Ringelblumen (*Calendula officinalis*), Kornblumen (*Centaurea cyanus*), Schleifenblumen (*Iberis umbellata*), die sehr nützlichen Goldlackarten (*Cheiranthus*), die im Frühjahr den Garten mit ihren Farben und ihrem Duft beleben, sowie Wicken (*Lathyrus odoratus*) und die majestätische Sonnenblume (*Helianthus annuus*).

❀ Zu den bedingt winterharten Pflanzen gehört die Semperflorens-Begonie, eine als einjährige Kultur gezogene mehrjährige Pflanze, die ursprünglich in Brasilien beheimatet ist und im Sommer volle Blütendolden trägt. Weitere beliebte Arten sind Petunien, Lobelien, dreifarbige Winden (*Convolvulus tricolor)* und Schmuckkörbchen (*Cosmos bipinnatus*), die in einer Reihe von Farbtönen von Blaurot bis hin zu Karmesinrot, mit einzelnen Blüten und federartigem Blattwerk erhältlich sind. *Dianthus chinensis* (Chinesernelke) ist eine beliebte einjährige Nelkenart mit sehr schönen, farbenfrohen Formen, und die Kapringelblume *Dimorphotheca sinuata* trägt eine Fülle von margeritenartigen Blüten mit dunkelbrauner Mitte und ist in einer Reihe von Petalenfarben (hauptsächlich in Orange- und Lachsschattierungen) erhältlich.

❀ Der Lebenszyklus einer zweijährigen Pflanze erstreckt sich über zwei Jahre. Im ersten Jahr nach der Aussaat werden die Blätter gebildet. Dann überwintert die Pflanze und trägt im darauf folgenden Jahr Blüten. Nützliche zweijährige

LINKS: *Üppig blühende Stockmalven zieren hier eine Hauswand. Stockmalven (Alcearosea) sind mehrjährig, werden aber wie zweijährige Pflanzen behandelt.*

OBEN: *Eine auffällige Rabatte aus freundlichen Gelb- und Rottönen wird mit Rudbeckias, Tabakpflanzen* (Nicotiana), *Tagetes und Herbstchrysanthemen geschaffen.*

Gartenpflanzen sind beispielsweise Rittersporn (*Digitalis*) und Stockmalven (*Alcearosea*), die zwar mehrjährig sind, aber wie zweijährige Pflanzen behandelt werden.

## Merkmale der Pflanzen fürs Sommerbeet

- Die meisten Sommerpflanzen besitzen eher federartige, weiche Blätter und sind sauber und niedrigwachsend statt imposant. Einige winterharte einjährige Pflanzen säen sich selbst im gesamten Garten aus und können ruhig so lange im Garten belassen werden, bis sie andere Pflanzen zu ersticken beginnen oder nicht mehr erwünscht sind.
- Vergissmeinnicht kann im Frühjahr das ganze Blumenbeet wie ein blauer Nebel bedecken. Entfernen Sie Vergissmeinnicht aber, wenn sie andere Arten überwuchern.

## Einsatz von Sommerpflanzen

- Sie können eine vollständige Rabatte einjährigen und zweijährigen Pflanzen widmen. Auf diese Weise können Sie auch einen neuen, noch nicht bepflanzten Garten schnell mit einer lebhaften Farbenpracht erfüllen. In einer etablierten Rabatte können sie die von frühblühenden Pflanzen hinterlassenen Lücken sehr hübsch schließen.
- Diese entzückenden Randpflanzen verleihen Terrassenkübeln mehr Farbe. Pflanzen mit vielen kleinen Blüten wie Diascia, Lobelien und Gartenverbenen bilden flache Teppichhügel und wachsen gut unter hohen blühenden Pflanzen wie strauchartigen Salbeiarten oder Fuchsien.
- Viele Sommerpflanzen bieten einen Kontrast im Hinblick auf ihre Farben oder ihr Blattwerk oder verknüpfen verschiedene mehrjährige Pflanzen. Sommerpflanzen mit silbrigen Blättern wie *Senecio cineraria* (Greiskraut) sehen unter Rosen sehr hübsch aus, können aber auch blaue und rosafarbene Geranien oder die leuchtenderen *Rudbeckias* (Sonnenhutarten) und kleineren Astern verbinden. Das Dickblattgewächs *Echeveria elegans* ist eine weitere nützliche Pflanze mit silberfarbenen Blättern, die Sie auf diese Weise einsetzen können.
- Viele Sommerpflanzen sind echte einjährige Pflanzen, die zum Ende ihrer Saison absterben. Andere Pflanzen fürs Sommerbeet sind mehrjährig, werden aber wie einjährige oder zweijährige Pflanzen behandelt, da sie ihre besten Ergebnisse in einem Jahr erzielen oder nicht winterhart sind.
- Stiefmütterchen sind winterharte Stauden, werden aber wie ein- oder zweijährige Pflanzen behandelt. Sie sind in Gärten im Cottage-Stil beliebt und bieten auch im Winter und Frühjahr, wenn der übrige Garten eintönig wirkt, viel Farbe. In nur ein oder zwei Farben sind sie meist wirkungsvoller, als wenn eine Vielfalt von Farben in einem Beet zusammengewürfelt würde.

## Beetpflanzen in Kübeln

- Halb winterharte und winterharte einjährige Pflanzen sind für Kübel einfach ideal. Viele hängen leicht herunter und bieten sich daher auch für Ampeln an, so zum Beispiel einige Pelargonien.
- Pflanzen Sie stets großzügig und setzen Sie möglichst viele Pflanzen. Die Wurzelballen der einzelnen Pflanzen können sich ruhig berühren, solange der Kübel tief genug ist, dass etwas Kompost Platz genug darunter hat. Die silbergrauen Blätter der Strohblume *Helichrysum petiolare* sind ein guter Hintergrund und Kontrast für fast jedes Kübeldisplay. Gleiches gilt auch für kleine immergrüne Pflanzen wie Efeuarten.

# KNOLLENARTIGE PFLANZEN IM GARTEN

**Zwiebeln, Knollen und Wurzelstöcke (Rhizome) sind mehrjährige Pflanzen, bei denen sich ein Teil der Pflanze zu einem unterirdischen Speicher entwickelt hat, in dem die in einem Jahr gesammelte Nahrung die Pflanze im nächsten Jahr ernährt. Diese Gewächse empfehlen sich aus zahlreichen Gründen für den Gärtner: Frühjahrszwiebeln entwickeln sich, bevor die meisten anderen mehrjährigen Pflanzen ihr Wachstum nach dem Winter wieder aufgenommen haben. Sie können zu einer Zeit Farbe in Kübel bringen, wenn andere Pflanzen aufgrund der noch bestehenden Frostgefahr noch nicht ungeschützt im Freien stehen können. Im Sommer können imposante Zwiebelgewächse wie die Laucharten und Lilien den Blick auf sich lenken, und Herbstkrokusse und winzige winterharte Alpenveilchen können den Garten zum Ende des Gartenjahres mit ihren Farben beleben.**

## WAS IST EIN ZWIEBELGEWÄCHS?

EINE echte Zwiebel besteht aus fleischigen Blättern oder Blattansätzen, und häufig sind konzentrische Schalenringe oder Schuppen an einer Zwiebelbasis befestigt. Die äußeren Schalen bilden eine trockene Schutzhaut. Zu den echten Zwiebelgewächsen gehören die Narzisse, Zwergiris (*Iris reticulata*) und Tulpe. Sofern sie ausreichend Nährstoffe erhalten, erfreuen diese Pflanzen den Gärtner häufig über viele Jahre mit ihren Blüten.

- Eine Knolle bildet sich aus der geschwollenen Basis eines Triebs oder Stamms und wird jedes Jahr durch eine neue Knolle ersetzt. Sie sind typisch für Krokusse und Gladiolen und zeichnen sich meist durch eine Schutzhaut aus, die durch die Blattstiele des Vorjahres gebildet wird.
- Eine Knolle ist ein geschwollener Trieb oder eine Wurzel, in der Nahrung gespeichert wird. *Corydalis* (Lerchensporn), einige auf dem Boden wachsende Orchideenarten wie *Dactylorrhiza* und Alpenveilchenarten sind Knollengewächse.
- Ein Rhizom oder Wurzelstock ist ein geschwollener Trieb oder Stamm, der meist horizontal fast überirdisch wächst. Rhizomgewächse sind die Bartirissorten und einige Lilienarten. Allgemein werden all diese Gewächse, die Nahrung in zwiebelartigen Verdickungen speichern, als Zwiebelgewächse bezeichnet.

### Frühjahrszwiebeln

- Es gibt Zwiebelgewächse für jede Jahreszeit, aber ihre wahre Pracht entfalten sie im Frühjahr, wenn sie das erneute Wachstum einer Welt verkörpern, die den ganzen Winter über ruhte. Die ersten Frühlingsgrüße senden die Schneeglöckchen (*Galanthus*) mit ihren schneeweißen Blüten und linealischen Blättern.
- Narzissen können den Garten über einen langen Zeitraum mit ihren sonnengelben und orangefarbenen Tönen beleben, wenn Sie die Sorten mit Bedacht wählen; auch die auffälligen Blütendolden der Hyazinthen in Blau, Weiß oder Rosa erfreuen das Auge im Frühjahr, und das Himmelblau

RECHTS: *Eine auffällige, durch Rot- und Purpurtöne gekennzeichnete Rabatte rund um einen Rasen verleiht einer Steinmauer eine warm leuchtende Einfassung. Zu den Pflanzen gehören Springkraut* (Impatiens), *Petunien, Mangold und Salbei.*

OBEN: *Diese entzückende kleine blaue Sibirische Schwertlilie* (Iris sibirica ‚Swank') *bevorzugt einen feuchten Standort und verträgt sich gut mit Farnen und anderen Feuchtigkeit liebenden Pflanzen. Hier wachsen sie im Schatten der großen Blätter einer Scheinkalla* (Lysichiton).

von Blaustern (*Scilla*) und der *Anemone blanda* (Balkanwindröschen oder Strahlenanemone) sieht im Blumenbeet ebenso anmutig aus wie in einer waldartigen Umgebung.

- Frühjahrszwiebeln können nach der Blüte ausgehoben und gelagert werden, wenn sie andere Pflanzen zu behindern beginnen. Viele Zwiebelgewächse breiten sich im Laufe der Jahre natürlich aus und vermehren sich in vielen Teilen des Gartens. Krokusse, Narzissen, Schneeglöckchen und frühlingsblühende Anemonen wie die A. *blanda* (Strahlenanemone) vermehren sich meist sehr schnell.
- Als Standort für Zwiebelgewächse sind unter anderem Laub abwerfende Sträucher und Bäume sehr zu empfehlen. Hier können die Zwiebelpflanzen das verfügbare Licht zu einer Zeit nutzen, in der die Bäume und Sträucher kahl sind. Wenn die Bäume und Sträucher wieder Blätter treiben, sterben die Zwiebelpflanzen ohnehin ab und beginnen, Nährstoffvorräte für das nächste Jahr anzulegen.

## Sommer- und Herbstzwiebeln

- Im Sommer können Zwiebelgewächse in einer gemischten Rabatte farbliche und strukturelle Akzente setzen, ohne dabei zu viel Platz in Anspruch zu nehmen. Ein Vorteil von Zwiebeln in der Rabatte besteht darin, dass andere mehrjährige Pflanzen die absterbenden Zwiebelgewächse verdecken, sobald ihre eigenen Blätter fülliger werden.
- Zwiebelgewächse wie die der Lauchfamilie können mit ihren häufig kugelförmigen Blütendolden interessante Blickpunkte bieten, während die imposanten Lilien und Gladiolen ein Element der Höhe bieten.
- Im Herbst erfreuen die winterharten Alpenveilchensorten mit ihren herzförmigen und ansprechend gemusterten Blättern und ihren zarten rosafarbenen oder weißen Blüten den Betrachter.
- Gegen Ende des Winters oder im Erstfrühling zeigen sich die Sturmhutarten (*Aconitum*), die gelbe, kelchförmige Blüten, umrahmt von einer grünen Krause, besitzen. Sie lieben Waldlichtungen und können sich gut vermehren, wenn sie ihren Standort mögen. Häufig lassen sie sich aber nur mit Schwierigkeiten etablieren.

UNTEN: *In dieser hübschen Zusammenstellung von Frühjahrszwiebeln sind blassgelbe und dunklere Narzissensorten, Tulpen und Fritillaria von einem blauen Glockenblumen-Teppich unterlegt.*

OBEN: *Die sehr früh blühende Krokussorte* Crocus tomasinianus *hat sich hier eingelebt und bildet in einem ansonsten eintönigen waldartigen Bereich einen Teppich aus frischen Violetttönen. Das durch die Zweige fallende Sonnenlicht bringt die Farben wie durch Zauber zum Leuchten.*

## EINGLIEDERN VON ZWIEBELGEWÄCHSEN

ZWIEBELGEWÄCHSE können unter Solitärbäumen, auf Wiesen und in waldartigen Umgebungen gedeihen. Wenn Sie sie sich natürlich vermehren lassen, breiten sich viele Arten zu natürlich wirkenden Teppichen aus, die vielen Gartenteilen einen hübschen Blickpunkt verleihen.

### Zwiebelpflanzen auf Wiesen

- Viele Frühjahrszwiebeln wirken über ausgedehnte Rasenflächen verstreut einfach phantastisch. Da die Blätter aber frühestens sechs Wochen nach Absterben der Blüten geschnitten werden sollten, setzen Sie die Zwiebeln am besten in einen Bereich des Rasens, den Sie in dieser Zeit nicht mähen müssen – vielleicht unter einen kleinen Solitärbaum.
- Zwiebel-Wildarten sind von ihrer Farbe und Form her zarter als die meisten Kulturpflanzen und sollten an einen Standort gesetzt werden, an dem sie nicht von anderen Pflanzen unterdrückt werden. Winzige Krokusarten wie der *Crocus tommasinianus* (Elfenkrokus) überraschen stets, da sie im Erstfrühling über Nacht auftauchen. Ihre blasslila oder weißen Blüten wirken in kurzem Gras besonders gut; die Zwiebeln vermehren sich schnell und bilden einen sternenübersäten Teppich.
- Einige Zwiebeln mögen Feuchtigkeit. Die Schachbrettblume (*Fritillaria meleagris*) gedeiht gut in feuchtem Gras neben einem Wasserlauf und verträgt im Unterschied zu einigen anderen Arten dieser Familie relativ schweren Boden.

### Zwiebeln für waldartige Umgebungen

- In leicht waldartigen Umgebungen können Zwiebelpflanzen in zwanglosen Gruppen gepflanzt werden. Viele Zwiebelgewächse mögen diese Umgebung und fügen sich beispielsweise in Verbindung mit Farnen gut in das Bild ein. Schneeglöckchen, Blausterne, Waldanemonen (*Anemone sylvestris*) und Maiglöckchen (*Convallaria majalis*) können sich hübsch ausbreiten und etablieren.

LINKS: *Schneeglöckchen zählen zu den beliebtesten Winterblumen. Diese* Galanthus elwesii-*Sorte besitzt größere Blätter und blüht früher als die übliche Sorte.*

- Das Atlantische Hasenglöckchen (*Hyacinthoides non-scripta*) bildet einen blauen Blütenteppich und zählt mit zu den hübschesten Waldpflanzen. Setzen Sie diese Art nach Möglichkeit für sich allein in eine waldartige Umgebung, da sie sonst überhand nimmt und anderen Pflanzen keinen Platz lässt. Die etwas weniger eleganten Blauglöckchen (*Hyacinthoides hispanica*) breiten sich in bewaldeten Umgebungen weniger aus, können aber in kleinen Gärten leicht außer Kontrolle geraten.

## Zwiebelgewächse unter Solitärgehölzen

- Zwiebelpflanzen und Laub abwerfende Bäume oder große Sträucher können sich ideal ergänzen, sofern die Bäume tiefe Wurzeln und ein helles Blätterdach besitzen. Apfelbäume, Magnolien, Zierkirschen und kleine hängende Bäume wie die hängende Silberbirne (*Pyrus salicifolia* ‚Pendula') wirken im Frühjahr mit der Untermalung blühender Zwiebelpflanzen sehr hübsch.
- Gelb strahlt unter einem Baum besonders, und die leuchtend gelbe, im Frühjahr blühende Krokussorte ‚Cloth of Gold' ist perfekt für einen Standort unter Bäumen. Generell empfiehlt es sich, gelbe Krokustöne von blauen und purpurfarbenen Sorten zu trennen. Im Herbst blühende Zwiebelgewächse wie das Alpenveilchen (*Cyclamen coum*) mit seinen intensiven pinkfarbenen Blüten oder die dezent rosafarbene Herbstzeitlose (*Colchicum autumnale*) zeigen ihre Farben zu einer Zeit, wenn die Bäume ihre Blätter verlieren.
- Wenn Sie einen kleinen Baum neu eingepflanzt haben, setzen Sie in den ersten Jahren nur Zwergarten darunter, wie z. B. Wildkrokusse und -tulpen. Sich stark vermehrende und große Zwiebelgewächse wie Narzissen entziehen dem Baum wertvolle Nährstoffe.

## Zwiebelpflanzen im Steingarten

- Viele kleinere Zwiebelpflanzen mögen gut dränierten Boden; sie gedeihen in einem Steingarten in der Sonne oder im Halbschatten. Zwergarten wirken in kleinen Spalten zwischen den Steinen besonders hübsch. Sie können Sie auch in Kies oder Grobsand setzen, der als „Kopfdünger" auf ein Beet von Steingartenpflanzen gestreut wird.
- Der Grobsand wirkt wie Mulch und verhindert bei nassem Wetter einen Nässestau. *Fritillaria acmopetala*, *Narcissus bulbocodium* (Reifrocknarzisse), *Muscari macrocarpus* (eine winzige Traubenhyazinthe) und die Krokussorte ‚Cream Beauty' sind entzückende Steingartenpflanzen. Das aufrechte Wachstum und die lanzenähnlichen Blätter von Zwiebelgewächsen stehen in hübschem Kontrast zu dem niedrigen, teppichartigen Wachstum vieler Alpenpflanzen.

## Zwiebelpflanzen im Wassergarten

- Nur wenige Zwiebelpflanzen gedeihen in feuchtem, schlecht dräniertem Boden. Die Arten, die diese Umgebung vertragen, können jedoch frappierend wirken. Wenn sich ihre kräftigen Formen im Wasser spiegeln, ergeben sie einen eindrucksvollen Effekt. Die prachtvolle Zimmerkalla (*Zantedeschia aethiopica*) treibt große weiße Blüten über pfeilförmigen Blättern und gedeiht am Teichrand.
- Zwei Pflanzen, die feuchte Böden ohne Wasserstau mögen, sind die imposante purpurfarbene Sumpfschwertlilie *Iris kaempferi* und *Dierama pendulum* mit ihren bogenfömigen Wedeln. Kleiner sind die zarten, im Sommer blühenden Knotenblumen *Leucojum aestivum*.

## Zwiebelpflanzen in Pflanzbehältern

- Zwiebelgewächse gedeihen auch in Ziergefäßen, Kübeln und Blumenkästen. Mit Zwergzwiebeln und alpinen Pflanzen gefüllte Tufftröge sehen sehr hübsch aus. Halten Sie die kleineren *Fritillaria*-Arten wegen ihrer einzigartigen Blüten. Größere Zwiebelpflanzen wie *Lilium regale* (Königslilien) können in imposanten Kübeln vor der Haustür oder auf einer Terrasse gepflanzt werden, wo sie einen intensiven Duft verströmen.

LINKS: *Die elegant hängenden Köpfe der Schachbrettblume* (Fritillaria meleagris) *hellen jeden feuchten Standort auf. Sie zählen zu den wenigen Zwiebelgewächsen, denen schwere Böden nichts auszumachen scheinen.*

LINKS: *Diese Alpenveilchen in leuchtendem Braunrot mit ihren hübschen silberfarbenen Blättern wirken inmitten des panaschierten Efeus sehr hübsch. Nur die Wildarten der Alpenveilchen sind völlig winterhart, aber auch einige halb winterharte Sorten überstehen den Winter in milderen Gebieten problemlos.*

## NARZISSEN

NARZISSEN (Osterglocken) sind ideale Pflanzen, die im Frühjahr mit ihren sonnigen Farben und ihren fröhlich hohen Stielen für Abwechslung sorgen. Es gibt eine Vielzahl unterschiedlicher Arten – von den *Cyclamineus*-Arten und Hybriden wie *Narcissus triandrus* (Engelsträne) und *N.* ‚Jumblie', bei der sich die Blütenblätter von der Trompete nach hinten wegbiegen, bis hin zu den großen gelben Sorten wie ‚King Alfred', die in öffentlichen Anlagen überall zu finden sind, aber im kleinen Garten eher zu wuchtig wirken.

❀ Die Blüten von Narzissen variieren von langen, kurzen und reifrockförmigen Trompeten bis hin zu zurückgebogenen oder geraden Blütenblättern. Die meisten tragen einfache Blüten, nur bei einigen wenigen sind die Blüten gefüllt. Die vielen kleinen Sorten sind für kleine Gärten ideal, wo sie in großen Mengen gepflanzt sehr eindrucksvoll aussehen. Die Farben variieren von Weiß und sehr blassem Gelb bis hin zu tiefen Gelb- und Orangetönen. Nach wie vor großer Beliebtheit erfreut sich die intensiv duftende Sorte ‚Pheasant's Eye' (*N. poeticus* var. *recurvus*) mit ihren weißen Blütenblättern und einer winzigen, leuchtend roten Trompete.

❀ Bei sorgfältiger Auswahl können Narzissen lange Zeit im Frühjahr blühen. Mit die ersten Blumen, die im Gartenjahr erblühen, sind die Sorten ‚February Gold', eine hübsche Osterglocke in fröhlichem Gelb, und *N. romieuxii*, eine hübsche blassgelbe Reifrocksorte. Beide Sorten können auch in den Steingarten oder in erhöhte Beete gesetzt werden.

❀ Die größeren Narzissensorten kommen in großen Gärten oder symmetrischen Beeten am besten zur Geltung. Kleinere Osterglocken blühen auch auf einem Rasen oder einer Wiese, schneiden Sie das Gras aber nicht, bevor die Blätter nicht abgestorben sind. Es empfiehlt sich daher, für diesen Zweck einen „wilderen" Teil des Gartens zu wählen. Die Osterglocken gedeihen auch auf mit Gras bewachsenen Uferböschungen und wirken als Umsäumung einer Auffahrt einfach hinreißend. In diesen Fällen sollten Sie stets eine große Anzahl Zwiebeln einer Sorte pflanzen.

## TULPEN

AUCH Tulpen sind im Frühjahr aus dem Garten nicht wegzudenken. Die hohen Sorten können in gleichmäßigen Reihen gepflanzt werden und stehen dann mit ihren aufrechten Stielen in Reih und Glied. Aber sie können durchaus auch zwanglos zwischen anderen Blumen in einer Frühlingsrabatte kultiviert werden.

❀ Es gibt bei den Tulpen eine erstaunlich große Vielfalt von Blütenformen – von den einfachen aufrechten „Kelchen", die in einer symmetrischen Umgebung besonders wirkungsvoll sind, über die fransigen, gekräuselten Blütenblätter von Papageitulpen bis hin zu den offenen, doppelten Blüten der päonienförmigen Tulpen. Die klaren und leuchtenden Farben reichen vom Schwarz-Purpur der *Tulipa* ‚Queen of the Night' über lebhafte Rottöne und fast transparente Pinkschattierungen bis hin zu den kurios gemischten Tönen der Papageitulpen.

### Botanische Tulpen

❀ Diese Arten haben sich aus den winzigen Tulpenarten entwickelt, die ursprünglich im Mittelmeerraum beheimatet sind. Häufig sprießen mehrere der kleinen sternförmigen Blüten aus einem Stiel. Aus diesen zierlichen kleinen Zwiebeln wurden die frühlingsblühenden *Kaufmanniana*-

OBEN: *Viele Frühlingszwiebeln gedeihen gut in einem Laubwald und nutzen das vorhandene Sonnenlicht, bevor Blätter an den Bäumen austreiben. Hier beleben die Nieswurzart* Helleborus orientalis *und die blassen Osterglocken den eintönigen Grund.*

und *Fosteriana*-Hybridtulpen und die etwas späteren *Greigii*-Hybridtulpen entwickelt. Diese Tulpenarten zeichnen sich durch große Blüten und eine Vielfalt von Formen und Farben aus.

- *Kaufmanniana*-Tulpen werden nur 15–20 cm hoch; ‚The First' ist weiß und karminrot, und ‚Guiseppe Verdi' ist karminrot mit gelben Einfassungen. Die *Fosteriana*-Tulpen sind höher und werden bis zu 35–40 cm hoch; ‚Red Emperor' ist scharlachrot und *T. f.* ‚Purissima' schneeweiß.
- Die *Greigii*-Tulpen sind mit ihren 20–30 cm mittelhoch. Zu dieser Klasse zählen die beliebten Sorten ‚Red Riding Hood' und ‚Cape Cod' (orange). All diese winzigen Tulpen sorgen im Unterschied zu ihren eleganteren, soldatenähnlichen Vettern bereits in einem frühen Stadium des Gartenjahres für ein eindrucksvolles Bild.
- Großblütige Hybriden werden häufig für allgemeine Gartendisplays verwendet. Sie sehen besonders in Verbindung mit Vergissmeinnicht oder in Gruppen zwischen Stauden hübsch aus.

## LILIEN

Es gibt kurze, hohe, süß duftende, weiße und farbenfrohe Lilien. Einige sind in Pflanzgefäßen besonders hübsch, andere in Verbindung mit anderen Pflanzen und wiederum andere im lichten Schatten von Bäumen oder Sträuchern.

- Hohe Lilien bieten im Hintergrund einer Rabatte nicht nur ein augenfälliges vertikales Element, sondern auch einen Hauch von Luxus. Pflanzen Sie die Lilien in einfarbigen Blöcken, da Farbmischungen oder verschiedene Kulturpflanzen in einem Block nur verwirren würden.

OBEN: *Die intensiv duftende Königslilie (*Lilium regale*) ist eine der imposantesten Lilienarten. Sie gedeiht in einem waldartigen Bereich oder einer Rabatte mit Teilschatten im Sommer.*

- Geeignete Lilien für den Hintergrund einer Rabatte sind beispielsweise die Türkenbundlilie *Lilium martagon* ‚Album', die ab dem Sommeranfang eine Fülle elfenbeinweißer Blüten trägt, ‚Fire King', die dichte offene Büschel purpur gepunkteter orangeroter Blüten trägt, und die Königslilie *L. regale* mit trompetenförmigen Büscheln sehr intensiv duftender weißer Blüten, die von Purpur durchzogen sind.
- Einige Lilien bevorzugen einen etwas von Licht und Schatten durchzogenen Standort. Dazu zählt beispielsweise die Sorte *L. henryi* mit ihren hohen, bogenförmigen Stielen und den sanft nickenden Ähren kleiner, schwarz gepunkteter orangeroter Blüten, die sich ab dem Hochsommer öffnen; sowie *L. longiflorum* mit ihren süß duftenden weißen Trompetenblüten ab dem Hochsommer; und *L. speciosum* var. *rubrum*, die ab dem Spätsommer ihre sehr intensiv duftenden Ähren von Türkenbundblüten in tiefem Karminrot öffnen.

LINKS: *Eine einzige Farbe ist häufig wirkungsvoller als viele zusammen, wie dieser Kübel mit Tulipa ‚Big Chief' zeigt. Hier liefern die niedrigen Vergissmeinnicht allerdings zudem einen Hauch von Blau.*

# GRÄSER UND BAMBUS

**Aus sehr guten Gründen erfreuen sich Gräser in den letzten Jahren immer größerer Beliebtheit in unseren Gärten. Sie sind elegant und muten fast architektonisch an, sie wirken lange und haben minimale Pflegeanforderungen. Zudem können sie ein gewisses Maß an Trockenheit vertragen, was im modernen Garten meist eine sehr wertvolle Eigenschaft ist. Zudem bringen Gräser ein Element der Bewegung und luminösen Qualität in die Gartenplanung, wenn sie sich im Wind wiegen und das Sonnenlicht reflektieren.**

## DIE GRÄSERFAMILIE

MITGLIEDER der Gräserfamilie (*Gramineae*), zu denen auch Bambus gehört, besitzen runde, hohle Stängel mit regelmäßigen Schwellungen oder Knoten, an denen die Blätter austreiben. Gräserblüten sind klein, werden aber häufig in großen, auffälligen Rispen, Ähren, Dolden oder aber steifen stabähnlichen Blütenköpfen weit oberhalb der Blätter getragen.

❀ Auch wenn ihnen die leuchtenden Farben von Blumen fehlen, fangen die Gold-, Braun-, Grün- und Gelbtöne der Gräser die Sonne ein. Das Ergebnis sind herrlich dezente Farbeffekte. Die gebogenen Stängel, federigen Blüten und sanften Farben können als Solitärgräser oder in Gruppen ein phantastisches Bild schaffen. Viele Gräser tragen ansprechende Blüten und Samenkapseln, die im Hochsommer erscheinen und bis in den Winter attraktiv sind.

### Die Langen und die Kurzen

❀ Lange Gräser werden wegen ihrer standbildhaften Qualität und federbuschartigen Blütenstände bewundert. Leider sind sie aufgrund des übermäßigen Einsatzes von Pampasgras (*Cortaderia selloana*) mittlerweile in Verruf geraten. In der richtigen Umgebung sind diese Gräser zweifellos wunderschön anzusehen, doch es gab eine Zeit, in der sie in fast jedem Vorstadtgarten zu finden waren.

UNTEN: *Die bandförmigen Blätter dieses purpurfarbenen neuseeländischen Flachses* (Phormium tenax) *und die schmaleren Blätter der Gräser bilden eine besonders gute Kombination und bieten dem Betrachter auf der Bank ein interessantes Spektakel der Bewegung und des Lichts.*

OBEN: *Die Blätter der Grassorten* Imperata cylindrica *‚Rubra' und* Roscoea scillicifolia *sind ähnlich bandförmig gebildet. Für einen ausreichenden Kontrast sorgen aber die Farben, die im Sonnenschein noch heller werden.*

Und dort waren sie einfach zu groß, unpassend und konnten nicht angemessen gepflegt werden. Pampasgras ist ein imposantes Gewächs, aber eben nur in einem sehr großen Garten, in großer Anzahl an einem See oder als besonderes Strukturelement.

❀ *Cortaderia selloana* ist das winterhärteste Pampasgras, aber für den kleineren Garten gibt es viele dankbarere Gräser. Das Chinaschilf *Miscanthus sinensis* ‚Silberfeder' oder M. ‚Zebrinus', dessen gebogene grüne Blätter faszinierende gelbe Streifen besitzen, sind sehr zu empfehlen. Das Australische Lampenputzergras (*Pennisetum alopecuroides*) besitzt braune, raupenförmige Blütenköpfe; Sie können dieses Gras in Büscheln unter Laub abwerfende Bäume setzen. Kleinere Gräser sind wegen ihrer Blattwirkung sowohl hinsichtlich ihrer Form als auch ihrer Farbe her effektiver.

❀ *Festuca*- (Schwingel), *Milium*-, *Elymus*- und *Carex*arten (Seggen) werden wegen ihres üppigen Blattschmucks und als Rabattenpflanzen sehr geschätzt. Sie vertragen sich vorzüglich mit kleinen Stauden, Zwergkoniferen und Sträuchern. Ihre gerundete, igelförmige Struktur und dabei federartige Weichheit bilden einen ausgezeichneten Kontrast zur aufrechten Form vieler Stauden. Die meisten Gräser sind immergrün und stellen daher das ganze Jahr über einen Blickfang dar.

RECHTS: *Die hohen, federartigen Stängel von* Stipa gigantea *in Verbindung mit dem niedrigen Chinaschilf* Miscanthus sinensis *‚Silberfeder' und dem Feuerrot der Montbretie* Crocosmia *‚Bressingham Blaze' ergeben eine sehr auffällige Kombination.*

## DIE WAHL DER RICHTIGEN GRÄSER

WENN Sie einen bestimmten Effekt erzielen möchten, ist die Wahl des richtigen Grases sehr wichtig. Aufrechte, Büschel bildende Gräser wie Reitgras (*Calamagrostis*) überragen niedrige Pflanzen, verlieren aber ihre besondere Wirkung, wenn sie zwischen vielen Pflanzen in gleicher Höhe stehen. Offenere Gräser wie *Paricum virgatum* mit ihren losen Blüten und Samenkapseln können aufgrund ihrer fast transparenten Qualität mit größeren Stauden gepflanzt werden.

❀ Auch die Farbe ist wichtig. Wenn Sie das leuchtend grüne Flattergras *Milium effusum* ‚Aureum' vor einem Beet neben dem Rasen pflanzen, wirkt es einfach wie ein weiteres Stück grünes Gras. Wählen Sie für diesen Standort aber den Blauschwingel *Festuca glauca*, so bildet es einen sehr effektiven Kontrast zum Gras des Rasens.

### Gräser in Meernähe

❀ Gräser fast jeder Art sind aus Gärten in Küsten- oder Meernähe nicht wegzudenken. Ihr zartes Wesen scheint dem des Meeres zu entsprechen; sie vertragen den Wind und die Gischt der See gut und fühlen sich auf sandigen Böden oder Kies sehr wohl. Die höheren Gräser liefern Strukturelemente, die kleineren Blattschmuck, Farbe und Lückenfüller.

OBEN: *Gräser fügen sich sehr harmonisch in eine gemischte Rabatte ein. Hier sorgt ein hohes Reitgras (*Calamagrostis*) neben rosafarbenen Purpurglöckchen und einem niedrigen Blauschwingel (*Festuca*) für eine attraktive Rasenkante.*

## Gräser in der gemischten Rabatte

- Viele gemischte Rabatten werden durch Gräser verbessert, die zwischen Sträuchern und krautartigen Stauden stehen. *Stipa gigantea* (Riesenfedergras) ist hier eine gute Wahl, da die blassgelben Stiele und Blüten markante Form liefern und gleichzeitig karg genug wachsen, damit andere Pflanzen durch das Gras sichtbar sind. Die blasse Strohfarbe passt zu vielen im Spätsommer blühenden Blumen wie dem Roten Sonnenhut *Echinaceae purpurea*, der Montbretie *Crocosmia* ‚Lucifer' und der Bergaster *Aster amellus* ‚King George'.
- Niedrige Gräser machen sich gut vorne in gemischten Rabatten. Wählen Sie büschelige Gräser, die sich von einer zentralen Krone allmählich nach außen wölben. Der Blauschwingel *Festuca glauca* ‚Elijah Blue' ist ein immergrünes Gras mit strahlend blauen, nadelähnlichen Blättern und blaugrünen Blütendolden im Frühsommer. Kräftige kriechende Gräser sind für Rabatten nicht geeignet. Das Glanzgras *Phalaris arundinacea* beispielsweise erstickt schwächere Pflanzen in der näheren Umgebung und muss beständig gejätet werden.

## Gräser in Winterrabatten

- Wenn viele Blumen abgestorben und in Winterruhe sind, kommen die Gräser erst richtig zur Geltung und halten eine Rabatte auch dann noch am Leben, wenn sie ihre Sommer- und Herbstfarben verloren hat. Nach einem schweren Frost können die Gräser spektakulär aussehen, wenn ihre Samenkapseln und Blätter wie mit Zuckerguss bedeckt zu sein scheinen.
- Höhere Gräser passen sehr schön zu den Stranddisteln wie *Eryngium agavifolium*, deren Samenkapseln auch im Winter ihre Attraktivität behalten, sowie zur Fetthenne *Sedum* ‚Autumn Joy', deren flache Blütenplatten ebenfalls weit bis in den Winter hinein sehr ansprechend sind und einen Kontrast zu den federigen Grasspitzen bilden. In einer großen Rabatte sehen die längeren Gräser phantastisch neben den Samenkapseln von Kardonen (*Cynara cardunculus*) aus.

## Gräser für gepflasterte Bereiche und Terrassen

- Einige kleinere Gräser können zwischen Terrassenplatten gepflanzt werden. Die schlanken grünen aufrechten Blätter des purpurfarbenen Pfeifengrases (*Molinia caerulea*) formen sich im Sommer zu Hügeln mit offenen Rispen purpurfarbener Blüten. Dieses Gras verträgt saure und sumpfige Böden und kann daher in der Nähe von Wasserbecken gepflanzt werden.
- Wenn Sie über einen warmen Terrassenbereich verfügen, versuchen Sie, Blaustrahlhafer (*Helictotrichon sempervirens*) in einem durch eine Wand geschützten Beet zu ziehen. Die schlanken blauen Blätter sind aufrecht und laufen in starrer Form strahlenförmig nach außen – die Pflanze wirkt neben einem Gebäude daher angemessen architektonisch.

## Gräser am Wasserrand

- Die Wasserschwade *Glyceria aquatica* ‚Variegata' ist optisch ansprechend, verträgt Schatten und breitet sich nur langsam aus. Schilf (*Phragmites australis*) ist eine hohe Art, die auf feuchten Böden gedeiht und daher eine günstige Randpflanze für einen Teich oder Wasserlauf ist.

OBEN: *Die hohen Federbüschel des Pampasgrases* Cortaderia selloana *‚Sunningdale Silver' wirken spektakulär und bilden einen auffälligen Kontrast zu den paddelförmigen Blättern und leuchtend roten Blüten der* Canna *‚President'.*

## Grasbereiche

- Wenn Sie ausreichend Platz haben, können Sie sich für einen Grasgarten entscheiden und Ihre eigene kleine amerikanische Prärie schaffen. Pampasgras- (*Cortaderia*) und Schilfsorten (*Miscanthus*) sorgen für ein eindrucksvolles Bild. Pflanzen Sie die beiden nach Möglichkeit an einen offenen Standort, wo die Sonne auf ihre Blätter und Blüten scheint und der Wind die Stiele zum Wogen bringt.

## SEGGEN, BINSEN UND ROHRE

DIESE Pflanzen werden häufig mit Gräsern verwechselt, obwohl sie jeweils zu einer anderen Familie gehören. Sie wachsen zwar in der Sonne oder im Schatten, brauchen aber feuchten Boden und stehen im Sumpfgarten am besten.

- Seggen (*Carex*) werden wegen ihres ansprechenden Blattschmucks gezogen. Sie gedeihen in sumpfigen Umgebungen, vertragen häufig aber auch einen trockeneren Standort. Die Blüten sind in kleinen Ähren angeordnet, die in diversen Farbschattierungen anzutreffen sind.
- Die panaschierte Art kann einer Rabatte gute Farbkontraste bieten. Mitglieder der *Carex*-Familie bilden dichte Hügel immergrüner haarähnlicher Blätter. *Carex* ‚Bronze Form' besitzt matte braune Blätter, während die Blätter von *C. elata* ‚Aurea' leuchtend gelb sind, abgesetzt mit schmalen grünen Rändern.
- Zur Familie der Binsengewächse (*Juncaceae*) zählen die Binsen und Hainsimse (*Luzula*), die jeweils ansprechende Blätter besitzen. Wie auch die Seggen sollten diese Arten in einem Sumpfgarten oder einem Beet kultiviert werden, dessen Grund stets feucht ist. Binsen lieben Schatten und sind gute Bodendecker. Die Flatterbinse *Juncus effusus* ‚Spiralis' hat winzige braune Blüten, die in lockeren Trauben angeordnet sind. Die Schneemarbel (*Luzula nivea*) hat hellgrüne Blätter, die in losen Büscheln angeordnet sind. Im Sommer trägt diese durchaus sonnenverträgliche Pflanze weiße Blüten.
- Rohrkolben sind Laub abwerfende Pflanzen, deren Wurzelstöcke schnell wuchern. *Typha latifolia* ist der breitblättrige Rohrkolben, dessen braune Blütenköpfe stabförmig aussehen und in dünnen Ähren enden. Diese Pflanzen sind häufig in Flüssen oder anderen Wasserläufen zu sehen, sie können allerdings überhand nehmen. Bei *T. minima* (Zwergrohrkolben) besteht diese Gefahr in geringerem Maße, und auch diese Art trägt im Sommer dunkelbraune Blütenähren.

UNTEN: *Gräser und Seggen sind besonders augenfällig, wenn der Frost sich an einem hellen Wintermorgen auf sie setzt. Die Wiese neben dieser Holzbrücke glänzt silbrig vom Frost, und die dunklen Stäbe der Rohrkolben heben sich deutlich vor diesem Hintergrund ab.*

## BAMBUS

BAMBUSPFLANZEN zählen zur Familie der Gräser (*Gramineae*). Sie sind immergrün, besitzen hohle hölzerne Stängel (Culmus) und schmale hübsche Blätter. Bambuspflanzen sind ausgezeichnete architektonische Elemente – selbst als Windschutz oder Hecke setzen sie auffällige Akzente.

- Bambus wächst an jedem trockenen, geschützten Standort im Schatten und kann in Verbindung mit anderen immergrünen Sträuchern den Eindruck einer üppigen Tropenlandschaft in Ihren Garten zaubern. Die hohen, aufrechten Culmen bilden einen interessanten Kontrast zu Farnwedeln. Japanische Anemonen können in der Nähe von Bambus gepflanzt werden – besonders weiße Anemonen wie *Anemone × hybrida* ‚Honorine Joubert' wirken eindrucksvoll neben Bambus.
- Die meisten Bambuspflanzen benötigen viel Platz, denn die größeren Sorten wachsen bis zu einer Höhe von 4 m, und viele breiten sich auf einer Fläche von 6 m aus. Es gibt aber auch einige Zwergarten.
- Einige Bambusgewächse bilden Büschel und eignen sich daher gut als Solitärpflanzen oder Blickfang. Bei anderen wuchern die Rhizome, so dass das Wachstum dieser Pflanzen genau kontrolliert werden muss (es sei denn, Sie halten den Bambus in einem Wildgarten oder als Bodendecker). Die Bambusrohre können grün, braun, schwarz, gelb, rosafarben oder violett sein, gesprenkelt oder gestreift. Erwarten Sie aber keine Blüten. Es kann 100 Jahre dauern, bevor dieses Gewächs Blüten trägt. Insgesamt sehen die Blüten ohnehin unordentlich aus und beeinträchtigen das hübsche Bild.
- Bambuspflanzen benötigen einen windgeschützten Standort, da sie sonst zu viel Flüssigkeit verlieren. Sie sind zwar in jeder Hinsicht winterhart, können im Kübel aber im Winter unter Trockenheit leiden. Isolieren Sie den Topf daher im Winter mit Vlies oder Blisterfolie.
- Wenn er sich erst einmal etabliert hat, wächst Bambus auf den meisten Böden und breitet sich sehr schnell aus. Die meisten Bambusarten stammen aus den Tropen, viele sind aber in gemäßigten Zonen durchaus winterhart. Sie können im Gartenbeet oder in Kübeln in Dach- oder Balkongärten gezogen werden. Ein Bambushain oder eine Solitärpflanze kann einen steifen Garten rätselhaft und interessant wirken lassen.

### Bambuspflanzen in Pflanzbehältern

- In großen Behältern können Bambuspflanzen vortrefflich aussehen. Terracottatöpfe und glasierte chinesische Gefäße sind geeignet, aber ebenso imposant sind die Pflanzen auch in verzinkten Tonnen und Eimern. Die wuchernden Bambusarten sollten vor allem in einem kleinen Garten möglichst in Pflanzbehältern gehalten werden, da sie sonst leicht überhand nehmen können.

OBEN: *Bambus kann mit großem Effekt in Töpfen gezogen werden; dies ist eine Möglichkeit, um sicherzustellen, dass sich die wuchernden Sorten nicht zu sehr ausbreiten. Kleinere Bambuspflanzen erzeugen neben einem regelmäßigen Teich im japanischen Stil eine hübsche Wirkung.*

- Bambuspflanzen sind sehr hungrig und durstig. Wenn sie nicht ausreichend bewässert werden, verfärben sich die Blätter schnell braun, und sie verlieren fast alle Blätter. Davon erholen sie sich nur langsam. Kräftigere wuchernde Arten füllen ihre Pflanzbehälter im Handumdrehen mit Rhizomen und Wurzeln und saugen dann Wasser und Nährstoffe in erschreckenden Mengen auf.
- Topfen Sie diese Pflanzen jedes Jahr um oder wählen Sie Arten, die für Kübel besser geeignet sind. Sie wachsen langsamer und können bis zu fünf Jahre oder sogar noch länger im gleichen Topf stehen. Der japanische Zwergbambus *Chimonobambusa marmorea* wird bis zu 1,5 m hoch und zeichnet sich durch dichte Blattbüschel aus. *C. marmorea* ‚Variegata' besitzt dünne rötliche Stängel und gelbe gestreifte Blätter.

OBEN: *In diesem sehr japanisch anmutenden Bild wächst vor dem Bambuszaun der schlanke Bambus* Phyllostachys nigra *mit seinen schwarzen Culmen. Eine Steinlaterne und zwei kleine Hügel des niedrigen Blaugrases* Festuca glauca *‚Elijah Blue' vervollständigen das Bild.*

### Bambus im japanischen Garten

- Bambus ist im Grunde ein wesentliches Element des japanischen Gartens. Hohe Sorten wie *Fargesia murieliae*, die bis zu 4 m hoch wird und als Solitärpflanze besonders elegant ist, können die Grenze eines kleinen Gartens verdecken und ihn dadurch erheblich größer wirken lassen.
- Ein Kiesbereich mit Steinlaterne erhält durch diese bogenförmig überhängende Pflanze zusätzliche Atmosphäre. *F. m.* ‚Simba' wird maximal halb so groß und ist daher wohl für einen kleineren Garten zu empfehlen.

### Interessante Stängel

- Einige Bambuspflanzen besitzen interessante und ebenso auffällige Stängel wie Blätter. Setzen Sie diese Exemplare an eine Stelle, wo man die Culmen bemerkt, nicht in einen vergessenen Winkel des Gartens. In einem kleinen Bereich oder als Blickpunkt wirken sie in Kübeln sehr eindrucksvoll, oder setzen Sie sie als hübschen Schirm ein, der dahinter Liegendes verbirgt.
- Zu diesen Bambusarten zählt beispielsweise *Phyllostachys edulis*, dessen markante, mit einem wachsähnlichen Pulver bedeckte Culmen weiß wirken. Die ideale Gartensorte *P. nigra* besitzt elegante schlanke, ebenholzschwarze Stängel.

### Bodendeckende Bambusarten

- Einige Bambusarten eignen sich als Bodendecker. *Pleioblastus pygmaeus* (Syn. *Arundinaria pygmaea*) ist ein Zwergbambus mit farnartigen Blättern und sehr schlanken Culmen. In einem flachen Pflanzgefäß wirkt er besonders ansprechend.

LINKS: *Bambuspflanzen erfüllen verschiedene Aufgaben im Garten, die Halme (Culmen) können dabei ebenso interessant sein wie die Blätter. Das abgebildete Exemplar ist* Clusquea couleou, *der dichte Büschel gelbgrüner bis olivfarbener Halme entwickelt und bis zu 6 m groß wird.*

# FARNE UND FEUCHTIGKEIT LIEBENDE PFLANZEN

**Farne wirken von allen Blattpflanzen mit am zartesten. Sie sind in einer Vielzahl unterschiedlicher Formen und Größen zu finden und können vielen Teilen des Gartens Struktur und eine ganz besondere Atmosphäre verleihen. Sie können Stellen mit Leben erfüllen, die nur selten von der Sonne beschienen werden, sie bilden einen attraktiven Hintergrund für blühende Pflanzen und wirken in waldartigen Umgebungen in großer Anzahl gepflanzt sehr natürlich. Besonders wohl fühlen sie sich in der Nähe fließender Gewässer und in feuchten, schattigen Ecken und sind daher für kleine Höfe ideal. Alles in allem bieten Farne eine enorme Artenvielfalt, die wir uns aus modernen Gärten sicher nicht mehr wegdenken könnten.**

## MERKMALE

Farne können immergrün oder blattabwerfend sein. Sie besitzen blattähnliche Wedel, die meist im Frühjahr zu sprießen beginnen. Die Jungwedel sind dicht aufgewickelt und entrollen sich mit der Zeit mit großer Anmut und Schönheit.

- Die Wedel der meisten Farne wachsen aus Rhizomen. Diese Wurzelstöcke sind mit einem pelzigen, schuppenartigen Belag in schwarz, braun oder silbrig-weiß überzogen. Die meisten Rhizome wachsen über und unter dem Boden, mitunter über große Entfernungen. Der Straußfarn *Matteuccia struthiopteris* bildet in Abständen entlang der Rhizome Kronen oder Wedel.
- Statt Blüten oder Samen produzieren Farne winzige Sporen in Kapseln, die sich an der Unterseite ihrer Wedel befinden. Häufig sind sie als braune Markierungen an der Wedelrückseite erkennbar. Unter den richtigen Bedingungen keimen die Sporen.
- Einige Farne wie der Streifenfarn *Asplenium bulbiferum* entwickeln an den Farnwedeln kleine Pflanzen oder Nebenzwiebeln. Diese spezielle Farnart gedeiht nur an einem sehr geschützten Standort in Vollschatten. Im Winter muss er mit Stroh oder alten Farnwedeln geschützt werden. Am besten kultivieren Sie ihn im Gewächshaus oder Wintergarten.
- Epiphytische Farne wachsen auf Bäumen, Felsen oder an Wänden. Sie erhalten ihre Nährstoffe aus verrottenden Pflanzen, die sich in den Ritzen sammeln.
- Fast alle Farne gedeihen nur bei ausreichender Luft- und Bodenfeuchtigkeit. Einige wenige Gattungen wie der Wurmfarn *Dryopteris* und der Königsfarn *Osmunda* vertragen auch einen trockenen Standort (der aber schattig sein muss). Viele Arten wie *Allyrium*- und *Osmunda*-Farne sterben beim ersten Frost ab und sollten daher nicht in einen Garten gesetzt werden, der im Winter für Abwechslung sorgen soll. Einige Wurmfarne behalten ihre Farnwedel bis tief in den Winter hinein. Lassen Sie die alten Farnwedel an der Pflanze bis zum Frühlingsanfang, um die Krone vor Frost zu schützen, entfernen Sie sie dann aber, sobald sich die jungen Farnwedel entfalten.

RECHTS: *Die federigen Blütenköpfe der rosafarbenen* Astilbe *'Erica' bilden eine hübsche Kombination mit den hohen und imposanten* Osmunda- *und* Matteuccia-*Farnen, die ungestört in einer fast gehölzartigen Umgebung gedeihen.*

LINKS: *Bei dieser sehr natürlich wirkenden waldartigen Bepflanzung wachsen winzige Steingartenpflanzen aus Rissen in der Mauer, während eine Mischung aus Wildblumen und Farnen vor der Hecke steht.*

## Farnformen

- Die Farnwedel können sehr unterschiedliche Formen annehmen. Es gibt dreieckige Farne wie den Pfauenradfarn (*Adiantum pedatum*), dessen aufrechte limettengrüne Palmwedel im Winter absterben. In Kombination mit anderen Farnen wirkt er in einer schattigen Rabatte oder einem Gehölz sehr attraktiv.
- Lanzenartige Wedel bildet beispielsweise der Straußen- oder Becherfarn (*Matteuccia struthiopteris*), dessen Wedel sich im Spätsommer über ein Jahr lang braun verfärben und so wahrhaft augenfällig sind. Der Straußenfarn ist einer der grazilsten Farne, der eine bevorzugte Position in einem schattigen Teil des Gartens (vielleicht am oberen Ende eines Stufenaufgangs oder in einer mit Platten ausgelegten Ecke) verdient.
- Einfache bandförmige Wedel zeichnen den sehr winterharten Hirschzungenfarn (*Asplenium scolopendrium*) aus, der einen Horst mittelgrüner Wedel besitzt. Nach Entfernen der abgestorbenen Wedel wirken die Jungwedel sehr faszinierend wie kleine grüne Kobras.
- Geweihförmige Farnwedel sind nur bei Geweihfarnen wie dem *Platycerium bifurcatum* anzutreffen, dessen nierenförmige Basiswedel bis zu 60 cm lang werden und sich in ausgereiftem Zustand braun verfärben. Die Basiswedel bilden ein Schild um die Basis der geweihartigen Wedel, die bis zu 80 cm lang werden, dabei aber grün bleiben. Diese tropische Art lässt sich aber nur im Gewächshaus, Wintergarten oder als Zimmerpflanze kultivieren.

UNTEN: *In dieser Sammlung Schatten liebender Pflanzen finden sich das kleine Tränende Herz* (Dicentra formosa)*, der Wurmfarn, eine große blaugrüne Funkie* (Hosta) *und ein purpurfarbener Perückenstrauch* (Cotinus) *zusammen.*

## DIE RICHTIGEN WACHSTUMSBEDINGUNGEN

FARNE sind sehr robuste Pflanzen; wenn sie einmal etabliert sind, benötigen sie minimale Pflege. Die meisten Farne bevorzugen neutrale bis basische Böden; ein gut umgegrabener Boden mit zusätzlichem organischem Dünger ist für die meisten Arten ideal.

- Ein oder zwei Farnarten bevorzugen saure Böden. Setzen Sie sie in Bereiche, in denen auch andere Säure liebende Pflanzen wie Rhododendren und Azaleen stehen. Beispielsweise der Rippenfarn (*Blechnum spicant*), dessen immergrüne, lederartige Wedel wie Leitern geformt sind, lässt sich in sauren Böden leichter kultivieren. Er mag schattige Rabatten in gehölzartigen Bereichen und bildet eine hübsche Kombination mit Säure liebenden Sträuchern.
- Die großen Farne wie die *Matteuccia*-Sorten gedeihen in der feuchten Umgebung von Teichen oder Wasserläufen. In Verbindung mit großblättrigen Pflanzen, die ebenfalls Feuchtigkeit lieben (wie *Gunnera* und das Schaublatt *Rodgersia*) bilden sie ein hübsches Bild, das sich sehr anmutig im Wasser spiegelt.

### Farne in symmetrischen Umgebungen

- Farne lassen sich mit Erfolg in symmetrische Umgebungen einfügen. So stehen sie beispielsweise gut in Büscheln oder Reihen am Gehölzrand hinter einer sehr niedrigen gestutzten Hecke von goldenem Buchsbaum.
- Die dunklen Pflanzen betonen die federigen Konturen der Farne, während die Farne selbst die harte Buchsbaumkante auflockern. Auch symmetrisch in Kübeln in einem Hof oder einer gepflasterten Gartenecke, auf die nur wenig Sonne fällt, vermitteln die Farne Flair.
- Wenn Sie Farne in Töpfen kultivieren, achten Sie darauf, dass sie stets feucht sind. In der Nähe regelmäßiger Wasserelemente wirken sie sehr hübsch – vor allem wenn ein wenig Wasser in den umgebenden Boden eindringen kann.

OBEN: *Die meisten Farne und Primeln bevorzugen einen Boden, der nicht austrocknet. Hier steht der hohe Becherfarn* (Matteuccia struthiopteris) *zwischen einer kirschroten Candelabraprimel* (Primula bulleyana) *– eine sehr ansprechende Kombination.*

UNTEN: *Eine riesige strauchartige Geißblatthecke* (Lonicera)*, die wie ein Kissen geformt ist. Aufgehellt wird die Hecke durch die leuchtend grünen, federigen Blätter eines großen Büschels von Wurmfarnen* (Dryopteris).

## Farne in Felsritzen

- Die lanzenförmigen Wedel des halb-immergrünen Schriftfarns *Ceterach officinarum* bilden einen hübschen Kontrast zu den Steinen oder dem Mauergestein, die ihnen Schutz und Nährstoffe liefern.
- Wenn Sie am Rand einer Terrasse oder eines Vorgartens eine doppelte Wand mit Raum in der Mitte für Pflanzen setzen, können Sie diese kleinen Farne auch hier kultivieren. Denken Sie aber daran, dass sie im Schatten wachsen sollten.

## Eingliedern von Farnen in waldartige Umgebungen

- „Waldartig" hört sich vielleicht etwas übertrieben an, in einem kleinen Garten können aber bereits eine ausreichend große Silberbirke oder eine kleine Gruppe dicht beisammen gepflanzter Laub abwerfender Bäume als waldartige Umgebung oder Gehölz gelten. Für Farne muss eine solche waldartige Umgebung die meiste Zeit feucht sein.
- In einer gehölzartigen Umgebung gepflanzte Gruppen von Farnen wirken optisch sehr attraktiv. Sie müssen aber nicht allein stehen, sondern passen sehr gut zu Lilien, Gruppen breitblättriger Funkien (*Hosta*) und Frühjahrszwiebeln wie Waldanemonen und Glockenblumen.
- Der Gemeine Wurmfarn (*Dryopteris filix-mas*) behält die meisten seiner Farnwedel auch im Winter. Diese sehr anpassungsfähige Pflanze gedeiht im Schatten, verträgt aber einen sonnendurchfluteten Standort und kann sogar am Fuß einer Ligusterhecke stehen. Wie die meisten winterharten Farne bildet auch der Wurmfarn dichte Horste und ist in Gruppen zwischen Bäumen und Waldsträuchern einfach nicht zu schlagen.
- Der sehr anpassungsfähige Tüpfelfarn (*Polypodium vulgare*) verträgt Trockenheit. Er breitet sich schnell aus und ist ein guter Bodendecker, der zudem auf Steinen oder Bäumen wachsen kann. Der Tüpfelfarn besitzt dunkelgrüne, tief gelappte Blätter in Lanzenform und verbreitet sich über grüne Wurzelstöcke, die sich schließlich zu Matten formen. Ebenso wie der auffällig üppig-grüne Rippenfarn (*Blechnum spicant*) bevorzugt er saure Böden.

## Farne als Solitärpflanzen

- Viele Farne verdienen einen Vorzugsstandort, an dem sie bemerkt und wegen ihrer besonderen Qualitäten bewundert werden. Der japanische Farn *Athyrium niponicum* var. *pictum* mit seinen metallisch glänzenden, silbergrauen Wedeln und purpurfarbenen Mittelrippen ist eine der hübschesten Farnarten überhaupt. Dieser Farn wird nicht sehr hoch. In feuchtem, fruchtbarem Boden gedeiht er an einem geschützten Standort jedoch schnell und wirkt insbesondere in Kombination mit kleinen Frühlingszwiebeln wie der Strahlenanemone (*Anemone blanda*), den entzückenden kleinen Blausternen (*Scilla*) und anderen kleinen Waldpflanzen sehr eindrucksvoll.
- Der Königsfarn (*Osmunda regalis*) ist ein großer, imposanter Farn, der bis zu 1,5 m hoch wird. Er bevorzugt einen sonnigen oder schattigen Standort am Wasser, und kann auch im Kübel gehalten werden (muss aber regelmäßig bewässert werden). Nach Möglichkeit sollten Sie den Königsfarn in Hausnähe an prominenter Stelle positionieren, wo Sie das Gießen bestimmt nicht vergessen.

UNTEN: *Rittersporn und Farne gedeihen in waldartigen Umgebungen und stehen gemeinsam zufrieden unter dem Blätterdach Laub abwerfender Bäume.*

### NÜTZLICHE PFLANZENVERBINDUNGEN

BERGENIEN (*Bergenia*) mit ihren großen glänzend-runden immergrünen Blättern können für sich allein eher öd anmuten, wenn sie keine Blüten tragen.

Interessanter wirken sie neben Farnen, vor allem den gefiederten Arten wie dem Buchenfarn (*Phegopteris connectilis*), dessen limettengrüne Wedel einen interessanten Kontrast zu den dunkelgrünen Blättern der Bergenie bilden. Die *Bergenia* ‚Silberlicht' trägt lockere weiße Blüten und ist eine elegantere und interessantere Sorte als die üblicheren pinkfarbenen Bergenien.

LINKS: *Dieser moderne Garten mit seinem sehr geschmackvollen Design besitzt ein rechteckiges Wasserbecken mit einer Steinskulptur, die den Blick auf sich lenkt. Seerosen treiben friedlich auf der stillen Wasserfläche, und Irisse und andere Wasser liebende Pflanzen füllen die Beckenecken.*

## WASSERPFLANZEN

DURCH das Element Wasser im Garten – sei es ein symmetrisches Becken, ein kleiner Wasserlauf, ein kurzer Wasserfall oder ein Feuchtbiotop – können Sie viele Pflanzen kultivieren, die in einer anderen Umgebung nicht gedeihen würden.

- Selbst auf dem kleinsten Grundstück haben Sie Platz für einen Kübel mit Zwergseerosen. In einem größeren Garten kann ein symmetrisches oder unregelmäßiges Wasserbecken einen eindeutigen Fokus liefern und den Gartenstil bestimmen. Dazu können beispielsweise eine Fontäne oder ein Wasserfall zählen, die für Bewegung, Geräusche und Leben sorgen; abgerundet wird das Bild mit Seerosen.
- Schwimm-, Ufer-, Unterwasser- und Sumpfpflanzen sind pflegeleicht und verleihen dem Garten ein ganz besonderes Flair. Wasserbecken oder Teiche sollten mit Absätzen in verschiedenen Höhen versehen werden, so dass Teichkörbe in den von den verschiedenen Pflanzen bevorzugten Höhen eingesetzt werden können.

### Pflanzen für normale Wasserbecken

- Pflanzen mit schwimmenden Blättern und Blüten wie Seerosen sind die offensichtliche Wahl für regelmäßig angelegte Wasserbecken. Die Seerose *Nymphaea* ‚Froebelii'

UNTEN: *Dieses mit großer Sorgfalt angelegte Wasserbecken am Rande einer Terrasse ist mit panaschierten Funkien* (Hosta) *bepflanzt, die einen Kontrast zu den großen, grün- und purpurfarbenen Blättern des Schaublatts* (Rodgersia)*, zu den weiß-grünen bandartigen Blättern des Flachses* (Phormium) *und den schlanken Blättern einer Wasseriris bilden.*

angelegte Wasserbecken. Die Seerose *Nymphaea* ‚Froebelii' besitzt tiefrote, sternförmige Blüten und purpur-grüne, runde Blätter; *N.* ‚Marliacea Chromatella' ist eine Sorte mit gelben Blüten und olivgrün gestreiften Blättern.

- Arum-Lilien schwimmen nicht, sondern stehen aufrecht. Am Rand eines Wasserbeckens, in dem sich ihre pfeilförmigen Blätter und schneeweißen Blüten im Wasser spiegeln, sind sie einfach atemberaubend. Die Zimmerkalla *Zantedeschia aethiopica* ist die winterhärteste Pflanze dieser Art und überlebt mehrere Grad minus unbeschadet.

### Uferpflanzen

- Uferpflanzen sind im Wesentlichen sehr attraktive Pflanzen, die am Rand von Wasserbecken in ca. 7,5–15 cm (manchmal auch bis zu 30 cm) tiefem Wasser kultiviert werden. Einige Arten wie die Wasserminze (*Mentha aquatica*) und *Veronica beccabunga* (Bachbunge) führen dem Wasser auch Sauerstoff zu.
- Farne gedeihen gut am Ufer unregelmäßig angelegter Becken und können einen dezenten Übergang zwischen einem Wasserlauf und dem Garten bilden. Teichuferpflanzen können zudem von der Fauna als Schutz genutzt werden. Die hohe, imposante Schwertliliensorte *Iris laevigata* trägt lavendelblaue Blüten und schwertartige Blätter, die sich fächerförmig entfalten.
- Die Blumenbinse (*Butomus umbellatus*) trägt im Sommer und Frühherbst Trauben von blassrosafarbenen Blüten, und ihre Blätter sind gewunden und bronzefarben gefärbt. Der purpurfarbene Blutweiderich (*Lythrum salicaria*) besitzt rotpurpurfarbene Blüten und lanzenartige Blätter. Das Sumpfvergissmeinnicht (*Myosotis palustris*) präsentiert den ganzen Sommer über seine himmelblauen Blüten mit gelben Augen.

- All diese Pflanzen können die steifen Konturen eines Teichs oder eines anderen Wasserbeckens auflockern. In tieferem Uferwasser können Sie die Wasserschwertlilie (*Iris pseudacorus*) pflanzen, eine hohe, leuchtend gelbe Irissorte, die aber für kleinere Gärten zu kräftig sein kann.

### Sumpfpflanzen und andere Feuchtigkeit liebende Pflanzen

- Viele farbenfrohe Pflanzen gedeihen problemlos in permanent feuchten Böden. Die Wasserfeder (*Hottonia palustris*) blüht blassviolett und mag die volle Sonne; die *Anemone rivularis* trägt vom Frühjahr bis in den Sommer blaue oder weiße Blüten; und die Kuckuckslichtnelke (*Lychnis flos-cuculi*) ist eine sehr hübsche, auffallend pinkfarbene Blume mit fransigen Blütenblättern – einst war sie in der freien Natur häufig anzutreffen, heute scheint sie jedoch selten geworden zu sein.
- Wenn Sie ausreichend Platz haben, könnten Sie eine imposante Pflanze in Ihren Gartenplan integrieren, wie z. B. das Mammutblatt (*Gunnera tinctoria*) mit seinen riesigen, rhabarberähnlichen Blättern, die bis zu 1,5 m breit werden. Auf die Ähren mit grünroten Blüten folgen rote oder purpurfarbene Früchte.
- Das Schaublatt *Rodgersia aesculifolia* ist eine weitere hohe und imposante Pflanze mit Blättern wie die Rosskastanie und Dolden winziger weißer Blüten mit einem Hauch von Pink, die einen angenehmen Duft verbreiten. Die Rhabarbersorte *Rheum palmatum* besitzt ebenfalls große, hübsche Blätter und ungewöhnliche Blütendolden auf roten und purpurfarbenen Stielen.

## WASSERGÄRTEN IM KÜBEL

Auch in einem kleinen Garten oder auf der Terrasse können Sie ein Wasserbecken anlegen, ohne zum Spaten zu greifen. Als geeignete Behälter kommen ein versiegeltes und verkleidetes halbes Fass, ein Metallkessel oder Keramikbecken mit versiegeltem Abfluss in Frage. Sie können zwar nur einige wenige ausgewählte Pflanzen in einen solchen Behälter setzen, aber selbst ein wenig Wasser kann bereits viel Freude bereiten.

- Metallbehälter sollten mit Gummifarbe oder Verkleidung versiegelt werden, da das Metall sonst für die Pflanzen und alle Fische, die Sie möglicherweise züchten möchten, schädlich sein könnte. (Fische sollten während des Winters allerdings ins Haus gebracht werden.) Eine geeignete Pflanze wäre die Seerose *Nymphaea pygmaea* ‚Helvola' mit ihren hübschen gelben Miniaturblüten. *N. tetragona* besitzt weiße Blüten von nicht mehr als 5 cm Durchmesser und herzförmige dunkelgrüne Blätter.

LINKS: *Die Weiße Scheinkalla* (Lysichiton camtschatcensis) *ist eine mehrjährige Uferpflanze, die im Erstfrühling erblüht. Hier spiegelt sie sich eindrucksvoll im Wasser wider.*

# DIE EXOTISCHE FLORA

**Unter exotischen Pflanzen stellt man sich meist solche aus tropischen und subtropischen Klimazonen vor, die in milden Regionen kaum überleben können. An einer geschützten Stelle im Garten können diese Pflanzen aber auch in milden Klimazonen gedeihen, und sogar in kälteren Bereichen, sofern sie im Winter geschützt werden. Einige sind allerdings so empfindlich, dass sie selbst im Sommer im Gewächshaus oder Wintergarten stehen müssen. Andere exotisch wirkende Pflanzen wiederum sind durchaus winterhart und im Grunde gar keine tropischen Pflanzen. Die exotische Flora umfasst auch viele schöne Kulturen, die wegen ihrer Höhe und interessanten Form oder ihres Blattschmucks architektonische Akzente setzen. Dazu zählen auch Pflanzen mit sehr farbenfrohen und ungewöhnlichen Blüten und immergrüne Pflanzen, die aus dem Dschungel zu stammen scheinen.**

## KAKTEEN UND SUKKULENTEN

KAKTEEN und Sukkulenten (Fettpflanzen) besitzen eine ganz außergewöhnliche Vielfalt von Größen, Formen, Farben und Strukturen. Viele stammen aus Wüstengegenden, in denen es kaum regnet, tagsüber sehr heiß und nachts sehr kalt wird.

- Andere stammen aus warmen, feuchten Regenwäldern. Sie alle haben sich an ihre jeweiligen extremen Lebensräume angepasst und ihre Blätter, Triebe oder Wurzeln in Wasserspeicher verwandelt, um lange Trockenzeiten überstehen zu können. Kakteen unterscheiden sich von anderen Sukkulenten darin, dass Dornen, Blüten und Triebe aus kissenartigen Wucherungen an ihren Stängeln und Trieben sprießen.
- Sukkulenten können eine pralle, glatte Oberfläche haben oder auch von samtartigen Haaren oder farbenfrohen Dornen übersät sein. Manche sind wie symmetrische Rosetten geformt, andere gedrungen, kugelförmig oder länglich wie Kerzen. Einige blühen nur kurz, dafür aber mit großen, leuchtenden Blüten, andere hingegen blühen länger und tragen viele winzige Blüten.
- In kühlen bis gemäßigten Klimazonen müssen die meisten Kakteen und Sukkulenten in einem Wintergarten oder im Haus gezogen werden; einige Arten sind allerdings winterhärter und können im Garten sehr interessant wirken. Fast alle Kakteen und Sukkulenten müssen an einem gut dränierten Standort stehen und gedeihen in erhöhten Beeten, aus denen das Wasser problemlos ablaufen kann.

UNTEN: *Diesem lauschigen Sitzbereich verleihen zahlreiche Sukkulenten in Kübeln farbenfrohe und interessante Akzente. Pelargonien mit duftenden Blättern erheben sich hinter den stacheligen Formen der Agave.*

OBEN: *Eine Reihe von Sukkulenten in Terracottatöpfen auf einer kleinen sonnendurchfluteten Terrassenmauer. Hier können sie das Tageslicht und die warme Sonne nutzen und entsprechend gedeihen.*

- Attraktive Sammlungen von Sukkulenten können auch in relativ kalten Regionen im Freien gehalten werden, wenn Sie Ihre Pflanzen mit Bedacht wählen. Kulturvarietäten der Fetthenne (*Sedum*) werden häufig in gemischte Rabatten gesetzt. Sie wirken meist aber viel imposanter in Reihen gepflanzt oder in Streifen vor einer Steinwand. Einige tief purpurfarbene Varietäten wie *S. spectabile* ‚Abendrot' sind sehr auffällig.

## Sukkulenten in Pflanzbehältern

- Die meisten Sukkulenten haben flache Wurzeln; sie sind daher ideale Kübelpflanzen. Breite, flache Pflanzbehälter sind die beste Wahl für niedrige Kriechgewächse wie die winterharte Hauswurzsorte *Sempervivum montanum*, die hübsche kleine Rosetten bildet und für einen Kübelgarten ideal ist.
- Bitterwurzelvarietäten (*Lewisia*) tragen leuchtende kleine Blüten auf zarten Stielen. An geschützter Stelle gedeihen sie auch gut in einem Kübel oder Kiesgarten. In Kübeln können gemischte Pflanzen unterschiedlicher Größen und Lebensgewohnheiten arrangiert werden.
- Große Töpfe oder Amphoren sind für größere Pflanzen mit bandförmigen Blättern (wie die *Agave attenuata*) geeignet. Auch ein erhöhtes Beet mit geringer Bodentiefe und viel Kies ist hübsch für ein Ensemble gemischter Sukkulenten.

## Sukkulenten als Blickfang

- Die Agaven sind dornig und monumental. Sie wachsen in Regionen, in denen Minustemperaturen nur selten erreicht werden. *Agave parryi* bildet dicke symmetrische Rosetten graugrüner Blätter, und der Feigenkaktus *Opuntia polycantha* trägt intensiv gelbe Blüten. Beide Pflanzen sind für sich ein phantastisches Gartenelement.

## Hängende Sukkulenten

- Einige Sukkulenten wachsen hängend und sind daher ideal für Ampeln. *Ceropegia woodii* (Leuchterblume) entwickelt Fluten leuchtender Blüten und gedeiht in warmen, sonnendurchfluteten Höfen oder im Wintergarten.

RECHTS: *Bananen sind mit ihren riesigen, glänzend grünen Blättern, die mit zunehmendem Alter einreißen, herrlich exotisch. Diese junge Bananenpflanze* Musa acuminata *benötigt einen geschützten Standort.*

## ARCHTITEKTONISCHE EXOTEN

VIELE eindrucksvolle Pflanzen sind interessante architektonische Elemente und können als Blickpunkt dienen. Viele sind winterhart, andere können in gemäßigten Klimazonen mit der richtigen Pflege und ausreichendem Schutz überleben.

### Baumfarne

- Baumfarne sind echte Farne, die aus den Wäldern der Tropen stammen. Sie entwickeln riesige aufrechte Rhizome, die wie Baumstämme wirken und bis zu 4 m hoch werden können. Diese Farne sind so imposant, dass eine einzige Pflanze für einen Hof in der Stadt als Bepflanzung ausreichen könnte.
- Der antarktische Baumfarn (*Dicksonia antarctica*) überlebt gewiss nicht mehrere kalte Winter in Folge, aber an einem schattigen und durch eine hohe immergrüne Hecke windgeschützten Standort kann er durchaus viele Jahre bestehen.
- Die gemäßigten Klimazonen sind nicht wirklich feucht genug für Baumfarne. Besprühen Sie den Stamm im Sommer oder montieren Sie eine automatische Bewässerungsanlage, die den Baumfarn feucht hält. In wärmeren Regionen ist ein zusätzlicher Schutz im Winter nicht unbedingt erforderlich, in kalten Gebieten hilft er hingegen sehr.
- Umgeben Sie den Stamm Ihres Farns vor dem Winter mit einem geeigneten Isolierstoff wie Polystyrolplatten, die Sie um den Stamm binden. Füllen Sie die Krone mit Stroh und befestigen Sie einen Polystyrolhut darauf. Stapeln Sie Strohballen möglichst hoch rund um den Stamm und die Farnwedel.
- Baumfarne werden mit zunehmender Größe immer winterhärter. Kaufen Sie daher das größte Exemplar, das Sie finden können. Jungpflanzen ohne Stamm können im Freien (mit Ausnahme sehr geschützter Standorte) nicht überwintert werden.

### Yuccapalmen

- Yuccas (Palmlilien) erfreuen den Gärtner mit ihrer hohen Statur und ihren sehr exotischen weißen Blüten. Die meisten sind in gemäßigten Regionen winterhart genug für einen sonnigen Standort. Sie bieten einen Blickpunkt in einer Rabatte oder als Solitärpflanzen und sind auch auf Stufen, Terrassen und in Höfen sehr augenfällig.
- Wenn Sie üppiges Wachstum wünschen, entfernen Sie die verblühten Ähren, bevor sie ganz abgestorben sind, sowie absterbende oder vertrocknete Blätter. Einige Yuccas bilden nach der Blüte einen Stamm und Zweige.
- Dazu zählen *Yucca floribunda*, *Y. gloriosa* (Spanischer Dolch), *Y. g.* ‚Variegata' und *Y. recurvifolia*. Einige dieser Sorten bilden eine Gruppe mehrerer Pflanzen ohne Stämme. Nachdem eine Einzelpflanze in dieser Gruppe geblüht hat,

UNTEN: *Diese purpurfarbenen Flachspflanzen* (Phormium) *wirken zwar exotisch, sind aber in unterschiedlichen Klimazonen winterhart, sofern sie an einem geschützten Standort stehen. Bananen hingegen sollten im Haus überwintert werden.*

LINKS: *Trotz ihres exotischen und glamourösen Aussehens ist die Yucca überraschend winterhart und setzt spektakuläre Akzente im Garten. Sie wird daher häufig bewusst als Designelement im Garten gewählt.*

stirbt sie ab, und von unten wächst eine neue Pflanze nach. Bei Y. *whipplei* kann es mehrere Jahre dauern, bevor sie blüht, wählen Sie sie daher nur wegen ihrer eindrucksvollen Blätter.

## Neuseeländer Flachs (*Phormium*)

- Diese immergrünen Stauden sind ursprünglich in Neuseeland beheimatet. Sie bilden auffällige Gruppen großer bandförmiger Blätter von Gelbgrün bis zu einem dunklen Purpurton. In einer Rabatte, neben einem Gebäude oder am Rand einer Rasenfläche sorgen sie für spektakuläre Blickpunkte.
- Flachs vermittelt ein echtes Dschungelgefühl, auch wenn viele dieser Pflanzen durchaus winterhart sind. Die bogenförmig wachsenden Blätter von *Phormium tenax* ‚Dazzler' sind bronzefarben, mit roten, orange- und rosafarbenen Streifen und wirken in einer vorwiegend roten Rabatte sehr interessant. *P.* ‚Sundowner' trägt bronze-grüne Blätter; *P.* ‚Variegatum' hat hellgrüne Blätter mit creme- und limettenfarbigen Streifen und sieht besonders vor dem Hintergrund dunklerer Blattpflanzen oder einer gestutzten Hecke sehr eindrucksvoll aus.

## Palmen

- In tropischen Ländern wirken diese hohen, sich im Winde wiegenden Bäume vor dem endlosen Horizont äußerst idyllisch. Es gibt nur zwei winterharte Palmenarten, und beide können dem Garten einen Hauch von Exotik bieten. Sie wirken eindrucksvoll in der Rabatte oder als Solitärpflanzen.
- *Trachycarpus* (Fächerpalme) bezeichnet eine Familie von sechs Arten immergrüner Palmen, die in den milden Wäldern der afrikanischen Subtropen beheimatet sind. Mit ihren fächerförmigen Blättern und kelchförmigen Blüten sind sie sehr anmutig anzuschauen. Fächerpalmen sind klein genug, um in einem Hof nicht zu viel Platz einzunehmen, sie sind aber auch als Solitärpflanzen für Gärten jeder Form geeignet. Sie mögen prallen Sonnenschein oder Teilschatten und sollten vor kalten, austrocknenden Winden geschützt werden.
- Die Chinesische Hanfpalme (*Trachycarpus fortunei*) ist eine einstämmige Palme mit einem Kopf fächerförmiger dunkelgrüner Blätter, die 45–75 cm lang werden, und mit kleinen gelben Blüten. Die weiblichen Pflanzen tragen blauschwarze Beeren. Diese Palme muss geschützt werden, besonders vor Nord- und Ostwinden.
- Die aus dem Mittelmeerraum stammende Zwergpalme (*Chamaerops humilis*) wächst strauchartig. Ihre langen, anmutigen und fingerähnlichen Blätter sind rosettenförmig angeordnet, und die Blüten bestehen aus drei winzigen Blütenblättern. Wählen Sie diese Palmensorte als Solitärpflanze für einen kleinen Garten. Bei Frostgefahr sollte sie besser in einem Topf gezogen und in einem Wintergarten oder im Haus überwintert werden.

OBEN: *Diese Gärten von Tresco auf den britischen Scilly-Inseln genießen ein erstaunlich mildes Klima, so dass hier zahlreiche subtropische Pflanzen gedeihen, die die Winter auf dem britischen Festland nicht überstehen würden. Hier blickt eine hohe Palme hinaus zu den anderen Inseln, und eine Agave überragt kleinere Pflanzen zu ihren Füßen.*

OBEN: *Der Erdbeerbaum (*Arbutus unedo*) ist ein wuchernder, mitunter strauchartiger Baum mit einer faszinierenden, blätternden Rinde, weißen Blüten und exotischen runden roten Früchten mit Warzen.*

## EXOTISCHE BLUMEN

ECHIUM CANDICANS (Stolz von Madeira) ist eine herrlich exotische, sehr hölzerne Staude mit 30 cm langen blauen Blüten in Zylinderform. Die Blüten entwickeln sich auf Stielen, die 1,5–2,4 m hoch werden und lange blühen. An einer geschützten Wand mit viel Sonnenschein kann dieser Exot über viele Jahre den Betrachter erfreuen. In kälteren Regionen sollten Sie diese Pflanze in einem kalten Gewächshaus kultivieren.

❀ Die große *Abutilon*-Familie (Schönmalven) umfasst Laub abwerfende Sträucher und kleine Bäume, die ursprünglich in tropischen und subtropischen Regionen beheimatet sind. Sie sind nicht besonders stämmig und müssen mit Stöcken abgestützt werden, die Blüten sind aber sowohl auffällig als auch zart.

❀ In frostanfälligen Bereichen können Sie Malven in Töpfen an einer Mauer halten und im Winter ins Haus nehmen. *Abutilon* ‚Ashford Red' ist eine immergrüne Sorte, die vom Frühjahr bis zum Herbst rote Blüten trägt. *A. megapotanicum* (Hängende Schönmalve) besitzt schlanke, bogenförmig wachsende Triebe und glockenförmige Blüten mit erstaunlich gelben Petalen und purpurfarbenen Stamens, die im Sommer und Herbst aus roten Kelchen erscheinen. *A. pictum* ‚Thomsonii' hat interessante, mit Gelb gesprenkelte Blätter und lachsfarbene, von einem Hauch Orange überzogene Blüten.

❀ *Fremontodendron* (Flanellstrauch) entwickelt eindrucksvolle und sehr auffällige gelbe Blüten, die in Kontrast zu den dunkelgrünen Blättern stehen. Die jungen Triebe sind haarig und mit Schuppen bedeckt. Pflanzen Sie diesen Exoten an einer warmen, sonnigen Wand oder im Hintergrund einer Rabatte in Verbindung mit einer Pflanze wie Efeu. Die Blätter und Triebe können Hautreizungen verursachen.

## GROSSBLÄTTRIGE PFLANZEN

DIESE sind meist am besten als Solitärpflanzen geeignet, einige sind aber verträglich genug, um mit kleinblättrigeren Pflanzen in einer schattigen Gartenecke ein hübsches Gesamtbild zu schaffen.

❀ Die Zimmeraralie *Fatsia japonica* wird in erster Linie wegen ihrer riesigen glänzenden dunkelgrünen Blätter und ihres robusten Wachstums gewählt. Die cremeweißen Blüten und kleinen schwarzen runden Früchte kommen als Bonus hinzu. Diese Pflanze ist ideal für einen schattigen Hof. Sie kann aus einer dunklen Gartenecke hervorspähen oder einen Gehölzweg verschönern. Die Efeuaralie × *Fatshedera lizei* vermittelt einem schattigen Standort einen gewissen Dschungellook.

LINKS: *Besonders geschätzt an der Cannalilie werden meist ihre leuchtenden roten und orangefarbenen Blüten. Diese Sorte,* Canna striata, *besitzt aber exotisch gestreifte Blätter. In Verbindung mit der dunkelstieligen roten* Dahlia *‚Bishop of Llandaff' und der feurigen* Montbretie (Crocosmia) *‚Lucifer' schafft sie ein auffallend „heißes" Bild.*

Diese Pflanze ist eine Kreuzung von Efeu und Aralie, und so sieht sie auch aus. Sie ist immergrün und pflegeleicht.

- Die Banane ist eine immergrüne Staude, markant und voller Charakter. Die japanische Banane (*Musa basjoo*) ist die einzige winterharte Sorte. Sie wird bis zu 5 m groß, und die Blätter wachsen bis zu einer Länge von 3 m. Die gelbgrünen Früchte sind nicht essbar.
- Das Mammutblatt (*Gunnera manicata*) ähnelt einer riesigen haarigen Rhabarberpflanze und ist eine ideale, architektonisch bemerkenswerte Pflanze für ein Teichufer oder den Rand eines Wasserlaufs. Falten Sie die Blätter im Winter oben übereinander und bedecken Sie sie mit Stroh, um die Krone zu schützen.

## EINIGE EXOTISCHE BÄUME

Es gibt viele interessante Bäume, die für kleine oder mittelgroße Gärten geeignet sind. Einige sehr exotische Arten werden nicht häufig genug ausprobiert.

- *Acacia dealbata* (Silberakazie) trägt sehr hübsche, graugrüne farnartige Blätter und ist im Frühjahr von einem Meer leuchtend gelber Blüten übersät. Er wächst schnell, eignet sich aber eigentlich nur für milde Regionen oder zur Kultivierung im Wintergarten.
- Der Blauglockenbaum (*Paulownia tomentosa*) ist eine winterharte, Laub abwerfende und den ganzen Sommer über dschungelhaft anmutende Pflanze. Wenn Sie ihn im Frühjahr zurückschneiden, wird der Blauglockenbaum noch im gleichen Jahr 3 m hoch und bringt weiche, samtartige Blätter mit einer Breite von 75 cm hervor. Die duftenden Blüten sind rosaweiß.
- Der Erdbeerbaum (*Arbutus*) lohnt die Mühe. Der Hybrid-erdbeerbaum *Arbutus* × *andrachnoides* ist eine wunderschöne immergrüne Pflanze, die im Winter blüht und sich durch eine interessante, abschälende rotbraune Rinde auszeichnet. Diese Pflanze ist ideal für große Strauchrabatten, waldartige Gartenanlagen oder als Solitärpflanze und sieht auch an einer Wand hübsch aus. Sie wird bis zu 7,5 m hoch.
- Alle Magnolien sind exotisch, und für jeden Garten findet sich die passende Sorte. Die immergrüne *M. grandiflora* trägt große, glänzende Blätter und intensiv duftende weiße Blüten. Sie zieht in prominenter Position alle Blicke auf sich, sollte aber nicht an einer Wand stehen. Die Laub abwerfende *M. stellata* ist im Frühjahr von kleinen, sternchenähnlichen weißen Blüten bedeckt und eignet sich besonders für kleine Gärten.
- *Photinia serratifolia* ist eine aristokratische immergrüne Pflanze, die bis zu 3,5 m hoch wird. Neben einem exotischen Wuchsverhalten und bronzefarbenen neuen Blättern zum Winterende besitzt sie auch eine interessante, sich schälende graubraune Rinde. Sie fügt sich gut zwischen andere Bäume und Sträucher in einen Hain oder eine Strauchrabatte ein und kann auch einen Pfad umsäumen.
- Die japanische Mispel (*Eriobotrya japonica*) ist ein großblättriger aber insgesamt kleiner immergrüner Baum, der vom Frühling bis in den Herbst blassgrüne federartige Blüten und große, faltige lederartige Blätter trägt. Die Mispel verträgt Trockenheit, und wenn die blassorangen Früchte einmal zur Reife kommen sollten, sind sie essbar.

UNTEN: *Durch die kräftigen Purpurtöne einjähriger oder mehrjähriger Verbenen ergänzt wirken die leuchtenden Orange- und lebhaften Rottöne der Dahlien noch intensiver.*

UNTEN: *Magnolien sind ohnehin atemberaubend und sehr gute Solitärpflanzen. Diese Hybride* Magnolia × soulangeana *wird bis zu 6 m hoch und trägt von Frühjahrsmitte bis Frühlingsende kelchförmige Blüten.*

# RASENPFLEGE

**Der Rasen ist das gute Stück vieler Gärten. Er bleibt auch dann grün, wenn die meisten anderen Pflanzen in den Winterschlaf verfallen, und hebt Pflanzen und Hartflächen wirkungsvoll voneinander ab. Er vereint verschiedene Gartenelemente und bringt Harmonie in gepflanzte und ungepflanzte Elemente. Wir sehen ihn als praktischen Gartenboden und zugleich als wichtiges visuelles Element und verlangen daher ungeheuer viel von unseren Rasenflächen. Häufig dient er als Kinderspielplatz, Erholungsraum für die ganze Familie und als stark beanspruchter täglicher Nutzbereich, auf dem regelmäßig – beispielsweise beim Wäsche Aufhängen oder auf dem Weg zum Schuppen – herumgetrampelt wird.**

## DIE RASENPFLEGE

Wenn man einmal bedenkt, wie viel wir von unseren Rasenflächen verlangen und wie sehr sie das Design der meisten Gärten dominieren, dann ist es gewiss überraschend, dass die meisten Gartendesigner von ihnen Höchstleistungen bei minimaler Pflege verlangen (mit Ausnahme des gelegentlichen Mähens und vielleicht der gelegentlichen Unkrautbekämpfung oder Düngung bei Bedarf).

❀ Vielleicht hilft es, wenn wir uns daran erinnern, dass der Rasen kein Feststoff ist, sondern aus Millionen winziger Pflanzen besteht, die alle wie jede andere Gartenpflanze auch Luft, Nahrung, Feuchtigkeit und gute Dränage benötigen.

❀ Damit ein Rasen seine englische Golfqualität behält, sind eine erschreckende Anzahl von Aufgaben erforderlich, die Sie wahrscheinlich scheuen werden, sofern Sie nicht gerade ein perfektionistischer Rasenliebhaber sind. Die meisten Gärtner stellen jedoch fest, dass es gar nicht so aufwändig ist, dem Rasen etwas mehr Aufmerksamkeit zu schenken und neben dem Mähen einige andere konkrete Aufgaben durchzuführen. Schließlich werden sie mit einem erheblich verbesserten Rasen für ihre Mühen belohnt.

UNTEN: *Ein gepflegter üppiger Rasen kann ebenso luxuriös und einladend sein wie ein dicker Teppich.*

LINKS: *Wenn Ihr Rasen eher funktionell als dekorativ sein soll, empfiehlt sich ein eher robusteres Gras, das einer ständigen Benutzung standhält.*

## RASENTYPEN

IHR Rasentyp hängt von den Gräsersorten ab, aus denen er besteht.

### Der Luxusrasen

- Luxusrasen besteht ausschließlich aus feinblättrigen kompakten Gräsern – Straußgras (*Agrostis*) und Schwingelgras (*Festuca*). Es fehlen breitblättrige Grassorten wie das mehrjährige Englische Raigras. Der Luxusrasen wird kurz gehalten, um zu verhindern, dass grobblättrige Gräser überhand nehmen. Ein feiner Zierrasen ist zwar sehr hübsch, aber zugleich auch nicht einfach zu erzielen oder zu pflegen.
- Eine guter Start für einen Luxusrasen ist weder einfach noch billig. Samen und vor allem Rasensoden sind teurer als für Nutzrasen. Wenn Sie einen Rasen mittels Samen etablieren möchten, müssen Sie ihn zunächst sorgfältigst vorbereiten, da der kurz geschnittene fertige Rasen jegliche Höhenunterschiede schonungslos zum Vorschein bringt. Feine Gräser keimen zudem nur langsam, so dass ein solcher Rasen erst langsam Fuß fasst.
- Luxusgras hält keine intensive Beanspruchung aus und ist daher auf keinen Fall für Gärtner mit Kindern zu empfehlen. Zudem darf dieser Rasen nicht vernachlässigt werden. Wenn Sie also nicht gerade Rasen lieben, empfiehlt sich für Sie ein Rasentyp, den Sie auch wirklich gut in Schuss halten können.

### Der Nutzrasen

- Für die meisten Gärtner ist ein Nutzrasen sicher erheblich benutzerfreundlicher als ein Luxusrasen. Der Nutzrasen besteht aus breitblättrigen Gräsern kombiniert mit einigen feinblättrigen Sorten, die allen Anforderungen des Familienlebens gewachsen sind.
- Die meisten von uns sehen den Rasen als erweiterten Wohnbereich und nicht nur als Paradestück, das aus der Ferne bewundert werden kann. Nutzrasen werden den Anforderungen des modernen Lebensstils in bewundernswerter Weise gerecht: Es macht ihnen nichts aus, wenn man regelmäßig auf ihnen läuft und spielt.
- Sehr wichtig für den geschäftigen Gärtner ist auch, dass Nutzrasen ein gewisses Maß an Vernachlässigung ohne nachhaltige Schäden vertragen. Von Samen oder Soden gezogenes Nutzgras ist günstiger als Luxusrasen und etabliert sich auch erheblich einfacher und schneller. Die breiteren Blätter verbergen zudem die groben Gräser, die sich häufig auf Rasenflächen einschleichen und die in einem Luxusrasen sehr sichtbare Makel darstellen würden.
- Der Hauptnachteil eines Nutzrasens besteht darin, dass er vom Frühjahr an den ganzen Sommer hindurch regelmäßig geschnitten werden muss. Da dies jedoch auf seine Widerstandsfähigkeit und sein schnelles Wachstum zurückzuführen ist, ziehen die meisten Gärtner allerdings das regelmäßige und relativ anstrengende Mähen den launenhaften Anforderungen eines Luxusrasens vor.

RECHTS: *Damit Ihr Rasen auch die warmen Sommermonate unbeschadet übersteht, sollten Sie in einen guten Sprenger investieren.*

LINKS: *Die meisten Gärtner würden das Auftauchen von Unkräutern wie Sauerampfer in ihrem Rasen nur sehr ungern sehen; mit der richtigen regelmäßigen Pflege kann diese Gefahr jedoch weitestgehend gebannt werden.*

## SAMEN

SAMEN sind ein günstiger und beliebter Weg zum neuen Rasen. Im Unterschied zu Soden (ganzen Rasenstücken) verschlechtert sich die Qualität von Samen nicht unmittelbar nach dem Kauf, so dass Sie den Zeitpunkt der Aussaat festlegen können.

❀ Ein Nachteil ist aber, dass die Bodenvorbereitung besonders wichtig und sehr zeitaufwändig ist. Rasen wird am besten im Frühjahr oder zum Herbstanfang ausgesät, einer Zeit, die für den Gärtner ohnehin sehr arbeitsintensiv ist. Unkraut muss rigoros entfernt werden, und dennoch ist der neue Rasen besonders anfällig für neue Unkrautangriffe, Gefahren von Vögeln, Krankheiten, übermäßig trockenem oder nassem Wetter und Katzen.

❀ Achten Sie während der Keimung sorgfältig auf den neuen Rasen und gießen Sie ihn bei Bedarf. Säen Sie also keinen Rasen aus und fahren Sie dann in den Urlaub in der Annahme, dass Sie bei Ihrer Rückkehr eine makellose Grasnarbe vorfinden werden. Bei zu trockenem Wetter könnte Ihr Rasen bereits im Keim vertrocknet sein. Ein weiterer Nachteil der Anzucht vom Samen besteht darin, dass der Rasen erst nach ca. 9 bis 12 Monaten normal genutzt werden kann.

## RASENSODEN

SODEN sind erheblich teurer als Grassamen, vor allem wenn Sie Rasenstücke in Luxusqualität kaufen. Das Verlegen der Rasenstücke ist zudem harte Arbeit, bietet aber einige Vorteile gegenüber Samen.

❀ Rasenstücke werden meist im Spätherbst bis Winter oder aber im Erstfrühling verlegt, also zu Zeiten im Gartenjahr, die nicht besonders geschäftig sind. Das Verlegen der Rasenstücke lässt sich daher relativ einfach in das Arbeitspensum für den Garten einfügen. Der wichtigste Vorteil von Rasensoden gegenüber Samen besteht darin, dass Soden fast unmittelbar einen reifen Rasen ergeben, der sich meist binnen zwei oder drei Monaten gut etabliert hat.

❀ Soden sind nicht so problemanfällig wie keimende Sämlinge und bedürfen daher nach dem Verlegen erheblich weniger Pflege als ein von Samen gezogener Rasen. Eine gute Bodenvorbereitung ist zwar für jeden neuen Rasen wichtig, aber beim Verlegen von Soden muss das Saatbeet nicht erst feinplaniert werden.

### Die Wahl der richtigen Standardrasensoden

❀ Hoffentlich müssen Sie Rasensoden nur einmal im Leben Ihres Rasens kaufen. Wählen Sie daher den richtigen Rasen vor dem Kauf mit Bedacht und kaufen Sie die beste Qualität, die Sie sich leisten können, von einem angesehenen Lieferanten.

UNTEN: *Gänseblümchen sind eines der häufigsten Unkräuter auf Rasenflächen. Häufig werden sie aber nicht als störend empfunden, da ein mit Gänseblümchen durchwachsener Rasen natürlich wirkt.*

❀ An dieser Stelle zu sparen könnte jahrelange Probleme verursachen. Einige billige Rasenstücke sehen beispielsweise durchaus gesund aus, sind aber möglicherweise grobem Weideland entnommen und enthalten einen hohen Anteil von Unkräutern und groben Gräsern, die auch bei der besten Pflege nie gut aussehen werden. Rasenfachhändler müssen auf ihren guten Ruf achten, daher lohnen sich die geringen Zusatzkosten für die erworbenen Rasenstücke.

❀ Verlegen Sie die Rasenstücke möglichst schnell nach dem Kauf, da die Qualität schnell abnimmt. Wenn der Rasen angeliefert wird und Sie ihn am Wochenende verlegen möchten, aber Ihnen das Wetter einen Strich durch die Rechnung macht, nehmen Sie sich während der Woche die Zeit, den Rasen zu verlegen, sobald es das Wetter zulässt.

❀ Für vielbeschäftigte Freizeitgärtner ist dies vielleicht gar nicht möglich. Wenn beispielsweise das Wetter zu Verzögerungen führt und Sie einfach nicht umplanen können, bereiten Sie unbedingt einen Alternativplan vor, auch wenn Sie dazu fremde Hilfe in Anspruch nehmen müssen.

❀ Wenn sich das Verlegen um voraussichtlich mehr als drei Tage verzögern wird, können Sie die Rasenstücke ausrollen und an einem schattigen Ort feucht halten. Besser ist es aber, wenn sie unmittelbar nach Erhalt verlegt werden.

❀ Bestellen Sie ca. fünf Prozent mehr Rasenstücke als Sie benötigen, denn dadurch haben Sie den Ausschuss mit berücksichtigt. Stellen Sie vor der Anlieferung sicher, dass eine Fläche bereitsteht, wo der angelieferte Rasen bis zur Verlegung gelagert werden kann.

### Vorgezogener Rasen

❀ Professionelle Landschaftsgärtner verwenden seit Jahren vorgezogenen Rasen, und diese Technik der Rasenanzucht erfreut sich auch bei privaten Gärtnern immer größerer Beliebtheit. Ein großer Vorteil von vorgezogenem Rasen besteht darin, dass er nach einem bestimmten „Rezept" zusammengestellt wurde und daher eine einheitlich hohe Qualität aufweisen sollte. Bei Standardsoden hingegen ist es für den Laien schwer, die Zusammensetzung und Qualität der Gräser zu bestimmen.

❀ Besonders wünschenswerte Rasengräser werden auf ein Substrat gesät. Sie wissen also genau, was Sie kaufen, und die Rasenstücke sind unkrautfrei. Vorgezogener Rasen ist auch erheblich leichter und lässt sich problemloser verlegen als normale Rasenstücke. Sie können ihn sogar mit einer gewöhnlichen Schere schneiden.

❀ Dafür sind vorgezogene Rasensoden aber auch teurer als normale Rasenstücke. Zudem nehmen sie Bodenwellen nicht so leicht hin, so dass Sie die Fläche vor dem Verlegen des Rasens sorgfältiger vorbereiten müssen, um sicherzustellen, dass der Boden völlig eben ist.

UNTEN: *Drei der häufigsten Rasenunkräuter (von links): Löwenzahn, Wegerich und Weißklee, die sich nicht immer problemlos auf Dauer entfernen lassen.*

## ETABLIEREN EINES NEUEN RASENS

VORBEREITUNG ist der Schlüssel zu einem gut aussehenden und pflegeleichten Rasen – ohne erhöhte Stellen und Löcher, die das Mähen erschweren, ohne mehrjährige Unkräuter, nur ebenes, gleichmäßiges grünes gesundes Gras. Denken Sie stets an dieses Bild, wenn Sie die mühsame, aber zugleich sehr notwendige Bodenvorbereitung in Angriff nehmen.

- Die Bodenvorbereitung ist im Wesentlichen gleich, egal ob Sie den Rasen von Samen ziehen oder Soden verlegen. Folgen Sie den allgemeinen Richtlinien unten, bis Sie zu den spezifischen Anweisungen für Rasensamen bzw. Soden gelangen (Seite 406).
- Im Idealfall sollten Sie mit der Bodenvorbereitung für einen neuen Rasen mindestens drei Monate vor der Aussaat oder Verlegung der Rasenstücke beginnen. Die Vorarbeiten sind umfangreich, und der Boden muss Zeit haben, sich zu setzen.

### Räumen und Planieren

- Räumen Sie die Fläche bis zum Boden. Entfernen Sie Baumstämme und -wurzeln und ziehen Sie dabei bei Bedarf einen Fachmann zu Hilfe. Graben Sie mehrjährige Unkräuter aus und behandeln Sie den Bereich mit Unkrautvertilgungsmitteln.
- Möglicherweise müssen Sie die Konturen des Standorts ändern, damit der Rasen später auf einer ebenen Fläche wächst. Gleichgültig ob das Gelände abschüssig oder fast horizontal ist, es sollte keine störenden erhöhten Stellen oder Löcher aufweisen, da diese unweigerlich Probleme beim fertigen Rasen verursachen würden – visuell und beim Mähen.
- Achten Sie beim Korrigieren von Hügeln und Löchern darauf, dass Ober- und Unterboden in den korrekten Schichten vorliegen. Wenn Sie beispielsweise eine große Erhebung entfernen, sollten Sie nicht der Versuchung erliegen, nur den Oberboden (Mutterboden) zu entfernen. Entfernen Sie den Mutterboden, legen Sie ihn auf die Seite, heben Sie dann den Unterboden in der erforderlichen Tiefe aus und füllen Sie das Loch dann mit Oberboden auf.

### Einebnen

- Um eine ebene Fläche zu schaffen, nehmen Sie einige Holzstäbe – die erforderliche Länge hängt davon ab, wie uneben der Boden ist – und markieren Sie jeden Stab 10 cm von der oberen Spitze. Stecken Sie die Stäbe in 2 m Abstand voneinander in den Boden, bis Sie die Fläche mit einem Gittermuster überzogen haben.
- Legen Sie eine Holzlatte über je zwei Stäbe mit einer Wasserwaage darauf und schlagen Sie mit einem Hammer auf die Latte, bis sie gerade liegt. Entfernen Sie überschüssigen Boden zwischen den Stäben oder fügen Sie mehr Boden hinzu, bis die Bodenoberfläche auf einer Höhe mit den Stabmarkierungen ist.

### Dränage

- Rasenflächen müssen sorgfältig entwässert werden. Bei den meisten Flächen wird der Boden durch Umgraben ausreichend verbessert.
- Schwere Tonböden müssen möglicherweise intensiver behandelt werden. Der Mutterboden muss hier entfernt und Dränagematerial schichtweise auf dem Unterboden aufgetragen werden. Beginnen Sie mit einer 15 cm tiefen Schuttschicht, gefolgt von einer 15 cm tiefen Schicht kleiner Steine, groben Sandes oder Kieses und schließlich wieder der Mutterbodenschicht.
- Bei Flächen, in denen sich das Wasser über undurchdringlichen Tonunterböden staut, müssen Sie eine spezielle Dränageanlage installieren, wenn Sie die Fläche unbedingt in einen Rasen verwandeln möchten.

### Bodenvorbereitung

- Es ist harte Arbeit, eine Fläche umzugraben, die für einen durchschnittlich großen Rasen ausreicht, und es könnte sich lohnen, eine mechanische Gartenfräse zu mieten. Entfernen Sie große Steine und mehrjährige Unkräuter. Graben Sie um, wenn der Boden relativ trocken ist. Geben Sie schwerem Boden Sand hinzu, und leichtem Boden gut verrottete organische Stoffe.

### Verdichten und Feinplanieren mit dem Rechen

- Treten Sie den Boden an einem trockenen Tag gleichmäßig fest. Gehen Sie dabei mit winzigen Schritten über den Rasen, wobei Ihr Gewicht auf Ihren Fersen ruht. Harken Sie den Boden gleichmäßig und entfernen Sie Steine und Schutt. Oder treten Sie den Boden fest und bearbeiten Sie ihn mit einem Rechen, bis die Fläche eben und der Boden fein krümelig ist.

### Brachliegen

- Wenn Sie Rasensamen ausbringen, ist die Vorbereitung eines unkrautfreien Saatbeets unabdinglich. Auch bei fertigen Rasenstücken ist eine unkrautfreie Fläche von Vorteil, aber dieser Arbeitsschritt ist für Soden nicht so wichtig wie für Samen. Lassen Sie das Saatbeet ruhen, bis einjährige Unkräuter keimen, und bringen Sie dann Unkrautvertilgungsmittel auf. Nach einigen Tagen, wenn das Unkraut abgestorben ist, entfernen Sie es mit einem Rechen. Achten Sie dabei darauf, dass Sie alle Wurzeln entfernen.

### Düngen

- Einige Tage vor dem Säen oder Verlegen der Grasstücke harken Sie einen hochwertigen Mischdünger locker unter. Beachten Sie dabei exakt die Anweisungen des Herstellers.

## RASENPROBLEME

*Unten sind einige der häufigsten Rasenprobleme illustriert. Die regelmäßige Pflege Ihres Rasens kann helfen, diese Probleme zu beseitigen.*

Kahlstellen

schüttere Stellen

Moos

Maulwurfshügel

## AUSSÄEN VON HAND

*Wenn Sie von Hand aussäen, unterteilen Sie die Fläche zunächst in gleichgroße Teile.*

*1 Teilen Sie das Saatgut in entsprechend viele Mengen und bringen Sie es möglichst gleichmäßig auf. Arbeiten Sie dabei zunächst in einer Richtung und dann im rechten Winkel dazu, wie Sie auch mit einem maschinellen Streuer verfahren würden.*

*2 Harken Sie die Samen locker mit dem Rechen unter und bewässern Sie sie mit einem Sprenger, damit die Samen nicht wieder an die Oberfläche kommen.*

## ANLEGEN EINES RASENS AUS SAMEN

HALTEN Sie sich hinsichtlich der zu verwendenden Saatgutmenge an die Anweisungen des Herstellers. Zu viele Samen können der Umfallkrankheit in den sprießenden Keimlingen Vorschub leisten; bei zu wenig Samen wird der Rasen ungleichmäßig, und Unkrautkeimlinge können ebenfalls treiben und mit dem wachsenden Gras um Licht, Nährstoffe und Wasser kämpfen.

❀ Schütteln Sie den Saatgutbehälter vor der Aussaat stets gut, damit die verschiedenen Samensorten gleichmäßig gemischt werden.

### Säen mit dem Samenstreuer

❀ Ein mechanischer Samen- oder Düngerstreuer leistet gute Dienste, wenn Sie Saatgut präzise auf einen mittelgroßen bis großen Rasen ausbringen möchten. Es ist sehr wichtig, dass Sie gleichmäßig und in der korrekten Menge für die vorgesehene Rasenfläche säen. Sie verteilen das Saatgut dann am gleichmäßigsten, wenn Sie mit der Hälfte der Samen in der einen Richtung säen und die andere Hälfte dann im rechten Winkel zur ersten ausbringen.

### Pflege eines ausgesäten Rasens

❀ Bei trockenem Wetter bewässern Sie den Rasen regelmäßig mit dem Sprenger. Decken Sie die Rasenfläche mit einem Netz ab, um die wachsenden Samen vor Vögeln zu schützen. In ca. ein bis drei Wochen dürften die Keimlinge sprießen.

RECHTS: *Mit fertigen Rasenstücken erhalten Sie im Handumdrehen und mit relativ wenig Mühe einen sauberen Rasen.*

### Mähen eines ausgesäten Rasens

❀ Wenn das Gras ca. 5 cm hoch ist, schneiden Sie es mit einem Rasenmäher mit rotierenden Messern. Wenn Sie die Samen im Herbst ausgebracht haben, müssen Sie erst im Frühjahr mähen. Wenn Sie im Frühjahr aussäen, schneiden Sie das Gras während der Wachstumsmonate regelmäßig. Senken Sie dabei die Schnitthöhe allmählich.

**1** Verlegen Sie die Rasenstücke entlang einer geraden Kante. Achten Sie darauf, dass jedes neue Rasenstück dicht mit dem nächsten abschließt. Stellen Sie sich beim Verlegen der nächsten Reihe auf ein Brett und drücken Sie jedes Rasenstück mit der Rückseite eines Rechenkopfes sanft aber fest an. Dadurch beseitigen Sie etwaige Lufteinschlüsse unter dem Rasenstück.

**2** Verlegen Sie die Rasenstücke in der zweiten Reihe wie in einer Mauer versetzt zur ersten. Beenden Sie eine Reihe nie mit einem sehr kleinen Rasenstück, das instabil wäre und leicht beschädigt werden oder austrocknen könnte. Legen Sie vielmehr ein möglichst großes Stück ans Ende der Reihe und füllen Sie Lücken zwischen dieser und der nächsten Sode mit einem kleinen Rasenstück.

**3** Streuen Sie Kopfdünger aus gesiebtem Sand und Lehm in die Fugen, damit die Rasenstücke besser miteinander verwachsen.

**4** Bewässern Sie die Rasenstücke mit einem feinen Rasensprenger. Halten Sie den neuen Rasen unbedingt feucht, so dass er im Mutterboden Wurzeln fassen kann.

## PFLEGE VON RASENKANTEN

*Klare Kanten verbessern das Gesamtbild eines Rasens ganz erheblich. Struppige Rasenkanten können mit einer scharfen Rasenkantenschere oder Elektrotrimmern begradigt werden. Um einen neuen Rasen mit sauberen Kanten zu umgeben, treiben Sie einen sauberen scharfen Rasenkantenstecher in Halbmondform senkrecht in den Rasen. Verwenden Sie keinen Spaten, Sie würden sonst eine bogenförmige Kante erhalten.*

**1** Um die neu verlegten Rasenstücke vor übermäßigem Druck zu schützen, stellen Sie sich auf eine Latte, die Ihr Gewicht bei der Arbeit gleichmäßig verteilt. Wenn Sie eine gerade Kante schneiden, verwenden Sie die Latte als Lineal. Richten Sie die Latte an einem Band aus, das straff in der gewünschten Position gespannt ist. Ein langer, durch die Latte in den Rasen getriebener Nagel hält die Latte bei Ihrer Arbeit in Position.

**2** Ein Schlauch oder ein mit gebogenem Draht festgestecktes Seil markiert eine gebogene Kante.

**3** Trimmen Sie ungleiche Kanten mit der Gartenschere. Entfernen Sie nach dem Abkanten stets das Schnittgut, damit das Gras nicht in Ihrem Blumenbeet Wurzeln fasst.

## AUSGLEICHEN VON BODENUNEBENHEITEN

*Buckel oder Vertiefungen im Rasen werden schnell unschön. Buckel werden vom Rasenmäher leicht „rasiert", so dass sich Kahlstellen bilden; und in Vertiefungen staut sich schnell Wasser, so dass die Krankheitsgefahr steigt und einige Grasstellen grüner werden als der Rest der Rasenfläche.*

**1** Führen Sie mit einem halbmondförmigen Rasenkantenstecher oder scharfen Spaten einen H-förmigen Schnitt durch den Buckel oder die Vertiefung aus.

**2** Schälen Sie die Rasensode vorsichtig zurück. Geben Sie Boden zu, um eine Vertiefung aufzufüllen, oder entfernen Sie Boden von einem Buckel. Treten Sie den Boden gleichmäßig fest. Rollen Sie das Rasenstück wieder zurück und vergewissern Sie sich, dass die Fläche eben ist, bevor Sie den Rasen festtreten. Sieben Sie Erde über die durch den Schnitt entstandenen Risse.

## NATÜRLICHE GRASFLÄCHEN (WIESEN)

Zu einigen Standorten passt eine weniger kunstvolle Grasfläche möglicherweise besser als ein traditioneller Rasen. Wenn Ihr Garten beispielsweise an Felder grenzt, möchten Sie den Übergang von Ihrem Garten zu der umgebenden Landschaft möglicherweise dadurch auflockern, dass Sie einen Teil Ihres Rasens länger wachsen lassen, um eine natürlichere Atmosphäre zu schaffen.

❀ Wiesen sind pflegeleicht und ein Paradies für die Fauna. An der falschen Stelle, beispielsweise in einem kleinen, ansonsten symmetrischen Vorgarten, sieht eine Wiese allerdings leicht ungepflegt aus, wenn absterbende Blätter von Zwiebelgewächsen im verwilderten Gras verrotten. Natürliche Grasflächen sollten in der Regel nur auf relativ großem Raum abseits des Hauses dort angelegt werden, wo ihre wilde Schönheit am natürlichsten wirkt.

### BLUMENZWIEBELN IN EINEN RASEN PFLANZEN

*1 Verstreuen Sie die Zwiebeln willkürlich über den Rasen, so dass sie ähnliche Haufen bilden wie in der Natur. Bei größeren Zwiebeln heben Sie Pflanzlöcher mit einem Zwiebelpflanzgerät aus, das ein ausreichend großes Stück Rasen sauber entfernt.*

*2 Pflanzen Sie jede große Zwiebel mit den Wurzeln nach unten in der empfohlenen Pflanztiefe. Achten Sie darauf, dass unter der Zwiebel keine Luft eingeschlossen wird und sich dort kein Wasser sammeln könnte. Es kann empfehlenswert sein, eine dünne Schicht Grobsand oder feuchten Torf unter die Zwiebel zu geben, so dass Wasser leichter abfließen kann. Legen Sie den entfernten Boden wieder auf.*

*1 Kleine Knollen und Zwiebeln lassen sich problemlos pflanzen, indem Sie ein Rasenstück teilweise anheben. Führen Sie einen H-förmigen Schnitt aus und legen Sie den Rasen zurück. Harken Sie ein wenig Düngemittel mit allmählicher Nährstoffabgabe in den offenen Mutterboden ein.*

*2 Verteilen Sie die kleinen Zwiebeln oder Knollen willkürlich über den Bereich (mit der Wurzelseite nach unten) und legen Sie das Rasenstück wieder zurück in Position. Drücken Sie den Rasen sanft, aber mit Druck, fest, und achten Sie darauf, dass der Boden eben ist. Lassen Sie die durchschnittenen Kanten des Rasenstücks nicht austrocknen.*

## RASENPFLEGE

*Etablierte Rasenflächen müssen regelmäßig gepflegt werden – und das heißt nicht nur mit dem Rasenmäher schneiden. In jeder Jahreszeit können Sie bestimmte Arbeiten durchführen.*

### Frühling

- Sobald das Gras zu wachsen beginnt und es das Wetter zulässt, harken Sie den Rasen, um Blätter und anderen Schutt zu entfernen.
- Beim ersten Rasenschnitt des Jahres stellen Sie die Schnitthöhe hoch ein, so dass nur die Grasspitzen entfernt werden.
- Begradigen Sie die Rasenkanten mit einem halbmondförmigen Abkanteisen (Rasenkantenstecher).
- Düngen Sie den Rasen und jäten Sie Unkraut.
- Zum Sommer hin sollten Sie die Schnitthöhe allmählich senken, um den Rasen kürzer zu schneiden.

### Sommer

- Bringen Sie Sommerdünger aus.
- Jäten Sie Unkraut.
- Mähen Sie weiterhin einmal pro Woche. Im Idealfall sollten Sie vor dem Mähen harken, damit sich Klee nicht im Rasen etablieren kann.
- Im Hochsommer, wenn das Gras mit aller Macht wächst, sollten Sie zweimal pro Woche schneiden.
- Halten Sie die Rasenkanten sauber beschnitten.
- Gießen oder sprengen Sie den Rasen bei sehr trockenem Wetter und schneiden Sie ihn nur einmal pro Woche.
- Zum Spätsommer hin erhöhen Sie die Schnitthöhe allmählich, so dass das Gras wieder etwas länger werden kann.

### Herbst

- Der Herbstanfang ist eine ausgezeichnete Zeit, um einen neuen Rasen auszusäen.
- Reduzieren Sie die Schnitthäufigkeit auf einmal pro Woche, wählen Sie dabei eine hohe Schnitthöhe.
- Vernichten Sie Moos zwei Wochen bevor Sie den Rasen mit einem Skarifikator auflockern.
- Lockern Sie den Rasen mit einem Skarifikator auf, um Schutt zu entfernen und ein gesundes Graswachstum zu fördern.
- Vertikutieren Sie verdichtete Bereiche, um sie zu lüften, und mulchen Sie diesen Bereich.
- Mulchen Sie den Rasen mit einer Mischung aus Lehm, Sand und Kompost.
- Fegen Sie Laub vom Rasen.
- Beseitigen Sie Kahlstellen mit neuen Rasenstücken oder säen Sie neuen Rasen über den Kahlstellen aus.
- Trimmen Sie die Rasenkanten in Vorbereitung auf den Winter.
- Reinigen und schmieren Sie die Geräte und verstauen Sie sie über den Winter.
- Der Spätherbst und Winteranfang sind eine günstige Jahreszeit zum Verlegen von Rasenstücken.

### Winter

- Betreten Sie keine unter Wasser stehenden oder gefrorenen Rasen.
- Vergewissern Sie sich, dass der Rasenmäher für den bevorstehenden Frühling bereit und funktionstüchtig ist.

UNTEN: *Blumengruppen in einem Blumenrasen erfreuen durch ihre unwiderstehlichen Frühlingsfarben.*

## DER ÜBERSCHWANG DES 19. JAHRHUNDERTS

### GÄRTEN IM 19. JAHRHUNDERT

Mit der Industriellen Revolution verlagerte sich das Zentrum von Macht und Reichtum von den Landbesitzern zu den Industriellen, den neuen Vätern prunkvoller Gartenanlagen. Doch auch die aufstrebende, wohlhabende Mittelklasse wollte eigene Gärten. Zahlreiche Gartenmärkte wurden geöffnet, um die steigende Nachfrage zu befriedigen. Eine Flut neuer Gartenzeitschriften kam auf, viele von Chefgärtnern verfasst. Auch wenn der Ansatz dieser Zeitschriften eher autoritär war, erfreuten sie sich großer Beliebtheit.

❀ Der auffälligste Aspekt des Gartens im 19. Jahrhundert waren die „Beete", das heißt, mit Mustern von farbenfrohen einjährigen Pflanzen und exotischen Gewächsen gefüllte Blumenbeete. Die Chefgärtner mussten alle erforderlichen Pflanzen in riesigen Gewächshäusern vermehren und häufig ein völlig neues Muster über Nacht pflanzen, um Wochenendgäste zu überraschen. Im 19. Jahrhundert erfand E. E. Budding auch den Rasenmäher und war damit der Vater des kurz geschnittenen, sehr gepflegten, üppig grünen englischen Rasens.

### Natürliche Blüten

❀ Die extravaganten Blütenschauen des 19. Jahrhunderts erzeugten natürlich eine Reaktion – in der Form von William Robinson, einem streitsüchtigen Iren, der seine Laufbahn als Gärtner begann und als Journalist beendete. Seine Philosophie lautete, „durchaus winterharte exotische Gewächse unter Bedingungen zu halten, unter denen sie ohne weitere Pflege gedeihen." Er war ein vehementer Verfechter zwangloser Gartenformen und brachte das Konzept von ins Gras integrierten Blumenzwiebeln ein. Er setzte Farben sehr geschmackvoll ein und zog dauerhafte Pflanzungen den arbeitsintensiven „Beet"-Anlagen vor. Es ist daher nicht überraschend, dass seine Ideen in vielen modernen Gärten verwirklicht sind.

### Die Partnerschaft von Jekyll und Lutyens

❀ Gertrude Jekyll war eine Freundin von Robinson und die einflussreichste Gartendesignerin in Großbritannien vor dem Zweiten Weltkrieg. 1889 traf sie einen jungen Architekten, Edwin Lutyens. Die beiden arbeiteten daraufhin bei zahlreichen Gartenprojekten zusammen. Er konzentrierte sich auf die architektonischen Aspekte und Landschaftsgestaltung, während Gertrude Jekyll die Pflanzen übernahm. Sie war eine ausgebildete Malerin und durch die zeitgenössischen Farbtheorien beeinflusst. Sie entwickelte Farbkonzepte mit einer Farbe oder Farbabstufungen, die sich sehr von den früheren auffälligen Beetfarben unterschieden. Ihr naturalistischer Ansatz war im formalen Rahmen von Lutyens Mauern, Stufen und Pflastern besonders erfolgreich.

LINKS: *Karikatur des Architekten Edwin Lutyens, dessen Partnerschaft mit Gertrude Jekyll einige der einflussreichsten Gärten im ausklingenden 19. und beginnenden 20. Jahrhundert hervorbrachte.*

# GEFLOCHTENE RABATTENEINFASSUNG

**Moderne Rabatteneinfassungen sind eine schnelle und einfache Möglichkeit, Erde im Beet zu halten und für eine gerade Schnittlinie zu sorgen. Die künstlichen Farbtöne vorgefertigter Betoneinfassungen passen aber nicht immer zu einem romantischen Gartenstil. Dieser rustikale Miniaturzaun grenzt eine Gartenrabatte ein und ist ebenso hübsch wie praktisch. Wenn Sie keine frischen Weidenruten finden, tauchen Sie ältere, trockene Ruten über Nacht oder länger in einen großen Behälter mit Wasser, bis die Ruten biegsam sind.**

## WERKZEUG UND MATERIALIEN

- Hammer
- Haselzweige, 40–45 cm lang, 2–3 cm Durchmesser
- Lange, biegsame Weidenruten zum Flechten
- Messer oder Gartenschere

*1 Schlagen Sie die Haselzweige mit dem Hammer in ca. 15 cm Abstand voneinander entlang der Rabatte fest in den Boden, so dass die Oberkanten der Zweige in einer Höhe von ca. 30 cm aus dem Boden ragen. Falls Sie die Einfassung eventuell einmal entfernen möchten, schlagen Sie die Zweige nicht zu fest in den Boden ein.*

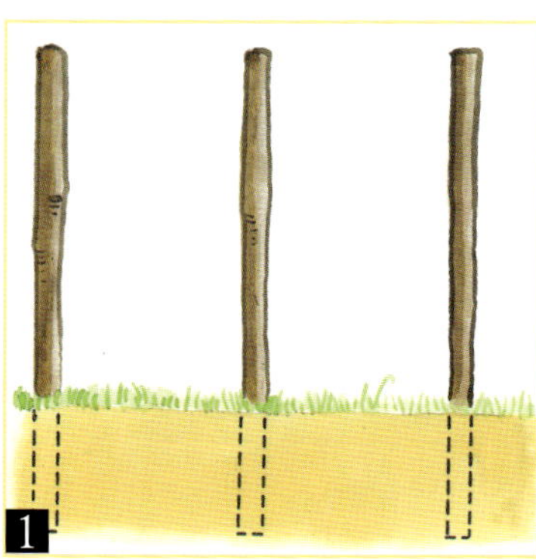


*2 Flechten Sie jeweils eine Hand voll (10 – 12) Weidenruten um die Zweige (abwechselnd vor und hinter dem Stab vorbeiführen).*

*3 Am letzten aufrechten Zweig führen Sie die Ruten in einer Achterform um den Zweig herum und zurück zum nächsten. Drücken Sie bei der Arbeit die Weidenruten zum Boden hin, so dass sie ein dichtes Geflecht bilden.*

*4 Geben Sie fortlaufend weitere Weidenrutenbündel hinzu, bis Sie den oberen Rand erreichen. Beginnen und beenden Sie die Bündel jeweils auf der Hinterseite der Einfassung. Schneiden Sie die Enden ab und verstecken Sie sie bei Bedarf unter anderen Ruten.*

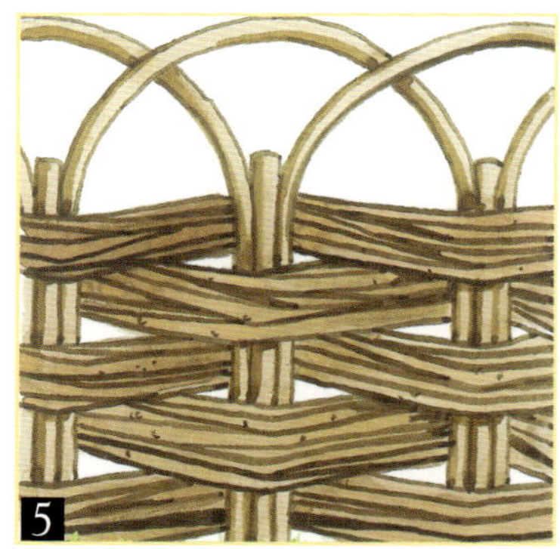


*5 Schneiden Sie einzelne Weidenruten auf eine Länge von ca. 90 cm. Beginnen Sie an einem Ende des gewobenen Zauns und schieben Sie die Enden der einzelnen Ruten in die Lücken neben den aufrechten Zweigen (wobei Sie jeweils einen überspringen), um die hübschen überlappenden Bogenborten am oberen Rand der Einfassung zu bilden.*

# PFLANZBEHÄLTER À LA VERSAILLES

**Supermärkte und Heimwerkermärkte bieten häufig günstige Pflanzsets komplett mit Kompost, Zwiebeln oder Samen und sogar einem Pflanzdiagramm an, das ein natürliches Aussehen bei minimalen Anstrengungen gewährleisten soll. Die zusammen mit diesen Pflanzsets gelieferten Plastikpflanzbehälter sind allerdings leider nur zu häufig in hässlichem Orange („Terracotta-Effekt“) gehalten. Die hier beschriebene elegante Abdeckung aus Holz kann über den billigen Behälter geschoben werden; sie lässt gerade ausreichend Platz unten, damit überschüssiges Wasser abfließen kann, und ist robust und ansprechend genug, um Ihnen viele Jahre nützliche Dienste zu erweisen. Wenn Sie den Behälter lieber lackieren statt mit Holzbeize behandeln möchten, wählen Sie einen Lack, der Grundierung, Vor- und Hauptanstrich verbindet.**

## WERKZEUG UND MATERIALIEN

- Maßband
- Pflanzbehälter aus Kunststoff
- Bleistift
- Lineal
- Paneelsäge
- 12 mm starkes Sperrholz für Außenanwendungen
- Holzkleber für Außenanwendungen
- 50 x 50 mm gehobeltes Weichholz
- 8 Verbindungsblöcke für die Ecken
- 32 Holzschrauben 12 mm Nr. 6
- Schraubendreher
- Tischler-Winkelmaß
- Gedrechselte Knäufe von 50 mm Durchmesser
- Heißkleber und Klebepistole (optional)
- Schleifblock und Schleifpapier mit mittlerer bis feiner Körnung
- Feuchtes Tuch
- Außenanstrich oder Holzbeize
- Pinsel

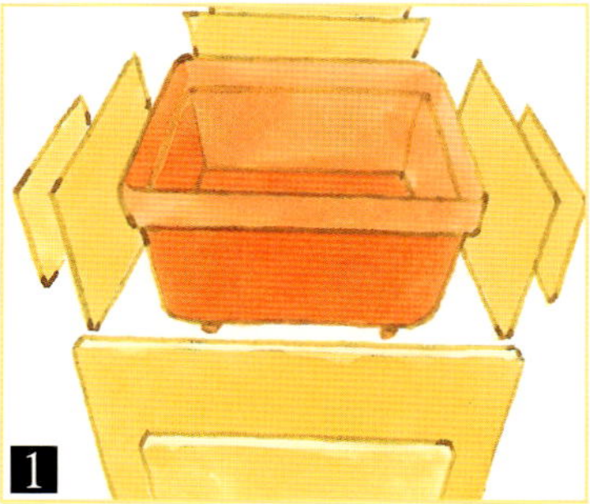

1

*1 Messen Sie die Höhe und Breite des Pflanzbehälters aus Kunststoff, den Sie verkleiden möchten. Schneiden Sie vier Sperrholzplatten 10 mm breiter und 20 mm höher als den Pflanzbehälter. Schneiden Sie vier Sperrholzplatten, die an jeder Seite 10 cm kürzer als die ersten Platten sind, und kleben Sie die kleineren Platten mit Holzkleber für Außenanwendungen in die Mitte der größeren Platten.*

*2 Schneiden Sie vier Eckpfosten aus 50 × 50 mm großem, gehobeltem Weichholz, die 60 mm höher als der Pflanzbehälter aus Kunststoff sind.*

3

*3 Befestigen Sie die Platten mit den Verbindungsblöcken und Holzschrauben an den Eckpfosten, wobei die kleineren Sperrholzzierplatten nach außen weisen. Die untere Kante der Platten sollte dabei 10 mm höher angesetzt sein als die untere Kante der Eckpfosten, so dass ein kleiner Freiraum unten am Pflanzgefäß verbleibt, durch den Wasser abfließen kann.*

4

*4 Wenn Sie alle vier Seitenplatten und Eckpfosten montiert haben, kleben Sie einen gedrechselten Zierknauf mit Heißkleber oder Holzkleber für Außenanwendungen auf jeden Eckpfosten.*

*5 Schmirgeln Sie alle Flächen vorsichtig ab und glätten Sie alle rauen Kanten mit einem Schleifblock. Wischen Sie Späne mit einem feuchten Tuch ab.*

6

*6 Streichen Sie den Pflanzbehälter mit Außenanstrich oder Holzbeize an. Tragen Sie mindestens zwei Anstriche auf. Warten Sie nach dem ersten Anstrich so lange wie vom Hersteller empfohlen, damit die Farbe trocknen kann.*

# BEPFLANZEN DES GARTENS

**Gartenpflege ist viel mehr, als einfach ein paar Pflanzen willkürlich in den Boden zu setzen. Zu viele Gärten sind voll von wuchernden Pflanzenarten, die die übrigen Pflanzen nicht zur Geltung kommen lassen. Dann wiederum werden Pflanzen an einen ungeeigneten Standort gesetzt, wo sie sich unregelmäßig ausbreiten und vernachlässigt wirken.**

Für einen interessanten Garten brauchen Sie viele Farben, unterschiedliche Höhen, Formen und Strukturen sowie Ausgeglichenheit und Einfachheit. Sie müssen unbedingt die Gesamtstruktur Ihres Gartens berücksichtigen, bevor Sie überhaupt einen Gartenhandel betreten.

Nehmen Sie sich Zeit, wenn Sie den richtigen Standort für die richtige Pflanze wählen, und achten Sie auf die Pflanzanforderungen. Ihr Garten wird es Ihnen vielfach lohnen.

# Anpflanzen

**Das Bepflanzen ist der erfreulichste Aspekt der Gärtnerei. Es ist ungemein befriedigend, etwas in die Erde zu setzen und zu beobachten, wie es wächst und sich mit den Jahreszeiten verändert. Dabei ist es egal, ob Sie aussäen, Büsche, Nutzpflanzen, dekorative mehrjährige Pflanzen oder Bäume anpflanzen. Der wichtigste Punkt für den erfolgreichen Gärtner ist, die richtige Pflanze für die jeweilige Stelle auszusuchen. Jede Pflanze muss individuell gedüngt und beschnitten werden und erfordert bestimmte Böden. Einige Pflanzen sind einfacher zu pflegen als andere. Was auch immer Sie anpflanzen, nehmen Sie sich zunächst die Zeit, sich einige Informationen über die grundsätzlichen Bedürfnisse der Pflanzen in Ihrem Garten anzueignen. Damit können Sie sich beständig an gelungenen Resultaten erfreuen.**

## Anpflanzen von Büschen

- Die Auswahl des Platzes, an dem Sie Büsche anpflanzen, ist der wichtigste und doch oft vernachlässigste Teil des Anpflanzungsprozesses. Büsche bilden das Rückgrat des Gartens und verdienen es, dass Sie mit Umsicht und Bedacht platziert werden. Ein Busch, der wie eine hübsche kleine Pflanze in der Gartenmitte wirkt, kann sehr schnell Ausmaße erreichen, die Ihren Garten optisch verkleinern. Erkundigen Sie sich deshalb vor dem Kauf, welche Größe der Busch voraussichtlich erreichen wird.
- Büsche werden oft viel zu nah aneinander gepflanzt, weil ihre letztendlichen Ausmaße zum Zeitpunkt der Anpflanzung nicht bedacht wurden. Das Ergebnis ist ein Durcheinander von ineinander verwachsenen Pflanzen. Es ist viel besser, den Busch an eine empfohlene Stelle zu setzen und eventuelle Lücken anfänglich mit mehrjährigen Pflanzen aufzufüllen, die umgepflanzt werden können, wenn sich der Busch ausweitet.
- Sie müssen natürlich auch den Boden, den Sie haben, in Betracht ziehen sowie besondere Anforderungen, die der Busch stellt. Es hat keinen Sinn, einen Busch, der direkte Sonne bevorzugt, an eine schattige Stelle zu setzen, oder eine Pflanze, die nährstoffreiche, feuchte Böden benötigt, auf trockenen, steinigen Boden zu pflanzen.

UNTEN: *Wenn Sie mit Bedacht ausgewählt werden, können Büsche eine ebenso interessante Struktur aufweisen wie mehrjährige und einjährige Pflanzen.*

## Bodenvorbereitung

- Obwohl Büsche, die in Töpfen oder Schalen gezogen wurden, das ganze Jahr über angepflanzt werden können, lassen sie sich besser im Herbst oder Frühjahr in die Erde setzen. Das sind die idealen Jahreszeiten, um wurzelnackte Büsche anzupflanzen, weil dann die Erde warm und feucht ist. Wenn die Büsche bei starker Hitze angepflanzt werden, müssen sie danach sorgfältig gegossen werden.
- Die Büsche haben im Garten ein hoffentlich langes Leben, deshalb muss der Boden angemessen vorbereitet werden, damit ihre Überlebenschancen so hoch wie möglich sind. Es reicht nicht aus, einfach ein Loch zu graben, das dieselben Ausmaße wie der Topf hat, und die Pflanze hineinplumpsen zu lassen.
- Sie müssen den Wurzeln einen Anreiz geben, sich in dem sie umgebenden Boden auszubreiten, indem Sie einen abrupten Übergang von der Umgebung in der Schale zu der im Gartenboden vermeiden. Die im Behälter gezogenen und an gute Erde gewöhnten Wurzeln breiten sich nicht gerne in mineralischem Boden aus. Geben Sie deshalb organischen Kompost rund um den Pflanzbereich, der ca. 10 cm größer sein sollte als der Topfumfang, dazu, um diesem Verhalten entgegenzuwirken.

### BÜSCHE UMPFLANZEN

Es kann gelegentlich erforderlich sein, einen Busch umzupflanzen. Einige Büsche wie Stechginster mögen es überhaupt nicht, wenn sie versetzt werden. Vermeiden Sie es also möglichst, sie zu verpflanzen. Wenn der Bewuchs zu dicht ist, verpflanzen Sie eine benachbarte, widerstandsfähigere Pflanze stattdessen.

### ANPFLANZEN VON IN TÖPFEN GEZOGENEN BÜSCHEN

**1** *Wässern Sie die Pflanze gründlich mindestens eine Stunde lang, bevor Sie sie umpflanzen. Harken Sie über den Boden, in den der Busch gesetzt werden soll, und entfernen Sie Unkräuter. Geben Sie einen langsam wirkenden Dünger in den Boden.*

**2** *Graben Sie ein Loch, das mindestens 10 cm tiefer und breiter als der Wurzelball ist. Mischen Sie organische Stoffe wie Kompost unter den ausgegrabenen Boden und fügen Sie eine Schicht dieser Mischung ca. 10 cm tief auf den Lochboden und an den Seiten hinzu.*

**3** *Setzen Sie die Pflanze in das Loch, wenn sie noch im Topf ist, um die Pflanztiefe zu überprüfen. Wenn Sie einen Stab quer über den Topf legen, sollte dieser auf der Bodenoberfläche aufliegen.*

**4** *Nehmen Sie die Pflanze aus dem Topf und setzen Sie sie in das Loch. Füllen Sie es mit der Pflanzmischung auf und klopfen Sie die Erde fest, um zu vermeiden, dass sich Lufttaschen bilden.*

**5** *Klopfen oder treten Sie den Boden um die Pflanze herum mit Händen oder Füßen fest und gießen Sie gründlich, bevor Sie eine ca. 7,5 cm starke Mulchschicht in einem Umkreis von ca. 46 cm um den Busch herum zufügen. Durch das Mulchen wird Feuchtigkeit besser gespeichert und Unkraut kann sich nicht so leicht ausbreiten.*

2

3

4

5

## Das Stützen von Büschen

- Die meisten Büsche benötigen eine Stütze, aber wenn ein Busch in einer neuen Rabatte angepflanzt wurde und nicht durch andere Pflanzen gestützt wird und windgeschützt steht, braucht er unter Umständen eine zusätzliche Stütze. Dies ist besonders wichtig, wenn Sie einen kopflastigen Hochstammbusch pflanzen. Wenn der Wind an dem hohen, verletzlichen Stamm rüttelt, kann sich der Wurzelball bewegen und die Wurzeln abreißen, die sich im Boden ausbreiten wollen.
- Ein Verankern der Basis des Busches ermöglicht der Pflanze, ihre Krone im Wind zu bewegen, wodurch ein stärkeres Wachstum der Pflanze angeregt wird. Egal welche Methode Sie anwenden, um den Busch zu stützen, treffen Sie bald eine Entscheidung und nicht erst, wenn Sie Schäden und Bewegungen entdecken. Jede Instabilität, die Ihnen über dem Boden auffällt, weist wahrscheinlich auf Bewegungen mit möglichen Schäden am Wurzelwerk hin.

## Beim Anpflanzen stützen

- Es empfiehlt sich generell, den Busch bereits beim Anpflanzen zu stützen. Einige Pfähle können entfernt werden, wenn sie ihre anfängliche stützende Aufgabe erfüllt haben. Wenn beispielsweise ein in die Breite wachsender Busch anfänglich in einer neuen, offenen Rabatte mit Pfählen gestützt wurde, so können diese nach ca. einem Jahr entfernt werden, wenn die Wurzeln fest im Boden verankert und die umgebenden Pflanzen größer geworden sind und Schutz bieten. Sehr kopflastige Büsche wie gängige Rosenbüsche lässt man am besten angebunden, weil sie ohne Stütze zu leicht brechen können.

## Etablierte Pflanzen stützen

- Man kann versehentlich das Wurzelwerk beschädigen, wenn man eine Pflanze nachträglich stützt. Wenn es notwendig ist, einen bereits etablierten Busch zu stützen, lassen Sie sich nicht dazu verleiten, einen Pflock dicht neben dem Stamm in den Boden zu rammen. Pflocken Sie statt dessen zwei Pfähle in gutem Abstand vom Stamm ein und verbinden Sie sie mit dem Stamm mit kräftigen Gummibändern, um ein Abscheuern des Stamms zu vermeiden.

## Stützmethoden

- Hohe Hochstammbüsche benötigen widerstandsfähige Pfähle aus nicht verrottendem oder mit Holzschutzmittel behandeltem Bauholz. In Gärtnereifachgeschäften sind eine Reihe von geeigneten Plastik- oder Drahtbefestigungen erhältlich ebenso wie die traditionellen Stützen und Pfähle. Stöcke, die um einen Busch herum in die Erde gesteckt werden, erfüllen ihren Zweck auch auf einfache Art und Weise.
- Spezialbänder sind ebenfalls erhältlich. Man kann zwar einen gewöhnlichen Strick verwenden, aber die Anschaffung eines speziellen Befestigungsbandes lohnt sich. Sie sind mit Distanzstücken versehen, mit denen der Pfahl einerseits fest mit dem Stamm verbunden ist, andererseits wird aber ein Abscheuern verhindert, und das Band kann leicht verstellt werden, wenn der Busch wächst.

UNTEN: *Die meisten Büsche müssen nicht gestützt werden. In einer neu angelegten Rabatte braucht ein Busch jedoch möglicherweise eine Stütze.*

## EINEN STANDARDBUSCH MIT PFÄHLEN STÜTZEN

*1 Bereiten Sie das Pflanzloch normal vor. Verwenden Sie nicht verrottendes Bauholz oder einen mit Holzschutzmittel behandelten Pfahl. Stellen Sie den Pfahl fest in das Loch und schlagen Sie ihn fest in den Boden, bis er sicher steht.*

*2 Pflanzen Sie den Busch normal in ein großzügig ausgehobenes Loch mit einer Schicht Pflanzmischung ein. Drücken Sie den Wurzelballen gegen den Pfahl. Pfahl und Wurzelballen sollten einen Abstand von ca. 10 cm haben, und die Spitze des Pfahls sollte auf einer Höhe mit den unteren Zweigen dieses Busches sein.*

*3 Drücken Sie die Erde mit Ihren Händen an oder treten Sie sie vorsichtig fest.*

*4 Befestigen Sie ca. 15 cm über Bodenhöhe ein Band mit Distanzstück an dem Pfahl und binden Sie damit den Stamm an.*

*5 Befestigen Sie ein zweites Band gerade unterhalb der Krone des Busches um den Pfahl und den Stamm. Gießen Sie den Busch gut und decken Sie den Boden wie üblich mit einer Schicht Mulch ab. Achten Sie hierbei darauf, dass Sie nicht zu dicht am Stamm mulchen, weil das den Verrottungsprozess beschleunigt.*

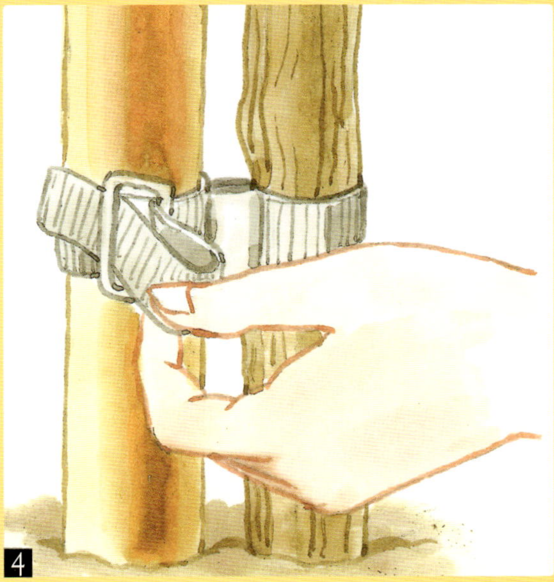

## BÄUME ANPFLANZEN

Für Bäume ist in jedem Garten Platz. Auch ein winziger Garten kann von der zusätzlichen Höhe, der Farbe und der Form eines kleinen Bäumchens profitieren. Einige Bäume, wie bestimmte Ahornarten, fühlen sich auch in Kübeln wohl. Da Bäume normalerweise langfristig angepflanzt werden, ist es unabdingbar, sich vor dem Kauf über die voraussichtliche Höhe Klarheit zu verschaffen, die der Baum nach 10 Jahren erreicht.

### Bäume platzieren

- Eine gut durchdachte Positionierung kann Ihnen viel Herzschmerz und Ärger mit den Nachbarn ersparen. Überlegen Sie genau, ob Ihre wunderschöne „Minikonifere" nicht letztendlich einem großen Teil Ihres Heims und dem Ihres Nachbarn das Licht wegnimmt.
- Stellen Sie auch sicher, dass Sie nicht zu nah am Haus pflanzen. Einige Bäume, wie Pappeln, wirken sich besonders zerstörerisch auf das Fundament aus und heben Wege an. Überlegen Sie deshalb genau, welchen Baum Sie anpflanzen. Auf dem Rasen angepflanzte Bäume sehen schön aus, aber Laubbäume tragen viele Blätter, die im Herbst zusammengeharkt werden müssen.
- Bäume, die im hinteren Bereich einer Rabatte angepflanzt werden, wo die abfallenden Blätter ruhig verrotten und sich mit der Humusschicht des Bodens vermischen können, machen nicht so viel Arbeit.

### PFAHLHÖHE

*Lange Zeit wurde empfohlen, die Spitze des Pfahls auf einer Höhe mit dem unteren Bereich der Baumkrone zu halten. Heutzutage bevorzugt man jedoch kürzere Pfähle, weil das Wurzelwachstum des Baumes angeregt und die Stabilität des Stammes verbessert wird, wenn sich die Baumkrone im Wind bewegen kann. Wählen Sie deshalb einen Pflanzpfahl, dessen Höhe ein Drittel der Baumhöhe beträgt.*

UNTEN: *Bäume verleihen dem Garten das ganze Jahr über eine interessante Struktur und saisonal bedingte Farbe.*

❀ Möglicherweise möchten Sie jedoch trotzdem die abgefallenen Blätter zusammenkehren, wenn der Baum besonders groß ist und viel Laub verliert.

❀ Erkundigen Sie sich, wie stark sich der ausgewachsene Baum ausbreitet, denn davon hängt ab, wie viel Schatten er unter seinem Laubdach spendet und welche Pflanzen Sie darunter anpflanzen können.

### Bäume auf Rasen anpflanzen

❀ Für das Anpflanzen von Bäumen gelten dieselben allgemeinen Regeln wie für Büsche. Das Pflanzloch muss ausreichend tief und breit sein, damit eine großzügige Schicht Pflanzmischung beigefügt werden kann. Die meisten jungen Bäume benötigen zumindest in den ersten beiden Jahren eine Stütze, besonders in windigen Gebieten.

❀ Der Stützpfahl sollte vertikal angebracht werden; im Falle von wurzelnackten Bäumen in der Nähe des Stammes, bei Wurzelbällen oder im Topf gezogenen Bäumen in einem Winkel von 45°. Diese Richtlinien gelten nur für neu angepflanzte, junge Bäume. Wenn Sie einen ausgewachsenen Baum verpflanzen möchten, ist es ratsam, einen erfahrenen Gärtner zu Rate zu ziehen.

## BÄUME AUF RASEN ANPFLANZEN

*1 Markieren Sie mit Sand einen Kreis von ca. 1,2 m Umfang an der gewünschten Stelle auf dem Rasen. Stechen Sie mit einem Spaten in den Boden ein und entfernen Sie damit eine ca. 15 cm tiefe Bodenschicht. Graben Sie ein Pflanzloch in ausreichender Tiefe, so dass der Baumstamm mit dem bestehenden Bodenniveau oder etwas darunter abgrenzt, und in ausreichender Breite, so dass sich die Wurzeln eines wurzelnackten Baumes gut ausbreiten können. Wenn Sie einen im Topf gezogenen Baum anpflanzen, setzen Sie den Baum in der gleichen Tiefe wie im Topf ein und lassen Sie einen Zwischenraum von halber Topfdurchmesserbreite um den Wurzelballen.*

*2 Mischen Sie reichlich organische Substanzen, wie gut verrotteten Mist oder Kompost, und einen Allzweckdünger mit der Erde, die Sie aus dem Loch ausgegraben haben.*

*3 Platzieren Sie einen widerstandsfähigen, nicht verrottenden Pfahl in dem Loch zur Windseite des Baumes hin. Geben Sie eine Lage der Pflanzmischung auf den Boden des Loches. Setzen Sie den Baum in das Loch und breiten Sie vorsichtig die Wurzeln aus, wenn Sie einen wurzelnackten Baum pflanzen. Verwenden Sie einen Stock zur Überprüfung, ob das Bodenniveau des Stammes auf einer Höhe mit dem Boden darum herum ist – ca. 5 cm unter der Grasnarbe. Passen Sie die Pflanzhöhe an, indem Sie das Loch tiefer ausheben oder falls notwendig mehr Erde in das Loch geben.*

*4 Füllen Sie das Loch auf und drücken Sie den Baum mit den Händen an oder stampfen Sie die Erde fest. Stützen Sie den Stamm mit einem Baumstrick an dem Pfahl. Wässern Sie den Baum gründlich und verteilen Sie großzügig Mulch um den Stamm herum, um Unkraut abzuhalten und die Feuchtigkeit besser im Boden zu halten.*

1

2

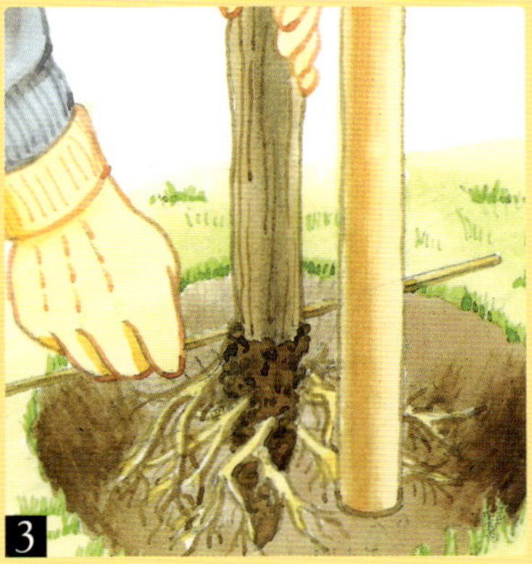
3

4

## KLETTERPFLANZEN EINPFLANZEN

Es gibt eine große Anzahl von Kletterpflanzen, die dazu dienen, eine Reihe von vertikalen Flächen zu verdecken oder hervorzuheben – von dem schnell wachsenden wilden Wein, der eine hässliche Garage bedeckt, bis zu den zarten Gartenwicken, die auf sehr hübsche Art und Weise ein pyramidenförmiges Weidengestell hochranken können.

### Das Platzieren von Kletterpflanzen

- Wie bei allen Pflanzen ist es wichtig, die Platzierung überlegt zu gestalten. Überprüfen Sie, ob die von Ihnen ausgewählte Kletterpflanze zu dem Boden passt, genug Sonnenlicht bekommt und die richtigen Abmessungen für den Anpflanzort, die Rankfläche und Ihre Gärtnereigewohnheiten hat, wenn sie voll ausgewachsen ist.
- Die Glyzine (Wistarie, Wisteria) beispielsweise wächst knäftig und muss regelmäßig angebunden und beschnitten werden, um unter Kontrolle gehalten zu werden. Sie eignet sich also nicht für einen kleinen Bereich, der pflegeleicht bepflanzt werden soll. Eine natürliche Kletterpflanze wie Efeu, die sich aus eigener Kraft festhält, wäre hier eine bessere Wahl.
- Obwohl im Topf gezogene Kletterpflanzen zu jeder Jahreszeit ausgepflanzt werden können, sofern der Boden nicht gefroren, überschwemmt oder bei extremer Hitze ausgetrocknet ist, empfehlen sich Frühjahr oder Herbst, wenn der Boden warm ist und die Sonne den Boden nicht zu schnell austrocknet. Es ist empfehlenswert, wurzelnackte Kletterpflanzen im Herbst auszupflanzen.

### Die verschiedenen Arten von Kletterpflanzen

- Kletterpflanze ist eine Bezeichnung, die auf eine große Gruppe von Pflanzen zutrifft. Diese Pflanzen haben gemeinsam, dass sie sich auf etwas anderes als ihren eigenen Stamm stützen. Einige Kletterpflanzen wie Efeu haben Luftwurzeln, mit denen sie sich an feste Flächen klammern und dadurch leicht an Wänden oder Zäunen hochranken können.
- Die Clematis haben Blätter, die sich um Stämme, Blätter, Drähte oder dünne Stützen ranken, während Passionsblumen Ranken haben, die sich um ihre Stützen winden und die Pflanze hochziehen. Spreizklimmer wie Kletterrosen setzen ihre Dornen fast wie Steigeisen ein, um sich festzuhalten.
- Eine weitere Gruppe der Klettergewächse wie *Ceanothus* (Säckelblume) rankt nicht selbstständig, sondern hat biegsame, rankende Stängel, die von zusätzlichen Stützen profitieren.

### Die verschiedenen Rankhilfen

- Die zu verwendende Art der Rankhilfe variiert je nach Pflanze und der Art, wie die Pflanze rankt. Einjährige Klettergewächse mit korkenzieherartigen Ranken wie die Trichterwinde brauchen nur eine leichte Stütze wie Drähte, Weidenzweige oder ein Netz.
- Verholzende Kletterpflanzen wie Glyzinen und kräftige, kletternde Ranken wie Geißblatt brauchen massivere Rankhilfen. Es empfiehlt sich immer, die Rankhilfe beim Anpflanzen bereits mit einzukalkulieren. Eine einmal eingepflanzte und außer Kontrolle geratene Kletterpflanze zu bändigen, ist eine schwierige Aufgabe.

### EINE LÜCKE ZWISCHEN DER KLETTERPFLANZE UND IHRER RANKHILFE

*Es ist ein weit verbreiteter Fehler, die Kletterpflanze dicht an die Rankhilfe heran zu setzen. Die Pflanze muss ca. 46 cm von der Rankhilfe entfernt sein, damit der Boden um die Wurzeln herum genug Regenwasser bekommt. Lehnen Sie die Pflanze leicht an die Rankhilfe und breiten Sie die Wurzeln vorsichtig aus, bevor Sie das Pflanzloch mit der Pflanzmischung auffüllen.*

## DAS UMPFLANZEN VON IM TOPF GEZOGENEN KLETTERPFLANZEN

**1** Graben Sie den Pflanzplatz um und jäten Sie das Unkraut. Geben Sie Buschdünger auf die Stelle, in die ein Loch gegraben werden soll.

**2** Graben Sie ein Pflanzloch in ca. 30–40 cm Entfernung von der Wand, dem Zaun oder der Rankhilfe und halten Sie sich dabei an die allgemeinen Richtlinien für das Einpflanzen von Büschen. Mischen Sie großzügig Kompost unter die ausgegrabene Erde und kleiden Sie das Pflanzloch damit aus.

**3** Wässern Sie die Pflanze mindestens eine Stunde vor dem Umpflanzen gründlich.

**4** Setzen Sie die Pflanze mit Topf in das Loch und prüfen Sie die Pflanzhöhe mit einem Stock. Die Bodenhöhe des Topfes sollte mit dem Boden darum herum auf einer Höhe sein. Clematis bildet eine Ausnahme von dieser Regel; sie muss ca. 5 cm tiefer als im Topf in den Boden gepflanzt werden, damit sie Schösslinge am Bodenansatz bilden kann. Dadurch kann sich die Pflanze regenerieren, wenn Sie eine Krankheit hat oder von Schädlingen wie Schnecken befallen wird.

**5** Geben Sie so viel Erde wie nötig zu bzw. nehmen Sie sie weg, damit die Pflanze in der richtigen Höhe eingesetzt wird. Ziehen Sie den Topf dann vorsichtig ab und setzen Sie die Pflanze in das Loch. Lehnen Sie die Kletterpflanze gegen die Rankhilfe und breiten Sie die Wurzeln vorsichtig aus. Stecken Sie Stöcke in das Loch und lehnen Sie sie gegen die Rankhilfe; achten Sie dabei darauf, dass Sie die Wurzeln nicht verletzen.

**6** Füllen Sie das Pflanzloch mit der Pflanzmischung auf und achten Sie darauf, dass sich keine Luftlöcher im Boden bilden. Wässern Sie die Pflanze gründlich und drücken Sie die Pflanze fest mit den Händen oder Füßen an.

**7** Legen Sie die Stängel um einzelne Stöcke in Richtung der Wand oder des Zauns. Befestigen Sie die Stängel an den Stöcken mit speziellen Bändern oder Bast. Auch natürlich haftende Kletterpflanzen und solche mit Ranken profitieren von dieser anfänglichen Hilfe. Verteilen Sie großzügig Mulch in großem Umkreis auf dem Boden um die Pflanze herum, jedoch nicht direkt am Stängel, um ein Vermodern zu vermeiden.

2

3

4

5

7

### Erziehungsmethoden

❀ Damit Kletterpflanzen gut gedeihen, sollten Sie Sorgfalt bei der Auswahl, dem Anpflanzen und Beschneiden walten lassen. Die Erziehung der Pflanzen ist aber ebenso wichtig, besonders vom optischen Gesichtspunkt her. Sie sollten die erforderliche Erziehung von Anfang an, wenn die Pflanze noch jung und flexibel ist, in Betracht ziehen.

❀ Wenn sie sich selbst überlassen werden, streben Kletterpflanzen zum Licht. Eine Kletterpflanze, die über Jahre hinweg nicht erzogen wurde, kann sehr unattraktiv aussehen, wenn sich nackte Stängel über die Rankhilfe ziehen und nur ein paar kleine Blüten an der Spitze dieser Stängel außerhalb des Blickfeldes zu finden sind. Solche Kletterpflanzen erfordern einen enormen Pflegeaufwand. Davon abgesehen, dass dies wirklich eine schwierige Aufgabe ist, bedeutet es, dass die Rankhilfe eine Zeitlang nackt sein wird.

❀ Möglicherweise ist die Bodenfläche auch nicht in einem idealen Zustand für das Montieren neuer Rankhilfen. Kurz gesagt, sollten Sie sich in einer frühen Phase des Wachstums für eine Erziehungsmethode entscheiden. Breiten Sie die Stängel von jungen Kletterpflanzen aus und binden Sie sie seitlich an die Rankhilfe an, statt sie in einem einzigen Busch nach oben wachsen zu lassen, der sich später nur mit Mühe teilen lässt, ohne die Pflanze zu beschädigen. Wenn Sie die Hauptstämme horizontal erziehen, bekommen alle Stängel Licht und die Pflanze trägt in jeder Höhe Blüten.

### Erziehung für kontrolliertes Wachstum

❀ Obwohl eine Kletterpflanze, die sich unkontrolliert über einen Bogengang oder einen Torbogen rankt, sehr hübsch aussehen kann, müssen Sie sie eventuell zurückschneiden, damit man sie ungehindert passieren kann.

❀ Konzentrieren Sie Ihre Erziehungsbemühungen auf die Teile der Pflanze, die den Durchgang behindern, beispielsweise nur auf den inneren Teil des Bogens, so dass die Pflanze ansonsten ungehindert wuchern kann. Einige Kletterpflanzen müssen erzogen werden, damit sie an einer Wand oder an einer anderen Fläche hochranken und nicht davon weg.

### Erziehung zur Blütenbildung

❀ Wenn aus den Hauptstämmen der Kletterpflanze einige schöne, lange und biegsame Triebe wachsen, biegen Sie diese seitlichen Triebe in sanfte Bögen und binden Sie sie an der Rankhilfe an. Die Pflanze bildet dann Knospen auf den oberen Enden der gebogenen Zweige, so dass die Rankhilfe gleichmäßig mit Blüten bedeckt ist und nicht nur an den Enden der Zweige hoch über der zu bedeckenden Fläche.

❀ Wenn diese erzogenen Triebe wachsen, bilden sie neue Triebe. Biegen Sie diese auf die gleiche Art und Weise, wenn sie noch flexibel sind, und fixieren Sie sie an dem Rankgestell. Fahren Sie in dieser Weise fort, so dass schließlich die gesamte Rankfläche von gebogenen Zweigen bedeckt ist. Wenn Sie Rosen auf diese Art und Weise erziehen, kreuzen Sie einige der Stämme, statt sie fächerartig zu erziehen, so dass die ganze Fläche schön mit Blüten bedeckt ist.

### Erziehung zur Flächenabdeckung

❀ Kletterpflanzen eignen sich wunderbar zum Abdecken von unansehnlichen Bereichen wie Komposthaufen, Gartengebäuden oder hässlichen Zäunen. Es gelten hier die gleichen Regeln für das Festbinden seitlicher Triebe. Je nachdem, welchen Bereich Sie bedecken und welche Pflanze Sie ausgewählt haben, müssen Sie Rankhilfen zusätzlich zu denen auf der vertikalen Fläche anbringen.

OBEN: *Kletterpflanzen, die eine Mauer bedecken, können die Ecken eines Gebäudes abrunden, so dass es mit dem Garten eine Einheit bildet.*

❀ Efeu und andere natürliche Kletterpflanzen, die sich ohne Hilfe festhalten, eignen sich ganz hervorragend zum Verdecken von unansehnlichen Formen, weil sie in alle Richtungen wachsen und sich mit ihren Saugnäpfen oder Haftscheiben oder Luftwurzeln festhalten. Für eine weniger entgegenkommende Pflanze müssen Sie eine Rankhilfe bauen, wie z. B. ein Drahtnetz zwischen der Traufe und der Mauer unter dem Dachvorsprung eines Gebäudes, an dem Sie die Pflanze befestigen.

### Die Auswahl von Befestigungsschnüren

❀ Theoretisch sollten allen Schnüre regelmäßig dahingehend überprüft werden, ob sie die Pflanze noch sicher halten und nicht in die Zweige schneiden, wenn die Pflanze wächst.

❀ In der Praxis und besonders bei großen, hölzernen Kletterpflanzen kann man nicht stets alle Schnüre regelmäßig prüfen. Daher verwendet man am besten natürliche Produkte zum Anbinden wie Raffiabast oder weiche Schnüre, die reißen, wenn die Zweige dicker werden, und nicht in die Pflanze schneiden wie Plastik- oder Metallbänder.

## KLETTERPFLANZENARTEN

*Die erforderliche Stütze hängt größtenteils von der Art der Kletterpflanze ab. Die Rank- und Befestigungsarten werden in die folgenden Kategorien aufgeteilt:*

*LUFTWURZELN: Selbsthaftende natürliche Kletterpflanzen wie Efeu und rankende Hortensien bilden Luftwurzeln an ihren Stämmen, die sich an glatten Flächen festhalten, wodurch diese Pflanzen meist selbststützend sind.*

*SAUGNÄPFE ODER HAFTSCHEIBEN: Andere selbsthaftende Kletterpflanzen wie wilder Wein haben Saugnäpfe oder Haftscheiben, die sich fest an glatten Flächen ansaugen.*

*WICKELRANKEN: Rankende Kletterpflanzen wie Weinstöcke klettern, indem sie Ranken um andere Pflanzen oder eigens angefertigte Stützen wickeln.*

*SCHLINGENDE BLATTSTIELE: Die Clematis hat Blattstiele, die sich um die Rankhilfe wickeln.*

*SCHLINGENDE STÄNGEL: Manche Kletterpflanzen wickeln ihre Stängel um benachbarte Pflanzen oder künstliche Stützen. Geißblatt ist das am weitesten verbreitete Beispiel und benötigt ein widerstandsfähiges Stützgestell.*

## KLETTERPFLANZEN AN DRAHTGESTELLEN ZIEHEN

WENN Sie Kletterpflanzen an einer Wand erziehen möchten und sich nicht für eine natürliche selbsthaftende Kletterpflanze wie Efeu entschieden haben, müssen Sie frühzeitig die Rankhilfe planen. Obwohl man ein Spalier einsetzen kann, könnte das von der Schönheit einer natürlichen Backsteinmauer ablenken, ganz davon abgesehen, dass das Anbringen auch sehr kostspielig ist. Drähte bieten eine gute, unauffällige Stütze für viele Kletterpflanzen und können in derselben Farbe wie die Wand lackiert werden, so dass sie noch weniger auffallen.

### Draht und Befestigung auswählen

- Obwohl viele Gärtner einfach ein paar Nägel in die Wand schlagen und irgendeinen biegsamen Draht spannen, ist diese Methode ungeeignet für Kletterpflanzen, die einen exponierten Bereich im Garten einnehmen.
- Billiger Draht rostet schnell und hinterlässt hässliche Spuren auf angestrichenen Mauern, außerdem kann er schnell brechen. Auch wenn Ihre Kletterpflanze zunächst nicht anspruchsvoll wirkt, kann sie schnell in die Höhe und in die Breite wachsen. Dünner Draht kann sich unter dem Gewicht einer schweren Pflanze leicht verbiegen oder sogar reißen.
- Verwenden Sie einen starken, galvanisierten Draht. Bei mit Plastik beschichtetem Draht kann sich die Beschichtung ablösen und unordentlich aussehen. Das Auswechseln und Erneuern von provisorischen Lösungen ist meist eine schwer ausführbare Arbeit, da die Pflanze erhebliche Ausmaße angenommen haben kann und somit den Zugang erschwert und das Risiko einer Schädigung erhöht. Deshalb lohnt sich die Investition in einen qualitativ hochwertigen Draht mit widerstandsfähiger, ordentlich angebrachter Befestigung.
- Das Befestigen eines Spannungsbolzens an einem Ende des Drahts ist eine gute Idee, wenn Sie das Gefühl haben, dass der Draht ausleiert. So kann der Draht leicht fester gespannt werden, wenn erforderlich.

OBEN: *Dieser Küstengarten setzt seine Lage bestmöglich in Szene. Die altmodische leuchtend rosa Kletterrose ‚Dorothy Perkins' umrankt mit ihren gefüllten Blüten eine Pergola, so dass man fast nur die Silhouette vor dem blauen Hintergrund des Ozeans sieht.*

## KLETTERPFLANZEN AM DRAHT ERZIEHEN

**1** Bringen Sie zunächst Ösen an der Mauer an. Auch wenn man sie direkt in ein weiches Mauerwerk schlagen kann, halten die Haken besser, wenn man vorher ein Loch in die Mauer bohrt.

**2** Setzten Sie Dübel in die Mauer ein und schrauben Sie die Ösen ein. Die Länge der Öse hängt von der Art der Pflanze ab. Eine großflächige Kletterpflanze wie Glyzinen beispielsweise brauchen Abstand von der Mauer und daher längere Ösen, an denen der Draht in angemessenem Abstand befestigt wird. Wenn die Anforderungen an das Stützsystem nicht so hoch sind, beispielsweise wenn Sie nicht eine ganze Mauer mit einer großflächig wachsenden hölzernen Kletterpflanze verdecken möchten, können Sie keilförmige Ösen verwenden, die man direkt in die Mauer schlagen kann.

**3** Bringen Sie die Ösen in einer Höhe entlang der Mauer an, wobei der Abstand voneinander weniger als 1,8 m betragen sollte. Bringen Sie parallele horizontale Ösenreihen im Abstand von ca. 50–60 cm an. Wenn die Drähte zu weit voneinander entfernt sind, könnten Pflanzen mit rankenden Trieben Probleme haben, den nächsten Draht zu finden, und müssten öfter angebunden werden, als wenn die Drähte nicht so weit voneinander entfernt sind.

**4** Ziehen Sie den galvanisierten Draht durch die erste Öse und wickeln Sie ihn spiralenförmig um sich selbst, um ihn sicher zu befestigen. Ziehen Sie den Draht dann durch alle weiteren Ösen bis ans andere Ende der Mauer oder des Zauns, so dass Sie die erste horizontale Reihe abschließen. Spannen Sie den Draht durch die letzte Öse und befestigen Sie ihn gut, so dass der Draht gespannt ist.

**5** Biegen Sie die Zweige der Kletterpflanze vorn über die Drähte und befestigen Sie sie mit Bast oder Schnüren. Fixieren Sie die Pflanzen an so vielen Stellen wie nötig, bis die Kletterpflanze einen sicheren Halt hat.

**6** Binden Sie die gesamte Pflanze auf diese Weise an und ziehen Sie seitliche Triebe herunter und erziehen Sie sie so, dass die Mauer schließlich von gebogenen Stämmen bedeckt ist. So entstehen viele Blütenknospen, und die Mauer wird gleichmäßig bedeckt.

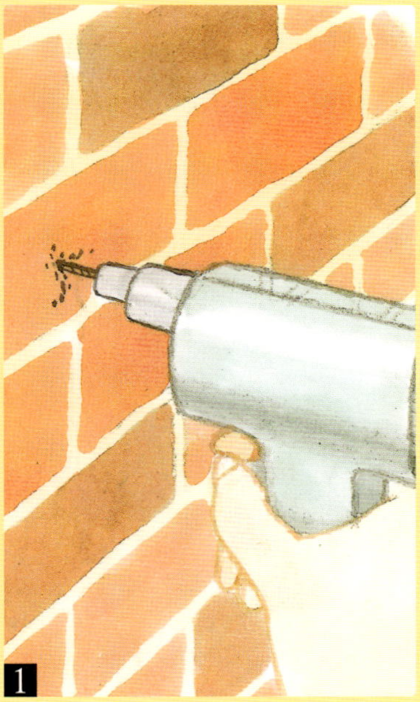

1

2

4

5

## Kletterpflanzen am Spalier erziehen

❀ Ein Holzspalier hat dem Gärtner viel zu bieten. Die quadratisch oder rautenförmig gezimmerten Holzpaneele an sich haben keine besondere Wirkung, aber Spaliere können vielfältig eingesetzt werden, besonders wenn sie umsichtig begrünt werden.

❀ Spaliere können eine Mauer optisch höher wirken lassen, unansehnliche Bereiche des Gartens wie Komposthaufen kaschieren, einen Teil von bestehenden Konstruktionen im Garten bilden, wie z. B. Bögen, Lauben, Spitzsäulen und Pergolen, oder schlicht flach an einer Mauer oder einem Zaun angebracht werden, um einen guten und widerstandfähigen Halt für Kletterpflanzen zu bieten. Das gitterförmige Muster hat perfekte Abmessungen, wenn die Balken nicht zu weit voneinander entfernt sind, so dass alle möglichen Arten von Kletterpflanzen einen Anreiz haben, nach oben zu wachsen, ohne dass sie zu häufig angebunden werden müssen.

## Die Auswahl von Spalieren

❀ Spaliere sind in vielen Formen und Abmessungen erhältlich, beispielsweise fächerförmig, rechteckig oder quadratisch mit gebogenem oberen Abschluss. Man kann Spaliere auch speziell anfertigen lassen, damit sie in einen bestimmten Bereich passen.

❀ Es lohnt sich, bei Spalieren in die bestmögliche Qualität zu investieren, weil Pflanzen, die häufig auf Spalieren gezogen werden, wie z. B. Geißblatt, sehr schwer und mächtig werden können, wenn sie ausgewachsen sind. Es ist nicht einfach, eine ausgewachsene Pflanze für eine Reparatur von einem zusammenbrechenden Spalier abzunehmen. 2,5 cm starke Holzbalken sollten ausreichend stabil sein und trotzdem nicht zu massig wirken.

❀ Spaliere sollten aus nicht verrottendem Holz gefertigt werden oder aus mit Holzschutzmittel behandeltem Bauholz. Eine Reihe von verschiedenen Farbtönen ist heute erhältlich, die das Holz schützen und färben.

❀ Im Allgemeinen empfehlen sich gedeckte Farben wie schiefergrau, graugrün und taubenblau, da sie mit den Pflanzen visuell harmonieren und nicht kontrastieren. Wenn Sie ein Spalier an einer glatten Fläche anbringen, sollte es der Einfachheit halber vor dem Anbringen gestrichen werden. Wenn das Spalier jedoch ein freistehender Raumteiler ist, kann man es besser an Ort und Stelle streichen.

OBEN: *Hängende Körbe sind eine beliebte Art und Weise, den bepflanzten Gartenbereich zu erweitern, wenn alle horizontalen und vertikalen Flächen schon mit Pflanzen bedeckt sind.*

UNTEN: *Spaliere sind kostengünstige und vielseitig einsetzbare Stützen für die unterschiedlichsten Kletterpflanzen.*

## Spaliere dezent einsetzen

- Weil Spaliere eine so starke geometrische Gitterform haben, kann es den Garten erdrücken, wenn es weiträumig verwendet wird. In einigen Fällen ist das nur anfänglich ein Problem. Wenn das Spalier beispielsweise als Abschirmung verwendet wird, verdeckt eine kräftig wachsende Pflanze das Spalier letztendlich vollkommen. In diesen Fällen sind einjährige Kletterpflanzen wie Gartenwicken eine Alternative, welche die mehrjährige Bepflanzung unterstützen, bis letztere etabliert ist.
- Wenn Sie laubwechselnde Kletterpflanzen verwenden, die Sie an der gesamten Wandfläche eines Hauses entlang ranken lassen möchten, sind Drähte eine dezentere Alternative als Spaliere, die möglicherweise nicht zu den starken Linien der Backsteine passen, wenn die Blätter abfallen.

## Spaliere anbringen

- Spaliere können fest oder abnehmbar an Mauern oder Zäunen befestigt werden. Wenn die Mauer oder der Zaun für Reparaturen zugänglich sein muss, befestigen Sie das Spalier mit Angeln am unteren Ende und sichern Sie es oben mit einem Verschluss. Das ganze Spalier samt Kletterpflanze kann dann vorsichtig von der vertikalen Fläche abgeklappt werden, so dass die Mauer oder der Zaun gestrichen werden kann.
- Ob fest oder abnehmbar, das Spalier muss einen Abstand von ca. 2,5 cm zur Mauer oder zum Zaun haben, um eine Luftzirkulation zu gewährleisten. Die Hauptzweige der Kletterpflanze können in diese Lücke hinein erzogen werden, und Seitentriebe wachsen aus dem Spalier heraus zum Licht hin, so dass das Spalier insgesamt gut bedeckt ist.

## SPALIERE FEST AN EINER MAUER ANBRINGEN

**1** *Markieren Sie die Stelle, an der das Spalier an der Mauer fixiert werden soll. Sie müssen Leisten in Höhe der Spalierober- und Unterkante anbringen. Wenn das Spalier über 1,2 m hoch ist, bringen Sie eine zusätzliche Leiste quer an der Mauer an, hinter der Spaliermitte. Bohren Sie dort Löcher, wo die horizontalen Leisten angebracht werden sollen, und setzen Sie Holz- oder Plastikdübel in die Mauer ein.*

**2** *Bohren Sie die passenden Löcher in die hölzernen Distanzstücke und befestigen Sie sie an der Mauer. Schrauben Sie das Spalier von oben beginnend an den Leisten an. Kontrollieren Sie mit einer Wasserwaage, ob das Spalier waagerecht ausgerichtet ist.*

**3** *Befestigen Sie das Spalier weiter an den Stützleisten und achten Sie dabei darauf, dass die Konstruktion gerade ist. Vergewissern Sie sich, dass das Spalier fest mit den Leisten verschraubt und die gesamte Konstruktion sicher an der Mauer befestigt ist.*

2

3

OBEN: *Diese wunderschöne Kletterrose ‚Phyllis Bide' schmückt mit ihren zartrosa Blüten die Hauswand.*

## Kletterpflanzen an Netzen ziehen

- Netze sind eine kostengünstige Möglichkeit, eine Kletterpflanze an einer Mauer oder an einem Zaun zu stützen. Sie sind allerdings nicht stabil genug, um eine großflächige hölzerne Kletterpflanze wie Glyzinen auf der gesamten Fläche zu tragen.
- Netze sind nicht die schönste und auch nicht die stabilste Stütze für Kletterpflanzen, aber es gibt spezielle Anwendungsbereiche, z. B. das Umranken von Objekten, die so geformt sind, dass kein Spalier angebracht werden kann, oder wenn Kletterpflanzen um Baumstümpfe oder Pfosten herum ranken sollen.
- Netze sind in unterschiedlichen Stärken erhältlich, von den recht stabilen quadratischen Stahlnetzen bis hin zu biegsamen, leichten Plastiknetzen. Die leichteren Netze sind die perfekte Lösung, wenn das Netz zwischen gerade stehenden Pfosten mit Spanndraht als provisorische Stütze angebracht werden soll, z. B. für einjährige Kletterpflanzen wie Kapuzinerkresse und Trichterwinden oder Bohnen, Erbsen, Gurken und Tomaten.
- Obwohl Netze nicht so ästhetisch aussehen wie Holzspaliere, können sie als kostengünstige und leicht anzubringende Rankhilfen bei Anwendungen mit kleinen Abmessungen eingesetzt werden, wenn sie schnell von Pflanzen umrankt werden. Dies ist beispielsweise der Fall, wenn das Netz eine schnell und kräftig wachsende Rankpflanze über einem kleinen Zaun stützen soll.
- Verwenden Sie ein farbiges Netz, das Ton in Ton mit der Stütze ist, und befestigen Sie es gut über dem Boden, so dass das Netz nicht an den nackten unteren Zweigen der Pflanze sichtbar ist.

## Eine Lücke zum Bewachsen freilassen

- Wie auch beim Anbringen eines Spaliers ist es wichtig, dass das Netz nicht direkt an der Mauer angebracht wird. Lassen Sie einen Zwischenraum zwischen Netz und Mauer, so dass die Pflanze in der Lücke wachsen und sich frei zwischen den Maschen des Netzes ausbreiten kann, wodurch die Mauer insgesamt gut bedeckt wird.

## Die Auswahl der Befestigung

- Netzclips sind in großer Auswahl in Gartencentern und Heimwerkermärkten erhältlich. Sie sind nicht nur einfach anzubringen, sie können auch verstellt werden, damit das Netz in dem richtigen Abstand zur Mauer gehalten wird, ohne dass Leisten erforderlich sind. Sie eignen sich daher hervorragend zum Befestigen.

## NETZE AN EINER MAUER BEFESTIGEN

**1** Planen Sie genau, wohin Sie das Netz hängen. Setzen Sie den ersten Clip dicht unter das obere Ende des Netzes und nageln Sie ihn mit einem Betonnagel für Mauerwerk fest – oder bohren Sie ein Loch mit Dübel und befestigen Sie den Clip mit einer Schraube. Markieren Sie die Position des nächsten Clips daneben und kontrollieren Sie mittels Wasserwaage, dass das Netz waagerecht aufgehängt wird. Nageln oder schrauben Sie den zweiten Clip wie zuvor beschrieben fest. Bringen Sie alle Clips im Abstand von ca. 60 cm an der Mauer an.

**2** Bringen Sie das Netz so an, dass die erste Clipklemme einen waagerechten Netzstrang fasst und klemmen Sie ihn fest ein. Bringen Sie so das gesamte Netz in den anderen Clips dieser Reihe an.

**3** Ziehen Sie das Netz an der Wand glatt und markieren Sie die Position der nächsten Clipreihe ca. 60 cm unter der ersten. Rollen Sie das Netz auf und halten Sie es vorübergehend mit einem Strick zusammen, damit Sie die nächste Clipreihe anbringen können. Arbeiten Sie so die ganze Mauer herunter. Obwohl Sie anfänglich bis weit nach unten an der Mauer arbeiten müssen, damit die Kletterpflanze hochranken kann, können Sie später möglicherweise einen Teil des Netzes im unteren Bereich wegnehmen, sollte es unansehnlich werden, nachdem die Pflanze ausgewachsen ist.

**4** Wenn das gesamte Netz sicher befestigt ist, erziehen Sie die Kletterpflanze daran und befestigen Sie sie am Netz. Auch selbsthaftende Kletterpflanzen mit Luftwurzeln wie Efeu profitieren von einer Rankhilfe, wenn sie den Aufstieg beginnen, und benötigen möglicherweise Stöcke auf Ihrem Weg vom Boden hin zum Netz.

1

2

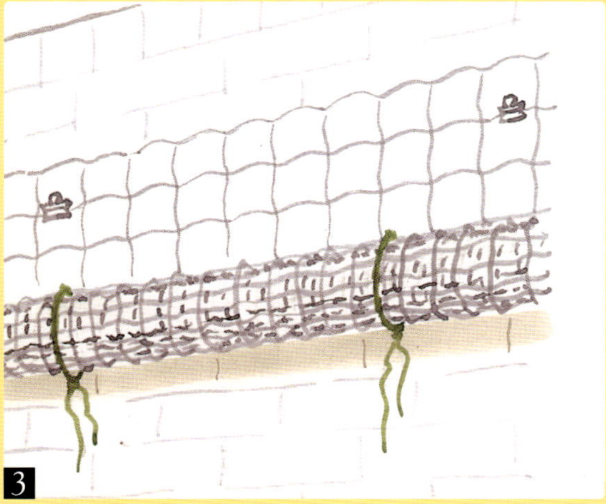
3

4

## RABATTEN BEPFLANZEN

Es gibt für jeden Platz und für jedes Klima eine geeignete Pflanze, und wenn Sie sorgfältig recherchieren und planen, können Sie das ganze Jahr über interessant gestaltete Rabatten in lebhaften Farben anlegen. Wählen Sie immer Pflanzen aus, die zu der Umgebung, also zum Boden, dem Licht und dem zur Verfügung stehenden Platz, passen. Lassen Sie bei der Auswahl Sorgfalt walten und planen Sie eine optisch ganzjährig interessante Gestaltung.

### Pflanzen auswählen

- ❀ Die Auswahl an Pflanzen für Rabatten ist sehr groß – von Büschen und Bäumen über mehrjährige, zweijährige und einjährige Pflanzen bis zu Blumenzwiebeln, Knollen oder gar Gemüsesorten. Die meisten Gartenrabatten nutzen eine Hintergrundgestaltung mit Büschen, die der Rabatte das ganze Jahr über Form und Struktur verleihen, unterstützt von mehrjährigen Pflanzen, die Jahr für Jahr wiederkehren und ihre saisonale Schönheit entfalten.
- ❀ Man ist versucht, eine neue Rabatte mit verschiedenen Arten zu überladen, alles dicht zusammengedrängt, um die nackte Erde zu bedecken. Sie erhalten jedoch einen wesentlich bündigeren Effekt, wenn Sie die Blumen in Dreier- oder Fünfergruppen zusammensetzen. Damit erhält die Anlage eine geschmeidige, fließende Gestaltung und vermittelt nicht das gesprenkelte Bild, das durch zahlreiche impulsive Einkäufe erweckt wird, die wahllos im Garten verteilt sind.
- ❀ Denken Sie immer daran, dass das, was Sie als kleine Pflanze kaufen, erstaunlich groß werden kann. Lesen Sie deshalb die Etiketten aufmerksam durch und lassen Sie Ihren Pflanzen Platz zum Wachsen. Jede zunächst unansehnliche Lücke kann mit farbenfrohen einjährigen Pflanzen aufgefüllt werden.

### Mehrjährige und einjährige Pflanzen

- ❀ Im Topf gezogene mehrjährige Pflanzen können zu jeder Jahreszeit in die Erde gesetzt werden. Den besten Start geben Sie Ihren Pflanzen, wenn Sie sie nicht bei sehr heißem, trockenem, nassem oder kaltem Wetter einpflanzen. Der Frühling ist die geeignete Jahreszeit, um mehrjährige Pflanzen zu kaufen, weil ihr Blattwerk und die Wurzeln gut untersucht werden können und die Pflanze unter der Voraussetzung, dass kein Frosteinbruch mehr kommt, die besten Chancen hat, gut anzuwachsen.
- ❀ Mischen Sie Kompost und Dünger in die Erde, wenn Sie anpflanzen, damit die Wurzeln einen Anreiz haben, sich in der Erde frei auszubreiten. Die meisten mehrjährigen Pflanzen müssen in der gleichen Tiefe eingepflanzt werden, in der sie auch in den Töpfen gesessen haben. Einige Pflanzen gedeihen besser, wenn sie tiefer bzw. flacher eingesetzt werden, lesen Sie deshalb die Etiketten aufmerksam durch, bevor Sie mit dem Umpflanzen beginnen. Die meisten einjährigen Pflanzen sollten im späten Frühjahr eingepflanzt werden, wenn keine Frostgefahr mehr besteht.
- ❀ Kaufen Sie gesund aussehende Exemplare, die nicht zu fest im Topf sitzen oder nicht offensichtlich schlecht gegossen wurden. Überprüfen Sie, dass die Wurzeln nicht zu stark zusammengedrückt sind. Sie müssen dick und von blasser Farbe sein, nicht schwärzlich und dünn. Die Oberfläche der Erde darf nicht durchweicht sein und keine Algen oder Unkräuter aufweisen.

### Zwiebeln setzen

- ❀ Obwohl sich Zwiebelpflanzen, Wurzelstöcke und Knollen botanisch unterscheiden, werden Sie im Allgemeinen als eine Gruppe angesehen. Alle sollten sich beim Kauf fest anfühlen und keine äußerlichen Schäden durch Insekten oder sonstige Mängel aufweisen. Wenn kleine Wuchsansätze sichtbar sind, sollten diese kein aktives Wachstum aufweisen, und es sollten sich keine frischen Wurzeln gebildet haben. Lagern Sie diese

### PFLANZHÖHE

*Als Faustregel gilt, Zwiebeln in einer Tiefe einzusetzen, die dem Zwei- oder Dreifachen ihrer Höhe entspricht. Es gibt aber einige Ausnahmen, lesen Sie deshalb die Anweisungen auf der Packung. Wenn Blumenzwiebeln in falscher Höhe eingesetzt werden, blühen sie unter Umständen gar nicht. Dies wird als „Zwiebelblindheit" bezeichnet.*

richtige Pflanzhöhe — falsche Pflanzhöhe

Pflanzenarten im Zeitraum zwischen Kauf und Einpflanzen immer kühl und trocken.

❀ Nach der Blüte ziehen Zwiebeln Nahrung aus den absterbenden Blättern für die nächste Blüteperiode. Schneiden Sie die Blätter deshalb niemals zu früh ab, und binden Sie sie auch nicht frühzeitig ab mit der Absicht, den Prozess der Nährstoffaufnahme zu beschleunigen.

❀ In einer Rabatte sehen diese welken Blätter nicht schön aus, planen Sie deshalb die Bepflanzung, damit die absterbenden Blätter von aktiv nachwachsenden Pflanzen verdeckt werden. Als Alternative können Sie die Zwiebeln in Körbe pflanzen und sie herausnehmen, wenn die Blüte vorbei ist. Sie können dann in einen verdeckten Teil des Gartens verpflanzt werden, bis der Prozess des Verwelkens abgeschlossen ist.

## ZWIEBELN ANPFLANZEN

1 *Pflanzen Sie die Zwiebeln sobald wie möglich nach dem Kauf, da sie sehr schnell verderben. Graben Sie ein Pflanzloch und achten Sie darauf, dass Sie die Zwiebeln richtig herum einsetzen.*

2 *Schaufeln Sie die Erde zurück in das Loch, und wenn die Erde schwer ist, mischen Sie Sand bei für eine bessere Dränage.*

3 *Sobald das Loch aufgefüllt ist, markieren Sie die Erde mit Stöcken und bewässern Sie sie.*

1

2

3

## MEHRJÄHRIGE PFLANZEN EINSETZEN

1 *Wässern Sie den Wurzelballen gut, bevor Sie ihn einpflanzen. Ziehen Sie die Pflanze aus dem Topf, ohne den Wurzelballen zu beschädigen.*

2 *Graben Sie ein Loch von ca. der doppelten Breite des Wurzelballens und in ausreichender Tiefe, damit die Pflanze auf einer Linie mit der Bodenoberfläche sitzt. Geben Sie viel Kompost in die umgebende Erde, bevor Sie die Pflanze in das Loch setzen, damit die Wurzeln einen Anreiz haben, sich auszubreiten.*

3 *Klopfen Sie die Erde fest und wässern Sie die Pflanze. Gießen Sie die Pflanze während Trockenperioden so lange, bis sie sich etabliert hat. Geben Sie rund herum Mulch auf die Erde, aber nicht unmittelbar an die Pflanze, um die Feuchtigkeit im Boden zu halten und das Wachsen von Unkraut zu verhindern.*

1

2

3

## TÖPFE UND HÄNGEKÖRBE BEPFLANZEN

DAS Bepflanzen von Töpfen und Schalen ist ein wunderbar vielseitiger und erfreulicher Aspekt der Gärtnerei und bietet das ganze Jahr über Gelegenheit, Farbe und Struktur in alle Bereiche des Gartens zu bringen. Für Töpfe und Schalen ist in jedem Garten Platz, ob Sie in einer Wohnung mit einem kleinen Balkon oder in einem Haus mit großem Garten und Terrasse wohnen oder einen Pflanzkasten am Fenster haben. Topfpflanzen können den scharfen Kontrast zwischen dem saftigen Grün im Garten und den harten Flächen des Hauses, der Wege oder anderen harten Bodenflächen verwischen.

### Die Vorteile der Gärtnerei mit Behältern

- Mit dem Bepflanzen von Behältern können Sie Ihre Vorliebe für jene Pflanzen ausleben, die normalerweise in dem Boden Ihres Gartens nicht gedeihen würden. Während es kaum praktizierbar ist, die Bodenqualität in Ihrem Garten praktisch permanent zu verändern – wie beispielsweise einen basischen Rabattenboden zwecks Anpflanzung von Kamelien in sauren Boden umzuwandeln –, ist es kein Problem, einen Topf oder eine Schale mit genau dem Typ Blumenerde zu füllen, in der Ihre Pflanze wächst und gedeiht.
- Behälter können zudem auch umgestellt werden, um die besonderen Licht- und Klimabedingungen voll auszunutzen, was sie noch anpassungsfähiger macht. Pflanzen, die zu zart sind, um an den ungeschützteren Stellen in Ihrem Garten gepflanzt zu werden, werden es Ihnen danken, wenn Sie in Töpfen im Schutze der Hauswand gezogen werden, und sie können bei extremem Wetter leicht geschützt werden.
- Behälter ermöglichen Ihnen außerdem ein ganzjähriges Variationsspiel. Wenn Sie Töpfe oder Schalen mit Zwiebelpflanzen unterpflanzen, so heben diese Frühlingsboten Ihre Stimmung zu einer Zeit, wenn das Dunkel des Winters nur sehr langsam dem Frühling weichen will. Im Sommer sind Topfpflanzen eine Klasse für sich, wenn die Sommerpflanzen zum prallen Leben erwachen und bis in den Herbst hinein blühen. Lilien und Fuchsien glühen herbstlich, während Erika, Stiefmütterchen und immergrüne Pflanzen mit Beeren den ganzen Winter über fröhliche Farben aufweisen.

### Unbegrenzte Möglichkeiten

- Mit dem Bepflanzen von Behältern erweitern Sie auch den Bereich, der begrünt werden kann. Wenn Sie jeden verfügbaren Fleck in Ihrem Garten bepflanzt haben und Kletterpflanzen an allen senkrechten Flächen ranken, entfalten Korbampeln, die an Wandträgern oder sogar unter der Decke von Pergolen und anderen Strukturen aufgehängt werden können, zusätzlich eine interessante Wirkung.
- Es kommt auch immer mehr in Mode, Gemüsepflanzen wie Tomaten, Erdbeeren und Kräuter in Töpfen und Schalen zu ziehen. Das sieht nicht nur hübsch aus, es ist auch praktisch. Man muss nicht erst in den Garten gehen, um im Winter einen Thymianzweig für das Mittagessen zu pflücken, wenn Sie einen gut bestückten Kräuterkorb außen an der Küchentür haben. Fensterkästen und -tröge bieten weitere Bepflanzungsmöglichkeiten.

OBEN: *Eine gelungen gestaltete Korbampel erfordert eine durchdachte und harmonische Auswahl von Blumen.*

## Die Auswahl von Behältern

- Fast jede Art von Behälter eignet sich zum Bepflanzen, vorausgesetzt, sie sind wetterfest und haben Ablauflöcher. Es empfiehlt sich, die Behälter etwas vom Boden weg auf Steine oder spezielle Füße zu stellen, damit das Wasser unten frei ablaufen kann.
- Es gibt in jedem Gartencenter eine Reihe von speziellen Töpfen in allen möglichen Formen, Größen und Materialien und auf unterschiedlichstem Preisniveau. Es macht auch Spaß, Behälter so zu bearbeiten, dass sie bepflanzt werden können, indem man z. B. Dränagelöcher in einen alten Kupferwaschkessel bohrt, der schon lange nicht mehr seinem ursprünglichen Zweck dient, aber wunderschön aussieht, wenn er originell bepflanzt wird.

## Korbampeln bepflanzen

- Wie bei jeder Art des Anpflanzens müssen Sie überprüfen, ob die Pflanzen, die Sie anpflanzen möchten, an dem gewählten Ort gedeihen werden. Es hat beispielsweise keinen Sinn, Blumen, die Sonne lieben, im Schatten anzupflanzen – sie schießen sonst in die Höhe und blühen kaum. Lesen Sie deshalb die Etiketten aufmerksam durch, bevor Sie eine Pflanze kaufen. Kompost auf Lehmbasis bietet sich an, weil er Feuchtigkeit speichert und, wenn er einmal austrocknet, leicht wieder zu befeuchten ist.

### KORBAMPELN BEPFLANZEN

**1** *Nehmen Sie die Aufhängung mit einer Zange vom Korb ab. Stellen Sie den Korb auf einen Blumentopf, damit er gerade steht, wenn Sie ihn bearbeiten. Legen Sie den Korb mit Auskleidungsfolie aus.*

**2** *Mischen Sie Wasser speicherndes Granulat mit Kompost und fügen Sie Wasser hinzu. Das Granulat schwillt an und der Kompost wird massiger. Füllen Sie den Korb also nicht auf, bevor das Gel das Wasser aufgesaugt hat und geleeartig aussieht. Geben Sie eine Schicht Kompost in den Korb.*

**3** *Hängepflanzen mildern die scharfen Kanten des Korbes und wirken insgesamt interessant. Schneiden Sie für jede Pflanze eine x-förmige Öffnung in die Auskleidungsfolie ein.*

**4** *Drücken Sie den Wurzelballen von jeder kleinen Pflanze vorsichtig zusammen und pressen Sie ihn durch eine Folienöffnung in den Kompost.*

**5** *Bepflanzen sie den Behälter weiter, fügen Sie Kompost- und Pflanzenschichten hinzu und drücken Sie sie gut an, bis der Korb fast voll ist. Pflanzen Sie aufrecht stehende Pflanzen zur Mitte der obersten Schicht hin, umgeben von Rankpflanzen. Lassen Sie ausreichend Platz, um den Korb zu gießen.*

1

2

3

4

# DIE GRUNDREGELN DES PFLANZENS

**Eines der wichtigsten Dinge, die man beim Gärtnern verstehen muss, besteht darin, dass Pflanzen aus verschiedenen Teilen der Welt stammen. Dies bedeutet nicht nur, dass sie unter Bedingungen gedeihen werden, an die sie sich angepasst haben, sondern auch, dass sie darunter leiden werden, wenn man versucht, sie unter Bedingungen zu ziehen, für die sie nicht geschaffen sind. Viel erfolgreicher zieht man Pflanzen, die an den vorhandenen Boden, das gegebene Klima und die Lage im Garten angepasst sind, anstatt zu versuchen, jene zu ziehen, die anderswo viel besser gedeihen würden. Wenn Ihr Boden zum Beispiel auf Kalkstein beruht, sollten Sie sich für Pflanzen entscheiden, die diesem gegenüber tolerant sind, und wenn Sie in einem Kaltluftsee leben, dann sollten Sie keine empfindlichen Pflanzen aus warmen Ländern wählen.**

### Kombination von Pflanzen

❀ Denken Sie sehr sorgfältig über die Kombination von Pflanzen nach. Dies wird erleichtert, wenn man die Herkunft der Pflanzen kennt. Jene Pflanzen, die aus ähnlichen Klimazonen und Bodenverhältnissen stammen, lassen sich nahezu ausschließlich gut kombinieren. Der Versuch hingegen, Rhododendron – ein sauren Boden liebender Strauch – mit Margeriten-Arten zu kombinieren, wird nicht nur erfolglos sein, sondern auch eher unschön aussehen. Ein weiterer

OBEN: *Kies ist ein sehr guter Mulch für einen trockenen Garten, da er die Feuchtigkeit hält und Unkraut sich nur schwer verwurzeln lässt. Viele Margeriten-Arten, Steinrosen – sowohl die Sonnenröschen als auch die Zistrosen – ebenso wie Laucharten und die Königskerzen gedeihen gut in einem trockenen Garten.*

OBEN: *Schattenliebende Pflanzen sind z. B. Funkien, wie diese* Hosta undulata *‚Univittata' (Schneefederfunkie), Wolfsmilchgewächse, Lilien sowie* Dicentra spectabilis *‚Alba' (Tränendes Herz) mit seinen reizenden hängenden weißen Blüten.*

wichtiger Aspekt besteht darin, möglichst Pflanzen zu wählen, die für ihren zugewiesenen Platz nicht zu groß werden.

### Pflanzen für bestimmte Aspekte

- Eine Nordmauer, die sich vollkommen im Schatten befindet, ist kälter als andere Teile des Gartens. Wenngleich einige Pflanzen diese Bedingungen tolerieren, wachsen sie doch langsamer als an anderen Stellen. Im Allgemeinen eignen sich Pflanzen, die ihres Laubes wegen gezogen werden, besser für Nordmauern als jene, die man aufgrund der Blüten pflanzt. Es gibt einige Blütenpflanzen, die sich für solche Mauern eignen. Zu ihnen zählt u. a. die immergrüne Kletterhortensie (*Hydrangea petiolaris*), die ohne Hilfe an einer großen Mauer hochklettert. Zudem bildet sie schirmartige Hortensienblüten aus, die eine hübsche gelbbraune Färbung annehmen, wenn sie welken, und bis in den Winter dauern.
- Schattenliebende Pflanzen besitzen im Vergleich zu anderen Pflanzen oft größere Blätter. In diese Kategorie fallen Funkien, Fingerhüte, Bergenien, Farne und Wolfsmilchgewächse.
- Die Kletterrose ‚Guinée' mit ihren sehr dunkelroten Blüten und eher spärlichen Blättern wächst gut an einer Nordmauer. Selbiges gilt für die nahezu dornenlose weiße Rose ‚Madame Alfred Carrière'. Diese Rose blüht erstmals im frühen Sommer und bildet – wenngleich weniger üppig – während des restlichen Sommers weitere Blüten aus.
- Ostmauern sind sehr schwierig. Nach einem Frost kann die frühmorgendliche Sonne die Knospen von sonst winterharten Rhododendren, Kamelien und Magnolien beschädigen.
- Eine gute Kletterpflanze ist z. B. *Actinidia kolomikta* (buntlaubiger Strahlengriffel). Sie besitzt große herzförmige grüne Blätter mit creme- und rosafarbigen Panaschierungen. Diese Färbung wird nicht an jungen Pflanzen oder alten Pflanzen, die nicht genügend Sonne bekommen, ausgebildet. Die Jungfernrebe ist eine weitere gute Kletterpflanze für eine Ostmauer, und die gefiederten gelblich-grünen Blüten von *Alchemilla mollis* (Frauenmantel) werden den in Bodennähe befindlichen unteren Teil der Mauer verschönern.
- Südmauern sind heiß und trocken. Silberne, duftende mittelmeerartige Pflanzen und Pflanzen aus Australien und Neuseeland gedeihen an einem Platz wie diesem. Es gibt eine große Auswahl an geeigneten Pflanzen, einschließlich Astern und anderer Margeritenarten, vieler Kräuter und Pflanzen mit farbenfrohen Blüten.
- Westmauern sind die besten. Sie bekommen das abendliche Sonnenlicht und leiden weniger unter Frost. Hier können Sie zarte bzw. exotische Pflanzen ziehen, die Schutz benötigen. Diese Pflanzen stammen oft aus Regionen wie Kalifornien, und zu ihnen zählen der leuchtend gelbe, mauertaugliche Fremontodendron, Ceanothus-Arten (Säckelstrauch) mit ihren buschigen hellblauen Blüten sowie *Passiflora caerulea* – die winterhärteste Passionsblume mit ihren wundersamen exotischen Blüten und ovalen orangefarbenen Früchten.
- *Carpenteria californica* (Baumanemone) ist ein immergrüner Strauch aus Kalifornien, der im Sommer mit einer erstaunlichen Blütenpracht – genauer gesagt mit großen weißen Blüten mit einer gelben Mitte – aufwartet. Nach einer Kälteperiode kann der Strauch gelegentlich etwas dünn aussehen, wird sich aber schnell davon erholen und zu seiner Pracht zurückfinden.

OBEN: *Goldlack, Eisenkraut und Petersilie wurden hier in großzügigen Grüppchen gepflanzt, um diese lebhafte, freundliche Sommerrabatte zu schaffen.*

## Beete und Rabatten

- Mittlerweile warten Sie sicher schon ungeduldig darauf, Stauden und farbenfrohe Pflanzen für Ihre Rabatten zu wählen. Dies ist der dekorative Teil des Pflanzens und sehr aufregend.
- Sie können geeignete Arrangements erarbeiten, indem Sie Pflanzen auswählen und bestimmen, wie viele Pflanzen wohin gepflanzt werden sollen. Ein Pflanzen-Nachschlagewerk oder eine Enzyklopädie ist in dieser Phase von unschätzbarem Wert. Ein gutes Pflanzenbuch beschreibt die einzelnen Pflanzen und macht Angaben dazu, zu welcher Größe sie heranwachsen werden, woher sie stammen und wie man sie züchtet.
- Am besten schreiben Sie den Namen jeder Pflanze auf Ihren Plan. Sie können die einzelnen Flächen farbig gestalten, damit Sie sich das Arrangement besser vorstellen können. Platzieren Sie als Erstes die großen Bäume und Sträucher, um eine gute strukturelle Basis zu erhalten, und arbeiten Sie sich dann zu den kleinsten Pflanzen vor. Kalkulieren Sie genügend Platz für das Wachstum der Pflanze ein. Auch die Blütezeiten sind wichtig. Kombinieren Sie früh und spät blühende Pflanzen in dem Beet oder der Rabatte, so dass über den Sommer und Herbst hinweg eine gute Balance herrscht. Listen Sie die von Ihnen gewählten Pflanzen separat auf und geben Sie die jeweils benötige Anzahl an. Dies erleichtert den Pflanzenkauf.

## Beet oder Rabatte?

- Eine Blumenrabatte ist ein bepflanzter oder zur Bepflanzung vorgesehener Bereich mit einem Zaun, einer Hecke oder einer Mauer dahinter. Ein Blumenbeet hingegen ist ein Bereich, um den man herumlaufen und den man von allen Seiten betrachten kann. Es ist wichtig, dass die Beete und Rabatten in ihrem Maßstab zum Garten passen.
- In einem großen Garten kann man lange, breite Rabatten anlegen und einem bestimmten Pflanzentyp Platz zuweisen, z. B. in Form eines Rosen- oder Farngartens. In einem kleinen Garten muss man sich möglicherweise auf schmale Beete und eine gemischte Pflanzung für einen ganzjährigen Effekt beschränken. Ungeachtet dessen, ob Sie einen großen oder kleinen Garten besitzen, sollten Sie immer versuchen, den Garten in verschiedene bepflanzbare Einheiten zu unterteilen.
- Rabatten sollten immer einen Hintergrund haben. Hecken sind hierfür gut geeignet, bedürfen aber der Pflege und stehlen Wasser und Nährstoffe von Stauden. Lassen Sie zwischen der Rabatte und der Hecke einen schmalen Pfad oder Streifen, der für einen Rasenmäher breit genug ist, so dass Sie leicht Unkraut jäten und stutzen können. Sie sollten sich bequem herunterbeugen können. Kalkulieren Sie auch das Breitenwachstum der Hecke ein.

OBEN: *Diesem großen Inselbeet wurde eine unregelmäßige Form gegeben. Es wurde an den Rändern mit niedrig wachsenden und in der Mitte mit hohen Pflanzen bestückt, um ihm so eine interessante Form zu geben. Die Farbzusammenstellung beruht zu einem große Maße auf Rot- und Violetttönen.*

- Zäune stellen ebenfalls eine Möglichkeit dar. Auch in diesem Falle sollten Sie einen Abstand zwischen Rabatte und Zaun lassen, so dass Sie diesen streichen können. Festgetretene Erde, die zur Benutzung gerade breit genug ist, reicht durchaus. Wenn es Ihnen nichts ausmacht, im Winter Gartenarbeiten auszuführen, kann dieser Abstand relativ klein sein.
- Alle Gärtner arbeiten nach dem Prinzip „Versuch macht klug!", wenn sie so etwas Kompliziertes wie ein Beet oder eine Rabatte planen. Allerdings können Sie einige Misserfolge ausschließen, wenn Sie zu den Pflanzen zunächst Nachforschungen anstellen. Alle Beete und Rabatten wachsen und verändern sich, so dass Sie möglicherweise nach drei Jahren ausdünnen, umpflanzen oder neu pflanzen möchten.

OBEN: *Dieser elegante Kiesweg ist an beiden Seiten von aufrechten Schwertlilien umrandet, die nicht nur Form und Farbe, sondern auch eine „marschierende" Qualität verleihen, und führt so geschwind zum Laubbogen hinunter.*

### Größe von Rabatten

- Je breiter die Rabatte, umso mehr Pflanzen können Sie darauf ziehen. Auf einer 1,2 m breiten Rabatte könnten Sie hinten eine Kletterpflanze sowie zwei Reihen mit Bodendeckern oder eine Reihe mit Sträuchern pflanzen. Denkbar ist auch ein gestutzter, gezogener Mauerstrauch oder eine Reihe mit Bodendeckern.
- Mehr Pflanzen würden sich gegenseitig ersticken, und Sie würden viel Zeit darauf verwenden, zu stutzen, zu trimmen und zurückzuschneiden. Auf einer 1 m breiten Rabatte könnten Sie wahrscheinlich hinten Kletterpflanzen sowie eine Reihe mit kleinen Sträuchern pflanzen, aber vielleicht möchten Sie sich lieber auf winzige Steingartengewächse konzentrieren.
- Sie benötigen eine Rabatte von nahezu 2,7 m, um drei abgestufte Pflanzenreihen ohne Probleme unterzubringen. Auf einer 1,5 m breiten Rabatte sind wahrscheinlich drei Reihen geradeso möglich, wodurch viel Farbe hineingebracht wird. Falls es sich nicht um einen regelmäßig angelegten Garten handelt, sollten die Stufen nicht in strikte Reihen gepflanzt werden. Die Pflanzen sollten in Grüppchen angeordnet werden, wobei sich die größeren etwas unter die kleineren mischen sollten, so dass eine natürlich aussehende Mischung entsteht und ein vielseitigerer „Patchwork"-Effekt geschaffen wird.
- Die maximale angemessene Breite für ein Beet ist 2,7 m, es sei denn, Sie haben sich für ein Inselbeet, um das Sie herumlaufen können, entschieden. Sie können ein 3,5 m großes Beet anlegen, jedoch benötigen Sie hierfür viel größere Pflanzengruppen. Somit eignet sich diese Größe eher für eine Sträucher- und Nadelhölzerrabatte. In jedem Falle sollten Sie aber einige Sträucher und Nadelhölzer verwenden, um die Rabatte entsprechend aufzulockern.

OBEN: *Der Polster-Effekt dieser rundlichen Pflanzen gibt diesem ganzen Beet das äußerst attraktive Aussehen einer großen Steppdecke.*

## Pflanzentabelle für Rabatten und Beete

- Der Entwurf von Rabatten oder Beeten, die den ganzen Sommer lang und bis in den Herbst hinein gut aussehen, ist eine komplexe Aufgabe. Pflanzen von unterschiedlicher Höhe müssen eingeplant werden, um der Stelle im Garten eine skulpturartige und zugleich harmonische Form zu verleihen.
- Mit Hilfe einer Tabelle mit allen Pflanzen, die Sie gern ziehen möchten, können Sie auf einen Blick erkennen, ob Sie ausreichend hohe, mittelhohe sowie kleine Pflanzen eingeplant haben. Ferner wird sie Ihnen helfen, diese Pflanzen entsprechend auf Ihrem Pflanzplan anzuordnen. Erstellen Sie für jede Rabatte bzw. jedes Beet eine Tabelle und tragen Sie nach Auswählen der Pflanzen diese jeweils in die Tabelle ein.
- So werden Sie bald feststellen, wo sich Lücken befinden. Allerdings wird Ihnen dies nur helfen, Pflanzen hinsichtlich ihrer Höhe einzuteilen. Die Farbgestaltung müssen Sie noch entscheiden, aber dies ist eine überaus hilfreiche Übung, um allgemein mehr über Pflanzen zu lernen. Sie können Stauden, einjährige Pflanzen und Sträucher oder nach Belieben sogar Zwiebelpflanzen in Ihre Pflanzentabelle aufnehmen.

## Das Pflanzen von Bodendeckern

- Früher hielt man es für ästhetisch, jede Pflanze in der Rabatte mit etwas Platz um sie herum, d. h. als Individuum, zu ziehen. Heutzutage empfinden wir es als attraktiver, Pflanzengruppen ineinander übergehen zu lassen und so eine grüne Decke zu schaffen, aus der Blüten emporsteigen wie die Venus aus dem Meer.
- Das Ergebnis ist eine attraktive, farbenfrohe Kombination, die zugleich eine Art Bodendeckung darstellt, die Unkraut auf einem Minimum hält und den Arbeitsaufwand für die Rabatte reduziert. Bodendeckung ist ebenfalls nützlich unter Bäumen, wo die Licht- und Feuchtigkeitsverhältnisse nicht ausreichend für ein gesundes Graswachstum sind. Fernen können Bodendecker an steilen Böschungen, wo das Rasenmähen schwierig oder gar gefährlich sein würde, eingesetzt werden.
- Die Auswahl an Pflanzen, die als Bodendecker gezogen werden können, ist riesig. Sogar Pflanzen, die sich nicht von selbst

OBEN: *Eine effektive Bodendeckung kann geschaffen werden, indem man unterschiedlich hohe Pflanzen sowie eine Vielfalt von Blütenfarben kombiniert.*

OBEN: *Geradezu kunstvoll gepflanzte Studentenblumen, Petunien, Stockrosen und Mohnblumen auf erhöhten, von einem Zaun aus Zweigen umgebenen Beeten.*

ausbreiten, können als Bodendecker dienen, wenn sie dicht gepflanzt werden. Bodendecker haben einen praktischen Nutzen, aber in einem kleinen Garten können sie zugleich vereinend wirken, besonders wenn man einer Pflanzenart erlaubt, ein elegantes Blättermeer zu bilden.

## Nützliche Bodendecker

- Die besten Bodendecker sind immergrün. Das Johanniskraut (*Hypericum*) kann an einer schattigen Stelle des Gartens wachsen, wo seine leuchtend gelben Blüten aus der Dunkelheit hervorleuchten. Das niedrige Johanniskraut (*Hypericum calycinum*) blüht von Anfang Sommer bis Anfang Herbst. An nicht schattigen Stellen macht es in Einzelstellung ebenfalls eine gute Erscheinung, jedoch kann es in einer Rabatte zu viel Platz in Anspruch nehmen.
- Das Immergrün (*Vinca*) eignet sich ausgezeichnet zum Bedecken des Bodens, kann aber ebenfalls zu viel Platz einnehmen. Pflanzen Sie es daher ins Gehölz, wo es ein wenig zu kämpfen hat. *Vinca minor* (kleines Immergrün) ist sehr flach wachsend. Gewöhnlich besitzt es blass lilafarbene Blüten; die weißen und dunkelroten Arten sind aber ebenfalls attraktiv und zugleich weniger ausbreitend. *V. major* erreicht eine Höhe von 30 cm und klettert an nahe stehenden Sträuchern empor. Wenn es unter anderen Pflanzen gezogen wird, kann es gegebenenfalls etwas schwierig zu kontrollieren sein.
- Der Efeu (*Hedera*) gedeiht gut im Schatten. Der Irische Efeu (*Hedera helix* ‚Hibernica‘) besitzt große grüne Blätter und wächst gut in dichtem Schatten. Er ist eine gute, wenig Zuwendung benötigende Pflanze, die in einem nördlichen, wenig genutzten Teil des Gartens gezogen werden kann.
- Taubnesseln (*Lamium*) stellen ausgezeichnete Bodendecker unter Bäumen dar. *Lamium galeobdelon* ‚Silver Carpet‘ besitzt gelbe Blüten und immergrüne, stark mit silbernen Flecken übersäte Blätter. Diese Pflanze breitet sich stark aus, kann aber leicht herausgezogen werden, wo sie anfängt, für ihren Platz zu groß zu werden.
- Will man Bäume unterpflanzen, so ist es wichtig, den Boden gut vorzubereiten und jegliches Unkraut, wie Quecken, Nesseln und Geißfuß, zu beseitigen. Wird dies nicht getan, werden sich deren Wurzeln mit denen Ihrer Pflanzen in ungeheuerlicher Art und Weise verflechten.
- An einer sonnigen, gut entwässerten Stelle wächst die Steinrose *Helianthemum nummularium* (Sonnenröschen) unglaublich gut und bildet eine ausgezeichnete farbenfrohe Bodendeckung. Es gibt viele Varietäten in hübschen roten, gelben und weißen Farbtönen. Sobald die Blütezeit im Sommer vorüber ist, sollten sie stark mit der Gartenschere zurückgeschnitten werden, da sie andernfalls sehr hochstämmig werden und so ihren Wert als Bodendecker verlieren. Schneiden Sie sie jedoch nicht im Frühjahr zurück, da Sie ihr sonst die Blütenknospen für das Jahr nehmen.

OBEN: *Zwiebelpflanzen, wie der Krokus und die blaue Glockenblume, können verwendet werden, um im Frühjahr eine farbige Decke zu schaffen.*

## Anlegen von Alpen- und Steingärten

- Einige der bezauberndsten Pflanzen, die dem Gärtner zur Verfügung stehen, sind die winzigen, hoch oben aus den Bergen stammenden Alpen- und Steingartenpflanzen. Diese kleinen Schätze bedürfen eines hellen, offenen und sonnigen Gartens, um die Herkunftsorte so nah wie möglich nachzugestalten.
- Der Steingarten sollte sich in südlicher oder westlicher Richtung befinden, um in den Genuss der besten und längsten Lichtverhältnisse zu kommen. Er sollte sich nicht in der Nähe von Bäumen befinden, die ungewollten Schatten werfen und die winzigen Pflanzen mit Wassertropfen und fallenden Blättern beschädigen können.
- Er sollte an einem Hang sein, um einen guten Wasserabfluss zu gewährleisten. In ihrem natürlichen Habitat erhalten Alpenpflanzen viel Feuchtigkeit von schmelzendem Schnee. Allerdings läuft das Wasser schnell ab, und der Boden saugt sich nicht voll. Alle Alpenpflanzen reagieren negativ auf einen schlechten Wasserabfluss.
- Die Hauptmerkmale eines Steingartens sind Terrassen und flache Stellen, gut entwässerte Böden hinter ausstreichendem Gestein zum Ziehen von kleinen Pflanzen sowie Vertiefungen und Gesteinsspalten für Pflanzen, so dass deren Wurzeln im Schatten sind.

OBEN: *Die Wildtulpe* Tulipa montana *wächst auf 15 cm heran und sieht schön in Kombination mit größeren Steingartenpflanzen aus. Sie blüht Anfang bis Mitte des Frühlings.*

## Materialien und Arrangement

- Jegliche von Ihnen verwendeten Steine sollten nicht auf der Oberfläche des Bodens liegen, sondern aus ihm hervortreten – wie bei natürlichem ausstreichendem Gestein. Wählen Sie sofern möglich lokal vorkommendes Gestein. Der Transport ist kostengünstiger, und das Gestein wird besser in den Garten passen. Kalkstein, Sandstein, Granit oder Tuff können allesamt durch Simulation von natürlichen Gesteinsformationen ein natürliches Aussehen erzeugen.
- Geröll ist eine flache oder ansteigende Ansammlung von Gesteinsschutt und etwas Erde sowie einigen kleinen Wasserlöchern zur Erhöhung der Feuchtigkeit. In der Natur ist Geröll im Grunde ein Fluss loser Steine, der am Fuße eines Berghanges vor dem Übergang zur Weide zu finden ist.
- Eine an Beliebtheit gewinnende Art und Weise, Steingartenpflanzen zu ziehen, ist in einem erhöhten Beet. Dies ist einfach, kostengünstig und nimmt weniger Platz in Anspruch als ein zu diesem Zweck eingerichteter Steingarten. Hierbei ist eine Höhe von 0,5 – 1 m empfehlenswert. Die Seitenwände können aus Mauersteinen, Steinen, recyceltem Material oder aber starken Planken bestehen. Sie können eine

UNTEN: *Der Teppichphlox* Phlox subulata *‚Oakleigh Blue Eyes' benötigt ausreichend Wärme und Feuchtigkeit und gedeiht somit gut in der Sonne auf jedem sandigen bzw. steinigen Boden.*

Reihe von Terrassen bauen, um weitere Akzente zu setzen und einen Platz für herabhängende Pflanzen zu schaffen.

## Wahl der Steingartenpflanzen

- Steingartenpflanzen, die aus ähnlichen Regionen stammen, lassen sich gut kombinieren und werden gedeihen, wenn Sie ihnen die Bedingungen bieten, an die sie angepasst sind.
- Unter Geröllbedingungen pflanzt man am erfolgreichsten Pflanzen aus höheren Regionen. Einige flache Steine hier und dort verschönern das Arrangement. Für einen guten Kontrast zu Kieselsteinen eignen sich Pflanzen mit dunkelgrünen Blättern am besten, wenngleich viele geeignete Pflanzen auch graue, ebenfalls attraktiv aussehende Blätter besitzen.
- Geeignete Pflanzen sind z. B. die dichte grüne Hügelchen bildende *Armeria juniperifolia* ‚Bevan's Variety' (Zwerggrasnelke), die im Frühling über und über mit hellrosa runden Blütenköpfen bedeckt ist. *Asperula lactiflora caespitosa* und *A. suberosa* (Familie der Rötegewächse) bilden beide Büschel, die mit rosafarbenen röhrenförmigen Blüten mit langen Blütezeiten gekrönt sind.
- *Veronica canescens* (Ehrenpreis) besitzt hellblaue Blüten auf silbernen Büscheln, und *Edraianthus pumilo* (Büschelglocke) hat lavendelblaue glockenförmige Blüten. Es gibt Glockenblumen *(Campanulas)* für alle möglichen Lagen im Garten. Gute Glockenblumen für Geröll sind z. B. *C. allionii*, *C. bellidifolia*, *C. saxifraga*, *C. tridentata* und *C. aucheri*. All diese besitzen stiellose violettblaue Glocken.
- Viele Pflanzen aus Australien gedeihen gut unter Geröllbedingungen, und *Celmisia coriacea* aus Neuseeland besitzt weiße margeritenähnliche Blüten mit silbrigen Blättern. *Lewisia tweedyi* (Bitterwurz) benötigt im Winter Schutz in Form einer Glasscheibe oder einer halben klaren Kunststoffwasserflasche, die als kleine Glocke verwendet wird.

## Sauren Boden liebende Alpenpflanzen

- Wenn Ihr Boden sauer ist, dann haben Sie die Möglichkeit, einen Steingarten für eine andere Kategorie von Pflanzen anzulegen. Viele dieser Pflanzen gedeihen gut in kühlen, nördlichen Positionen. Ist Ihr Boden neutral oder alkalisch, dann können Sie ein ca. 1 m über der ebenen Erde liegendes Beet bauen und es mit Heidekraut-Kompost füllen, um für diese Pflanzen die geeigneten Bedingungen zu schaffen.
- Viele Primeln wachsen gut auf einem feuchten sauren Boden, einschließlich *P. vialii* (Orchideenprimel) mit ihren violetten röhrenähnlichen Blüten mit roten Spitzen. Die Waldlilie *Trillium sessile* sieht schön neben *Anemone nemorosa* (Buschwindröschen) aus, und der Glockenblumen-Mohn *(Meconopsis quintuplinervia)* hat den ganzen Sommer lang einblütige, hängende blasslavendelblaue Blüten auf schlanken Stielen. Der so schlecht auf normalem Boden wachsende Enzian gedeiht auf saurem Boden. *Gentiana sino-ornato* (Herbstenzian), *G. pumila* (Niedriger Enzian) und *G. verna* (Frühlingsenzian) haben allesamt hübsche dunkelblaue Blüten. Zu guter Letzt gibt es einige Zwergrhododendronarten, wie z. B. *R. hanceanum* ‚Nanum', der hellgelbe Blüten besitzt und eine Höhe von 15 cm erreicht.

OBEN: *Die in den Karpaten beheimatete Kuhschelle* (Pulsatilla vulgaris) *benötigt einen sonnigen, offenen Standort im Steingarten und lässt sich gut mit Teppich bildendem Thymian und Sedum-Arten kombinieren.*

UNTEN: *Verschiedene Rhododendronarten lassen sich sehr gut miteinander kombinieren. So ergibt sich zur Blütezeit ein besonders farbenprächtiges Bild.*

# STRUKTUR IM GARTEN

**Stellen Sie sich einen Garten mit separaten Bereichen oder „Räumen" vor, wobei ein jeder seinen eigenen „Look" besitzt und sich doch in den Gesamtstil des Gartens eingliedert. Jeder sollte von den anderen etwas versteckt sein, so dass jeder neue Bereich eine Überraschung darstellt. Verbinden Sie diese Bereiche mit attraktiven „Torbögen" oder „Wegen", die jedoch nicht lang sein sollten. Ein schmaler Pfad zwischen hohen Hecken ermuntert Sie dazu, geschwind zum nächsten interessanten Punkt zu gehen. Je niedriger die Hecke und je breiter der Pfad, umso mehr werden Sie dazu eingeladen, langsam entlang zu schreiten und die auf dem Weg befindliche Pflanzung zu bestaunen. Das Schaffen von unerwarteten Öffnungen von einem Bereich in den nächsten ist eine Form von Übergang. Einige Hecken sind dicht und „engmaschig"; andere sind offener und eher gitterartig und lassen uns so einen Blick auf die andere Seite erhaschen.**

OBEN: *Dieser regelmäßig angelegte, durch bogenförmige Mauersteinreihen abgesetzte Kiesweg ist zu beiden Seiten von gestutzten Hainbuchenhecken flankiert, die den Blick auf die offene Landschaft und das gelbe Kornfeld lenken.*

### Hintergründe

- Gestutzte Sträucher können als Hintergrund für eine Blumen- oder Sträucherrabatte genutzt werden. Ferner können Sie einen Hintergrund für eine hübsche Sitzgelegenheit im Garten bilden. Eine Nische kann in eine Eibenhecke geschnitten werden und so Platz für eine Skulptur oder ein Wasserspiel bieten.
- Im Allgemeinen sind dunkelgrüne Pflanzenvarietäten im Vergleich zu den gelben nützlicher als Hintergründe. Nahezu alle Pflanzen passen gut zu Dunkelgrün. Der Buchsbaum eignet sich als Hintergrund, allerdings benötigt er mehr Zeit, um auf eine gute Höhe heranzuwachsen.

OBEN: *Diese große Holzbank ist von Farbe umgeben – vom winzigen rosafarbenen und weißen Erigeron (Berufskraut) und dem duftenden Thymian in Bodennähe bis hin zu den zwei ‚Ballerina'-Strauchrosen und der silbernen* Artemisia *‚Powys Castle' (Beifuß) dahinter.*

OBEN: *Bei dieser cleveren Bodendeckung hat alles eine positive Form, und es bestehen keine Lücken. Die sich ausbreitenden Pflanzen sind durch die runden Lauchblüten und die hohen Spitzen der gelben Königskerzen unterbrochen.*

❀ Eine weitere gute Hintergrundpflanze ist die Scheinzypresse (*Chamaecyparis lawsoniana*). Sie ist nicht so dunkelgrün wie die Eibe, sondern besitzt eine attraktive dunkelblaugrüne Färbung. Wie die Eibe muss sie zweimal in der Wachstumsphase gestutzt werden, jedoch wird sie nicht wie diese aus altem Holz neue Triebe schlagen. Wenn Sie sie also nicht ordnungsgemäß kontrollieren, wird sie sich nicht erholen. Im Allgemeinen gilt: Wenn Sie eine Hecke als Hintergrund ziehen, müssen Sie sie regelmäßig stutzen und in Form halten, da sie ansonsten die Wirkung einer jeglichen davor befindlichen Pflanzung oder eines anderen Arrangements ruiniert.

### Strauchschutzhecken

❀ Wenn Sie das Glück haben, einen an die offene Landschaft angrenzenden Garten zu besitzen, ist dies wahrscheinlich mit dem Nachteil verbunden, dass starke Winde hineinwehen. Auf dem Grundsatz, dass es gewöhnlich am besten ist, den regelmäßig angelegten Teil des Gartens in der Nähe des Hauses zu haben und mit zunehmender Distanz einen unregelmäßigeren Look zu erlauben, kann eine unregelmäßige Strauchschutzhecke aus gemischten immergrünen, laubwechselnden Sträuchern zusammengestellt werden.

❀ Eine Hecke ist besser als eine Mauer, da sie den Wind sanft hindurchwehen lässt, wohingegen es geradezu bedrohlich und sehr schädigend sein kann, wenn der Wind auf eine Mauer trifft. Wenn der Wind wirklich arg in den Garten zieht, ist es ratsam, den doppelten Schutz von hohen Bäumen und einer niedrigeren Hecke zu haben.

❀ Die Schottische Pinie (*Pinus sylvatica*), die Lärche (*Larix*), die Italienische Pyramidenpappel (*Populus nigra* ‚Italica') und die Silberweide (*Salix alba*) sind allesamt gute Schutz bietende Bäume für den äußeren Schutzstreifen. Vor diesen können Sie Hundsrosen (*Rosa canina*), den eingriffligen Weißdorn (*Crataegus monogyna*), den Liguster (*Ligustrum*) und andere von Natur aus widerstandsfähige Sträucher ziehen, die nicht nur attraktiv aussehen, sondern auch Futter und Schutz für kleine wilde Vierbeiner und Vögel bieten.

❀ Es gibt viele buntlaubige Ligusterarten; die Rosen und der Weißdorn sind beide hübsch, wenn sie in Blüte stehen, und darüber hinaus tragen sie im Herbst leuchtend rote Hagebutten bzw. Beeren.

❀ Wenn Sie am Meer leben, können Sie *Escallonia macrantha* (Eskallonie) mit ihren kräftig aussehenden, glänzenden grünen Blättern, *Olearia × haastii* (Maßliebchenstrauch) mit ihren graugrünen Blättern und weißlichen margeritenähnlichen Blüten, *Hippophae rhamnoides* (Sanddorn), *Pyracantha* (Feuerdorn) oder *Viburnum tinus* (Schneeball) verwenden. Sie alle sind sehr attraktiv in einem unregelmäßig angelegten Garten und können salzigen Winden standhalten.

OBEN: *Es ist einfach, Ihren Garten mithilfe von sorgfältig eingesetzten Pflanzen, Sträuchern und Hecken zu unterteilen und somit attraktive grüne Bereiche zu schaffen.*

## Trennwände

❀ Regelmäßige Trennwände im Garten können mit immergrünen Pflanzen, wie z. B. der Eibe, dem Buchsbaum, der Scheinzypresse oder dem Ilex, geschaffen werden. Sie alle sind leicht zu formen und nützlich dafür, den Garten mit wachsenden „Wänden" zu unterteilen. Sie bilden starke architektonische Formen und können in die Form einer Säule oder eines Torbogens geschnitten werden. Ferner können ihnen oben Pompons und in ihre Mitte Bögen geschnitten werden. Ein umwerfendes Arrangement erhalten Sie, wenn Sie die kletternde Kresse *Tropaeolum speciosum* mit ihren kleinen dunkelroten Blüten an einer dunkelgrünen Eibe hochziehen.

❀ In einem unregelmäßigen Garten ist es möglicherweise besser, Hecken einzusetzen, die ein wenig Licht durchlassen und durch die man einen flüchtigen Blick darauf erhaschen kann, was dahinter liegt. Gute Pflanzen für eine solche Hecke sind die Buche (*Fagus sylvatica*) und die Hainbuche (*Carpinus betulus*). Beide sind laubwechselnd und stellen elegante Hecken dar. Sie besitzen im Vergleich zu immergrünen Arten größere Blätter, sind weniger dicht und haben einen eleganten Wuchs.

❀ Wenn Ihr Garten unter strengen Wintern leidet, sollten Sie möglicherweise eher immergrüne Arten für alle Hecken einsetzen, um den anderen Pflanzen im Winter Schutz zu bieten. Eine Methode der Heckenbildung – eine Art Verknüpfungs- oder Mosaikmethode – kombiniert eine Reihe von kompatiblen Pflanzen innerhalb derselben Hecke, um sich ändernde visuelle Effekte das ganze Jahr hindurch zu bieten.

❀ Sie können laubwechselnde mit immergrünen Arten kombinieren und somit einen farbenfrohen, vielfältigen Hintergrund schaffen. Diese Art von Hecke ist wahrscheinlich nur in größeren oder sehr unregelmäßigen Wildgärten empfehlenswert.

## Sichtschutzwände

❀ Wenn Sie den Versorgungsbereich des Gartens, wie z. B. den Komposthaufen, den Geräteschuppen oder einen Öltank, abschirmen möchten, können Sie einen kompletten Sichtschutz, wie z. B. eine große Hecke, oder aber eine niedrige Hecke oder einzelne Sträucher verwenden.

❀ Sie können den Blick mithilfe von einigen interessanten Bäumen oder einem anderen Augenmerk vom Arbeitsbereich weglenken oder aber den Pfad, der dorthin führt, teilen, so dass er vom Arbeitsbereich weg- und vielleicht zu einer kleinen Laube hinführt.

❀ Ein Geräteschuppen kann mit einem Anstrich viel attraktiver aussehen. Die modernen Farbpaletten umfassen sehr gute blaue, graue und blaugraue Farbtöne, die für alles, was Sie streichen wollen, einschließlich Zäunen oder Türen, verwendet werden sollten, um ein Einheitsgefühl zu bewahren.

❀ Immergrüne Pflanzen neben dem Schuppen können ebenfalls dazu beitragen, seinen praktischen Nutzen zu überspielen.

OBEN: *Eine Buchenhecke bildet im Sommer eine gute, dichte grüne Gartentrennwand. Ihre Blätter nehmen später eine kupferbraune Färbung an und werden den ganzen Winter über nicht abgeworfen, so dass die Hecke das ganze Jahr über richtig attraktiv aussieht.*

Wenn Sie ihn nur im Sommer „verkleiden" wollen, dann ist *Fuchsia magellanica* (Scharlachfuchsie) geeignet. Sie ist ein attraktiver höherer Busch mit vielen hängenden Blüten, die Sie bis spät in den Herbst erfreuen werden. Darüber hinaus behält sie ihre Blätter im Winter. Im Frühling kann sie dann zurückgeschnitten werden.

❀ Die buntlaubige Art besitzt hübsche graugrüne Blätter mit dunkleren Flecken. Wenn Sie etwas Höheres wünschen, dann sollten Sie *Garrya elliptica* (Becherkätzchen) – ein immergrüner Strauch mit schlanken langen Kätzchen – in Betracht ziehen. Es sieht umwerfend neben *Viburnum bodnantense* ‚Dawn' (Winterschneeball) aus, der im Winter hübsche rosafarbene Blüten auf nackten Stielen vorweisen kann und seine Blätter ausbildet, wenn die Blütezeit vorüber ist.

## Geräuschschutz/Lärmschutz

❀ Hecken können unwillkommene Geräusche, wie z. B. Verkehrslärm, ausfiltern. Sie werden nicht alle Geräusche eliminieren können, jedoch können Sie sie etwas dämpfen, und der Anblick der Schutzwand wird psychologisch dazu beitragen, die Geräuschkulisse als weniger unangenehm zu empfinden.

❀ Sofern möglich können Sie etwas Erde umlagern und einen Erdwall schaffen. Pflanzen Sie dann einen immergrünen Schutzstreifen an der Seite hoch. Dies müsste die Geräusche dämpfen, jedoch ist es immer schwierig, die Geräusche einer zweispurigen Straße fern zu halten. Andere eindringende Geräusche, wie von Kinderspielplätzen, Bohrungsarbeiten und Radios, sind geradezu unmöglich auszuschließen.

## Die Verwendung von Bastardzypressen

❀ Die Bastardzypresse (× *Cupressoyparis leylandii*) wächst sehr schnell, weshalb sie von so vielen Menschen als eine Sichtschutz- und Begrenzungshecke gepflanzt wird. Leider gerät sie allerdings sehr oft außer Kontrolle. Wenn sie nicht regelmäßig gestutzt wird, wächst sie viel zu hoch, und wenn sie zu lange nicht gestutzt wurde, kann sie sich nicht wie die Eibe durch Zurückschneiden erholen.

❀ Jedoch reagiert sie sehr gut auf regelmäßiges Stutzen und kann in eine interessant geformte Hecke geschnitten werden. Obgleich die gelbe Bastardzypresse häufig gewählt wird, ist die dunkelgrüne oftmals attraktiver, besonders in Kombination mit anderen Pflanzungen. Wenn sie zu groß wird und außer Kontrolle gerät, schneidet man sie am besten vollständig zurück und beginnt von neuem.

UNTEN: *Das regelmäßige Stutzen dieser Bastardzypressenhecke in eine niedrige grüne „Wand" und einen Torbogen beweist, dass dieser schnellwüchsige Heckenbaum nicht außer Kontrolle geraten muss.*

## Verbindungen

- Verbindungen zwischen einem Teil des Gartens und einem anderen können ungezwungen sein, z. B. mittels eines Pfades, der von dem einen Teil zum anderen führt, oder aber sehr plötzlich. Ein von Hecken oder Sträuchern umgebener Bereich kann direkt über eine Öffnung in den nächsten übergehen.
- Ein von beiden Seiten mit großen immergrünen Hecken (z. B. Eibe) umgebener Pfad deutet an, was dahinter liegt, und führt den Besucher schnell von einem Bereich zum anderen. Eine niedrige Hecke aus Buchsbaum oder dem strauchartigen Geißblatt, *Lonicera nitida*, wird den Besucher langsamer dahinschreiten lassen und zum Betrachten von Blumen und Sträuchern hinter der Hecke ermuntern. Ein geschwungener Pfad ist unmittelbar faszinierend und fordert dazu auf, mit ihm auf Entdeckungsreise zu gehen.
- Verbindungen müssen nicht aus Hecken geschaffen werden. Eine winzige bewaldete Zone oder eine Gruppe von Sträuchern auf beiden Seiten des Pfades können eine ausreichende räumliche Abtrennung darstellen. Zu den Sträuchern, die gute Verbindungspflanzen darstellen, zählen u. a. das immergrüne *Viburnum tinus* (Schneeball), dessen dunkelgrüne Blätter und hübsche weiße Blüten im Winter ausgebildet werden, wenn nur wenige andere Pflanzen grünen.
- *Choisya ternata* (Orangenblume) ist ein weiterer nützlicher Strauch, der sich durch den charakteristischen Duft der Blätter – ein Duft, den Sie entweder lieben oder hassen – sowie weiße Blüten im Sommer auszeichnet. Die gelbe *C. t.* ‚Sundance' sieht sehr freundlich in Kombination mit einem Strauch mit dunklem Blattwerk aus.
- Bei der Kombination von Sträuchern zu einer informellen Verbindung können Sie ferner kleine Bäume einschließen, um Höhe zu verleihen und die Verbindung interessant zu gestalten. Einige Weißdornarten stellen hübsche kleine Bäume dar. *Crataegus laevigata* ‚Paul's Scarlet' (Rotdorn) besitzt doppelte rote Blüten im Frühling, bildet aber gegebenenfalls keine Beeren aus. *C. persimilis* ‚Prunifolia' (pflaumenblättriger Weißdorn) hat glänzende dunkelgrüne Blätter, die im Herbst eine orange, scharlachrote Färbung annehmen, sowie viele dunkelrote Beeren. Sowohl *Crataegus laevigata* als auch *Crataegus persimilis* wachsen auf eine Höhe von ca. 3 m heran.

OBEN: *Von der leuchtend bunten Pflanzung dieses Beetes werden Sie eingeladen, durch einen imposanten Durchgang aus Lorbeer* (Laurus nobilis) *das Geheimnis des Dahinterliegenden zu erforschen.*

OBEN: *Ein geschwungener Waldpfad aus Schiefersplittern, gesäumt von runden Steinen, die aus dem Garten selbst ausgegraben wurden, locken vom Eingangstor zu einem offeneren Bereich des Gartens.*

## Waldverbindungen

- Verbindungen können sich öffnen und sich in einen bewaldeten Bereich verwandeln. Hindurchführende Pfade sollten relativ breit sein, um ein Gefühl von Freiheit zu geben und die Menschen dazu zu ermuntern, sich Zeit zu nehmen und den Spaziergang zu genießen.
- Mit verschiedenen Birkenarten können Sie ein winziges bewaldetes Stück in einem sehr kleinen Übergangsbereich schaffen. Wenn Sie zwei oder drei zusammen pflanzen, um ihr Wachstum auf ein Minimum zu halten, schaffen Sie so ein kleines Wäldchen, in dem keiner der einzelnen Bäume zu groß wird. Es gibt verschiedene interessante Birkenarten, die Sie

einsetzen könnten. *Betula pendula jacquemontii* (Himalayabirke) z. B. hat einen ganz weißen Stamm, der im Winterlicht mit seinen großen Flächen struppiger brauner, sich abschälender Rinde, einer attraktiven Herbstfärbung der Blätter und großen Kätzchen sehr attraktiv ist.

- Die Papierbirke (*Betula papyrifera*) besitzt große Blätter, und die Rinde schält sich in großen Stücken ab und legt so das Weiße darunter frei. Sie bevorzugt feuchte Bedingungen. Einige Birkenarten besitzen orangefarbene oder braune Stämme. *Betula albosinensis* (Chinesische Birke) hat eine rote bis orangerote sich schälende Rinde. All diese sehen im Winter sehr interessant aus.
- Das spitzenartige Blattwerk der Birken lässt etwas Licht durch, so dass sie mit geeigneten kleinen Pflanzen unterpflanzt werden können. Die Unterpflanzung sollte einfach gehalten werden. Birken, die mit winzigen winterharten Alpenveilchen, wie z. B. *Cyclamen hederifolium* (efeublättriges Alpenveilchen) und *C. coum* (Frühlingsalpenveilchen), unterpflanzt sind, sehen im späten Sommer und Winter bezaubernd aus. Die Alpenveilchen gedeihen gut unter Bäumen und brauchen nur wenig Feuchtigkeit. Sie können sie in großzügigen Grüppchen bis an den Baumstamm pflanzen.
- Alpenveilchen sehen alleine sehr attraktiv und zart aus. Wenn Sie jedoch dem ganzen Look etwas mehr Grün hinzufügen möchten, können Sie den Bereich mit Farnen bepflanzen. Diese sollten niedrigwüchsige Arten sein, da große Farne die Alpenveilchen – den wahren Blickfang – geradezu zwergenhaft am Boden erscheinen lassen würden. *Athyrium filix-femina* ‚Frizelliae' ist der Wendeltreppenfrauenfarn, der in Irland vor über 100 Jahren entdeckt wurde. Er ist ein bezaubernder kleiner Farn, der nur selten größer als 30 cm wird.
- Der Japanische Regenbogenfarn (*Athyrium niponicum* ‚Mettalicum') besitzt mit purpurroten mittleren Blattrippen versehene, hellgraue Blätter, die an den Rändern in ein Graugrün übergehen. Dieser Farn bevorzugt eine geschützte Stelle.
- *Blechnum penna-marina* (Seefederrippenfarn) ist eine winzige Kriechpflanze, die Matten aus dunkelgrünen, grob strukturierten Wedeln bildet. Eine weitere nützliche Pflanze für eine lichte bewaldete Zone ist *Lathyrus vernus* (Fasanenwicke). Diese Wicke ist ein niedrigwüchsiger Strauch mit matten immergrünen Blättern und leuchtend blau-rosafarbenen Blüten im Frühling und Sommer, die mit dem Verwelken eine nahezu türkise Färbung annehmen.
- Wenn Sie einen schmalen Durchgang oder möglicherweise ein „lebendiges" Tor aus immergrünen Sträuchern an beiden Enden des Wäldchens schaffen, dann kann es zu einem separaten Gartenabschnitt werden und zugleich einen Übergangsbereich bilden.

UNTEN: *Eine schmale bewaldete Zone mit Silberbirken, die zwecks Wachstumsbegrenzung in einer Gruppe gezogen werden, führt den Besucher zu einem separaten Abschnitt.*

OBEN: *Dieses bezaubernde kleine Sommerhaus oder Gazebo mit seinem Ziegeldach und den roten Stangen markiert das Ende eines zu beiden Seiten mit Gras bewachsenen Weges, der wiederum mit einer Statue als Fokuspunkt endet.*

### Schnittpunkte

- Wo zwei oder mehrere Pfade aufeinander treffen, besonders entlang rechtwinkliger Achsen, können Sie den Punkt an jeder Ecke mit Sitzgelegenheiten oder Lauben markieren. Oder Sie können einfach an dieser Stelle ein vertikales Augenmerk schaffen.
- Sie können eine runde oder quadratische Trittfläche schaffen, um dem Schnittpunkt etwas Substanz zu geben. In der Mitte könnten Sie eine Sonnenuhr, einen kleinen runden Pool oder aber ein Solitärgehölz wie eine hängende Silberbirne (*Pyrus salicifolia*) platzieren. Wenn Sie ein „künstliches“ Augenmerk bevorzugen, wie z. B. eine Fontäne oder eine Sonnenuhr, dann können Sie um diese herum pflanzen. Wählen Sie dafür niedrige Pflanzen, wie den kriechenden Thymian, der einen angenehmen Duft verbreitet, wenn auf ihn getreten wird.
- Vier hohe Wacholder könnten ebenfalls die Stelle markieren. Der Felsengebirgswacholder oder Westliche Rotzeder (*Juniperus scopulorum*) ist ein schmaler, konischer Baum mit einem Blattwerk, das in seiner Farbe von grün bis graublau variiert und aus fleischigen Schuppen besteht. Er wächst auf eine Größe von 15 × 6 m heran. Falls Ihr Garten also nicht sehr groß ist, sollten Sie lieber auf *Juniperus* ‚Blue Heaven‘ zurückgreifen, der zu einer eleganten schmalen Pyramide heranwächst und nur selten eine Höhe von 5 m übersteigt. Er besitzt ein sehr blaues Blattwerk und bildet viele Beeren aus.
- Die grünlich-silberne Blattfärbung und der hohe, säulenförmige Wuchs der Wacholder kontrastiert gut zu Strauchrosen, die sich auf Rabatten entlang des Pfades befinden könnten. Zu empfehlen sind ‚Madame Pierre Oger‘, ‚Felicia‘ und ‚La Reine Victoria‘.
- Die Wacholder sähen sehr gut in einem unregelmäßig angelegten Garten aus. In einem sehr regelmäßig angelegten Garten sind Buchsbaum oder Eibe besser, die beispielsweise in die Form von Obelisken, Spiralen und Kuppeln geschnitten werden können. Entlang der Pfade empfiehlt es sich, Reihen mit Lavendel oder Rosmarin zu pflanzen, die hier und da mit hochstämmigen Strauchrosen untersetzt werden können.
- Die weiße Rose ‚Iceberg‘ sieht wie oben beschrieben gepflanzt sehr hübsch aus. Selbiges gilt für ‚Ballerina‘, deren Blütentrauben blassrosa und mittig weiß sind. Diese Pflanzungen könnten in bestimmten Abständen durch in elegante runde Kugeln geschnittene Buchsbäume unterbrochen werden.
- Pflanzungen für einen unregelmäßig angelegten Garten können niedrigwüchsige Pflanzen umfassen, wie z. B. die blaue Geranie *Buxton wallichianum* ‚Buxton's variety‘, die dunkelblaue Blütenblätter und eine weiße Mitte besitzt.
- Der glühend braunrote Blutstorchschnabel (*Geranium sanguineum*) ist definitiv ein Augenmerk. Unter all diese Arten können silberne Pflanzen, wie z. B. *Artemisia* ‚Powys Castle‘ (Beifuß), aber auch altmodische Rosen, wie die Portland-

OBEN: *Ein rundes Loch in einer Mauer kann als ein Rahmen für einen wundervollen Ausblick dienen. Diese Art von Fenster wird sehr effektiv in chinesischen und japanischen Gärten eingesetzt. In diesem Falle wurde ein Mauersteinrand in einer Feuersteinmauer gewählt.*

OBEN: *Vier hohe, säulenförmige Wacholderbäume markieren den Schnittpunkt mehrerer axialer Pfade. Die Wacholder geben dem Arrangement Höhe und akzentuieren eine attraktive, durch Mauersteine befestigte Fläche mit einem großen Pflanzgefäß in der Mitte.*

Rose oder ‚Rose de Rescht', gepflanzt werden. Letztere wächst auf eine Höhe von 1 m heran und besitzt kleine leuchtend lilarote Blütenrosetten mit einem äußerst angenehmen Duft.

## Einrahmen eines Ausblickes

- Wenn der Garten in die offene Landschaft ausläuft, dann sollten Sie das Beste aus dem Ausblick machen. Jede gute Aussicht, sei es ein von Ihnen geschaffener Teil des Gartens oder eine grüne Wiese, eine Hügellandschaft und ein reifes Kornfeld oder ein Kiefernwald, all dies sollte in Ihren Plan eingearbeitet werden.
- Welche Aussicht sich auch immer bietet, ein Pfad sollte zu dem besten Platz im Garten locken, um diesen zu genießen, und eine Sitzgelegenheit sollte dazu einladen. Sie können die Aussicht mit einer Pflanzung einrahmen, um die Aufmerksamkeit darauf zu lenken. Betonen Sie die zu erwartende Aussicht, indem Sie Sträucher oder eine Hecke entlang des Gartenrandes pflanzen und dabei eine Öffnung lassen, um den Übergang vom Garten zur „Landschaft" hervorzuheben.
- Die Öffnung kann breit und großzügig ausfallen und beispielsweise durch zwei hohe Bäume (z. B. Pyramidenpappeln) zu beiden Seiten oder – in einer formelleren Anlage – durch zwei Obelisken aus gestutzter Eibe geschaffen werden.
- Eine andere Art und Weise, die Aufmerksamkeit auf einen solchen Ausblick zu ziehen, besteht darin, einen breiten Pfad anzulegen, der von verflochtenen Linden oder einer Hainbuchenhecke umrandet ist. Diese führen den Blick – und den Besucher – direkt in Richtung der in der Ferne erkennbaren Szenerie. Ein kleines Tor sieht immer einladend aus, auch wenn es nicht unbedingt irgendwohin führt.
- Wenn der Garten von einer immergrünen Hecke umgrenzt ist, können Sie durch sorgfältiges Erziehen und Stutzen ein „Fenster" inmitten der Hecke schaffen und den Besuchern so einen verlockenden Blick auf das Dahinterliegende werfen lassen.
- Runde „Fenster" sind nicht allzu schwer zu erreichen, wenn man eine runde Vorlage an einem Stiel, den man in den Boden steckt, zu Hilfe nimmt. Dies funktioniert besonders gut in einem regelmäßig angelegten Rosen- oder Kräutergarten. Sogar ein schmaler Schlitz in der Hecke kann etwas von der Aussicht freilegen. Hier könnten Sie zwei Sitzgelegenheiten in einem Winkel zur Hecke aufstellen, so dass man sowohl die Aussicht als auch den Gartenabschnitt genießen kann.

## Beetkanten und -einfassungen

OBEN: *Kleine Pflanzen nahe der Vorderkante der Rabatte werden gezogen, um über die Mauersteine zu kaskadieren, was die Pflanzung weicher erscheinen lässt.*

- Beetkanten und -einfassungen in einem Garten funktionieren wie Paspeln an Kissen. Sie betonen die Form und lassen die Kanten ordentlicher aussehen. Beetkanten sind am auffälligsten, wenn nur eine Pflanze verwendet wird. Dies ist entscheidend für einen regelmäßig angelegten Garten und gilt oft auch für einen unregelmäßigen Garten.
- Eine gute Pflanze für Beeteinfassungen ist z. B. die auch als Riesensteinbrech oder Herzblättriger Steinbrech bekannte *Bergenia cordifolia*. Wer diese Pflanze in Parks gesehen hat, findet sie oft relativ langweilig, in langen Reihen entlang eines geraden Pfades gepflanzt sehen ihre großen immergrünen, dunklen glänzenden Blätter allerdings attraktiv und elegant aus. *B. cordifolia* ‚Purpurea' besitzt im Winter leuchtend purpurne Blätter und treibt im Frühling dunkelpurpurfarbene Blüten. *B.* ‚Silberlicht' hingegen hat hohe Stängel mit losen weißen Blüten und leuchtend grünen Blättern.
- Regelmäßig gestutzte Buchsbaumhecken eignen sich gut für Beetkanten. Ihre gepflegte Fomalität stellt die Blütenformen und -farben der Pflanzen dahinter heraus. *Ajuga reptans* (kriechender Günsel) ist eine niedrigwüchsige Pflanze, mit der ein schmaler Pfad eingefasst werden kann.
- Die Varietät ‚Atropurpurea' (Purpurgünsel) besitzt sehr dunkle, purpur-grüne Blätter und dunkelblaue Blüten im Frühling. Auch wenn Atropurpurea nicht in Blüte steht, sind ihre Blätter doch immergrün und attraktiv. In einem unregelmäßig angelegten Garten kann man ihr erlauben, in das Blumenbeet hinein- bzw. nach vorne zu wachsen, um so die Wegkanten weicher zu gestalten. Sie ist nicht sehr ausbreitend und kann leicht kontrolliert werden.

OBEN: *Die gelbe Pfingstrose blüht nur für eine kurze Zeit, aber ihre wundervollen Blüten und attraktiven Blätter sind es wert, sie nichtsdestotrotz zu ziehen.*

- Geranien sind gute Stauden für unregelmäßige Beetkanten. Sie sterben während des Winters ab, aber einige werden Sie eine lange Zeit mit Blüten erfreuen. Die Geranie ‚Johnson's Blue' bildet reichlich dunkelblaue Blüten mit einer rosafarbenen Mitte aus.
- Eine weitere gute Geranie ist ‚Wargrave Pink', die silbrig-rosafarbene Blüten über einen langen Zeitraum ausbildet. Beide Geranien werden einen Pfad den ganzen Sommer lang sehr hübsch rändern, sofern Sie die verwelkten Blütenköpfe regelmäßig abschneiden. *Geranium sanguineum* (Blutstorchschnabel) ist eine niedrigwüchsige Pflanze, die von Ende Frühling bis Ende Sommer mit leuchtend purpurfarbenen Blüten aufwartet. Die Blätter nehmen im Herbst eine schöne Färbung an. *G. s.* ‚Album' (weißer Blutstorchschnabel) besitzt reinweiße Blüten.
- Eine dunkelgrüne Hecke hat oft den Anschein, als ob sie etwas zum Umranden ihrer „Füße" vertragen könnte. Da immergrüne Pflanzen allerdings sehr gierig nach Feuchtigkeit und Nährstoffen sind, ist es schwierig, Pflanzen zu finden, die diesen Konkurrenzkampf überleben. *Lamium maculatum* ‚White Nancy' ist jedoch eine niedrigwüchsige, sich durch sehr hübsche weißgrüne Blätter und weiße Blüten auszeichnende Taubnessel, die überall zu gedeihen scheint. Sie ist allseits dafür bekannt, die Basis von Eibenhecken mit Nordlage zu bedecken.

## Verbergen der Gartengrenzen

- Insbesondere in Kleinstadtgärten möchten Sie die Gartengrenze vielleicht gerne verbergen. Eine gestutzte Hecke sieht zwar immer elegant aus, aber konturiert und betont zugleich die schmale Form des Gartens. Unregelmäßige Bäume und Sträucher hingegen schaffen einen weniger deutlichen Umriss.
- Wählen Sie Sträucher, die das ganze Jahr aufgrund ihrer Blüten, ihres Blattwerks und der Früchte interessant aussehen. Somit konzentriert sich das Auge auf den Strauch selbst, anstatt auf das, was dahinter liegt.
- Wählen Sie die Sträucher sorgfältig im Hinblick auf abwechslungsreiches Blattwerk und Strauchgröße. Sie können durch Ihre Pflanzung eine kleine quadratische Fläche oval erscheinen lassen. Pflanzen Sie hinten einige kleine Bäume oder hohe Sträucher. Ein Perückenstrauch (*Cotinus coggygria*) kann als kleiner Baum gezogen werden. Wenn er im Frühling allerdings stark zurückgeschnitten wird, wird er neue Triebe mit größeren Blättern ausbilden.
- Die purpurfarbenen Perückensträucher sehen in Kombination mit blaugrünem Blattwerk sehr harmonisch aus, so dass Sie sie mit *Hosta × sieboldiana* (Blaublattfunkie) unterpflanzen können. Hinten können Sie außerdem eine buntlaubige Weigelie pflanzen. Diese laubwerfenden Sträucher besitzen hübsche rosafarbene Blüten im Frühling sowie Blätter, die in gutem Kontrast zum dunklen Perückenstrauch stehen.
- Neben die Funkie können Sie so viele Exemplare von *Alchemilla mollis* (Frauenmantel) pflanzen, wie Sie möchten. Die gefiederten gelb-grünen Blütenköpfe und die hübschen fächerartigen Blätter passen zu nahezu allem. Bergenienblätter sind immergrün und verleihen aufgrund ihrer Größe und ihres Glanzes Substanz und Form. Sie stehen in gutem Kontrast zu Frauenmantel. Eine Pfingstrose verleiht Farbe im Frühling, und ihr Blattwerk sieht den ganzen Sommer über attraktiv aus.
- Kalkulieren Sie ausreichend Platz für die von Ihnen gewählten Pflanzen ein, besonders für die größeren Sträucher. Der Perückenstrauch zum Beispiel wächst in 5 Jahren auf 1,8 × 1,8 m heran, und er sieht am besten aus, wenn er wirklich in den ihm zugewiesenen Platz hineinwachsen kann.

UNTEN: *Bergenien mit ihren charakteristisch geformten, gerundeten Blättern, die im Herbst eine schöne Rotfärbung annehmen, machen sich gut vorne in einer Rabatte. Der Holzapfelbaum ‚Yellow Hornet' und die purpurrote Berberitze machen dies zu einer wundervollen Herbstrabatte.*

# FARBEN

**Farben sind im Garten wie in jedem anderen Bereich Geschmackssache. Der eine möchte, dass sein Garten in einem Meer von verschiedenen Rottönen leuchtet, der andere bevorzugt eine ruhigere Gestaltung mit blauen und rosa Pastellfarben zusammen mit silberigen Blättern. Wieder anderen genügt die Vielfalt der Blattfarben allein.**

- Farbe ist lebendig. Sie wird von einer Reihe von Faktoren beeinflusst: von den anderen Farben um sie herum, der Qualität des einfallenden Lichts und der Struktur der Blume oder des Blattes an sich.
- Farben wirken in unterschiedlichen Klimazonen auch unterschiedlich. Im Mittelmeerraum schafft die starke, senkrecht einfallende Sonnenstrahlung harte Kontraste und Schatten. Die Farben müssen leuchten, um überhaupt wahrgenommen zu werden. Je intensiver das Licht ist, um so gesättigter müssen die Farben sein.
- In nördlicheren Regionen steht die Sommersonne tiefer am Himmel, und die Luft ist feuchter. Das daraus resultierende Licht ist immer etwas weicher und blau, so dass Pastellfarben einen besonderen Schimmer haben, den man in wärmeren Gegenden nicht findet.

### Farbstudien

- Die Wissenschaft der Farben wurde von den Gärtnern im viktorianischen England begierig studiert. Als der französische Wissenschaftler Chevreul (1786–1889) einen Bericht über

LINKS: *Die dezentesten Grün-, Grau- und Gelbtöne nehmen das Licht auf und verzaubern den Garten.*

UNTEN: *Am besten beschränkt man rosa und rot auf einige wenige Farbtöne in einem Beet für eine einfache und harmonische Farbgestaltung.*

OBEN: *Setzen Sie Farben ein, um zu überraschen, wie diese Distel in tiefstem Blauviolett.*

seine Untersuchungen für die Gobelin-Manufaktur in Paris veröffentlichte, traten viele britische Gärtner für die Verwendung der von ihm empfohlenen Komplementärfarben ein. Andere vertraten die Meinung, dass seine Farbtheorien den Einfluss von Grün auf die Wirkung von Komplementärfarben im Garten nicht in Betracht zogen.

❀ Donald Beaton, Chefgärtner im Shrubland Park in der englischen Grafschaft Suffolk, überlegte sich in den 40er Jahren des 19. Jahrhunderts, dass panaschierte Pflanzen die Funktion von neutralen Farben übernehmen könnten, und beschrieb stolz ein Blumenbeet, das er mit Eisenkraut (*Verbena*) und panaschierten Pelargonien bepflanzt hatte und von dem ein Besucher sagte, dass es glänze wie changierende Seide. Er konkurrierte mit John Fleming, Chefgärtner des Dukes of Sutherland im Trentham Park in der Grafschaft Staffordshire, bei der Gestaltung von spektakulären Blumenbeeten.

❀ Beaton und Fleming führten im gleichen Jahr sowohl im Shrubland als auch im Trentham Park Rabatten in Streifenform oder im „Promenadenstil" ein. Obwohl die Beete ganz klar mit leuchtenden Farben gestaltet wurden, waren die Farben doch begrenzt. Jede Rabatte bestand aus drei fortlaufenden Farblinien über die gesamte Beetlänge. Beaton beschrieb seine Rabatten folgendermaßen: „Die erste Reihe auf jeder Seite des Wegs ist blau, die zweite gelb und die dritte ist auf einer Seite in Scharlachrot gehalten, auf der anderen in Weiß."

❀ Für die blaue Farbe pflanzte er *Nemophila* (Hainblumen), für die gelbe Farbe *Calceolaria*-Hybriden (Pantoffelblumen) und Pelargonien für das Scharlachrot. Die Gärtner waren sich auch der Tatsache bewusst, dass rote Farbtöne im hellen Sonnenlicht hervortreten, blaue hingegen im Abendlicht besser herauskommen.

## Komplexität der Farben

❀ Wie auch immer die Komplexität der Farben in der Wissenschaft definiert sein mag, die meisten Gärtner beobachten, welche Wirkung Farben in ihrem eigenen Garten haben und entscheiden selbst, welche Farben in den verschiedenen Bereichen des Gartens zu unterschiedlichen Tages- und Jahreszeiten am besten wirken.

❀ Es kann sein, dass Sie eine rotviolette Pflanze an einer bestimmten Stelle im Garten einpflanzen und sie das Nachmittagslicht einfängt, so dass ihre Blätter einen magischen Buntglaseffekt erhalten. Pflanzen Sie sie jedoch an einer anderen Stelle ein, wird sie möglicherweise niemals die gleiche Wirkung haben.

UNTEN: *Wenn Sie ein paar Farbspritzer in Ihrem Garten verteilen wollen, komponieren Sie die perfekt geformten Blüten der leuchtend roten und weißen Dahlien zu einer großartigen Farbsymphonie.*

# DAS FARBSPEKTRUM NUTZEN

**Das Farbspektrum ist eine unendliche Graduierung der Farben zwischen den sechs Regenbogenfarben: Rot, Orange, Gelb, Grün, Blau und Violett. Farben haben auch andere Eigenschaften. Sie können sehr intensiv sein und ins Schwarze (Töne) oder Weiße (Tönung) spielen. Die auf dem Spektrum basierenden Beispiele geben nur einen sehr groben Überblick, sind aber ein nützlicher Leitfaden durch die komplexe Wechselwirkung der Farben in einem Bepflanzungsschema.**

## DER FARBKREIS

Der Farbkreis zeigt die Farben des Spektrums, die so platziert sind, dass sich die Komplementärfarben gegenüberstehen. Mit gegenüber- und nebeneinander liegenden Farben lassen sich jeweils schöne Farbschemata erstellen. Weniger zufrieden stellende Ergebnisse werden durch Mischungen von Gelb- und Rottönen sowie von Blau- und Rottönen erzielt.

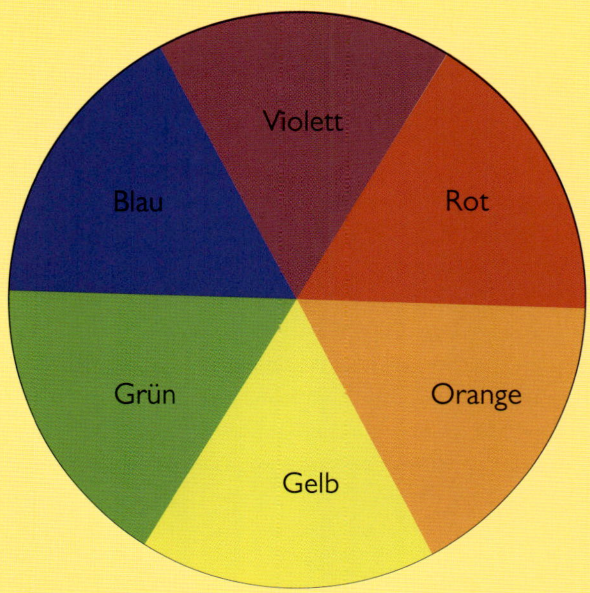


### Farben im Garten

- Die Auswahl von Farben für den Garten ist endlos. Es gibt Dutzende verschiedener roter Farbtöne mit unterschiedlicher Intensität. Das gleiche gilt für Gelb, Blau, Grün und alle anderen Farben. Nehmen Sie beispielsweise das Rot an sich. Wir können unterscheiden zwischen Blutrot, Feuerrot, dem Rot des Klatschmohns, Rostrot, Terrakotta, Weinrot, Karmesinrot, Scharlachrot, dem Rot der roten Beete, Kirschrot und Rosenrot, um nur einige zu nennen.
- Grün kann von bläulichem Grasgrün bis zu Türkis, Smaragdgrün, Jade, Erbsengrün, Olive, Kupfergrün und Echtgrün, mehr oder weniger der Farbe der Petersilie, reichen.
- Gelb kann von den grün-gelblichen Tönen der *Euphorbia* (Wolfsmilchgewächse) bis zum Sonnengelb von *Kerria japonica* (Goldröschen) reichen. Die Bezeichnung „golden" wird oft zur Beschreibung von Pflanzen mit gelben Blättern wie Sträuchern und Nadelgehölzen oder andere Pflanzen mit gelber Panaschierung und auch Blüten verwendet.
- Gelb ist jedoch heller als Gold, und viele gelbe Farben haben Spuren von Blau in sich, wodurch sie eher eine grünliche als goldene Tönung erhalten. „Dottergelb" oder „Butterblumengelb" scheint besser geeignet, um gelbe Pflanzen zu beschreiben, als „Golden". Die gelben Töne beinhalten Farben wie Braungelb, Schwefelgelb, Zitronengelb, Maisgelb, Safrangelb, Primelgelb und Kanariengelb.
- Blau ist eine der am häufigsten missverstandenen Farben von allen, und Echtblau ist bei Blumen sehr selten. Die meisten Blautöne sind mit Rot vermischt, wodurch sie eher blauviolett

als blau sind. Die Sträucher und Halbsträucher wie *Ceanothus* (Säckelblume) und *Ceratostigma* (Bleiwurz) sind im Früh- bzw. Spätsommer übersät mit intensiv blauen Blüten. Zu den echtblau blühenden Pflanzen zählen *Salvia uliginosa* (Azursalbei) und der blaue Himalajamohn (*Meconopsis betonicifolia*).

❀ Die blau- und rotvioletten Töne sind leicht zu finden. Viele der Kräuter wie Thymian-, Salbei- und Oreganoarten haben rot- oder blauviolette Blüten. Rittersporn, Eisenhut, Astern und Glockenblumen weisen ebenfalls viele rot- und blauvioletten Farbtöne auf.

## Der Farbkreis

❀ Man kann einfach mit unterschiedlichen Farben und Farbschemata experimentieren, aber ein Grundwissen über Farben ist empfehlenswert. Der Farbkreis mit der Aufteilung in gleich große Abschnitte veranschaulicht die Beziehung zwischen den Farben auf dem Spektrum.

❀ Auf einem solchen Kreis werden die Farben, die einander gegenüberstehen, als Komplementärfarben bezeichnet. Diese Farben passen fast immer gut zusammen. Signalrot liegt beispielsweise Dunkelgrün gegenüber, und Echtblau liegt gegenüber von Orange. Diese Farben wirken in einem Garten sehr schön zusammen.

❀ Nebeneinander liegende Farben auf dem Farbrad passen normalerweise auch gut zusammen, allerdings auf weniger eindrucksvolle Weise. Einige aneinander grenzende Farben passen besser zusammen als andere. Beispielsweise passen Rot und Blauviolett oft gut zusammen, aber Gelb neben einem anderen gelben Farbton wirkt meist nicht sehr schön.

❀ Der Farbkreis ist als grundlegende Richtlinie nützlich, ist allerdings auch ein relativ oberflächliches Mittel, wenn es darum geht, ein Farbenschema auszuwählen. Licht hat einen Einfluss auf die Farben, je nachdem, welche Struktur die Blütenblätter haben, wie hell das Licht ist und in welchem Winkel es einfällt.

❀ Die Farben stehen auch untereinander in Wechselwirkung. Ein bestimmtes Rot kann neben einer blassen Farbe stark leuchten, aber weniger strahlend neben einer intensiven Farbe wirken. Orange und Beige können zusammen grell wirken, aber wenn die beige Pflanze z. B. einen schwarzen Mittelpunkt hat, ist die Wirkung völlig anders.

OBEN: *Gelbe und rote Farben geben einer Rabatte eine strahlende, sonnige und lebhafte Wirkung. Hier sind* Gaillardia grandiflora *(Kokardenblumen) mit roten und gelben Blüten neben Streifen roter Lobelien in einem bunten Schema angepflanzt.*

OBEN: *Blau- und Weißtöne zusammen wirken kühl und beruhigend. Hier sind die hohen Kerzen der Rittersporne mit weiß kombiniert und bilden ein auffallendes „kühles" Schema, wobei die rosa Blüten im Vordergrund der Komposition etwas Wärme verleihen.*

## DIE FARBEN IM SPEKTRUM

- Rot, Gelb und Blau werden als Primärfarben bezeichnet. Alle anderen Farben entstehen durch Mischung dieser drei Hauptfarben. Nebeneinander bilden sie scharfe Kontraste, weil sie keine Gemeinsamkeiten haben.
- Kinder lieben Primärfarben möglicherweise deshalb, weil sie so leicht voneinander zu unterscheiden und so klar definiert sind. Die drei Farben, die die Primärfarben auf dem Farbkreis voneinander trennen, sind Grün, Orange und Violett. Sie sind ebenfalls kontrastierend, aber weil sie Sekundärfarben sind – durch Mischung von zwei Primärfarben – harmonisieren sie eher miteinander, als dass sie einander abstoßen.
- Wenn man im Mischen und Zusammenstellen von Farben Übung hat, erhöht dies das Farbenbewusstsein maßgeblich. Sie können Kreiden, Filzstifte und Wasserfarben oder einfach Farbmuster von Farbentabellen verwenden.
- In der praktischen Anwendung im Garten können Sie den Farbkreis in zwei Teile teilen, indem Sie eine Linie zwischen der grünen und roten Hälfte des Kreises ziehen. Eine Seite kann sich auf Blüten und Blätter in Blautönen beziehen, die andere auf Blüten und Blätter, die Gelb enthalten.
- Viele effektive Farbschemata wurden durch Verwendung einer der beiden Auswahlmöglichkeiten hergestellt mit nur begrenztem Einsatz einer Farbe der anderen Seite des Farbschemas. Es werden nachfolgend einige Möglichkeiten beschrieben, die diese Farbzusammenstellungen weiter ausführen. Denken Sie daran, dass sie im Garten von anderen Farben umgeben sind, insbesondere von Grün.

## GEGENSÄTZLICHE FARBEN AUF DEM FARBKREIS

Es gibt einige verblüffende Möglichkeiten für die Gartengestaltung mit diesen Farbkombinationen.

### Butterblumengelb und Blauviolett

- Ein Beispiel für diese Farbkombination ist die hohe, mehrjährige *Filipendula ulmaria* ‚Aurea' (Mädesüß) zusammen mit der kriechenden *Ajuga pyramidalis* (Pyramiden-Günsel) im Vordergrund.

### Echtblau und Orange

- Betrachten Sie die trichterförmigen, tiefblauen Blüten mit weißem und gelbem Mittelpunkt von *Convolvulus tricolor* (Dreifarbige Winde) mit dem widerstandsfähigen einjährigen kalifornischen Goldmohn (*Eschscholtzia californica*).

### Dunkelgrün und Signalrot

- Ein Beispiel für diese Zusammenstellung sind die tiefroten Blüten von *Camellia japonica* (Japanische Kamelie) ‚Adolphe Audusson', die zwischen ihren dunkelgrün glänzenden Blättern blühen.

### Kombination mit nebeneinander liegenden Farben

- In diesen Zweifarbenschemata werden Farben eingesetzt, die auf dem Farbkreis nebeneinander liegen.

UNTEN: *Diese spannende Farbkombination umfasst gegensätzliche Farben auf dem Farbkreis – die tieforangen und gelben tellerförmigen Blüten der Schafgarbe bilden einen auffallenden Kontrast zu dem kerzenförmig blühenden blauvioletten* Salvia × sylvestris *(wilder Salbei).*

### Rot und Blauviolett

- Die Kletterrose ‚Paul's Scarlet Climber' mit ihren relativ kleinen, leuchtend roten Blüten zusammen mit der Clematis ‚The President', deren blauviolette Blüten mit ihren rötlich violetten Stamens vom Frühsommer bis zum Frühherbst kontinuierlich blühen, garantieren im Mittsommer ein üppiges Bild.

### Pink und Orange

- Viele einjährige Sommerpflanzen sind in diesen Farbkombinationen erhältlich. Beispielsweise *Dorotheanus bellidiformis* (Mittagsblumen), eine niedrig wachsende sukkulente einjährige Pflanze mit gänseblümchenartigen Blüten in Karmesinrot, Orange, Pink, Rot oder Weiß, und manchmal mit Blütenblättern einer kontrastierenden, blasseren Farbe, die einen inneren Bereich um den dunkleren Mittelkreis formt. Sie bevorzugen nährstoffarme, trockene Böden und passen gut zu kalifornischem Mohn (*Eschscholtzia*) und Ringelblumen (*Calendula officinalis*).

### Orange und Gelb

- Der gelbe Scheinmohn (*Meconopsis cambrica*) ist ein einjähriger Mohn, dessen leuchtend gelbe, zellstoffartige Blütenblätter vom Frühjahr bis zur Herbstmitte blühen. Er wirkt noch besser, wenn er mit M.c. *var. aurantiaca* ‚Flore Pleno' mit seinen orangefarbigen Doppelblüten durchsetzt ist. Wenn sich die Pflanzen an ihrem Platz wohl fühlen, säen sie sich aus und kommen Jahr für Jahr wieder.

OBEN: *Japanischer Ilex ist ein niedrig wachsender Strauch mit attraktiven immergrünen Blättern und Trauben knallroter Beeren im Herbst und Winter. Hier ist der Kontrast aufgrund der schneeweißen Blüten des gemeinen Schneeglöckchens* (Galanthus nivalis) *besonders wirkungsvoll.*

OBEN: *Orange und Blauviolett liegen sich im Farbspektrum gegenüber und erzeugen daher sehr starke und interessante Pflanzkombinationen, wie z. B. diese Zinnia ‚Golden Sun' kombiniert mit den violetten Blättern der Rizinusstaude* Ricinus communis *‚Carmencita'.*

### Gelb und Lindgrün

- Die mehrjährige *Euphorbia polychroma* (vielfarbige Wolfsmilch) mit ihren leuchtenden, lindgrünen Blättern und Tragblättern kann in einer Rabatte sehr wirkungsvoll mit der niedrig wachsenden einjährigen Sumpfblume (*Limnanthes douglasii*) kombiniert werden, deren schüsselartige gelbe Blüten eine weiße Mitte besitzen.

### Grün und Blau

- Die Hainblume (*Nemophila menziesii*) ist eine winterharte einjährige Kriechpflanze mit kleinen, leuchtend blauen Blüten, die gut zu der *Nemesia strumosa* ‚Blue Gem' (Nemesie) passen. Beide haben intensiv leuchtend blaue Blüten, die in einem Nest von grünen Blättern sitzen.

### Blau und Blauviolett

- Die im Frühling blühenden Zwiebelpflanzen wie Blaustern (*Scilla*) und Schneeglanz (*Chionodoxa*) passen wunderbar zusammen mit dem kleinen, blauvioletten Balkan-Windröschen (*Anemone blanda*).

### Dreifarbige Kombinationen

- Es gibt verschiedene Möglichkeiten, dreifarbige Schemata zusammenzustellen, indem man ein imaginäres Dreieck innerhalb des Farbkreises dreht. Klassische Beispiele für wirkungsvolle dreifarbige Kombinationen sind salbeigrün/pflaume/heu und zitronengrün/schieferblau/rostrot. Diese Farben stehen in der gleichen Beziehung zueinander wie rot/gelb/blau, können aber besser miteinander kombiniert werden, weil sie keine Primärfarben sind.
- Dies ist eine vereinfachte Betrachtung des Farbspektrums, und es gibt Dutzende von Kombinationsmöglichkeiten, die man ausprobieren kann. Viele der genannten Pflanzen haben andere Farben in sich wie weiß oder rot, und alle sind von Blättern in verschiedenen Farben umgeben. Es dürfte dem unerfahrenen Gärtner jedoch einen Anhaltspunkt geben, um Farben aus einem neuen Blickwinkel zu betrachten.

## BLATTFARBEN

NORMALERWEISE geht man davon aus, dass Blätter grün sind, aber schauen Sie einmal genau hin. Blätter können alle Regenbogenfarben aufweisen. Grün an sich ist im Garten dominierend. Es ist die Farbe, die Ruhe und Harmonie ausstrahlt. Sie kann blasse Farben verstärken und leuchtende Farben weniger intensiv erscheinen lassen, und es lässt sich ein schöner Garten nur in Grüntönen anlegen. Gärten, die nur mit Blättern angelegt sind, vermitteln ein besonders ganzheitliches und friedliches Bild, wobei die Blätter nicht unbedingt grün sein müssen. Blätter können neben grün viele verschiedene Farben aufweisen, beispielsweise blaue, silbergraue, gelbe, rote und cremefarbene Farbtöne sowie grüne Panaschierungen. Diese Pflanzen tragen natürlich oft auch farbige Blüten.

### Pflanzen mit blauen Blättern

- Die Giganten unter den Pflanzen mit blauen Blättern sind *Crambe maritima* (Meerkohl) und *Thalictrum flavum Subsp.Glaucum* (gelbe Wiesenraute), die beide blaue Blätter haben. Zu den mittelgroßen Pflanzen zählt *Euphorbia characias* ‚Blue Hill' (Palisaden-Wolfsmilch), eine Kuppel mit dichten blaugrünen Blättern, die bis zu 1 m hoch wird.
- Die *Rosa glauca* (Hecht-Rose) ist eine Rosenart mit blaugrünen bis blauvioletten Blättern und Stängeln. Niedriger wachsende Pflanzen sind z. B. einige blaue Gräser wie das immergrüne *Helicotrichon sempervirens* (Blaustrahlhafer) mit 38–46 cm Höhe und *Festuca glauca* (Blauschwingel), die kleine blaue Hügel bildet.

### Pflanzen mit silbergrauen Blättern

- Es gibt eine wirklich wunderschöne Auswahl von Pflanzen mit silbergrauen Blättern. Sie passen zu dunkelgrünen Blättern und Blüten- und Blattfarben vom tiefsten Violett zu Blassrosa und Blau. Dazu gehören Korbblütler wie *Artemisia* ‚Powys Castle', die in Abmessungen von 1 × 1,8 m wächst, und *Artemisia* ‚Lambrook Silver' mit einer Größe von 1 × 1,2 m. *Brachyglottis Dunedin* Gruppe ‚Sunshine' (Greiskraut, *syn. Senecio* ‚Sunshine') hat eine Größe von 1 × 1,8 m, während *Eleagnus* ‚Quicksilver' (Ölweide) auffallend schmale silberige Blätter hat und eine Größe von 1 × 1 m erreicht.
- Zu den kleineren silbernen Pflanzen zählt *Helichrysum italicum* (italienische Strohblume) mit schmalen, silbernen Blättern, die bis zu 30 cm hoch wächst. Der byzantinische Ziest (*Stachys byzantina*) bildet dichte Matten dicker, wolliger, grauer Blätter mit einer Größe von 40 × 50 cm.
- *Convolvulus cneorum* (Silberwinde) ist ein bezauberndes, niedrig wachsendes silbernes Windengewächs mit weißen Blüten. *Artemisia schmidtiana* ‚Nana' erreicht einen Umfang von 30 × 30 cm, und das Heiligenkraut (*Santolina chamaecyparisus*) hat fein untergliederte, wollige Blätter und wächst in einer Größe von 60 × 60 cm. Die Wollweide (*Salix*

OBEN: *Die großen, panaschierten Blätter der Funkie* Hosta fortuneii *‚Aureo-Marginata' bilden einen sehr interessanten Kontrast zu den tief eingeschnittenen, federigen, violetten Blättern von* Acer palmatum *(Fächerahorn).*

LINKS: *Bepflanzungen mit Büschen und Bäumen bieten immer gute Möglichkeiten für Herbstfarben. Hier führt ein Kiesweg durch verschiedene Büsche und Bäume, wobei die Farben vom Orange des* Fothergilla gardenii *(erlenblättriger Federbuschstrauch) bis zum Grün des Strichfarns (*Asplenium*) und den tiefvioletten Blättern des Purpurglöckchens reichen.*

UNTEN: *Die rote Fetthenne (*Sedum atropurpureum*) blüht bis tief in den Herbst und hat viel dunklere Blütenfarben als das weiter verbreitete* Sedum spectabile *und auch einen sehr dunklen violetten Stängel.*

*lanata*) ist ein niedriger, in die Breite wachsender Busch für Steingärten mit Abmessungen von 30 × 30 cm.

## Rot- und bronzeblättrige Pflanzen

- Rote, bronzefarbene und blauviolette Blätter können sensationell aussehen, wenn sie mit Sorgfalt platziert werden. Die roten und bronzenen Töne können sich mit anderen Farben gut ergänzen. Sie sehen besonders gut mit grünen und silbernen Farben kombiniert aus, passen aber meist nicht so gut zu panaschierten und gelben Pflanzen.
- *Cotinus coggygria* ‚Royal Purple' (Perückenstrauch) ist ein prächtiger Busch mit blauvioletten Blüten, die sich im Herbst in ein leuchtendes Rot verwandeln. *Berberis* ‚Bagatelle' (Mahonie) ist ein runder Busch mit bronze- und violettfarbenem Blattwerk und findet oft als Hecke Verwendung.
- Viele Rosen haben im Frühjahr bronzefarbene Blätter, die sich später in grün verwandeln. *Cercis canadensis* ‚Forest Pansy' (Judasbaum) ist ein laubwechselnder Baum oder großer Busch mit rötlich-violett-bronzenem Blattwerk, das seine Farbe die ganze Saison hindurch bewahrt. Er benötigt einen geschützten, sonnigen Platz und wächst langsam, erreicht aber eine Höhe von bis zu 12 m.
- Die palmenartige *Cordyline australis* ‚Pink Stripe' hat Blätter mit violetten Rändern und einen starken rosa Mittelstreifen. Sie ist nicht winterhart und sollte somit nur in warmen Gegenden draußen wachsen oder in Schalen, die im Winter ins Haus geholt werden können.
- *Heuchera* (Purpurglöckchen) haben kupferfarbene violette Blätter, und die Blätter von *Heuchera* ‚Pewter Moon' weisen starke silberne Töne auf. Die grüne Heckenberberitze *Berberis thunbergii* ‚Atropurpurea' ist auch unter dem Namen ‚Crimson Pygmy' bekannt und ist eine laubwechselnde Pflanze mit dichtem neuen blauviolettem Blattwerk. Es dient sehr gut als farbige, niedrige Hecke oder als Bepflanzung für Steingärten.

## Gelbblättrige Pflanzen

- *Berberis thunbergii* ‚Aurea' hat spektakuläre gelbe Blätter mit dichtem, blauvioletten Blattwerk und formt einen runden Busch von 1 × 1 m Größe. Die mexikanische Orangenblume *Choisya ternata* ‚Sundance' ist ein immergrüner Busch mit sehr gelben jungen Trieben.
- *Cornus alba* (Hartriegel) ‚Aurea' ist ein laubwechselnder Busch, der bis zu 1,8 m Höhe erreicht. Der wintergrüne Liguster (*Ligustrum ovalifolium* ‚Aureum') hat grüne Blätter mit breiten, leuchtend gelben Rändern. *Hedera helix* ‚Buttercup' ist ein schönes leuchtend gelbes Efeu, das bis zu 2 m hoch wächst.

# MEHR FARBE IM GARTEN

**Ein Gärtner wird immer verschiedene Möglichkeiten ausprobieren, um farbenfrohe Beete und Rabatten anzulegen, und Pflanzen an verschiedenen Stellen platzieren und Ideen von anderen Gärtnern übernehmen. Es handelt sich um eine wunderbare, nicht exakte Wissenschaft. In einem bestimmten Monat können die Farben in einer Rabatte wunderbar miteinander harmonieren, im nächsten hat sich möglicherweise alles verändert und die Harmonie ist verloren gegangen. Das Spannende am Garten ist, dass er sich kontinuierlich verändert und dass er immer wieder neu durchdacht werden muss. Vielleicht mögen Sie tiefe, satte Farben, die den gesamten Garten dominieren sollen, vielleicht aber auch einen Flickenteppich von Pastelltönen oder gar eine dominante einzelne Farbe wie rot oder weiß. Was auch immer Sie bevorzugen, das Einhalten von bestimmten Regeln zahlt sich langfristig aus.**

## Begrenzung der eingesetzten Farben

- Wenn Sie versuchen, Primärfarben miteinander zu kombinieren, können zu viele rote, gelbe und blaue Farbtöne eng nebeneinander eine verwirrende und ermüdende Wirkung haben. Sie können in weiträumigem Gelände wie öffentlichen Parks eine schöne Wirkung entfalten, wenn man sie in geordneten, formalen Beeten mit Bedacht anlegt. In kleinen Gärten können sie jedoch das Auge sehr strapazieren.
- Lassen Sie einfach eine der Primärfarben weg und konzentrieren Sie sich z. B. auf Rot und Blau, Gelb und Rot oder Blau und Gelb in einem bestimmten Bereich Ihres Gartens. Dadurch kann er so farbenfroh wie ein orientalischer Teppich wirken. Es gibt auch auf dieser begrenzten Palette eine riesige Auswahl an Pflanzen und Farben.
- Die erfolgreiche Gartengestalterin Gertrude Jekyll (1843–1932) studierte zunächst die Malerei und verwandte die Farben im Garten dann so, als schüfe sie ein Gemälde. Sie stufte die Farben ihrer langen Rabatten mit großer Geschicklichkeit ab und bewegte sich von gelben und weißen über orange und rote bis hin zu blauen und violetten Farbtönen.

UNTEN: *Pastellfarben stehen stark in der Tradition des „old English garden", der traditionellen englischen Gartengestaltung. Hier wachsen niedrige Rosen, Katzenminze* (Nepeta cataria)*, Geranium ‚Wargrave Pink' und Blumenstöcke in einer Fülle von rosa und violetten Farbtönen.*

❀ Die Gärten, die sie anlegte, waren groß genug, so dass diese Einfassungen aus einiger Entfernung betrachtet werden konnten und sich für den Besucher die volle Wirkung entfaltete, wie bei Betrachtung eines Gemäldes. In vielen der modernen kleineren Gärten ist das nicht möglich, aber man kann trotzdem mit bestimmten Farben in den verschiedenen Bereichen des Gartens arbeiten.

❀ Rot und Violett sind sehr dominant. Weiße Pflanzen wie *Gypsophila paniculata* (Schleierkraut) oder Edelmargeriten können dabei helfen, ihre Wirkung etwas abzuschwächen.

❀ Pastellfarben wie die violetten, rosa oder sehr blassen gelben Farben können zusammen angepflanzt werden. Eventuell brauchen sie ein verstärkendes Element wie schwarze Tulpen in Frühlingsbeeten, einige tief samtig-rote Pelargonien auf einer sommerlich gestalteten Terrasse oder die tief gefärbten Blätter des violetten *Cotinus* (Perückenstrauch) in einer gemischt bepflanzten Rabatte.

OBEN: *Das Blassgelb dieser* Argyranthemums *(Gänseblümchen) ist eine besonders anziehende Farbe und kann einzeln oder mit anderen gelb blühenden Pflanzen kombiniert werden wie hier mit Lupinen und Lilien.*

## Einfarbige Gestaltung

❀ Natürlich wird keine Gestaltung wirklich mit nur einer Farbe gemacht. Alle Gestaltungen sind von den verschiedenen grünen, blauen, silbernen und bronzenen Farben des Blattwerks umgeben. Eine Gestaltung mit nur einer Blütenfarbe kann wirkungsvoll sein, es ist aber nicht sinnvoll, den ganzen Garten in nur einer Farbe zu halten, weil es schwierig ist, ihn die ganze Saison hindurch in dieser einen Farbe zu bepflanzen. In einem bestimmten Bereich, einer Rabatte oder einem kleinen Vorgarten kann man jedoch sicherlich ein wirkungsvolles einfarbiges Gestaltungsschema verwenden.

❀ Weiß bietet sich hier an und ist wahrscheinlich am wirkungsvollsten. Von den meisten Pflanzen sind weiße Arten und Kulturvarietäten erhältlich, so dass man die Wirkung über einen langen Zeitraum erhalten kann, und die Kombination von Weiß mit den unterschiedlichen grünen Farbtönen ist besonders hübsch. Die Struktur der Rabatte ist weiterhin wichtig, denn sonst wirkt die Gestaltung bald wie ein zerrupfter Brautstrauß.

OBEN: *Eine solche Konzentration von Farben in einem Teichgarten findet man nicht oft. Hier jedoch werden die leuchtend roten, gelben und orangefarbenen Sumpfprimeln* (Primula bulleyana) *nur von einigen Callas im Hintergrund gezähmt.*

### Anpassung an die Stimmung im Garten

- Verwenden Sie eine Farbzusammenstellung, die zur Atmosphäre Ihres Gartens passt. Rot kann schwer und überladend wirken, weil es auf den Betrachter zuzukommen scheint, aber es kann eine beeindruckende Wirkung in kleinen Höfen oder Vorgärten haben.
- Harmonische Farbkompositionen anstelle von stark kontrastierenden Zusammenstellungen verleihen einen einheitlichen Eindruck und vermitteln mehr Weite. Wenn Sie eine kühle und luftige Terrasse gestalten möchten, passen frische Cremefarben, Rosa, Silber und Gelb zu der Atmosphäre.

### Farbideen für Blumenbeete und Einfassungen

- Eine Rabatte erfordert eine sehr komplexe Gestaltung, und eine Gestaltung über die gesamte Saison hinweg ist besonders kompliziert. Zunächst ist festzuhalten, dass sich die Form immer wieder verändert, weil die Pflanzen zu verschiedenen Zeitpunkten im Jahr die volle Reife erhalten.
- Die Pflanzen in einem Blumengarten verändern sich von Woche zu Woche, und mit dem Fortschreiten der Jahreszeit können Pflanzen wuchern und unordentlich wirken. Deshalb sollte man für das Frühjahr hauptsächlich Zwiebelpflanzen verwenden, weil sie gewöhnlich kleiner sind als Pflanzen, die später im Jahr blühen, und wenn ihre Blätter absterben, werden sie von anderen Pflanzen, die in der Nähe wachsen, verdeckt.
- Ein Plan oder Gestaltungsschema ist eine gute Hilfe. Zeichnen Sie zunächst alle immergrünen Pflanzen und laubwechselnden Büsche ein. Eine gute Strukturierung mit Pflanzenhöhe und -breite hilft dabei, die anderen Pflanzen zu integrieren.

OBEN: *Der orientalische Mohn* Papaver orientale *‚Mrs. Perry' ist eine wunderschön geformte Pflanze mit herrlichen lachsrosa Blüten, die einen schönen Kontrast zu den zierlichen rosa Kerzen der* Persicaria bistorta *(Wiesenknöterich) und blassgelben Iris bilden.*

OBEN: *Dieses hübsche Beispiel für einen zwanglosen Garten im Landhausstil kombiniert die tellerartigen Köpfe der* Achillea *(Schafgarbe) mit den kegelförmigen* Echinacea *und* Crocosmia *(Montbretie).*

- Teilen Sie Ihr Beet dann in Pflanzengruppen auf, indem Sie für jede Jahreszeit einige Pflanzen auswählen. Eine große, auffallende Pflanze wie eine Pfingstrose kann einzeln gepflanzt werden, im Allgemeinen jedoch wirken die meisten Pflanzen besser, wenn sie in Gruppen gepflanzt werden. Dreier- oder Fünfergruppen sind gewöhnlich am besten, in einer sehr großen Einfassung kann man die Anzahl aber auch erhöhen.
- Wenn Sie alle Farben in Ihre Einfassung integrieren wollen, arrangieren Sie sie harmonisch oder kontrastierend und stellen Sie sicher, dass der Übergang von einer Farbgruppe zur nächsten mit einer neutralen Farbe beginnt, wie grün oder weiß, bzw. dass die Farben durch Pflanzen mit wohlgeformtem Blattwerk unterbrochen werden.

### Die gelbe Seite des Spektrums

- Es gibt verschiedene Möglichkeiten, wenn Sie Kerzen in Ihrem auf Gelb basierendem Farbschema wünschen. *Verbascum nigrum* (Schwarze Königskerze) ist eine halbimmergrüne Pflanze mit hohen, schmalen Kerzen gelber Blüten mit braunem Mittelpunkt. Fackellilien (*Kniphofia*) eignen sich gut dafür, Höhe zu schaffen.
- Die widerstandsfähigste Pflanze im gelben Spektrum ist *Kniphofia caulescens* mit ihren korallenroten Blüten, die sich in gelblich-weiß verwandeln. ‚Bees Sunset' hat weiche, orangefarbene Stängel, und die kleinste ist ‚Little Maid' in einem weichen

gelben Farbton. *Crocosmia* (Montbretie) kann einen Farbspritzer vom Spätsommer bis in den Frühherbst schaffen. *Crocosmia* ‚Lucifer' ist tiefrot, *Crocosmia* ‚Jackanapes' ist gelb und orange.

- Als Gruppen bildende Pflanzen können Sie *Achillea* ‚Coronation Gold' (Schafgarbe) ausprobieren, die flache Köpfe mit winzigen goldgelben Blüten und silbrigen Blättern über einen langen Zeitraum im Sommer aufweist, manchmal bis in den Herbst hinein. Helenium ‚Moerheim Beauty' ist eine gerade wachsende Pflanze für den Spätsommer, und sie hat satte, rötlich-orange Blütenköpfe mit einem dunklen Fruchtknoten in der Mitte.
- Die Schokoladen-Kosmee (*Cosmos atrosanguineus*) ist eine knollige mehrjährige Pflanze mit einzelnen, tief kastanienbraunen bis karmesinroten Blütenköpfen, die einzeln blühen und einen schönen Kontrast zu den gelben Farbtönen herstellen, und sie duften wirklich stark nach Schokolade.
- Als immergrünen Busch können Sie *Halimium ocymoides* (Zistrose) in Betracht ziehen, ein Zwergbusch, dessen gelbe Blüten schwarze oder braune Punkte an der Basis der Blütenblätter vom Früh- bis Spätsommer aufweisen. Er erreicht eine Größe von 0,6 × 1 m.
- Wenn Sie etwas Blau beimischen möchten, so bietet sich *Aster frikartii* ‚Mönch' an, ein buschiges mehrjähriges Gewächs mit gänseblümchenartigen, weichen, lavendelblauen Blütenköpfen. Es passt gut zu *Helenium* (Sonnenbraut) und blüht kontinuierlich vom Mittsommer bis Spätherbst. *Phlox paniculata* (Flammenblume) bildet große Gruppen feiner, großflächiger, lilafarbenener Blütenköpfe auf hohen, geraden Stängeln.
- Für die Rabatte kann man Gruppen von *Alchemilla mollis* (Frauenmantel) verwenden, die lange schöne Blätter aufweisen und federige grün-gelbe Blüten haben, ebenso *Eschscholtzia californica* (kalifornischer Mohn) oder Ringelblumen (*Calendula officinalis*), deren leuchtend orangefarbene Blüten einen Kontrast zu jedem Blau des Frauenmantels (*Alchemilla*) bilden.
- *Helianthemen* (Sonnenröschen) bieten eine Abfolge von Farben vom Spätfrühling durch den Sommer hindurch. *Helianthemum* ‚Wisley Primrose' hat blassgrüne Blätter und gelbe Blüten, während die Sorte ‚Rhodanthe Carneum' karmesinrot-rosa Blüten mit orangefarbener Mitte und silbrigen Blättern hat.
- In einem kleinen Garten haben Sie möglicherweise keinen Platz für all diese Pflanzen. Denken sie daran, dass es im Zweifelsfall gewöhnlich sinnvoller ist, größere Gruppen einer geringeren Anzahl von Kulturpflanzen zu haben.

## EIN GESTALTUNGSPLAN

*Obwohl dies ein Entwurf für ein Sommerbeet ist, wurde es auch mit Zwiebeln bepflanzt, so dass es nur im Winter keine Blüten aufweist. Eine Hälfte des Entwurfs zeigt den Bepflanzungsplan, die andere vermittelt eine Idee von Farbe und Höhe der Pflanzen, wenn sie blühen. Die Farben sind hauptsächlich Rosa und Violett, mit einem Hauch Gelb und etwas Tiefrot hier und dort. Die beiden Buschrosen sind rosa mit vielen Blüten über einen langen Zeitraum.*

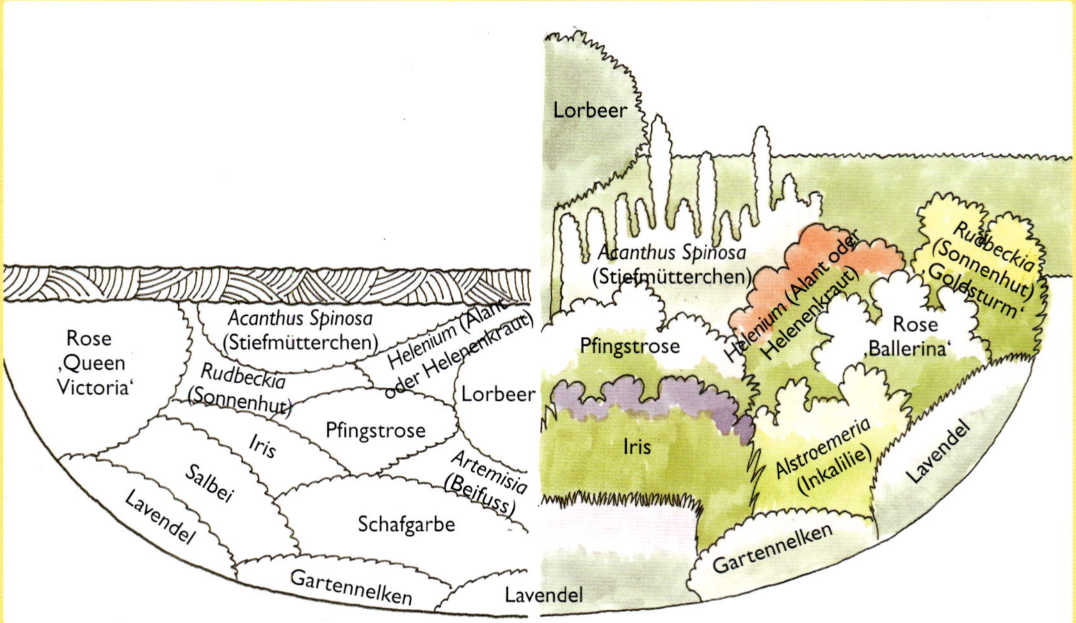

## Die blaue Seite des Spektrums

- Als hohe Kerzen können Sie den Rittersporn Belladonna anpflanzen, Gruppe ‚Cliveden Beauty', eine kompakte Varietät des Rittersporns, die Kerzen mit leuchtend blauen Blüten hervorbringt. Sie blüht bis in den Herbst, vorausgesetzt die verblühten Kerzen werden immer abgeschnitten.
- Die Rittersporn-Hybriden ‚Black Knight' wachsen hoch und blühen in tiefem Blau- und Rotviolett mit schwarzen Augen. Der Hybride ‚Blue Bird' hingegen hat rein blaue Blüten mit weißen Augen.
- Gerade wachsende blaue Pflanzen sind *Campanula lactiflora* (Glockenblume) ‚Prichard's Variety' mit verästelten Blütenköpfen großer, nickender, glockenförmiger blau-violetter Blüten vom Frühsommer bis zum Spätherbst. *Verbena bonariensis* (Eisenkraut) hat drahtige Stängel mit Büscheln winziger, blau-violetter Blüten vom Sommer bis zum Herbst.
- Als Gruppen bildende Pflanze eignet sich *Eryngium × oliverianum* (Mannstreu), das große, gerundete Köpfe mit distelblauen bis lavendelblauen Blüten hat. *Geranium psilostemon* (Armenischer Storchenschnabel) ist eine relativ hohe Geranie mit spektakulären magentafarbenen Blüten mit schwarzem Zentrum. *Salvia nemorosa* ‚May Night' (Steppen-Salbei) hat tiefe blau-violette Blüten, und *Erigeron* (Berufkraut) ‚Serenity' hat violette, gänseblümchenartige Blüten mit großem gelbem Mittelpunkt.

OBEN: *In dieser zwanglosen Einfassung wurden Rosa und Rot aus dem Farbspektrum verwendet in Form von großen, runden Blütenköpfen dunkelroter Lauchpflanzen und den hohen Kerzen der* Verbascum phoenicium *(violette Königskerze) sowie dem orientalischen Mohn* Papaver orientale *‚Park Farm'.*

OBEN: *Diese sehr hübsche violette und blaue Mischung niedrig wachsender, sich ausbreitender Pflanzen wie Eisenkraut und Geranien wird wunderschön unterstrichen durch die silbrigen Blätter des* Teucrium fruticans *(blauer Gamander).*

## Pflanzen für eine rote und silberne Rabatte mit Büschen im Hintergrund

- Die Hortensie *Hydrangea villosa* ist ein interessanter und attraktiver hoher Busch für ein großes Beet. Sie hat große, blassviolette, spitzenhaubenartige Blüten vom Mittsommer bis zum Herbst. *Rosa moyesii* (Mandarinrose) ‚Geranium' ist ein weiterer hoher Busch mit leuchtend karminroten einzelnen Blüten und bauchigen flaschenförmigen Hagebutten auf gebogenen Stängeln.
- Davor können Sie *Sedum* (Fetthenne) ‚Ruby Glow' pflanzen, eine gerade wachsende, fleischige Pflanze mit rubinroten und violett durchsetzten Blüten. *Artemisia* (Beifuss) ‚Powys Castle' ist ein runder Busch mit federigem silbrigem Blattwerk und *Acanthus spinosus* (dorniger Akanthus) hat große, tiefgrüne gezahnte Blätter mit langen Dornen und spektakulären Spitzen mit blassen, malvefarbenen und weißen Blüten.

## Eine üppige Einfassung in roten und grünen Farben

- Dieses Farbschema sieht am besten aus mit einem dunkelgrünen Hintergrund wie gestutzter Eibe. Diese Farben stehen in direktem Gegensatz zueinander auf dem Farbkreis und bilden so einen bewussten Kontrast und erstaunlichen Effekt. Der rubinrote

Mangold (*Beta vulgaris var. cicla*) ist eine spinatartige Pflanze, die gerne aufgrund ihrer leuchtend roten Stiele und kräuseligen, mit leuchtend roten Adern durchzogenen Blätter gepflanzt wird.

- *Penstemons* (Bartfaden) sind immergrüne mehrjährige Pflanzen mit röhrenförmigen, fingerhutartigen Blüten. Sie blühen den ganzen Sommer lang. *Penstemon* ‚Garnet' hat tiefe karminrote Blüten, *Penstemon* ‚Cherry Ripe' weist ein warmes Rot auf und *Penstemon* ‚Chester Scarlet' hat große, dunkelrote Blüten, die nach innen hin in tieferem Rot gefärbt sind. Die Dahlie ‚Bishop of Llandaff' hat leuchtende, scharlachrote Blüten und dunkles, blauviolettes Blattwerk.

## LANDHAUS GARTENMISCHUNGEN

DER Charme eines Gartens im Landhausstil ist seine natürliche Gestaltung, die aus einer unkoordinierten Mischung von Farben zusammengesetzt zu sein scheint, mit einjährigen Pflanzen und Stauden, die sich häufig selbst aussäen. Moderne Gärten im Landhausstil werden mit Bedacht angelegt und sind durchaus nicht so chaotisch, wie oft angenommen wird.

### Pflanzen für den Landhausgarten im Frühsommer

- Dieses Farbschema ist aus Violett, Orange und leuchtendem Rosa zusammengestellt. *Geranium magnificum* (Prachtstorchenschnabel) ist eine robuste, Gruppen bildende Geranie mit tiefblauen Blüten und einem Hauch von Rot. *Eschscholtzia californica* (kalifornischer Mohn) ist eine winterharte einjährige Pflanze mit seidigen, glatten, aufwärts gerichteten orangefarbenen Blüten auf federigen grünen Blättern. *Tanacetum coccineum* (bunte Wucherblume) ‚Brenda' ist eine mehrjährige Pflanze mit einzelnen, gänseblümchenartigen Blüten in den Farben Magenta und Rosa mit aromatischen federigen Blättern.
- Veilchen sind äußerst beliebte Blumen für den Garten im Landhausstil. Veilchen der Gruppe *Purpurea* haben blau- und rotviolette Blüten, und ihre Blätter haben oft einen blauvioletten Einschlag. Sie passen gut zu den kerzenartigen, blauvioletten Blüten von *Salvia* ‚Ostfriesland' (violetter Salbei) und kleinen Pflanzen mit silbrigen Blüten wie die bedingt winterharte *Senecio maritima* (Kreuzkraut) und *Tanacetum densum* Subsp. *amani* mit seinem silbergrauen Mopp federiger Blätter.
- Eine Mittsommermischung könnte *Leucanthemum × superbum* (Sommermargerite) aufweisen, ein winterhartes, hohes, weißes Gänseblümchen, das auffälliger ist und zuverlässiger als eine einfache Margerite. Es passt gut zu leuchtend roten und gelben Gazanien (Mittagsgold); alle zusammen können in feuchtem Boden leicht gezogen werden.

### Die Verwendung von Clematis

- Clematissorten haben einen unschätzbaren Wert, wenn es darum geht, das ganze Jahr über Farben in einem Garten anzulegen. Im Winter gibt es leuchtend gelbe Sorten wie C. *tangutica* (Goldwaldrebe) und die blasse braungelbe C. *balearica* (Waldrebe). Im Frühjahr können die energischen Sorten C. *armandii* (Armands-Clematis) und C. *montana* (Bergrebe) eine ganze Mauer oder einen Zaun mit weißen oder rosa Blüten bedecken. Im Sommer blühende Clematis kann mit vielen anderen Pflanzen zusammen angelegt werden und spektakuläre Farben zufügen.
- Die sternförmigen weißen Blüten der C. *flammula* (Mandelwaldrebe) können so gezogen werden, dass sie über dunkelgrüne Stechpalmen wachsen. Dunkelrote und blauviolette Clematis sehen gut aus zusammen mit silberblättrigen Pflanzen, oder C. *viticella* ‚Madame Julia Correvon' über *Brachyglottis compacta* – die gelben Blüten der Brachyglottis können Sie abschneiden.

OBEN: *Es gibt eine riesige Farbenauswahl bei Clematissorten. Hier wird die Clematis ‚Niobe' mit ihren tiefen samtroten Blüten mit den blassrosa Blüten der C. ‚Comtesse de Bouchaud' gemischt.*

# SORGFÄLTIG GEPLANT: FARBE DAS GANZE JAHR ÜBER

**Es ist unmöglich, den gesamten Garten das ganze Jahr hindurch mit leuchtenden Farben zu bedecken. Es ist jedoch gut, zu jeder Jahreszeit einige farbige, das Auge anziehende Pflanzen irgendwo im Garten anzupflanzen. In einem größeren Garten kann man bestimmte Bereiche bestimmten Jahreszeiten zuweisen. Gertrude Jekyll, die berühmte Autorin zum Thema Gartengestaltung und Gartengestalterin im frühen 20. Jahrhundert, widmete einen Teil ihres eigenen Gartens den Primeln im Frühjahr. Den Rest des Jahres fand dieser Teil kein großes Interesse, und die Besucher bewunderten stattdessen die Sommerbeete. In einem kleinen Garten, wo ein großer Teil mit einem Blick erfasst werden kann, muss die ganzjährige Farbgestaltung mit Bedacht gewählt werden.**

## Farbabfolge

- Im Frühling und Sommer, wenn alle Blüten Knospen haben, ist leicht für Farbe gesorgt. In einer großen Stadt ist es tendenziell um einige Grad wärmer als auf dem Land darum herum. Daraus können Sie Nutzen ziehen und Blumen über einen längeren Zeitraum in der Jahreszeit ziehen.
- Fuchsien blühen bis tief in den Spätherbst hinein, viele Rosen blühen bis in den Winter, und einige unterschiedliche Clematisarten verleihen dem Garten das ganze Jahr über Farbe.
- Es ist auch kein Problem, im Herbst Farben im Garten anzulegen mit spät blühenden Stauden, rotem Blattwerk und Beeren. Zarte Pflanzen wie Pelargonien, fleißige Lieschen (*Impatiens*) und Sammetmalven blühen bis zum ersten Frost. Unter der Voraussetzung, dass Sie diese Pflanzen vor dem ersten Frost hereinholen, bringen sie die Terrasse bis tief in den Herbst hinein zum Leuchten.
- Im Winter können farbige Stängel und Rinden einen interessanten Effekt schaffen. Vergessen Sie nicht, dass sowohl Grün als auch Weiß als Farbe gezählt werden können. Ihre sorgfältig geplante Anlage mit immergrünen Büschen gibt Ihnen eine Hintergrundstruktur.
- Um Akzente zu setzen und das Gesamtbild aufzuhellen, brauchen Sie nur ein paar farbige Glanzpunkte zu setzen. Stängel und Beeren leuchten im Winter herrlich. Einige

OBEN: *Eine der beliebtesten Pflanzen im Frühjahr ist der Nieswurz* (Helleborus). *Diese anziehende Form des* Helleborus orientalis *hat dunkelviolette Blütenblätter, innen heller mit sehr dunklen Punkten.*

OBEN: *Heleniums sind hohe Gänseblümchen, die über einen langen Zeitraum bis in den Herbst hinein blühen. Sie weisen eine gelbe bis rötlich braune Farbe auf. Beliebte Sorten sind ‚Septemberfuchs' und ‚Moerheim Beauty'.*

Hartriegelgewächse (*Cornus*) haben Stängel in auffallenden Farben von karmesinrot über orange bis hin zu schwarz. Sie erzielen einen wirklich schönen Effekt, wenn Sie zwei oder drei Pflanzen an einer Bank entlang oder als Hecke zusammen anpflanzen.

- Einige der Schlangenhautkiefern und Birken haben wunderbare Farben, die von kupfer bis weiß reichen. Viele Birken, Kirschbäume und Ahornbäume können auch wegen der Farbe ihrer Rinde verwendet werden.
- Des weiteren sind die Beeren zu erwähnen. Stechpalmen, Eiben, Steinmispeln, Eschen und viele andere Büsche tragen ihre Beeren bis tief in den Winter und erfreuen uns ebenso wie die Vögel. Wenn Sie einen Busch auswählen, prüfen Sie, wie schnell er wächst und wie groß er wird. Der Spindelstrauch beispielsweise hat faszinierende, hängende, leuchtend rosarote Früchte und rote Kapseln im Herbst. Er ist jedoch ein schnell wachsender Busch und beansprucht gut 3,5 m, um sich auszubreiten. Möglicherweise haben Sie nicht ausreichend Platz, um diesem Giganten gerecht zu werden.
- Skimmien mit ihren großen, leuchtend roten Beeren werden nicht größer als 1 m, und Pyracantha (Feuerdorn), die potenziell groß sind, können an einer Mauer entlang wachsen und zurückgeschnitten werden.
- Mit einer gewissen Ordnung, Vorstellungsvermögen und einer Auswahl an Pflanzen, die ihren vollen Beitrag leisten, indem sie interessante Blüten, Blätter, Stängel und Früchte produzieren, sollten Sie alles in allem sicherlich in der Lage sein, das ganze Jahr über für Farbe zu sorgen.
- Natürlich gibt es keinen plötzlichen Übergang von einer Jahreszeit zur anderen. Das Schneeglöckchen, der Inbegriff der Frühlingsblume, taucht im Winter auf und blüht im Frühling weiter. Viele Frühlingsblumen blühen bis in den Sommer hinein, und viele Beeren, die sich im Herbst bilden, werden von den Pflanzen bis in den Winter hinein getragen, womit Abfolge von Farben geschaffen wird.

UNTEN: *Die Blätter der kräftigen und dekorativen rostroten Rebe* Vitis coignetiae *sind im Sommer flaumig und von sanfter grüner Farbe und verwandeln sich im Herbst in spektakuläre Farben. Dadurch schaffen sie eine lange Farbsaison.*

## FARBIGE BLUMENZWIEBELN FÜR DEN FRÜHLING

VON den ersten zarten Schneeglöckchen zu den spät blühenden stämmigen Tulpen und Osterglocken bieten Frühjahrsknollengewächse wunderbare Farben vom Winter bis zum Frühsommer. Viele Menschen zögern, Zwiebeln in ein Beet zu setzen, weil die Gefahr besteht, dass sie durch Stauden beeinträchtigt werden. Wenn den Zwiebeln jedoch ihr Platz gefällt, vermehren sie sich schnell und produzieren viel mehr Zwiebeln, als Sie benötigen. Machen Sie sich also keine Sorgen, wenn Sie ein paar Zwiebeln ausgraben. Einige können wieder eingesetzt werden, andere können Sie an Freunde verschenken und den Rest kompostieren.

OBEN: Anemone blanda *ist die bezauberndste der früh blühenden Frühlingszwiebelblumen. Es gibt sie in einer Reihe von weißen und blauen Sorten, und sie bilden einen Blütenteppich mit ihren leuchtenden kleinen Gesichtern.*

### Schneeglöckchen und Eisenhut

- Das gemeine Schneeglöckchen (*Galanthus nivalis*) ist eigentlich eine Winterblume, aber es blüht bis in den Frühling hinein und ist eine der beliebtesten Blumenzwiebeln, die sich im Gras, Gebüsch oder in schattigen Blumenbeeten schnell akklimatisiert. Die Schneeglöckchen wirken am besten, wenn sie blühen. Das bezaubernde G. *caucasicus* blüht über einen Zeitraum von acht Wochen und beginnt im Spätherbst oder Winter zu blühen.
- Ein weiterer Favorit ist der Wintereisenhut (*Eranthis*). Mit seinen tassenförmigen Blüten und der kleinen grünen Halskrause bildet er schöne gelbe Büschel unter Bäumen. Wie Schneeglöckchen werden Wintereisenhutsorten am besten im Frühjahr gepflanzt, wenn sie blühen. Sie benötigen eine trockene Ruhephase im Sommer und sind deshalb zumeist unter Bäumen zu Hause.

### Winterharte Alpenveilchen (*Cyclamen*)

- Die eleganten und winzigen winterharten Alpenveilchen sind ein Muss für jeden Garten. Sie blühen rosa oder weiß, wie die winzigen Arten der besser bekannten Zimmerpflanzen. Sie sehen sehr hübsch aus, wenn sie in waldähnliche Bereiche oder in Nischen im Steingarten gepflanzt werden. C. *coum* blüht von der Mitte des Winters bis zum späten Frühling. Andere Sorten, wie C. *hederifolium*, blühen im Spätsommer oder im Herbst. Sie gedeihen in der Sonne oder im Halbschatten, und Trockenheit macht ihnen nichts aus. Sie können auch in Trögen oder Behältern gezogen werden.

### Krokusse

- Die Krokusse, die mit ihren weit geöffneten Blüten die Sonne begrüßen, sind in blau- und rotviolett blühenden Sorten erhältlich ebenso wie in gelben Farben oder Weiß. Violett und Gelb pflanzt man am besten getrennt voneinander, Weiß kann mit beiden Farben gemischt werden.
- Die früh blühenden Sorten sind bezaubernd und wirken zart, wenn sie unter ein Solitärgehölz auf einem Rasen gepflanzt werden. Zudem vermehren sie sich frei. *Crocus chrysanthus* ist eine früh blühende Art mit über 20 Sorten. C. ‚Purpureus Grandiflorus' hat eine intensive blau- bis rotviolette Farbe, ist stark blühend und gehört zu den Sorten, die am spätesten blühen.

OBEN: *Diese blassen kleinen Narzissen blühen bereits auf dem Waldboden, wenn die Bäume noch keine Blätter tragen, und verleihen dem Garten einen Anflug von Farbe.*

## Zahnlilien (*Erythronium*)

- Der gemeine Hundszahn (*Erythronium denscanis*) ist eigentlich kein Veilchen und hat kleine, pagodenartige rosa, gelbe oder weiße Blüten auf zarten Stängeln und mit hübschen, gesprenkelten Blättern. Er wächst auf fast allen Böden in der Sonne und im Schatten.
- Die amerikanischen Zahnlilien fühlen sich im Schatten am wohlsten und werden am besten unter Büsche oder Bäume gepflanzt. Zu ihnen gehören das *E. japonicum* mit blauvioletten Blüten, das *E.* ‚Pagoda' mit blassgelben Blüten und das *E. tuolumnense*, das Köpfe mit bis zu 10 gelben Blüten aufweist.

## Narzissen

- Sie können eine erstaunlich lange Farbabfolge nur mit Narzissen gestalten. Mit den folgenden Narzissenarten können Sie beispielsweise drei Monate lang Farbe erhalten: Narzisse ‚February Gold', eine alpenveilchenartige Sorte mit zurückgebogenen Blütenblättern, die zu den am frühesten blühenden Narzissen gehört; ‚Dutch Master' ist hoch und kräftig mit sanftgelben, trompetenartigen Blüten und einem rüschenartigen Rand; ‚Tête-á-Tête', eine Zwergnarzisse mit Massen von vielköpfigen gelben Blüten; ‚Carlton' mit großen einblütigen gelben Blütenbechern für die Mitte des Frühjahrs; ‚Golden Ducat', eine goldgelbe doppelblütige Narzisse; und ‚Cheerfulness' mit seinen Büscheln von süß duftenden, cremefarbenen und gelben Doppelblüten.
- Es ist nicht notwendig, all diese Narzissen an eine Stelle zu pflanzen. Setzen Sie unterschiedliche Sorten voneinander getrennt ein, weil ein Durcheinander von der einfachen und starken Wirkung ablenkt.
- Es bietet sich an, ‚Golden Ducat', ‚Cheerfulness' und andere große Narzissen in Töpfe an ruhiger, geschützter Stelle im Garten zu pflanzen, außerhalb der Reichweite von Mäusen. Im Frühjahr können Sie die Töpfe in die Beete oder in größere Töpfe stellen, um einige Farbspritzer in einen noch ruhenden Bereich zu bringen.

OBEN: *Diese tiefroten Tulpen mit leuchtend rotem Goldlack und gelben Stiefmütterchen wirken sehr munter und farbenfroh in einem Spätfrühlingsbeet.*

OBEN: Galanthus elwesii *ist ein schönes Schneeglöckchen mit bandförmigen, weiß überzogenen Blättern und nach Honig duftenden Blüten, das zum Ende des Winters auftaucht und den Garten mit schneeweißer Farbe aufhellt.*

## Tulpen

- Tulpen sind auch dazu geeignet, eine Farbabfolge über einen langen Zeitraum zu schaffen. Die Kaufmanniana- und Greigii-Sorten blühen früh und haben kurze Stängel mit sehr schön gemusterten Blättern und sind in einer Reihe von Blütenfarben erhältlich.
- Zu den einblütigen, späteren Sorten zählt z. B. die ‚Queen of the Night' mit tiefer schwarzbräunlicher Farbe. ‚Temple of Beauty' blüht lachsrosa, und der lilienförmige ‚Union Jack' ist himbeerrot auf ebenholzfarbenem Untergrund.
- Die späteren Tulpensorten stehen hoch und gerade wie Soldaten. Man ist versucht, sie in einer Reihe zu pflanzen, aber sie sehen besser aus, wenn Sie natürlich mit anderen Pflanzen gruppiert werden, es sei denn, sie werden in einem sehr formell angelegten Garten gepflanzt.

## STAUDENPFLANZEN UND BÜSCHE IN SOMMERLICHEN FARBEN

Es ist nicht schwer, farbenfrohe Pflanzen für den Sommer zu finden. Die Auswahl ist riesig. Die eigentliche Kunst besteht darin, es nicht zu übertreiben. Die im Folgenden aufgelisteten beliebten Pflanzen verleihen einem Blumenbeet Farbe. Primeln blühen vom Frühjahr bis in den Mittsommer. Sie formen eine Rosette aus Blättern, aus denen blühende Stängel herauswachsen, die eine bis mehrere fünfblättrige Blüten tragen, häufig mit weißem oder gelbem Auge. Sie passen auf jedes Gelände, von alpinen Gärten bis zu Sümpfen und Rabatten. Für einen Sumpfgarten eignen sich die Candelabra-Primeln ganz wunderbar.

### Für eine sonnige Rabatte

- *Convolvulus cneorum* (Silberwinde) ist ein immergrünes, niedrig wachsendes Windengewächs mit silbernen Blättern und über Monate periodisch weiß blühend. Steinrosen (*Cistus*) haben papierartige Blüten in Weiß oder Rosa, oft mit pinselstrichartigen dunkelbraunen Markierungen in der Mitte. *C.* ‚Silver Pink' ist winterhart mit gräulichgrünen Blättern und bevorzugt eine sonnige Stelle in nährstoffarmem Boden.
- Lavendel blüht den ganzen Sommer lang in violetten, rosa oder weißen Kerzen über silbrigen Blättern. Er ist einer der nützlichsten niedrig wachsenden Sommerbüsche und hat den Vorteil, dass er lieblich riecht. Zwergarten sind besonders geeignet zur Unterpflanzung in Rosenbeeten. Größere Sorten können als lockere, niedrige Hecke gepflanzt werden.
- Der englische Lavendel (*Lavandula angustifolia*) hat blasslila Blüten auf langen Stängeln. *L. a.* ‚Hidcode' hat tiefblaue, sehr dicke Blütenkerzen auf graugrünem Blattwerk und wächst sehr kompakt. Der französische Lavendel (*Lavandula stoechas*) hat größere Blütenköpfe mit Blütenblättern, die heraussprießen wie ein Haarknoten.

OBEN: *Lebhafte violette Farben schaffen eine wunderschöne und eindrucksvolle sommerliche Rabatte, die einen schönen Kontrast zu den Grüntönen der Rasenflächen und den umgebenden Pflanzen bildet. Die glatten Kiesel unterstreichen das saubere und gepflegte Bild.*

- Es gibt viele Salbeisorten (*Salvia*), die in schönen Farben blühen. Eine der farbigsten Sorten ist *Salvia × superba*, ein staudenartiges, mehrjähriges Gewächs mit Massen von blauvioletten Blüten im Mittsommer und mit karmesinroten bis violetten Hochblättern, die überdauern, wenn die Pflanze schon verblüht ist. *Salvia macrophylla* ist ein kleiner, buschiger Salbei mit tief karmesinroten Blüten an den Stielenden, die vom Frühsommer bis zum ersten Frost hervorkommen.
- Schafgarben haben winzige Blüten, die flachdachartige Blütenkopfgruppen bilden und den ganzen Sommer über und manchmal bis in den Herbst hinein blühen. Die Sorten ‚Gold Plate' und ‚Cloth of Gold' haben große Platten leuchtend gelber Blüten, die eine gute Wirkung in einer gemischten Rabatte entfalten. Die Schafgarbe ‚Cerise Queen' hat kirschrote oder helle zimtfarbene Blüten.
- Mannstreu (*Eryngium*) hat dicke, distelartige Blütenköpfe in metallischen Blau- und Grüntönen, den ganzen Sommer

OBEN: *Die tiefvioletten Blätter dieser Buchenhecke und des Bogengangs bilden einen spannenden Kontrast zu den leuchtend roten Kniphofia, Lythrum (Weiderich) und orangefarbenen Calendula (Ringelblumen).*

über geschmückt mit spektakulären, spitzen Hochblättern und Blüten. *Eryngium* ‚Blue Star' hat tiefblaue Blütenköpfe und Hochblätter. *E. bourgatii* hat runde Blütenköpfe, die von stahlblau und -grün zu violett-blau changieren. *E. variifolium* hat kleine, silberblaue Blütenköpfe und runde Blätter.

- Lupinen sind hoch und stattlich im Frühsommer und weisen erstaunliche Farbkombinationen auf. The Band of Nobles Gruppe weist eine Reihe von gelben, rosa, roten, blauen und violetten Farben auf.
- Die Kronen-Lichtnelke (*Lychnis coronaria*) hat die Sommermonate über schöne, filzgraue Blätter und kräftige rotviolette Blüten.

### Für Lehmbeete

- Astilben (Scheingeißbart, Prachtspiere) haben hohe, flaumige und federbuschartige Blüten in Rot, Rosa und Weiß und sprießen aus einem Ring von farnartigen, grünen Blättern. Sie lieben nährstoffreiche, feuchte Böden und gedeihen in Lehmböden. Es gibt eine Reihe von Hybriden, darunter A. ‚Bridal Veil' (weiß) und A. ‚Bressingham Beauty' (rosa).
- Taglilien (*Hemerocallis*) sind in vielen Farben erhältlich – von kühlem Gelb zu blassem, cremigem Rosa oder sattem Burgunder. Ihre bandförmigen Blätter bilden einen schönen Kontrast zu Pflanzen mit eher federigen oder runden Formen.
- Die Bergamotte (*Monarda dydima*) hat einen unverwechselbar herben Duft und rastalockenartige, zerzaust aussehende Blüten in leuchtendem Rosa, Violett und Rot. Sie wächst im Halbschatten und bevorzugt feuchte Böden.
- Die Flammenblume (*Phlox paniculata*) hat vom Mittsommer bis Spätsommer feine, breite Blütenköpfe in Blau, Violett, Rosa oder Weiß. Sie wachsen hoch und gerade und bevorzugen Feuchtigkeit und sonnige Plätze oder Halbschatten. Sie duften intensiv. *P. p.* ‚Amethyst' hat violette Blüten, *P. p.* ‚Bressingham Beauty' ist rosa und *P. p.* ‚Red Sentinel' hat tiefrote Blüten mit dunklen Blättern.
- Die gänseblümchenartigen Blüten der Astern, Rudbeckias, Echinaceaes und Heleniums blühen auf hohen Stängeln vom Spätsommer bis in den Herbst hinein in vielen Farben.
- Geranien sind ein Muss in fast allen Gärten. Sie blühen üppig über einen langen Zeitraum, besonders wenn Sie die Samenkapseln abschneiden. Es gibt eine sehr große Auswahl, darunter die G. *psilostemon* ‚Bressingham Flair', die violette Blüten mit dunkelbraunem Mittelpunkt hat und vom Früh- bis zum Spätsommer blüht.

OBEN: *Die silberblauen, spitzen Blätter der* Artemisia ludoviciana*, die federigen Gräser und die flachen Köpfe der* Achillea *‚Fanal' bilden ein auffallendes Farbschema in dieser sommerlichen Rabatte.*

## HERBSTFARBEN: BLÜTEN, BLÄTTER UND BEEREN

DAS Blattwerk und die Beeren sind die offensichtlichen Farbquellen im Herbstgarten. Es gibt aber auch eine Reihe von Herbstblumen in leuchtenden Farben, die in dieser Jahreszeit sehr geschätzt werden. Wenn Sie sie vorsichtig unter die früher blühenden Pflanzen mischen, tauchen sie von allein auf, wenn die anderen verblüht sind. Viele von ihnen wachsen hoch, pflanzen Sie sie daher hinten in der Einfassung an und binden Sie sie früh fest.

### Staudenpflanzen

- Viele Pflanzen aus der Familie der Gänseblümchen entfalten im Herbst eine schöne Wirkung. Astern gibt es in einer wunderschönen Auswahl an Farben. Die Bergaster *Aster amellus* ‚King George' hat große, violett-blaue Blüten, während *A.* × *frikartii*, die in klarem Blauviolett frei blüht, eine kräftige, gegen Mehltau resistente Pflanze ist.
- Die Helenium-Hybriden blühen in gelben und orangeroten Farben. *H.* ‚Moerheim Beauty' (Sonnenbraut) blüht ab dem Mittsommer in bronzenem Farbton. Sonnenhüte (*Rudbeckia*) blühen in leuchtenden Farben mit dunkler, kegelförmig zulaufender Mitte. *Rudbeckia fulgida* ‚Goldsturm' hat wunderbare gelbe Blüten mit schwarzem Mittelpunkt, die aus dem grünen Blattwerk im Hintergrund der Rabatte leuchten.

OBEN: *Die Stängel dieses Schmerwurzens* (Tamus communis) *haben sich um den Kastanienzaun in diesem Wildgarten gewunden, was die Wirkung der leuchtend roten Beeren, die sich vor dem Efeu gut abheben, noch unterstreicht.*

### Büsche

- Ceratostigma (Bleiwurz) sind niedrig wachsende Büsche mit leuchtend blauen Blüten, die den Übergang vom Sommer in den Herbst mit Brillanz überbrücken. Sie sind ebenso für den Vordergrund der Einfassung geeignet wie für Steingärten oder Schalen. Im Herbst färben sich ihre Blätter rot.

OBEN: *Die Mahonie ‚Charity' ist ein aufrechter, großer immergrüner Busch mit stachligen Blättern, der sich im Sommer von seiner besten Seite zeigt, wenn die Kerzen mit leuchtend gelben Blüten blühen, und erneut im Herbst, wenn die Blattfarben und schwarzen Beeren den Blick auf sich ziehen.*

- Fuchsien sind graziöse Pflanzen mit hängenden Blüten, die so elegant oder plump sein können, wie Sie nur wollen. Die Blüte beginnt im Mittsommer und setzt sich bis in den Spätherbst fort. Die *Fuchsia magellanica* ist eine anmutige Fuchsie mit schmalen roten Blüten und violetten Blütenkelchen. Ihre panaschierte Form hat hübsche, blass graugrüne Blätter mit violetten Punkten.
- Hortensien (Hydrangea) mit ihren moppartigen Blütenköpfen blühen in spektakulären Farben, wenn Sie ausreichend Platz dafür haben. Sie machen sich gut zwischen Büschen oder in großen Schalen. Die Hortensien-Varietäten haben große, runde Köpfe mit roten oder blauen Blüten, die im Sommer oder Herbst eine spektakuläre Wirkung entfalten können.
- Wenn sie verblühen, werden sie zu ‚Trockenblumen' und behalten ihre Farbe über einen langen Zeitraum. *H.* ‚Ami Pasquier' hat viele lebhafte karmesinrote Blüten (bzw. hellblau auf sauren Böden). Sie wächst langsam auf eine Höhe von bis zu 1 m. Die *H.* ‚Vibraye' ist eine der frühesten Sorten und blüht bis in den Herbst hinein. Viele Hortensienköpfe überwintern in einer grünlich-türkisen Farbe.
- Viele Rosen blühen noch einmal im Herbst. Moschata-Hybridrosen sind qualitativ hochwertig ebenso wie *Rosa* ‚Autumn Delight' und *R.* ‚Ballerina' mit ihren blassrosa, zur Mitte hin blasser werdenden Blüten.
- Der Perückenstrauch (*Cotinus coggygria*) ist ein großer Busch, dessen Blütenstand wie Rauch wirkt. Das Blattwerk der Kulturpflanze ‚Flame' färbt sich im Herbst in ein glänzendes rötliches Orange. Er sollte an eine Stelle gepflanzt werden, an der die Sonne durch die Blätter scheint.

## BÄUME

Die japanischen Ahornbäume weisen herausragende Herbstfarben auf, und es gibt eine reichhaltige Auswahl. Der Fächer-Ahorn (*Acer palmatum*) ‚Dissectum' ist ein sehr kleiner, hübscher Baum für jede Jahreszeit. Er hat eine schöne Form und orangegelbe Farbe. Die Kupferfelsenbirne (*Amelanchier lamarckii*) ist nicht nur im Herbst interessant und hat schneeweiße Blüten im Frühjahr mit kupferfarbenen jungen Blättern, die sich im Herbst in ein sattes Rot färben.

### Für saure Böden

- Die *Photinia villosa* (behaarte Glanzmispel) hat dunkelgrüne Blätter mit grauen Unterseiten, die sich in ein lebhaftes Orangegelb färben. Sie wächst langsam, erreicht aber bis zu 3,5 m Höhe. Sie passt gut zu Rhododendren und Azaleen.
- Für einen größeren Garten eignet sich der Eisenholzbaum (*Parottia persica*), der fast so breit wie hoch ist und große Blätter aufweist, die sich in ein lebhaftes Orange, Gelb oder Rot färben. Schneiden Sie die unteren Äste ab, um die schöne graue, rosa und gelbe Rinde freizulegen.

### Beeren

- Eschen (*Sorbus*) tragen alle viele schöne Beeren. Die Eberesche (*Sorbus aucuparia*) ist ein gut bekannter kleiner Baum, der frei stehend oder als Gruppe gepflanzt werden kann. Sie hat kleine weiße Blüten und dunkelgrüne Blätter mit grauem Glanz und Trauben von roten Beeren. *S.* ‚Sir Joseph Rock' hat gelbe und *S. vilmorinii* malvenfarbene Beeren.
- Wenn Sie interessante Früchte sicher kombinieren wollen, probieren Sie die Berberitzenart *Berberis aggregata* aus, die sehr stachlige Blätter hat und als Hecke oder Gruppe gepflanzt werden kann. Ab dem zweiten Jahr tragen die Pflanzen orangefarbene Trauben kleiner Früchte. *B. wilsoniae* ist eine sehr schöne Berberitze mit rosa und orangen Beeren.

UNTEN: Photinia villosa *(Glanzmispel) ist ein schöner kleiner Baum mit bronzefarbenen jungen Blättern, die sich im Herbst orange und rot färben. Er trägt kleine weiße Blüten im Frühjahr und später rote Früchte.*

OBEN: *Der Winter kann im Garten spektakulär sein, allerdings nur dann, wenn Sie nicht zu stark aufräumen und alle Pflanzenstängel herunterschneiden. Die Stängel, Samen und alten Blätter werden im Winterfrost und in der Sonne zum Leben erweckt.*

## WINTERFARBEN

IM WINTERLICHEN Garten ist das Grün eine besonders wertvolle Farbe. Interessante immergrüne Büsche können hier einen wichtigen Beitrag leisten. Es gibt jedoch ein oder zwei Büsche, die im Winter herrlich blühen, und es gibt einige Bäume und Büsche mit interessanten Stämmen und Rinden, und einige Beeren halten bis in den Winter vor.

### Stämme und Rinden

- Die roten Stämme des weißen Hartriegels (*Cornus alba*) glänzen an einem Wintertag in der Sonne. Der Busch ist das ganze Jahr über schön, trägt weiße Blüten im Frühjahr, dunkelgrüne Blätter mit roten Adern und silbrigen Unterseiten, die sich im Herbst rot färben.
- Sein größter Vorzug aber ist die Farbe der nackten Äste im Winter. Schneiden Sie ihn im Frühjahr stark zurück um starke, schön gefärbte Äste für den Winter zu erzeugen. Pflanzen Sie zwei oder drei Büsche zusammen, wenn Sie ausreichend Platz haben, und setzen Sie sie an eine Stelle, an der sie die Sonne reflektieren.
- Eukalyptusbäume, hohe australische Bäume, haben das ganze Jahr über ihren Wert und sind von schönem Wuchs. Sie haben blaue Blätter und grau-grüne Stämme, von denen sich die Rinde oft abschält und eine rosa-gelbe Unterschicht freilegt. Verwenden Sie sie als Ornamente oder verwandeln Sie sie in verästelte Büsche, indem Sie sie im Frühjahr bis zum Boden herunterschneiden.
- Starker Frost kann Schäden verursachen, aber der Schnee-eukalyptus (*Eucalyptus niphophila*) ist relativ winterhart, wächst langsam und hat einen hübschen Stamm mit grünen, grauen oder cremefarbenen Flecken.
- Andere Bäume, die auf Grund ihrer Rinde lohnend sind, sind der *Prunus maackii* (Amur-Kirsche) mit sehr auffallender, glänzender mahagonifarbener Rinde, und verschiedene Birken wie *Betula utilis* (Himalaya-Birke), die eine blasse, abblätternde Rinde hat, und Varietäten mit sehr weißer Rinde wie *B. jacquemontii*. (Weißrindige Himalaya-Birke). *B. albosinensis* var. *Septentrionalis* (Kupferbirke) ist eine der schönsten Birkenarten mit orangefarbener Rinde.
- Für den größeren Garten ist *Acer griseum* (Zimtahorn) ein erfreulicher Anblick – ein langsam wachsender Baum, dessen abblätternde braune Rinde, die eine goldbraune Unterschicht zu Tage bringt, zur vollen Entfaltung kommt, wenn er für sich allein gepflanzt wird.

OBEN: Helleborus niger *ist die Christrose, die in einigen Gebieten zu Weihnachten blüht. In anderen Gebieten, besonders bei kalten Lehmböden, blüht sie im Januar oder Februar.*

## Winterblüher

- Es gibt mehr Büsche, die im Winter blühen, als viele Leute meinen. Die Mahonien sind große, immergrüne Büsche mit kleinen gelben Blüten. Sie werden oft nicht sehr einfallsreich in öffentlichen Parkanlagen verwendet, aber sie können einen kleinen Garten wirklich aufwerten. Die japanische Mahonie (*Mahonia japonica*) kann als Busch für die Rabatte verwendet werden und eignet sich für dunkle, trockene Stellen, an denen die immergrünen Blätter und die blassgelben, duftenden Blüten die triste Atmosphäre etwas aufhellen können.
- *Lonicera standishii* ist eine hohe, buschige Heckenkirsche mit großen, cremefarbigen, stark duftenden Blüten von der Wintermitte an und bietet als Extra Anfang des Frühjahrs rote Beeren. Verwenden Sie sie in der Nähe des Hauses oder neben einem Weg.
- *Viburnum × bodnantense* ‚Dawn' (Duft- oder Winterschneeball) ist ein hoher, schmaler Busch mit sehr hübschen, kleinen rosa und weißen Blüten im Winter auf nackten Zweigen. Die Blätter kommen später. *Viburnum tinus* (Mittelmeerschneeball) hat dunkelgrüne, glänzende Blätter und den Winter über kleine weißrosa Blütenköpfe.
- *Daphne mezereum* (Seidelbast) ist ein sehr beliebter und schöner duftender Busch, der vom Winter bis zum Frühjahrsanfang blüht. Er wird nur etwa 80 cm hoch, pflanzen Sie ihn also in eine Rabatte, in einen großen Steingarten oder an den Rand einer Strauchrabatte.
- Winterjasmin (*Jasminium nudiflorum*) ist kein Rankengewächs, kann aber gut an einer Wand oder Pergola hochgezogen werden. Auf diese Weise kommen die kleinen, dunkelgrünen Blätter und hübschen gelben Blüten auf gebogenen Ästen bestens zur Geltung.
- Die immergrüne Waldrebe *Clematis cirrhosa* var. balearica hat hübsche, unterteilte, bronzefarbene oder violette Blätter und Unmengen an cremig gelben, glockenförmigen Blüten, innen mit braunen Flecken, die den gesamten Winter über halten.

## Winterbeeren

- Viele Beeren halten sich bis tief in den Winter hinein und können die Stimmung wirklich heben. *Skimmia japonica* ‚Foremanii' (Frucht-Skimmie) hat glänzende, immergrüne Blätter und trägt über einen langen Zeitraum leuchtend rote Beeren. Sie bevorzugt saure bis neutrale Böden und gedeiht nicht bei Alkalinität und Vernässung. Sie wachsen jedoch an schattigen Stellen.
- Verwenden Sie sie für Waldlandschaften oder Buschsäumungen. Sie sehen auch in großen Schalen oder Töpfen schön aus. Die weibliche Form trägt Beeren, wenn die männliche Sorte in der Nähe gepflanzt wird.
- Die Steinmispeln tragen bis in den Winter hinein Beeren. Die Zwergmispel (*Cotoneaster franchetii*) kann als kleiner Baum gezogen werden. Sie hat graugrüne Blätter auf langen, gebogenen Ästen. Auf einzelne weiße Blüten im Frühsommer folgen dunkelrote Früchte bis in den Winter hinein.

UNTEN: Hamamelis mollis *(Zaubernuss) ist ein kleiner Baum mit schöner Form und ansprechendem Wuchs, dessen runde Blätter im Herbst abfallen. Dann bildet er seine spinnennetzartigen, leuchtend gelben und roten Blüten. Hier sind* Hamamelis × intermedia *‚Sunburst' und* Hamamelis × intermedia *‚Diane' abgebildet.*

# FORM UND STRUKTUR

**Alle Pflanzen im Garten zeichnen sich durch eine Form, einen bestimmten Wuchs und eine Struktur aus. Es ist nützlich, einige Pflanzen mit verschiedenen Formen und unterschiedlichen Wüchsen näher kennen zu lernen und zu untersuchen, wie sie in einer interessanten Art und Weise kombiniert werden können. Gärtner, deren Hauptinteresse den Pflanzen selbst gilt, möchten möglicherweise jede interessant aussehende Pflanze, die sie sehen, kaufen. Vom Design-Aspekt her ist Einfachheit jedoch schöner, und weniger Artenvielfalt führt zu einer sorgfältig abgestimmten Einheit.**

## Ihre Pflanzen kennen

❀ Mit etwas Zeit lernt man die guten Eigenschaften und Merkmale von verschiedenen Pflanzen kennen. In jedem Garten, den Sie besuchen – sei es ein Schlossgarten oder aber ein kleiner Hinterhofgarten in der Stadt –, werden Pflanzen in einer Weise eingesetzt worden sein, die Sie interessiert. Die große Kunst besteht darin, verschiedene Formen und Strukturen so nebeneinander zu arrangieren, um im Ganzen ein interessantes Bild – oder vielmehr eine dreidimensionale Skulptur – zu schaffen.

❀ Bei Strukturen geht es um die Blätter und wie diese an der Pflanze halten. Gefiederte Strukturen sind weich, haben aber nur geringe Struktureigenschaften. Sie sind am effektivsten in der Nähe einer schlichten Mauer oder neben großen, ledernen Blattpflanzen.

OBEN: *Im guten Kontrast stehen hier der dunkelgrüne, sanftweiche Rasen gegen die angeraute Struktur und das kühle Grau der Mauerstufen und dem spitz zulaufenden mehrfarbigen Gras.*

OBEN: *Die Korkenzieherhasel (*Corylus avellana *‚Contorta‘) hat einen bezaubernden herabhängenden Wuchs mit herunterbaumelnden leuchtend gelben Haselkätzchen. Die Hasel im Bild wurde mit Schneeglöckchen unterpflanzt, wodurch der Frische des Frühlings verstärkt Ausdruck verliehen wird.*

## Gestutzte Pflanzen

❀ Die Struktur von gestutzten Pflanzen sollte dicht sein, um so ein klares Bild oder einen deutlichen Umriss zu bieten. Aus diesem Grunde werden Buchsbäume, Eiben, Hainbuchen und Buchen sehr häufig verwendet. Sie bilden eng strukturierte Hintergründe für Blumen und eignen sich zum Skulptieren von Formen. Zur räumlichen Abtrennung innerhalb des Gartens verwendete Sträucher können relativ kleinblättrig

OBEN: *Die enorme Größe der Gunnera-Blätter gibt ihnen eine offene, grobe Struktur, die noch interessanter durch die Behaarung wird.*

sein, wodurch eine Struktur geboten wird, die verbergen wird, was auf der andere Seite liegt, ohne dabei zu drohend zu wirken.

- Die Formen und Strukturen der eingesetzten Pflanzen beeinflussen ganz klar das Bild des Gartens als Ganzes. In der Blumenrabatte können gefiederte oder sehr bandformblättrige Pflanzen durch runde oder gestutzte Pflanzen abgesetzt werden.
- Durch sehr bandformblättrige Pflanzen kann eine vertikale Abstufung zwischen undefinierteren oder runderen Pflanzenformen geschaffen werden. Um große vertikale Pflanzen, wie z. B. Yuccas, voll zur Geltung zu bringen, können diese als Fokuspunkte unter kürzeren, buschigeren Pflanzen Verwendung finden.

## Unterschiedliche Formen

- Tatsächlich kommen nur wenige Formen in der Pflanzenwelt nicht vor. Dach-, Kuppel- und Ballformen, vertikale Säulen und Kegel – sie alle sind gute Formen für einen regelmäßig angelegten Garten, wo die geometrischen Eigenschaften der Pflanzen helfen, das geordnete Design zu untermauern. Jedoch können sie auch in unregelmäßig angelegten Gärten eingesetzt werden, um Akzente zu setzen oder, wo nötig, Höhe und Stabilität zu bieten.
- Beim Wuchs geht es nicht so sehr um die Gestalt der Pflanze als die Art und Weise, wie sich die Pflanze selbst hält. Sträucher wie der Flieder besitzen einen bogig überhängenden Wuchs, wohingegen Wacholder aufrecht sind, Trauerweiden herabhängen und die Libanonzedern ausbreitend sind.
- Rosen, die einen ziemlich unregelmäßigen Wuchs haben, benötigen oft etwas, um ihre nackten Stängel abzudecken. Runde Formen wie der von Lavendel und Geranien, wie z. B. ‚Johnson's Blue' oder ‚Buxton's Variety', eignen sich für diesen Zweck ausgezeichnet.
- In ähnlicher Weise kann man in Strächerrabatten oder Strauchwerk die runde Form von *Hydrangea macrophylla* (Otaksa-Hortensie), besonders die schirmartigen Varietäten, mit der Helligkeit und Eleganz von *Cornus controversia* ‚Variegata' (mehrfarbiger Pagodenhartriegel) zusammenstellen, wobei genügend Platz zwischen ihnen gelassen wird, so dass beide voll zur Geltung kommen können. Wenn man einen Garten entwirft, schafft man eine Art lebendige Skulptur. All diese Strukturen, Formen und Wüchse haben ihren Nutzen bei der Schaffung einer ausgeglichen-interessanten Einheit.

## STRUKTUR

JEDE Pflanze im Garten hat ihr eigenes Oberflächenmuster bzw. ihre individuelle Oberflächenstruktur. Dieser Struktureffekt wird durch die Größe der Blätter, deren Form und Oberflächenmerkmale – d. h. ob sie glänzend, gekräuselt, behaart usw. sind – geschaffen. Die Struktur wird auch durch den Blattrand beeinflusst, der eingerollt oder eingekerbt sein kann. Zudem spielt die Tatsache eine Rolle, ob das Sonnenlicht durch die Blätter dringen kann, wie es bei Bäumen mit offenen Strukturen (z. B. Birke) der Fall ist, oder aber wie bei den meisten Pflanzen durch die Anzahl der Blätter gestoppt wird. Des Weiteren wird die Struktur dadurch beeinflusst, wie dick das Blatt ist und ob es ledrig, fleischig usw. ist.

### Blattstruktur beeinflussende Faktoren

- Pflanzen ziehen Wasser und Nährstoffe durch ihre Stämme hoch und geben dann Wasserdampf über die Poren (so genannte Stomata) der mit der Luft in Kontakt kommenden Pflanzenteile, in erster Linie jedoch der Blätter, ab. Dieser Prozess ist als Transpiration bekannt.
- Pflanzen haben sich in vielerlei Hinsicht angepasst, um wenn nötig, den Wasserverlust zu reduzieren. Diese Anpassungen beeinflussen die Struktur der Blätter. Einige Gräser rollen ihre Blätter in der Länge ein, um die Poren zu schützen. Die Blätter von *Festuca glauca* (Blauschwingel) rollen sich in einer solchen Weise, dass ihnen ein rundes Aussehen mit besonderer Eigenheit verliehen wird. Pflanzen mit silbernen Blättern sind mit winzigen Härchen bedeckt, um die Stomata vor heißer Sonne und trockenen Winden zu schützen. Diese Härchen fangen das Licht und geben den Blättern so einen silbrigen Glanz.
- Andere Pflanzen, wie z. B. Kakteen, haben ihre Blätter vollständig durch Stacheln ersetzt, um somit so viel Wasser wie nur möglich zu halten. Pflanzen aus humiden tropischen Gegenden besitzen enorme Blätter, so dass sie ungehindert transpirieren können. Die Blätter verfügen über eine Art Abflusssystem, das ihnen ermöglicht, überschüssiges Wasser über Kanäle schnell

OBEN: *Kontraste in der Struktur beinhalten hier die sanften, nahezu samtigen Blütenblätter der einblütigen Studentenblumen (*Tagetes*) und die steifen, glänzend silbrigen Blätter daneben.*

UNTEN: *Die gekräuselten Blattränder von* Asplenium scolopendrium *(Hirschzunge) geben diesem Farn eine sehr individuelle Qualität, besonders wenn er im Winter von Frost weiß gerändert ist.*

ablaufen zu lassen. All diese Dinge beeinflussen die Struktur von Pflanzen und erlauben uns nebenbei ganz einfach zu erkennen, warum bestimmte Pflanzen an bestimmten Stellen im Garten gut gedeihen und an anderen eingehen.

### Blattgröße

- Pflanzen mit winzigen Blättern haben eine feine Struktur. Hierzu zählen u. a. die Heidekraut-Arten. Große Pflanzen mit kleinen Blättern, wie z. B. die Eibe, der Liguster und der Buchsbaum, lassen sich gut stutzen. Kleinblättrige Kriechpflanzen wie Genfer oder Immergrüne sind gute Bodendecker.
- Zu den Pflanzen mit mittelgroßen Blättern zählen Bäume, wie die Buche und Linde, und Sträucher, wie der Perückenstrauch und Lorbeer. Über große Blätter verfügen Kletterpflanzen, wie z. B. der Wein und die Jungfernrebe. Sehr große Pflanzen mit enormen Blättern, wie z. B. die Gunnera und *Rheum palmatum* (Rhabarber), zeichnen sich durch eine grobe Struktur aus. Einige große Blätter sehen weich und biegsam aus, während andere sehr glänzend und fest sind.

### Blattform

- Die Form des Blattes selbst kann ebenfalls die Struktur beeinflussen. *Bergenia cordifolia* (Herzblattbergenie) und *Cotinus coggyria* (Perückenstrauch) haben abgerundete Blätter, die eine dichte Laubschicht bilden; Gräser mit engstehenden Blättern verleihen hingegen dadurch, dass sie sich im Wind bewegen, ein Gefühl von Leichtigkeit und Helligkeit.
- Kegelförmige Blätter, wie z. B. die von Trompetenbäumen, Funkien und Knöterichen, verleihen einen eleganten Look, und die gezähnten Blätter, wie die von *Acer palmatum* ‚Dissectum' (Schlitzahorn), sind ebenfalls geschmeidig und gefiedert. Gelappte Blätter, die bei Weißdornen und Feigen vorzufinden sind, bieten wiederum eine noch andere Struktur.

### Oberflächenmerkmale

- Oberflächenmerkmale sind gleichermaßen von Bedeutung. Sie beeinflussen die Art und Weise, wie die Pflanze Licht reflektiert oder absorbiert. Härchen können dem Blatt eine samtige Erscheinung geben, so z. B. bei *Salvia officinalis* (echter Salbei), oder lassen die Pflanze möglicherweise silbrig aussehen (z. B. Italienische Strohblume). Eine sehr haarige Oberfläche, wie sie bei *Stachys lanata* (Ziest) zu finden ist, verleiht der Pflanze ein wolliges Aussehen.
- Der Ilex besitzt eine Wachsschicht, die ihm sehr viel Glanz verleiht. Die stachligen Blätter geben ihm das charakteristische Aussehen. Die von vielen Blattvenen durchzogenen Blätter des Schneeballs absorbieren Licht und lassen die Pflanze sehr dicht erscheinen. *Magnolia grandiflora* (großblütige Magnolie) schmückt sich mit großen glänzenden Blättern, *Eleagnus pungens* (dornige Ölweide) hingegen besitzt kleine matte Blätter.

OBEN: *Der Zierkohl besitzt eine ledrige Struktur und eine matte Oberfläche, die seinen attraktiven dunkelrosa und blaugrünen Blättern Dichte gibt.*

## Strukturen von großen Blättern

❀ Wenn Sie in Ihrem Garten einen dramatischen Effekt schaffen möchten, sollten Sie großblättrige Pflanzen wählen, da diese am spektakulärsten sind. Große Blätter sind oft ein Zeichen dafür, dass die Pflanze aus einer tropischen Klimazone stammt. Somit müssen viele von ihnen in mildere Gegenden oder in geschützte Teile des Gartens gepflanzt werden.

❀ Der Blauglockenbaum (*Paulownia tomentosa*) ist ein laubwechselnder Baum. Er stammt ursprünglich aus China und ist ein interessanter runder Baum, der sich für mittelgroße bis große Gärten als Solitärgehölz und zur Schaffung von Schatten eignet. Seine 20 cm großen, behaarten Blätter haben einen langen Blattstiel und sind mit einer klebrigen Schicht überzogen, mit der Blattläuse gefangen werden. Darüber hinaus trägt der Baum im späten Frühling fingerhutförmige blaue Blüten. Sein Stamm kann in sehr kalten Wintern Schaden davontragen, aber dies erlaubt dem Baum, unterhalb der Schadstelle vermehrt auszuschlagen.

OBEN: *Die großen Blätter und der rosettenähnliche Wuchs machen Funkien zu sehr attraktiven Pflanzen im Gartengehölz. Diese vielfarbige Funkie ‚Thomas Hogg' hat tiefe Venen, die zu ihrem Reiz beitragen.*

❀ Der Trompetenbaum (*Catalpa bignonioides*) ist ein großer Baum mit einer runden Krone und riesigen, dekorativen, saftig-grünen Blättern an langen Blattstielen. Die Blätter bilden ein großes, schattenspendendes Dach und nehmen im Herbst eine schöne Gelbfärbung an. Die außergewöhnlichen weißen Blüten werden nur an 25 Jahre alten Bäumen ausgebildet. Trompetenbäume stellen in Einzelstellung einen wirkungsvollen Blickfang dar und wachsen am besten in milden Gegenden, geschützt von starken Winden. Sie sind der Umweltverschmutzung in Städten gegenüber widerstandsfähig.

OBEN: *Der rote Mangold wird gern in Blumenrabatten gepflanzt – nicht nur seiner spektakulären Stängelfarbe wegen, sondern auch aufgrund der interessanten, stark gekräuselten Blattstruktur.*

❀ Zu den Sträuchern mit sehr großen Blättern zählt u. a. *Hydrangea aspera* Subsp. *argentiana* (Riesenblatthortensie), deren samtige, behaarte Blätter bis zu 25 cm lang sind. Sie ist ein attraktiver, strukturierter Strauch mit schönen dunkelrosa, schirmartigen Blüten und eignet sich gut an Waldwegen, als frei stehender Strauch, als Fokuspunkt zwischen kleinwüchsigen Bodendeckern oder aber als großer Mauerstrauch.

❀ Die Zimmeraralie (*Fatsia japonica*) mit ihren großen palmenartigen Blättern ist einer der besten schattenliebenden großen Sträucher und stellt eine gute frei stehende Pflanze dar.

❀ Es gibt mehrere großblättrige Kletterpflanzen. Die rostrote Rebe (*Vitis cognetiae*) besitzt herzförmige Blätter, die spektakuläre Farbtöne – gelb, orange, rot, lila und purpurrot – ausbilden, besonders wenn sie auf schlechtem Boden gezogen wird.

❀ Für feuchte Böden eignen sich die spektakulären riesigen Gunneras ausgezeichnet. Der Durchmesser der Blätter von *Gunnera manicata* (Mammutblatt) beträgt gelegentlich mehr als 1,80 m, und die Blätter von *Gunnera chilensis* sind nur geringfügig kleiner. Sie sehen am Rande eines Teiches oder Baches geradezu majestätisch aus.

❀ Die wilde Artischocke (*Cynara cardunculus*) besitzt silbriggraue 50 cm lange Blätter, und *Acanthus mollis* (Bärenklau) hat dunkelgrüne, tief eingeschnittene Blätter von 60 cm Länge. Beide sind von großem architektonischem Wert in einer Rabatte.

### Strukturen von mittelgroßen Blättern

- Es gibt eine unendliche Vielzahl von Pflanzen mit mittelgroßen und kleinen Blättern, und diese stellen einen großen Teil des Hintergrundbildes eines Gartens dar. Pflanzen mit mittelgroßen Blättern schaffen oft eine eher ungeordnete Struktur, falls sie nicht gestutzt sind, und viele benötigen die gelegentliche stark architektonisch ausgeprägte Pflanze, um Struktur zu bieten. Sehr kleine Blätter hingegen können an der Pflanze so dicht angeordnet sein, dass sie eine sehr klare Form schaffen – fast schon so, als ob die Pflanze gestutzt wäre.
- Zu den Pflanzen mit mittelgroßen Blättern zählen viele große Bäume, wie z. B. die Buche, Esche, Linde und Pappel. Mittelgroße Blätter an einem großen Baum bieten oft ein dichtes, schattenspendendes Dach, und die Blätter bewegen sich und rascheln im Wind. Insbesondere die Blätter der Pappel können wie das auf das Ufer stoßende Meer klingen.
- Zu den Kletterpflanzen mit mittelgroßen Blättern zählt die immergrüne Clematis, die ein ganzes Stück entlang eines Zaunes oder einer Mauer laufen kann. Sie schafft eine Art grüne Decke aus überlappenden Blättern, die alle im Licht glänzen. Andere immergrüne Pflanzen mit mittelgroßen Blättern sind *Choisya ternata* (Orangenblume), deren abgerundete Blätter attraktiv um die Zweige platziert sind, und *Magnolia stellata* (Sternmagnolie) mit ihren matten, mittelgrünen, an eleganten Zweigen wachensenden Blättern.
- Rosen sieht man sehr viel in Gärten, und sie verdienen daher besondere Berücksichtigung. Einige Rosen besitzen mittelgroße, andere kleine Blätter. Ihr Wuchs ist oftmals sehr offen. Nur die reinen und die alten Rosenarten wachsen dichter und decken besser, wodurch eine deutlichere Form geschaffen wird.
- Die Strauchrosen mit ihren einzelnen großen Blüten oder aber dichten Blütenständen sind weniger dicht mit Blättern bedeckt und verlassen sich mehr auf ihre Blüten, Interesse zu wecken. Im Hinblick auf die Gartenstruktur werden Rosen daher besser mit anderen Pflanzen kombiniert, es sei denn, Sie möchten eine Rosenhecke ziehen (wie z. B. *Rosa rugosa*, die Kartoffelrose, mit ihren hellgrünen, glänzenden und mit tiefen Venen durchzogenen, kräftig wirkenden Blättern).

UNTEN: *Der Trompetenbaum besitzt eine elegante Gestalt und Form und eine ganz besondere Struktur, die durch die großen, attraktiven Blätter geschaffen wird. Zudem bildet er weiße Blüten und später auch herabhängende Samenhülsen aus.*

## Strukturen von kleinen Blättern

- Die Trennlinie zwischen mittelgroßen und kleinen Blättern ist nicht eindeutig definiert. Die Blätter einer Pflanze können klein erscheinen, wenn diese neben einer Gunnera o. ä. gezogen wird, oder aber viel größer, wenn sie neben einem Buchsbaum steht. Die hier angegebene Auswahl ist relativ willkürlich und soll nur als ein ungefährer Anhaltspunkt dienen.
- Der Strauchsalbei mit seinen rautenförmigen, blassgrünen, in der Sonne glänzenden Blättern, die Hebes mit ihren immergrünen dichten Blättern und der Spindelstrauch (*Euonymus*) – sie alle leisten ihren eigenen attraktiven, individuellen Beitrag.
- Der Seidelbast besitzt attraktive kleine Blätter, wenngleich er doch gewöhnlich seiner Blüten wegen gezogen wird. *Daphne × burkwoodii* ‚Somerset Gold Edge' (Maien-Seidelbast) hat überaus hübsche, gelb geränderte, abgerundete Blätter, die in Rosetten um den Stängel angeordnet sind. Die Myrte ist ein attraktiver immergrüner Strauch mit spitz zulaufenden, dunkelgrünen Blättern. Sie eignet sich gut für milde Gegenden und kann als frei stehender Strauch, als Mauerstrauch oder aber in einem Kübel gezogen werden.

OBEN: *Die schmalen, pfeilförmigen Blätter dieser spitz zulaufenden* Perovskia atriplicifolia *(Silber-Perowskie) geben der ganzen Pflanze ein nur wenig substanzielles, gefiedertes Aussehen, das mit dem runden, dunkelvioletten Perückenstrauch dahinter gut im Kontrast steht.*

## Pflanzen für den ornamentalen Beschnitt

- Alle Pflanzen, die kleine, eng beieinander stehende Blätter besitzen, eignen sich für den ornamentalen Beschnitt. Die am nahe liegendsten Pflanzen sind Buchsbaum und Eibe, aber auch das strauchartige Geißblatt *Lonicera nitida* mit seinen winzigen eirunden, mittelgrünen, sich durch eine silberne Unterseite auszeichnenden Blättern reagiert gut auf einen Beschnitt. Auch der kulinarische Lorbeerbaum (*Laurus nobilis*) mit seinen dünnen aromatischen Blättern kann so beschnitten werden, dass ein Hochstamm mit halbkugelförmiger Krone entsteht. Der immergrüne Säckelstrauch *Ceanothus* ‚Puget's Blue' hat kleine, glänzende, gekräuselte Blätter, die in einer milden Gegend eine gute, gestutzte Hecke bilden. Gestutzt werden sollte direkt nachdem die Hecke im frühen Sommer in Blüte stand.

OBEN: *Nichtsdestotrotz, dass alle kleine Blätter besitzen, bieten hier eine Reihe von strauchartigen Pflanzen Vielfalt, und zwar weil einige von ihnen matt, andere glänzend, einige rund und wieder andere spitz sind.*

OBEN: *Die winzigen Nadeln von* Abies balsamea *(Balsamtanne) verleihen dem großen Strauch ein relativ solides Aussehen. Die herabhängende* Saxifraga moschata *‚Densa' (Moschus-Steinbrech) bildet eine dichte Matte am Boden, und die eng stehenden lilafarbenen Blätter des angrenzenden Grases bieten eine gewisse Weite.*

- Nadelgehölze sind aufgrund ihrer dichten, winzigen Blätter/Nadeln sehr nützlich. Die Rotzeder (*Thuja plicata*) ist ein immergrüner Nadelbaum, der sich durch flache Wedel mit schuppenförmigen Blättern auszeichnet. Sie wächst sehr schnell zu einem hohen Baum heran; wenn sie jedoch regelmäßig getrimmt wird, stellt sie eine leicht zu kontrollierende dichte Hecke dar.
- *Chamaecyparis lawsoniana* ‚Pembury Blue' (Scheinzypresse) besitzt flache, schuppenähnliche, überlappende, dicht stehende Blätter mit einer auffallenden silberblauen Färbung. Sie wächst auf 4 × 1,2 m heran und kann durch Beschneiden in eine Hecke verwandelt werden oder aber als Hintergrund für eine Blumenrabatte dienen.
- Niedrige Sträucher mit kleinen Blättern bilden gute Hecken zur Umrandung eines Kräuter- oder Rosengartens. Der Buchsbaum ist dafür allseits bekannt, wächst aber nur langsam. Lavendel stellt mit seinem grauen Laub eine hübsche Hecke dar, und Rosmarin kann ebenfalls sehr gut für eine beschnittene Hecke verwendet werden. Weniger bekannt ist der Silbergamander (*Teucrium fruticans*), ein niedriger immergrüner Halbstrauch für mildere Gegenden, der aromatische graugrüne, mit feinen Härchen bedeckte Blätter besitzt.

## Gefiederte Strukturen

- Gefiederte Pflanzen tragen nicht zur Struktur bei, können aber einem Arrangement, das zu starr scheint, Weiche geben. Zu solchen Pflanzen zählen Farne mit ihren regelmäßig geformten Wedeln. Einige Beifußarten (Artemisia) schaffen weiche, gefiederte, silberne Hügel. Die Currypflanze besitzt ebenfalls eine gefiederte Wirkung, besonders wenn sie neben einer Pflanze mit flachen, dunkelgrünen Blättern gezogen wird.
- Wacholder (*Juniperus*) besitzt winzige Blätter, die die Pflanze gefiedert wirken lassen. *Juniperus scopulorum* (Westliche Rotzeder) bietet mit seiner konischen Form nicht nur Struktur, sondern auch Weiche.
- Die Tamariske ist ein laubwechselnder Strauch mit langen eleganten, gefiederten rosa Blüten in Trauben. Sie kann als unregelmäßige gefiederte Hecke gepflanzt werden, um im Sommer Interesse zu wecken, und wird oft in Frankreich genutzt, um die Stelle zu markieren, wo sich die Faulgrube befindet. Ginster (*Cytisus*) ist ein weiterer Strauch, dessen Blüten eine gefiederte Wirkung verleihen.
- In einer Strauchreihe kann Ginster nützlich sein, da er Licht und Frische im Frühling bringt. Andernfalls kann er in Einzelstellung verwendet werden, aber da er möglicherweise nach der Blüte etwas dünn aussieht, wird er am besten an einen Platz gepflanzt, wo er durch andere Pflanzen etwas verdeckt werden kann.
- Der weiße Geißklee (*Cytisus albus*) ist besonders elegant, allerdings gibt es viele farbenfrohere Varietäten, unter denen man wählen kann. Die Astilbe ist eine nützliche zähe, mehrjährige Pflanze mit gefiederten Blüten. Die Blätter sind relativ farnähnlich.
- Die Blüten halten sich zumeist in weißen, rosa, lila und roten Farbtönen. Die Geißbart-Familie (*Aruncus*) besteht aus hohen, zähen mehrjährigen Pflanzen, die im Mittsommer winzige cremefarbige Blüten in eleganten gefiederten Trauben tragen. *Aruncus plumosus* (fiedriger Geißbart) besitzt sternenförmige, cremeweiße Blüten in 20 cm großen Trauben auf einem hohen stabilen Stängel. Sowohl Astilben als auch Pflanzen der Geißbart-Familie gedeihen am besten auf nährstoffreichem, feuchtem Boden.
- Der schlitzblättrige Fächerahorn zählt zu den gefiedertsten Sträuchern und kleinen Bäumen. Und dennoch stellt die strenge Form des Stammes und der Äste eine gute Kombination von Form und Weiche dar. Sie sind wundervolle kleine Solitärgehölze auf einem kleinen Stück Rasen.

## FORM UND WUCHS

NACHDEM wir uns Pflanzen als Hintergrundmaterialien so wie die Art und Weise angeschaut haben, wie Blätter dem Garten verschiedene Strukturen verleihen, müssen wir nun die Form und den Umriss der ganzen Pflanze näher betrachten. Dies ist die Form, die Sie als Silhouette sehen würden. Am besten sehen Sie dies bei laubwechselnden Pflanzen im Sommer und das ganze Jahr über bei immergrünen Pflanzen und Nadelgehölzen. Neben ihrer grundlegenden natürlichen Form besitzt eine Pflanze einen individuellen Wuchs. Unter Wuchs versteht man, wie die Pflanze ihre Äste hält. Zum Beispiel sprechen wir von einem herabhängenden Wuchs, wenn die Äste vom Stamm herunterhängen. Pflanzen mit einem aufrechten Wuchs hingegen besitzen nach oben reichende Äste.

### Strukturelemente

- Einige Pflanzen sind im Garten von architektonischem oder strukturellem Interesse, da sie eine starke Individualität besitzen. Möglicherweise haben sie große Blätter, was mit Struktur zu tun hat. Vielleicht aber zeichnen sie sich durch ein klar definiertes Muster in ihrem Wachstum aus, wodurch diese Pflanzen Akzente setzen können. Diese Pflanzen machen sich hervorragend vor einem einfachen Hintergrund oder an einer Stelle, wo sie einer Gruppe von weniger stark konturierten Formen Ausdruck verleihen.
- Einige Pflanzen halten ihre Zweige horizontal an aufrechten Stängeln und besitzen flache Blütenköpfe. Solche Pflanzen liefern vertikalen Stängeln in der Rabatte sowie Stämmen im Baumgarten einen ausgezeichneten Kontrast.
- Viele Pflanzen sind einfach prachtvoll und sehen in Einzelstellung sehr gut aus, aber sie eignen sich auch gut als Kontrast zu unregelmäßigen, rundlichen Pflanzen mit weniger klaren Formen. Sie können zum Beispiel einer Strauchgruppe oder einer Rabatte mit mehrjährigen Pflanzen Struktur verleihen, oder sie können genutzt werden, um einer Allee oder einem Pfad eine klare Form zu geben.
- Im Allgemeinen sind auf den folgenden Seiten Formen beschrieben, die den Garten im architektonischen Sinne verfeinern werden.
- Pflanzenformen sind teils von der Natur gegeben, teils werden sie durch den Gärtner geschaffen. Sie können den grundlegenden Wuchs einer Pflanze nicht ändern, aber Sie können viele Pflanzen in einem gewissen Maße so ziehen, dass sie in Ihr Arrangement passen.
- Andere Pflanzen können zurückgeschnitten und je nach Belieben „geformt“ werden. Wenn Sie Pflanzen für eine bestimmte strukturelle Aufgabe im Garten wählen, müssen Sie sicherstellen, dass sie genügend Platz hat, um ihr volles Potenzial entfalten zu können.
- Sie können große Pflanzen für eine Hecke wählen und diese dann nach Belieben trimmen. Wenn Sie aber eine Pflanze ihrer besonderen Form wegen wählen, müssen Sie den nötigen Platz haben. Schließlich wollen Sie doch eine große, teure Pflanze nicht gerade dann umpflanzen müssen, wenn diese dabei ist, ihre volle Größe zu erlangen und wahre Formschönheit zu entfalten.

### Kontraste

- Die Formen und Wüchse von Pflanzen sollten eingesetzt werden, um Interesse zu schaffen – und alle Designs brauchen Kontrast. Ist der Kontrast aber zu stark, kann er ablenkend wirken. Eine architektonische Pflanze sollte dort ihren Platz finden, wo sie sich gut mit den umstehenden Pflanzen ergänzt und nicht, wo sie sie mit ihrer Pracht in den Schatten stellt.
- Die großen, strengen Formen der Säulenkoniferen sind so überaus gerade, dass sie – besonders die sehr dunkelfarbigen – sorgfältig positioniert werden müssen. Sie können anderen Pflanzen in einer Rabatte die Schau stehlen und die Aufmerksamkeit von anderen sorgfältig zusammengestellten Pflanzungen ablenken.
- Sie können nützlich sein, um zentrale Stellen im Garten, z. B. eine Sitzgelegenheit oder den Punkt, wo kreuzende Pfade aufeinander treffen, zu markieren. In regelmäßig angelegten Gärten wahren runde, quadratische oder konische Formen das geometrische Layout des Gartens.
- Die Form und der Wuchs sind wahrscheinlich am auffälligsten bei Bäumen. Die extremen Formen sollten nur dort Verwendung finden, wo ein besonderer Akzent nötig ist. Zu den extremen Formen zählen die säulenförmigen Bäume (Bäume mit aufrechten Ästen) oder aber tellerförmige oder kriechende Pflanzen. Jedoch hat jeder Baum und jeder Strauch seine eigene charakteristische Form, ungeachtet dessen, ob er als Solitärgehölz oder aber in einer Gruppe wächst.

UNTEN: *Dieser reizende Wassergarten zeigt viele verschiedene Pflanzenformen und -wüchse: Einige besitzen einen ausbreitenden, einige einen kerzengeraden, andere einen kriechenden und wieder andere einen bogig überhängenden Wuchs.*

## FORM UND WUCHS

*Es gibt eine Reihe von Formen und Wüchsen, derer man sich bewusst sein sollte, wenn man einen Garten entwirft. Denken Sie daran, dass Bäume und Sträucher mit ihren Blättern einen dichten Umriss bieten, wohingegen laubwechselnde Bäume im Winter eine skelettartige Wirkung haben. Größe und Form der Blätter an einem Strauch wirken sich auf die Gesamterscheinung der Pflanze aus.*

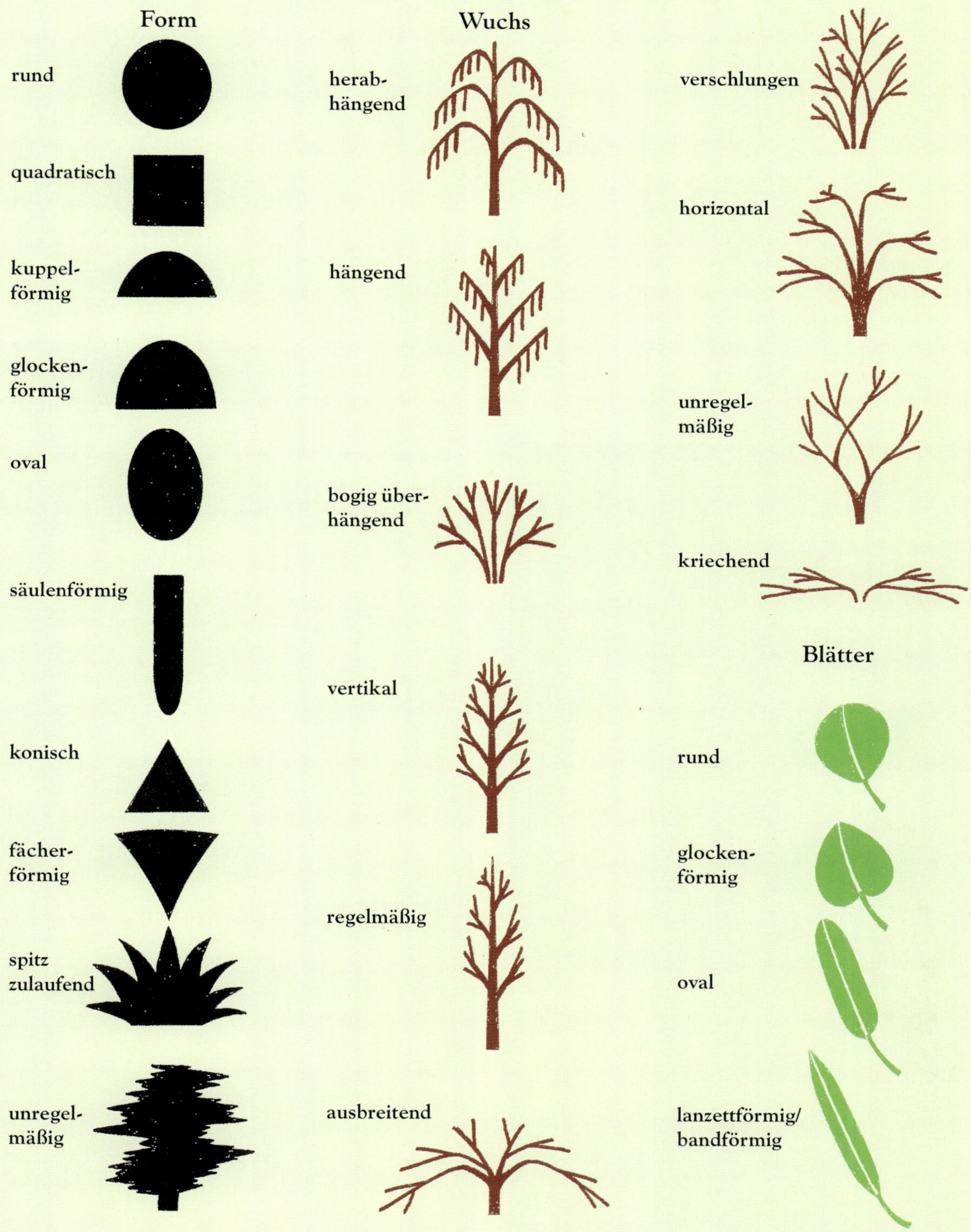

## FORM

Die Gestalt oder Form einer Pflanze ist ihr Umriss, ihre Silhouette. Das Pflanzenreich verfügt über eine Vielzahl von Formen, die meist einigen wenigen zugeordnet werden können. Jede Form hat ihren eigenen, individuellen Wert im Garten. Pflanzen mit starken Formen geben einem Design Kraft oder bilden eine Ergänzung zu Gebäuden.

- Alle Rabatten brauchen einen soliden Hintergrund. Wenn dieser sichergestellt ist – sei es durch eine Hecke, einen Zaun oder eine Mauer –, können Pflanzen von einer gewissen Stabilität in bestimmten Abständen entlang jenem Hintergrund gepflanzt werden. Somit entsteht ein Strebepfeiler-Effekt, wodurch der Hintergrund und die Rabatte integriert werden. In einer regelmäßig angelegten Rabatte könnten Sie gestutzte Eibe oder Buchsbaum verwenden. In einer unregelmäßig angelegten Rabatte eignen sich Pflanzen mit einer soliden Masse, wie z. B. die Orangenblume, die Ölweide oder Hebes.
- Viele Pflanzen mit relativ kleinen Blättern können zu Formen gestutzt werden. Mit diesen Pflanzen kann man einen bestimmten Ausdruck verleihen oder ein strukturelles Merkmal an einer bestimmten Stelle des Gartens schaffen. Bögen, Tore, Pfeiler und Säulen können mit gestutzten immergrünen Sträuchern geschaffen werden.
- Bei mehrjährigen Stauden sind die reinen Arten häufig graziöser als moderne „verbesserte“ Hybriden. Viele Zwergzüchtungen – theoretisch ideal für kleine Gärten – haben oft viel von ihrer ursprünglichen Eleganz verloren.

### Runde Formen

- Runde, regelmäßige Formen lassen jeden Garten an Gewichtigkeit gewinnen. Bäume mit runder Krone sind z. B. die Schwarznuss (*Juglans nigra*) – ein schnellwüchsiger Baum, der in mittelgroßen bis großen Gärten oder Alleen Schatten spendet.
- *Malus floribunda* ist ein hängender Holzapfelbaum mit roten Knospen, die sich zu einer erstaunlichen Fülle von pinkfarbenen Blüten öffnen. Am besten wird dieser Baum als Solitärgehölz gezogen. Die meisten Pflanzen der Sorbus-Familie haben eine runde Krone und attraktive Früchte.
- Zu den runden Sträuchern zählt *Choisya ternata* (Orangenblume) – ein eleganter Strauch, der relativ groß wird, aber nur selten ausgelaubt werden muss. Sie können ihn aber drastisch zurückschneiden, er erholt sich davon. Kleine Hebes, wie z. B. *Hebe albicans*, sind elegante runde, immergrüne Sträucher, die sich für Rabatten, als niedrige Hecke oder auch für Kübel eignen. Lorbeerbäume, Buchsbäume, Hochstammrosen, Eiben und *Lonicera nitida* (Geißblatt) können alle in eine Ballform gestutzt werden – auf langen Stämmen oder in Bodennähe.

### Kuppel- oder Hügelformen

- Diese können wie Pilze oder Brötchen oder etwas flacher aussehen. Die Kuppelform macht sich gut in der Nähe eines Gebäudes, da sie andere Formen weicher erscheinen lässt. Bäume mit einer kuppelförmigen Krone ähneln einem Dach und spenden somit viel Schatten. Zu ihnen gehören u. a. *Crataegus prunifolia*, eine herbstfarbene Form des Weißdorns, und *Catalpa bignonioides* (Trompetenbaum).
- Zu den kleineren Sträuchern zählen u. a. *Erica carnea* (Schneeheide) und *Salvia officinalis* (echter Salbei). Die Steinbrech-, Heidekraut- und Arbutus-Arten (Erdbeerbaum) bilden Kuppeln, und die Blüten der Rudbeckien und der Echinaceen sind ebenfalls kuppelförmig.

### Glockenformen

- Diese ähneln den Kuppelformen, sind jedoch etwas höher. Sie können einer gemischten Rabatte Höhe geben und stellen gute Hintergrundpflanzen und Trennwände dar. Glockenförmige Bäume sind z. B. der Apfelbaum, die Rosskastanie und viele andere größere Bäume.
- Zu den glockenförmigen Sträuchern zählen die Baumaster und einige immergrüne Rhododendren. Glocken-, Kuppel- und runde Formen ergänzen sich zumeist und können sehr gut kombiniert werden.

LINKS: *Diesem hübschen kleinen, gestutzten Baum mit schlankem Stamm wurde eine Brötchenform gegeben, die ihn aus seiner Umgebung hervorstechen lässt und ihm einen sehr eigenen Charakter verleiht.*

## Ovale und säulenartige Formen

- Ovale Formen bewahren Regelmäßigkeit und geben dem Garten Überzeugungskraft. Sie können als Tor oder in einer Reihe entlang einer Seite eines großflächigen Rasens genutzt werden. Nur wenige Pflanzen besitzen diese Form von Natur aus. Eine davon ist die Säuleneibe (*Taxus baccata* ‚Fastigiata'), jedoch können die gemeine Eibe (*Taxus baccata*) und andere Sträucher in diese Form gestutzt werden.
- Gerade bzw. säulenförmige Pflanzen sind hoch und schlank mit aufrechten Ästen. Sie können alles andere als eine Augenweide sein, wenn sie unpassend platziert werden. Wenn sie jedoch als Fokuspunkte in einer Gruppe oder einer Reihe – d. h. nicht einzeln – eingesetzt werden, können sie sehr dramatisch wirken. Zu den säulenförmigen Bäumen zählen u. a. die Italienische Zypresse, die oft genutzt wird, um einen Säulenlook zu schaffen, die hohe Rotbuche (*Fagus sylvatica* ‚Fastigiata'), die Säuleneiche (*Quercus robur* ‚Fastigiata') und die hohe Hainbuche (*Carpinus betulus* ‚Fastigiata').

## Quadratische und rechtwinklige Formen

- Das Quadratische, das so oft in der vom Menschen geschaffenen Architektur und dem Design zu finden ist, kommt in der Natur überhaupt nicht vor. Diese Form eignet sich besonders für formelle Anordnungen. Bäume in den Straßen und auf den Plätzen Frankreichs sind oft zu regelmäßigen Blöcken geschnitten, die Licht eindringen lassen und sich gut in die Geometrie der Architektur integrieren. Diese Form ist bei ineinander übergehenden Hecken (gewöhnlich Linde, Hainbuche, Buchsbaum oder Eibe) zu finden.

RECHTS: *Die spitzen Blätter dieser Keulenlinie, die alle an demselben Punkt aus dem Stamm hervorsprießen, schaffen eine ballähnliche, offene Form.*

UNTEN: *Der schlitzblättrige Ahorn,* Acer japonicum *‚Green Cascade', besitzt eine gefiederte Struktur, die voll zur Geltung kommt, wenn er in Einzelstellung oder aber vor einem sehr einfachen Hintergrund steht.*

## WUCHS

VIELE Pflanzen aus derselben Familie besitzen verschiedene Wüchse. Der Wuchs charakterisiert, wie der Stamm und die Äste von der Pflanze gehalten werden. Sie können aufrecht oder herabhängend, hängend, bogig überhängend oder ausbreitend sein. Dies trägt nicht nur zur gesamten Gestalt und Form der Pflanze bei, sondern verleiht der Pflanze eine eigene Qualität oder Stimmung. Besonders wichtig ist dies bei Bäumen, jedoch haben auch viele Sträucher einen sehr interessanten Wuchs. Einigen Bäumen gebührt ein Ehrenplatz als Solitärgehölz. Die Schottische Pinie und die Libanonzeder sind bekannt für ihren majestätischen Astwuchs und die Schönheit ihrer Stämme. Auch herabhängende Bäume besitzen besonders attraktive Formen. Andere Bäume, wie die Hainbuche, die Esche und die Erle, werden am besten in Gruppen oder Hainen gepflanzt.

### Vertikaler Wuchs

- Aufrechte Pflanzen bilden eine starke Linie im Winter. Zu ihnen zählen *Salix alba* (Silberweide) und *Cornus alba* (weißer Hartriegel), deren nackte Stämme im Winter eine großartige Farbe bieten können.
- In ähnlicher Weise gibt es einige mehrjährige Stauden, die dieselben Charakteristika im Sommer in eine Rabatte tragen. Hierzu zählen die Stranddistel (*Eryngium*), *Thalictrum glaucum* (Wiesenraute), *Echinops ritro* (Kugeldistel), *Acanthus speciosus* und *Acanthus mollis* (Bärenklau), der Rittersporn und die Königskerze. Alle besitzen eine gewisse Festigkeit, die den Pflanzen mit weniger charakteristischem Wuchs Rückgrat verleiht.

### Ausbreitender Wuchs

- Pflanzen mit einem ausbreitenden Wuchs wachsen mehr in die Breite als in die Höhe. Oftmals werden sie breiter, als sie hoch sind, wodurch ein horizontaler Effekt entsteht. Es ist wichtig zu bedenken, wie viel Platz sie brauchen werden, um zu ihrer ganzen Breite heranzuwachsen.
- Zu den Bäumen mit einem ausbreitenden Wuchs zählt *Parrotia persica* (Eisenholzbaum) – ein breiter laubwechselnder Baum mit großen Blättern, der im Herbst eine spektakuläre Rot-, Orange- und Gelbfärbung annimmt. Die Deutsche Mispel (*Mespilus germanica*) ist ein sich weit ausbreitender Zierbaum mit einer guten Herbstfärbung und ist als Solitärgehölz auf einem Rasen interessant.

### Kriechender Wuchs

- Kriechende Pflanzen wachsen wie die sich ausbreitenden Pflanzen mehr in die Breite als in die Höhe – allerdings mit dem Unterschied, dass sie nah am Boden bleiben. Sie können in Steingärten oder in schmalen Rabatten, wo kein Platz für abgestufte Reihen ist, gut zum Einsatz kommen. Pflanzen wie *Juniperus horizontalis* (Kriechwacholder) sind gute Bodendecker.
- Mehrere Cotoneaster besitzen einen kriechenden Wuchs: *Cotoneaster cochleatus* (Sparrige Zwergmispel) ist zum Beispiel eine langsamwüchsige immergrüne Pflanze, ebenso wie die niedrige Teppich-Zwergmispel *C. dammeri*, die sich zur Bepflanzung von Böschungen und nacktem Boden unter großen Bäumen und Sträuchern eignet, da sie kriechende Stängel hat, die dort Wurzeln schlagen, wo sie den Boden berühren.

OBEN: *Alle Blätter dieser grasähnlichen Pflanzen, einschließlich des Flachses und der Palme, haben einen bogig überhängenden Wuchs, und zusammen geben sie dem Garten einen lockeren unregelmäßigen Look.*

UNTEN: *Die Allium-Arten (Lauch) und die große silberne Distel haben einen aufrechten Wuchs. Sie machen einen steifen Eindruck, fast so als ob sie strammstehen müssten.*

## Verschlungener Wuchs

❀ Diese Pflanzen mit ihren seltsam verdrehten Stämmen und Ästen sind aufregend schön, aber es ist schwer, sie zufriedenstellend zu platzieren. Diese Pflanzen muss man wirklich gegen den Himmel sehen oder sich im Wasser reflektieren lassen. Man zieht sie am besten als Solitärgehölze.

❀ *Robinia pseudoacacia* ‚Tortuosa' (Korkenzieher-Robinie) ist ein langsamwüchsiger großer Baum, der eine Höhe von 15 m erreicht und verdrehte Triebe und erbsenähnliche Blätter ausbildet. *Arbutus andrachnoides* ist eine verschlungene Form des Erdbeerbaums; *Corylus avellana* ‚Contorta' ist die Korkenzieherhasel. Sie wächst langsam, aber kann letztlich eine Höhe von 3 m erreichen.

## Herabhängender und hängender Wuchs

❀ Dies ist ein ansprechender Wuchs, bei dem Äste vom Stamm herabhängen. Herabhängende Pflanzen werden gewöhnlich einzeln als Solitärgehölze eingesetzt und stellen gute Fokuspunkte dar. Viele herabhängende Bäume sind kleiner als ihr aufrechtes Pedant.

❀ Zu den großen Bäumen zählen die Hängebuche (*Fagus sylvatica* ‚Pendula'), die Trauerweide (*Salix babylonica*), ein besonders raffiniertes Solitärgehölz, das sich ausgezeichnet neben einem großen Teich macht, *Prunus pendula*, ein herabhängender Zierkirschbaum, und die Hängeesche (*Fraxinus excelsior* ‚Pendula'). Zu den kleinen herabhängenden Bäumen gehören die hängende Silberbirne (*Pyrus salicifolia* ‚Pendula') und die Hängekätzchenweide (*Salix caprea* ‚Kilmarnock').

## Bogig überhängender Wuchs

❀ Bogig überhängende Pflanzen haben Äste, die aufrecht vom Boden nach oben wachsen und dann überhängen. Sie sind sehr graziös, aber können mehr Platz einnehmen, als man möglicherweise angenommen hat. Viele Gräser, aber auch viele alte Rosenarten besitzen einen bogig überhängenden Wuchs.

## Bandförmiger und spitzer Wuchs

❀ Bandförmige Blätter können einen starken Kontrast zu gefiederten und anderen nicht so klar konturierten Pflanzenformen bieten. Die fächerartigen Blätter der Schwertlilie und des Blauaugengrases stehen in gutem Kontrast zu Pflanzen mit einem horizontalen oder ausbreitenden Wuchs.

❀ Spitze Formen lassen sich nur schwer gut einsetzen. Sie wirken gut mit Steinen oder aber in Einzelstellung, z. B. am Ende einer Achse, oder wenn Sie dem Garten einen tropischen Look verleihen möchten. Sie passen in städtische Umgebungen und wirken gut in Verbindung mit modernen Gebäuden, in Höfen oder in der Nähe von Treppen. Spitz zulaufende Pflanzen sind zum Beispiel *Yucca filamentosa* (Palmlilie) und *Phormium tenax* (Neuseeländischer Flachs).

UNTEN: *Die hängende Silberbirne* (Pyrus salicifolia) *wirkt immer munter und freundlich für einen herabhängenden Baum. Sie kann einen Ehrenplatz in jedem kleinen Garten einnehmen oder aber am Ende eines größeren Gartens stehen.*

# Glossar der Gartenbegriffe

**Abhärten**
Pflanzen, die unter Glas gezüchtet wurden, allmählich an das Freiland gewöhnen.

**Ableger**
Ein von einer Pflanze entfernter Blatt-, Wurzel- oder Stielteil, der in unterschiedlicher Weise zur Anzucht einer neuen Pflanze vorbereitet wird. Es gibt beispielsweise Kopf-, Hartholz- und Weichholzstecklinge.

**Abraspeln**
Einschneiden der Außenschicht harter Samenarten, wie von Wicken, um die Keimbildung zu beschleunigen.

**Absenken von Kletterpflanzen**
Vermehren von Kletterpflanzen durch das Verankern von Stängeln mit Wurzelbildung.

**Akklimatisierung**
Pflanzen dazu anregen, Bedingungen anzunehmen, die sich von ihrer ursprünglichen Umgebung unterscheiden. Das umfasst meist das allmähliche Gewöhnen von Pflanzen an kältere, weniger geschützte Umgebungen. So können beispielsweise Pflanzen, die auf der Fensterbank im Haus gezogen wurden, vor dem Aussetzen im Freilandbeet einige Tage lang in einen Frühbeetkasten gestellt werden. Dadurch wird vermieden, dass das neue Pflanzenwachstum durch eine plötzliche Klimaumstellung geschädigt wird.

**Älchen**
Winzige wurmähnliche Tierchen, die im Boden leben und nicht mit dem bloßen Auge erkennbar sind. Älchen greifen eine Vielzahl von Stauden und essbaren Pflanzen an.

**Alpine Pflanzen**
Aus gebirgigen Regionen stammende und an Gebirgsbedingungen angepasste Pflanzen mit ausgedehnten Wurzelsystemen und kompaktem, niedrigem Wuchs. Diese Pflanzengruppe wird häufig für Steingärten verwendet.

**Altes Holz**
Vor der aktuellen Vegetationszeit erfolgtes Stammwachstum.

**Anhäufen von Erde**
Anhäufen von Erde rund um Pflanzen, um sie mehr abzudecken, als normalerweise in einem flachen Boden der Fall wäre. Das Ziel ist, die Stiele zu bleichen bzw. die Pflanze vor Wind- und Frostschäden zu schützen.

**Anorganisch**
Nicht von einer ehemals lebendigen Substanz stammend, d. h. nicht von einer Substanz tierischer oder pflanzlicher Herkunft.

**Apfelwickler**
Kleine, rosafarbene Raupen. Diese schlimmen Schädlinge bohren sich tief in heranwachsende Pflaumen, Birnen und Äpfel und fressen sich dann unentdeckt in die Frucht ein.

**Auffüllen**
Nach dem Pflanzen Kompost oder Boden um die Pflanzenwurzeln anhäufen.

**Auflockern**
Dem Boden wird mehr Luft zugeführt, so dass sich die Bodenstruktur öffnet und sich ihre Beschaffenheit ändert, z. B. indem der Boden mit einer Gartengabel vertikutiert wird.

**Ausdünnen**
Reduzieren der Anzahl von Keimlingen in einem Treibbeet oder Behälter, so dass die verbleibenden Pflanzen ausreichend Platz haben, um sich mit minimalem Risiko oder minimaler Krankheitsgefährdung mit maximalem Zugang zu Licht, gutem Luftstrom, Wasser und Nährstoffen gut entwickeln zu können.

**Ausläufer**
Ein parallel zum Boden wachsender Ableger, wie z. B. die Triebstängel von Erdbeerpflanzen. Ausläufer können von der Mutterpflanze getrennt und gesondert weiter gezogen werden.

**Auslaugen**
Das Entziehen von Chemikalien und Nährstoffen aus dem Boden.

**Ausmachen**
Ausgraben von Pflanzen zur Aufbewahrung oder zum Verpflanzen.

**Basal**
Keime oder Triebe, die sich vom Grund einer Pflanze entwickeln.

**Basischer Boden**
Kreide- oder kalkhaltiger Boden mit einem pH-Wert von mehr als 7,3.

**Baum**
Eine mehrjährige Pflanze mit Mittelstamm, von der in gewisser Höhe vom Boden nach oben wachsende Zweige austreten.

**Beackern**
Bestellen des Bodens durch Rechen, Hacken, Harken oder Graben mit der Hand oder mit Elektrowerkzeugen wie Drehkultivatoren oder mechanischen Pflügen.

**Beet**
Ein abgegrenzter Bereich kultivierter Erde.

**Befeuchten**
Anfeuchten des Bodens in einem Gewächs- oder Treibhaus, um die

Umgebungstemperatur zu senken und die Luftfeuchtigkeit zu erhöhen.

**Befreien von überschüssigen Knospen**
Entfernen unerwünschter Knospen, um die gesamte Energie einer Pflanze auf einige wenige Knospen zu konzentrieren. Zum Züchten von ausstellungsreifen Blüten. Obstbäume werden erzogen, indem Knospen an jungen Trieben entfernt werden.

**Bepflanzung mit zweiter Frucht**
Eine schnell Ernte tragende Pflanze, die zur optimalen Raumnutzung (vor allem im Gemüsegarten) zwischen den Reihen einer anderen, langsamer tragenden Pflanze angebaut wird.

**Beschneiden**
Das selektive Abschneiden von Pflanzenteilen mit dem Ziel, die Gesundheit und Leistung bzw. Form der Pflanze zu verbessern.

**Bestäubung**
Die Übertragung der männlichen Pollen auf den weiblichen Blütenstempel, so dass er befruchtet wird.

**Bewässerung**
Wasser künstlich auf den Boden aufbringen, um die Fruchtbarkeit zu erhöhen.

**Blattdünger**
Direktes Aufsprühen von flüssigem Pflanzendünger auf die Blätter und nicht auf die Erde rund um eine Pflanze.

**Blattknoten**
Die Stelle, an der eine Blattknospe oder ein Blatt aus dem Stiel austritt.

**Blattläuse**
Saft saugende Insekten, die Obstbäumen und -sträuchern, Zierpflanzen und Gemüse schweren Schaden zufügen. Sie greifen die Früchte, Stämme und Blätter an. Blattläuse können auch Viruskrankheiten übertragen und dadurch Pflanzen schädigen. Es gibt viele Blattlausarten, wie z. B. grüne Blattläuse oder Kriebelmücken.

**Blattwanze**
Blass grüne, den Pflanzensaft saugende Insekten, die Blüten und andere Blätter verunstalten.

**Bleichen**
Bewusst Licht von bestimmten Teilen einer Pflanze (wie z. B. den Blättern bei Chicorée und Lauchstämmen) ausschließen, um die Chlorophyllbildung zu verhindern, damit diese Pflanzenteile zarter bleiben und ein angenehmeres Aroma erhalten.

**Blindpflanzen**
Pflanzen, die keine Blütenknospen entwickeln, z. B. Blumenzwiebeln, die in der falschen Tiefe gepflanzt werden und nur Blätter hervorbringen.

**Bluten**
Übermäßiger Saftverlust einer Pflanze nach dem Schneiden.

**Bodendecker**
Gezieltes Pflanzen, um den Boden zu bedecken. Dadurch muss weniger Unkraut gejätet werden, und an Hängen wird der Boden zusammengehalten. Immergrün, Hypericum (Johanniskraut) und Lithospermum (Steinsame) sind ausgezeichnete Bodendecker. Efeu und Euonymus sind besonders gute Bodendecker, die den Boden zusammenhalten.

**Botrytis**
Auch Grau- oder Traubenschimmel genannt. Diese Pilzkrankheit ist unschön und wirkt sowohl auf lebendes als auch auf totes Pflanzengewebe.

**Brand**
Eine übliche Bezeichnung für eine Reihe von Krankheiten (häufig Pilzbefall), vor allem Krankheiten, die schwere plötzliche Blattschädigungen hervorrufen.

**Brassica**
Generischer Name für Pflanzen der Kohlfamilie wie Steckrüben, Rosenkohl, Blumenkohl und weiße Rüben.

**Breitwürfige Aussaat**
Die Aussaat von Samen durch Auswerfen der Samenkörner direkt auf die Bodenoberfläche.

**Brutknöllchen**
Junge Knolle, die sich um die Elternknolle herum bildet (z. B. bei Gladiolen). Brutknöllchen können zur Vermehrung des Pflanzenbestandes entfernt werden. In 2 - 3 Jahren erreichen sie die Blütereife.

**Dolde**
Eine lose Frucht- oder Blütentraube am Ende eines Stiels.

**Doppel**
Eine Blume mit mehr als einem einzelnen Blütenblattwirtel, der normalerweise bei diesem Typ anzutreffen ist, z. B. doppelte Dahlie.

**Drahtwurm**
Orange-gelbe, fadenförmige Larve des Schnellkäfers. Diese im Boden lebenden Schädlinge ernähren sich von den unterirdischen Teilen vieler Pflanzen. Drahtwürmer stellen besonders für Knollenfrüchte eine Bedrohung dar.

**Dünger**
Pflanzennahrung, häufig in konzentrierter Form.

**Dürre**
Zeit unnormal trockenen Klimas.

**Einbürgern**
Pflanzen im Garten heimisch machen, um so dem Garten ein natürliches Aussehen zu geben; z. B. gruppenweises Pflanzen von Schneeglöckchen in Gras.

**Eingewachsene Pflanzen**
Eine Pflanze ist in einen Topf eingewachsen, wenn der Topf voller Wurzeln ist. Anzeichen dafür sind

häufig zu schnelle Entwässerung der Pflanze oder gehemmtes Wachstum.

**Einjährige Pflanzen**
Pflanzen, die in einem einzigen Gartenjahr keimen, wachsen, blühen, Samen entwickeln und absterben.

**Einschlagen**
Vorübergehendes Positionieren der Pflanzenwurzeln in Erde (wobei sie nur leicht festgedrückt werden), bis die Pflanzen permanent eingepflanzt werden können.

**Entfernen von Verblühtem**
Entfernen abgestorbener Blütenköpfe von Pflanzen aus ästhetischen Gründen. Wichtiger ist aber, dass die Blüte verstärkt wird, da die Energie der Pflanze, die sonst in die Samenproduktion gehen würde, für ihre Blüten erhalten wird.

**Erziehen**
Pflanzen zu einem bestimmten Wachstumsmuster ermuntern und einschränken, indem sie an einen Rahmen gebunden und selektiv beschnitten werden. Z. B. Spalier-, Fächer- und Schnurerziehung.

**Erziehung eines Schnurbaums**
Durch Begrenzen und Forcieren des Pflanzenwachstums in die Form eines ca. 2 m hohen zentralen Stamms, der zahlreiche Seitentriebe hervorbringt, wird eine Pflanze dazu gebracht, auf engem Raum zu wachsen. Rosen- und Apfelbäume werden häufig als Schnurpflanzen behandelt.

**Erziehungsschnitt**
Auslichten von den ersten Entwicklungsphasen einer Pflanze an, um eine besondere Form und Verästelung zu erzielen.

**Exoten**
Aus einem anderen Land stammende Pflanzen, die heimisch gemacht werden.

**Feucht- oder Sumpfgarten**
Ein Bereich mit ständig feuchter Erde, meist um einen natürlichen oder künstlich angelegten Wassergarten oder ein fließendes Gewässer herum. Dieser Gartentyp ist besonders für Pflanzen wie Binsen und Wasseriris geeignet.

**Flechte**
Primitives Algen- und Pilzwachstum, das häufig an alten Bäumen und Felsen anzutreffen ist.

**Frostlinse**
Bereich, in dem im Winter häufig kalte Luft gefangen wird (z. B. am Fuß eines Hanges). Hier wachsende Pflanzen sind anfälliger für Frostschäden.

**Fruchtsprosse**
Ein kurzer seitlicher Zweig, der viele Fruchtknospen trägt.

**Frühtreiben**
Pflanzen zur Vegetation vor der natürlichen Zeit ermuntern; z. B. Hyazinthenzwiebeln im Dunkeln züchten und sie dann in die Wärme und ans Licht bringen, um bereits in der Weihnachtszeit statt erst im Frühjahr eine farbenfrohe Blütenpracht zu entwickeln.

**Fungizid**
Mittel zur Bekämpfung von Pilzbefall.

**Gattung**
Eine Anzahl von Pflanzenarten mit ähnlichen Merkmalen.

**Gegenständige Blattstellung**
Paarweise Blattanordnung an einem Stängel, nicht in unterschiedlichen Höhen wachsende Blätter.

**Gewächshaus**
Vorwiegend aus Glas oder transparentem Kunststoff bestehende Konstruktion, in der Pflanzen vor den Witterungsbedingungen geschützt werden.

**Glocke/Schutzglocke**
Meist durchsichtige Glas- oder Kunststoffkonstruktion, die Pflanzen vor widrigen Witterungseinflüssen schützen.

**Halb-immergrüne Pflanze**
Pflanzen, die in milden Wintern ihre Blätter behalten, aber in besonders kalten Wintern einen Teil oder alle Blätter abwerfen können.

**Hängend/Trauern**
Ein Strauch oder Baum mit Ästen, die zum Hängen, Pendeln neigen.

**Hauch**
Ein wächserner oder pulverartiger Belag.

**Hauptleittrieb**
Der mittlere Haupttrieb einer Pflanze.

**Heidekrautartige Pflanzen**
Pflanzen, die keine kalkhaltige Erde mögen und Böden mit einem pH-Wert von höchtens 6,5 vertragen. Rhododendren und Azaleen benötigen derartige Böden.

**Hochblatt**
Ein modifiziertes Blatt an der Basis eines Blumenstiels; wird häufig als Blütenblatt gesehen (wie z. B. die roten Hochblätter des Weihnachtssterns).

**Hochstämmchen**
Ein erzogener Strauch oder Baum mit einem einzelnen, nackten Stamm vom Boden bis zu einer Höhe von ca. 2 m ohne Zweige. Halbe Hochstämmchen haben einen nackten Stamm bis zu einer Höhe von 1,5 m.

**Holländern**
Eine intensivere Grabtechnik als beim einfachen Graben, bei der zwei Spatenstiche tief (nicht nur einer) gegraben oder geharkt wird.

**Honigtau**
Von Insekten wie der grünen Blattlaus auf Stielen und Blättern abgelegte klebrige Absonderung.

**Hybrid**
Durch die Kreuzung von zwei genetisch unterschiedlichen Pflanzen gezüchtete neue Pflanze.

**Hydroponik**
Anbau von Pflanzen ohne Erde; bezeichnet meist das Züchten von Pflanzen in einer verdünnten Nährstofflösung.

**Immerblühend**
Blühende Pflanzen wie immerblühende Nelken, die mit

Unterbrechungen das ganze Jahr über blühen.

**Immergrün**
Pflanzen, die das ganze Jahr über ihre Blätter behalten.

**Immun**
Pflanzen, die bestimmten Krankheiten oder Schädlingen widerstehen.

**In die Erde setzen**
Topfpflanzen bis an den Rand in Erde, Sand, Torf oder Asche setzen, damit sie nicht austrocknen.

**Insektizid**
Insektenvertilgungsmittel. Substanz, mit der schädliche Insekten vernichtet werden.

**Kakteen**
Dieser Begriff bezeichnet streng genommen die Familie von *Cactaceae*-Pflanzen, wird aber allgemein für Sukkulenten (Fettpflanzen) oder stachelige Pflanzen verwendet, die in trockenem Klima gedeihen.

**Kappen**
Schnitttechnik, bei der Baumzweige häufig bis zum Stamm zurückgeschnitten werden, damit sich von diesen Stellen aus neue Triebe bilden können.

**Kelch**
Der äußere grüne Ring einer Blüte mit verschiedenen Kelchblättern, die die Blütenblätter umhüllen und sie in der Knospe schützen.

**Kletterpflanzen**
Pflanzen, die nach oben, zum Licht hin wachsen.

**Knolle**
Angeschwollener, kurzer, zwiebelähnlicher Pflanzenstiel, der unter der Erde wächst und aus festem Gewebe, nicht aus Schuppenblättern besteht. Die Knolle dient als nahrungsspeicherndes Organ und dörrt zum Ende der Wachstumszeit aus, und eine neue Knolle bzw. eine Anzahl von Keimen bilden sich seitlich an oder auf der alten, verkümmerten Knolle. Gladiolen, Freesien und Krokusse sowie Begonien, Anemonen und Alpenveilchen sind Knollengewächse.

**Knollige Wurzel**
Eine angeschwollene, zwiebelartige unterirdische Wurzel, die als nahrungsspeicherndes Organ fungiert und Keime an der Wurzelspitze hervorbringt. Hahnenfuß und Dahlien sind Pflanzen mit knolligen Wurzeln.

**Knorren**
Der Stängelstumpf, der nach dem Beschneiden über einer Knospe übrig bleibt. Isoliert vom Saftfluss der Hauptpflanze stirbt der Knorren ab, so dass möglicherweise Pilze die restliche Pflanze befallen können.

**Knospe**
Eine Anschwellung, die sich entwickelnde Blütenblätter oder grüne Blätter enthält.

**Kompost**
Entweder keimfreie Pflanzerde oder organisches Material, das sich aus verrottetem tierischen/pflanzlichen Stoffen bildet und zur Verbesserung der Gartenerde verwendet wird.

**Konifere**
In erster Linie immergrüne Sträucher oder Nadelbäume, die ihre Samen in Zapfen tragen.

**Kontaktwirkung**
Die Wirkung eines Unkrautvertilgungsmittels, Fungizids oder Schädlingsbekämpfungsmittels, das bei Kontakt abtötet.

**Kopfdüngung**
Auftragen von Kompost, Erde oder Düngemittel auf einen Rasen oder die Erde rund um eine Pflanze.

**Kreuzungen**
Hybride. Durch Querbestäubung gezüchtete Pflanzen.

**Krone**
Die Stelle an einer Staudenpflanze, an der der Stamm mit den Wurzeln verbunden ist und an der sich neue Triebe bilden.

**Kulturpflanze**
Eine gezüchtete Pflanzenvarietät, nicht die natürlich wachsende Art.

**Kunst des Bäumeschneidens/ Formschnitt**
Die Kunst, Sträucher und Bäume zu kunstvollen und zierenden Formen zu schneiden und zu stutzen.

**Laubwechselnde Pflanzen**
Pflanzen, die ihre Blätter im Winter abwerfen.

**Lehmboden**
Ein schwerer, haftender Boden, der aus winzigen Mineralteilchen besteht.

**Liegend**
Eine Pflanze, die flach und bodennah wächst.

**Luftwurzel**
Eine aus dem Pflanzenstamm wachsende Wurzel, die Feuchtigkeit aus der Luft aufnimmt; meist nicht im Boden verwurzelt. Einige Luftwurzeln (wie z. B. an Efeustämmen) können die Pflanze stützen.

**Mähen**
In großen Mengen schneiden, wie beim Mähen eines Rasens.

**Maikäfer**
*Melolontha vulgaris*. Sowohl die erwachsenen Käfer als auch die Larven greifen zahlreiche Pflanzen an.

**Mangelkrankheiten**
Pflanzen, denen es an einem oder mehreren Nährstoffen fehlt, können unterschiedliche Probleme haben, wie z. B. Blattsterben, schlechte Fruchtproduktion und dünnes, schwaches Wachstum.

**Mehltau**
Hässliche Pilzkrankheit, die die Gesundheit einer Pflanze beeinträchtigt.

**Mehrjährige Pflanzen**
Pflanzen, die mindestens zwei Jahre leben und blühen. Sträucher und Bäume zählen theoretisch zu den

mehrjährigen Pflanzen, der Begriff bezeichnet jedoch in erster Linie blühende mehrjährige Pflanzen wie Rittersporn oder Lupinen, die in jedem Winter absterben und im Frühjahr wieder neues Wachstum hervorbringen.

**Minierschädlinge**
Eine Vielzahl von Schädlingen, die sich in Pflanzenblätter eingraben, diese „unterminieren".

**Mit weißlicher Schicht überzogen**
Mit einem Flaum überzogenes oder grau-blaues Blattwerk, wie z. B. bei der Atlaszeder (*Atlantica glauca*).

**Moos**
Kleine blütenlose Pflanze mit dichtem Wachstum, die in stagnierenden, feuchten Umgebungen gedeiht.

**Mulch/Bodenabdeckungen**
Kopfdüngung meist durch organische Stoffe wie Kompost; soll die Bodenfeuchte erhalten und der Erde Nährstoffe zufügen. Anorganische Bodenabdeckungen wie Kies sollen mitunter Feuchtigkeit im Boden halten und Unkrautwachstum hemmen.

**Nebenzwiebel**
Kleine Brutzwiebeln bilden sich an den Elternzwiebeln. Zur Vergrößerung des Pflanzenbestandes können sie von den Elternzwiebeln getrennt und separat herangezogen werden.

**Neues Holz**
In der aktuellen Vegetationszeit erfolgtes Stammwachstum.

**Obstbaumerziehung und -schnitt**
Beschränken des Wachstums eines Obstbaums, indem er auf einen Fruchtsprossen tragenden Hauptstamm zurückgeschnitten wird. Das Wachstum kann schräg oder gerade nach oben verlaufen, und es können ein oder mehrere Stämme aufgebaut werden.

**Ohrwurm**
Nachtaktives Insekt mit markantem, pinzettenähnlichen Hinterteil. Ohrwürmer zerfressen die Blätter bestimmter Pflanzen (wie Dahlien), stellen für die meisten Zierpflanzen aber keine große Bedrohung dar. Da Ohrwürmer auch die Eier des Apfelwicklers und einiger Blattlausarten fressen, können sie durchaus nützlich sein, sofern Ihre Pflanzen nicht besonders empfindlich gegenüber einem Ohrwurmbefall sind.

**Organisch**
Von einer einst lebenden (d. h. tierischen oder pflanzlichen) Quelle gewonnene Substanz. Mit diesem Begriff wird auch ein Gartenbauverfahren beschrieben, das keine anorganischen Substanzen verwendet und ökologische Gesichtspunkte berücksichtigt.

**Palmette**
Fächerförmig gezogene Bäume (meist Obstbäume) an einer Wand.

**Pergola**
Eine Reihe von geraden oder gewölbten Bögen, die einen bedeckten Bereich bilden. Ursprünglich aus Stein oder Mauerwerk errichtet und mit Holz überdacht, so dass ein im Schatten liegender Pfad entstand. Pergolas werden heute meist aus Metall oder Holz hergestellt und sollen häufig einen schattigen Bereich zum Speisen im Freien abgrenzen.

**Pfahlwurzeln**
Lange, robuste, ankernde Wurzeln wie beispielsweise an Möhren, die von der Pflanzenbasis gerade nach unten wachsen.

**Pflanzen in Pflanzgefäßen**
Pflanzen, die in Pflanzgefäßen herangezogen und verkauft werden.

**Pflanzen zur Sauerstoffanreicherung**
Wasserpflanzen, die durch ihre Blätter Sauerstoff abgeben. Diese Pflanzen sind zum Überleben von Fischen in einem Gartenteich sehr wichtig.

**Pflanzung von Solitärpflanzen**
Pflanzung, die von allen Winkeln betrachtet werden soll, z. B. ein mitten in den Rasen gesetzter Baum.

**Pfropfung**
Aufsetzen einer Knospe oder eines Stiels einer Pflanze auf eine andere.

**Pfropfverbindung**
Die Stelle an der das obere Wachstum beispielsweise von einer Rose auf einen anderen Wurzelstock aufgesetzt wurde.

**pH-Wert**
Eine Nummernskala, mit der der Basen- oder Säuregehalt (d. h. der Wasserstoffanteil) gemessen wird.

**Pikieren**
Setzlinge, vom Saatgutbehälter, in dem sie zunächst ausgesät wurden, in größere Behälter oder Töpfe verpflanzen.

**Pilz**
Primitive Pflanzenform, die eine Reihe ansteckender Pflanzenkrankheiten verursacht, wie z. B. Rost und Mehltau.

**Punktuelle Behandlung**
Auftragen von Substanzen wie Unkrautvertilgungsmitteln oder Fungiziden auf einzelne Pflanzen oder bestimmte Pflanzenteile.

**Ranke**
Die feinen, gewundenen modifizierten Blätter oder Stängel, wie z. B. an Wicken, die aus den Stielen von Kletterpflanzen wachsen und sich um verfügbare Stützen wickeln.

**Rasen**
Oberflächenerde mit dicht aneinander gepflanztem Gras.

**Raupe**
Larvenstadium eines Schmetterlings oder einer Motte; ein Gartenschädling, der Löcher in Blätter frisst.

**Raupenleimringe**
Ein um den Stamm eines Obstbaums gewickeltes klebriges Band, das verhindert, dass Frostspannerraupen

Anfang Herbst den Baum hochkriechen, um dort ihre Eier abzulegen. Das Band wird im folgenden Frühjahr entfernt und vernichtet.

**Rhizom**
Ein verdickter modifizierter, Stängel mit Blattknospen und Wurzeln; eine knollenartige Pflanze, die horizontal unter der Erde wächst oder unmittelbar oberhalb des Bodens sichtbar ist. Rhizomabschnitte mit Wurzeln lassen sich problemlos vermehren. Schmucklilien und Canna sind Beispiele für Rhizome.

**Rost-Krankheiten**
Pilzkrankheiten, die rostfarbene Bläschen an Blättern hervorrufen.

**Routinemäßiges Beschneiden**
Ein Programm der regelmäßigen Beschneidung, das die Pflanze gesund, leistungsfähig und in der gewünschten Form halten soll.

**Rückschnitt**
Radikaler Schnitt, bei dem Bäume fast bis auf den Boden zurückgeschnitten werden, um das Wachstum neuer Triebe von der Basis aus zu fördern.

**Rückverwandlung**
Eine Hybridpflanze oder andere ausgewählte Pflanze, die in ihren Prototypstatus zurückkehrt. Dies ist beispielsweise der Fall, wenn die Wurzelschösslinge einer Zierkirsche unkontrolliert wachsen können: Der Baum kann dann von seinem aufgepfropften, rosafarbenen Blütentyp zum ursprünglichen Baum mit weißen Blüten zurückkehren.

**Ruhezeit**
Die Zeit, in der das aktive Wachstum stoppt, meist im Winter.

**Saatrille**
Flache, meist gerade Furche, in die die Samen gesät werden.

**Sägewespen**
Die Raupen von Sägewespen können Zier- und essbare Nutzpflanzen schwer schädigen.

**Sämling**
Jungpflanze mit einem einzigen, unverzweigten Stiel.

**Saurer Boden**
Boden ohne freien Kalk und mit einem pH-Wert von unter 6,5.

**Scheckig/buntlaubig**
Blüten oder Blätter mit zwei oder mehreren Farben. Der Begriff wird häufig für Blätter mit cremefarbenen, gelben oder weißen Markierungen verwendet.

**Schildläuse**
Insekten mit panzerartiger Schale, die den Saft von Pflanzen aussaugen und dadurch die Pflanzen zum Welken bringen können. Viele Arten scheiden Honigtau aus, der Pilzkrankheiten verursachen kann.

**Schmarotzerpflanzen**
Pflanzen, die auf einer anderen Pflanze wachsen und sich von ihr ernähren, wie Misteln an Apfelbäumen.

**Schnakenlarve**
Graubraune Maden; Larven der Erdschnake, die die Wurzeln junger Pflanzen, Gemüsearten und Zwiebeln fressen.

**Schorf**
Im Gegensatz zur landläufigen Meinung keine spezielle Krankheit, sondern ein Begriff, der den Schaden einer Reihe von Pilzen auf der Haut von Pflanzen beschreibt, z. B. die rissigen Wunden an Pfirsichen mit Pilzbefall, bei denen Harz aus den Wunden tritt.

**Schwarzfleckenkrankheit**
Hässlicher Pilzbefall, der schwarze Flecken an den betroffenen Blättern hervorruft.

**Seitentrieb**
Ein von einem Hauptleittrieb abweichender Seitentrieb.

**Selbstbefruchtend**
Pflanze, die Samen durch die Befruchtung mit ihrem eigenen Pollen erzeugen kann und keinen Befruchtungspartner benötigt. Selbstbefruchtende Obstbäume sind sehr nützlich, wenn der verfügbare Platz knapp ist und kein Partnerbaum zur Befruchtung gepflanzt werden kann.

**Sommerpflanzen**
Meist einjährige (mitunter aber auch zwei- oder mehrjährige) Pflanzen, die in großer Anzahl herangezogen und zum vorübergehenden Schmuck in ein Blumenbeet gesetzt werden.

**Spaliererziehung**
Erziehen eines Baums – häufig einer Birne oder eines Apfelbaumes – in horizontale Leitäste, die in regelmäßigen Abständen von einem vertikalen Stamm gezogen werden.

**Sporn**
Rohrähnlicher, Nektar produzierender Überhang von einer Blüte; z. B. an der Akelei.

**Spreizklimmer**
Schnell wachsende Kletterpflanzen, die ihre Triebe nach oben durch andere Pflanzen wachsen lassen; stützen sich häufig mit Dornen oder Stacheln.

**Stängel**
Der Knospen, Blätter und Triebe tragende Teil einer Pflanze, der oberhalb des Wurzelsystems liegt.

**Staude**
Pflanzen, die weiches, nicht holzartiges Wachstum erzeugen, das im Winter meist verkümmert.

**Steingartenpflanzen**
Kompakte Pflanzen, die sich für Steingärten und Wände eignen. Pflanzen, die nicht Überhand nehmen und speziell deshalb ausgewählt werden, damit der Steingarten nicht von einem Pflanzentyp überwuchert wird. Fetthenne, Anemone, Steinbrech und Enzian sind beliebte Pflanzen für den Steingarten.

**Steril**
Unfruchtbar. Dieser Begriff beschreibt häufig Pflanzen, die fruchtbaren

Pollen hervorbringen, aber keine Samen. Einige Pflanzen wie bestimmte Obstbaumarten werden als steril bezeichnet. In diesem Zusammenhang ist der Begriff jedoch irreführend, da diese Typen in Verbindung mit einem befruchtenden Partner Samen ansetzen können.

**Steriler Kompost**
Kompost, der mit Chemikalien oder Wärme behandelt wird, damit Unkrautsamen, Pilze und schädliche Bakterien absterben. Der Kompost ist allerdings nur teilweise steril oder keimfrei, da eine völlig sterile Erde kein pflanzliches Leben tragen könnte.

**Stickstoff**
Das wichtigste Element der Pflanzennahrung, das dunkelgrünes Laub und Wachstum über der Erde fördert. Stickstoff wird schnell aufgebraucht und muss häufig neu zugeführt werden.

**Strauch**
Pflanze mit holzartigen Zweigen und Stängeln ohne zentralen Stamm. Die Zweige oder Äste treten alle kurz über dem Boden aus.

**Stütze**
Struktur wie ein Spalier oder eine Anzahl aufgestellter Pfähle, die das Gewicht und die Masse einer Pflanze tragen.

**Stützen**
Abstützen von Pflanzen mit Rohr, Stöcken oder anderem Material, um ihnen zu helfen, aufrecht zu wachsen.

**Stutzen**
Abbrechen oder Entfernen der Triebspitzen, um das Wachstum von Seitentrieben zu fördern und um die Blütenbildung zu kontrollieren. Dieses Verfahren wird häufig dazu eingesetzt, um spät blühendes Mutterkraut besserer Qualität zu erzeugen. Auch: radikales Zurückschneiden der großen, oberen Äste eines Baumes.

**Subtropisch**
Pflanzen tropischen Ursprungs, die im Sommer im Freien wachsen können, die aber gar keinen Frost vertragen.

**Sukkulenten**
Pflanzen mit fleischigen, Wasser speichernden Stängeln oder Blättern, die gut für das Leben in trockenen Umgebungen geeignet sind.

**Systemisch**
Die Wirkung einer Substanz wie eines Unkrautvertilgungsmittels, das durch die Wurzeln oder Blätter in den Saftstrom einer Pflanze eindringt und sich dann in der gesamten Pflanze verteilt.

**Terrasse**
Ein formelles geometrisches Arrangement von Blumenbeeten, meist mit niedrigen, beschnittenen Hecken wie Buchsbaum umgeben. Ein häufig in modischen italienischen und französischen Gärten des 16. Jahrhunderts anzutreffender Stil, der sich noch heute großer Beliebtheit erfreut.

**Thrips**
Kleine, längliche Insekten, die Treibhauspflanzen und Staudenpflanzen im Garten angreifen. Die befallenen Pflanzen weisen löchrige und zerfranste Blätter auf und sind anfällig für Viruskrankheiten, die von Thrips übertragen werden.

**Topfscherben**
Tonscherben werden in den Boden eines Pflanzbehälters gelegt, damit sich kein Wasser im Behälter stauen kann.

**Torf**
Tote, halb zersetzte pflanzliche Stoffe, häufig aus Heide- oder Sumpflandschaft. Wird oft als Bodenverbesserer, Pflanzmedium oder zum Abdecken verwendet. Gute, Feuchtigkeit haltende Eigenschaften; keine Unkrautsamen oder Pilzsporen.

**Treibbeet**
Ein Bereich sorgfältig vorbereiteter, ebener Erde, die zur Aussaat gedacht ist.

**Treten**
Methodisch über frisch beackerten Boden gehen, um ihn zu festigen und so auf das Pflanzen oder die Aussaat vorzubereiten. Das Treten fördert einen guten Kontakt der Pflanzenwurzeln mit der Erde, damit die Wurzeln Nährstoffe und Wasser effizient aufnehmen können.

**Triebstecklinge abknipsen**
Entfernen der Spitzen wachsender Triebe, um die Bildung von Seitentrieben zu fördern und das ausdehnende Wachstum zu beschränken, d. h. Schaffen einer kompakteren Pflanzenform und Vermeidung eines dürren, staksigen Wachstums.

**Tuff**
Poröser harter Kalksteintyp; aufgrund seiner Fähigkeit, Feuchtigkeit zu absorbieren und zu speichern, sehr beliebt als Grundlage für einen Steingarten.

**Umfallkrankheit**
Pilzkrankheit, die die Stiele von Keimlingen direkt am Boden befällt, so dass die Keimlinge umfallen und absterben.

**Umpflanzen**
Versetzen einer Pflanze von einer Gartenposition zu einer anderen oder Umpflanzen einer Pflanze in einen anderen Topf; meist da der ursprüngliche Topf zu klein und voller Wurzeln war.

**Unkraut**
Unkräuter sind Pflanzen, die an einer Stelle wachsen, an der der Gärtner sie nicht wünscht. Unkraut kämpft mit Kulturpflanzen um Nahrung, Feuchtigkeit und Licht und erhöht die Gefahr einer Schädigung durch Schädlinge oder Krankheiten (beispielsweise indem die Unkräuter ein dunkles, übervölkertes Umfeld schaffen, das Pilzkrankheiten fördert).
Einige Unkrautarten treten als Wirt für bestimmte Schädlingsarten auf, so

findet sich beispielsweise die Kohlfliege in der Nähe von Hirtentäschel.

**Unterpflanzung**
Niedrige Pflanzen rund um oder unter höheren Bäumen oder Sträuchern.

**Vermehrung**
Vegetarische Vermehrung von Pflanzen durch Absenken, Pfropfung, Sprossung, Teilen und Ableger oder durch Samen.

**Vermiculit**
Ein in der Natur vorkommender Stoff, der so lange erhitzt wird, bis er sich ausdehnt und luftgefüllte Körner produziert. Diese leichten, absorbierenden Körner werden häufig in Pflanzmischungen verwendet, um eine gute Dränage sicherzustellen. Auch aus dem Boden genommene Knollengewächse werden häufig bis zum erneuten Auspflanzen in Vermiculit gelagert.

**Viruskrankheiten**
Pflanzenviren sind winzige Teilchen im Pflanzensaft, die sich durch alle Gewebe einer Pflanze verbreiten. Saft saugende Insekten (vor allem Blattläuse) saugen den Saft von befallenen Pflanzen und übertragen die Krankheit so auf andere Pflanzen.

**Vorzeitiges in Samen schießen**
Pflanzen, die Samen bilden, bevor sie geerntet werden können. Die Ursache ist eine Wachstumsunterbrechung in einer Phase der pflanzlichen Entwicklung.

**Wechselständige Blattstellung**
Einzelne Blätter, die abwechselnd an gegenüberliegenden Seiten des Stammes in unterschiedlicher Höhe wachsen.

**Welke**
Absterben von Spitzen oder Trieben, meist aufgrund von Krankheiten oder Schäden.

**Welken**
Herabhängende oder welkende Pflanzen besitzen möglicherweise nicht ausreichend Feuchtigkeit in ihrem Boden, oder aber sie leiden unter einem Befall von Schädlingen oder Krankheiten. Die Wurzeln können direkt angegriffen worden sein, oder es liegt eine Pilzkrankheit vor, die die Wasser leitenden Gewebe der Pflanzenstängel befallen und dadurch einen Zusammenbruch der Pflanze bewirkt hat.

**Winterhart**
Pflanzen, die durchschnittlichem Winterfrost standhalten können.

**Wurzelballen**
Die kompakte Masse von Erde und Wurzeln an der Basis einer etablierten, in einem Pflanzbehälter gezogenen Pflanze.

**Wurzelnackte Pflanzen**
Pflanzen, die in der Pflanzschule direkt im Boden oder in Kompost (statt in einem Topf) gezogen werden. Diese Pflanzen werden augegraben und ohne Erde um die Wurzeln verkauft.

**Wurzelschösslinge**
Unerwünschte Triebe, die unterirdisch an der Basis einer Pflanze wachsen, wie die Schösslinge, die sich am ursprünglichen Wurzelstock von Hybridrosen herausbilden. Wurzelschösslinge müssen am Ausbildungspunkt entfernt werden, um zu verhindern, dass die Pflanze zu ihrem ursprünglichen Aussehen vor der Pfropfung zurückkehrt.

**Wurzelstock**
Wirtspflanze, auf die Schösslinge einer gewünschten Kulturpflanzenvarietät zum Knospen gebracht werden.

**Zarte Pflanzen**
Pflanzen, die keinen Frost vertragen.

**Ziemlich winterhart/Halb winterhart**
Pflanzen, die vor Frost geschützt werden müssen.

**Zierpflanzen**
Pflanzen, die ausschließlich oder in erster Linie wegen ihres dekorativen Äußeren gewählt werden.

**Zweijährige Pflanzen**
Pflanzen, die ihren Lebenszyklus über zwei Gartenjahre vollenden. Im ersten Jahr keimen sie und bilden Blätter, im zweiten Jahr blühen sie, bilden Samen und sterben ab.

**Zwergpflanze**
Pflanze mit eingeschränktem Höhen- und Wurzelwachstum (z. B. Zwergapfelbäume). Zwergige Pflanzen eignen sich besonders für kleine Gärten. Zwergobstbäume können sogar in Kübeln gepflanzt werden.

**Zwiebel**
Auch Knollen genannt. Ein geschwollener unterirdischer Keim mit fleischigen Schuppenblättern, die als Speicherorgane für die sich entwickelnden Blätter und Blüten dienen.

**Zwiebelfaserstoff**
Durchlässiger Pflanzstoff zur Zwiebelanzucht.

# Glossar der Garten-Heimwerkerbegriffe

**Dem Nichteingeweihten kann es so vorkommen, als benutzten Eisenwarenhandel oder Baumärkte ein verwirrendes Gemisch von Abkürzungen und Fachbegriffen, die nur erfahrene Baufachkräfte, Installateure und Elektriker verstehen können. Dieses Glossar wird Ihnen helfen, sich im Heimwerkerdschungel zurechtzufinden.**

**Abdeckstreifen**
Ein an der oberen Kante einer Zaunlatte befestigter Holzstreifen, der so geformt ist, dass Regenwasser abläuft und nicht in die Endfasern von ansonsten ungeschütztem Holz eindringen kann.

**Abzweigleitung**
Stück Elektrokabel, das mit einer Ringleitung oder einer anderen Hauptleitung verbunden ist.

**Alkalibeständiger Voranstrich**
Ein Voranstrich/Porenfüller, der verhindert, dass weitere Anstriche durch ein alkalisches Substrat angegriffen werden (z. B. bei einer mitteldichten Faserplatte).

**Ausdehnungsfuge**
Eine flexible Fuge zwischen großen Mauer- oder Betonabschnitten, die bei Temperaturschwankungen ein Ausdehnen oder Zusammenziehen der Wand zulässt.

**Bodensenkung**
Absinken des Bodens.

**Dichtungshaut**
Eine wasserundurchlässige Schicht, die unter einem Betonboden verlegt wird, um zu verhindern, dass Feuchtigkeit durch den Boden hochkommt.

**Effloreszenz**
Das Auftreten von feuchtigkeitshaltigen Salzen auf der Oberfläche von Mauerwerk oder Putz.

**Entwässerungsloch**
Ein kleines Loch außen in einer Hohlmauer, aus dem gesammelte Feuchtigkeit von innen abfließen kann.

**Feststampfen**
Stoffe (meist Beton) durch wiederholtes Klopfen verdichten, um Lufteinschlüsse zu beseitigen und Hohlräume auszufüllen.

**Fundament**
Einfaches Fundament, das eine Wand stützt.

**Gerüststoff**
Eine Mischung aus Sand und Kies, vermischt mit Zement und Wasser, die Beton ergibt. Gerüststofftypen werden nach der Größe der Kieskörner unterschieden und von fein bis grob eingestuft.

**Hohlmauer**
Zwei im Abstand von 75 mm nebeneinander errichtete Wände (eine doppelte Wand), die nur durch Flügelbügel aus Metall oder verzinktem Metall miteinander verbunden sind. Diese Bügel werden beim Mauern der Wände in regelmäßigen Abständen in die Wände einzementiert. Der entstehende Hohlraum dient der Isolierung und schützt vor Feuchtigkeit. Er kann mit Glasfaser oder Schaumstoffisoliermittel aufgefüllt werden.

**Holzfassaden mit überlappenden Latten**
Zugespitztes überlappendes Schnittholz, das Zaunfassaden bildet.

**Mastixharz**
Ein weiches, nicht starr werdendes Fugenmittel.

**Mauerkrone**
Die obere Lage einer Ziegel- oder Blockwand. Häufig aus geformten

Betonplatten gebildet, die das Regenwasser von der Wandoberseite ableiten und die Mörtelfugen vor Feuchtigkeitsschäden schützen sollen.

**Mauerschraube**
Leistungsstarke Befestigung für Mauerwerk und Stein (siehe „Wanddübel").

**Mauerverband**
Die versetzte Anordnung von Ziegeln, die Festigkeit und Tragkraft gewährleisten.

**Mikroporös**
Erlaubt den Durchfluss kleiner Partikel. So kann bei mikroporösen Anstrichen das Holz „ausatmen", während andererseits keine Feuchtigkeit in das Holz eindringen kann.

**Packlage**
Massige, feste Stoffe wie alte Ziegel oder Blöcke, die eine Grundlage unter Beton bilden.

**Pfahl**
Hölzerner aufrechter Zaunpfahl.

**Pfeiler**
Aufrechte Säulen aus Mauerwerk am Ende und in regelmäßigen Abständen in einer Mauer.

**Pflasterstein**
Ein speziell für gepflasterte Flächen hergestellter Ziegel oder Block. Pflastersteine sollten wasserfest und daher frostbeständig sein.

**Putz**
Eine dünne Putzschicht. Häufig wird eine Putzschicht aus Sand und Zement dünn auf eine Mauer aufgetragen, um eine glatte Fläche zu bilden.

**Quader**
Ein kleiner, regelmäßig geformter Pflasterstein.

**Schotter**
Natürlich vorkommender Gerüststoff (Sand-Kiesmischung), der zur Betonherstellung verwendet wird.

**Seefahrtssperrholz**
Imprägniertes und mit wasserfestem Klebemittel verbundenes Sperrholz, das für die meisten Anwendungen geeignet ist.

**Senkbohrung**
Die Vergrößerung des oberen Teils eines Bohrloches, so dass der Schraubenkopf bündig mit der Oberfläche eingedreht werden kann. Bei der zylindrischen Senkbohrung wird die Bohrung tief genug ausgeführt, damit die Schraube unter die Oberfläche vordringt. So kann die Öffnung später mit einem Stopfen im gleichen Durchmesser aufgefüllt werden.

**Sickerloch**
Ein mit Schotter oder Sand gefülltes Loch im Boden, in das Oberflächenwasser ablaufen kann.

**Sperrschicht**
Eine wasserundurchlässige Schicht, die zwischen zwei der unteren Lagen einer Mauer eingefügt wird, um ein Aufsteigen von Feuchtigkeit durch die Wand zu vermeiden.

**Straßenkies**
Lehmhaltiger Schotter, der gepresst wird und so eine Unterschicht für Wege bildet.

**Stützmauer**
Eine Mauer, die spezifisch dazu errichtet wird, um das Gewicht der Erde einer höheren Bodenschicht zu halten.

**Unterputz**
Eine Unterschicht aus Sand- und Zementputz, die angekratzt oder aufgeraut wird, so dass sich die nachfolgende Schicht fest mit der ersten Schicht verbindet.

**Voranstrich**
Der erste Anstrich in einem „Anstrichsystem". Dient häufig zum Schutz, dichtet ab und verbindet die nachfolgenden Anstriche.

**Wanddübel**
Eine Befestigung für Mauerwerk, die sich in einer vorgebohrten Öffnung bei Einführen einer Schraube dicht an das Mauerwerk anpasst.

# REGISTER

# DANKSAGUNGEN


## BARTY PHILLIPS (Design und historische Angaben)

Viele Menschen waren großzügig mit ihren Ratschlägen und ihrer Hilfe bei der Entstehung dieses Buchs. Mein besonderer Dank geht an Graham Cousins, dessen Garten eine Inspiration für mich war; Ruth Chivers, von der viele der abgebildeten Fotos stammen; Ken Baker, Michael Clark, Josephine Cutts, Graham Hopewell, John und Dorothy Knight und an meine Herausgeberin Katie Cowan, die mich auch unter Druck beständig ermunterte.

## DEENA BEVERLEY (praktische Informationen und Tipps) und ANDREW NEWTON-COX (Spezialaufnahmen)

Dank an Martin Mansfield für seine Geduld, die Geheimnisse der Bodenwissenschaft zu enthüllen, die zugrunde liegenden Grundsätze des Pflanzens zu verbreiten und für seine allgemein guten Ratschläge. An Pat und Chris Cutsworth für ihre beständige Bereitschaft, ihren Garten für Fotos bereitzustellen. An Bob Sawyer, Manager der Jardinerie-Zweigstelle Swindon, für sein Vertrauen und seine Geduld, die weit über professionelle Hilfsbereitschaft hinausging. An Derek Guy, der das Vertrauen hatte und uns für Aufnahmen spontan Zugang zu seinem wunderschön gepflegten Garten gewährte.

## DANK DES VERLAGS

Der Verlag möchten den folgenden Personen für ihre Freundlichkeit danken, uns in ihren Gärten fotografieren zu lassen: Anne Birnhack, Ken Baker, Michael Clark, Derek Guy, Graham Hopewell, John und Dorothy Knight und Gae Oaten.

Wir danken darüber hinaus den folgenden Firmen, die mehr als großzügig Geräte, Requisiten und Pflanzen für Aufnahmen bereit stellten: Chairworks, Clifton Nurseries, Draper's Tools Ltd, Idencroft Herbs und Queenswood Garden Centre. Unser besonderer Dank gilt Jardinerie in Swindon, Wiltshire, die Aufnahmen in ihrem Gartenhandel zuließen.

## AUFNAHMEN

**Andy Keate/Sussie Ahlburg**
143 (rechts), 220 (links), 222 (rechts)

**Amdega Limited**
17 (oben)

**Christie's Images**
290

**Mary Evans Picture Library**
165 (unten), 291 (unten), 292 (alle), 293 (oben), 411

**e.t. archive**
33 (unten), 93

**Historical Collections Group**
204 (oben)

**Amdega**
186 (oben), 189

**S & O Matthews**
2, 8, 14 (alle), 16 (alle), 29, 43 (alle), 44 (alle), 46, 50, 52, 53 (oben), 58, 80, 89 (links), 90, 94 (rechts), 95 (alle), 96 (alle), 97 (links), 98 (alle), 100 (alle), 108 (rechts), 111 (alle), 113 (alle), 114 (links), 118 (links), 128 (rechts), 130 (rechts), 131, 138 (unten), 152 (rechts), 156, 157 (oben), 158 (links), 165 (oben links, oben rechts), 170, 179 (alle), 183, 185 (oben), 186 (unten), 188, 191, 202 (alle), 203 (oben), 204 (unten), 205 (oben), 206 (oben), 207 (oben), 208, 209 (oben), 210 (oben), 211 (unten links), 212 (oben), 213 (alle), 214 (oben), 215 (alle), 226 (unten), 227, 231, 240 (alle), 241, 242 (alle), 244 (alle), 245, 246 (alle), 247 (oben), 250, 255 (unten), 256 (rechts), 257 (oben), 258 (oben), 259, 267 (oben), 270 (oben), 274, 294 (alle), 295 (alle), 297 (alle), 299 (unten), 303 (links), 304 (unten), 305 (alle), 308 (oben), 324, 326, 327 (oben), 326 (alle), 331 (alle), 332 (alle), 333 (unten), 334, 335 (alle), 336, 337 (alle), 338 (alle), 340 (alle), 341, 342 (alle), 343, 344, 348 (alle), 349, 352, 355, 356, 361, 370, 371 (alle), 372, 373, 374 (alle), 375, 377 (alle), 378 (alle), 380 (unten), 381 (alle), 382, 383 (alle), 384, 385 (alle), 387 (alle), 388, 389 (unten), 390 (unten), 392 (unten), 393, 394, 395 (unten), 396, 397 (oben), 398 (alle), 399 (alle), 410, 418, 420, 422, 426, 428, 430 (unten), 432, 438 (alle), 440, 441 (oben), 442 (oben), 443, 444 (unten), 445 (oben), 446 (rechts), 447, 449, 450 (rechts), 452 (alle), 454 (unten), 455, 457 (unten), 459 (alle), 461 (alle), 462, 463 (links), 465 (alle), 466 (alle), 468 (alle), 469, 471, 472 (alle), 473 (oben), 474 (rechts), 476 (alle), 477, 478 (alle), 479, 482 (alle), 483, 484 (oben), 486 (oben), 487, 491 (alle), 492 (alle)

**Andrew Newton-Cox**
12-13, 15, 20, 21, 23, 25, 26-27, 30 (alle), 31 (alle), 32, 33 (oben), 34 (alle), 35 (alle), 36 (alle), 37 (alle), 38 (alle), 39 (alle), 47 (alle), 48, 53 (unten), 54 (alle), 55 (oben), 59 (oben), 61 (alle), 62 (alle), 63 (alle), 74 (oben rechts), 75, 76 (unten rechts), 77, 78-79, 81 (links), 82, 84, 89 (links), 102 (oben rechts), 103, 105, 106-107, 108 (links), 112, 126 (links), 132, 142, 143 (links), 145, 148 (alle), 150, 151 (rechts), 155, 164, 185 (unten), 193 (oben), 194 (unten), 197, 198, 199, 200-201, 209 (unten), 216 (oben), 217 (oben), 228, 229, 230 (rechts), 236 (unten), 237 (oben), 252 (links), 260 (unten), 261 (alle), 262 (alle), 263 (alle), 264 (alle), 265 (alle), 269 (alle), 276 (alle), 283 (alle), 285, 286, 287, 288-89, 304 (oben), 306 (alle), 307 (alle), 308 (unten), 309 (oben), 311 (alle), 312, 313 (alle), 315 (alle), 316 (alle), 317 (alle), 318 (alle), 319 (alle), 320 (alle), 321 (alle), 322 (alle), 323 (alle), 325 (alle), 350, 359, 386, 401 (oben), 412 (unten), 413, 415, 430 (oben), 436, 448 (unten), 457 (oben), 480 (links)

**Scotts of Stow**
17 (unten), 110 (links)

**Graham Cousins**
18 (alle), 19 (alle), 71 (links), 87 (links), 114 (links), 122 (oben rechts), 124 (oben), 126 (rechts), 136 (links), 144, 149 (links), 151 (links), 152 (links), 187, 190, 220 (rechts), 232, 234 (links), 238 (oben), 256 (links), 275, 289 (oben), 291 (oben), 302, 303 (rechts), 328, 339, 346, 347, 380 (oben), 400, 448 (oben), 450 (links), 451, 453, 486 (unten), 488, 490

**Ruth Chivers**
28, 40 (alle), 81 (rechts), 83 (links), 87 (rechts), 88 (alle), 94 (links), 115 (alle), 117 (oben), 128 (links), 135, 140 (alle), 141, 153, 154, 168 (unten), 195 (rechts), 210 (unten), 212 (unten), 214 (unten), 233, 234 (rechts), 235, 236 (oben), 238 (unten), 239, 243, 252 (rechts), 273 (unten), 278 (alle), 327 (alle), 376, 379, 389 (oben), 390 (oben), 391, 392 (oben), 395 (oben), 397 (unten), 404 (unten), 439, 441 (unten), 444 (oben), 446 (links), 460, 463 (rechts), 464, 470 (alle), 473 (unten), 474 (links), 475, 481, 484 (unten)

**Elizabeth Whiting Associates**
41, 57, 83 (rechts), 85, 86, 89 (rechts), 91 (oben), 92 (rechts), 97 (rechts), 99 (alle), 101 (alle), 109, 110 (rechts), 116, 117 (unten), 118 (rechts), 122 (unten links), 123 (unten), 124 (unten), 129, 130 (links), 134 (alle), 136 (rechts), 146, 149 (rechts), 157 (unten), 158 (rechts), 166, 167 (alle), 171, 172, 173, 206 (unten), 221 (oben), 222 (links), 223, 224 (alle), 225, 226 (oben), 230 (links), 247 (unten), 251 (oben), 258 (unten), 314 (alle), 404 (oben links und rechts), 454 (oben), 456 (alle)

**Holt Studios**
42, 55 (Mitte rechts, unten rechts), 60, 62, 63 (alle), 64 (alle), 65 (alle), 66 (alle), 67 (alle), 68 (alle), 69 (alle), 70 (alle), 71 (rechts), 72, 73 (alle), 91 (unten), 92 (links), 127, 138 (oben), 160, 169, 180, 184, 192 (alle), 195 (links), 205 (unten), 216 (unten), 248 (alle), 249, 251 (unten), 253, 245-55, 260 (oben), 266 (alle), 270 (unten), 271 (alle), 272 (alle), 273 (oben), 277, 279 (alle), 280 (alle), 281 (alle), 282, 296 (alle), 298 (alle), 299 (oben), 300 (alle), 301 (alle), 303 (unten), 327 (unten), 331 (oben), 345, 366 (alle), 367 (alle), 368 (alle), 369 (alle), 401 (unten), 402 (alle), 403 (alle), 405 (alle), 416-17, 442 (unten), 445 (unten), 480 (rechts), 485, 493

**Mellors Garden Ceramics**
168 (oben)

**Robinson's Greenhouses**
174 (links), 176, 178

**Jennifer Jones Stoneware**
194 (oben)

**Avon Studios**
174 (rechts)